U0455823

“十三五”国家重点图书出版规划项目
中国互联网金融研究丛书
丛书主编 裴平

中国互联网金融发展研究

主 编 裴 平
副主编 蒋 彧

南京大学出版社

图书在版编目(CIP)数据

中国互联网金融发展研究 / 裴平主编 ；蒋彧副主编
. -- 2 版. -- 南京 ：南京大学出版社，2024.5
(中国互联网金融研究丛书)
ISBN 978-7-305-28025-2

Ⅰ. ①中… Ⅱ. ①裴… ②蒋… Ⅲ. ①互联网络—应用—金融—研究—中国 Ⅳ. ①F832.2

中国国家版本馆 CIP 数据核字(2024)第 055811 号

出版发行 南京大学出版社
社　　址 南京市汉口路 22 号　　　邮　编 210093

丛 书 名 中国互联网金融研究丛书
丛书主编 裴　平
书　　名 中国互联网金融发展研究
ZHONGGUO HULIANWANG JINRONG FAZHAN YANJIU
主　　编 裴　平
副 主 编 蒋　彧
责任编辑 王日俊

照　　排 南京南琳图文制作有限公司
印　　刷 南京爱德印刷有限公司
开　　本 787 mm×960 mm　1/16 开　印张 35　字数 520 千
版　　次 2017 年 4 月第 1 版　2024 年 5 月第 2 版
印　　次 2024 年 5 月第 1 次印刷
ISBN 978-7-305-28025-2
定　　价 168.00 元

网址：http://www.njupco.com
官方微博：http://weibo.com/njupco
官方微信号：njupress
销售咨询热线：(025) 83594756

裴平 管理学博士，1993—2004年担任南京大学商学院金融与保险学系主任，2004—2015年担任南京大学商学院副院长，2013—2017年受聘为教育部高等院校金融学类专业教学指导委员会委员。现为南京大学国际金融管理研究所所长，文科二级教授，博士生导师，南京大学教学名师，赵世良讲座教授，江苏省优秀研究生导师，国家社会科学基金重大项目“互联网金融的发展、风险与监管研究”首席专家，国家级一流课程“国际金融”和国家级一流本科专业金融学负责人，享受国务院颁发的政府特殊津贴。兼任中国金融学年会理事、中国保险学会理事、中国国际金融学会理事、江苏省国际金融学会副会长、江苏省保险学会副会长、江苏省数字金融协会常务理事、江苏省上市公司协会独立董事专门委员会主任等。2007年取得中国上市公司独立董事任职资格（证书号：00966），先后担任南京银行和东吴证券等上市公司的独立董事。

主持省校级以上科研项目10多个，已出版《中国货币政策传导研究》《美国次贷风险引发的国际金融危机研究》《中国互联网金融发展的理论与实践》和《国际金融学》等著作、教材30多部，在《经济研究》《管理世界》《金融研究》《经济学家》和《国际金融研究》等期刊上发表论文300多篇，30多次获省校级以上教学科研优秀成果奖。曾赴比利时、美国、墨西哥、奥地利、日本、新加坡等国家，以及中国台湾和澳门地区攻读学位或从事学术交流。

主要研究方向：金融理论与政策、国际金融、互联网金融、中国涉外金融。

蒋彧 理学博士，南京大学商学院金融与保险学系教授、博士生导师。已在*Journal of Econometrics*等SSCI/SCI来源期刊上发表论文20余篇，在《管理科学学报》等CSSCI来源期刊上发表论文20余篇，主持1项国家自然科学基金、1项教育部人文社科基金、1项教育部博士点基金、2项国家博士后基金，作为主要研究人员参与多项国家级课题研究。同时，担任《南大商学评论》执行编辑，多家国内外期刊的匿名审稿人。

主要研究方向：金融市场、金融计量等。

总　序

一

1994 年 4 月，中国国家计算机与网络设施（The National Computing and Networking Facility of China，简称 NCFC）通过美国移动运营商（SPRINT）全功能接入国际互联网 64K 专线，从而拉开了中国与世界互联互通的历史帷幕。1997 年 7 月，中国银行在互联网上建立专门网页介绍银行的主要业务，这标志着中国互联网金融开始萌芽。2013 年 6 月，以阿里巴巴网络技术有限公司推出“余额宝”为标志，中国进入“互联网金融元年”。

2014 年 3 月，国务院总理李克强在第十二届全国人民代表大会的政府工作报告中指出“要促进互联网金融健康发展”，引起理论界和实务部门对互联网金融的高度重视。互联网金融是指基于互联网，采用先进信息和通信技术，实现支付、结算、投融资和中介服务的新型金融业务模式。为推进互联网金融的理论探索和业务实践，国家社会科学基金于 2014 年初发布了中国第一个以“互联网金融”为研究主题的重大项目。2014 年 7 月，经过充分论证和认真准备申报材料，我作为首席专家，带领以南京大学教授和博士生为主的课题组成功获得“互联网金融的发展、风险与监管研究”重大项目（14ZDA043）的立项。

几年来，课题组成员积极投入重大项目的研究之中，如多次举办高层次互联网金融论坛，到阿里巴巴等互联网公司的互联网金融平台和工商银行等各类金融机构的互联网金融部门深入调研，并且还组织和参与了互联网金融的创业实践。截至 2021 年初，课题组提交的三份决策咨询报告得到了副省级以上领导的肯定性批示，在《经济研究》等刊物公开发表了标注项目编号的论文 78 篇，出版了《互联网＋金融：金融业的创新与重塑》等四部著作，完成了与互联网金融相关的博士学位论文七篇，而且还与江苏广播电视总台等单位联合录制了《互联网金融风云人物访谈》(1—4)，多次获互联网金融方面的优秀成果奖。为不断推进互联网金融研究，课题组决定撰写和出版"中国互联网金融研究丛书"。经申报和评审，"中国互联网金融研究丛书"顺利入选"十三五"国家重点图书出版规划项目。2021年2月9日，"互联网金融的发展、风险与监管研究"重大项目(14ZDA043)通过全国哲学社会科学工作办公室组织的审核，准予结项。

二

回顾历史，以蒸汽机发明与应用为代表的第一次工业革命使人类社会进入蒸汽机时代，以发电机发明与应用为代表的第二次工业革命使人类社会进入电气时代，以计算机发明与应用为代表的第三次工业革命使人类社会进入信息时代，以网络技术发明与应用为代表的第四次工业革命使人类社会进入互联网时代。第一次工业革命前，以现金和网点为主要特征的传统金融十分活跃。经历了蒸汽机时代、电气时代、信息时代，特别是在迈进互联网时代后，资金融通的底层技术构架在不断创新与升级。随着互联网、大数据、云计算、人工智能和区块链等先进信息技术与金融服务的深入融合，互联网金融的科技含量已经远远超过传统金融的科技含量。尽管如此，互联网金融的支付、结算、投融资和中介服务等基本功能并没有因为科技进步发生根本变化，互联网金融的本质还是金融。

近十年来，互联网支付、网络借贷、股权众筹、互联网保险、互联网基金、互联网信托，以及互联网消费金融等业务模式各异的互联网金融呈现井喷式发展，不仅明显降低了融资成本，提高了金融效率，改善了客户体验，而且还推动了金融业的创新与重塑，进而为社会经济发展提供了强有力的金融支持。如今，中国已成为拥有10多亿网民的互联网金融第一大国。

但是，由于社会信用缺失和金融监管不到位等原因，中国互联网金融发展过程中也出现了一些问题和挫折，如不少P2P网络借贷平台侵犯投资者权益等行为严重损害了互联网金融的声誉。在不少场景中，互联网金融被贴上非法集资和危害社会稳定的标签，人们甚至羞于讨论源于中国的“互联网金融”，而是较多地讨论源于美国的“金融科技”。其实，这是历史虚无主义和缺乏道路自信的表现。第一，中国的互联网金融萌芽于接入国际互联网后中国银行的网上金融业务介绍，发轫于阿里巴巴等互联网公司跨界进入金融领域；而美国的金融科技萌芽于硅谷科技公司为银行业提供性能较好的打票机等设备，发轫于金融机构采用先进信息技术全面提升金融效率。中国互联网金融产生与发展的背景不同于美国金融科技产生和发展的背景。第二，中国互联网金融的基因是“互联网＋金融”，美国金融科技的基因是“科技＋金融”。事实上，当代金融科技也是基于互联网底层技术架构的，即互联网＋（大数据、云计算、人工智能和区块链等）。离开了互联网，就没有当代金融科技，当代金融科技在很大程度上可被视为互联网金融的升级版。第三，不论是互联网金融还是金融科技，它们都是金融与科技深度融合的产物，其本质也都还是金融。中国对互联网金融进行整顿清理是必要的，但不能在倒“洗澡水”时，把“婴儿”也倒掉。因此，课题组认为，中国的“互联网金融”无须改名换姓为美国的“金融科技”。

为互联网金融正名，坚持中国发展互联网金融的道路自信。课题组不会因互联网金融发展过程中的问题和挫折而在思想认识上摇摆不定，更不会将“中国互联网金融研究丛书”改名为“中国金融科技研究丛书”。课题组始终立足于中国的理论探索和业务实践，通过深入思考和勤奋写作，力争使“中国互联网金融研究丛书”具有较高的学术和应用价值，并且能够在世界金融发展史上留下深刻和闪亮的印记。

三

互联网金融的历史渊源、主要实践和重大影响都根植于中国大地，互联网金融在很大程度上就是中国的著名品牌，中国应该有一部准确记载和科学分析互联网金融历史演进的编年史。课题组有责任肩负起这一使命，即借鉴历史学研究的理论和方法，在广泛收集和认真考证历史资料的基础上，追本溯源，梳理发展脉络、记录重大事件、总结经验教训，并且预测互联网金融的发展趋势，撰写一部具有编年史意义的著作。这不仅有利于为中国互联网金融树碑立传，而且有利于以史为鉴，指引中国互联网金融的稳健发展。

互联网金融以不同于传统金融的经营理念和业务模式推动着金融业的创新与重塑，而且能够为实体经济发展提供强有力的金融支持。课题组基于"开放、平等、协作、分享和透明"的互联网精神，研究互联网金融"用户中心、体验至上"的经营理念；研究互联网支付、网络借贷、股权众筹、互联网保险、互联网基金、互联网信托，以及互联网消费金融等业务模式；研究传统金融机构互联网化和互联网公司跨界进入金融领域的路径与策略；研究互联网金融时代中国普惠金融发展等，力求使所做研究具有较高的理论价值和可操作性。

互联网金融借助先进信息技术，对实体经济、金融机构，以及不同社会群体都具有强大的渗透力和影响力。课题组重视互联网金融发展对经济增长、金融机构、小微企业和中低收入群体，以及货币政策有效性等重要方面的影响，并且对这些重要影响进行经济学分析和实证检验，希望所做研究能够为政策制定和企业决策提供科学依据。

互联网金融不仅面临传统金融的信用风险、流动性风险、市场风险、操作风险和合规风险，而且还面临与互联网金融特征相关的征信风险、道德风险、技术风险、"长尾"风险 和声誉风险。这些风险一旦产生，就会在互联网上迅速传播，能够在短时间内造成较大经济损失并诱发社会不稳定事件。针对互联网金融风险的复杂性和特殊性，课题组在对互联网金融风险进行识别的同时，研究互联网金融风险的形成与传导机制，探讨以大数据征信和风险控制为核心的互联网金融风险管理理论与方法，进而为防范互联网金融风险提供有益的借鉴与参考。

互联网金融在中国异军突起，一方面互联网金融产品和服务创新层出不穷，但其中也混杂着不少资质低下，或超出经营许可范围的不规范行为；另一方面互联网金融监管的法律法规不健全，分业监管模式和传统监管手段还不能对互联网金融进行有效监管。针对互联网金融监管存在的问题,课题组研究互联网金融监管的法律法规体系,探索互联网金融监管的新模式,提出大数据监管和“监管沙盒”等监管创新的对策性建议。课题组还研究互联网金融的行业自律机制,进而为形成政府监管与行业自律相辅相成的互联网金融监管架构贡献智慧与方案。

在互联网金融平台,数据已成为最重要的生产要素,而且获取数据的机会成本很低;同样的数据还可以反复使用,原始数据交叉组合又会自动生成新数据……数据可谓是取之不尽、用之不竭的“金矿”。课题组认为,迅速发展的互联网金融已经动摇了主流经济学“资源稀缺性”的假设前提,并且向主流经济学的“边际革命”理论、货币需求理论,以及厂商理论等发起了挑战,实践呼唤着理论创新。课题组把握理论创新的重要机遇,从互联网金融主要实践中抽象和概括出一些重要规律,争取在修正主流经济学局限性和拓展经济学理论框架的同时,为发展具有中国特色的经济学,特别是互联网金融学做出原创性贡献。

中国互联网金融发展还面临不少理论与实践问题,如互联网金融的社会责任、投资者教育,以及知识产权和隐私权保护等问题也都需要研究和解决。随着大数据、云计算、人工智能和区块链等先进信息技术与金融服务的进一步融合,互联网金融未来的发展趋势更令人关注。课题组还以更加广阔和长远的眼光,加倍努力和坚持不懈地推进对互联网金融,特别是对中国互联网金融发展的研究。

四

“中国互联网金融研究丛书”的出版是以国家社会科学基金重大项目(14ZDA043)课题组所做研究为基础的,其理论分析框架是比较宏大和严密的,其研究内容也是比较丰富和具有典型意义的。丛书中每一本著作都应该是作者潜心研究和认真写作的结晶。

作为国家社会科学基金重大项目(14ZDA043)的首席专家,我不仅要继续投身于互联网金融的研究和写作，还要精心组织、修改和编撰丛书中的每一本著作。我相信每一本著作的作者也会与我共同努力，力争使“中国互联网金融研究丛书”成为相关研究领域中的扛鼎之作。

我并代表课题组感谢所有关心和支持“中国互联网金融研究丛书”出版的专家学者和各界朋友，特别是感谢所有参考文献和相关资料的作者们。同时，“中国互联网金融研究丛书”中的每一本著作都会存在这样或那样的不足之处，敬请广大读者提出批评和建议。

2023 年 1 月 30 日

再版前言

2014年7月我作为首席专家，成功申报国家社会科学基金重大项目“互联网金融的发展、风险与监管研究”(14ZDA043)。这是我国第一个研究互联网金融的国家社会科学基金重大项目。

在成功申报重大项目后的一年多时间里，课题组成员在梳理文献、深入调研、收集数据，以及思考和写作等方面取得重大进展，形成了一批高质量研究成果，举办了多次学术研讨会，并且产生了较大社会影响。以此为基础，2015年9月19日，由中国社会科学院经济研究所、《经济研究》杂志社和南京大学商学院共同主办，南京大学商学院金融与保险学系和互联网金融国家社会科学基金重大项目课题组具体承办的互联网金融发展高层论坛在南京大学隆重举行。政府部门领导，国内外著名专家学者，中国社会科学院、清华大学和北京大学等30多所高等院校金融学科带头人，阿里巴巴金融集团、苏宁云商集团、国泰金融控股集团等企业和互联网金融平台负责人，向高层论坛提交论文的作者，以及来自高等院校的研究生等500多人参加了高层论坛。

在南京大学举办的互联网金融高层论坛获得圆满成功，被誉为国内首次参加人数多和研究水平高的互联网金融盛会。《经济研究》杂志为此专门刊发了《互联网金融的发展、风险与监管——互联网金融发展高层论坛综述》，有关报刊和媒体也对高层论坛的盛况与成果做了深度报道。

为集中反映互联网金融高层论坛的研究成果，并将这些研究成果与更多读者分享，我和蒋彧教授等组成编辑小组，从高层论坛收到的86篇论文中选出具有代表性的论文29篇，并根据中国人民银行等十部委《关于促进互联网金融健康发展的指导意见》中所列举的互联网金融主要业务模式，以及大数据征信与风控等的基本顺序，将其编辑成为内容丰富和体例规范的《中国互联网金融发展研究》。

《中国互联网金融发展研究》中的29篇论文从不同的理论视角和业务模式,采用定性与定量相结合的分析方法,特别是理论联系实际,对2017年前中国互联网金融发展的理论探索和主要实践做了比较全面、深入的研究。

2017年4月《中国互联网金融发展研究》被列入由我担任主编的"十三五"国家重点图书出版规划项目"中国互联网金融研究丛书",由南京大学出版社出版。随后,南京大学出版社相继出版了"中国互联网金融研究丛书"中的另五部著作,即《中国互联网金融的历史演进》(印文、裴平著,2021年5月)、《中国互联网支付发展研究》(吴心弘、裴平著,2022年1月)、《互联网金融冲击下的主流经济学:基于中国实践的理论探索》(章安辰、裴平著,2022年6月)、《互联网金融时代普惠金融发展研究》(查华超、裴平著,2022年9月)和《中国互联网金融发展的理论与实践》(裴平等著,2024年1月)。

由于《中国互联网金融发展研究》出版时"中国互联网金融研究丛书"的装帧设计和排版体例还没有确定,因此该著作的装帧设计和排版体例与丛书中另五部著作的装帧设计和排版体例有明显差异。编辑小组和责任编辑都认为,"十三五"国家重点图书出版规划项目"中国互联网金融研究丛书"中的每一本著作都应该是研究中国互联网金融的上乘之作,而且其装帧设计和排版体例也应该统一和规范化,以体现"中国互联网金融研究丛书"的逻辑性和完整性。虽然时过境迁,《中国互联网金融发展研究》出版后中国互联网金融发展又发生了新的变化,但编辑小组决定要尊重历史,坚持在"原汁原味"前提下,只对该著作中的文字表达和体例等做少许修改,然后交由南京大学出版社按照"中国互联网金融研究丛书"的装帧设计和排版体例再次出版。

尊重历史,坚持按"原汁原味"再版《中国互联网金融发展研究》,不仅是为了体现"中国互联网金融研究丛书"的逻辑性和完整性,而且是为了真实反映中国互联网金融发展起步阶段专家学者对互联网金融理论与实践所做的研究及其成果。今天看来,《中国互联网金融发展研究》中的一些研究成果可能已经"不合时宜",甚至有些研究成果的文字表达也比较粗糙,但历史就是历史,对此应给予必要的理解和包容。且不论其学术水平和应用价值如何，作为一部研究中国互联网金融的开山之作，《中国互联网金融发展研究》以史为鉴、关照未来的史学意义也是不言而喻的。

迄今为止，“中国互联网金融研究丛书”已出版《中国互联网金融发展研究》《中国互联网金融的历史演进》《中国互联网支付发展研究》《互联网金融冲击下的主流经济学：基于中国实践的理论探索》《互联网金融时代普惠金融发展研究》和《中国互联网金融发展的理论与实践》六部著作，合计约280万字。

“中国互联网金融研究丛书”是近十年来我和课题组成员研究中国互联网金融的标志性成果，希望我们所做出的努力能够为中国互联网金融发展刻画出清晰的历史脉络，总结出主要的经验教训，并且提出有价值的对策性建议，进而为中国互联网金融健康发展做出突出贡献。

[signature]

2024年1月9日

目　录

互联网金融发展的思考*

王长江　胡　浩

内容提要:2013 年,“余额宝”正式运行,中国开启了互联网金融新时代。本文主要运用资产组合理论、*IS-LM* 模型、总供给和总需求模型和内生货币供给理论等进行分析。在综合专家学者研究的基础上,论述了互联网金融的定义、特点和主要业态,分析了互联网金融产生的合理性、影响的深远性、风险的可控性和监管的必要性,并对未来互联网金融的发展提出可行性建议。研究发现:互联网金融作为新生事物,它是为适应金融需求而自然产生的新模式,是互联网与传统金融相结合而产生的新领域,是金融创新的产物,其将来发展大有可为。

关键词:互联网金融;资产组合理论;*IS-LM* 模型;总供给和总需求模型;内生货币供给理论

一、引　言

2013 年,中国互联网金融的元年,“开放、平等、协作、分享”的互联网精神

---

*　王长江,南京大学商学院金融与保险学系,教授,E-mail:wchj@nju.edu.cn;胡浩,南京大学商学院金融与保险学系,硕士生。本文是国家社会科学基金重大项目“互联网金融的发展、风险与监管研究”(项目号:14ZDA043)的阶段性研究成果。

深深影响并逐渐改变着传统的金融市场。2014 年,政府工作报告首次提及互联网金融,并写下“促进互联网金融健康发展”。2015 年,政府工作报告提出制定“互联网+”行动计划,李克强总理用“异军突起”描述互联网金融。

2015 年 7 月 18 日,互联网金融“基本法”——《关于促进互联网金融健康发展的指导意见》(以下简称《指导意见》)对外发布,行业拥有了清晰的顶层监管设计思路。政府肯定了互联网金融之前的努力,将其发展从法律的灰色地带渐渐带上了阳光化的道路,为其未来指明了方向。

总体上,国家对互联网金融的发展持鼓励和支持的态度,随着监管细则的陆续出台,符合规定、具备一定实力的互联网金融企业将迎来发展的春天。

二、文献回顾

理论界对互联网金融从不同方面进行了研究,也提出了许多有价值的观点。

互联网金融的定义和本质。皮天雷和赵铁(2014)认为互联网金融进行信息生产和处理,将信息搜寻成本分散于众多的信息共享的投资者之间,互联网平台来承担交易后期的监督成本,本质上,互联网金融可看作一种由信息技术推动而产生的新金融中介。田光宁(2014)认为互联网金融是金融服务的基因变化,从物理形态走向虚拟形态,其金融功能并没有变化——依旧是支付、吸存、放贷、财管、投资、定价、信息服务等,同时,互联网金融具有独特功能,为客户提供的高效、便捷、零距离的财富管理体验。本文认为互联网金融更多地代表一种方法,它在金融垄断程度相对较高的中国为解决小微企业和普通个人金融供给不足的现状提供了一种途径。

互联网金融的影响。王国刚和张扬(2015)认为互联网金融对弥补正规金融的不足,通过拾零补遗满足更广大的城乡居民和小微企业的金融需求等,有着积极的作用。宫晓林(2013)认为我国互联网金融现阶段发展速度虽快,但交易量相对较小,短期来看,不会动摇商业银行传统经营模式和盈利方式。管仁荣等(2014)认为互联网金融不是对传统商业银行的颠覆,从某种程度上来看是竞争和共存的关系。商业银行要积极应对,借鉴互联网金融的优势,提高自身效率。郭田勇和孟娇(2013)对互联网金融模式及其对传统银行业的影响进行了分析,揭示了商业银行与互联网金融的优势与短板,提出了银行业的发展策略。何晓夏和芮建鑫(2014)认为以余额宝为代表的互联网金融与传统商业银行存在本质上的利益差异,互联网金融的优势在于其强大的在线服务功能,但其线下服务功能基本处于弱势,传统商业银行可将差异扩大,丰富其线下功能以争取客户。邹新月等(2014)认为互联网金融随着参与主体日益多样化和复杂化,对我国现有货币政策形成冲击,影响其制定的准确性和传导的有效性。王达(2015)认为传统金融能受到互联网金融多大程度上的冲击,主要取决于传统金融如何应对与转型。吴晓求(2014)认为就互联网金融与传统金融而言,未来的金融业态是在竞争中共存,在共存中竞争。可以看出,专家学者对互联网金融的现阶段影响研究得比较深入,部分人士还分析了互联网金融和传统金融各自的优缺点,为各自未来发展出谋划策。然而对互联网金融产生条件的理论论证并不常见,且其究竟能多大程度影响传统金融也缺少模型和必要的实证分析。

互联网金融的风险。金锟和宋良荣(2014)认为目前我国的互联网金融模式可以分为信贷类的互联网金融和非信贷类的互联网金融,信贷类互联网金融的最大风险就是个人征信体系不健全及监管不足。李明选和孟赞(2014)认为我国金融机构的信用风险在互联网金融出现之后发生了显著的结构性变化,互联网金融的出现导致金融机构的信用风险变大了。李东卫(2014)将我国互联网金融的主要风险分为法律风险、信息风险、资金风险和监管风险。任春华和卢珊(2014)将互联网金融风险分为网络技术风险、业务管理风险、货币政策风险、法律法规风险和各种犯罪风险五类。可以看出,各个专家学者对互联网金融的风险分类并不一致,作者主要对其加以总结和归类。

互联网金融的监管。郝志运和黄迪(2014)认为我国可实施适度、持续、异质和风险导向的预先承诺制监管,以此作为金融监管范式创新的一次积极探索和尝试。曹东等(2014)认为金融创新使得金融机构攫取了超额利润,为金融市场注入了新的活力,但又会对金融系统的稳定性造成冲击。金融监管就是为了避免系统性风险的发生,维护金融市场的长期稳定。王达和刘天泽(2015)认为互联网金融在深化我国金融市场的同时,也在悄然改变着金融业态,并挑战了“一行三会”这一监管格局。此前,对互联网金融监管的探讨都停留在理论层面,随着《指导意见》及之后监管细则的陆续发布,理论离实践越来越近。

三、互联网金融的定义、特点和主要业态

(一)互联网金融的定义

互联网金融是传统金融机构与互联网企业利用互联网技术和信息通信技术实现资金融通、支付、投资和信息中介服务的新型金融业务模式。互联网金融代表了一种方法,一种为不能合理得到和甚至不能得到金融服务的客户提供满足其金融需求的新途径。

(二)互联网金融的特点

1. 低成本、高效率的优势

互联网金融缺少线下实体,相对于传统金融节省场地、人工等投资和管理成本;互联网金融资金的转移、支付和产品的发行、交易等通过互联网展开,且利用大数据、云计算等先进技术对资源进行合理安排,相对传统金融具有快捷、高效的优势。

2. 普惠金融的属性

传统金融相对互联网金融成本较高,对小微企业和普通个人的覆盖和服务相对较少,但互联网金融为小微企业和普通个人金融需求的满足提供了新的路径,扩大了金融市场空间。

（三）互联网金融的主要业态

1. 互联网支付

互联网支付是指通过手机、计算机等设备，利用网络转移货币资金的活动。

2. 网络借贷

网络借贷包括 P2P 和网络小额贷款。P2P 即点对点信贷，指通过第三方互联网平台进行资金匹配。借款人通过网站平台寻找一位或多位愿意贷款的人，并在充分比较提供的利率后选择贷款人。网络小额贷款是指互联网企业控制小额贷款公司，并利用互联网平台向客户提供小额贷款服务。

3. 股权众筹融资

股权众筹融资是指小微企业通过股权众筹融资中介机构平台向具有一定风险承受能力的投资者进行公开小额股权融资的活动。

4. 互联网基金销售

互联网基金销售是指基金销售机构和其他机构合作利用互联网销售基金等理财产品。

5. 互联网保险

互联网保险是指保险公司利用电子商务技术和互联网等工具来实现保险销售等经营管理活动的行为。

6. 互联网信托和互联网消费金融

互联网信托和互联网消费金融是指信托公司、消费金融公司利用互联网开展业务。

四、互联网金融的产生

（一）前提条件——互联网的普及

表 1　中国网民规模和互联网普及率

日期	网名规模（万人）	互联网普及率
2011 年 6 月	48 500	36.2%
2011 年 12 月	51 310	38.3%
2012 年 6 月	53 760	39.9%
2012 年 12 月	56 400	42.1%
2013 年 6 月	59 056	44.1%
2013 年 12 月	61 758	45.8%
2014 年 6 月	63 200	46.9%
2014 年 12 月	64 875	47.9%
2015 年 6 月	66 769	48.8%

来源：CNNIC《第 36 次中国互联网络发展状况统计报告》

表 1 显示我国网民和互联网普及率逐年稳步增长。截至 2014 年年底，全球已接入网络的人数达到 29 亿，占世界人口的 40%。截至 2015 年 6 月，我国网民规模达 6.68 亿，互联网普及率为 48.8%。中国的互联网普及率已远超世界平均水平，庞大的网民基数为互联网金融的未来健康发展提供了众多的潜在客户。

（二）互联网金融生产者

市场以垄断程度可分为完全竞争市场、垄断竞争市场、寡头市场和完全垄断市场。垄断程度越高，企业可获得的经济利润也就越大。我国的金融市场由于历史原因和现实考虑，经历了长期的严格监管和管制，存在着各种准入壁垒，导致垄断程度相当高。金融业特别是银行业的高利润，使得其他行业分外眼红。

互联网金融事实上是金融创新的产物，它绕过了准入壁垒，处在“无准入门槛、无行业标准、无机构监管”的三无状况，长期处于法律的灰色地带。

当生产者能够进入特定行业时，其行为开始追求利润最大化，遵循边际收益等于边际成本即 $MR=MC$ 的法则。互联网金融利用大数据、云计算等技术以及互联网的自然属性使其能够以近乎零的极低成本为新增加的客户提供服务。互联网的普及提高了互联网金融的普遍可获得性，只要新增客户能够带来收益，理论上，在风险中性的假设下，都可以向其提供服务，获取利润。

（三）互联网金融消费者

我国的金融市场和发达经济体的金融市场相比，发展时间相对较短，金融产品相对较少。发达经济体的金融市场相对能够满足金融消费者的多样需求，互联网金融的产生对其产生的影响远没有在中国的深远。在中国，传统金融主要争取的客户都是大中型企业和高净值个人，小微企业和普通个人的金融需求没有得到很好满足，而互联网金融的产生为小微企业和普通个人带来了更多的选择机会，丰富了金融市场。

在中国，互联网金融大大地扩展了小微企业和普通个人的有效边界，市场组合因此改变（图 1 为由 M_1 上升为 M_2），从而资本市场线斜率变大（图 1 为 CML_1 变为 CML_2），引起资产配置变化（图 1 为由 A_1 变为 A_2），提高了金融消费者的效用。

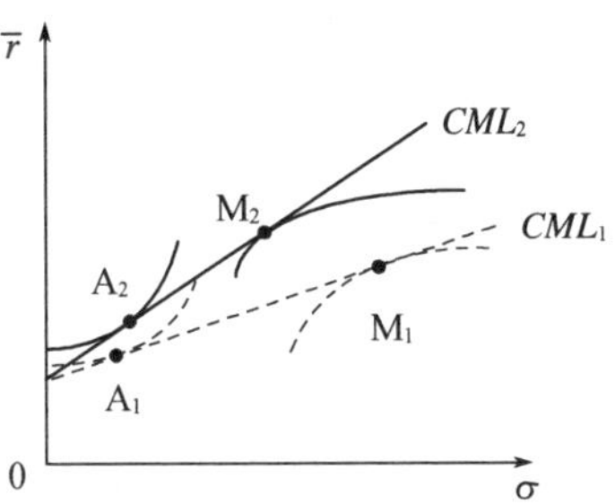

图 1　互联网金融和金融消费者

五、互联网金融的影响

（一）互联网金融对传统金融市场的短期冲击和长期影响

互联网金融扩展了金融消费者的选择，影响了其对金融资产的投入总量和改变了金融资产组合比例，所以可将互联网金融和传统金融纳入资产组合理论分析。

1. 理论分析

假设：

a. 金融消费者根据互联网金融和传统金融的收益和风险配置资产；

b. 金融消费者是风险厌恶者；

c. 金融消费者遵循效用最大化原则；

d. 市场是有效的，无交易成本。

金融资产在互联网金融和传统金融的配置比例与各自的收益和风险有关。互联网金融的收益越高，互联网金融的配置比例越高；互联网金融的风险越低，互联网金融的配置比例越高；传统金融的收益越低，互联网金融的配置比例越高；传统金融的风险越高，互联网金融的配置比例越高。传统金融与互联网金融类似。

由此建立如下函数：

$$y = f(r_1, r_2, \sigma_1, \sigma_2)$$

$$z = g(r_1, r_2, \sigma_1, \sigma_2)$$

y、z分别表示互联网金融和传统金融的配置比例，且$y+z=1$，r_1、r_2分别表示互联网金融和传统金融各自的收益，σ_1、σ_2分别表示互联网金融和传统金融各自的风险。

互联网金融资产和传统金融资产各自的量与金融资产的总量和各自配置比例有关。金融资产的总量越大，互联网金融资产越大；互联网金融资产配置比例越高，互联网金融资产越大；传统金融资产配置比例越低，互联网金融资产越大。传统金融与互联网金融类似。

由此建立函数:

$$Y = F(A, y, z)$$

$$Z = G(A, y, z)$$

Y、Z 分别表示互联网金融资产和传统金融资产各自的量,A 表示金融资产的总量,它随着经济的发展不断扩大和缩小,且 $Y + Z = A$。

若金融市场是有效的,在中国,短期来看,互联网金融的横空出世会立即扩大有效边界,引起资产配置的急剧变化;与此同时,金融行业相对其他行业变得更有吸引力,金融市场投入总量增加。假设互联网金融出现前,传统金融的量 Z_1 = 金融市场总量 A_1,即开始时互联网金融的量 $Y_1 = 0$,互联网金融的配置比例 $y_1 = 0$,传统金融的配置比例 $z_1 = 1$;互联网金融出现后,一方面金融市场总量增加,变为 A_2,另一方面,金融消费者开始在互联网金融和传统金融进行金融配置,配置比例分别为 y_2、z_2,投入互联网金融和传统金融各自的量为 Y_2、Z_2。当互联网金融相对传统金融优势过于明显时,会导致 $Y_2 \gg A_2 - A_1$,互联网金融就会对传统金融形成过度冲击。长期来看,在互联网金融和传统金融的配置稳定后,随着经济的发展及金融市场总量的不断扩大或缩小,互联网金融和传统金融也随之不断变化。从发展过程来看,由于互联网金融和传统金融的收益和风险短时间变化不如刚产生时剧烈,互联网金融和传统金融的发展表现为配置比例的不断波动。

2. 实证分析

表 2　余额宝净资产增长率及本外币存款余额增长率变动表

日期	余额宝净资产(万亿元)	余额宝净资产增长率	人民币存款余额(万亿元)	人民币存款余额增长率	余额宝净资产/人民币存款余额
2013-3-31			97.93		
2013-6-30	0.004 244		100.91	3.04%	0.004 2%
2013-9-30	0.055 653	1 211.33%	103.09	2.16%	0.054 0%

（续表）

日期	余额宝净资产（万亿元）	余额宝净资产增长率	人民币存款余额（万亿元）	人民币存款余额增长率	余额宝净资产/人民币存款余额
2013-12-31	0.185 342	233.03%	104.38	1.25%	0.177 6%
2014-3-31	0.541 275	192.04%	109.10	4.52%	0.496 1%
2014-6-30	0.574 160	6.08%	113.61	4.13%	0.505 4%
2014-9-30	0.534 893	−6.84%	112.66	−0.84%	0.474 8%
2014-12-31	0.578 936	8.23%	113.86	1.07%	0.508 5%
2015-3-31	0.711 724	22.94%	124.89	9.69%	0.569 9%
2015-6-30	0.613 381	−13.82%	131.83	5.56%	0.465 3%

来源：余额宝报表和中国人民银行金融统计数据报告

余额宝作为互联网金融的代表，从其诞生开始就对传统金融产生了深远影响，2013 年 5 月 29 日成立开始时净资产为 2.01 亿元，短短一个月到 2013 年 6 月 30 日净资产达到 42.44 亿元，日均实际增长率为 9.83%。从表 2 可以看出，在 2014 年 3 月之前余额宝净资产都保持了超高速增长，与此同时，人民币存款余额的增长率则显得低得多。这带来的结果就是余额宝配置比例的快速上升和人民币存款余额配置比例的下降。

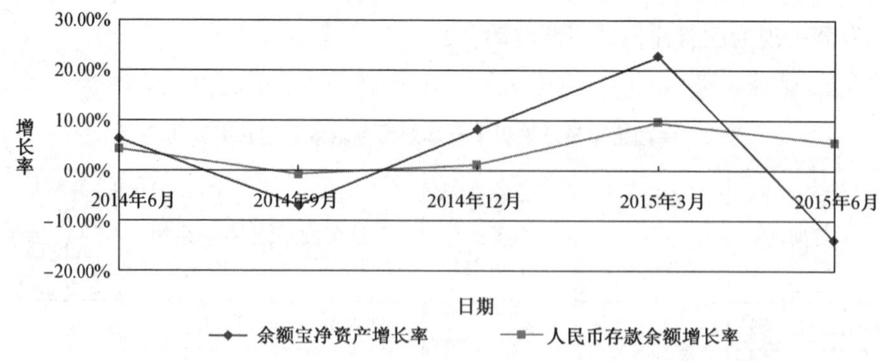

图 2

从理论分析可知，配置比例的变化速度应是立即迅速的，但从数据粗略估计耗时近一年。产生差异的主要原因有金融市场是非有效的和银行设置了转入余额宝限额。信息的非及时有效性和投资者的非理性等市场非有效因素，都对市场参与主体的立即判断产生影响。此外，即使主体做出了正确判断，银行转入余额宝限额的设置，也大大延后了达到理想配置比例的时间。上述以及其他因素的共同作用减弱了互联网金融对传统金融的冲击。

从图 2 中可看出虽然余额宝净资产增长率的波动要比本外币存款余额增长率的波动剧烈，但波动方向都是相同的。这反映了在较稳定的配置比例情况下，随着金融市场总量的扩大或缩小，互联网金融和传统金融各自的量也随之扩大或缩小。

（二）互联网金融和传统金融的长期融合

20 世纪 90 年代，美国诞生了互联网金融，对其金融体系和金融市场产生了深远影响。但是，美国的多数互联网金融未发展形成独立且完整的金融模式，最终与传统金融形成了融合的基本格局。

竞争和融合是互联网金融和传统金融发展的主要过程，其中融合是主旋律。互联网金融的出现和发展冲击了传统金融，加速了金融脱媒。但是，在这过程中，传统金融长期最优抉择应是主动出击，化解互联网金融的冲击。

互联网金融利用互联网的自然属性虽有迅速扩大规模的优势，但又有复杂金融产品的设计、客户关系的维护等专业领域的劣势；传统金融的众多物理网点虽有成本高昂的劣势，但又有令金融消费者增强“真实可见”信心的优势。

传统金融面对互联网金融挑战的最优抉择可能是建设属于自己的互联网平台，这时互联网金融的比较优势便会不断丧失；互联网金融的发展面临瓶颈和信心问题时，它的最优抉择可能是借鉴传统金融，建设线下实体。

因此，传统金融的存在和思想可能会长期持续下去，互联网金融会不断对其进行借鉴和影响；同样，互联网金融具有的满足小微企业和普通个人金融需求的特性，传统金融会对其进行吸收利用。未来互联网金融和传统金融会走上长期融合的道路。

（三）互联网金融对货币市场和实际产出影响

2009 年年底，中国货币供应量 M_2 余额为 61 万亿人民币，折合 8.94 万亿美元，同期美国货币供应量 M_2 余额为 8.55 万亿美元，中国的货币供给量 M_2 余额正式超越美国。2012 年年底，我国货币供应量 M_2 余额为 97.42 万亿人民币，排名第二的美国为 64.71 万亿人民币，我国货币供应量 M_2 余额约是美国的 1.5 倍。中美 M_2 的定义大体一致，虽存在统计口径上的差别，但这些差别不是中国货币供应量 M_2 余额超美的主要原因。中国的储蓄额很大，但流通的、有实际经济意义的货币很少，因为中国的货币供应量 M_2 余额被高额储蓄占据，而美国储蓄率很低，市场有经济意义的货币充足。

对比两国 GDP 会发现，同样的 GDP 美国"占用"货币供应量 M_2 余额较小，而中国"占用"的却非常大，这其中的一个重要原因是中国货币市场的不发达。

1. 互联网金融对货币需求的影响

2013 年 6 月，国务院常务会议研究部署金融支持经济结构调整和转型升级的政策措施，党中央提出了"盘活存量货币"的概念。

根据凯恩斯货币需求理论：交易动机、预防动机和投机动机构成实际货币余额需求的三种动机。其中，交易动机、预防动机与实际收入成正相关关系，实际收入越多，实际货币余额需求越大；投机动机与利率呈负相关关系，利率越小，实际货币余额需求越大。可用函数表示为 $\left(\frac{M}{P}\right)^{D}=L(Y,r)=kY-hr,\ k,h>0$。货币市场的均衡条件为 $\left(\frac{M}{P}\right)^{D}=\left(\frac{M}{P}\right)^{S}$。

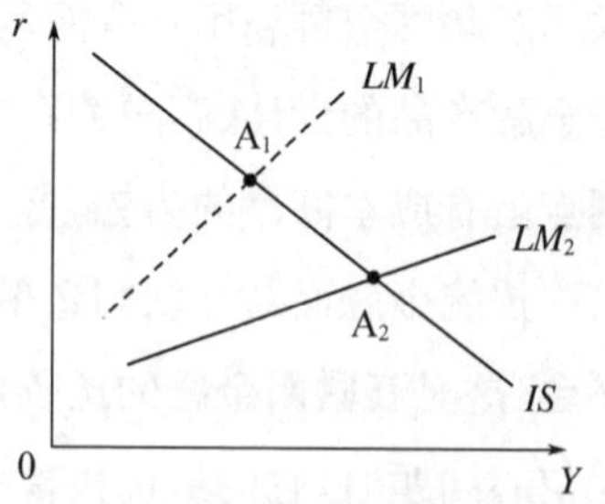

图 3　互联网金融在"货币存量"不变的条件下对短期实际产出和实际收入的影响

短期来看，随着互联网金融的产生和不断发展，低成本交易费用、高收益投资产品和快速的转换时间提高了货币持有者的机会成本，导致投机性货币需求增加。在名义货币供给和价格水平不变的条件下，实际货币余额供给不变，交易性和预防性实际货币余额需求减少从而货币市场重新达到均衡条件。这表现为实际货币余额需求函数的改变，k 变小和 h 变大，导致 LM 曲线向下变化（图 3 为由 LM_1 变为 LM_2）。在 IS 曲线不变的条件下，IS 和 LM 重新相交，取得新平衡点（图 3 为由 A_1 点到 A_2 点）。新平衡点比原平衡点有更高的短期实际产出和实际收入，但利率水平更低。

IS-LM 分析来看，发展互联网金融有利于“盘活存量货币”，在不增加货币供给的条件下，提高短期实际产出和降低利率水平。

2. 互联网金融对货币供给的影响

美国经济学家格利和肖（1960）认为商业银行是唯一有能力创造活期存款的货币机构，但其他金融机构能够创造独特的金融债券凭证，它们通过投资和放款分享着信用扩张的能力，在货币创造过程中，商业银行会与之竞争。

美国的各种非银行金融机构在第二次世界大战后迅速兴起，商业银行信用市场垄断局面被打破。商业银行和非银行金融机构同样具有创造信用的功能，货币乘数变化加大，货币供给的内生性增强。

现今，中国的储蓄占货币供应量 M_2 余额的很大比例，金融资产种类相对匮乏，货币乘数相对稳定，中国人民银行易于通过银行体系控制货币供应量，我们认为这是中国存款准备金率相比发达经济体变动频繁的部分原因。互联网金融作为创新的产物，一方面，突破非银行机构不能吸收揽存的限制，通过互联网平台直接将资金借给需求方，具有信用创造的功能；另一方面，它丰富了金融市场，为小微企业和普通个人提供了更多选择。

我国互联网金融的迅速发展加快了货币乘数的变化，加剧了货币供给的内生性，中国人民银行的货币供给控制变得比以前困难。

3. 互联网金融对利率市场化的影响

我国五大国有银行长期占据利润榜的前列，实体经济不乏为“为银行打工”的感慨，这个现象其中的一个重要原因是中国人民银行长期的利率管控。利率市场化的实质是指市场拥有利率的决定权，由市场经济主体自主决定利率的大小、风险结构和期限结构等，中央银行和政府拥有间接影响利率的宏观调控能力。

2015年6月2日，中国人民银行发布《大额存单管理暂行办法》。6月15日，工行、农行、中行、建行、交行、浦发、中信、招商、兴业等9家市场利率定价自律机制核心成员成为首批大额存单发行单位，纷纷发行首批大额存单。7月30日，中国外汇交易中心发布了《关于扩大大额存单发行主体范围的通知》，大额存单发行主体由市场利率定价自律机制核心成员扩大到基础成员中的全国性金融机构和具有同业存单发行经验的地方法人金融机构及外资银行，机构数量由9家扩大至102家。大额存单的推出标志着我国利率市场化接近尾声，为放开存款利率奠定坚实的基础。

互联网金融搭建了一个低成本却高效的信息化平台，塑造了一个全新的金融模式，其发展有利于打破垄断，推进利率市场化进程，推动利润在金融领域和实体经济的合理分配。短期来看，利率市场化将会给传统金融机构特别是商业银行的存贷利差收入带来冲击，甚至导致一些实力较弱的传统金融机构消亡；但长期来看，互联网金融的发展有利于推动金融领域的适度竞争，推进传统金融的转型升级，有利于实体经济的长期健康发展。

中国人民银行决定自2015年3月1日起下调金融机构人民币贷款和存款基准利率。金融机构一年期贷款基准利率下调至5.35%；一年期存款基准利率下调至2.5%，存款利率浮动区间的上限调整为基准利率的1.3倍。央行下调存款基准利率的这一决定本意为降低存款利率，降低金融机构筹资成本，但各大银行为应对如余额宝等“宝宝类货币市场基金”的冲击，利用浮动区间的扩大，纷纷将存款利率上调，缩小与“宝宝类货币市场基金”收益率的差异，以增加存款。发生存款利率上升这一现象反映出互联网金融加快了利率市场化的进程，缩小了银行存款利率与市场利率的差异。

4. 互联网金融对长期实际产出的影响

长期来看，互联网金融改变了货币需求结构，引起总需求曲线变化（图 4 为由 AD_1 变为 AD_2）。互联网金融运用的大数据和云计算等新技术，提高了技术水平，具有外部性，引起总供给曲线向右移动（图 4 为由 AS_1 变为 AS_2），从而总需求曲线和总供给曲线重新相交，取得新的平衡点（图 4 为由 A_1 点到 A_2 点）。新平衡点比原平衡点有更高的长期实际产出，但价格水平的变化不能确定。

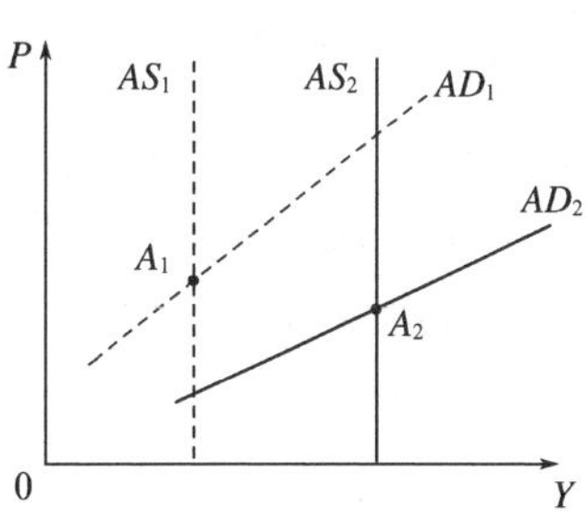

图 4　互联网金融对长期实际产出影响

经分析可看出，互联网金融对促进长期经济发展和提高产出水平具有重要意义。

六、互联网金融的主要风险

金融市场的结构性因素和互联网的技术性因素两者的共同作用导致了互联网金融的产生。新产生的互联网金融正在逐渐改变中国的竞争格局和金融模式，也包含着极大的不确定性和一定的风险。

（一）互联网风险

互联网的安全得不到保证，互联网金融也就不复存在，所以防范互联网风险是发展互联网金融的第一要务。利用木马程序和黑客软件等互联网技术手段，盗取客户的证券和银行的账号、密码等个人信息；攻击证券信息系统、手机银行、网上银行，盗取客户资金等，这些互联网风险都是互联网金融相对传统金融所特有的风险。

（二）信息不对称

我国的信用体系建设起步较晚，征信系统发展不健全，集中表现为银行信用不完善、商业信用不发达、社会信用较混乱等现状。互联网金融应解决传统金融不能覆盖的低收益和高风险项目而产生，经营中最关键的就是风险管理。网络化的环境中，信息不对称使互联网金融面临的信用风险问题更加突出。若无法对借款人的行为进行有效评估，必然导致坏账率上升等信用问题，这必将制约互联网金融发展和进步。

互联网金融面临逆向选择问题。大中型企业和高净值个人是传统金融机构主要争夺的客户，其金融需求在传统金融领域得到很好满足，互联网金融并未大大扩大其有效边界，其资产配置比例变化不大，互联网金融的配置比例相对较小。小微企业和普通个人的金融需求在传统金融领域没有得到很好满足，他们是互联网金融主要争取的客户，但其所带来的主要是传统金融机构不愿从事的低收益和高风险项目。互联网金融企业与客户间存在信息不对称，在对客户不能很好分类并定价的情况下，高收益、低风险项目可能定价过高，低收益、高风险项目可能定价过低。从长期发展来看，高收益、低风险项目会逐渐退出互联网金融，低收益、高风险项目则会充斥其中。

互联网金融面临道德风险问题。互联网金融线下缺乏实体，对借款人的资金流向和利用缺少实际监督；线上缺乏合作，借款人违约后，与其他互联网金融机构缺少信息沟通。借款人违规动用资金、恶意主动违约，互联网金融机构需要付出额外的审查成本。现实中，互联网金融机构从事的是大量的低收益、高风险项目，审查出问题所获得的收益能否覆盖审查成本还是未知数，自身对大量的极低收益项目审查缺乏动力。此外，我国征信系统发展不健全，借款人对违规动用资金、恶意主动违约等惩罚力度不强，缺少信用记录。

总之，互联网金融在信息不对称的现状下，对客户的有效约束较少。

（三）运营风险

互联网金融与传统金融如银行相比对客户的真实身份信息审查不够严

格，缺少有效可行手段对交易的真实性进行核实，这给不法分子利用互联网金融进行洗钱、套现等提供了便利。如 2010 年，壹支付、快钱等第三方支付机构和赌博机构勾结，协助其转移赌资。

（四）法律风险

2015 年 7 月 18 日，中国人民银行等十部委联合印发《关于促进互联网金融健康发展的指导意见》（以下简称《指导意见》）。《指导意见》是我国互联网金融领域第一个法规性文件，被业界称之为互联网金融“基本法”。

在《指导意见》发布前，P2P 平台基本依靠第三方支付机构进行资金托管，还有不少机构为投资者提供担保，但自身却没有相应的资本约束和保证。《指导意见》提到：“建立客户资金第三方存管制度。除另有规定外，从业机构应当选择符合条件的银行业金融机构作为资金存管机构。”这样的规定降低了平台跑路风险，但也直接提高了 P2P 平台存管成本。《指导意见》明确了 P2P 平台“信息中介”属性，否定其“信用中介”角色，导致 P2P 行业未来将面临“大洗牌”。

未来关于互联网金融法律将陆续出台，互联网金融行业面临的法律风险越来越“真实可见”。

七、互联网金融的自律和监管

互联网金融的部分模式如 P2P 等从监管者的角度看实际上是民间金融的互联网化，是影子银行的一部分。它自律不足，缺乏监管，需要防范其风险爆发，所以对互联网金融进行监管是十分必要的。

《指导意见》的发布标志着我国互联网金融将迎来依法监管和自律管理的新时代。《指导意见》按照“鼓励创新、防范风险、趋利避害、健康发展”的总体要求和“依法监管、适度监管、分类监管、协同监管、创新监管”的原则，提出一系列鼓励创新、支持互联网金融稳步发展的政策措施。

（一）加强企业内部自身监管

互联网金融行业的发展需要互联网金融企业的壮大，互联网金融企业的壮大离不开内部自身监管的加强。内部自身监管是互联网金融监管的第一道防线。互联网金融企业的最终目标应为长期健康稳定持续经营，本着对自己负责、为金融消费者考虑的态度，关注自身风险状况，制定切实可行的内部监管章程，防范风险爆发。

（二）深化互联网金融行业自律

2014 年 4 月 3 日，中国人民银行牵头组建的中国互联网金融协会已正式获得国务院批复。中国互联网金融协会等行业自律组织要在互联网金融监管中发挥自身的独特作用，有助于规范行业发展，避免互联网金融系统性风险的爆发。

互联网金融的创新相对其相关法律的制定速度要快，设立互联网金融协会等行业自律组织，填补立法之前的监管空白。由自律组织承担政府的部分监管职能，规范和引导互联网金融机构，营造良好的互联网金融发展环境。

（三）鼓励金融创新，适度金融监管

过度严格监管，会打击企业创新积极性，不利于金融消费者的长远利益；过度鼓励创新，仅仅强调效率，极易增加金融系统风险。对我国来说，金融创新要与实体经济的发展相适应，金融监管要跟上金融创新。构建具有适应性和灵活的监管规则是我国的现实选择。鼓励互联网金融创新，又明确其义务，兼顾安全性和营利性。

1. 准入监管

据“网贷之家”数据显示，2015 年 5 月 P2P 行业共出现 56 家问题平台，其中上线 1 个月左右就跑路的平台高达 18 家，占比超过三成；上线不到一周就关闭的平台有 5 家。像这种动机不纯、恶意明显，成立的目的就是借互联网金融外衣做圈钱跑路的平台应是准入监管的重点。

我国互联网金融处于发展起步阶段，在弥补传统金融不足方面有重要作用。虽然目前我国互联网金融发展中的问题突出，但规范和引导而不是直接禁止才是正确做法，使互联网金融在“阳光”下发展。在准入管理方面，应对互联网金融做出基本要求而不宜过多限制，同时必须对其内部风险管理等方面严格规范，严厉查处出现违法违规行为的个人和机构，建立包括永久禁止进入互联网金融市场等的处罚机制。

2. 审慎监管

审慎监管包括微观审慎和宏观审慎，旨在维护金融机构的稳健经营和金融体系的稳定。

互联网金融同传统金融一样存在着仅可被转移和分散的系统性风险。为了保持宏观经济的稳定，应将审慎监管应用到互联网金融之中。坚决处罚披着互联网金融的外衣，行非法集资等违法犯罪行为之实的行为。

监管主体与传统金融机构、互联网金融机构之间存在着博弈关系。传统金融机构和互联网金融机构的目标是利润最大化，监管者的目标是社会风险最小化，在被监管者的利润最大化和监管者的社会风险最小化中寻找平衡点，兼顾效率和公平。结合我国国情，制定科学合理的互联网金融监管标准，维护金融市场稳定向前发展，保持经济持续健康增长，实现社会资源配置最佳状态。

3. 功能监管

目前，我国现状是银行业、证券业、保险业分业经营，采取“一行三会”的分业监管模式。但部分互联网金融创新出现了混业特征，传统的“分业经营、分业监管”已不能完全适应新形势，金融监管体制将转向功能监管型，建立跨部门的监管机制。

在混业经营环境中，不同类型金融机构，不论互联网金融或传统金融，开展相同或类似业务存在相同的风险，要有统一的监管标准，受到相同的监管，否则，会形成监管套利。

对混业的互联网金融，在现阶段“一行三会”的分业监管模式下要加强跨部门协调,探索机构监管与功能监管的协调与合作机制,努力减少监管套利与监管真空,提高市场效率,促进公平竞争。

八、对发展互联网金融的建议

(一) 防范互联网金融对传统金融的短期过度冲击

对小微企业和普通个人来说,互联网金融的诞生大大扩展其有效边界,资产配置比例变化较大,对传统金融的替代效应较强。小微企业和普通个人的单个主体投入互联网金融资产数量不多,但主体总数大,总额不可小视,短期对传统金融影响可能相对较大。所以监管者短期可以适当保护传统金融,限制互联网金融的过快发展及其对传统金融的迅速替代,防范系统性风险的爆发,金融系统的稳定对互联网金融的健康发展也是有益的。但从长期发展来看,互联网金融的短时收益和风险变化所引起的资产配置比例的变化不再像诞生时那样剧烈,资产配置比例短时变化相对较小,对传统金融的短时冲击不再立即明显,传统金融有相对充足时间制定应对措施并加以实施。互联网金融的发展对社会长期贡献很大,监管者应明确逐渐取消短期互联网金融限制措施以提高金融消费者效用的态度。传统金融也需要在保护期内找到应对互联网金融的办法,提高自身竞争力,避免长期走向衰落。

2015 年 7 月 31 日,中国人民银行发布《非银行支付机构网络支付业务管理办法》,向社会公开征求意见,其中有些规定可以理解为对互联网金融的短期限制。如"非银行支付机构单个客户所有支付账户单日累计金额应不超过 5 000 元"的规定,监管者通过压抑非银行支付机构账户功能的方式,变相增加银行账户的竞争力,降低了原先的互联网金融消费者体验,限制了非银行支付机构的快速发展。但长期来看,监管者最应保护的是金融消费者的利益,传统金融应顺应时代的发展,开发出比互联网金融更有竞争力的产品,以提高金融消费者效用。

（二）重视互联网金融平台技术研发，提高网络安全性

互联网金融面对的首要考验是互联网的安全问题。互联网金融企业要加大对互联网安全技术的投入，提高网络安全技术的水平，加强加密技术、认证技术、防黑客技术等的开发，建设可靠、安全的通信网络，保障信息安全，以确保企业的持续经营和金融消费者的利益保护。

（三）建立统一的信用平台

2013 年 3 月 15 日，《征信业管理条例》施行，推进互联网接入中国人民银行征信平台。2013 年 6 月 28 日，作为全国首个互联网征信系统的网络金融征信系统 NFCS 正式上线。

建立起一个全国统一包括征信系统和信息披露系统等各个领域全覆盖的信用平台，准许金融消费者和互联网金融机构都能够进行查询，避免信息不对称给金融消费者和互联网金融机构造成的误判和不良影响，减少本可以避免的经济损失。随着信用平台的建立，互联网金融和传统金融的竞争加强，打破信贷市场的垄断格局，有助于推进利率市场化进程，促进社会闲散资金的优化配置和经济的向前发展。

（四）加强金融消费者保护

互联网金融覆盖了大量不能很好得到和甚至不能得到传统金融服务的人群。这类人群的金融知识匮乏，识别风险和承担风险的能力相对较弱。此外，他们投资额小，自身对互联网金融缺乏监督。一旦互联网金融风险爆发，危及的资金总额可能较小，但人数众多，所以对互联网金融消费者加强教育和保护是十分必要和关键的。

对金融消费者的保护，第一，制定有关金融消费者权益保护的法律，改变金融消费者的弱势地位；第二，加强互联网金融机构信息披露，使金融消费者明白金融产品的风险和收益；第三，强化金融消费者自我保护的宣传力度，树立自我的维权意识；第四，畅通金融消费者维权渠道，确保金融消费者权益得

到应有的保护。

（五）加快互联网金融人才培养

我国互联网金融起步晚，发展时间较短，基础比较薄弱，互联网金融人才相对匮乏，专业素质相对较差，难以满足互联网金融快速发展的需要。互联网金融的人才培养不仅是现实选择，更是为未来发展考虑。

总之，我国金融体系与西方国家比较相对欠发达，传统金融主要满足大中型企业和高净值个人的金融需求，大量小微企业和普通个人的金融需求长期处于压抑状态。互联网金融顺应小微企业和普通个人的金融需求而产生，短期来看，对传统金融可能立即产生明显的冲击；但长期发展过程中的短时冲击并不十分明显。传统金融可通过提高自身竞争力来应对互联网金融的压力，走上与互联网金融融合发展的道路，发展互联网金融对增强经济活力和提高金融消费者效用都是十分有益的。作为金融创新的产物，互联网金融的发展伴随着风险，需要内部自律和外部监管。

参考文献

[1] 曹东、曹巍、吴俊龙，2014：《互联网时代金融创新与监管的博弈研究》，《东南大学学报：哲学社会科学版》第 4 期。

[2] 陈林，2013：《互联网金融发展与监管研究》，《南方金融》第 11 期。

[3] 方先明，2009：《证券投资学》，南京大学出版社。

[4] 宫晓林，2013：《互联网金融模式及对传统银行业的影响》，《南方金融》第 5 期。

[5] 管仁荣、张文松、杨朋君，2014：《互联网金融对商业银行运行效率影响与对策研究》，《云南师范大学学报：哲学社会科学版》第 6 期。

[6] 郭田勇、孟娇，2013：《互联网金融时代的银行业发展策略》，《金融电子化》第 9 期。

[7] 郝志运、黄迪，2014：《预先承诺、肥尾效应和监管范式——基于 Agent 的互联网金融监管仿真研究》，《金融监管研究》第 7 期。

[8] 何晓夏、芮建鑫，2014：《我国商业银行在互联网金融影响下的发展路径——以余额宝

的兴起为例》,《思想战线》第 4 期。

[9] 胡庆康,2009:《现代货币银行学教程(第四版)》,复旦大学出版社。

[10] 金锟、宋良荣,2014:《基于博弈论视角的互联网金融风险管理探讨》,《中国集体经济》第 19 期。

[11] 李东卫,2014:《互联网金融:国际经验、风险分析及监管》,《长春市委党校学报》第 3 期。

[12] 李明选、孟赞,2014:《互联网金融对我国金融机构信用风险影响的实证研究》,《企业经济》第 11 期。

[13] 刘东、梁东黎,2004:《微观经济学(第三版)》,南京大学出版社。

[14] 刘粮,2014:《互联网金融征信对中国商业银行信贷垄断的影响分析》,《南方金融》第 8 期。

[15] N. 格里高利・曼昆,2011:《宏观经济学(第七版)》,中国人民大学出版社。

[16] 皮天雷、赵铁,2014:《互联网金融:范畴、革新与展望》,《财经科学》第 6 期。

[17] 裘翔、周强龙,2014:《影子银行与货币政策传导》,《经济研究》第 5 期。

[18] 任春华、卢珊,2014:《互联网金融的风险及其治理》,《学术交流》第 11 期。

[19] 沈坤荣、耿强、付文林,2010:《宏观经济学教程(第二版)》,南京大学出版社。

[20] 田光宁,2014:《互联网金融发展的理论框架与规制约束》,《宏观经济研究》第 12 期。

[21] 王达,2015:《美国互联网金融与传统金融的融合》,《学术交流》第 6 期。

[22] 王达、刘天泽,2015:《论影子银行体系的演进与互联网金融发展》,《东北师大学报(哲学社会科学版)》第 1 期。

[23] 王国刚、张扬,2015:《互联网金融之辨析》,《财贸经济》第 1 期。

[24] 沃尔特・尼科尔森,2008:《微观经济理论(第九版)》,北京大学出版社。

[25] 吴晓求,2014:《中国金融的深度变革与互联网金融》,《财贸经济》第 1 期。

[26] 谢平、邹传伟,2012:《互联网金融模式研究》,《金融研究》第 12 期。

[27] 谢平、邹传伟、刘海二,2014:《互联网金融监管的必要性与核心原则》,《国际金融研究》第 8 期。

[28] 约翰・G. 格利、爱德华・S. 肖,1994:《金融理论中的货币》,上海三联书店。

[29] 张玉明、王洪生,2014:《复杂适应系统视角下的互联网金融特征及运作机制研究》,《山东大学学报:哲学社会科学版》第 5 期。

[30] 周茂清,2014:《互联网金融的特点、兴起原因及其风险应对》,《当代经济管理》第 10 期。

[31] 邹新月、罗亚南、高杨,2014:《互联网金融对我国货币政策影响分析》,《湖南科技大学学报:社会科学版》第 4 期。

大数据驱动下的互联网金融*

戴　宏

内容提要：互联网金融是传统金融业务与互联网科技深度融合，特别是大数据驱动的新金融业态。本文首先论述了大数据的基本内涵，然后分析了第三方互联网支付、互联网理财、互联网保险、网络借贷、线上众筹、供应链融资和消费金融等互联网金融的主要业务模式，进而探讨了金融产品与服务虚拟化、金融管理虚拟化、市场营销精准化、机构网点功能弱化、小微企业贷款便捷化，以及风险管理数控化等互联网金融的发展趋势。

关键词：互联网金融；大数据；业务模式；发展趋势

一、引　言

1989年3月，英国人蒂姆·伯纳斯·李(Tim Berners-Lee)在日内瓦欧洲原子核研究中心粒子实验室里正式提出互联网的设想；到1989年仲夏，他成功地开发出世界上第一个网络服务器(Web Server)和第一个Web客户端浏览机；1989年12月他将自己的发明正式定名为World Wide Web，即WWW。进入1990年12月，他的网页浏览器已使在欧洲粒子物理实验室工作的欧洲各国核

* 戴宏，美国弗吉尼亚大学工程博士，苏宁云商金融集团副总裁。

物理学家能通过计算机网络及时进行信息传递和合作研究。同时,分布在世界各地的核物理实验室和研究所,也能通过他的计算机网络共享最新研究信息、数据和图像资料。然而,蒂姆·伯纳斯·李这位英国计算机科学家和互联网的发明者并没有能使互联网应用在他的出生地英国和欧洲大陆迅速取得商业上的成功。成名后,他很快被美国麻省理工学院聘请为教授和高级研究员,并出任麻省理工学院计算机科学及人工智能实验室创办主席。1990 年,他与一位美国电脑程序员/前花样滑冰运动员在美国结婚,从此定居美国波士顿。

1991 年 5 月,美国开始将互联网应用推向全世界,互联网迅速成为时代的宠儿,渗透到人们工作、生活的每一个领域。一个非常值得思考的问题是:为什么一个英国人发明的互联网技术并且已经在欧洲粒子物理实验室取得成功,受到欢迎,最终却被美国人发现其潜在的巨大商业价值,进而主导 20 世纪 90 年代以来互联网应用在全球各领域的蓬勃发展?分析一下蒂姆·伯纳斯·李成名后的生活和工作轨迹,便不难发现美国人才政策的高明之处。

随着互联网应用的高速发展,互联网金融也开始走上历史舞台。一个有趣的客观事实是,美国引领了全球互联网金融前十年的发展,在 1992—2002 年的十年间,美国有效地利用了互联网技术,在金融监管、产品创新、用户体验、经营决策、风险管理等方面不断创新,极大地提升了金融机构的核心竞争力。然而,1999 年,美国国会通过《金融服务现代化法案》,废除了 1933 年来行之有效的《格拉斯-斯蒂格尔法》,结束了银行、证券、保险分业经营的格局,使政府对金融机构的监管到了名存实亡的地步。金融机构随后开始过度创新,结果八年后因房地产按揭贷款环节发生资金链断裂,引发了次贷危机,进而引爆全球范围的金融危机后,这个《金融服务现代化法案》才被彻底否定,全方位监管才被重新广泛认可。互联网金融也在很大程度上陷入发展的瓶颈。

中国互联网金融之所以这十多年来能高速发展,一是因为它拥有巨大的互联网用户群体,二是因为国家对互联网创新的投入和支持;但最根本的一点,是它顺应了国际金融发展的历史潮流和必然规律。互联网金融以用户体验为最高服务宗旨,以轻资产的中间业务为发展方向,以大数据技术和大数据分析为基础，以金融服务虚拟化、网点因素淡化、营销业务精准化、小微企业贷款、风险管理数控化为突破口。中间业务是指金融机构不需动用自己的资金，依托业务、技术、机构、信誉和人才等优势，以中间人的身份代理客户承办收付和其他委托事项，提供各种金融服务并据以收取手续费的业务。目前，国际先进金融机构的中间业务主要包括银行卡业务、投资银行业务、代理类中间业务、支付结算类中间业务、担保及承诺类中间业务、交易类中间业务、基金托管业务、咨询顾问类业务等。

从赢利模式来看，西方先进商业银行的中间业务收入高达80%，存贷款类业务的收入不足20%。而中国商业银行的情况则正好相反，存贷款类业务的收入竟占到了绝对的统治地位，而中间业务的赢利能力还很不足。究其原因，一是缺少懂得开发中间业务产品的研发人才，二是缺少懂得发展中间业务的经营人才，三是缺少良好的社会诚信体系。随着我国利率市场化的推进，金融机构传统利差类业务的获利空间必将不断被压缩，中间业务必然成为新的利润增长点。互联网金融近年来能在国内有如此迅猛的发展，正是依托于我国巨大的中间业务市场，走轻资产的发展之路。

二、大数据处理

大数据是指无法在一定时间内用常规软件工具对其内容进行抓取、管理和处理的数据集合。大数据通常用来形容一个公司创造的大量非结构化和半结构化数据。

大数据具有数据体量大、数据类型多（包括音频、视频、图片、地理等）、处理速度快、价值密度低的特点。

大数据的处理包括大数据的采集、数据的导入和预处理、数据的统计和分析。大数据分析常和云计算联系在一起。值得一提的是，对存储的海量数据进行处理、分析是进行大数据的挖掘和获得大数据价值的必要条件。以信用卡业务为例，如何区分消费后没钱还款（即信用风险），还是故意不还款（即欺诈风险/操作风险），是制定有效风险管理措施的先决条件。

大数据挖掘是指从各种各样类型的数据中，快速获得有价值信息的能力。人们对于海量数据的挖掘和运用，真正盘活这些数据资产，使其为经营决策和风险管理服务，乃是大数据挖掘的核心。亚马逊前任首席科学家 Andreas Weigend 说过："数据是新的石油。"大数据是如此重要，以至于其获取、储存、搜索、共享、分析，乃至可视化地呈现，都成了重要的研究课题。

大数据已经渗透到当今每一个行业和业务职能领域，成为重要的生产因素。大数据决定着金融机构的未来发展，金融决策将日益基于数据和分析，而并非基于经验和直觉。比如，通过大数据挖掘，投资银行可以根据民众情绪，预判市场走势，抛售股票；可以依据顾客评论，分析企业产品销售状况；可以通过搜集并分析上市企业声明，寻找企业破产的蛛丝马迹。

三、互联网金融主要模式

互联网金融是基于互联网思维与互联网技术手段的运用，利用大数据处理实现对信用管理的突破来开展资金融通、支付与信息中介等业务的新兴金融模式。互联网金融不是互联网和金融业的简单结合，而是在实现安全、移动等网络技术水平上，被用户熟悉接受后（尤其是对电子商务的接受），自然而然

图 1　大数据驱动下的新兴金融模式

为适应新的需求而产生的新模式及新业务。互联网金融是传统金融行业与互联网精神相结合的新兴领域。

互联网金融通过对网络营销手段的变革，实现了推广与到达目标客户效率的有效提升。社交化网络的应用与移动互联网的发展，改变了传统传播方式的滞后与弱联系，实现了客户需求同产品之间的高度匹配，在提升效率的同时降低了风险，实现了客户群体规模的快速拓展与覆盖。

根据中国人民银行发布《中国金融稳定报告(2014)》，中国互联网金融主要存在六种业态：互联网支付、P2P 网络借贷、非 P2P 的网络小额贷款、金融机构创新型互联网平台、众筹融资、基于互联网的基金销售。

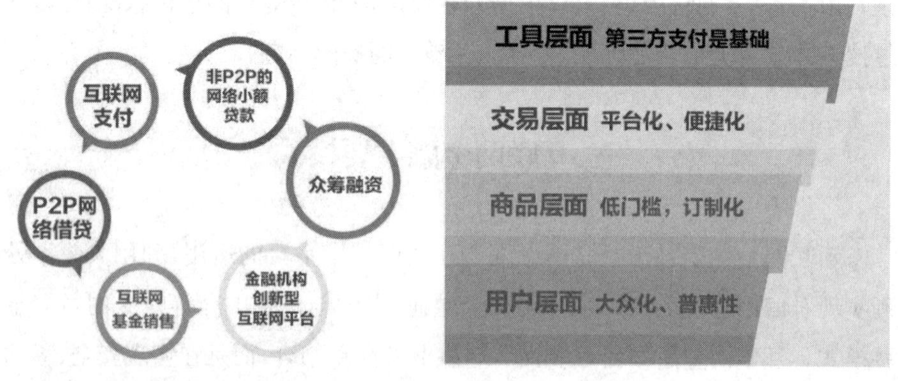

图 2 中国互联网金融的六种业态和特征

互联网金融发展到现阶段具有以下特征：工具层面，第三方支付是基础；交易层面，呈现交易平台化、便捷化的特点；商品层面，互联网金融产品具有低门槛、参与度高、订制化的特点；用户层面，面向大众，具备大众化、普惠性的特征。互联网金融的上述特征促使金融业态由原来高门槛、高姿态、固定化的状况向低门槛、普惠性实现转变，原有被压抑和未得到满足的金融需求得到了极大的释放，造就了目前欣欣向荣、快速发展的互联网金融市场。

1. 第三方互联网支付。互联网支付是指客户通过桌式电脑、便捷式电脑、手机等设备，依托互联网发起支付指令，实现货币资金转移的行为。统计企业类型中不含银行，仅指规模以上非金融机构支付企业。2014 年互联网支付 7.4 万亿元，但占整体第三方支付比重仅为 32%，线下支付市场规模非常巨大。

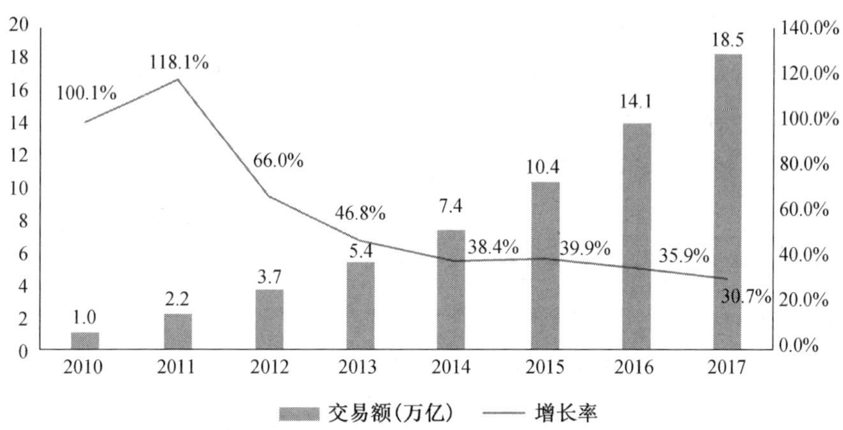

图 3　2010—2017 年中国第三方互联网支付交易规模

数据来源：http://report.iresearch.cn

互联网支付交易主要分为在网络购物和基金理财两大类型。特别值得关注的一个趋势是移动支付市场规模已达到创纪录的万亿元。

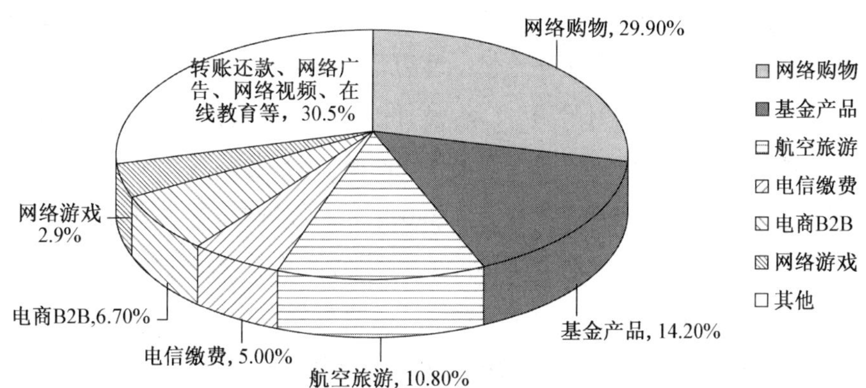

图 4　2014 年中国第三方互联网支付市场交易规模结构

数据来源：http://report.iresearch.cn

2. 互联网理财。互联网理财市场目前主要有三类产品:货币基金类理财、股票权益理财、票据理财。2013 年 6 月,支付宝与天弘基金合作推出可购买基金的"余额宝",收益竟比活期储蓄高出 10 倍之多! 受高收益的刺激,"余额宝"问世后短短几个月,产品规模就迅速突破了 1 000 亿元,用户数接近 3 000 万,互联网理财市场应运而生。

七大因素催生了互联网理财市场自 2013 年 6 月以来的持续火爆:(1) 国民可支配收入的持续增长;(2) 国民投资渠道狭窄且收益偏低;(3) 生活方式的网络化,特别是移动端的发展,为互联网理财带来极佳的用户体验;(4) 理财的门槛降了下来,用户无论购买金额大小均能享受同等的服务和收益率;(5) 苏宁"零钱宝"等"宝宝"类产品还能直接用于互联网购物消费,使得互联网理财更加生活化;(6) 互联网理财产品收益相对较高;(7) 互联网企业拥有大数据优势,比传统金融机构更了解客户需求,懂得交叉营销和精准营销,能够为客户提供更具针对性的理财服务。未来互联网理财将呈现平台化、定制化、场景化发展趋势。

3. 互联网保险。目前互联网保险刚刚起步,各家保险机构均处于摸索阶段,对互联网保险的认知也仅仅是将互联网作为传统保险的新渠道而已,因此,尚未形成明显的行业竞争。2015 年互联网保险的市场规模约为 800 亿元,其中车险52.4%,理财险 27.9%,意外险 14.8%,长期寿险 4%,健康险 0.6%,家财险0.3%。销售结构高度集中在车险、理财险和意外险产品。预计 2016 年互联网保险的市场规模接近 1 200 亿元,互联网车险和意外险的规模和份额将进一步提升。但是,互联网理财险因监管原因,保费规模和市场份额将可能会有所下降。

4. 网络借贷。网络借贷是指在网上实现借贷,即一切认证、记账、清算和交割等流程均通过互联网来完成的金融服务。网络借贷的模式起源于欧美,是一种较为透明的民间借贷方式。网络借贷一般为小额、无抵押、纯信用借贷,覆盖的借入群体一般是中低收入阶层。借助互联网这一工具和西方社会良好的诚信体系,网络借贷得以在欧美完全透明化地运作,从而有效地降低了

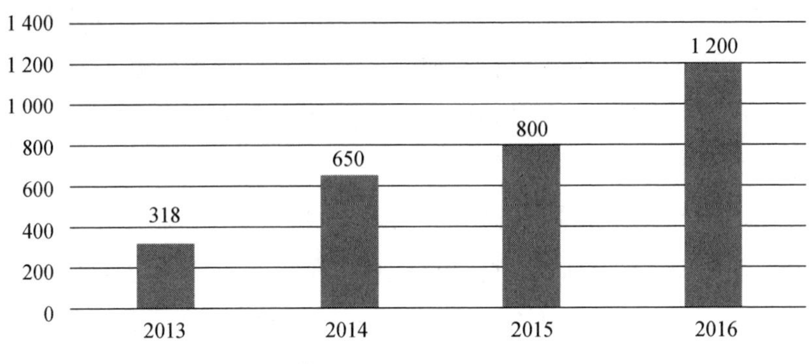

图 5　中国互联网保险市场规模

数据来源：http://report.iresearch.cn

审查的成本和风险，而网络借贷平台本身仅提供信息匹配、工具支持等功能服务，不参与借款。

中国目前的网络借贷市场主要存在 B2C 和 C2C 两种模式。近几年，P2P 网络借贷(Peer to Peer)行业虽然迅速发展并初具雏形，但整体仍处在初级阶段。由于行业监管的空白和社会诚信体系的缺失，问题平台不断出现。笔者认为，一个健康的网络借贷市场必须建立在良好的社会诚信体系基础之上，应尽快在国家层面着手建立良好的社会诚信体系，使不诚信的代价远远高于不诚信的成本，这才是良好社会诚信体系之根本所在。

5. 众筹。众筹包括实物众筹、公益众筹、债权众筹、股权众筹。其中实物众筹和股权众筹是两类典型的众筹模式，而债权众筹其实就是 P2P。目前市场上众筹行业的盈利模式基本上是靠收取融资金额一定比例的服务费。2014 年监管部门已出台《私募股权众筹融资管理办法(试行)(征求意见稿)》，为众筹在中国的健康、稳定发展打下了坚实的基础。

2015 年 4 月苏宁众筹平台正式上线。苏宁众筹是中国唯一一个实现在线上平台、线下实体门店同步开展众筹产品体验的全渠道平台，其使命是为了支持中国创造，实现创新创业者梦想，业务涵盖实物、公益、地产、娱乐、影视、文化、农业等多个领域。苏宁众筹的创新主要依托于苏宁的互联网转型，其具有颠覆意义的是，在众筹项目结束之后，苏宁众筹可以根据项目实现程度和发起人意愿，继续进行后续深入合作，如引进线上、线下销售渠道，引进苏宁众包洽谈合作包销等多种合作模式，让众筹成功之后的产品能得到持续培育，变成一个又一个火爆的明星产品。

6. 供应链融资。供应链融资是把供应链上的核心企业及其相关的上下游配套企业作为一个整体，根据供应链中企业的交易关系和行业特点制定基于货权及现金流控制的整体金融解决方案的一种融资模式。供应链融资将贷款风险控制前移至企业的生产、存储及其交易环节，以产业链整体或局部风险控制强化单一企业的风险个案防范。因此，供应链融资在很大程度上能降低业务风险，以强势企业的强大商业运作能力控制整个产业链的融资风险。

图 6　电商生态圈供应商的供应链融资业务和特点

电商生态圈供应商的供应链融资业务目前包括应收账款融资、库存融资、票据融资、信用融资四大主要模式，具有快（实时授信、极速放款）、易（无需担保、手续简单）、好（最优体验、手续极简）、省（成本极低、真正划算）的显著特点。但也必须清醒地认识到，随着融资业务向上下游延伸，风险也会相应扩散。一旦供应链上的某一成员出现融资问题，那么整条供应链，包括核心企业都会被迅速波及。

7. 消费金融。中国银监会 2009 年 7 月 22 日出台了《消费金融公司试点管理办法》,为消费金融业务的健康发展奠定了基础。2013 年 11 月 14 日,银监会又出台了《消费金融公司试点管理办法》修改版,取消了有关“消费金融公司不得在注册地所在行政区域之外开展业务”条款后,消费金融公司迎来了一个高速发展的“黄金期”。当然,为防止消费者过度消费,《试点管理办法》还规定,消费金融公司向个人发放消费贷款的余额不得超过借款人月收入的 5 倍和贷款利率最高不得超过央行同期贷款利率的 4 倍(根据规定,贷款利率较央行基准利率上浮超过 4 倍即为高利贷)。

消费金融主要面向有稳定收入的中低端个人客户,具有单笔授信额度小、审批速度快、无需抵押担保、服务方式灵活、贷款期限短等独特优势。当然,由于是无担保、无抵押贷款,风险相对较高,所以金融公司必须收取较高利息来控制自身的资金风险。随着中国经济发展的引擎逐步从过去的外贸出口为主,转向为以服务为导向的内需消费为主,消费金融的发展必然将是一片蓝海。但是,只有那些依托大数据驱动,在授信模型、风控规则、逾期催收方面做得一流的金融机构,如美国的万事达卡(MasterCard)和 VISA 卡(Visa Inc.),才有可能在消费金融市场获得成功。

四、互联网金融发展趋势

当前,互联网金融的发展已呈现七大明显趋势:金融产品虚拟化、金融服务虚拟化、金融管理虚拟化、网点因素淡化、营销业务精准化、小微企业贷款可行化、风险管理数控化。

(1) 金融产品虚拟化。互联网金融产品与传统金融机构产品相补充,已形成了完整的金融产品布局。股权投资领域有股权众筹、网络券商,债权投资领域有 P2P、网络小贷、网络消费贷款、网上银行,保险领域有互联网保险。

(2) 金融服务虚拟化。随着数据化和网络化的全面深入发展,金融服务虚拟化已是大势所趋。“企业网上银行”、“银企通”、“家易通”等金融机构电子商务平台不断启动,“鼠标”银行、电子银行成为未来趋势。

(3) 金融管理虚拟化。银行业务中的各种单据、凭证等将以数字文件的形式出现。传统的金融机构运营模式将逐渐消融在数据化的洪流里,借助"大数据"手段,实现跨越式发展,成为未来金融机构可持续发展的唯一选择。

(4) 机构网点弱化。在大数据时代,决定一家金融机构成功的关键因素在于对数据的占有及其使用能力,而传统的人员、网点因素将逐渐淡化。未来,银行客户资源的稳定及增长,将更多依赖于对不同类别客户需求数据的掌握并开发出便捷、安全、高值的产品。

(5) 营销精准化。通过对大量交易、行为数据的收集、分析、挖掘,可以展示出分层客户的金融需求,从而按照市场需求、客户需要开发产品、实施营销,真正做到以客户为中心设计开发产品和精准营销。

(6) 小微企业贷款可行化。在小微企业贷款业务方面,大数据极大地改变了信息不透明、不对称给金融机构带来的风险与不确定性。金融机构可以依托大数据和数据挖掘工具,在准确计量风险溢价的基础上,构建快速授信审批流程,满足小微企业的融资需求。

(7) 风险管理数控化。在风险管理方面,借助大数据对法人与个人客户进行多维度的评估,使其风险模型更加符合市场实际,对客户违约率(PD)、违约损失率(LGD)的取值将更准确。同时,在交易层面,利用大数据制定风控规则,能有效地控制第三方支付日益严峻的欺诈风险,并使金融机构贷后管理和催收能力得到全面提升。

参考文献

[1] 杜永红,2015:《大数据时代互联网金融发展对策研究》,《价格理论与实践》第7期。

[2] 杜永红,2015:《大数据下的互联网金融创新发展模式》,《中国流通经济》第7期。

[3] 何飞、张兵,2016,《互联网金融的发展:大数据驱动与模式衍变》,《财经科学》第6期。

[4] 孙杰、贺晨,2015:《大数据时代的互联网金融创新及传统银行转型》,《财经科学》第1期。

[5] 胥爱欢,2016:《互联网金融创新挑战:大数据、跨界经营与权利异化》,《西南金融》第6期。

互联网金融与中小企业融资*

牛华伟

内容提要：企业通过互联网金融获得贷款，本质上仍属于基于委托代理关系的公司债务融资模式。本文利用基于合约理论的公司融资分析框架，考虑由借贷双方信息非对称引发的道德风险存在的情形，研究了企业通过互联网金融获得贷款的最优贷款规模和最优贷款利率。互联网融资平台具有增大企业违约成本的优势，使得企业在获得贷款后，权衡其违约成本与卸责时得到的私人收益。研究表明：最优贷款额度及贷款利率是存在的，互联网金融增加企业违约成本的优势能有效缓解企业的道德风险，并提高互联网金融支持优质中小企业获得贷款的能力。本研究为互联网金融规范化快速发展提供了理论基础。

关键词：互联网金融；信息非对称；中小企业融资；委托代理

---

* 牛华伟，南京审计学院金融学院，金融工程研究中心，讲师，主要研究方向：连续时间合约理论、金融工程（信用风险、金融衍生品定价），E-mail：niuhuawei@gmail.com，niuhuawei@nau.edu.cn。

基金项目：国家自然科学基金青年科学基金项目（71501099）；江苏省自然科学基金青年项目（BK20150725）；江苏省高校自然科学研究面上项目（15KJB110011）；江苏省金融工程重点实验室开发课题（NSK2015－01）

一、引　言

长期以来，中小企业融资难问题制约着我国中小企业的发展，成为我国社会经济均衡发展的重要瓶颈。对于中小企业融资难问题的研究，一直备受经济金融理论界的密切关注。从经典经济学理论分析出发，学界与业界认识到中小企业融资难的原因主要有以下几个方面：一是由于商业银行与中小企业间严重的信息非对称，由此导致的逆向选择和道德风险问题，使得对中小企业信贷配给成为银行的理论性选择（Stiglitz and Weiss，1988）。二是由于中小企业的抵押资产不足。资产雄厚的大型企业由于可以提供足额的抵押资产，它们容易从银行获得贷款。而中小企业由于自身可抵押资产较少，无法有效显示信用等级，即使是优质的低风险中小企业也是如此，因而受到银行的信贷配给（Bester，1987）。

面对中小企业融资难问题，最近几年，我国出台了一系列融资政策措施，这其中包括大力发展电子商务平台与银行携手为中小企业贷款的模式[①]。特别的，随着互联网技术、思维与传统金融创新性的结合，互联网金融这一新兴的金融模式在中小企业的网络贷款业务[如个体网络信贷（P2P）]上发展迅速且已具规模[②]。互联网金融业态模式的兴起，特别是网络贷款的兴起，满足了民间对于资本的部分需求，缓解了个人、中小企业资金需求得不到满足的困境。随着2015年7月18日《互联网金融指导意见》这一纲领性文件的发布，包括网络借贷在内的互联网金融各个行业将会规范化快速发展。

---

① 例如，截至2015年7月，中国工商银行与最大的电子商务平台阿里巴巴合作推出的“融e贷”，交易额累计达2 044亿元，同比增长26.8倍。其互联网贷款产品“网贷通”，已累计向7万多家小微企业发放贷款1.73万亿元。

② “网贷之家”的统计数据显示，2015年7月我国P2P网贷行业成交825.09亿元，环比上升25.1%，同比上涨3.8倍，历史累计成交已达成7 600亿元。截至2015年7月底，全国P2P网贷余额2 708.97亿元，创历史新高，同比增长219.35%，环比增长14.64%。预计到2015年年底，网贷贷款余额将突破4 000亿元。

已有的研究表明(赵岳和谭之博,2012),基于电子商务平台等互联网金融的信贷模式在甄别不同信用水平的中小企业方面具有相对于银行的成本优势和信息搜集优势,从而能够较为有效地克服逆向选择问题,帮助受到信贷约束的低风险中小企业获得贷款,这也是P2P等网络贷款快速发展的一个主要原因。然而,互联网金融的这一甄别作用发生在贷款合约签订之前(ex ante)。在贷款下放后,由于企业家是否努力工作等企业运营信息是不可被债权人验证的(unverifiable),企业家就有可能发生道德风险寻求其他私人收益,导致投资的项目失败,进而发生还款违约。这样,通过互联网融资的贷款合约内容(贷款额度、贷款利率水平)能否事后(ex post)有效限制中小企业的道德风险问题,对于促进互联网金融行业的规模化快速发展则显得非常重要。

作为处于起步发展阶段的企业,中小企业的成长壮大离不开长期积累的声誉等信用资本,优质的中小企业不仅会注重当期的效益,也会考虑企业未来的长远发展。现实中,我国的中小企业具有真实可信的信誉成本和违约信用成本(谢世清和李四光,2011)。如果能把企业长期积累的信用资本转化为一种企业重要的内生性资产,中小企业抵押品不足的问题即可得到很大程度的缓解。在此基础上,充分发挥互联网金融在企业信息搜集与发布方面的优势,通过对企业违约的信誉资本适当放大,互联网金融的新型信贷模式便具有明显的优势,能够有效缓解由借贷双方信息不对称引起的道德风险问题,从而帮助优质的中小企业获得理想的贷款额度和利率。

进一步,对于中小企业而言,利用互联网金融贷款,其合约规定的贷款额度和利率水平与传统银行贷款究竟有何区别?中小企业通过互联网金融获得的贷款规模是否有限制?具体如何?网络贷款的利率水平受哪些因素影响?互联网金融如何降低借贷双方的信息不对称,进而消除由此引发的中小企业的道德风险问题?本文在对互联网金融信贷模式进行考察的基础上,构建一个基于委托代理理论的互联网金融债务融资理论模型,研究互联网金融对中小企业贷款的最优贷款额度和最优贷款利率,进而对上述问题从经济学理论上给予回答。在“大众创新、万众创业”的政策指导下,本文利用互联网金融解决中小企业的融资难问题，对于促进我国经济增长、互联网金融规范化发展具有重要的理论意义与应用价值。

二、文献综述

与本文相关的研究领域主要包括互联网金融与中小企业融资问题。就互联网金融而言，由于其在我国快速发展的时间较短，尚处在起步阶段，目前的研究主要集中在探讨互联网金融的业务模式、与传统金融的本质区别、监管以及相应的风险管理等问题。例如，谢平和邹传伟(2012)率先总结了互联网金融模式有三个核心部分——支付方式、信息处理和资源配置，并在此基础上细分出包括网络贷款在内的八种创新模式；郑联盛(2015)对我国互联网金融的模式、本质、对金融体系的影响及互联网金融风险与管理进行了较为全面系统的阐述。但关于互联网金融的已有研究都仅局限在上述方向，没有对互联网金融的运行机制从经济学理论上进行分析。本文则首次通过建立基于合约理论的微观经济学模型，探讨互联网金融快速发展需要的条件和本质原因。

在中小企业融资领域，国内外研究文献较为丰富。针对中小企业融资难，Stiglitz and Weiss(1981)、Bester(1985)等建立发展了信贷配给理论。他们认为银行为避免由于信息非对称导致的逆向选择而不愿提高利率，使得无法提供足额抵押品的企业信贷需求无法满足，产生信贷配给。基于信贷配给理论，国内众多学者也做了相应的研究，参见王霄和张捷(2003)、陈其安等(2008)。上述研究均是局限在传统的信贷模式中，赵岳和谭之博(2012)则首先讨论引入第三方电子商务平台对于缓解中小企业融资难的作用。他们建立了一个基于信息经济学的理论模型，论证了在引入电子商务平台后，可以帮助低风险的优质中小企业展示自己的信用类型，进而获得银行贷款。但该研究探讨的是电子商务平台如何克服贷款合约签订前企业信用类型的甄别问题，对于电子商务平台如何解决中小企业在贷款合约签订后的代理问题(如道德风险)，并没有给予探讨。

针对互联网金融相对于传统信贷模式的特定优势，本文利用和发展基于委托代理理论的债务融资分析框架（Holmstrom and Tirole，2006；Tirole，2006）[①]，构建了一个理论模型研究互联网融资的最优贷款合约，分析了最优贷款合约的性质与影响因素。在此基础上，探讨了互联网金融如何有效克服企业的道德风险问题，以促进互联网融资业务的快速发展，从而为互联网金融有效解决中小企业融资难题提供了理论基础。

三、模　型

在模型构建之前，我们首先分析互联网融资平台在企业融资中发挥的作用和特定优势。在此基础上，建立符合实际情形的理论模型，从而研究互联网金融缓解（由信息非对称引起的）中小企业道德风险问题的具体机制。

（一）互联网融资平台在企业融资中的作用

基于对我国互联网金融业务模式、运行机制及其影响的分析，可以发现，从目前发展状况来看，互联网金融在本质上并没有摆脱金融的特征，而是传统金融通过互联网的成熟技术，利用互联网在信息处理和融资双方易对接的优势来完善金融服务及其渠道（郑联盛，2015）。已有的研究成果表明，互联网金融通过引入大数据、云计算等先进技术，有助于强化数据分析，较为有效地克服信息非对称问题，提高金融风险管理效率。具体而言，互联网融资平台的主要优势和作用具有以下几点：

第一，互联网融资平台（如电子商务平台）的引入增大了贷款企业的违约成本。由于互联网融资平台可以充分利用网络技术搜集并发布信息，与行业协会、地方信用体系和商会相比，其搜集和发布信息的力度更强，范围更广。

① 国内外基于委托代理理论的非对称信息的公司融资框架的理论与应用研究成果较为丰富，例如，Innes (1990)，Dewatripont et al. (2003)，He (2011)，肖欣荣和田存志(2011)，牛华伟(2015)等。

以阿里巴巴和银行合作的电子商务平台为例，借助其广泛的网络可及度，一旦借款企业出现坏账，可以对用户进行“互联网全网通缉”，以“网络公示”和“终止服务”等手段有效提升了企业的违约信誉成本。（赵岳和谭之博，2012）

第二，互联网金融可以降低运营成本，实现规模经济。在传统的银行贷款融资方式中，由于中小企业单笔融资的额度比较小，而每笔贷款都需要专人对企业的经营状况进行调查分析，单位资本的监督审查成本过高，而互联网融资平台的运营、研发和管理等成本具有固定成本的性质，不随使用互联网融资平台企业的数目变化而发生显著变化。同时，互联网金融利用网络优势，以较低成本采集在平台上进行交易的中小企业的信用信息，建立起企业网络信用体系。因此，使用互联网融资平台的企业越多，单个企业分担的成本越小。

（二）模型设定

考虑在一个完全竞争的经济中，企业与投资人均是风险中性的，企业可以分别通过银行贷款和网络平台贷款两种模式进行融资。在0时刻企业决定投资一个固定收益率为 y 的项目，且假定项目的投入规模 I 是可以自由选择的连续变量。企业初始拥有的资产或净资金为 A，这些资产可以是现金或是流动性证券，用来承担投资的成本。为了投资一个规模为 $I>A$ 的项目，企业必须借款 $I-A$，且贷款利率为 R。这样，企业通过网络贷款签订的贷款合约 Γ 包括融资后的规模与贷款利率，记为 $\Gamma=\{I,R\}$。

企业欲投资的项目在0时刻启动。在时刻1，项目或是成功，获得可以验证的（verifiable）收益 $yI>0$；或是失败，在时刻1的收益为0。项目成功的概率记为 p。在0到1时刻，获得贷款的企业家的努力工作程度是无法被观察到和验证的，企业家可以努力工作（或者投资成功概率更高的项目），也可以卸责（或者投资收益率相同但风险更高的项目）并得到收益率为 B 的私人收益。因此，项目面临着贷款企业主是否努力工作的道德风险问题。

我们考虑的模型是这样的：企业与网贷平台（此处，我们将互联网融资平台与外部投资者视为统一的整体，简称为网贷平台）之间存在非对称信息，网贷平台无法观察到贷款后企业家的努力程度。企业投资项目成功的概率受到企业家工作努力程度的影响，但企业家的努力程度是不可观察的(unobservable)。如果企业家努力工作，项目成功的概率为 p_H，没有道德风险类型的私人收益；如果企业家卸责，项目成功的概率为 p_L，并得到私人收益 BI，其中 $\Delta p = p_H - p_L > 0$，BI 也可以理解为企业家努力工作付出的成本。如果项目投资失败，企业违约时的全部资产价值为 $I-A$，且有 $\alpha(I-A)$ 资产作为破产成本损失掉，投资者只能得到 $(1-\alpha)(I-A)$ 的清算资产，这里 α 是规模调整(size-adjusted)的清算成本。企业融资合约的完整时序与道德风险发生的可能时刻如图 1 所示。

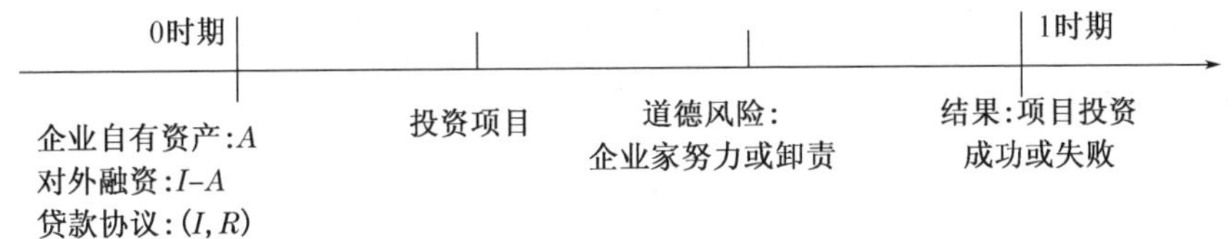

图 1　企业融资合约的完整时序

在上面模型的设定基础上，为了分析方便，根据本节第一部分对互联网金融网络贷款现实的抽离，对互联网融资平台作用的模型设定如下：

1. 关于互联网金融增大企业违约成本的设定

由于互联网融资平台的广泛性，使用互联网融资平台(如 P2P)融资的企业一旦违约，其信息将会在网络中被广泛披露，使企业遭受特定的违约成本。这种成本可以理解为企业未来经营中声誉、信用受损的成本，对于优质中小企业的发展有重要影响。需要注意的是，虽然互联网融资平台可以通过对企业违约信息发布的范围和力度进行选择，来控制企业的违约成本，但是不同风险的企业对于信誉成本的态度和主观评价可能不同。为了讨论的严谨，对于不同风险水平的企业，我们假定违约后的信誉成本为 ϕD，其中 ϕ 代表企业对于信誉成本的主观评价，D 为风险中性企业信誉成本客观评价的标准化。

2. 关于互联网融资平台实现规模经济的设定

假设互联网融资平台的建立与信息搜集需要付出成本 Z，这一成本可以理解为电子商务平台前期投入、运营、管理等方面的成本，具有固定成本的性质，不随后期使用互联网融资平台企业数目的变化而变化。若使用互联网融资平台进行融资的企业数目为 m，则分摊到每家企业上的成本为 Z/m。

（三）最优合约

考虑由信息非对称引起的道德风险问题，我们将基于委托代理理论，构建一个理论模型研究中小企业通过互联网融资的最优贷款合约以及其他相关问题。下面我们将要探讨使得企业能够努力工作且其期望收益达到最大化的最优贷款合约$\Gamma=\{I,R\}$是否存在，以及具体形式。

根据第二节的分析与互联网融资的特征，当企业家努力工作时，其在时刻 1 的期望总收益 P^S 为[①]：

$$P^S = p_H[(1+y)I-(I-A)(1+R)]+(1-p_H)(0-\phi D)-f \tag{1}$$

其中，f 是企业加入互联网融资平台的成本（如会费）。当企业家卸责时，不同于努力工作的情形，其期望总收益 P^F 满足：

$$P^F = p_L[(1+y)I-(I-A)(1+R)]+(1-p_L)(0-\phi D)-f+BI \tag{2}$$

互联网融资的贷款合约在设计时，应激励企业家努力工作，使得企业家努力工作得到的期望总收益(1)式不小于其卸责时得到的期望总收益(2)式。因此，企业家的激励相容(Incentive Compatibility)条件为：

$$p_H[(1+y)I-(I-A)(1+R)]+(1-p_H)(0-\phi D)-f \geqslant$$
$$p_L[(1+y)I-(I-A)(1+R)]+(1-p_L)(0-\phi D)-f+BI$$

上式等价于：

$$[(1+y)I-(I-A)(1+R)]+\phi D \geqslant \overline{B}I, \tag{3}$$

其中，$\overline{B}=\dfrac{B}{\Delta p}$ 表示信息非对称导致企业家卸责的代理成本。

---

① 为了简化分析，论文假定无风险利率为 0，此假设对本文的结论没有任何影响。

当卸责得到的规模私人收益 B 越高，努力工作与卸责的项目成功概率差距 Δp 越小时，企业家努力工作的成本越高，企业家也越有可能发生道德风险。对于激励相容条件(3)式，只要企业的贷款合约满足此条件，企业家将选择努力工作。此外，我们假设：

$$R < y < R + \overline{B} \tag{4}$$

这表明本文只考虑道德风险发生时企业得到的调整私人收益率$\overline{B}$大于其投资项目的净收益率 $y-R$，因而在没有其他激励或惩罚措施时，企业家选择卸责。否则，企业家不会卸责去获取私人收益。

激励相容条件(3)式表明，不同于传统借贷模式仅有正向激励，互联网金融对企业家的激励包含从正向与负向两个方面实施。从负向角度出发，当违约的成本 ϕD 越高(如前所述，在互联网金融中，企业违约的信誉成本是可以被互联网融资平台控制的)，即企业家由于卸责导致违约所承担的成本越高时，企业家会惧怕此种惩罚，而选择努力工作；从正向角度出发，当企业投资的项目收益率 y 较高，贷款利率 R 较小时，企业家的期望收益高于其努力工作付出的成本，此时企业家也会选择努力工作。事实上，在非对称信息的委托代理理论中，一个基本的逻辑是委托人虽然观察不到代理人的行为，但可以通过事前签订的合约来约束引导代理人的行为。在本文的模型中，虽然外部投资者无法观察到企业家是否努力工作，但通过互联网融资平台签订的满足激励相容约束的贷款合约，从正向激励与负向惩罚两个方面保证企业家努力工作，使激励相容条件更容易成立，从而比传统信贷模式更有效地解决了信息非对称问题，进而更好地解决中小企业融资难问题。

为了保证投资者(包括银行)愿意利用互联网融资平台向中小企业提供贷款，贷款合约的设计还应考虑到投资者获得期望总收益不低于初始投资额。因此，投资者的参与约束(Participation Constraint)条件为：

$$p_H(I-A)(1+R)+(1-p_H)(1-\alpha)(I-A)+f-\frac{Z}{m}\geqslant I-A$$

上述等价于：

$$p_H(I-A)R-(1-p_H)\alpha(I-A)+f\geqslant\frac{Z}{m} \tag{5}$$

参与约束条件(5)式表明，只有当贷款利率较高、资产清算价值较高以及网络平台建设与信息搜集的规模成本较低时，外部投资者才愿意贷款。

最后，在给出激励相容约束条件和参与约束条件后，我们需要求得最优贷款合约 $\Gamma=\{I,R\}$。在满足外部投资者的参与约束条件(5)式和企业家的激励约束条件(3)式的前提下，中小企业选择此最优合约，最大化其在努力工作时的期望总收益：

$$p_H[(y-R)I+(1+R)A]-(1-p_H)\phi D-f$$

因此，互联网金融的最优贷款合约问题 $\Gamma^*=\{I^*,R^*\}$ 是下面最优化问题的解：

$$\begin{cases}\max\limits_{\{I,R\}}p_H[(y-R)I+(1+R)A]-(1-p_H)\phi D-f\\ s.t.\ [(1+y)I-(I-A)(1+R)]+\phi D\geqslant\overline{B}I\\ p_H(I-A)R-(1-p_H)\alpha(I-A)+f\geqslant\dfrac{Z}{m}\end{cases}$$

注意到，在均衡时，投资者的参与约束条件只能取等号[①]。这样，上述最优化问题等价为：

$$\begin{cases}\max\limits_{\{I,R\}}p_H[(y-R)I+(1+R)A]-(1-p_H)\phi D-f\\ s.t.\ [(1+y)I-(I-A)(1+R)]+\phi D\geqslant\overline{B}I\\ p_H(I-A)R-(1-p_H)\alpha(I-A)+f=\dfrac{Z}{m}\end{cases} \tag{6}$$

上述最优化问题(6)的解 $\{I^*,R^*\}$ 被称为互联网融资合约的最优合约或均衡解，它决定了中小企业通过互联网金融得到贷款的最优贷款规模和最优贷款利率。

---

① 如不能取等号，假设 $\{\widetilde{I},\widetilde{R}\}$ 是最优解，且使得参与约束条件不取等号，则减少 R 至 $R-\varepsilon$，其中 $0<\varepsilon<1$，由连续函数的保号性可知，激励相容约束条件和参与约束条件仍然成立，同时又提高了企业的期望总收益。因此 $\{\widetilde{I},\widetilde{R}\}$ 不可能是最优解，故均衡时参与约束条件取等号。

四、均衡及其含义

下面我们对最优化问题(6)求解,以确定企业通过互联金融得到贷款的最优额度和还款利率水平。首先,根据(6)式中的参与约束条件以及约束条件(4)式,最优贷款利率为:

$$R^{*} = \max\{\widetilde{R}, y\}$$

其中,

$$\widetilde{R} = \frac{Z/m + (I-A)\alpha(1-p_H) - f}{p_H(I-A)} = \frac{\alpha(1-p_H)}{p_H} + \frac{Z/m - f}{p_H(I-A)} \tag{7}$$

(7)式表明,最优贷款利率水平依赖多个因素。贷款利率随着项目成功概率 p_H 的增加而降低,随着清算成本的降低而降低,这些与传统信贷模式的直觉理解相同。而对于互联网金融模式,贷款利率还依赖于电子商务平台的建设成本与参与企业数目,以及贷款额度。进一步,当贷款额度提高或者参与贷款的企业数目增加时,这部分的利率会随之降低,因此最优贷款利率与最优贷款额度之间具有内生相互影响的关系。事实上,在完全竞争的市场中,当其他因素固定不变时,申请贷款的企业没有道德风险问题,随着企业贷款额度(在其最优贷款额限度内)的增加,投资者会将贷款利率给予适当的优惠,以获得优质业务。此外,由于互联网融资平台具有规模经济的特性,随着通过互联网融资的企业数目增加,其成本优势和信息优势会更加明显。互联网金融批量进入的特点使其充分发挥规模优势,大大降低了中小企业的贷款成本。

其次,根据激励相容条件得到:

$$I[\overline{B} - (y-R)] \leqslant A(1+R) + \phi D$$

由式(4)可知,上式不等号左式大于零,则上式等价为

$$I \leqslant A(1+R)k + \phi Dk = k_1 + k_2 \tag{8}$$

其中，$k=\frac{1}{\bar{B}-(y-R)}$。将(7)式的最优贷款利率 $R^*(<y)$ 带入 k 的表达式中，得到

$$k=\frac{1}{\bar{B}-(y-R)}=\frac{1}{\bar{B}-\left[y-\frac{Z/m+(I-A)\alpha(1-p_H)-f}{p_H(I-A)}\right]}$$

$$=\frac{p_H(I-A)}{(\bar{B}-y)p_H(I-A)+Z/m+(I-A)\alpha(1-p_H)-f}$$

$$=\frac{p_H(I-A)}{(I-A)[(\bar{B}-y)p_H+(1-p_H)\alpha]+Z/m-f} \tag{9}$$

考虑到企业的期望总收益，即最优化问题(6)的目标函数是投资规模 I(或贷款额度 $I-A$)的严格递增函数以及(8)式，容易得到最优投资规模满足下式：

$$I^*=A\left(1+\frac{\alpha(1-p_H)}{p_H}+\frac{Z/m-f}{p_H(I^*-A)}\right)k(I^*)+\phi Dk(I^*) \tag{10}$$

其中，$k(I^*)$表示将(9)式中的 I 替代为 I^* 后的表达式。

上式揭示了企业最优贷款额度与自有资产和违约成本之和之间具有一种正线性相关关系，即随着自有资产的增加或者违约的信誉成本的增加，企业通过互联网融资平台融资的规模也随之增加。由于互联网金融可以调整企业违约的信誉成本 ϕD，因此，当互联网金融发展到较高程度，具备足够的能力去提高企业违约的信誉成本时，中小企业特别是风险低的优质中小企业，通过互联网融资的额度将显著高于传统信贷模式。这充分体现了互联网金融相较于传统信贷模式在解决中小企业融资难题上的优势。

(7)式和(10)式是最优贷款利率和贷款额度的半显性表达式，由这些表达式很难分析贷款合约的具体特点。为了简化分析，下面我们考虑 $f=0$ 且 $m\to\infty$的特殊情形。此情形意味着互联网融资平台的中小企业数目随着互联网金融的规范化快速增长，其网络平台建设的边际成本趋向于 0，因此也不需要再向企业收取会员费。在此情形下，最优贷款利率(7)式简化为：

$$\widetilde{R}=\frac{\alpha(1-p_H)}{p_H} \tag{11}$$

显然，由(7)式可知，(11)式是一般情形下最优贷款利率的下限，因而(11)式表示的利率对最优贷款利率设置了下限，即对于给定的企业，其通过互联网融资的贷款利率应不低于 $\alpha(1-p_H)/p_H$ 。

而由(10)式表达的最优贷款额度可简化为：

$$I^{*}=Ak_1+\phi Dk, \tag{12}$$

其中，

$$k=\frac{p_H(I-A)}{(I-A)[(\overline{B}-y)p_H+(1-p_H)\alpha]}=\frac{p_H}{(\overline{B}-y)p_H+(1-p_H)\alpha}$$

$$k_1=\left(1+\frac{(1-p_H)\alpha}{p_H}\right)k=\frac{p_H+(1-p_H)\alpha}{(\overline{B}-y)p_H+(1-p_H)\alpha}>1$$

考虑完全竞争的市场，对(11)～(12)式进行静态比较分析，我们可以得到中小企业通过互联网融资的最优贷款合约具有的主要特点，用性质 1 表示。

性质 1：假设在完全竞争的市场中，通过互联网融资的中小企业的数目足够多，清算成本越高，则最优贷款利率越高，且最优贷款额度越小；投资项目的成功概率越高，最优贷款利率越低，且最优贷款额度越高；代理成本越高，企业贷款额度越小；项目预期收益率越高，贷款额度越高。即：

$$\frac{\partial\widetilde{R}}{\partial\alpha}>0;\frac{\partial\widetilde{R}}{\partial p_H}<0;\frac{\partial I^{*}}{\partial\alpha}<0;\frac{\partial I^{*}}{\partial p_H}>0;\frac{\partial I^{*}}{\partial\overline{B}}<0;\frac{\partial I^{*}}{\partial y}>0$$

性质 1 说明了除了企业自有资产和互联网融资平台控制的违约成本外，在考虑非对称信息存在的情形下，影响其最优贷款合约的主要因素还包括项目成功的概率、代理成本、清算成本和项目的期望收益率，并且这些因素与最优贷款额度和最优贷款利率具有正向或负向的变动关系。

此外，相较于传统的信贷模式无法增加违约企业的信誉成本，成熟规模化的互联网融资平台却能够做到，因而如前面的分析及(12)式可知，那些信用风险小、代理成本低的优质中小企业能够获得更多的贷款且贷款利率相对更低，因此近年来互联网金融能够快速发展。这样，本文的模型从理论上解释了为什么互联网金融对于解决中小企业融资难的问题具有显著优势。

五、结　论

互联网金融近年来的快速发展，让我们认识到这种新型融资模式在解决中小企业贷款难题上具有优势，因而日益受到关注。本文在对我国互联网融资的创新模式考察基础上，基于委托代理理论构建了一个新的债务融资的理论模型，研究了互联网金融对中小企业贷款的最优贷款规模和贷款利率。并据此探究了互联网融资平台如何通过增大企业违约成本、实现规模经济等途径，缓解由借贷双方的信息非对称引发的道德风险问题，进而提高互联网金融支持优质的中小企业获得贷款的能力。本文发现：

第一，在互联网金融的融资模式下，存在最优的贷款额度和贷款利率。该最优贷款合约是企业与投资者经过互联网融资平台在非对称信息下博弈的均衡结果。最优贷款合约为互联网融资双方的实际贷款合约提供了理论参考。

第二，本文的模型表明，通过互联网金融取得的最优贷款规模是企业自有资产与违约成本之和的倍数。随着自有资产或者违约成本的提高，最优融资规模也会相应提高。因此，当互联网融资平台发展到一定规模能够较好控制企业的违约信誉成本时，优质中小企业的贷款规模反而可以提高，更好地解决了中小企业融资难问题。融资乘数与代理成本具有负相关关系：代理成本越高，融资乘数越小，企业的贷款额度也就越小。

第三，互联网金融的融资平台可以通过调整企业的违约信誉成本，从负向“惩罚”角度促使企业家选择努力工作，有效避免发生道德风险问题。这样，互联网金融比传统信贷模式能够更有效地规避代理成本较高、道德风险问题严重的中小企业贷款，因而对于投资方和优质的中小企业更有吸引力，从理论上解释了为什么互联网金融快速发展。

第四，在互联网金融的均衡贷款合约中，最优的贷款利率由投资人的参与约束条件决定。其中，当互联网融资平台中的企业数目足够多时，最优贷款利率将不依赖于企业贷款额度，且随着投资项目成功概率的提高而减少，随着清算成本的提高而增加。

同时，本文的理论分析也为我国通过发展互联网金融解决中小企业融资难题提供了理论依据，对互联网金融的快速发展从代理成本的角度给予了一个新的理论解释，因此模型的结论为互联网金融的规范化快速发展给予了合理的政策建议。最后要指出的是，本文的模型是在一系列严格假设上构建的，对于更广阔的"现实世界"，本文的假设还可以进一步扩展。例如，企业与投资者的博弈关系应该是多期而不是仅有一期；企业与投资者实际中应具有不同的风险偏好；企业的道德风险只有理论上的刻画，还应考虑利用实际数据计算出相关的参数，从而进行实证分析；对于中小企业，还应考虑流动性冲击对其违约（或其投资项目成功）概率的影响，等等。这些问题还有待于今后的深入研究。

参考文献

[1] 陈其安、肖映红、程玲，2008：《中小企业融资的三方信贷担保模型研究》，《中国管理科学》第 S1 期。

[2] 牛华伟，2016：《代理成本与"信用价差之谜"》，《管理科学学报》第 8 期。

[3] 王霄、张捷，2003：《银行信贷配给与中小企业贷款——一个内生化抵押品和企业规模的理论模型》，《经济研究》第 7 期。

[4] 肖欣荣、田存志，2011：《私募基金的管理规模与最优激励契约》，《经济研究》第 3 期。

[5] 谢世清、李四光，2011：《中小企业联保贷款的信誉博弈分析》，《经济研究》第 1 期。

[6] 谢平、邹传伟，2012：《互联网金融模式研究》，《金融研究》第 12 期。

[7] 赵岳、谭之博，2012：《电子商务、银行信贷和中小企业融资——一个基于信息经济学的理论模型》，《经济研究》第 7 期。

[8] 郑联盛，2014：《中国互联网金融：模式、影响、本质与风险》，《国际经济评论》第 5 期。

[9] Bester, H., 1987, "The Role of Collateral in Credit Markets with Imperfect Information", European Economic Review, 31, 887 - 899.

[10] Dewartripont, M., P. Legors, S. Matthews, 2003, "Moral hazard and Capital

Structure Dynamics",Journal of the European Economics Association, 1, 890 - 930.

[11] He, Z. , 2011, "A Model of Dynamic Compensation and Capital Structure",Journal of Financial Economics, 100, 351 - 366.

[12] Holmstrom, B. , J. Tirole, 2008, "Liquidity and Risk Management", Journal of Money, Credit, and Banking, 32(3), 295 - 319.

[13] Innes, R. , 1990, "Limited Liability and Incentive Contacting with Ex-ante Action Choices",Journal of Economics Theory, 52, 5 - 67.

[14] Stiglitz, J. E. , A. Weiss, 1981, "Credit Rationing in Markets with Imperfect Information",American Economic Review, 75, 850 - 855.

[15] Tirole, J. , 2006, "The Theory of Corporate Finance",Princeton University Press.

我国互联网金融平台的社会责任*

裴　平　朱桂宾　陈昌平

内容提要：2013 年后，中国互联网金融迅速发展，泥沙俱下。一些互联网金融平台，特别是互联网借贷平台不讲社会责任，造成了不良影响，不仅抹黑了互联网金融，而且对社会经济稳健运行产生了负面冲击。本文论述企业社会责任的基本内涵，分析互联网金融平台承担社会责任的必要性，指出互联网金融平台社会责任的缺失及其原因，进而提出互联网金融平台切实承担社会责任的对策。

关键词：互联网金融平台；社会责任；社会责任的缺失与对策

一、引　言

互联网金融平台是指从事互联网金融业务的平台，包括具有独立法人身份的互联网金融企业和内嵌于独立法人企业的互联网金融部门。像其他企业一样，互联网金融平台都要积极承担主要由诚信责任、经济责任、法律责任、伦

---

* 裴平，管理学博士，南京大学国际金融管理研究所所长，教授、博士生导师，主要研究方向为金融理论与实务、国际金融管理、互联网金融等，E-mail：peip@nju.edu.cn；朱桂宾，南京大学金融学专业 2015 级博士生，南京市金融发展办公室主任科员，主要研究方向为金融理论与实践、互联网金融等；陈昌平，南京大学金融学专业 2016 级硕士生，主要研究方向为金融理论与实践、互联网金融等。本文系国家社会科学基金重大项目"互联网金融的发展、风险与监管研究"（14ZDA043）的阶段性研究性成果。

理责任，以及慈善责任等有机整合而成的社会责任。也只有这样，互联网金融平台才可能树立起良好的品牌与形象，获得较高的信任度和美誉度，从而为互联网金融平台可持续发展奠定坚实的基础。

二、对企业社会责任的理解

企业是社会经济的基本单元之一，承担社会责任是企业理应肩负的使命。企业承担社会责任，不能出于功利主义的动机，而应该将承担社会责任作为自身的内在价值来理性地追求。然而，由于文化背景的差异和社会发展阶段的不同，国内外专家学者对企业社会责任的理解不尽相同，尚未形成共识。

鲍恩（Bowen，1953）首次提出社会责任的概念。他认为，社会责任就是商人按照社会的目标和价值，主动向政府的政策方针靠拢，并做出相应决策和采取具体行动的义务。戴维斯（Davis，1973）将企业社会责任定义为一家企业"对超越狭隘的经济、技术和法律之外的要求"的考虑与反应。他指出，为承担社会责任，企业管理者不仅要遵守法律，还要超越利润最大化逻辑下的传统管理方式。卡罗尔（Carroll，1979）提出企业社会责任的金字塔模型，他认为企业的社会责任应包含经济责任、法律责任、伦理责任和慈善责任，其中经济责任是社会责任的起点和基础。刘俊海（1999）指出，企业不应该把股东权益最大化作为唯一目标，还应该高度重视除股东之外其他群体的利益，如员工的利益、社区的利益、顾客的利益、中小竞争者的利益，以及债权人的利益等。卢代富（2002）认为，企业社会责任是对传统的股东权益最大化原则的修正和补充，企业在谋求股东权益最大化之外，还要为企业的其他利益相关者提供服务或做出贡献。张维迎（2007）指出，企业家的社会责任是在诚实守信的基础上，通过为客户创造价值，赚取利润，同时给更多的人创造就业机会，并且向国家上缴更多的税收来实现的。

关于企业社会责任的理解和讨论还有很多，目前能够产生较大影响的观点主要有：

诺贝尔经济学奖获得者米尔顿·弗里德曼(Milton Friedman,1970)认为,在法律和规章制度许可的范围内,企业有利用资源和创造利润的社会责任。他指出,盈利也是一种社会责任,因为企业盈利才有经济效益;有经济效益,才能有社会效益,即承担起社会责任。

著名企业家史蒂夫·乔布斯(Steve Jobs,2005)认为,改变世界,让生活更加美好,是企业追求的最高境界,也是企业社会责任最极致的体现。

世界银行(2005)将企业社会责任定义为企业与利益相关者的关系、价值观、遵纪守法、尊重人格,以及与社区和环境相关政策和实践的集合,企业社会责任是企业为改善利益相关者的生活质量而贡献于可持续发展的一种承诺。

《中华人民共和国公司法》(2013)第五条明确规定,公司从事经营活动,必须遵守法律法规,遵守社会公德、商业道德,诚实守信,接受政府和社会公众的监督,承担社会责任。

基于卡罗尔(Carroll,1979)提出的企业社会责任金字塔模型,特别是综合上述专家学者、国际组织和有关法律条款的表述,企业社会责任可以概括为诚信责任、经济责任、法律责任、伦理责任和慈善责任的有机统一。

(1) 诚信责任。诚信责任是企业的基础性社会责任。市场经济在很大程度上是信用经济,因此企业更要讲诚信,及时向利益相关者及社会公众披露真实的经营信息、公开真实的经营业绩,揭示可能出现的风险,并信守自己做出的承诺。

(2) 经济责任。企业的基本职能就是有效利用资源,为所有者和全社会创造财富。企业只有取得良好的经济效益,才能承担社会责任,为改善人们的生活做出贡献。反之,如果占用了资源却不能取得良好的经济效益,甚至陷入亏损,这样的企业不但不能承担起社会责任,而且还会损害所有者的利益并造成全社会的损失。

(3) 法律责任。法律是企业履行社会契约的主要规则,是判断企业的经营行为是否规范的重要标准。企业必须主动承担法律责任,即在法律框架内组织生产经营,处理好与相关利益者的关系。

（4）伦理责任。法律条文和执法行动并不能涉及企业行为和社会生活的方方面面，因此企业还必须遵守社会公德和职业道德，坚持公平与正义，重视公民权利，不去坑蒙拐骗，恶意损害利益相关者和全社会的利益。

（5）慈善责任。慈善责任是企业根据自己的经营状况，以及企业文化建设和品牌与形象塑造等方面的考虑，自愿为利益相关者或非利益相关者承担的公益性责任，如救助困难群体，改善社区环境，参与城市改建与开发，支持文化与艺术发展，保护自然资源等，以及组织其他公益活动等。承担慈善责任既非法律的要求，也非伦理的要求，而是企业在高层次上的精神追求。

从诚信责任到慈善责任，既是基础责任到高层次责任的递进与提升，也是各种责任的相辅相成和有机统一。“大道至简，德行天下。”企业要自觉地承担起社会责任，而决不能把承担社会责任视为自己的负担与成本。其实，勇于承担社会责任，不仅能够提升企业的软实力，而且能够提升企业的核心竞争力，是企业成长壮大和经久不衰的重要前提之一。

三、互联网金融平台承担社会责任的必然性

互联网金融平台利用互联网、通信技术和大数据向社会提供金融产品和服务，并以此取得经济效益和社会效益，它的企业属性决定了承担社会责任的必然性。

（1）互联网金融平台作为社会经济的基本单位，理应成为相应的社会责任主体。互联网金融平台在社会分工体系中发挥着资金的支付、转账，以及投融资等社会再生产不可或缺的重要职能，因而必须根据市场和用户的需求提供优良的金融产品和服务。

（2）互联网金融平台发展的外部性要求其必须承担相应的社会责任。互联网金融平台日常运营依赖于公共基础设施建设、市场体系完善和社会经济发展等外部条件，而且还会受到社会环境和居民生活产生的外溢效应的冲击。这些外部性对互联网金融平台的发展有很大影响，互联网金融平台因此也有

责任解决外部环境中出现的问题，促使外部环境更加和谐友好。

(3) 互联网金融平台的社会身份决定了它具有承担社会责任的法律义务。在现代社会，包括互联网金融平台在内的所有企业都被赋予公民的社会身份，大多数互联网金融平台作为法人组织享有民事权利与行为能力，同时也有承担社会责任的法律义务。

(4) 互联网金融平台承担社会责任也是构建和谐社会所必需的。互联网金融平台作为金融市场上契约关系的主导方、平台利益的支配者，应该在关爱员工、支持公益事业、促进公平与正义，以及维护社会秩序与稳定等方面发挥“正能量”。同时，构建和谐社会也有利于互联网金融平台的长远发展。

四、互联网金融平台社会责任的缺失

2013 年后，中国的互联网金融异军突起，对激活金融要素、提高金融效率、完善金融市场、服务于小微企业，以及推动经济发展的转型升级发挥了积极作用。与此同时，互联网金融平台也呈现出“鱼龙混杂”和“野蛮生长”的态势，互联网金融平台违规经营、欺骗公众和侵犯投资者权益等不讲社会责任的现象屡见不鲜，不仅严重损害了互联网金融平台的声誉，而且还引发了不少金融风险，甚至危及社会经济的健康发展。

近几年来，我国的金融犯罪案件和社会群体事件频发，其中大多数与互联网金融平台有关。仅以 P2P 网络借贷的非法集资为例，2015 年的非法集资犯罪较 2014 年上升 48.8%，出现问题的 P2P 网络借贷平台迅速增加到 896 家。截至 2016 年 3 月底，P2P 网络借贷平台累计达到 3 984 家，其中出现停业、清盘、提现困难、失联关门和卷款而逃的问题平台则高达 1 523 家，约占总数的 39%。

这些问题平台无视自己应该承担的社会责任，违法乱纪和不守道德底线，突出表现在以下五个方面：

1. 资金运作不规范

按照有关规定，P2P 网络借贷平台只是资金借贷双方的信息中介平台，只能提供金融信息服务,不能做资金收付和集中投资业务,这要求平台与资金完全隔绝,应该将借贷资金放在银行或符合资质的第三方托管机构。但在现实中,不少 P2P 网络借贷平台并没有真正把借贷资金放在银行或符合资质的第三方托管机构,而且其资金运作很不规范:一是建立资金池,将平台用户的借贷资金放在平台自有资金账户中,平台对这些资金拥有绝对管理权,而且在投资者不知情的情况下挪用资金进行其他投资。二是自融,通过虚构借款人和借款标的来骗取投资资金,并把募集来的资金用于关联企业,或投资于其他高风险行业。三是借短贷长,对借款标的进行期限拆分,将长期借款拆分为若干短期借款,形成新债还旧债的资金循环。在缺乏必要的透明度和监督管理情况下,建立资金池、自融和借短贷长等不规范的资金运作,容易造成平台挪用和侵占投资者资金的现象。一旦平台所做的投资失败,或关联企业不能及时归还本息,就会造成资金链断裂,导致逾期或坏账,给投资者带来严重损失。

2. 恶意欺诈

有些互联网金融平台的发起者不是为了向社会提供金融服务,纯粹是为了骗取投资者的资金。他们设立虚假的"钓鱼网站",伪造网站的注册地址、联系方式、高管人员,以及项目信息,以高利息和高额现金返还,或是以高档物品和旅游奖励来引诱投资者,并对发展他人加入平台投资的参与者发放推荐奖,进而达到吸引投资者和骗取投资资金的目的。这类互联网金融平台本身没有实际投资和盈利能力,其运作方式类似庞氏骗局,即借新还旧,利用后来投资者的资金支付前期投资者的利息和本金,以制造赚钱的假象,骗取更多的投资资金。一旦所骗取的资金达到一定规模,或平台的资金链断裂,或恶意欺诈的行为被识破,这些互联网金融平台的发起者就卷款而逃,玩起人间蒸发。

3. 误导性宣传

一些互联网金融平台为吸引投融资双方前来进行交易,以收取较多的信息服务费,或达到获取其他收入的目的,往往采用线上线下的多种手段,大肆进行误导性宣传。例如,为了吸引投融资双方进入平台,它们拉银行、保险和担保机构为平台信用做无实际意义的背书,或是将风险保证金的保障与用户资金的安全联系在一起,或是不实宣称自己与著名的银行或第三方机构建立了资金托管关系,或是通过举办"高档次的"会议与论坛为平台造势,或是谎称平台拥有一流的风控手段和理财高手。此类误导性宣传没有根据地制造或夸大正面信息,有意识地回避或掩盖存在的风险,以骗取投融资双方对平台的信任。被误导的投融资双方,特别是投资方常因此而做出错误决策,进而遭受重大经济损失。

4. 用户信息泄露

为确保交易的真实性,互联网金融平台通常会要求用户上传自己的个人信息,包括用户姓名、身份证号、手机号、银行卡号、家庭住址等。一些互联网金融平台在获得用户的个人信息后却不重视用户信息的安全,又不愿意为提高网络安全防护能力做必要的投入,因此平台的网站很容易被计算机病毒入侵,或遭到电脑黑客攻击,导致用户个人信息大量泄露并被非法利用。还有一些互联网金融平台为收取所谓的信息费,将自己掌握的用户姓名、手机号、银行卡号等敏感信息打包出售给其他公司或个人。更有甚者,一些互联网金融平台的内部保密与安全制度存在重大缺陷,平台客服人员能够轻易地私自下载用户敏感信息,并在社会上进行公开贩卖。目前,因用户信息泄露造成的经济损失和法律诉讼居高不下,这不仅损害了用户的基本权益,使互联网金融平台的形象受损,而且对社会经济的运行秩序与安全产生了负面冲击。

5. 内外勾结

现实中,还有一些互联网金融平台与其他机构相互利用,共同谋划和实施非法集资活动,以获取不正当的收益。例如,一些互联网金融平台明知借款人身份虚假和借款信息不实,仍然默许借款人在平台上发布借款标的;或在网站上提供虚假的"征信信息",为虚假的借款人和借款标的进行粉饰;或招募兼职的保险从业人员诱骗保险消费者退保或进行保单质押融资,然后将所得款项投入平台。内外勾结的非法集资行为比较复杂,而且具有较强的隐蔽性,产生的危害往往十分严重。

在社会主义市场经济初级阶段,特别是在我国互联网金融起步迟、发展快的背景下，一些互联网金融平台不讲社会责任的原因纷繁复杂，但主要可归结为：(1) 相关法律法规不健全和诚信文化建设滞后，互联网金融平台缺乏承担社会责任的理念和自觉性，同时，不讲社会责任的行为也不会面临严厉的法律制裁和道德审判。(2) 从业人员素质不高、信息安全技术不到位，以及平台治理和盈利能力低下等，使互联网金融平台难以承担应有的社会责任。(3) 互联网金融的监管体系尚未建立，监管标准和措施不能满足监管的需要，成立不久的互联网金融协会尚未制定实质性的行业自律制度，因此互联网金融平台运行还得不到强制性的规范和必要的指引。

五、互联网金融平台要切实承担起社会责任

与其他企业一样，互联网金融平台也是社会经济的基本单位之一，它与外部环境相辅相成，必须承担起应有的社会责任。同时，主动承担应有的社会责任，也有利于互联网金融平台获得社会资源和公众信任，进而实现做强做大的发展目标。因此，对互联网金融平台不讲社会责任的乱象进行综合治理，提高互联网金融平台承担社会责任的意识和水平，对互联网金融的健康发展和社会经济的稳健运行具有重要意义。

2014 年 10 月 23 日，中国共产党十八届四中全会通过了《中共中央关于全面推进依法治国若干重大问题的决定》。《决定》第四条提出要加强企业社会责任立法，表明企业承担社会责任将成为法律要求，这就为推动中国企业积极承担社会责任奠定了法律基础。为促进互联网金融健康发展，2015 年 7 月 18 日，中国人民银行等十部委按照党中央、国务院的决策部署，遵循“鼓励创新、防范风险、趋利避害、健康发展”的总体要求，联合颁布《关于促进互联网金融健康发展的指导意见》。《指导意见》对互联网金融平台的社会责任做了清晰的界定，并将其纳入政府监管和行业自律的范畴。如今，经过近几年的“折腾”，越来越多的互联网金融平台已经认识到承担社会责任的重要性，但采取的实际行动及其效果还不尽如人意。为使互联网金融平台切实承担起应有的

社会责任，从互联网金融平台到政府部门，乃至社会各界都需要做进一步的努力，其中比较重要的是：

(1) 自觉增强社会责任意识。互联网金融平台的社会责任不是外界强加的，而是内生的，即与互联网金融平台产生与发展相伴而来的。例如，正是因为互联网金融的普惠性能够使互联网金融平台较好地承担起服务于小微企业和“草根”人群的社会责任，互联网金融才得以迅速发展；也正是因为互联网金融平台能够较好地承担服务小微企业和“草根”人群的社会责任，社会公众才对互联网金融平台抱有热切的期望，给予大力的支持。所以，互联网金融平台要自觉增强社会责任意识，将承担诚信责任、经济责任、法律责任、伦理责任和慈善责任的思维融入经营理念、平台治理、业务模式和企业文化之中。只有这样，互联网金融平台才能做到不忘初心，守住底线，趋利避害，在业务拓展和承担社会责任的过程中成长壮大。

(2) 恪守诚信与依法经营。市场经济是信用经济和法治经济，任何金融交易都是以诚信为基础的。不讲诚信，互联网金融平台就不能防范风险、取信于民，保障用户权益，也就会因此失去生存的价值与空间。从长远发展考虑，互联网金融平台也必须恪守诚信，如真实展示互联网金融平台及其提供的产品与服务，及时披露经营业绩与风险，认真兑现各项承诺，以及履行保护用户权益的义务等。同时，作为企业法人，互联网金融平台还要遵守法律法规，合法经营，照章纳税，承担政府规定的其他责任和义务，并且接受有关部门的监督管理。

(3) 搭建安全的互联网金融交易平台。在开放的互联网金融平台上，每天都会出现计算机病毒入侵和电脑黑客攻击等，很可能造成客户信息泄露、账号和密码被盗取、原始数据被篡改，甚至资金被非法转移等网络安全问题。同时，基础设施和硬件设备老化、系统和应用软件缺陷、相关人员违规操作，以及由自然灾害引起的物理环境变化等，也会造成网络安全问题，甚至还会导致互联网金融平台的崩溃。为保证金融活动正常进行和对社会公众负责，互联网金融平台有责任按照电信主管部门、互联网信息管理部门，以及公安部门的技术和监管要求，投入必要的人财物和其他资源，搭建安全的互联网金融交易平台。

(4) 致力于普惠金融。致力于普惠金融是互联网金融平台理应承担的社会责任。互联网金融平台要坚守“分享、协作、自由、平等、民主”的理念，发挥互联网、移动通信和大数据的技术优势，打破传统金融“嫌贫爱富”的“二八定律”，大力拓展由草根金融、碎片金融和普惠金融构成的长尾市场，积极帮助小微企业、中低收入群体和“三农经济”解决融资难和融资贵问题。互联网金融平台还要为社会公众提供小额、快捷、低成本的金融产品和服务，并且为“大众创业、万众创新”提供有力的金融支持。

(5) 提高征信和风控水平。互联网金融不但没有改变金融风险的隐蔽性、传染性、广泛性和突发性，而且还增加了网络技术带来的不确定性，这就对互联网金融平台的征信和风控提出了更高的要求。与此同时，我国大多数互联网金融平台尚未积累必要的客户信用数据，大数据挖掘与运用的设备、技术和人才也不够完备，一旦征信和风控失败，就会造成因违约而导致的经济损失和法律诉讼，甚至冲击社会的秩序与稳定。因此，互联网金融平台要充分认识征信和风控的重要性，针对互联网金融的风险和技术特征，建立有效的征信和风控体系，特别是积极拥抱大数据，尽快增强大数据收集、存储、清洗、分析和应用的能力，全面提高自己的征信和风控水平。

(6) 保护互联网金融消费者权益。在“互联网＋”时代，所有经济活动都是以用户为中心，并且是围绕着用户需求而展开的，保护用户权益无疑是重要的社会责任之一。互联网金融平台的用户，不论是投资者还是借款者，都是互联网金融消费者，他们的权益主要包括资金安全、信息透明、投资收益和隐私保护等，其中最重要的是资金安全。为保护互联网金融消费者权益，互联网金融平台要认真研究《消费者权益保护法》，并结合互联网金融的特殊性和互联网金融消费者的诉求，清晰界定互联网金融平台和互联网金融消费者的权利与义务，建立合理的风险隔离和风险补偿机制，将互联网金融消费者可能面临的损失降低到最低程度。

(7) 加强互联网金融监管。由于互联网金融监管的法规体系与监管细则还处于探索阶段,对互联网金融平台承担社会责任的监管往往不到位,很多还只是软约束,这就使互联网金融平台不讲社会责任的现象屡禁不止,时有发生。因此,要尽快完善相关的法律法规和监管细则,明确互联网金融平台应承担的社会责任,硬化互联网金融平台承担社会责任的底线,并通过金融监管模式与方法的创新,及时发现和惩处互联网金融平台不讲社会责任的行为。

(8) 完善行业自律机制。行业自律是政府监管的重要补充,是指通过组建行业协会,制定行业规则,实行自我约束和同行监督,以避免同行恶性竞争,配合政府监管。中国互联网金融协会刚成立不久,行业自律机制还有待建立和改进。针对互联网金融平台社会责任缺失的问题,中国互联网金融协会要有所作为,积极探讨互联网金融平台社会责任的内涵,尽快制定互联网金融行业承担社会责任的标准,定期披露并评估互联网金融平台履行社会责任的状况,并将自律和惩戒的措施落到实处。

参考文献

[1] 李彦龙,2011:《企业社会责任的基本内涵、理论基础和责任边界》,《学术交流》第 2 期。

[2] 彭冰,2014:《P2P 网贷与非法集资》,《金融监管研究》第 6 期。

[3] 吴晓求,2015:《互联网金融:成长的逻辑》,《财贸经济》第 2 期。

[4] 夏明月,2008:《现代企业社会责任问题研究述评》,《伦理学研究》第 4 期。

[5] 张兆国、梁志钢、尹开国,2012:《利益相关者视角下企业社会责任问题研究》,《中国软科学》第 2 期。

[6] 周梁,2015:《互联网经济视角下的企业社会责任》,《中国商论》第 17 期。

[7] 朱慈蕴,2008:《公司的社会责任:游走于法律责任与道德准则之间》,《中外法学》第 20 期。

大数据下互联网借贷平台的价值*

尹　威　刘晓星

内容提要：大数据技术和互联网借贷平台构成了金融中介的新维度，其发展将会对市场结构和社会福利产生重大影响。作为前沿研究热点话题，大数据和互联网平台因其所蕴含的广阔发展前期、丰富福利内涵与政策含义而受到广泛关注。本文系统梳理了大数据的概念提出、大数据的发展与应用从理论到实践的演进过程，着重整理和探讨了互联网借贷平台价值的形成机制，归纳和评述了互联网借贷平台的价值效应，总结了互联网借贷平台的风险与监管的相关研究，并发掘现有研究不足以及今后研究拓展的方向。

关键词：大数据；互联网金融；平台；价值

一、引　言

大数据已成为当前前沿研究的热点问题，其技术发展和应用涉及跨学科的多个研究领域。随着现代信息技术的发展，社会经济活动变得日益互联多元，许多传统的社会经济行为能够用数据化的语言来表达，形成海量多维的数

---

* 尹威，东南大学经济管理学院金融系，讲师，E-mail：yinwei_seu@126.com；刘晓星，东南大学经济管理学院金融系，主任，教授，E-mail：starsunmoon198@163.com。本文为国家自然科学基金青年项目“基于大数据的互联网借贷平台价值研究”(71503041)的阶段性成果。

据资源，社会经济行为的数据化表达正引领人们进入大数据时代，这些大数据资源与现代信息技术的商业化结合极大地推动了“大数据”产业链的形成。大数据与互联网相伴而生，基于互联网平台形成大量的数据资源，带来了巨大的商业机会。近年来，互联网借贷平台因此在我国迅速发展，取得了非凡的进步，为中小微企业提供了一个非常好的融资途径，得到了政府部门和社会的广泛认可。在最近2015年的“两会”报告中，“互联网＋”行动计划作为保增长的重要举措，被上升到了国家政策高度。当前，互联网借贷平台主要承载着P2P(peer to peer lending)网络贷款、众筹融资、企业和银行电子商务借贷平台等融资方式。互联网借贷平台是经济离散化解构之后的重构方式(徐晋，2014)，而大数据的本质也是对市场的解构，从而实现海量行业数据从量变到质变，发现市场机会，提升平台价值。总体而言，大数据、网络与平台构成了当代互联网经济发展的三大主要模式，基于这三个方面的研究也就成了当前研究的热点。

本文系统梳理了大数据的概念提出、大数据发展与应用从理论到实践的演进过程，着重整理和探讨了互联网平台价值的形成机制，归纳和评述了互联网的价值效应，总结了互联网金融的风险与监管的相关研究，并发掘现有研究不足以及今后研究拓展的方向。本文的意义主要体现在以下三个方面。首先，为以大数据金融理论来研究互联网借贷平台的价值形成与测度机制提供了理论研究拓展的方向，这将会推动大数据金融和平台经济学之间的研究形成交叉融合，并且也会为平台双边市场相关模型的拓展提供思路。其次，笔者提出和整理的以大数据视角下平台经济的信息收集、数据解构、结构化数据生成的过程为主要线索，把握互联网金融借贷平台的离散化市场特征和动态变化趋势来研究平台的商业模式和盈利价值是一个可行的研究思路，本文的文献述评可能有助于构建大数据应用对借贷平台商业模式支撑的完整的分析框架。最后，本文总结和介绍了大数据时代数据安全等问题，提及了借贷平台市场在缺乏监管条件下可能产生的无序竞争的情况，为金融监管机构提供一个可能的互联网借贷平台风险监控的理论体系构建方向，以此来保证未来互联网借贷平台商业价值效应、市场价值效应和社会价值效应的实现。

本文的其余结构安排如下：第二部分回顾了大数据及其对互联网金融的影响与技术应用的相关研究文献；第三部分梳理了关于互联网平台价值形成机制的相关研究；第四部分总结了关于互联网平台价值效应的相关研究；第五部分整理了关于互联网金融的风险与监管的相关研究内容；最后是总结性评论和对大数据下互联网金融价值研究的展望。

二、大数据及其对互联网金融的影响与技术应用

互联网的发展造就了一个“大数据”的时代，大体量数据的可获得对数据的管理和研究提出了新的挑战。Madden(2012)提出“大数据”意味着数据太大、太快和太难被现有的工具处理。这一提法也和著名咨询公司 Gartner 所定义的大数据具有规模性(Volume)、多样性(Variety)和高速性(Velocity)等三大特点基本一致。大数据时代的到来使得市场咨询机构和研究者们都意识到了其所蕴含的巨大潜在价值，如何以大数据管理和分析系统作为平台来进行信息的存储、收集和分析成为一个热点和极具应用价值的话题(Borkar et al., 2012)。李国杰和程学旗(2012)指出，网络的大数据有着非结构化数据多、数据的实时性强、大量数据由随机动态所产生等特点。相较于传统数据，网络数据的采集成本相对较低，但价值密度也低。从这些条件来看，社会科学的大数据分析，比科学实验的数据分析更困难。

社会科学中，互联网金融借贷平台是大数据应用的主要领域之一(徐晋，2014)。传统借贷市场存在着市场信息不对称所导致的借贷逆向选择和道德风险问题(Jensen and Meckling, 1976)，前者表现为借款人提供虚假信息获得贷款，后者表现为这一高风险借贷的违约；而这一概念随后被抽象为经典的经济学模型(Stigliz and Weiss, 1981)。互联网金融可以通过大数据下的信息收集优势与数据挖掘能力来降低借贷中的信息不对称，从而增强借贷的风险可控性和实现金融资源的有效配置(巴曙松，2013；徐晋，2014)。因此，如何

在技术层面实现大数据的收集与挖掘成了研究的热点。虽然在数据挖掘的技术层面已有较多方法，如接口易用、不受运行平台限制的 RapidMiner 方法(Hall et al., 2009)，以及具有平台独立性、基于 Hadhoop 的分布式数据挖掘方法 Mahout(Owen et al., 2011)等，但如何将数据处理方法有效移植到互联网金融领域仍然是值得研究的问题。在数据爆炸式增长和多样化趋势越来越显著的情况下，Wu et al.(2014)基于数据的整体考虑提出包含数据的访问和计算、数据隐私和领域知识及大数据挖掘算法等三个层次的一个大数据处理框架，并建立了一个大数据挖掘的模型。Jiang et al.(2014)构建了一个包含数据资源识别和获取、数据资源存储和分析、服务支撑平台三个主要组成部分的大型数据资源服务平台架构，并设计了以行为认证为核心的网络金融交易系统来支持在线交易过程中产生的用户行为数据与软件行为数据的实时监控和动态展示。李炳乾(2014)提出了 Apriori 算法理论，通过筛选对等 P2P 网络中的大数据特征，选取聚类中心，并针对聚类中心进行关联性计算，删除关联性较差的特征，最终通过对数据进行连接和剪枝处理，建立大数据关键特征挖掘模型，从而支撑融资平台的实际需求。

从以上文献分析中可以看出，学者们集中在对大数据技术以及对互联网金融影响的分析，较少针对互联网借贷平台的复杂性和大数据特征进行深入探索。本文认为，要系统地分析大数据对互联网平台的相关影响，对于大数据的平台支撑、互联网信贷平台模式与有效数据提取之间的分析是必要的。

三、互联网平台价值形成机制

平台是依托互联网而广泛存在的，它们在现代经济系统中的重要性不断增加，并成为新经济时代的重要经济体(Roson, 2004)。从网络经济发展缘起的角度看，大数据和平台之间有着天然紧密的关系(Madden, 2012)，大数据被认为是平台发展的数据支撑和商业基础(徐晋, 2014)。大数据除了规模性、多样性和高速性的特点外，国际数据公司(International Data Corporation)提出大数据还应该具有价值性(Value)。然而数据价值密度的高低和数据总量成反比,大数据的价值效应需要数据有效解构和处理的支持(Johnson,2012)。基于数据来提取有效信息的价值效应是明显的,例如 Freedman et al.(2008)对 Prosper 的研究发现网络中提取的"软信息"可以有利于补偿借贷中"硬信息"[①]的缺失。在互联网借贷行业如何有效进行数据的价值挖掘是一个棘手的问题。

基于互联网的商业快速发展,平台被引入经济学的研究中来,平台经济学的基本概念被学者提及(Evans,2003;Rochet and Tirole, 2003;Chakravorti and Roson, 2006;徐晋和张祥建,2006)。互联网借贷平台主要是指贷款人与投资者之间通过网络借贷平台而非金融机构进行的基于信用的借贷交易(Lin et al., 2009;Bachmann et al., 2011),因此,平台的交易价值是研究的重点之一。Klafft(2008)利用美国网络借贷平台 Prosper 的数据,实证发现信用评级对借贷交易行为的影响程度最大,信用评级越高,越容易获得贷款;而贷款利率越低,逾期还款率就越低。Puro et al.(2010)发现信用评分、总负债偿还比例对重复借贷有显著的影响。除信用之外的软信息也会对借贷交易行为产生影响,如 Duarte et al.(2012)对个人借贷研究发现,长相越值得信任的人越容易获得贷款,且贷款利率相对较低。王会娟、廖理(2014)基于"人人贷"的数据也分析了 P2P 网络借贷平台的信用认证机制对借贷行为的影响。研究发现,信用评级越高,借款成功率越高且借款成本越低。另外,相比单纯的线上信用认证方式,线上和线下相结合的信用认证方式更能提高借款成功率并降低借款成本。刘志明(2014)基于说服的双过程模型对 Kiva 平台中的借贷项目进行了建模和实证分析。结果表明,审贷机构的专业性、呼吁信息的信息量和所包含的情感强度都对网民的出借行为具有正面的影响。

关于商业模式,Osterwalder et al.(2011)在书中提出商业模式的 9 个基

---

① 在有关银行借贷研究中普遍将"硬信息"看作企业公开的信息,而"软信息"为企业内部信息,例如借贷项目投资状况的信息,很难被非借款关系银行获得(例如 Stein, 2002;Berger et al., 2008)。在这里,作者提到的"软信息"被看作是借款人的特质,代表一种无法直接观察和获取的信息。

本构造模块,包括客户细分、价值主张、客户关系、核心资源、关键业务、重要合作、渠道通路、收入来源和成本结构,这9个方面的模块都可以通过大数据资源实现价值的提升。Evans(2011)指出分析平台商业模式时平台的吸引性、均衡利率、多属性、扩展性和流动性至关重要。徐晋(2014)提出大数据经济商业模式的核心在于价值关联模式,而价值的关联需要在平台上实现。邱甲贤等(2014)实证分析了Prosper.com在线个人借贷平台用户网络外部性特征和平台定价策略对借贷双方效用及平台收入的影响。研究发现,用户价格弹性和网络外部性会随着平台的发展不断变化,在平台运作初期快速发展的阶段,用户价格弹性和网络外部性的快速变化,将会提高平台运营的难度。

从以上文献分析中可以看出,由于大数据技术支持下的互联网借贷平台属于新生的事物,现有研究大多局限于互联网平台价值的某一方面,缺乏对平台价值成体系的分析。实际上,本文认为平台的商业价值、市场价值和社会价值形成机制共同构成了平台的价值效应,构建成体系的理论框架因而十分重要。

四、互联网平台的价值效应

徐晋(2013)指出平台的盈利模式也遵循一般商品生产者对利润最大化的基本诉求和行为特点,本质上也是趋利避害,追求成本最小化、收益最大化的过程。在对市场价值的研究中,Rochet and Tirole(2006)研究发现,平台的交易量受到向交易一方征收更多的费用而减免另一方相同费用的影响,有利于消费者的定价结构对于平台的盈利也非常重要。Armstrong and Wright(2007)设定产品的异质性对平台竞争进行了分析,他们发现在均衡中平台并不直接竞争,而是通过补贴买家来间接竞争。这些研究说明,在平台竞争中,消费者可以获得额外的价值。Armstrong(2006)对垄断平台、竞争单一客户关系平台和竞争多属关系平台进行了定价分析。研究发现均衡的价格受消费者跨组间外部性、价格一次性征收或计次征收以及消费者单一平台或是多属平台关系选择的影响。Armstrong and Wright(2007)而为了防止卖家多属关系的发生,“独占合同”的概念被引入市场中。

廖理等(2014)针对互联网借贷平台的投资者风险识别的行为进行了研究,他们发现投资人能够有效识别平台提供的信息并规避违约风险。而廖理等(2015)进一步研究发现P2P平台投资者如不能继续在其他投资者的投资行为中获取更多信息,“羊群现象”将逐步消失,再次证明了市场中理性投资人的存在。互联网金融模式下理性投资人存在的溢出效应将会推动我国完全市场化利率的进程,提高传统借贷市场的借贷资源配置。谢平和邹传伟(2012)认为基于信息收集和云计算的互联网金融模式通过提高资源配置效率、降低交易成本来促进经济增长,将产生巨大的社会效益。虽然互联网金融在初期可能会遭遇一些困难,但发展前景很大。随着互联网金融的快速增长,这一新兴的商业模式必然与传统金融机构产生竞争。也有观点认为互联网借贷不会对传统金融造成冲击,因为两者在借款数额、风险管理和审批制度等方面有太多的不同(Bachmann et al., 2011),前者对传统借贷市场是一个有力的补充,尤其对于中小借贷者(Iyer et al., 2009)。当然商业银行也能利用互联网借贷平台获得新的发展,从而惠及小微企业(巴曙松,2013)。

Fang and Zhang(2014)针对中国互联网借贷平台发展趋势提出了借贷平台系统构建方式的相关建议,他们指出互联网金融借贷平台系统建立能够带来三方面的价值溢出:第一,提高了互联网借贷的云计算标准;第二,降低了平台借贷的成本;第三,改善了网络借贷下资金流动的风险控制机制。Berger and Gleisner(2009)通过对互联网金融平台14 000组借贷进行实证研究后发现,金融平台在市场起到了金融中介的作用,而这种中介的服务能够有效地提升借款人的信用状况。借贷平台的价值效应包括商业价值效应、市场价值效应和社会价值效应等方面。

同价值形成机制的相关研究相似,对于互联网借贷平台价值效应的文献也几乎都是针对某一具体方面进行研究,其中以社会价值效应的研究居多。大多数价值效应的研究都没有涉及平台价值的定量测度。互联网借贷平台不仅是传统金融服务的互联网化,还包括互联网居间服务和金融服务,因此除了社会效应之外,平台本身的价值认识和测定也可能是未来理论的研究方向。

五、互联网金融的风险与监管

大数据时代的互联网借贷平台为经济带来了更多的创新、产出和增长,有关个人隐私的数据安全问题也随之得到广泛的关注(Brown et al.,2011;Kuner et al.,2012)。除了数据安全性,这种新的借贷方式也带来了其他潜在的风险,比如借贷审核技术风险、中间账户风险和流动性风险等等(王会娟,2015)。Tene and Polonetsky(2012)就提出大数据的处理需要在商业利益、研究者获得和个人隐私之间形成一个有效的均衡。除了数据之外,互联网金融产业本身的发展也存在着风险和监管盲区。宫晓林(2013)提出互联网金融业的持续健康发展要在积极创新,吸引更多客户的同时依靠互联网金融企业的自律来加强系统安全建设。然而行业自律于学者们看来远远不能够实现行业的风险可控。

互联网金融具有普惠金融的特点,互联网金融的监管及法律规则的构建应将互联网金融消费者利益保护置于首位,力求达成金融效率与金融公平兼顾,从而实现金融创新和金融安全并举的目标(安邦坤和阮金阳,2014)。Davis and Gelpern(2009)指出,政府因考虑到 P2P 平台的发展前景而鼓励该行业的发展,但必须实现严格的监管以保障在经济发展、对外援助、慈善机构和消费者金融中的私人和公共利益;他们同时也指出监管对于政府和金融行业而言是一个大的挑战,因为不当的监管可能会对市场效率和消费者效益产生负面影响。Slattery(2013)也提出 P2P 平台为消费者的借贷和投资提供了一个新的方式,但监管是必要的,文章指出,美国证交会将两家最大的网络借贷平台 Lending Club 和 Prosper 纳入监管削弱了产业的发展,损害了消费者利益,因此建议从消费者角度出发,由金融消费者保护署对网络借贷进行监管。王达(2014)认为,互联网金融只是可能导致中国金融“脱媒”加速和实体经济融资成本上升的众多因素之一，其从根本上颠覆传统的金融业态与竞争格局的可能性很小；对中国互联网金融的研究不应只局限于金融风险问题，还要对垄断与不正当竞争的界定与监管、新兴网络金融领域的行业标准等方面进行深入研究。

杨虎等(2014)提出了一个以“数据”为中心的风险监控预警体系的设计原则，他们指出，预警体系应该涵盖以数据为中心的互联网金融风险分析的数据收集、数据提取、数据分析和数据解释环节，以此为企业风险控制管理提供有力的支撑。此外，在保证互联网金融健康发展的前提下，征信体系的完善也多次被学者们提出(刘芸和朱瑞博，2014；Shu，2014)。刘绘和沈庆劼(2015)针对当前网络借贷主要面临的非法集资、产品异化、资金混同和保障不足等风险，从征信体系、信息披露、产品信用评级行业以及自律标准等四个方面提出了监管建议。

学术界目前在金融风险管理方面研究成果丰富，从以上文献中可以看出，学者们的研究大多提及了互联网金融的风险与监管的背景和意义，虽然研究涉及的方面分布很广，却较少从大数据视角进行分析。而现有的互联网金融监控或监管的研究也大多从单方面或是某些方面展开，缺乏对监控体系构建的整体把握。

六、总结性评论及未来研究趋势展望

综上所述，目前有关大数据下互联网金融平台价值的研究具有基础研究、现状研究和学科交叉研究与应用齐头并进的趋势，研究不管是内容上还是方法上都呈现不断深入和递进的特征。基础研究中，学者们对大数据进行了定义，并研究如何能够有效运用到互联网所涉及的相关行业中。此外，基于平台的经济学模型分析成果也非常丰厚，并形成了平台经济学的基础体系。现状研究中，研究主要涵盖互联网金融的特征、国内外发展情况对比、互联网借贷平台的风险与监管问题。在交叉研究与应用中，大数据经济学与互联网金融产业、平台经济学与借贷平台形成了交叉，研究结论对互联网金融借贷平台中的定价、借贷关系、竞争及未来发展提供了有效的指导和借鉴。但需要注意到当前关于大数据金融、平台经济学和互联网借贷平台三方面交叉体系研究比较少，而基于大数据视角对互联网借贷平台的研究与政策建议也主要集中于用户信用评估、风险机制预警、大数据在平台经济中的应用、平台经营模式和个人借贷行为等方面，但这些大多没有涉及大数据金融所能给借贷平台带来的内在性和系统性的影响。因此，有关大数据下互联网借贷平台的价值是一个值得探索和深入的研究领域。

本文认为，现有的研究至少存在以下四个方面的拓展空间。首先，在大数据经济学、平台经济学和网络经济学（互联网金融借贷平台）三方面形成有效的交叉研究体系。对于大数据的利用打破了借贷双方信息不对称的壁垒，但平台如何锁定客户、避免外部性和参与市场竞争问题，当前的研究还没有明确的答案；而归纳和把握互联网金融借贷平台的复杂性和大数据的特征也需要进一步研究来实现。其次，基于大数据研究借贷平台的价值形成机制的深入研究，包括借贷平台的经营模式、产业链的延伸以及平台的演化。大数据的利用决定了平台能够提供什么样的市场，这也是平台的社会价值所在。除了数据本身的价值挖掘外，大数据基于平台的价值关联也非常重要。大数据的运用不能局限于借款人风险评估风险和控制方面，要扩展数据的纵向关联，研究如何实现传统成本向数据成本的转变。大数据分析和管理也不能只局限于平台借贷，还需要研究如何进行产业链的延伸，如基于数据功能延伸收集和监控平台客户资金使用和支付信息，将借贷者上下游产业链纳入平台经营体系中。第三，互联网金融借贷平台的价值测度研究，包括对平台数据关联价值测度和平台社会价值的测度。借贷平台是一种重要的经济模式，大数据下经济社会解构之后的重构，需要对平台的信息结构价值、平台合作价值和征信体系价值进行测度。而借贷平台的社会价值主要包括借贷平台市场能否具有稳定的竞争结构，其与传统借贷市场能否形成竞争合作关系，以及其对消费者福利和借贷资源配置效率的影响等。最后，基于大数据的互联网金融平台的风险监控研究,从中观和宏观的视角去研究大数据下借贷平台的产业内和借贷市场的均衡发展。这包括通过何种机制设计引导当前的无序竞争为规范竞争。而大数据处理技术作为核心竞争力,是否会导致行业内基于数据处理的专业化分工,而这样的分工体系是否安全。此外,对于平台本身的评级和监管也需要基于大数据的管理和分析来进行。

参考文献

[1] 安邦坤、阮金阳,2014:《互联网金融:监管与法律准则》,《金融监管研究》第 3 期。

[2] 巴曙松,2013:《大数据可解小微企业融资瓶颈》,《中国经济报告》第 6 期。

[3] 宫晓林,2013:《互联网金融模式及对传统银行业的影响》,《金融实务》第 5 期。

[4] 李炳乾,2014:《对等 P2P 网络中大数据关键特征挖掘模型仿真》,《计算机仿真》第 11 期。

[5] 李国杰、程学旗,2012:《大数据研究:未来科技及经济社会发展的重大战略领域——大数据的研究现状与科学思考》,《战略与决策研究》第 6 期。

[6] 廖理、李梦然、王正位、贺裴菲,2015:《观察中学习:P2P 网络投资中信息传递与羊群行为》,《清华大学学报(哲学社会科学版)》第 1 期。

[7] 廖理、李梦然、王正位,2014:《聪明的投资者:非完全市场化利率与风险识别——来自 P2P 网络借贷的证据》,《经济研究》第 7 期。

[8] 刘绘、沈庆劼,2015:《我国 P2P 网络借贷的风险与监管研究》,《财经问题研究》第 1 期。

[9] 刘芸、朱瑞博,2014:《互联网金融、小微企业融资与征信体系深化》,《征信》第 2 期。

[10] 刘志明,2014:《P2P 网络借贷模式出借行为分析——基于说服的双过程模型》,《金融论坛》第 3 期。

[11] 钱平凡、陈光华、温琳,2014:《平台研究国际进展与侧重点及政策含义》,《发展研究》第 5 期。

[12] 邱甲贤、林漳希、童牧,2014:《第三方电子交易平台运营初期的定价策略——基于在线个人借贷市场的实证研究》,《中国管理科学》第 9 期。

[13] 王达,2014:《美国互联网金融的发展及中美互联网金融的比较——基于网络经济学视角的研究与思考》,《国际金融研究》第 12 期。

[14] 王会娟,2015:《P2P 的风险与监管》,《中国金融》第 1 期。

[15] 王会娟、廖理,2014:《中国 P2P 网络借贷平台信用认证机制研究——来自“人人贷”的经验证据》,《中国工业经济》第 4 期。

[16] 王宇灿、李一飞、袁勤俭,2014:《国际大数据研究热点及前沿演化可视化分析》,《工程研究——跨学科视野中的工程》第 3 期。

[17] 谢平、邹传伟,2012:《互联网金融模式研究》,《金融研究》第 12 期。

[18] 徐晋、张祥建,2006:《平台经济学初探》,《中国工业经济》第 5 期。

[19] 徐晋,2013:《平台经济学(修订版)》,上海交通大学出版社。

[20] 徐晋,2014:《大数据经济学》,上海交通大学出版社。

[21] 杨虎、易丹辉、肖宏伟,2014:《基于大数据分析的互联网金融风险预警研究》,《现代管理科学》第 4 期。

[22] Armstrong, M. , 2006, “Competition Two-Sided Markets”, The BAND Journal of Economic, 37(3), 668 - 691.

[23] Bachmann, A. , A. Becker, D. Buerchner, M. Hilker, M. Lehmann, P. Tiburtius, 2011, “Online Peer-to-peer Lending a literature Review”, Journal of Internet Banking and Commerce, 16, 1 - 18.

[24] Berger, A. N. , L. F. , Klapper, M. S. M. , Peria, R. , Zaidi, 2008, “Bank Ownership Type and Banking Relationships”, Journal of Financial Intermediation, 17 (1), 37 - 62.

[25] Berger, S. C. , F. Gleisner, 2009, “Emergence of Financial Intermediaries in Electronic Markets: The Case of Online P2P lending”, BuR-Business Research, Official Open Access Journal of VHB, 2(1), 39 - 65.

[26] Borkar V. R. , M. J. Carey, C. Li, 2012, “Big data platforms: what's next?”, XRDS: Crossroads. The ACM Magazine for Students, 19(1), 44 - 49.

[27] Brown, B. , M. Chui, J. Manyika, 2011, “Are You Ready for the Era of ‘Big Data’”. McKinsey Quarterly, 1 - 12.

[28] Chakravorti, S. , R. Roson, 2006, “Platform Competition in Two-Sided Markets: The Case of Payment Networks”, Review of Network Economics, 5 (1), 118 - 142.

[29] Davis, K. E. , A. Gelpern, 2009, “Peer-to-Peer Financing for Development

Regulating the Intermediaries", Journal of International Law and Politics, 42, 1209－1263.

[30] Detragiache, D. , P. , Garella, L. Guiso, 2000, "Multiple versus Single Banking Relationships: Theory and Evidence", Journal of Finance,55, 1133－1161.

[31] Duarte, J. , S. Siegel, L. Young, 2012, "Trust and Credit: The Role of Appearance in Peer-to-peer Lending", Review of Financial Studies, 25(8), 2455－2484.

[32] Evans, D. S. , 2003, "Some Empirical Aspects of Multi-sided Markets Platform Industries", Review of Network Economics,(3), 191－209.

[33] Evans, D. S. , 2011, "Platform Economics: Essays on Multi-Sided Business", Competition Policy international.

[34] Fang, Z. , J. J. Zhang, 2014, "Study on P2P E-Finance Platform System: A Case in China", International Conference on e-Business Engineering, IEEE, 331－337.

[35] Freedman, S. , G. Z. Jin. , 2008, "Do Social Networks Solve Information Problems for Peer-to-Peer Lending? Evidence from Prosper. Com", Working Papers, CollegePark, MD: NET Institute.

[36] Hall, M. , E. Frank. , G. Holmes, 2009, "The Weak Data Mining Software: An Update", AcmSigkdd Explorations, 11(1), 10－18.

[37] Iyer, R. , A. I. Khwaja, E. F. P. Luttmer, K. Shue, 2009, "Screening in New Credit Markets Can Individual Lenders Infer Borrower Creditworthiness in Peer-to-peer Lending?", NBER working paper, NO. 15242.

[38] Jensen, M. C. , W. H. Meckling,1976, "Theory of the Firm: Managerial Behaviour, Agency Costs and Ownership Structure", Journal of Financial Economics, 4(4), 305－360.

[39] Jeanne E. Johnson, 2012, "Big Data＋Big Analytics＝Big Opportunities", Financial Executive,(7/8).

[40] Jiang, C. J. , Z. J. Ding, J. L. Wang, C. G. Yan, 2014, "Big Data Resource Service Platform for the Internet Financial Industry", Chinese Science Bulletin, 59(35), 5051－5058.

[41] Klafft, M. , 2008, "Peer to Peer Lending: Auctioning Micro Credits over the

Internet", Proceedings of the International Conference on Information Systems, Technology and Management, A. Agarwal, R. Khurana, eds., IMT, Dubai.

[42] Kuner, C., F. H. Cate, C. Millard, D. J. B. Svantesson, 2012, "The Challenge of 'Big Data' for Data Protection", International Data Privacy Law, 2(2), 47 - 49.

[43] Lin, M., N. R. Prabhala, S. Viswanathan, 2013, "Judging Borrowers by the Company They Keep: Social Networks and Adverse Selection in Online Peer-to-peer Lending", Management Science, 59, 17 - 35.

[44] Madden, S., 2012, "From Databases to Big Data", Internet Computing, IEEE, 16 (3), 4 - 6.

[45] Slattery, P, 2013, "Square Pegs in a Round Hole: SEC Regulation of Online Peer-to-Peer Lending and the CFPB Alternative", Yale Journal on Regulation, 30 (1), 233 - 275.

[46] Owen, S., R. Anil., T. Dunning, 2011, "Mahout in Action", Manning Publication.

[47] Osterwalder, A., Y. Pigneur., H. Hatami, 2011, "Business Model Generation", Srategyzer.

[48] Puro, L., J. E. Teich, H. Wallenius, J. Wallenius, 2010, "Borrower Decision Aid for People-to -people Lending", Decision Support System, 49, 52 - 60.

[49] Rocket, J., J. Tirole, 2003, "Platform Competition in Two-sided Markets", Journal of European Economic Association, (1), 990 - 1029.

[50] Rocket, J., J. Tirole, 2006, "Two-sided markets: a progress report", The RAND Journal of Economics, 37(3), 645 - 667.

[51] Rysman, M, 2009, "The Economics of Two-Sided Markets", The Journal of Economic Perspectives, 23(3), 125 - 143.

[52] Shu, H. T, 2014, "A Discussion on the Financing Risks of Domestic Micro Enterprises under the Background of Internet Finance", Proceedings of the 6th International Conference on Financial Risk and Corporate Finance Management.

[53] Stein, J. C, 2002, "Information Production and Capital Allocation: Decentralized versus Hierarchical Firms", Journal of Finance, 57, 1891 - 1921.

[54] Stigliz, J. E., A. Weiss, 1981, "Credit Rationing in Markets with Imperfect Information", The American Economic Review, (7), 393 - 410.

[55] Tene, O., J. Polonetsky, 2012, "Privacy in the Age of Big Data: A Time for Big Decisions", Stanford Law Review, 64, 63 - 69.

[56] Wu, X. D., X. Q. Zhu, G. Q. Wu, W. Ding, 2014, "Data Mining with Big Data", IEEE Transactionson Knowledge and Data Engineering, (26), 97 - 107.

互联网金融、风险定价与利率冲击效应*

张祥建　钟军委　徐　晋

内容提要:在移动互联网、平台模式和大数据快速发展的背景下,互联网金融日益成为一种新的金融业态,对传统金融模式特别是利率体系造成了巨大的冲击。本文研究了互联网金融发展对利率的影响效应和机理,研究发现:(1) 在移动互联网时代,金融生态环境发生了深刻的变化,互联网思维方式催生了网络平台金融业态,从而在信息获取、授信支付和资源配置等方面发挥着重要作用。(2) 互联网金融的开放形态打破了商业银行在借贷体系中的单边风险定价优势地位,冲击了商业银行以"利差"为主导的盈利模式。(3) 互联网金融对利率的冲击主要是由于成本效应、长尾效应、网络效应、平台效应和大数据效应造成的。本文的研究成果不仅有助于规范互联网金融的发展,也有助于传统商业银行不断改善经营模式以适应互联网金融生态的变革。

关键词:互联网金融;长尾效应;平台效应;大数据效应;资金价格

---

* 张祥建,上海财经大学财经研究所,副教授,博导,研究方向:公司治理,E-mail:xjzhang@126.com;钟军委,上海财经大学财经研究所,博士生,研究方向:公司治理;徐晋,麻省理工学院斯隆管理学院社会科学研究中心,教授,博导,柏拉图项目主任,研究方向:公司金融、风险投资。本文得到国家自然科学基金项目"连锁董事网络、社会资本与企业投资效率研究"(71272010)、教育部人文社会科学一般项目"政治关联与企业价值:基于转型制度背景下中国民营企业的研究"(11YJA630200)和上海社科基金项目"连锁董事、社会嵌入性与企业投资效率研究"(2013BGL013)的资助。

一、引　言

以平台经济、网络社交、大数据和第三方支付为代表，现代科技讯息的发展改变了人们的经济行为参与模式，深刻变革了传统的金融业态，催生出新的互联网金融模式（谢平、邹传伟，2012；彭涵祺、龙薇，2014；Smith，2007）。与传统的“个体—银行”的借贷模式存在差异，互联网金融降低了融资、借贷的门槛效应，使得在大数据和平台网络支持下，可以迅速实现“个体—个体”、“个体—平台”的投融资决策目标。以“众筹”为例，互联网金融可以实现在平台支持下的“一点对多点”的发散式的资金和信息的有效对接，体现出平等、参与、共享的精神。因此，自支付宝推出余额宝以来，互联网金融就表现出强大的生命力，在短时间内迅速崛起，引起政府、机构、学者等多方面的关注，成为当前最耀眼的新兴经济现象。

互联网金融的迅速崛起，将带来金融业竞争模式的深刻变化，对传统金融造成全方位的冲击，从根本上动摇了风险定价中商业银行的霸权地位，打破了银行的资金池垄断，提升了人民币利率和汇率市场化进程。虽然以余额宝为代表的互联网金融被指责为“寄生虫”、“吸血鬼”、“无底线”，意想不到的是互联网金融的出现却成了加快推进利率市场化的助推器（乔海曙、王于栋，2014）。在当前利率尚未市场化的情况下，银行能够以相当低的成本获得活期存款，并通过巨大的存贷款利差获得利益，而互联网金融的发展逼迫传统金融机构上浮存款利率，使得银行净息差的空间缩减。特别是，互联网金融的利率效应引起了存款大搬家，动摇了传统金融的根基，激起了金融领域的混战，利率市场化触动了商业银行赖以生存的“利差”盈利模式。

在金融深化和平台技术的支撑下，互联网金融为利率市场化改革撕开了一个缺口，在“倒逼机制”和“鲶鱼效应”的双重作用下，传统商业银行开始重视服务和客户体验，盈利模式也开始由典型的资产—负债业务向表外业务和中间业务探索。一定程度上，互联网金融有助于提升金融要素的市场流动性和资源配置效率，通过互联网的平台模式和渠道营销强化了资金的动员能力，同时也加强了资金在借入口和负债终端的市场竞争，进而形成普惠金融，有利于资金的合理流动和形成创业环境中的按需评估和借贷。

随着移动支付和平台经济的兴起，互联网金融由于大众参与及其对业界的深刻变革而成为一个新的研究和关注热点。国外学者在这方面进行了探索，主要集中在互联网金融的交易模式和技术方面。Wu and Hisa(2008)首先给出了移动金融的概念，并认为与互联网贸易模式从“互联网商务—移动电子商务—一体化交易”相对应，现代金融交易也经历了从“电子金融—移动金融”的演变。在移动支付方面，学者们从移动技术和用户接受角度研究了移动支付的问题，发现互联网金融的创新导致传统的金融中介重要性的下降(Ahlin and Townsend，2008；Freedman and Jin，2008)。关于P2P模式的平台借贷的研究成果也涌现出来。一些研究发现，网络金融公司将运用大数据对借款人的消费和信用等级进行评定，以此来确定授信额度，通过信息处理、监控贷款偿还进程，使得资金从盈余方流向稀缺方(Heng et al.，2007；Wu and Hisa，2008)。在大数据和平台技术支撑下，金融专业的复杂度和专业化被大大地简化了，风险定价、期限匹配等计算的精确度也得到有效提升(Hermes et al.，2005；Mollick，2012)。在高效、便捷、真实、客观等特征引领下，互联网金融真正成为大众参与的民主化和普惠制金融发展模式。

国内学者的研究处于起步阶段，重点集中在互联网金融的运营模式、产品结构和影响效应。谢平、邹传伟(2010)认为，不同于商业银行的间接融资模式和证券市场的直接融资模式，互联网金融将对人们的金融行为产生颠覆式变革，人们或许会从关注资本价值本身更多转向价值创造与参与。因此，互联网金融将展现出平台协作和创新的巨大优势。邱冬阳、肖瑶(2014)认为互联网金融的实质是金融，互联网只是手段，并深入剖析了当前互联网金融呈现的支付、融资、理财三大类业务的运行与盈利模式。还有一些学者研究了互联网金融的特点和兴起原因，分析了财富管理的“渠道革命”效应，探讨了互联网金融的风险和应对策略，提出了未来互联网金融创新的模式和驱动力(周茂清，

2014;龚映清,2013;彭涵祺、龙薇,2014)。国内现有研究还处于初步探索阶段,随着互联网金融的发展,将会激发更深入的研究。

现有研究主要研究了互联网金融的产生背景、特征、发展情况和运作模式等,为我们了解互联网金融提供了信息。但是,现有研究对互联网金融对风险定价和利率市场化的冲击缺乏深入探讨。那么,我们更关心的问题是,互联网金融对金融市场风险定价的挑战是什么?为什么能促进利率市场化?其利率冲击效应的机制和途径是什么?

基于移动互联网和大数据时代的特征和演化趋势,本文主要研究互联网金融对利率及资金定价能力的影响效应,分析互联网思维模式对金融市场风险定价能力的挑战和冲击,并从成本效应、长尾效应、社交网络效应、平台效应和大数据效应等方面分析了其内在的机制和途径。

本文研究发现:(1) 移动互联网、大数据和平台经济模式的发展,促进了金融生态环境发生了深刻的变化,催生了互联网金融业态,从而在信息获取、授信支付和资源配置等方面发挥着重要的作用。(2) 互联网金融挑战了风险定价中传统商业银行的单边优势地位,引入了新的风险定价因子,改变了常态化的货币供应,开创了草根理财和网络贷款金融新业态,使金融市场的定价模式和策略发生了根本性改变,冲击了商业银行以"利差"为主导的盈利结构。(3) 互联网金融具有成本效应、长尾效应、网络效应、平台效应和大数据效应,改变了金融业"成本—收益"结构,促进利率由市场定价。

本文的贡献在于:(1) 分析了互联网金融对金融市场风险定价的冲击效应。互联网金融是一种新兴的金融模式,学者们开始研究它的运作策略及其对传统金融带来的影响,但对金融市场风险定价能力影响的研究被忽视,而对金融风险定价能力的影响是互联网金融的核心。因此,本文认为只有从资金定价效应入手才能抓住互联网金融的核心,更准确地把握互联网金融的特征,这也是互联网金融挑战传统金融的关键因素。(2) 研究了互联网金融对利率影响的机制和途径,主要包括成本效应、长尾效应、网络效应、平台效应和大数据效应等。现有的研究文献没有揭示互联网金融对利率影响的机制和途径,因此无法解释互联网金融蓬勃发展的现象,也难以解释传统金融机构受到巨大压力的根源。我们从互联网金融的本质特征揭示了互联网金融对利率冲击的内在机理,拓展了关于利率市场化方面的研究。

本文的结构安排:第二部分分析了互联网金融的思维模式与核心功能。第三部分探讨了互联网金融对金融市场风险定价能力带来的挑战。第四部分分析了互联网金融的利率冲击机制和途径。第五部分是结论。

二、互联网金融的思维模式与核心功能

互联网金融是以现代信息科技为载体的软件应用对金融服务的植入,是以大数据、云储存、平台网络和数据分析为支撑的金融深化和发展。互联网金融打破了以往的直接或者间接融资模式,并催生出新的金融业态,挑战了传统商业银行的资本霸主地位。作为新兴的金融行为模式,它所发挥的“鲶鱼效应”促使整个金融体系开始向市场化倾斜。

(一)金融生态环境的深刻变化:互联网思维

技术的变革有效推动了金融行业运营模式的创新,但是互联网金融兴起的实质因素却在于平台要素推动下的互联网思维的形成。这种思维方式就是在大数据、即时通讯、云计算、云储存等技术的推动下,对市场要素主体、客体和链接方式的重新审视、配置的过程(Yan,2013)。互联网思维的核心是开放、平等、互动、合作,追求极致的用户体验,本质是去中介、去中心。

互联网和大数据的迅速兴起,移动互联网已成为绝对主导的第一媒体,深刻影响社会和经济变革。在互联网技术平台的支撑下,QQ、微信、微博等新兴媒体和社交形式展现,实现了“点对点”、“点对多点”的发散式信息沟通和传播,在交互作用和网络连接作用下,互联网拓展了时域的空间特性。

表 1 互联网倒逼金融变革

	传统金融	互联网金融
信息处理	困难/缺乏时效性	容易/成本低
风险评估	信息失真、监督成本高	依赖于大数据,力求客观、真实
资金供求	通过银行/券商等中介实现期限/数量匹配	网络平台实现“点对点”、“点对面”对接
支付	通过银行或者担保公司支付/具有时滞性	超级集中统一支付、移动平台支付/即时性
供求方	间接融资模式	直接交易
产品	风险集中、需要涉及复杂风险对冲	简单化、风险平铺(风险对冲需求减少)
成本	交易成本极高	平台运作模式＋大数据信息反映,交易成本较少

在互联网思维方式和平台经济运作模式下,传统营销理念被颠覆和重塑。消费者具有多重选择,因而更加重视个性化服务和体验,消费者和生产者权利配置发生了转变,消费者真正成为市场权利的主体和核心。在互联网思维模式下,传统企业从战略、组织和资源配置等多维度嵌入其中,并将其改造成为物联网。传统商业体系的“价值链”也转变为服务运作体系中的“价值环”。

以互联网为载体的移动金融终端的兴起,改变了传统银行的生态环境和盈利模式,促进新兴金融业态的崛起。以众筹、第三方支付、虚拟货币为代表形式的互联网金融蓬勃发展。在我国,互联网金融的发展主要表现为以下几个方面:首先,移动金融终端的普及改变了人们的行为支付模式,典型的如 E 支付、手机刷卡、微信红包支付;其次,大型电商平台和新兴网络借贷平台对传统金融信贷模式的冲击,以 BAT 为代表的网络巨头公司均已布局互联网金融,如百度金融中心、阿里巴巴金融、深圳前海微众银行;再次,互联网金融对市场和创业投资表现出强大的影响力和冲击力。由于互联网金融的低门槛效应和“蚂蚁效应”[①],资本存贷缺少传统商业银行的非市场力量的限制,因而更加便捷、高效。

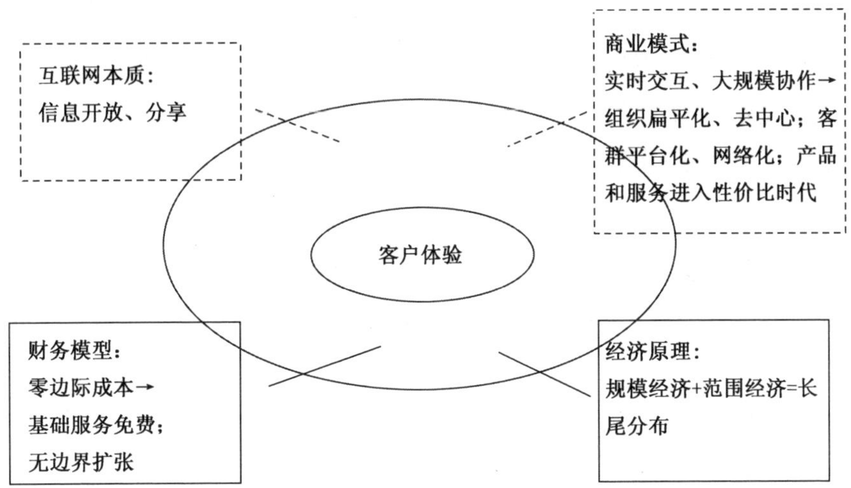

图1　互联网基因:专注于客户体验

在互联网金融模式和消费模式下,作为微观主体的个人具有更强的参与意识和主体权利意识,坚持以透明、公开、分享、协作的框架运作,互联网金融提高了资金的利用效率,因而成为最具创新活力的金融模式。

(二)互联网金融主要核心功能

以互联网信息应用技术为依托,用户信息提取、需求响应、风险匹配、资产风险定价等业务流程被精细化软件操作实现。根据克里斯坦森(1997)破坏性创新理论,互联网金融改变了传统商业银行竞争性基础,由复杂、低效、高成本向便捷、及时、安全演进,由传统银行的主导地位向注重客户体验和需求转变,进而实现银行核心和边缘业务的逐渐演变。

---

① “蚂蚁效应”是指互联网金融具有聚少成多的优势和协同分工效应。在互联网金融模式下,存款缺少额度限度,任何的个体或者机构都可以成为投资人,而在平台集中授信和大数据的支持下,贷款也更具有指向性,可以有效降低不良贷款比率。

1. 支付方式

支付方式是整个金融业的基础和核心业务，安全、高效、便捷的支付方式是赢得客户市场需求的根本。第三方支付的发展和繁荣引起了支付领域的革命，已经深刻地影响经济活动，改变了金融格局，并产生持续深远的影响。

移动支付是互联网金融模式的核心特征，随着 Wi-Fi、4G 等高频无线信息技术的发展和全覆盖，移动支付将成为金融支付的主要模式之一。APP 金融客户端、APP 移动电子商务平台及移动互联的全信息覆盖使得移动支付、购物贸易和人们生活真正融为一体。随着数字认证技术和安全支付软件的普及，移动支付不仅成为购物、贸易的结算方式，而且也成为数字金融的代表趋势之一。

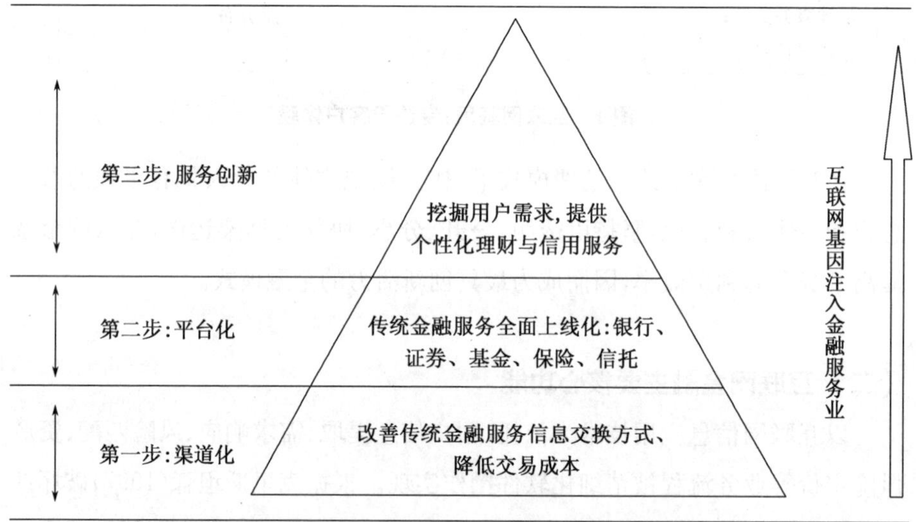

图 2　传统金融嫁接与嵌入互联网技术的三步升级

在互联网金融与移动电子商务时代，移动支付由于缺乏直接的"金钱—货物"交易而显现为数字货币特征，即移动支付表现为金融商品的要素属性，这成为区别于其他支付手段的主要特征。在移动互联时代，作为支付货币的替代，这种数字货币要么本身具有金融商品属性，要么表现为互联网之外的现实世界的权益转移。

互联网金融打破了银行的资金池垄断供应。余额宝、盈利宝等新的具有更高收益的资金池集聚金融平台屡屡吸引人们的眼球。2012 年至今，以 BAT 为代表的互联网金融巨头率先布局了百度金融、阿里小微金融服务集团、深圳前海微众银行，而后起之秀京东商城、苏宁云商也都从战略和业务上对金融布局进行调整和推进。

随着以 BAT 为代表的第三方支付及平台金融的兴起，其与传统金融银行之间的关系也由合作依存转向了合作竞争。新兴金融方式不断从前端和支付流程上冲击和蚕食着商业银行的主体业务。这些新兴金融一般由强大的电子商务集团作为后端，存储有大量的客户消费能力和偏好信息，因此其所反映的客户信息真实度也更为客观、完整，因此有效降低了经营风险。

2. 信息处理

信息收集与分析是金融业务体系的神经中枢，而借助电商平台互联网金融可以获取最为真实客观的用户消费行为模式、借贷能力和需求信息。在金融风险管理体系中，最为关注的是借贷双方的能力信息和投资风险评估，即金融机构追求货币资金的期限、风险与资金收益的匹配原则，而基于大数据分析，互联网金融可以对用户项目和社会投资与消费动向即时追踪。

在金融交易体系中的另外一个问题就是对资金的合理定价问题。因为，根据金融体系中风险与收益对等原则，高风险对应高收益，此时银行的借款利率较高；反之，银行利率定价较低。合理、有效的金融风险定价依赖于银行对客户信息的掌握和投资项目收益的平稳预期，而互联网金融通过云储存的用户以往具体信息及基于对用户诚信度的评价，可以迅速为用户借贷能力和需求进行风险评级（谢平、邹传伟，2012）。互联网通过对信息的整合形成了信息流，重造一个网上世界。互联网金融通过整合信息流可以引导物流的聚合，突破了时间、空间的约束，极大地降低了商业成本。整合商业消费、以往资金借贷信息流，互联网金融克服了传统金融交易体系中的信息不对称，从而使得交易建立在安全、透明的原则之上。

突破了传统金融在借贷行为中对个体的静态评估，互联网金融通过大数据和云储存可以对用户进行动态网络的时序评估，从而得到一幅完整的用户社会网络位置及消费图景。即不单单对借贷个体进行评估，通过移动互联网的平台交互信息可以对消费者社会网络连带进行边界扫描，从而得到一幅完整的金融行为网络全景图。同时，通过消费者消费或者金融行为的时序变化，评估借贷主体的时域变动和选择变动，从而对企业或者个人合理评定合理授信额度。

一般来说，在互联网金融行为模式下，信息的收集和处理主要通过平台集成大数据来进行分析，其渠道和处理过程一般包括以下部分：一是通过社交软件和移动电商平台收集和整理用户个人信息，这些信息具有客观性、交叉嵌入性。例如淘宝、天猫电商平台与阿里旺旺的连接，一方面通过淘宝和天猫电商平台，可以观察到消费者购买能力和偏好变化的时序图，而通过阿里旺旺这一"类社交网络软件"又可以查看消费者的社会圈子。而阿里金融则可以基于母公司的信息共享优势，通过对消费者消费时序和消费能力的动态考察及其社会资本网络嵌入性来评定用户信用等级，并以此来确定对其授信额度。类似的构架模式还有腾讯金融与微信、微商的链接，百度金融与百度贴吧的链接等。二是通过互联网搜索引擎对个体发布需求和组织机构动态进行考察，主动迎合和匹配有价值的投资个体和项目。三是基于云计算和云存储技术对海量信息的筛选和排查，并编制有序对贷款个体和项目进行风险量化和评估。

总之，基于移动平台和大数据支持的互联网金融有效降低了组织成本和风险管控成本，并有效拓展了金融服务的边界，使得投资者、融资者的参与可能性和参与积极性大大提升。

3. 资源配置

金融交易的本质是服务于人类生产和生活交易的便捷和通达性，并以此提升效用价值在主体资源配置中的最大化，但核心是基于价值补偿的资本的跨时空配置。因此，金融的本质在于确定资本跨时空配置的利益补偿问题，即资本的风险定价。

由于资本的市场管制、法制不完善、金融改革滞后以及自发的民间借贷的市场失灵等因素掣肘，金融抑制依然是我国经济增长中的一种常态，金融在中国依然是一种稀缺的资源要素。体系及资本自身要素的稀缺，使得金融体系在中国表现为一种倒“金字塔”结构，即具有政府背景的国有企业占有了金融资源的绝大部分，而绝大部分初创企业和缺少关系的企业几乎得不到应有的资金支持。从传统银行资金流向及社会资金需求来看，银行资金错配呈现出明显的“二八定律”，即银行借贷资金80%流向了具有政府背景的企业或者大中型上市公司，而广大的草根阶层很难从银行获取必需的资金。

互联网金融打破了银行的资金池垄断供应。首先，从资金供给方来看，虽然传统银行规定的存款最低限额是一元，但是限于时间成本及预防性支出动机，人们较少愿意频繁地零存领取，而互联网金融则使得人们足不出户就可以迅捷实现小额资金的腾挪；其次，从资金借贷关系来看，以利润和市场效率为导向，使得互联网金融公司和资金需求方可以迅速对接，而且借助大数据信息筛选和社会网络边界扫描使得互联网金融公司能够迅速进行目标客户风险评级。

三、互联网金融对金融市场风险定价的挑战

互联网金融在为金融资本市场带来新的生命力的同时，也挑战了传统金融秩序下的资本风险定价模式。我国金融利率定价受政府管制，所以长期以来难以反映市场真实货币资金需求关系。而银行资产业务的核心体现为风险定价能力，互联网金融的兴起必定对银行的风险定价能力造成冲击，从而对传统银行以“利差”为主导的盈利模式形成挑战。

（一）互联网金融为利率定价引入新因子

凭借着移动技术平台终端和大数据支持，互联网金融让更全面的社会主体信息融入互联网金融借贷策略中，扩大了金融服务的参与主体，拉低了金融

参与的门槛和监督成本,进而冲击着传统金融机构的定价能力。由此,互联网金融的开放和冲击效应为金融资本市场引入新的价格影响因子。

与传统银行着重于服务大中型成熟企业不同,在全民创业背景下,互联网金融具有开放、包容特性,甚至不排斥直接对初创企业的风险投资,其受众主体更广。在合规平台上,互联网金融剔除了政府过多参与因素,因而更能反映市场经济主体对资金的风险定价。除了包含商业银行的活期、定期、债券投资、第三方担保等经营模式外,互联网金融给出了更多消费者选择和资本创收模式,典型的如余额宝、众筹等。

从利率定价因子的重要性看,互联网金融在降低信息不对称、降低企业融资成本、实现资本期限、收益与风险匹配的同时也具有潜在的经营风险和威胁,从而凸显出互联网金融模式下担保和再保险的必要性(Dolan and Moon,2000)。互联网金融模式下,既有传统的财产、契约、连带担保,也存在着"风险备用金账户"担保和保险公司再担保形式,从借款人和平台两个端口挤压风险存在的可能性。

此外,互联网的平台和开放特性也使得资金供需双方自主选择对接,但是这种类型的多数存在着信息不对称风险。资金的价格一方面来源于资金供给方基于借款期限、担保机制、融资平台和第三方支付平台的资信、内部控制和风险防范措施等内容评价信用风险,并给予相应的风险溢价(杨洋、张宇,2014);另一方面源自投资者资金的来源、流动性、供给能力等因素。同时,基于平台特征的互联网金融的客户类型、市场环境、法治程度、信息网络传播和接受能力也会影响利率水平。

(二)互联网金融改变了常态化的货币供应

互联网金融是技术平台支撑下,大数据时代金融创新的必然结果,价格敏感度影响着定价策略。中国金融体系存在着治理和货币资本配置的失衡问题,一方面随着经济的发展,个体手中的货币资金除了银行、股市和楼市找不到合理的投资渠道;另一方面与之相对的窘境却是我国广大中小企业因融资成本高昂而显得创新动力不足。互联网金融则以发散、平铺的方式将各色资金供给方和平台公司引入其中，实现了资金和供给的低成本、高效对接。

随着互联网金融的推进，数字化货币成为必要的支付和投资方式。例如，以支付宝为代表的电子支付平台减少了实际中的货币使用，并且有效保障了消费者权益，而以余额宝为代表的管理类金融产品对于培养人们的金融投资习惯具有良好的诱导作用。同时，这些现代投资手段和支付方式的发展改变了银行的存款类型和结构(葛禄青，2006)。再加上“人人贷”、“陆金所”、“有利网”等 P2P 网络融资平台的兴起，互联网金融的业务分流有效降低了传统商业银行的经营风险，从而降低了银行的存款准备金。在快捷支付和平台消费冲击下，货币乘数效应进一步放大，实际有效货币需求得到扩张，因此一定程度上说明了互联网金融成为新经济的增长点，并促进了金融与产业的良性因果循环。而从货币供给角度来看，互联网金融促进了货币的内生增长。

（三）互联网金融理财对存款利率市场化的影响

互联网金融平台通过开发高利率的灵活理财产品，吸引众多的碎片化客户聚集。货币基金是常用的理财方式。以阿里金融与天弘基金共同推出的余额宝、天天基金推出的活期宝、嘉实基金推出的活期乐等互联网金融理财工具以其高收益，即时赎回、支付、消费等特征迎合了普通百姓的投资消费需求，而借助于网络的声誉扩展效应，形成了对银行存款的分流冲击。而 P2P 作为一个网络借贷平台，同样需要借助互联网进行高息揽储，也令银行存款业务萎缩(冯娟娟，2013)。

互联网金融对银行存贷款结构利率的冲击深刻影响了商业银行的资产负债结构，加剧了金融市场对资金要素的争夺，其手段无外乎提高存款利率和降低贷款利率，由此而提升了银行的融资成本。因此，互联网金融通过理财产品直接推升了利率水平，促进了利率市场化。

面临互联网金融的冲击，传统商业银行不得不面临去存款化，并提高其存款利率。因此，互联网金融的出现，缩小了银行的存贷息差，打破了现有的金融垄断和金融格局，为利率市场化撕开了一个缺口。以余额宝为代表的互联网金融理财对传统商业银行存、贷、汇等核心业务构成全方位挑战，余额宝为客户提供了高于银行存款利率的收益率，改变了人们的收益预期，对银行的存款利率形成了巨大冲击。

图 3 "余额宝"的本质

表 2 "余额宝"与银行产品比较

	流动性		收益率	起始金额
	赎回	到账/提现时间		
余额宝	随时	24 小时	2%～4%	1 元
活期存款	随时	实时	0.35%	0.01 元
(一年期)定期存款	期满一年/自由提取利率按活期执行	实时	3.3%(未到期按活期利息)	50 元
活期宝	随时	实时	2.50%	50 000 元
常规理财	不可赎回	未到期不可提现	4%～7%	50 000 元

（四）网络贷款竞争加速贷款利率市场化

网络借贷平台的兴起冲击了传统金融的资产—负债业务，促进了贷款利率的市场化。在传统金融银行垄断和金融严格管制时代，银行等金融机构在资金的分配使用中拥有绝对的话语权，因此商业公司与银行的连带和寻租行为成为"潜规则"中的常态。

而在互联网金融体系下，由于货币资金追逐以利润为导向，渠道已经扩展成开放式交互平面，因此其对传统商业银行构成强有力的威胁，并持续发挥着“鲶鱼效应”，倒逼各类金融机构加速改革（宫晓林，2013）。网络金融贷款平台按其股本权益不同大致可以分为两类，一类是以人人贷、点点贷、拍拍贷等为代表的合伙人贷款平台，另一类大致是以阿里金融、深圳前海微众为代表的机构贷款平台，其业务大都以小微企业融资为主。伴随着产业链的发展和资本的渗入，企业内部以及企业间也开始出现供应链贷款。即某一企业寻找出供应链关键环节的利益相关者企业，根据行业交易关系和特点制定基于货权及现金流控制的一种贷款模式。这有利于打通企业融资瓶颈，提升企业整体竞争能力。

从客户对象及与银行的竞合关系来看，网贷平台与商业银行的客户群体几乎鲜有交集。因为网贷平台基本以服务初创企业及符合申请条件的个人为主，而这类客户群体大多不满足银行借贷条件。基于此，大多网贷平台的贷款利率高于商业银行贷款，满足商业银行贷款的群体一般不会选择网络平台借贷。

互联网金融推动者中国金融的持续深化和发展，对于推动利率市场化及汇率市场化具有重要意义。而互联网开放、包容、普惠、创新的精神强有力地挑战着传统垄断势力，使得更多的企业和个人可以享受到低廉、便捷的金融服务。

四、互联网金融利率冲击效应的机制和途径

互联网金融形成了新的资本定价模式，对传统银行的利率体系造成巨大的冲击，促进了我国利率市场化的进程。而基于互联网金融的便捷、安全、高预期收益特性，消费者必然采用“用脚投票”的方式腾挪并充实其互联网金融资产。存款“大搬家”反映了长期以来的我国金融抑制和资金价格扭曲，更说明在多重金融渠道下消费者金融自由权利的提升。

通过对互联网金融特征的深入分析，我们认为互联网金融对利率的冲击

效应主要是成本效应、长尾效应、网络效应、平台效应和大数据效应造成的。

(一) 成本效应

互联网金融正在通过成本效应来重塑新的商业规模和金融运营模式。在云计算、大数据、社交网络、移动支付等平台的支撑下,用户双方的信息真实性得到保障,平台资金直接对接到客户,从而削弱了银行、券商等传统的金融媒介作用。互联网金融企业可以通过移动平台终端实现低成本的资金迅速聚集和项目匹配,加速了"金融脱媒"[①]。

随着互联网金融加速渗透到支付、信贷等银行业核心业务领域,传统商业银行在客户交易、支付和信用方面的信息劣势日益凸显,面临着客户流失和业务萎缩的压力。值得注意的是,在互联网金融体系中,传统金融机构的融资功能和地位不断弱化(刘勤福、孟志芳,2014)。互联网金融的"金融脱媒"也使得商业银行的中介功能迅速衰退。如以支付宝为代表的第三方支付在用户支付、转账汇款、移动充值、保险基金代交等方面已经对银行业务产生替代效应,导致商业银行支付功能边缘化。

互联网金融的差异化竞争策略解决了传统金融服务业的低效率及服务盲区(张超,2012)。在人口自由流动和迁徙的背景下,传统金融越来越难以有效地捕捉客户交易、支付和时空定位信息,而互联网金融以客户社会连带资本和基于大数据分析的消费者动态时序变化来进行有效信息的排查和筛选,因此有效地降低了贷款监督成本。互联网金融不仅降低了经济交易中的显性经济成本,而且扩大了消费者信息或者服务的可获得性。信息获取和传播成本大幅下降,极大拓展了人们认知的边界,提高了消费者对商品品质的判断能力和影响力。信息结构的改善实现了金融生态圈的重构,从而使网络借贷平台清晰地定位目标客户群体,将风险管理成本降至最低。

---

① "金融脱媒"是指在资本非完全自由流动市场上,资金的供给方通过合规途径直接绕开商业银行或者券商等资金媒介体系,直接实现供给—需求的有效对接,造成资金的外循环,即资金融通的去中介化,包括存款和贷款的去中介化。

不同于传统商业银行的网点式服务，互联网金融平台具有规模递增特性，在技术设定范围内可以允许无限人共享，且复制成本为零。以搜索引擎进行网络金融服务的选择，便于投资者进行筛选和对比，减少了信息不对称性。在互联网金融成本效应冲击下，原有金融秩序被打破，利率的市场化决定机制表现得越为明显。

（二）长尾效应

互联网金融具有较明显的长尾效应，从而唤醒普惠金融资本市场，激发释放长期潜在的增长空间[①]。在移动互联信息极为通畅的背景下，企业的生存和发展越来越重视客户的异质性需求，而互联网金融契合了人们的碎片化需求（邱冬阳、肖瑶，2014）。而互联网金融的长尾效应也体现了新经济发展模式下“体验经济”和“范围经济”的完美融合。

分散的小微企业和大众蕴含着巨大服务商机，能够产生长尾效应。传统商业银行遵循经典管理学理论中的“二八定律”，偏好专注服务于“白富美”群体和大中型企业客户，而数量巨大的普通人群和中小微企业的金融需求却持续得不到满足。这一类群体的典型特征是资产持有量较低、自持资金流动性强，群体数量庞大。在贫富差距显现和追求规模及效率意识下，传统商业银行“嫌贫爱富”的本质凸显，中小微群体在融资端面临着融资约束的困境。

区别于传统金融业的服务主体偏好，互联网金融的长尾效应强调关注占市场绝大多数的客户人群，凸显“小利润大市场”的竞争思维理念，这是传统商业银行没有触及的市场领域。之所以会出现这种竞争差异，大致可以归结为两个原因：首先，传统金融市场中银行占据主导地位，多采用人力资本服务于客户族群，现代化的互联网、移动通讯只是提供了便捷沟通的手段和信息化处理的工具，而互联网金融中则凸显客户群体的主导型地位，而且在投资性趋势

---

① 长尾效应是由《连线》杂志主编克里斯·安德森于2004年《长尾》一文中首先提出，在网络平台商务运营模式下用来形容那些“价少量多”的产品销售和服务由于其累计效应而产生的超过主流产品收益的现象。

和营利目标的驱使下，个体倾向于积极主动对接移动金融平台；其次，现代互联网金融把娱乐、消费、金融、生活融为一体，从多层次、多渠道影响目标客户群体在平台上集聚，具有声誉传播和"蚂蚁效应"的优势。而且，互联网创新、便捷、服务生活的精神实质是以垄断利差模式生存的传统商业银行所不可比拟的。

互联网金融的长尾效应是以广泛的大众主体参与和庞大的用户规模数量为基础的，随着70、80、90、00后等成为社会主体力量，互联网金融的市场正在被撬开。对于这类群体来说，社会的开放和包容意识使得他们更愿意去尝试新鲜事物，在市场精神发育和与互联网共同成长的背景也使得这类群体具有理财意识和必要的投资手段与技能，而互联网金融自身的巨大平台效应也足以吸纳更多的群体融入其中，从而产生与传统金融市场相匹敌的份额。

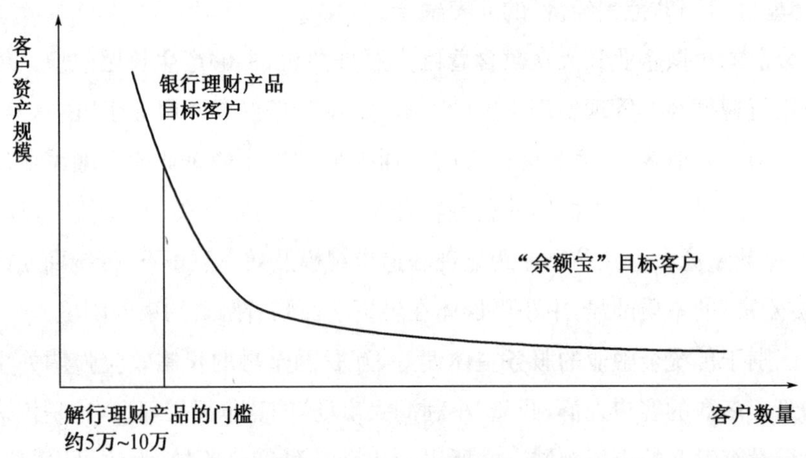

图4 "余额宝"的长尾效应

互联网金融可以整合资金的"碎片化"，形成聚沙成塔的巨大力量。移动互联网平台终端的兴起使得资金供需双方信息获取更加便捷、透明，从而使P2P融资成为可能。P2P融资表现在于：

发挥"碎片化"个体资金的平台集聚效应参与以前只有巨额资本才能参与的项目。众筹中的个体账户可能平均出资额度是极低的，但是平台基金将这些“散钱”集聚起来就蔚为可观。

（三）网络效应

随着社交网络和人人组织的兴起，信息搜集和处理的效率大幅更高，深刻改变着互联网金融生态。社交网络以人际关系为核心，把现实中真实的社会关系数字化到网上并加以拓展。在信息内涵上，社交网络蕴含了非常丰富的关系数据，即个人之间接触、联络、关联、群体依附和聚会等方面信息（Scott，2003），社交网络使人与人（机构）之间的“社会资本”可以较快积累，是新型的“财富”，人们的“诚信”程度提高，大大降低了金融交易的成本，对金融交易有基础作用。

社交网络金融模式是一场新的金融革命，改变了资金价格格局和定价行为，对传统的金融资产定价形成巨大的挑战。以云计算和云存储为技术保障，通过社交网络的网络连接及声誉评价传播，互联网金融最终可形成关于资金供需双方的时间连续、动态变化的信息序列（谢平、尹龙，2001）。

在移动互联时代，社交网络和软件迅速萌发，借此嵌入其中的金融资源得以成几何级数爆发式增长。Facebook、腾讯 QQ、微信等网络社交软件和客户端正在以惊人速度得到普及和应用，P2P 等互联网平台未来有望根植于社交网络进一步发展。社交网络可以为互联网金融带来网络溢出效应，形成金融资本的收益递增效应。互联网金融虽然具有边际成本递增为零的特性，但是初期投资很大，因此网络金融服务产品的成本及收益依赖于接受网络金融服务的其他客户的数量。当网络金融服务的规模增大时，其服务系统的价值必然相应增加。网络金融业的高固定成本、低边际成本特点，表明了它的平均成本具有无穷递减的趋势，并且一直大于边际成本。

社交网络进一步助推了普惠金融的发展，拓展了金融服务多样化的空间，促进了资金利率的市场化。社交网络的价值则在于用户的社交关系图谱。目前，金融普惠程度还远远不足，针对社会普通大众的金融服务具有巨大的市场机会。

（四）平台效应

互联网金融搭建了一个高效、便捷、透明、信息化的交易通道，网络资本嵌入实现了关系资本对金融资源的深挖，从而塑造了一个新的金融运行结构模式(李颖、田敏，2013)。传统的金融链中，银行作为金融平台其作用非常重要，但是忽视了普通大众的自主金融选择，而互联网金融的最大创新之处就在于基于平台选择下的安全、透明、高效，体现了对主体价值选择的尊重。

互联网金融具有平台经济性质，通过构建网络平台对资源进行整合，改变供求关系，形成平台黏性和吸附能力。平台市场需要具备的核心要素构件是跨边网络外部性，通过网络跨边界传播实现信息、资源、社会资本的迅速传播和聚集。通过网络客户端点的广泛的覆盖和精准的传播，迅速打开线上金融服务市场，而各类金融基金也只有面向广泛的客户群体才能有平台价值。

平台将在未来互联网金融市场竞争中居于核心地位，原因有三：第一，在互联网金融模式下，大数据资源将成为银行竞争力的核心，而平台则是汇集数据流来源的有效通道；第二，通过平台可以迅速锁定个体或机构的社会关系圈子；第三，平台用户具有适应性，因而平台具有一定的垄断性。由于以透明信息交易为准则，基于大数据的风险管理信息系统有效降低了不良资产经营比率，因而平台经营和竞争将成为未来互联网金融竞争的核心。

互联网金融的平台经营模式充分尊重客户的理性自由选择，因而成为利率市场化的重要推进力量。第一，互联网金融提供多种选择的产品投资平台，对银行负债业务构成了强有力冲击，提升了银行的付给利率成本；第二，互联网金融加速了社会融资过程中的“金融脱媒”，互联网直接作为第三方融资平台改变了传统金融的中介支配地位；第三，互联网金融改变了现有金融格局，打破了体制内金融机构对利率定价占主导地位的局面，取而代之的是市场化的利率决定机制；第四，随着金融资源竞争程度的加剧和金融理财形式和范围的多样扩展，投资者择优而定，短期内金融产品的收益预期被提高，相当于民众分享了金融改革的租金收益。

互联网金融平台日益成为综合理财服务与金融混业经营的载体，特别是

P2P平台的兴起有力推动了利率市场化。在旺盛融资需求的推动下，网络借贷平台打破了分割的借贷体系。贷款定价是互联网金融平台的重要功能，促进借贷双方进行双向选择，使利率价格的确定更贴近市场。

（五）大数据效应

金融本质上就是风险定价，而这种定价能力是基于海量的数据分析和严密的数理逻辑分析基础之上的。谁拥有数据，谁就拥有更透明的客户选择能力和选择偏好信息，谁就能在激烈的竞争中占据一席优势。互联网金融的平稳健康发展依赖于大数据的获取和分析能力。

大数据时代使商业运营模式发生了深刻的变革。在平台商业模式支撑下，大数据通过庞大而复杂的数据能够具体描绘出消费者的消费能力、消费结构、消费偏好的时序变化，为消费者的社交圈画界（万建华，2013）。

互联网金融竞争的关键在于“数据”的主导权。与传统金融相比，互联网金融不仅实现了金融产品、功能和服务架构的创新，而且基于自主选择的用户体验创造了新的业务处理和经营管理模式，对金融服务供应商的内部治理模式、数据分析与整理、风险控制等业务产生了重大影响。

大数据分析保证了互联网为金融风险定价的可靠性。金融核心要素——定价、信用、风控，其中定价是根本，因为信用风险定价关系到金融供给者的风险最小化和利润最大化目标的实现与否。

大数据的整理与分析为金融资产的风险定价提供了客观评定依据。随着理论自由化的推进和社会资金的金融脱媒，越来越多的行为主体将聚集到互联网金融平台上，从而P2P就是将资本要素的风险定价发挥到商业模式的极致。

借助于大数据良好的分析工具、框架、算法、模型和方法等，就可以将大数据时代的各类形形色色的数据串起来，从而对整个金融行业进行重构。互联网金融对用户个体信息数据的搜集主要来源于四类：第一，来源于搜索引擎可以公开查询到的信息，这一部分信息一般是透明、公开的；第二，来源于电商平台支持的用户购买信息及以支付宝为代表的用户支付和存储信息，这类数据虽然繁杂，却构成大数据处理的核心；第三类，直接来源于互联网金融平台上的以往用户借贷信息，这一部分数据的收集和整理较为直接；第四类，即是以社交软件和“类社交软件”（如阿里旺旺）为内容的关系数据的收集，可以迅速确定用户的群体特征和消费属性。

以上数据构成对互联网金融用户风险评判行为的基础，使得风险定价精细和市场化。只有对金融数据进行深挖，才能快速匹配供需双方的金融产品交易需求，才能发现趋势和隐藏的信息，才能让金融企业洞察和发现商机。同时，大数据已经促进了互联网金融领域高频交易、社交情绪分析和信贷风险分析三大金融创新，提升了资产定价能力，能全方位锁定用户的真实消费和资产情况，为网络金融安全供给提供安全保障。

五、结　论

以技术平台和移动互联网思维支撑的互联网金融模式深刻冲击了传统金融模式，并生成新的互联网金融，而互联网金融冲击的本质在于对资金定价行为的影响。因此，本文的核心目标是研究互联网金融的蓬勃发展对金融市场利率的影响机制和途径。

基于移动互联网和大数据时代的特征和产业演化趋势，本文研究了互联网金融发展对利率的影响效应，探讨了互联网金融对金融市场利率造成的冲击。研究发现：(1) 在移动互联网时代，金融生态环境发生了深刻的变化，互联网思维方式催生了网络平台金融业态，从而在信息获取、授信支付和资源配置等方面发挥着重要作用。(2) 互联网金融的开放形态打破了商业银行在借贷体系中的单边风险定价优势地位，冲击了商业银行以“利差”为主导的盈利模式。(3) 互联网金融对利率的冲击主要是由于成本效应、长尾效应、网络效应、平台效应和大数据效应造成的。本文的研究成果不仅有助于规范互联网金融的发展，也有助于传统商业银行不断改善经营模式以适应互联网金融生态的变革。

互联网金融在我国具有巨大的发展空间，逐渐形成完善的金融生态系统，进一步促进中国利率市场化进程。面对如此深刻的变局，商业银行应该意识到这只是利率市场化和放松管制的第一波冲击，而采取积极主动嫁接和建立合作共赢、互惠合作的竞合模式才是增强其生存竞争力的关键。而从市场化战略和业务内容变革来看，商业银行现阶段仍然是第三方支付平台绕不开的关键一方，甚至在一定程度上可以说商业银行为第三方支付平台信誉背书，这就为商业银行变革和深化发展提供了缓冲空间和新的机遇。因此，加快商业银行资产—负债业务结构调整，从单纯的存款贷款模式，转向存款贷款模式、市场交易模式、价值管理模式并重的新型经营体系，使以"利差"为主的盈利模式向银行表外业务、中间业务、资产负债业务多维度发展，才能迎合市场的需要和自身的发展，甚至实现其蓝海战略。

参考文献

[1] 冯娟娟，2013：《互联网金融背景下商业银行竞争策略研究》，《现代金融》第 4 期。

[2] 葛禄青，2006：《网络环境下的信息产品差别定价策略》，《经济论坛》第 19 期。

[3] 宫晓林，2013：《互联网金融模式及对传统银行业的影响》，《南方金融》第 5 期。

[4] 龚映清，2013：《互联网金融对证券行业的影响与对策》，《证券市场导报》第 11 期。

[5] 李颖、田敏，2013：《论第三方支付风险评估指标体系的构建》，《西安财经学院学报》第 5 期。

[6] 刘勤福、孟志芳，2014：《基于商业银行视角的互联网金融研究》，《新金融》第 3 期。

[7] 彭涵祺、龙薇，2014：《互联网金融模式创新研究》，《湖南社会科学》第 1 期。

[8] 乔海曙、王于栋，2004：《打造互联网时代"新金融"的旗舰：联合网络银行》，《宁夏大学学报（人文社会科学版）》第 2 期。

[9] 邱冬阳、肖瑶，2014：《互联网金融本质的理性思考》，《新金融》第 3 期。

[10] 万建华，2013：《金融 e 时代：数字化时代的金融变局》，中信出版社。

[11] 王毅达，2008：《网络零售——定价策略与渠道选择》，经济科学出版社。

[12] 吴晓光，2012：《论 P2P 网络借贷平台的客户权益保护》，《金融理论与实践》第 2 期。

[13] 谢平、尹龙，2001：《网络经济下的金融理论与金融治理》，《经济研究》第 4 期。

[14] 谢平、邹传伟,2012:《互联网金融模式研究》,《金融研究》第 12 期。

[15] 杨洋、张宇,2014:《互联网金融在金融改革中的机遇与挑战》,《时代金融》第 2 期。

[16] 张超,2012:《商业银行发展电子商务市场策略研究》,《吉林金融研究》第 9 期。

[17] 张君燕,2013:《移动互联网时代的商业银行运营框架重构》,《商业银行经营管理》第 5 期。

[18] 周茂清,2014:《互联网金融的特点、兴起原因及其风险应对》,《当代经济管理》第 10 期。

[19] Ahlin, C., R. Townsend, 2007, "Using Repayment Data to Test Across Models of Joint Liability Lending", Economic Journal, 117, 1 - 51.

[20] Berger, S., F. Gleisner, 2008, "Emergence of Financial Intermediaries on Electronic Markets: The Case of Online P2P Lending", Working Paper, University of Frankfurt.

[21] Dolan, R. J., Y. Moon, 2000, "Pricing and Market Making on the Internet", Journal of Interactive Marketing, 14(2), 56 - 73.

[22] Freedman, S., G. Z. Jin, 2008, "Dynamic Learning and Selection: the Early Years", Working paper, University of Maryland.

[23] Heng, S., T. Meyer, A. Stobbe, 2007, "Implications of Web 2.0 for Financial Institutions: Be a Driver, Not a Passenger", Deutsche Bank Research, Economics.

[24] Hermes, N., R. Lensink, H. Mehrteab, 2005, "Peer Monitoring, Social Ties and Moral Hazard in Group Lending Programs: Evidence from Eritrea", World Development, 33, 149 - 169.

[25] Mollick, E., 2012, "The Dynamics of Crowdfunding Determinants of Success and Failure", Electronic Journal, 10, 21 - 39.

[26] Smith, M.D., J. Bailey, E. Brynjolffsson, 2007, "Understanding Digital Markets: Review and Assessment", MIT Press.

[27] Wu, J., T. Hisa, 2008, "Developing E-business Dynamic Capabilities: An Analysis of E-commerce Innovation from I-, M-, to U-commerce", Journal of Organizational Computing and Electronic Commerce, 18, 95 - 111.

[28] Yan, J., 2013, "Risk Types and Risk Amplification of Online Finance", Information Technology Journal, 12, 494 - 497.

股市风险规避会对网络借贷产生跨市场影响吗？*

陈　雪

内容提要：近些年随着互联网金融在我国的发展，网络借贷在家庭资产配置中逐渐受到青睐。本文以 2009 年 3 月 28 日至 2015 年 2 月 28 日中国日均交易量最大的 P2P 平台——红岭创投（www.my089.com）所有成功借款为研究样本，发现股市风险规避会对网络借贷市场会产生情绪效应与补偿效应两种影响。借款者会由于股市风险规避情绪增加，在网络借贷表现出理智型的风险相对喜好：资金出借决策更加谨慎，但承担借贷违约风险的相对意愿增强；进一步发现，投资者还会偏好投资高违约风险借款项目来保证资产增值中的高收益性。

关键词：风险规避；出借意愿；风险补偿；P2P；跨市场影响

一、引　言

网络借贷（也称 P2P 借贷，P2P 是"Peer to Peer"的简写）2005 年始于英国，近些年在全球迅速发展，逐渐在金融体系中扮演着重要的角色（Hulme

*　陈雪，深圳大学管理学院工商管理系，讲师，E-mail：chenxue@szu.edu.cn。作者感谢广东省自然科学基金（2014A030310429）"我国互联网 P2P 平台融资的系统性溢价及风险预警研究"的资助和红岭创投电子商务股份有限公司提供的数据支持，文责自负。

and Wright，2006；Meyer et al.，2007)。随着互联网技术的进步，它提供了资金需求者对信用获取的便利(Einav et al.，2013)，也为具有一定高风险偏好的投资者提供了获取潜在高收益的投资工具(Magee，2011)。2007 年随着互联网金融浪潮在我国兴起，由于其极高的便捷性和高收益，吸引了逐利资金"搬家"至此。据 2014 年统计数据显示，我国网络贷款借款人数为 63 万人，而投资者人数达 116 万人，累计成交量 2 528 亿元。

根据信息经济学的观点，网络借贷作为一种债权投资形式，借款者没有抵押物和完善的财务记录，并且是在陌生人之间达成的借贷交易，风险来源是由于借贷双方之间信息不对称而产生的违约风险。但是信息处理和风险评估通过网络化方式进行，市场信息不对称程度会有效降低(谢平，2012)。较多文献从网络借贷对硬信息(hard information)和软信息(soft information)获取效率来探讨对网络贷款借款者决策和定价的影响。国外研究者发现借款者的种族、年龄、性别、资产状况、借款规模、信用评级等个人信息因素(Lin et al.，2013，Ravina，2012；Pope and Sydnor，2011)和社交功能的社会网络关系活跃情况(Lin et al. 2013；Chen and Han，2012)，以及借款人的面部长相(Pope and Sydnor，2011；Duart et. al.，2012；Gonzalez and Loureiro，2014)会影响借款者的决策与定价。国内学者如廖理(2014)利用"人人贷"的数据证实，我国的投资者具有一定的风险识别能力，能够借助借款人的公开信息识别相同利率背后所包含的不同违约风险。李金阳、朱钧(2013)发现借入者的信用等级与借款金额对借款利率具有负向影响，历史流标次数对借款利率具有正向影响。可见，对贷款者异质性客观信息的风险识别，有利于降低借贷双方的信息不对称程度，进而提高网络借贷市场的资金配置效率。

然而网络借贷中的借款者面对风险的态度并不是稳定的，而会存在主观差异。借贷，作为一个顺周期的行为，会在经济繁荣时增加，而在衰退时减少(Adrian and Shin，2010)。特别是在股票市场大幅下滑时，借贷行为会大幅降低(Gorton and Metrick，2012)，资产价格的变化会使人们对风险态度发生较大变化(He and Krishnamurthy，2013)。宏观经济的动态波动如消费

（Campbell and Cochrane，1999）、财富（Brunnermeier and Nagel，2008；Calvet et al.，2009）和通胀水平（Brandt and Wang，2003）的冲击对个体投资者的风险偏好会产生影响。这方面已有丰富的研究。

本文与 Paravisini et al.（2010）的研究最为接近，他们从风险偏好的视角利用计算个体交易相对风险规避指数发现，对投资者房价的负向冲击会使借款者规避风险的心理增强，在 P2P 交易中就会索要更高的风险补偿。而本文从股票市场投资者的风险规避着眼，当前供我国家庭选择的其他风险型投资品种还十分有限，在家庭资产配置中，股票资产的流动性与 P2P 更为接近。因此，探讨股票资产的风险规避是否能够对网络借贷产生跨市场影响，中国是较好的实验样本。

本文的主要贡献在两方面：首先，考察了股票投资的风险规避如何影响网络借贷市场上借款人的出借意愿；其次，进一步验证了这种风险规避对于网络借贷风险补偿水平和结构的影响。这不仅对家庭资产在股票及 P2P 借贷中如何优化配置选择提供指导意义，还可以让我们对网络借贷在金融市场扮演什么样的角色有更为深刻的认识。

本文第二部分为文献与研究假说，第三部分为研究设计，第四部分是数据和变量说明，第五部分为经验结果，最后为总结性评论。

二、文献与研究假说

从家庭资产配置的角度来说，Campbell et al.（2003）等人发现对风险资产的需求偏好取决于投资者的风险规避程度，股票、债券和储蓄扮演了不同的角色，风险规避者会减少对股票的投资，而增加对储蓄的配置。Dohmen et al.（2011），Barasinska and Schafer（2008）发现风险态度的变化会影响对投资品种的选择。特别是在股票市场大幅下滑时，借贷行为会大幅降低（Gorton and Metrick，2012），因此资产价格会对人们的风险态度产生较大影响（He and Krishnamurthy，2013）。而网络借贷作为一种融合了互联网技术与小额信贷的新兴金融服务债权服务形式,由于小微型贷款集聚的风险、相对稳定的债权现金流和互联网技术提高配置效率等因素的综合影响,在资产配置中处于什么样的角色,本文将其和股票市场的投资风险偏好进行了关联研究,考察投资者在股票市场风险规避态度变化如何对网络借贷市场产生影响。

Loewenstein(2000), Kamstra el al. (2003)认为个人主观情绪会影响投资者的投资决策。风险偏好是一种主观因素的变化,网络借贷者会先观察借款项目判断潜在的违约风险,再进一步决定是否选择该项目进行投资,所以首先考察风险意愿对网络借款决策谨慎程度的影响,提出如下两个对立假设。

假设 1:投资者在股市的风险规避会负向传导到网络借贷市场,网络借贷市场上的借款者会提高出借意愿,降低借款决策的谨慎程度。

假设 2:投资者在股市的风险规避会正向传导到网络借贷市场,网络借贷市场上的借款者会降低出借意愿,提高借款决策的谨慎程度。

从投资学的角度来说,风险溢酬与个人的风险偏好密切相关,风险溢酬是指投资者在持有风险资产所需要的高于无风险收益率的额外补偿。个人在投资中承担了风险而需要额外的补偿,因此风险溢酬具有主观性和个体间的异质性。Campbell and Cochrane (1999)提出的基于消费的跨期资产定价模型将人们对某种资产的风险偏好与该种资产是否能够有助于投资者维持日常消费水平这一特征联系起来。Rudebusch and Swanson(2012)指出了资产在经济状况良好(good-state)和经济状况不佳(bad-state)时的收益回报特征:在经济状况良好的时候,人们收入稳定,消费水平不会受到影响;而在经济状况不佳的时候,人们的收入有所降低,要想维系原来的消费水平,需要额外的报酬来源。当一种资产在经济状况好的时候,提供较高的收益;而在经济状况不佳的时候能够提供的收益也降低,那么称该种资产具有“正”的风险溢酬。反之,当一种资产在经济状况好的时候,提供的收益与其他资产相比并不高;但在经济状况不佳的时候时,提供的收益也并不会下降,相反还有可能上升,那么称该种资产具有“负”的风险溢酬。股市作为经济发展的晴雨表,能够反映实体经济状况的波动性。相对于股票投资而言,债权投资相对风险较小,由于其偿还现金流的稳定性会使得降低投资组合的波动性。网络借贷市场作为一种债权投资形式但是集聚了众多小微型的风险借款者这种双重特征,在股市产生风险规避偏好时,对借款者的风险补偿的影响还有待验证,因此提出假设 3 和假设 4。

假设 3:投资者在股市的风险规避要求会提高借款人在网络借贷市场上对出让资金风险补偿水平的要求。

假设 4:投资者在股市的风险规避要求会降低借款人在网络借贷市场上对出让资金风险补偿水平的要求。

综合来看,假设 1、2 从借款者的出借意愿,假设 3、4 从借款者要求的风险补偿来考察股市风险规避对网络借贷市场的影响,四个假说组合会出现以下情况(如图 1 所示):

		风险补偿	
		提高	降低
出借意愿	积极	盲目型风险相对厌恶(积极、提高)	盲目型风险相对喜好(积极、降低)
	谨慎	理智型风险相对厌恶(谨慎、提高)	理智型风险相对喜好(谨慎、降低)

图 1　股市的风险规避对网络借贷市场风险态度的影响情形组合

(1) 当假设 1 和假设 3 同时成立时,为图 1 中的(积极、提高)区域,在股市上规避风险,借款者在网络借贷市场上表现为盲目型风险相对厌恶——会在网络借贷市场上表现出更加积极的出借意愿,但是要求更高的风险补偿,相对更厌恶承担网络借贷市场上的违约风险。

(2) 当假设 1 和假设 4 同时成立时,为图 1 中的(积极、降低)区域,在股市上规避风险,借款者在网络借贷市场上表现为盲目型风险相对喜好——在网络借贷市场上表现出更加积极的出借意愿,并且要求更低的风险补偿,相对愿意承担网络借贷市场上的违约风险。

(3) 当假设 2 和假设 3 同时成立时，为图 1 中的(谨慎、提高)区域，在股市上规避风险，借款者在网络借贷市场上表现为理智型风险相对厌恶——在网络借贷市场上表现出更加谨慎的出借意愿，并且要求更高的风险补偿，相对更厌恶承担网络借贷市场上的违约风险。

(4) 当假设 2 和假设 4 同时成立时，为图 1 中的(谨慎、降低)区域，在股市上规避风险，借款者在网络借贷市场上表现为理智型风险相对喜好——在网络借贷市场上表现出更加谨慎的出借意愿，并且要求更低的风险补偿，相对愿意承担网络借贷市场上的违约风险。

三、研究设计

为了检验投资者在股市的风险规避对网络借贷市场的风险承担意愿的影响，建立估计方程如下：

$$Num\ of\ lenders = \alpha + \beta_1 Stockriskaversion + \beta_2 \mathrm{Term} + \beta_3 \mathrm{Termsq} + \beta_4 Lnamount + \beta_5 Lnamountsq + \sum year + \sum province + \varepsilon \tag{1}$$

$$Timetosucceed = \alpha + \beta_1 Stockriskaversion + \beta_2 \mathrm{Term} + \beta_3 \mathrm{Termsq} + \beta_4 Lnamount + \beta_5 Lnamountsq + \sum year + \sum province + \varepsilon \tag{2}$$

方程(1)和方程(2)因变量分别表示一笔借款项目募集完成参与的投资者人数(Num of lenders)和借款从发布到成功募集需要的时间(Time to succeed)。根据廖理(2014)的研究结论发现，借款者的风险规避可以直接反映在参与人数增加，而且间接反映在竞标时间延长。竞标人数越多，意味着借款者通过分散投资降低风险的意愿就越强；竞标时间越长，意味着借款者软、硬信息搜集处理的时间越长，谨慎做出资金出借的决策。方程中的控制变量有借款项目的期限和金额的对数及其平方项，还将借款发生的年份与所在省份的虚拟变量。

度量股市风险规避程度的解释变量采用基于盈利模型的前瞻性方法度量

股票市场的风险溢酬水平，来反映投资者在股票市场上的风险偏好这一“情绪”型特征。盈利模型中股票的折现因子可写为 $r=E/P$，则风险溢酬 $\rho=E/P-i$，折现因子 r 表示投资者对未来投资的预期收益率。也就是说，市盈率作为每股收益与股价之比，其倒数可反映投资者对未来投资的预期收益率，市盈率倒数与无风险收益率之差即可表示投资股票市场的预期风险收益，反映股票市场的风险溢酬（郎国鹏等，2006）。在无风险利率既定的情况下，高市盈率意味着投资者索要的风险补偿低，风险规避情绪弱，反之依然。故本文采用代表性指数的市盈率倒数与无风险利率之差表示股市的风险规避水平。

方程（1）和方程（2）用于检验假设 1 和假设 2。如果两个方程中的系数 β_1 显著为正，则说明随着股票市场风险规避程度的提高，网络借贷市场上借款项目募集完成需要更多的借款人参与并且时间增加，那么假设 2 得证。反之，系数 β_1 显著为正，假设 1 得证。

为了验证股市风险规避网络借贷市场的风险补偿要求的影响，即验证假设 3 和假设 4，估计方程如下：

$$Lendriskpremia = \alpha + \beta_1 Stockriskaversion + \beta_2 \mathrm{Term} + \beta_3 \mathrm{Termsq} + \beta_4 Lnamount + \beta_5 Lnamountsq + \beta_6 Collateralized + \sum year + \sum province + \varepsilon \tag{3}$$

方程（3）的解释变量 $Lendriskpremia$ 是网络借款的风险补偿，即借款利率与无风险利率的差值，并且加入了该贷款是否被担保作为控制变量。系数 β_1 显著为正，则说明随着股票市场风险规避程度提高，网络贷款所要求的风险补偿也就越高，假设 3 得证，反之系数 β_1 显著为负，假设 4 得证。

上述三个方程控制了时间效应、区域效应，但是没有控制贷款者的个体固定效应。因为样本是非平衡面板数据，且受样本观测值的限制，不随时间变化的贷款者的个体固定效应的影响较小，均采用 OLS 回归，得出计量结果。

四、数据与变量

（一）样本构成与数据来源

本文采用的样本区间为2009年3月28日至2015年2月28日。以红岭创投(www.my089.com)所有有效成功借款作为研究分析的全样本，共包含627 672笔有效借款，其中2009年成功借款2 145笔，2010年成功借款10 314，2011年成功借款20 465笔，2012年成功借款68 795笔，2013年成功借款5 706笔，2014年成功借款346 467笔，2015年成功借款173 780笔。

红岭创投是目前中国P2P日均成交量最大的网络借贷平台，注册资金5 000万元。在经营模式上，为有担保线上模式，对借款人进行线上和线下的信用审核并设立风险准备金。在样本区间成功募集到资金的借贷利率为10.46%，波动方差5.65%，出现逾期还款的项目比例为0.55%，平台全部为借款者代偿支付了本金、利息及逾期罚息，所以借款利率即表示借款者在网络借贷中的实际收益率。根据红岭创投平台的规定，贷款者可以发布不同类型的贷款。推荐标和快借标为抵押贷款，其余均是信用贷款的形式；净值标为贷款者按照账户余额净值获得的贷款，资产标通过资产评估发放的贷款；还有理财标、秒还标等个人借款形式。其中，担保贷款在样本中占比12.7%，担保贷款的平均利率为17.87%，高于全部样本贷款平均利率10.46%的水平。借款数据来自红岭创投电子商务股份有限公司数据库，上证综合指数和无风险利率的数据来自国泰安数据库。

（二）变量设置

根据研究需要，本文定义核心研究变量及其说明详见表1。

表 1　主要变量定义和取值范围

<table>
<tr><th>变量符号</th><th>变量说明</th><th>取值</th></tr>
<tr><td colspan="3">借款项目信息</td></tr>
<tr><td>Default</td><td>这笔借款是否出现逾期(1=是;0=否)</td><td>0/1</td></tr>
<tr><td>Interest rate</td><td>这笔借款的年化利率</td><td>连续</td></tr>
<tr><td rowspan="2">Term</td><td>这笔借款的期限(单位:月)</td><td rowspan="2">1～36 个月</td></tr>
<tr><td>Termsq 表示金额对数值的平方</td></tr>
<tr><td rowspan="3">Amount</td><td>这笔借款发起金额(单位:元)</td><td rowspan="3">连续</td></tr>
<tr><td>LnAmount 表示金额的对数值</td></tr>
<tr><td>LnAmountsq 表示金额对数值的平方</td></tr>
<tr><td>Collateralized</td><td>这笔贷款是否具有抵押物(1=是;0=否)</td><td>0/1</td></tr>
<tr><td colspan="3">贷款者信息</td></tr>
<tr><td>Num of cer_income</td><td>借款人证明收入状况上传的附件数量</td><td>整数</td></tr>
<tr><td>Num of cer_marriage</td><td>借款人证明婚姻状况上传的附件数量</td><td>整数</td></tr>
<tr><td>Num of topics posted</td><td>借款人在论坛中的发帖数</td><td>整数</td></tr>
<tr><td>借款项目募集情况</td><td></td><td></td></tr>
<tr><td>Time to succeed</td><td>这笔借款发起时间与实际募集完成的时间间隔(单位:天)</td><td>连续</td></tr>
<tr><td>Num of lenders</td><td>这笔借款实际参与的投资者人数</td><td>整数</td></tr>
<tr><td colspan="3">风险溢酬</td></tr>
<tr><td>Stockriskaversion</td><td>股市的风险溢酬,用上证综合指数(SH000001)每日市盈率的倒数与无风险利率的差值,无风险利率采用商业银行一年前存款利率</td><td>连续</td></tr>
<tr><td>Lendriskpremia</td><td>网络借贷的风险溢酬,借款的年化利率与无风险利率的差值</td><td>连续</td></tr>
</table>

表 2 给出了以上变量描述性统计的情况,反映资金出借意愿的项目平均借款人数为 9.717 人,而筹款完成的时间为 0.509 2 天。股票投资的风险溢

酬均值和方差均低于网络借款平台的风险溢酬。

表 2　描述性统计(N=627 672)

变量名称	均值	标准差	最小值	最大值
Default	0.55%	7.40%	0.00%	100.00%
Interest rate	10.46%	5.65%	0.01%	73.00%
Term	1.669 8	1.880 8	1	36
Amount	39 377.55	296 234.2	400	20 000 000
Collateralized	1.64%	12.70%	0.00%	100.00%
Num of cer_income	0.458 8	6.106 3	0	258
Num of cer_marriage	0.091 2	0.559 5	0	26
Num of topics posted	20.823 9	63.652 6	0	1 509
Num of poster_letters	10.913 9	3.101 4	0	89.5
Num of success_before	232.111 2	349.106 9	1	3 430
Num of lenders	9.717 0	27.311 6	1	2 303
Time to succeed	0.509 2	8.509 1	0	1 084.156
Lendriskpremia	7.55%	5.68%	−3.49%	70.25%
Stockriskaversion	5.75%	1.44%	0.65%	8.24%

五、经验结果

(一) 股市风险规避对网络借贷市场的风险承担意愿的影响

首先估计方程(1)和(2)来验证股市风险规避对网络借贷市场的风险承担意愿的影响,即验证假设(1)和(2)是否成立。分别采用一笔借款项目募集完成参与的借款者人数(Num of lenders)和借款从发布到成功募集需要的时间(Time to succeed)作为被解释变量。从表 3 的回归结果可以看出,股市风险规避的回归系数均显著为正。当股市上投资者风险偏好减弱,风险规避增强时,网络借贷市场募集贷款需要的借款者人数和借款时间均增加,说明股市上的风险规避情绪会正向传导到网络借贷市场，借款者通过减少在单个项目上分配的资金和延长对贷款人发布的信息浏览时间来对出借意愿做出谨慎决策。总体来看，研究假说 2 得以验证，所以股市的风险规避使得网络借贷市场上借款者出借意愿更为谨慎，决策更趋向理智。

表 3　股市风险规避对网络借贷市场出借意愿的影响

	方程(1)	方程(2)
	被解释变量 Num of lenders	被解释变量 Time to succeed
Stockriskaversion	71.724 8*** (22.142 3)	9.970 9*** (7.866 2)
Term	−2.565 3*** (−81.663 1)	0.096 6*** (7.859 4)
Termsq	0.377 6*** (186.330 9)	−0.002 3*** (−2.911 7)
LNAmount	−55.631 9*** (−307.510 0)	0.049 6 (0.701 3)
LNAmountsq	3.207 4*** (327.549 4)	−0.002 3 (−0.603 6)
Collateralized	21.976 6*** (87.122 5)	−0.407 7*** (−4.130 3)
Constant	238.736 6*** (284.391 7)	−0.696 3** (−2.119 7)
Province controlled	YES	YES
Year controlled	YES	YES
Observations	627 665	627 665
Adjusted R-squared	0.367 9	0.002 8

Notes：t-statistics in parentheses *** p<0.01，** p<0.05，* p<0.1.

从控制变量的回归结果来看，借款项目的期限和金额的对数值均会对成功募集的借款者人数产生“正 U 型”影响，表现为一次项的回归系数显著为正，而二次项目的回归系数显著为负。这也说明参与网络借贷的投资者对于期限的偏好并非越短越好，而会倾向于更多地投资在借款期限适中的项目上。

对于借款项目成功募集完成所需要的时间来看，项目金额不论一次项还是二次项均不会产生显著影响。但是项目期限平方项前的系数为负，说明募集时间会随着期限增加而快速下降。对于具备担保的项目，并没有显示出更强烈的投资意愿。

（二）股市风险规避对网络借贷市场风险补偿要求的影响

已经有文献(Paravisini et al.，2010)证明对于借款者在网络借贷中的收益率为考虑了违约风险之后计算出的IRR。由于样本全部逾期贷款都偿还了本金和罚息，网络借贷市场上借款者对风险补偿的要求，本文用借款的年化利率与无风险利率的差值来表示，并且还会将样本按照潜在违约可能性最低的25%和最高的25%两个子样本进行对比研究。

1. 对项目潜在违约可能性的估计

项目潜在违约可能性的计算方法，参考廖理(2014)利用Probit模型估计违约可能性的估计值。因变量为虚拟变量Default，分别用仅包含借款项目信息的利率、期限、金额和是否担保以及贷款者收入证明、婚姻证明、在论坛中的发帖数目、发帖标题字数、之前借款的成功次数、所在的省份信息进行了回归。回归结果分别请见表4的第(1)列和第(2)列，并进一步利用估计结果对因变量的预测值作为该项目的潜在违约可能性。从表4的估计结果可以看出，在考虑了贷款者的“软信息”后，估计模型的解释力度Pseudo R方从0.440 1提高到0.481 7，所以下文采用包含更多信息的回归方程对违约概率进行预测。

从第(1)和(2)列的回归结果来看，利率与借款违约概率正相关，说明在网络借贷市场上，利率可以反映违约可能性的信息，已经具备市场化的特征。而期限和金额对违约概率都呈现“倒U型”，即随着期限和金额的增加使违约可能性增加，但会出现拐点。超过一定金额或期限后，违约可能性反而会有所下降，这说明网络借贷市场上金额大、期限长的借款项目反而较为安全。有担保的项目却可能会增加了逾期的可能性，说明违约风险高的项目需要寻找担保才能在平台上发布贷款信息，担保释放了一种高风险的信号。贷款者个人信息对违约概率影响的结果在表 4 中的第(2)列，收入证明和婚姻证明上传的个数，以及担保的效果类似都会增加项目违约概率。而论坛发帖数和借款项目标题字数说明积极的网络社交和详细的借款描述会显著降低违约概率，之前成功借款的次数也会使违约概率提高，说明平台存在"新人"效应，即尚未多次进行借款的贷款者为了维护在平台上持续借款的可能性，会保证按时还款。

表 4　借款是否逾期的 Probit 估计

	(1)	(2)
	Default(0/1)	Default(0/1)
Interest rate	5.001 5*** (43.06)	4.845 1*** (36.72)
Term	0.293 2*** (31.44)	0.298 9*** (30.32)
Termsq	−0.013 3*** (−18.82)	−0.013 2*** (−17.91)
LNAmount	0.612 4*** (9.60)	0.496 7*** (7.00)
LNAmountsq	−0.041 8*** (−11.72)	−0.035 1*** (−8.87)
Collateralized	0.570 4*** (24.31)	0.489 8*** (20.06)
Num of cer_income		0.002 8*** (7.03)
Num of cer_marriage		0.062 2*** (13.92)
Num of topics posted		−0.002 4*** (−6.36)
Num of poster_letters		−0.026 5*** (−11.06)
Num of success_before		0.000 2*** (2.60)
Province controlled	No	YES
Constant	−6.575 7*** (−22.95)	−6.710 5*** (−20.72)

(续表)

	(1)	(2)
	Default(0/1)	Default(0/1)
Year controlled	YES	YES
Observations	627 672	627 672
Pseudo R－squared	0.440 1	0.481 7

Notes：z-statistics in parentheses *** $p<0.01$, ** $p<0.05$, * $p<0.1$.

2. 股市风险规避对网络借贷市场风险补偿

首先验证全样本下,股市风险规避对网络借贷市场风险补偿水平的影响。根据表 5 第(1)列的回归结果可以看出,股市风险规避的回归系数均显著为负。即当股市上投资者风险规避增强并提高风险补偿要求时,负向影响网络借贷市场的风险溢酬,即降低网络借款者对出让资金的风险补偿要求,作为一种债权型投资与股权型投资相比,可以有相对稳定的现金流流入。在股权投资风险规避时,对网络借贷市场债权型现金流选择偏好也增强,降低风险补偿的要求假说 4 得以验证,而推翻假设 3。所以,股市的风险规避使得网络借贷市场上借款者对风险补偿的要求降低,表现出相对风险喜好,即更愿意承担网络借贷市场上的违约风险。

从控制变量的回归结果来看,借款项目的期限和金额的对数值对风险补偿为“正 U 型”,表现为一次项的回归系数显著为负,而二次项目的回归系数显著为正,说明期限结构的非线性,较短或者较长的项目的风险补偿相对较高;而金额较小与较大的项目的风险补偿也相对提高。借款者对金额适中的借款项目会降低风险补偿的要求,而对具备担保的项目,风险补偿并没有显著下降,说明担保释放了一种违约概率增加的信号,从而使借款者提高对风险的索偿。由此看出,网络借贷的参与者对借款期限和金额适中及非担保项目偏好会降低风险补偿的要求。

为了进一步说明借款者在不同违约风险项目下风险补偿要求的差异性,对样本中潜在违约概率排在前 25%和后 25%的项目分别进行了 OLS 回归。

回归结果如表 5 第(2)、(3)列所示。由于 Stockriskaversion 的回归系数在第(2)列显著为负，第(3)列显著为正说明在股市相对规避风险时，网络债权借款者对潜在违约风险较低的项目，索要的风险补偿要求的收益提高；对潜在违约风险较高的项目，索要的风险补偿要求的收益降低。这种对债权风险结构偏好的变化，反映出投资者在股市规避风险时，仍然为了保证其投资的收益性，在网络借贷市场上会偏好具有高违约风险的项目进行借款，降低对这些项目的风险补偿要求。

表 5　股市风险规避对网络借贷市场风险补偿的影响

	方程(3) (1) All	方程(3) (2) lower 25%	方程(3) (3) Upper 25%
	被解释变量 Lendriskpremia	被解释变量 Lendriskpremia	被解释变量 Lendriskpremia
Stockriskaversion	−0.958 5*** (−120.658 2)	0.030 7** (2.008 8)	−1.314 5*** (−83.067 3)
Term	−0.002 7*** (−34.979 5)	−0.008 2*** (−20.343 9)	−0.006 1*** (−41.977 8)
Termsq	0.000 2*** (35.784 3)	0.000 3*** (20.898 1)	0.000 4*** (37.035 6)
LNAmount	−0.004 6*** (−10.280 3)	−0.008 2*** (−7.519 7)	−0.010 5*** (−11.117 8)
LNAmountsq	0.000 3*** (11.671 2)	0.001 3*** (23.485 2)	0.000 8*** (15.200 6)
Collateralized	0.042 7*** (68.945 9)	0.003 5 (0.837 3)	0.036 3*** (58.418 2)
Constant	0.139 4*** (67.719 5)	−0.015 8*** (−2.987 5)	0.192 6*** (45.619 5)
province controlled	YES	YES	YES
year controlled	YES	YES	YES
Observations	627 665	161 537	145 386
Adjusted R-squared	0.120 2	0.173 0	0.334 4

t-statistics in parentheses *** $p<0.01$, ** $p<0.05$, * $p<0.1$.

六、总结性评论

网络借贷市场作为一种小微短期债权金融创新服务，具有债权相对稳定的现金流、小微借款主体集聚的信用风险较高以及互联网技术的应用对资金配置效率提高等多种特征。近些年随着互联网金融在我国的发展，网络借贷在家庭资产配置中逐渐受到青睐。本文考察在股票市场风险规避的变化是否会对网络借贷市场以及会产生哪些跨市场影响，使我们对网络借贷在金融市场及资产配置中的风险收益担当何种角色有更为深刻的认识。

本文以 2009 年 3 月 28 日至 2015 年 2 月 28 日中国日均交易量最大的 P2P 平台红岭创投（www. my089. com）所有有效成功借款作为研究样本，考察了股票投资的风险规避对网络借贷借款者会产生两种跨市场效应，分别是情绪效应和补偿效应——在股市上出现风险规避情绪时，借款者在网络借贷市场的债权投资会呈现出理智型的风险相对喜好，即在网络借贷市场上表现出更加谨慎的出借意愿，但是相对愿意承担网络借贷市场上的违约风险，进而降低对风险补偿的要求。进一步研究发现，投资者还倾向于降低在高违约风险项目中的风险补偿，这说明为了保证投资收益，在网络借贷市场上会偏好向具有高违约风险的项目提供借款。

参考文献

[1] 李金阳、朱钧，2013：《影响 P2P 网络借贷市场借贷利率的因素分析》，《广东商学院学报》第 5 期。

[2] 廖理、李梦然、王正位，2014：《聪明的投资者：非完全市场化利率与风险识别——来自 P2P 网络借贷的证据》，《经济研究》第 7 期。

[3] 谢平、邹传伟，2012：《互联网金融模式研究》，《金融研究》第 1 期。

[4] Adrian, T. , S. Shin, 2010, "The Changing Nature of Financial Intermediation and The Financial crisis of 2007—09", Staff Reports, 2(1), 603 - 618.

[5] Barasinska, N., D. Schäfer, A. Stephan, 2008, "Financial Risk Aversion and Household Asset Diversification", DIW Berlin, German Institute for Economic Research.

[6] Brandt, M. W., Q. Wang, 2003, "Time-varying risk aversion and unexpected inflation", Journal of Monetary Economics, 50(7), 1457－1498.

[7] Brunnermeier, M., S. Nagel, 2008, "Do Wealth Fluctuations Generate Time-varying Risk Aversion? Micro-evidence on Individuals", American Economic Review, 98(3), 713－736.

[8] Calvet, E., Y. Campbell, P. Sodini, 2008, "Fight or Flight? Portfolio Rebalancing by Individual Investors". Social Science Electronic Publishing, 124(1), 301－348.

[9] Campbell, Y., H. Cochrane, 1999, "By Force of Habit: A consumption-Based Explanation of Aggregate Stock Market Behavior", General Information, 107(2), 205－251.

[10] Campbell, Y., 2006, "Household Finance", The Journal of Finance, 61(4), 1553－1604.

[11] Chen, D., C. Han, 2012, "A Comparative Study of online P2P Lending in the USA and China", Journal of Internet Banking & Commerce, 17(2), 2－15.

[12] Dohmen, T., A. Falk, D. Huffman, U. Sunde, J. Schupp, G. Wagner, 2011, "Individual Risk Attitudes: Measurement, Determinants, and Behavioral consequences", Journal of the European Economic Association, 9, 522－50.

[13] Einav, L., M. Jenkins, J. Levin, 2013, "The Impact of Credit Scoring on Consumer Lending", The RAND Journal of Economics, 44(2), 249－274.

[14] Gonzalez, L., K. Loureiro, 2014, "When Can A Photo Increase Credit? The Impact of Lender and Borrower Profiles on Online Peer-to-Peer Loans", Journal of Behavioral and Experimental Finance, 44－58.

[15] Gorton, G. B., A. Metrick, 2012, "Getting up to Speed on the Financial Crisis: A One-Weekend-Reader's Guide", Social Science Electronic Publishing, (23), 128－150.

[16] He, Z., A. Krishnamurthy, 2012, "A Macroeconomic Framework for Quantifying

Systemic Risk", National Bank of Belgium Working Paper No. 233, SSRN Electronic Journal.

[17] Hulme, M. K., 2006, "Internet Based Social Lending: Past, Present and Future", Social Futures Observatory, 11, 1-115.

[18] Kamstra, M. J., D. Levi, 2000, "Losing Sleep at the Market: The Daylight Saving Anomaly", American Economic Review, 90(4), 1005-1011.

[19] Lin, M., N. Prabhala, S. Viswanathan, 2013, "Judging Borrowers by the Company They Keep: Friendship Networks and Information Asymmetry in online Peer-to-Peer Lending", Management Science, 59(1), 17-35.

[20] Loewenstein, G., 2000, "Emotions in Economic Theory and Economic Behavior", American Economic Review, 90(2), 426-432.

[21] Magee, J. R., 2011, "Peer-to-Peer Lending in the United States: Surviving after Dodd-Frank", North Carolina Bank Institute Journal, 15, 139-174.

[22] Meyer, T., S. Heng, S. Kaiser, 2007, "Online P2P Lending Nibbles at Banks' Loan Business", Deutsche Bank Research.

[23] Paravisini, D., V. Rappoport, E. Ravina, 2010, "Risk Aversion and Wealth: Evidence from Person-to-Person Lending Portfolios", National Bureau of Economic Research.

[24] Pope, G., R. Devin, 2011, "What's in a Picture? Evidence of Discrimination from Prosper. Com", Journal of Human Resources, 46(1), 53-92.

[25] Rudebusch, G. D., T. Swanson, 2012, "The Bond Premium in a DSGE Model with Long-Run Real and Nominal", American Economic Journal Macroeconomics, 4(1), 105-143.

基于事件研究法的互联网热点新闻对股价影响研究*

刘海飞　李冬昕

内容提要：互联网财经新闻作为投资者获取上市公司信息的主要途径之一，对证券市场股价的波动一定有着某种影响。然而由于缺乏科学有效的方法，现有的研究往往难以将文本信息进行科学的定量分析。本文融合计算机领域的自然语言处理技术和计量经济学中的分析方法，将新闻的文本信息与股票的定量指标相结合，运用文本挖掘技术和事件研究法从宏观方面分析五种不同类别互联网新闻文本信息对中国股市的影响。本课题的研究能有效地弥补股票市场的信息不对称。对个人投资者来说，可以为其做出更好的投资决策提供理论依据，而对监管者来说可以为其更好地制定保护投资者利益的制度和政策提供理论方面的参考，使金融智能技术更有效地运用到实践中。

关键词：互联网新闻；文本分类；事件研究法；异常收益率

---

* 刘海飞，南京大学工程管理学院，副教授，主要从事金融工程、行为金融、计算实验金融等领域科研，E-mail：hfliu@nju. edu. cn；李冬昕，南京大学工程管理学院，讲师，主要从事金融管理、行为金融等领域科研，E-mail：leedongxin@nju. edu. cn。项目资助：国家自然科学基金研究项目“流动性黑洞、订单提交策略与最优执行”（项目编号：71101068）；朱洪亮主持，国家自然科学基金研究项目“基于计算实验的指令驱动市场交易行为与演化机制研究”（项目编号：71171109）；李冬昕主持，国家自然科学基金研究项目“股价短期大幅震荡下的价格生成、传导与形成机理研究”（项目编号：71203144）。

一、引　言

2015年3月15日，第十二届全国人大第三次会议闭幕会在北京举行。闭幕会结束后，李克强总理会见了中外记者并回答了记者们的提问。总理在回答中提到要大力发展新兴产业，发展互联网，将出台更多措施推动“大众创业，万众创新”，并提到了“两会”的政府工作报告中首次提出且已经正式确立为国家战略的“互联网＋”计划。随后的首个交易日，电商股、创投概念股集体飙升。截止到当天收盘，创业板指数达到2 142.67点，涨幅达到3.56％，其中共有28只创业板股票涨停。而在四年前的同一天，2011年3月15日，央视《每周质量报告3.15特别行动》曝光了相关养猪场采用违禁动物药品“瘦肉精”，有毒猪肉流向了双汇。受此消息影响，双汇发展股票当天下午突现跌停，新闻曝光次日被紧急停牌一个月，复牌后再遭遇连续两日跌停。经历了大幅杀跌后的双汇发展，股价从曝光前的88.17元重挫到一个半月后的最低价56.60元，足足下跌了34.68％。经此一役，双汇发展元气大伤，直到两年以后公司股价才回到前期点位。以上两组事实说明了新闻报道确实对股市波动起着重大的作用，因此对股价进行分析就显得十分有意义。

中国证券登记结算公司发布的报告显示：截止到2015年3月6日，中国沪、深两市共有18 498.83万户A股账户，B股账户255.92万户，总有效股票账户数为18 754.75万户。面对如此巨大的市场潜力，如何让投资者更加直观、便捷地解读互联网财经新闻信息，为其投资提供辅助决策，这将是一项非常有意义的研究。

由于缺乏科学有效的方法，现有的研究中往往难以将文本信息进行科学的定量分析，也缺乏系统的实证分析。在进行深入研究的过程中，需要系统地分析互联网新闻文本信息对中国股市的影响，这在理论研究和实际应用领域都有相当重要的意义。而将文本挖掘技术应用到金融市场也将是一大趋势，这能够更加充分地发掘股票的价值和公司的潜力，帮助投资者和研究者更好地利用金融信息。因此,本课题的研究对于投资者以及监管者而言都具有十分重要的参考意义。本课题的研究能够为个人投资者更好地投资决策提供理论依据,并为监管者更好地制定保护投资者利益的制度和政策提供理论方面的参考,使金融智能技术更有效地运用到实践中。

二、国内外文献回顾与评述

随着证券市场的不断发展,人们越来越意识到新闻信息对股市旳重大影响力,从而引发了学者从不同的角度为切入点分析媒体对资产交易和价格的影响,相关的研究文献也不断涌现。目前,学术界有大量研究已经证明互联网热点新闻对股价波动是有影响的(陈华、梁循,2006;胡凌云、胡桂兰、徐勇等,2010;饶育蕾、彭叠峰、成大超,2010)。

(1) 资本市场新闻效应相关研究。Cutler(1994)将宏观经济变量进行向量自回归所得到的残差作为新闻因子,使用统计回归方法研究新闻是否会影响股票价格。研究结果表明股票市场会对新闻报道做出反应。Klibanoff(1998)研究新闻标题是否会影响封闭式国家基金的波动。Chan(2003)使用Fama-French 三因子模型研究发现,上市公司发生负面新闻时对股票的价格影响比较大。Mitchel and Mulherin(1994)使用道琼斯上新闻和公告研究新闻以及公告的数量是否会影响股票收益。杨继东(2007)发现新闻媒体会通过影响投资者情绪以及对收益预期的方式间接地影响股票价格。

(2) 媒体关注度相关研究。Wysodd(1998)对超过 90 万条的相关股评进行分析,发现当天股评的数量会对第二天的股票交易量以及收益率产生影响。Huberman and Regev(2001)发现上市公司如果存在利好消息被媒体重复报道,会使得公司股票很大程度地上涨并在一段时间保持高位。Takeda and Yamazaki(2006)采用了事件研究法研究发现,所有的纪录片都对股价产生了不同程度的影响,涉及经营现状和未来发展时,这种影响更为明显。Zimbra(2009)发现相关股评可以反映出投资者的情绪和决策,可以以此对相关个股的股价进行预测。赵伟和梁循(2009)发现当新闻数量明显增长时,相关股票的收益率也会产生明显的波动,并且其他会导致收益率波动的随机影响因素会随着新闻数量增长而逐渐消失。

饶育蕾和王攀(2010)研究发现新股的百度指数越高,发行价就越高。同一年,饶育蕾等(2010)又研究媒体关注度对股票的月收益的影响,发现媒体关注度对股票月收益率有负向的影响。

(3) 新闻事件分类影响相关研究。Niederhoffer(1971)利用计量经济学模型,将新闻变量作为哑变量,收集了1950年至1966年发表在《纽约时报》上的432篇重大新闻。他还根据新闻的标题内容将新闻人工分为20类,将每篇新闻按对股市的影响程度进行评级,使用统计的方法研究新闻发布后市场指数的涨跌幅情况,从而研究股票市场受哪些重大新闻事件的影响以及不同类别的新闻在发布后第一天对市场的影响情况。他发现在重大新闻发布的当天,股票市场的反应最强烈,并且第二天市场指数的变化趋势往往依赖于第一天市场指数的变化。Keown and Pinkerton(1981)从并购类的新闻事件入手,研究新闻公布前后股票收益率的变化,发现该类新闻确实会对公司股价产生影响,指出该影响共持续12天,最早在新闻公布11天前就产生影响,并且占到整个定义事件窗内累积异常收益的50%。

(4) 文本挖掘应用相关研究。Wiithrich(1998)通过关键字提取技术对股票的走势进行预测。Tan(1999)提出了两阶段模型,将文本挖掘分为文本求精和知识提取。Lavrenko(2000)通过语言模型来判断新闻对股票价格走势的影响。Schmnaker and Chen(2006)利用支持向量机建立回归模型分析新闻信息与公布20分钟后股票价格的关系。Antweiler and Frank(2006)对华尔街日报的25万多条新闻进行分类,并且使用事件法研究每一类新闻对股市的影响,得出了与"有效市场假说"相悖的结论。Das and Clien(2007)研究出了能够从论坛中提取投资者观点,并进行相关的股票价格预测的算法。Tetlock(2007)分析新闻信息对交易量的影响,发现新闻报道悲观程度过高或者过低,都会对股票的交易量带来很大的影响。Tetlock(2008)又利用 Harvad-IV - 4

词库对新闻信息进行分类，分为正面和负面。陈华和梁循(2006)利用文本挖掘技术进行股票新闻板块的归类，并利用简单词频统计方法研究该篇个股新闻对其他个股是否会产生交互的影响。

国外学者对该类问题的研究起步较早。目前来说，国内学者在研究新闻与股票关系时，很少涉及新闻内容的深度挖掘，即文本挖掘的关键技术和分类算法的研究，也几乎没有学者结合文本挖掘技术和金融研究方法系统地研究新闻文本内容与股票收益的关系。因此，本文对过去的研究进行了延伸与拓展，通过先进的文本分类技术对新闻事件进行全面的分类，解决了样本量不足以及分类不全面的问题。本文结合文本挖掘技术和经济学研究方法，以多个类别深入探讨互联网新闻对股价的影响，研究各类新闻影响股市显著性程度是多少，影响从何时开始，持续时间是多长。对此类问题的研究可以填补目前在全面性分析新闻文本与股市波动关系方面的知识空白，无论在理论方面还是实际应用价值方面，都有非常重要的意义。

三、研究假设提出

在当今社会，任何一个国家都存在政府对经济发展的干预问题。所以，大部分投资者在进行投资时都会关注政府的动态。政府决定扶持某一行业时，往往会通过降低税收、提供补贴、贷款优惠以及开放出口等政策来使该行业各类成本降低，进而增强竞争实力，提高可持续发展水平，因此该行业股价自然会受影响上涨；如果政府出于对环境保护和宏观调控的要求，有时也会对某些行业制定各类限制，受到政府限制规定的企业一定会对业绩产生负向的影响。

Hanger and Krakow(1994)针对日本的股市进行了实证研究，运用 News 模型证明了国家货币政策的放松对于股价具有正向的影响，而将利率提高对股价具有负向的影响。

Thorbocke(1997)发现，国家政策的变动会影响联邦基金利率，而进一步影响道琼斯工业平均指数的走势。基于此，提出本文的第一个假设：

假设 1:政策扶持类的新闻会对公司股票产生异常收益率。

假设 1.1:政策扶持类的新闻会对公司股票产生正的异常收益率。

兼并收购指的是两家或多家独立的公司合并组成一家公司。通常由一家占优势的企业通过运用产权交易的方式来获得对另一家企业的控制权或者另一家企业的资产所有权。兼并收购行为之所以能对股价产生很大影响是因为这一行为会彻底改变公司的经营模式,使得公司的内在价值发生很大的变化。基于此,提出本文的第二个假设:

假设 2:兼并收购类的新闻会对公司股票产生异常收益率。

假设 2.1:兼并收购类的新闻会提前对公司股票产生异常收益率。

再融资作为上市公司的重大战略之一,它的制定和实施都会对公司股票的内在价值产生明显的影响。

Asquith and Mullins(1986)研究了美国股票市场上 1963 年到 1981 年期间的再融资样本,结果显示再融资消息公布当天,工业类股票的 CAAR 出现了 3%的下跌,公用事业类股票的 CAAR 出现 0.9%的下跌。同样的研究方法下,Masulis and Korwar(1986)工业类股票的 CAAR 出现了 3.25%的下跌,公用事业类股票的 CAAR 出现 0.68%的下跌。Mann and Sicherman (1991)以 1982 年到 1984 年期间 241 起再融资事件为样本,也同样发现相关的 CAAR 为−2.64%。基于此,提出本文的第三个假设:

假设 3:再融资类的新闻会对公司股票产生异常收益率。

假设 3.1:再融资类的新闻会对公司股票产生负的异常收益率。

盈利能力反映了一定时期内公司的生产经营状况、资源配置效率以及可持续发展水平。盈利能力在很大程度上决定了投资者投资收益的高低,因此投资者都会密切关注上市公司盈利能力。

Bagnoli(2005)在对 2000 年到 2003 年期间证券市场的实证研究中注意到,投资者对于相关盈利情况的公告反应最为强烈,对股价波动产生的影响较大。Hou(2008)发现投资者对盈利消息的反应与证券市场的交易量有关,牛市时股价的波动幅度相对较大,熊市时则显得反应不足。基于此,本文提出第四个假设：

假设 4：盈利能力类的新闻会对公司股票产生异常收益率。

上市公司的负面新闻影响对股价的影响也越来越明显。从 2008 年的三鹿牌婴幼儿奶粉事件导致乳制品行业股价全线大跌，再到近几年央视 3.15 晚会曝光的问题，企业股价受到明显影响，说明此类违规行为对股价的影响是显而易见的。除了产品质量问题，证券市场上的违规操作受到证监会或国家相关部门的处罚也会使股价有明显的异常波动，例如 2013 年的光大证券“乌龙指事件”，光大证券由于违规操作扰乱了证券市场，受到了证监会的处罚，处罚前后光大证券的股价暴跌，影响重大。因此，有必要将上市公司的各类违规处罚的负面新闻分出一类，讨论一下负面新闻对上市公司股价的影响。

基于此，本文提出第五个假设：

假设 5：违规处罚类的新闻会对公司股票产生异常收益率。

假设 5.1：违规处罚类的新闻会对公司股票产生负的异常收益率。

四、研究设计

（一）新闻数据

由于市场新闻源头众多，我们需要选取合适的新闻源进行分析。本文选取和讯网作为数据源，因为其规模较大，新闻准确性高，历史数据较为丰富。确定数据源后利用网页爬虫在和讯网的财经专栏上对从 2014 年 1 月 1 日至 2014 年 12 月 31 日一整年内的个股新闻进行抓取。对抓取结果进行清洗后，从预处理结果中提取新闻发布日期、新闻标题、新闻正文、股票简称、股票代码这五项内容。为了使搜集到的公司新闻与该公司的股票交易数据更加匹配，正文中至少有两次提到该公司的简称。

利用爬虫代码抓取的有效新闻共有 128 816 篇，由于数据量过大以及质量不高，需要对不符合实证要求的数据进行剔除和筛选。

第一，本文的研究对象为 A 股市场上的个股，剔除了关于非 A 股的各类新闻。

第二，由于创业板上的大多公司成立时间较短且规模较小，风险性较大又与大盘指数相关性不明显，因此也剔除了所有与创业板个股相关的新闻数据。

第三，剔除了各个公司发布各类简报公告的相关新闻，因为这类公告无法准确地归为某类，不适用于后续的文本分类。

第四，因为证券市场对 ST 和 * ST 类股票的涨跌幅有严格的限制，这一类股票的价格不能很好地反映事件对其的影响。为了保证研究结果的可信性，剔除了 ST、* ST、暂停上市和退市的个股新闻。

第五，同一个新闻事件可能存在被重复报道的情况，因此需要对剩余的新闻进行去重处理，删除重复报道的新闻，保留最早的那一则。

第六，为了消除不同新闻对上市公司股价的重叠影响，只保留每个月内只有一条新闻的上市公司作为研究对象，这一步骤剔除了绝大部分样本。

最后，利用训练好的分类器对新闻样本进行文本分类。结果如下：

表 1　文本分类后各个新闻类别的样本量统计

新闻类别	新闻数量	百分比
政策扶持类	225	15.79%
兼并收购类	238	16.70%
再融资类	306	21.47%
盈利能力类	376	26.39%
违规处罚类	280	19.65%

（二）股票数据

本文的个股及其相对应的大盘指数日交易数据均来源于 CCER 中国经济金融数据库。为了保证研究结果的可信性，剔除了 ST、* ST、暂停上市和退市的股票。

在获取股票日交易数据前，要先定义估计期和事件期。我们将新闻报道日定为第 0 日，也就是对应的新闻日期。本文中将估计窗设为[－100，－15]共 86 天，将事件窗设为[－14，15]共 30 天。如图 1 所示：

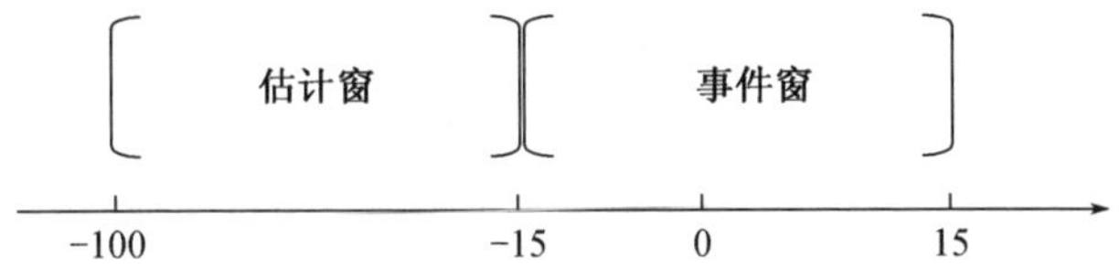

图 1　本文对估计窗和事件窗的定义

由于所涉及的新闻样本事件跨度从 2014 年 1 月 1 日至 2014 年 12 月 31 日，结合定义的估计窗与事件窗，需要获取从 2013 年 9 月 27 日至 2015 年 1 月 15 日的所有股票日交易数据以及该区间内的沪深两市的大盘指数。

数据处理完成后，需要剔除可能因为停牌等原因在估计窗以及事件窗内股票日收益率缺失严重的样本，因为估计窗内数据缺失严重会影响预期收益率模型的回归效果，进而影响异常收益率的计算。在这一步骤中，如果估计窗内日收益数据缺失 40％以上（估计窗共 86 天，即缺少 34 天以上）则视为数据严重缺失，剔除对应的新闻个股样本。包括 000007 零七股份、000793 华闻传媒、600295 鄂尔多斯等 260 个对应样本数据被剔出，最终样本总量为 1 165 个，对应的新闻分类情况如下：

表 2　筛选后各个新闻类别的样本量统计

新闻类别	新闻数量	百分比
政策扶持类	205	17.60％
兼并收购类	132	11.33％
再融资类	255	21.89％
盈利能力类	347	29.79％
违规处罚类	226	19.40％

（三）实证设计

通过对 1 165 个新闻样本在估计窗的收益率数据进行最小二乘法(OLS)估计，得到每个样本的市场模型特征值 α_i 和 β_i，回归模型如下：

$$Re_{i,t} = \alpha_i + \beta_i Rm_{i,t} + \sigma_{i,t} \tag{1}$$

其中，$Re_{i,t}$ 为新闻样本公司 i 在估计窗时间 t 的个股收益率，$Rm_{i,t}$ 为新闻样本公司 i 在估计窗时间 t 相对应的大盘指数收益率，t 为估计窗的不同时间。

以新闻样本公司 $i=1$ 为例，通过 stata 进行 OLS 回归，回归模型为 $Re_{1,t} = \alpha_1 + \beta_1 Rm_{1,t} + \sigma_{1,t}$，得到 $i=1$ 时的 α_1 和 β_i，回归结果如下：

re	Coef.	Std. Err.	t	P>t	[95% Conf. Interval]	
rm	0.870 768	0.246 339 4	3.53	0.001	0.376 221	1.365 315
_cons	−0.076 097 4	0.340 375 3	−0.22	0.824	−0.759 429 3	0.607 234 5

依照上面的回归，对 $i=2\sim1\ 165$ 依次进行，以得到整个样本的 α_1 和 β_i 值。据此预测出新闻样本企业 i 在事件窗时间 t 的正常收益率，并与其实际收益率做差求出异常收益率，计算方程如下：

$$abRE_{i,t} = RE_{i,t} - (\alpha_i + \beta_i RM_{i,t}) \tag{2}$$

其中，$abRE_{i,t}$ 为新闻样本 i 在事件区的不同时间 t 的异常收益率，即 AR。根据 AR 的计算结果，可得所有样本事件窗内的平均异常收益率 AAR，累积异常收益率 CAR 和平均累计异常收益率 CAAR。

最后构造 T 检验统计量，运用 SPSS 统计软件对平均异常收益率 AAR 和累计平均异常收益率 CAAR 进行显著性检验，并通过分析得出研究结论。

五、实证分析与显著性检验

（一）政策扶持类新闻

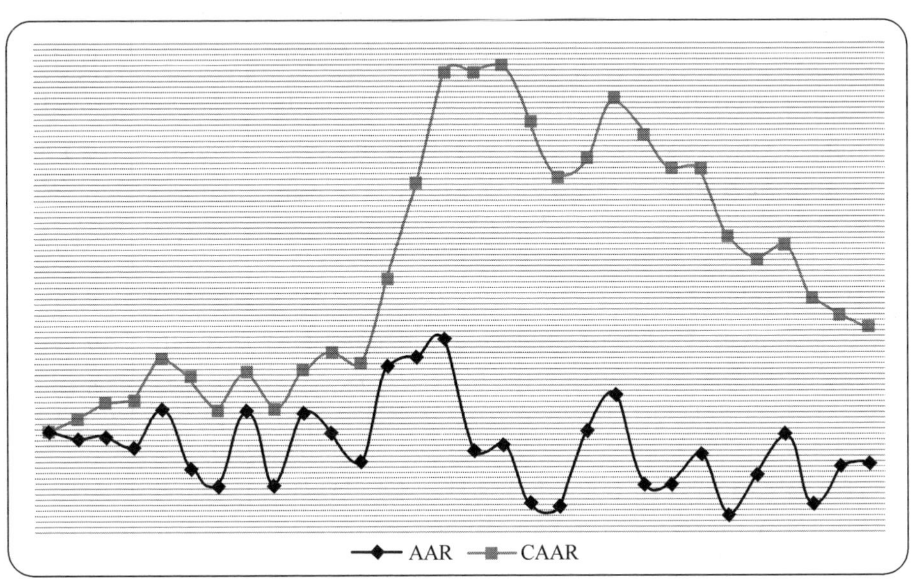

图 2　政策扶持类新闻的 AAR 与 CAAR 时间序列图

政策扶持类新闻样本的 AAR 和 CAAR 的 T 检验结果如表 3 所示：

表 3　政策扶持类新闻样本 AAR 和 CAAR 的 T 检验结果

事件窗	AAR	T 值	P 值	CAAR	T 值	P 值
−14	0.150 364 6	0.976	0.331	0.150 365	0.976	0.331
−13	0.086 406 8	0.498	0.619	0.236 771	0.977	0.330
−12	0.109 618 6	0.504	0.615	0.346 39	1.010	0.314
−11	0.027 740 2	0.135	0.893	0.374 13	1.001	0.318
−10	0.302 991 2	1.285	0.202	0.677 121	1.374	0.171
−9	−0.126 612 7	−0.553	0.581	0.550 509	1.066	0.288

(续表)

事件窗	AAR	T值	P值	CAAR	T值	P值
−8	−0.256 368 7	−1.242	0.216	0.294 14	0.482	0.630
−7	0.286 489 4*	1.738	0.084	0.580 629	1.049	0.296
−6	−0.258 070 1	−1.387	0.167	0.322 559	0.533	0.594
−5	0.278 845 6	1.349	0.180	0.601 405	0.905	0.367
−4	0.131 013 9	0.533	0.595	0.732 419	0.995	0.321
−3	−0.078 898 7	−0.328	0.744	0.653 52	0.884	0.378
−2	0.628 387 7**	2.546	0.012	1.281 908	1.469	0.143
−1	0.693 807 5***	3.283	0.001	1.975 715**	2.359	0.019
0	0.818 102 6***	3.989	0.000	2.793 818***	3.712	0.000
1	−0.007 990 8	−0.035	0.972	2.785 827***	3.531	0.001
2	0.038 224	0.170	0.865	2.824 051***	3.445	0.001
3	−0.389 294 8*	−1.698	0.093	2.434 756***	3.081	0.002
4	−0.420 084 1*	−1.758	0.082	2.014 672***	2.733	0.007
5	0.146 743 1	0.693	0.490	2.161 415***	2.774	0.006
6	0.418 162 7**	2.464	0.015	2.579 578***	3.152	0.002
7	−0.246 753 1	−1.555	0.122	2.332 825***	2.867	0.005
8	−0.246 753 1	−1.555	0.122	2.086 072**	2.477	0.014
9	−0.026 995 9	−0.121	0.904	2.059 076**	2.459	0.015
10	−0.470 359 3	−2.076	0.041	1.588 717**	2.066	0.040
11	−0.182 306	−0.823	0.413	1.406 411*	1.905	0.058
12	0.112 743 3	0.474	0.636	1.519 154*	1.886	0.061
13	−0.391 171 9*	−1.895	0.060	1.127 982	1.432	0.154
14	−0.117 605 7	−0.700	0.485	1.010 376	1.271	0.205
15	−0.096 504 3	−0.542	0.588	0.913 872	1.173	0.242

注：*、**、*** 分别表示在10%、5%、1%的显著性水平上拒绝原假设。

通过这类样本的实证分析，我们可以得到以下结论：

(1) 政策扶持类新闻对股票价格确实存在影响，证明假设 1 成立。

(2) 政策扶持类新闻对股票价格的影响主要集中在新闻发布的前三天至后六天。

(3) 政策扶持类新闻对股票价格的影响是积极的，有明显的推动作用，可以产生较高的平均异常收益率和累积平均异常收益率，可以看作是利好的信号。

(4) 证券市场的投资者在政策新闻发布的三天前得到消息并且迅速做出反应，因此在发布日前就能买入股票的投资者才能获得完全的超额收益。不过结果显示，在新闻公布当天买入仍能获得超额收益。

（二）兼收并购类新闻

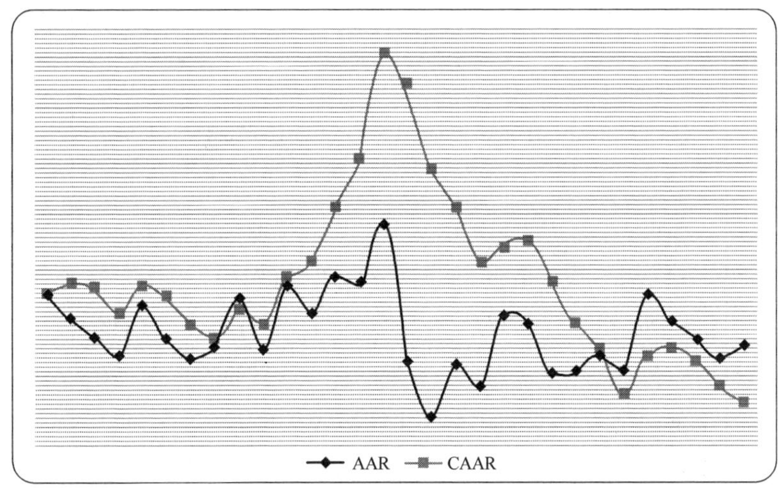

图 3 兼并收购类新闻的 AAR 与 CAAR 时间序列图

兼并收购类新闻样本的 AAR 和 CAAR 的 T 检验结果如表 4 所示：

表 4　兼并收购类新闻样本 AAR 和 CAAR 的 T 检验结果

事件窗	AAR	T 值	P 值	CAAR	T 值	P 值
−14	0.319 935 4	1.303	0.196	0.320 427 5	1.303	0.196
−13	0.093 549 7	0.376	0.708	0.413 868 3	1.274	0.206
−12	−0.050 555 9	−0.188	0.852	0.363 452 6	1.067	0.288
−11	−0.210 148 9	−0.894	0.375	0.153 885 2	0.719	0.474
−10	0.216 957 3	0.711	0.480	0.370 835 6	1.003	0.318
−9	−0.066 328 4	−0.238	0.813	0.303 852 7	0.825	0.411
−8	−0.246 866 5	−1.208	0.230	0.057 462 6	0.282	0.778
−7	−0.138 187 5	−0.682	0.497	−0.082 797 3	−0.002	0.998
−6	0.266 838 9	1.224	0.225	0.185 683 4	0.448	0.655
−5	−0.138 438 4	−0.700	0.487	0.047 683 5	0.228	0.820
−4	0.398 699 6	1.033	0.306	0.445 357 3	0.617	0.539
−3	0.145 150 2	0.456	0.650	0.591 468 2	0.681	0.497
−2	0.460 339 7*	1.705	0.094	1.051 683 3	1.080	0.283
−1	0.424 115 2*	1.666	0.100	1.475 573 3	1.528	0.129
0	0.908 887 3***	3.728	0.000	2.384 832 5***	3.079	0.003
1	−0.269 127 2	−0.989	0.325	2.115 824 8**	2.555	0.012
2	−0.741 045 5***	−3.209	0.002	1.374 727 3*	1.746	0.083
3	−0.306 526 1	−1.170	0.246	1.067 823 2	1.482	0.141
4	−0.481 663 9	−1.668	0.101	0.586 225 7	1.097	0.275
5	0.128 956 4	0.465	0.643	0.715 677 5	1.170	0.244
6	0.050 605 8	0.258	0.797	0.765 357 2	1.215	0.227
7	−0.354 311 2*	−1.891	0.062	0.411 682 8	0.804	0.423
8	−0.354 311 2*	−1.891	0.062	0.057 464 7	0.401	0.689
9	−0.230 438	−0.941	0.350	−0.174 373 2	0.212	0.833
10	−0.356 818 1	−1.143	0.258	−0.531 965 7	−0.023	0.982

(续表)

事件窗	AAR	T值	P值	CAAR	T值	P值
11	0.300 928 2	1.076	0.287	−0.230 224	0.147	0.884
12	0.072 779 4	0.357	0.722	−0.157 743	0.192	0.848
13	−0.083 644 3	−0.529	0.598	−0.241 346	0.111	0.912
14	−0.241 903 8	−1.574	0.119	−0.483 956	−0.136	0.892
15	−0.136 727 2	−0.721	0.473	−0.619 573	−0.259	0.796

注：*、**、*** 分别表示在10%、5%、1%的显著性水平上拒绝原假设。

通过这类样本的实证分析，我们可以得到以下结论：

(1) 兼并收购类新闻对股票价格确实存在影响，证明假设2成立。

(2) 兼并收购类新闻对股票价格的影响主要集中在新闻发布的前五天至后两天，证明假设2.1成立。

(3) 兼并收购类新闻对股票价格的影响是积极的，有明显的推动作用，可以产生较高的平均异常收益率和累积平均异常收益率，除非有消息表明并购重组失败，一般可以看作是利好的信号。

(4) 证券市场的投资者在兼并收购新闻发布的五天前得到消息并且迅速做出反应，因此在发布日前就能买入股票的投资者才能获得完全的超额收益。如果投资者在新闻公布当天买入仍能获得一小部分超额收益，但新闻公布的第二天起这种超额收益就基本不存在了。

(三) 再融资类新闻

再融资类新闻样本的AAR和CAAR的T检验结果如表5所示：

表5　再融资类新闻样本AAR和CAAR的T检验结果

事件窗	AAR	T值	P值	CAAR	T值	P值
−14	−0.140 290 8	−0.852	0.396	−0.140 290 8	−0.852	0.396
−13	0.494 740 1**	2.536	0.012	0.354 449 3	1.057	0.292

(续表)

事件窗	AAR	T值	P值	CAAR	T值	P值
−12	−0.249 258 4	−1.447	0.151	0.105 190 9	0.323	0.747
−11	0.000 646 1	0.003	0.998	0.105 837	0.262	0.794
−10	0.320 342 4	1.297	0.198	0.426 179 4	0.736	0.463
−9	0.389 157 7*	1.963	0.052	0.815 337 1	1.403	0.162
−8	0.358 708 1*	1.714	0.089	1.174 045 2*	1.993	0.048
−7	0.376 380 1*	1.902	0.059	1.550 425 3***	2.645	0.009
−6	0.077 250 7	0.310	0.757	1.627 676**	2.493	0.014
−5	−0.066 435 8	−0.312	0.756	1.561 240 3**	2.379	0.018
−4	−0.091 375 7	−0.420	0.676	1.469 864 6**	2.185	0.030
−3	−0.101 048 1	−0.372	0.711	1.368 816 6**	2.047	0.042
−2	−0.268 466 3	−1.109	0.272	1.100 350 3*	1.790	0.075
−1	0.544 559 7**	2.184	0.031	1.644 91**	2.272	0.024
0	1.204 581 8***	4.926	0.000	2.849 491 8***	4.485	0.000
1	−0.313 468 2	−1.397	0.164	2.536 023 6***	3.785	0.000
2	−0.292 259 9	−1.133	0.259	2.243 763 7***	3.241	0.001
3	0.018 154 1	0.079	0.937	2.261 917 7***	3.085	0.002
4	−0.151 178 6	−0.569	0.571	2.110 739 1***	2.751	0.006
5	−0.064 552 1	−0.304	0.762	2.046 187**	2.592	0.010
6	0.135 866 9	0.907	0.366	2.182 053 9***	2.732	0.007
7	−0.069 531 8	−0.435	0.664	2.112 522 1***	2.651	0.009
8	−0.069 531 8	−0.435	0.664	2.042 990 4**	2.461	0.015
9	−0.013 567 1	−0.070	0.944	2.029 423 3**	2.355	0.019
10	0.062 561 9	0.367	0.714	2.091 985 2**	2.365	0.019
11	−0.223 129	−1.249	0.214	1.868 856 2**	2.175	0.031
12	−0.313 515 6*	−1.703	0.091	1.555 340 6*	1.910	0.057
13	0.066 763 9	0.386	0.700	1.622 104 6*	1.954	0.052

（续表）

事件窗	AAR	T 值	P 值	CAAR	T 值	P 值
14	−0.207 684 5	−1.383	0.168	1.414 42	1.652	0.100
15	−0.055 784 5	−0.340	0.734	1.358 635 5	1.581	0.115

注：*、**、*** 分别表示在 10%、5%、1%的显著性水平上拒绝原假设。

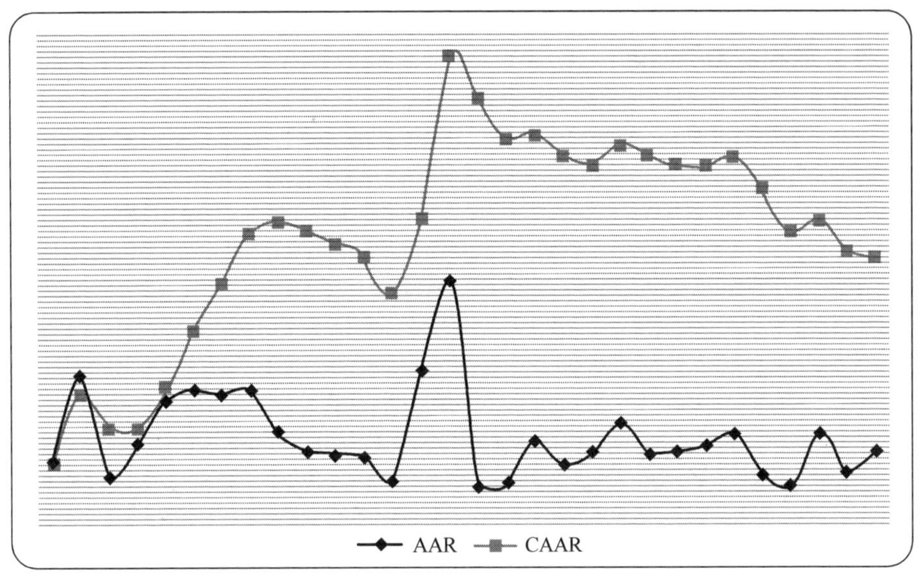

图 4　再融资类新闻的 AAR 与 CAAR 时间序列图

通过这类样本的实证分析，我们可以得到以下结论：

(1) 再融资类新闻对股票价格的影响确实存在，证明假设 3 成立。

(2) 再融资类新闻对股票价格的影响范围很广，整个事件窗内基本上就有显著影响，再融资新闻要比其他类型的新闻更早泄露于投资者，正式新闻公布前十多天股价就开始有异动，但此类新闻对股价的影响持续性也较高。

(3) 再融资类新闻对股票价格的影响是积极的，有明显的推动作用，可以产生较高的平均异常收益率和累积平均异常收益率，说明大多数投资者相信再融资可以给企业创造价值，获得超额收益，证明假设 3.1 不成立。可能因为本文选择的新闻文本的样本时间为 2014 年，股市正处于回暖的阶段，因此可以看作是利好的信号。如果选用熊市时期做实证，再融资新闻对股价的影响可能会有差异，因此在此时期，再融资类新闻仍可看作是利好。

(4) 在再融资类新闻发布日前买入股票的投资者才能获得超额收益。如果投资者在新闻公布当天买入仍能获得小一部分超额收益，但新闻公布的第二天起这种超额收益就迅速消失。

(四) 盈利能力类新闻

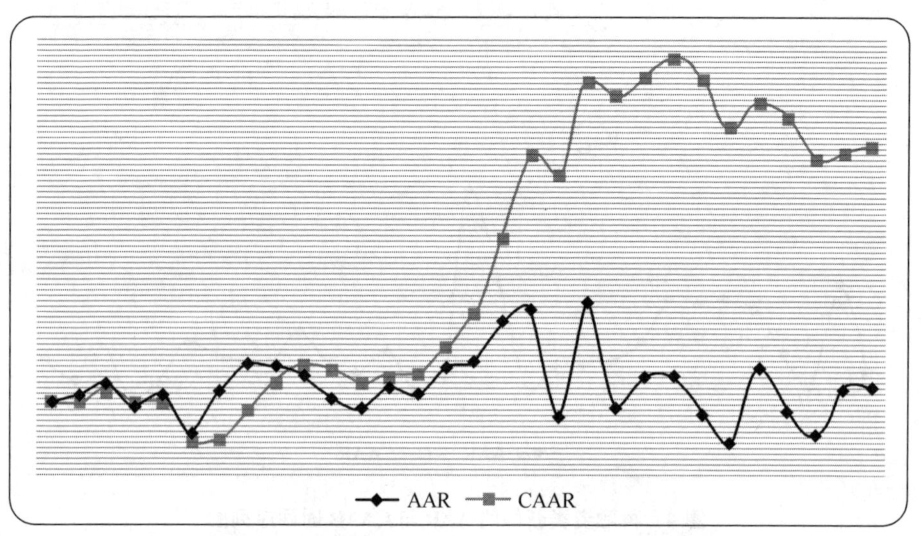

图 5 盈利能力类新闻的 AAR 与 CAAR 时间序列图

盈利能力类新闻样本的 AAR 和 CAAR 的 T 检验结果如表 6 所示：

表 6 盈利能力类新闻样本 AAR 和 CAAR 的 T 检验结果

事件窗	AAR	T值	P值	CAAR	T值	P值
−14	−0.024 099 2	−0.225	0.822	−0.024 099 2	−0.225	0.822
−13	−0.000 420 7	−0.004	0.997	−0.024 519 9	−0.183	0.855
−12	0.036 055 5	0.274	0.784	0.011 535 6	−0.010	0.992
−11	−0.045 548 1	−0.339	0.735	−0.034 012 4	−0.160	0.873

(续表)

事件窗	AAR	T值	P值	CAAR	T值	P值
−10	−0.001 333 3	−0.009	0.993	−0.035 345 8	−0.147	0.883
−9	−0.144 333 5	−1.075	0.284	−0.179 679 3	−0.552	0.581
−8	0.012 214 6	0.098	0.922	−0.167 464 7	−0.448	0.654
−7	0.108 860 2	0.912	0.362	−0.058 604 5	−0.014	0.989
−6	0.101 377 9	2.517	0.312	0.042 773 4	0.824	0.410
−5	0.068 515 1	1.603	0.110	0.111 288 5	1.242	0.215
−4	−0.016 128 3	0.679	0.498	0.095 160 3	1.350	0.178
−3	−0.053 431 4	−0.390	0.697	0.041 728 9	1.243	0.215
−2	0.023 852 9	1.618	0.107	0.065 581 8	1.538	0.125
−1	0.007 413 7	0.052	0.959	0.072 995 5	1.474	0.141
0	0.102 450 1	1.558	0.120	0.175 445 6*	2.009	0.045
1	0.123 516 3	0.158	0.874	0.298 961 9*	1.985	0.048
2	0.271 572 5*	−1.894	0.060	0.570 534 4**	1.567	0.018
3	0.311 658*	−1.852	0.066	0.882 192 4*	1.102	0.071
4	−0.078 527 4	0.472	0.637	0.803 665	1.142	0.254
5	0.340 774 1**	−2.280	0.024	1.144 439 1	0.698	0.486
6	−0.048 138 2	−0.411	0.682	1.096 300 9*	0.594	0.053
7	0.066 028	0.477	0.634	1.162 328 9	0.685	0.494
8	0.066 028	0.477	0.634	1.228 356 9	0.740	0.460
9	−0.072 800 1	−0.479	0.633	1.155 556 8	0.634	0.527
10	−0.175 803 5	−1.310	0.192	0.979 753 2	0.446	0.656
11	0.095 164 1	0.726	0.469	1.074 917 3	0.531	0.596
12	−0.062 161 5	−0.423	0.673	1.012 755 8	0.462	0.644
13	−0.148 441 7	−1.147	0.253	0.864 314	0.251	0.802
14	0.019 749 8	0.149	0.881	0.884 063 8	0.269	0.788
15	0.026 247 1	0.186	0.853	0.910 311	0.302	0.763

注：*、**、*** 分别表示在10%、5%、1%的显著性水平上拒绝原假设。

通过这类样本的实证分析，我们可以得到以下结论：

(1) 盈利能力类新闻对股票价格的影响确实存在，证明假设 4 成立。

(2) 盈利能力类与之前几类新闻对股价的影响有很明显的差异，在盈利消息公布以前，股价的异常收益是可以忽略不计的，也就是说，盈利能力类的新闻不存在提前透露这一问题。

(3) 从分析得出盈利能力类新闻对股票价格的影响是积极的，有明显的推动作用，因为盈利能力确实是利好的标志，很受投资者的关注，但其对股价的影响不如政策类或者并购类的消息来得明显，不会导致股价明显暴涨和极度异常的收益率。

(4) 盈利能力类的新闻在新闻发布日后对股票的影响仍然能够保持一段时间，不会迅速地回归到正常收益水平。

(5) 由于盈利能力类新闻不存在提前透露的问题，而事后又会产生明显的异常收益，因此在新闻发布日当天买入股票的投资者能够获得最大的超额收益。

（五）违规处罚类新闻

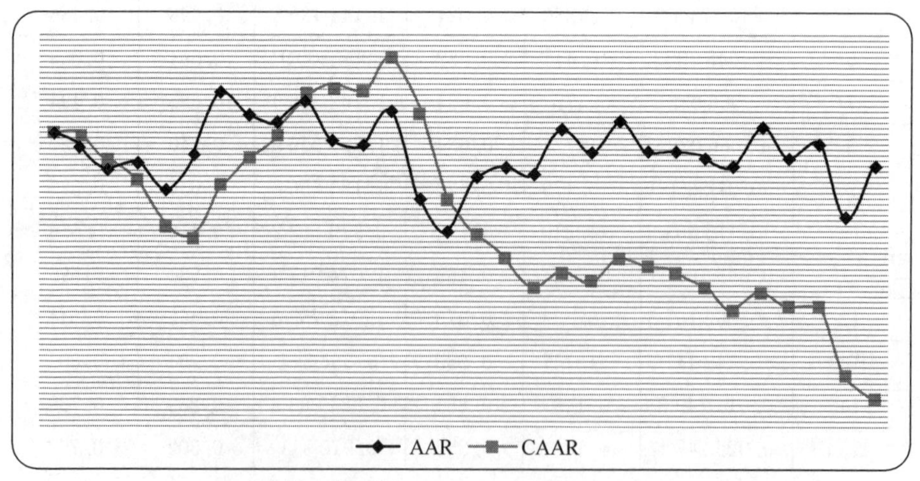

图 6　违规处罚类新闻的 AAR 与 CAAR 时间序列图

违规处罚类新闻样本的 AAR 和 CAAR 的 *T* 检验结果如表 7 所示：

表 7　违规处罚类新闻样本 AAR 和 CAAR 的 *T* 检验结果

事件窗	AAR	T 值	P 值	CAAR	T 值	P 值
−14	0.086 658 7	0.438	0.662	0.086 658 7	0.438	0.662
−13	−0.017 388 4	−0.086	0.931	0.069 270 3	0.200	0.842
−12	−0.192 896 8	−0.803	0.423	−0.123 626 5	−0.193	0.847
−11	−0.139 256 9	−0.626	0.533	−0.262 883 4	−0.469	0.639
−10	−0.334 165 1	−1.229	0.222	−0.597 048 5	−0.973	0.331
−9	−0.088 464 4	−0.384	0.702	−0.685 512 9	−0.981	0.328
−8	0.382 351 4	1.985	0.049	−0.303 161 5	−0.113	0.910
−7	0.212 004 2	1.214	0.227	−0.091 157 3	0.276	0.783
−6	0.161 38	0.955	0.341	0.070 222 8	0.483	0.629
−5	0.316 553 5	1.327	0.187	0.386 776 3	0.814	0.416
−4	0.025 730 9	0.128	0.899	0.412 507 2	0.817	0.415
−3	−0.011 201 5	−0.050	0.960	0.401 305 8	0.800	0.425
−2	0.235 624 9	1.039	0.301	0.636 930 6	1.016	0.311
−1	−0.400 704 2**	−2.006	0.046	0.236 226 4	0.385	0.701
0	−0.645 9***	−3.003	0.003	−0.409 673 6	−0.491	0.624
1	−0.247 073 7*	−1.420	0.098	−0.656 747 2	−0.707	0.481
2	−0.175 732	0.936	0.351	−0.832 479 3	−0.541	0.589
3	−0.227 682 2	−1.046	0.198	−1.060 161 5	−0.725	0.469
4	0.116 425 2	0.562	0.575	−0.943 736 3	−0.625	0.533
5	−0.055 840 5	−0.305	0.761	−0.999 576 8	−0.656	0.513
6	0.167 195 5	0.923	0.357	−0.832 381 3	−0.462	0.644
7	−0.055 415 7	−0.296	0.768	−0.887 797	−0.513	0.608
8	−0.055 415 7	−0.296	0.768	−0.943 212 7	−0.549	0.583
9	−0.107 037 8	−0.552	0.582	−1.050 250 4	−0.637	0.525

(续表)

事件窗	AAR	T值	P值	CAAR	T值	P值
10	−0.169 864 8	−0.857	0.393	−1.220 115 2	−0.750	0.454
11	0.127 599 1	0.755	0.452	−1.092 516 1	−0.661	0.509
12	−0.100 096 3	−0.434	0.665	−1.192 612 4	−0.728	0.468
13	0.009 174 2	0.055	0.956	−1.183 438 2	−0.703	0.483
14	−0.527 666 6***	−3.099	0.002	−1.711 104 8	−1.238	0.217
15	−0.165 073 9	−0.990	0.324	−1.876 178 6	−1.383	0.168

注：*、**、*** 分别表示在10%、5%、1%的显著性水平上拒绝原假设。

通过这类样本的实证分析，我们可以得到以下结论：

(1) 违规处罚类新闻对股票价格的影响确实存在，证明假设5成立。

(2) 违规处罚类新闻是五类样本中唯一的负面新闻类型，对股票价格的影响也是显而易见的，会产生明显的负的异常收益率，证明假设5.1成立。

(3) 违规处罚类新闻对股价的影响在新闻公布当天的负向作用最为显著。

(4) 违规处罚类新闻对股价从新闻公布日前一天开始受到明显的影响，说明部分投资者已经得知企业的违规行为，并且影响的周期较长。由于企业的违规、违法行为，投资者在很长一段时间内不信任该企业，否定了企业价值，因此异常收益率一路走低，并且会随着时间的推移开始第二波股价的下跌。

六、结　论

本文基于事件研究法从新闻属性上研究互联网热点新闻对股价的冲击。并将金融研究与计算机技术相结合，采用计量经济学中线性回归分析方法，结合股票的日交易数据建立股票收益预测模型，就2014年互联网财经新闻的样本数据对股市的影响进行初步的研究，并在文章的实证部分将新闻对股价影响的研究成果进行了形象直观的展示。当然，本研究还存在一定的局限性。

投资者如今不止从门户网站的财经新闻专栏获取消息，随着新媒体的崛起，微博、论坛等新媒体平台上的信息也受到广泛关注。如果想要获得更精准的分析，应该设法获取涵盖所有对市场有影响的消息源，并研究它们之间的交互效应，这样才会使股市异常波动的分析更加精准，更加具有实用价值。最后，由本文的结论得知，国内 A 股市场上由于新闻报道引起的股票异常收益持续时间较短，投资者在进行投资决策时要尽量避免盲目跟风，需要理性地看待股票市场。对于证券市场的监管者而言，必须从各个方面加强监管来杜绝内幕交易行为，维持证券市场上的公平交易。只有这样，才能不断促进证券市场的稳定。

参考文献

[1] 陈华、梁循，2006：《互联网股票新闻归类和板块分析的方法》，《电脑开发与应用》第 11 期。

[2] 胡凌云、胡桂兰、徐勇等，2010：《基于 Web 的新闻文本分类技术的研究》，《安徽大学学报：自然科学版》第 6 期。

[3] 饶育蕾、彭叠峰、成大超，2010：《媒体注意力会引起股票的异常收益吗？——来自中国股票市场的经验证据》，《系统工程理论与实践》第 2 期。

[4] 饶育蕾、王攀，2010：《媒体关注度对新股表现的影响——来自中国股票市场的证据》，《财务与金融》第 3 期。

[5] 史忠植，2002：《知识发现》，清华大学出版社。

[6] 杨继东，2007：《媒体影响了投资者行为吗？》，《金融研究》第 11 期。

[7] 张国梁、肖超锋，2011：《基于 SVM 新闻文本分类的研究》，《电子技术》第 8 期。

[8] 张旋，2009：《基于事件研究法看证券价格反应——三聚氰胺事件实证研究》，《时代金融》第 392 期。

[9] 赵伟、梁循，2009：《互联网金融信息量与收益率波动关联研究》，《计算机技术与发展》第 12 期。

[10] Antweiler, W., Z. Frank, 2006, “Do US Stock Markets Typically Overreact to Corporate News Stories”, University of Minnesota, 145 - 167.

[11] Beaudry, P. , F. Portier. , 2004, "Stock prices", Newsand Economic Fluctuations, 1, 134－146.

[12] Chan W. S. , 2003, "Stock price reaction to news and no-news: drift and reversal after headlines", Journal of Financial Economics, 70, 223－260.

[13] Cutler, D. M, M. Poterba, H. Summers, 1998, "What moves stock prices?", Journal of Portfolio Management, 2, 56－88.

[14] David, F. , 2013, "Data mining of social networks represented as graphs",Computer Science Review, 7, 1－34.

[15] Fama, E. , L. Fisher,M. Jensen, 1969, "The Adjustment of Stock Prices to New Information", International Economic Review, 10, 1－21.

[16] Fung, G. , J. Yu, W. Lam, 2002, "News sensitive stock trend prediction", Advances in Knowledge Discovery and Data Mining, 481－493.

[17] Gunn, S. R. , 1998, "Support vector machines for classification and regression",ISIS Technical Report, 14.

[18] Huberman, G. , T. Regev, 2001, "Contagious speculation and a cure for cancer: A nonevent that made stock prices soar", The Journal of Finance, 56, 387－396.

[19] Keown, A. J. , M. Pinkerton, 1981, "Merger announcements and insider trading activity: An empirical investigation", The Journal of Finance, 36, 855－869.

[20] Klibanoff, P. , O. Lamont, A. Wizmant, 1998, "Investor reaction to salient news in closed end country funds", The Journal of Finance, 53, 673－699.

[21] Lagreid, T. , C. Sandal, 2006, "Extracting Useful Information from Continuous Stream of Text", Financial News Mining, 13, 222－228.

[22] Lavrenko, V. , M. Schmill, D. Lawrie, 2000, "Language Models for Financial News Recommendation", In the Proceedings of the Ninth International Conference on Information and Knowledge Management CIKM00, 389－396.

[23] Mitchell, M. , L. Mulherin, 1994, "The impact of public information on the stock market", The Journal of Finance, 49, 923－950.

[24] Ngo, Q. H. , W. Winiwarter, 2012, "Building an English-Vietnamese Bilingual Corpus Machine Translation", Asian Language Processing, 157－160.

[25] Niederhoffer, V., 1971, "The analysis of world events and stock prices", The Journal of Finance, 2, 193 - 219.

[26] Schumaker, R. P., H. Chen, 2006, "Textual Analysis of Stock Market Prediction Using Financial News", Americas Conference on Information Systems.

[27] Takeda, F., H. Yamazaki, 2006, "Stock Price Reactions to Public TV Programs on Listed Japanese Companies", Economics Bulletin, 13, 1 - 7.

[28] Tan, A. H., 1999, "Text mining: The State of the Art and the Challenges", Proceedings of the PAKDD, Workshop on Knowledge Discovery from Advanced Databases, 65 - 70.

[29] Tetlock, P. C., 2007, "Giving content to investor sentiment: The role of media in the stock market", The Journal of Finance, 62, 1139 - 1168.

[30] Tetlock, P. C., M. Saar, S. Macskassy, 2008, "More than words: quantifying language to measure firms' fundamentals", The Journal of Finance, 63, 1437 - 1467.

[31] Vapnik, V., 2000, "The Nature of Statistical Learning Theory", Journal of Data Mining and Knowledge Discovery, 3, 1 - 47.

[32] Wiithrich, B., 1998, "Daily Prediction of Major Stock Indices from Textual WWW Data", KDD - 98 Proceedings.

[33] Wysocki, P. D., 1998, "Cheap Talk on the Web: the Determinants of Postings on Stock Message Boards", University of Michigan.

[34] Zimbra, D., T. Fu, X. Li, 2009, "Assessing Public Opinions through Web 2.0: A Case Study on Wal-Mart", The 13th International Conference on Information Systems.

比特币价格与投资者关注度*

李　娟　张　兵

内容提要：本文以 2011 年 6 月 18 日到 2014 年 1 月 31 日比特币价格与相关百度指数日度数据为基础，采用误差修正模型、脉冲响应、EGARCH 模型等相关计量工具，全面分析比特币的价格与投资者关注度之间的关系。实证结果表明，百度指数的波动对比特币价格的波动具有正向影响。比特币的价格是百度指数的 Granger 原因，前者的变动引致后者的变动。在比特币价格上涨趋势下，百度指数的增加会导致比特币价格的上升；反之，在价格下降趋势下，百度指数的增加反而会加剧价格的下降。

关键词：比特币；投资者关注；百度指数；波动相关

一、引　言

"比特币"最初出现在中本聪 2008 年的论文中，他在论文中构造了比特币的理论模型，即比特币没有法定发行方，而是通过网络节点的计算生成的。人们从网络上下载专用的比特币运算工具，按照相关算法进行运算来挖掘比特

* 李娟，南京大学商学院金融与保险学系，硕士生，E-mail：15996307844@163.com；张兵，南京大学商学院金融与保险学系，主任，教授，博导，E-mail：zhangbing@nju.edu.cn。本文是国家社会科学基金重大项目"互联网金融的发展、风险与监管研究"（项目号：14ZDA043）的阶段性研究成果。

币。由于挖掘过程本质上是在解一个 n 次方程,受到算法的限定,比特币总量将会在 2140 年无限趋近于 2 100 万,之后比特币数量将不会增加。比特币的这种产生与交易方式使得它具备超过普通意义上的货币的优势,即去中心化、全世界流通、专属所有权、低交易费用、无隐藏成本以及跨平台挖掘;同时,它又具备传统货币的五大职能:价值尺度、流通手段、支付手段、贮藏手段以及世界货币。

比特币,作为一种新兴虚拟货币,价格在 2013 年中大起大跌,从 1 月 21 日突破 100 元人民币后一路飙升至 4 月 10 日的最高成交价 1 944 元人民币,但随后数小时又暴跌到 740 元人民币,近乎腰斩,最后以 1 100 元人民币收盘。在后来几个月中,比特币价格波动下降至 7 月 6 日的最低成交价 400 元人民币,之后又逐渐上涨至 11 月 30 日的最高成交价 7 588.88 元人民币,价格较之前上涨了 1 797%。从 2014 年起,价格从 5 970 元人民币波动下滑至 4 月 3 日的最低价 2 419 元人民币,比特币神话似乎正在逐渐破灭。

人们对比特币的认可度也在提高,它已成为人们投资的新宠。在 2014 年 3 月 25 日,美国认为比特币应该被视为资产,同股票和易货交易一样适用于相关的规定。美国国税局也明确表示比特币的所得需要履行纳税义务。这一规定可能会带来比特币这种虚拟货币的交易量降低,在一定程度上遏制了比特币的进一步发展。

因此,本文将研究比特币价格的影响因素,深度剖析比特币,研究比特币价格与投资者关注度之间的关系,并以此为基础对比特币价格波动原因进行计量上的说明。

全文的结构框架:第一部分是引言;第二部分是文献回顾与研究假设;第三部分是理论分析、数据选择以及模型建立;第四部分是实证结果与分析;第五部分是全文总结。

二、文献回顾与研究假设

随着比特币的崛起，它从最初的个位数日成交量，演变为到 2013 年 12 月份的日成交量突破百万。分析比特币的价格形成因素，能让人们对比特币有一个更客观的认识。

在国外研究中，Kristoufek(2013)指出，比特币作为一种数字货币没有一个具体的中央银行或者具体的国家政府作为发行方，没有宏观经济作为基础，脱离实体经济。同时，比特币的市场仅由投机交易者组成。Kristoufek 还提出，数字货币的价格仅仅由人们对于价格所持有的信心决定，并以此为基础研究了比特币价格与谷歌趋势、维基百科中的搜索量间的关系，得出它们之间存在双向的相关性，并且在比特币价格呈上升或下降趋势下，搜索量对价格的影响是非对称的。Kristoufek(2014)指出，投资者对比特币的兴趣在长期会导致比特币价格变化。在价格暴涨时，投资者注意力推动价格上涨；反之则会促使价格进一步下跌。Jamal Bouoiyour, Refk Selmi, Aviral Tiwari(2014)研究发现，在高频率(短期范围)下投资者注意力是比特币价格的格兰杰原因；在有条件因果关系检测中，投资者注意力在短、长期下引致比特币价格波动。Pavel Ciaian, Miroslava Rajcaniova, d'Artis Kancs(2014)指出，供求的作用是比特币价格形成以及稳定的重要原因。投资者的短期投机性行为(相关维基百科搜索表示)，也是市场需求量扩张的数据化显示，会影响比特币价格。

在国内文献中，学者较少分析比特币价格的影响因素，主要抓住比特币客观存在的风险进行分析。吴洪等(2013)认为，比特币没有解决网络支付安全问题，却带来一定隐患。此外，比特币没有储备，没有实体经济为基础，没有法律上的支持，它缺乏信用，是不值得投资的。李帅杰(2013)指出，比特币的内生交易风险大，场外市场的构建存在安全隐患；同时由于交易匿名且无制度限制，大量比特币用户的涌入也会加剧比特币币值的变化，从而削弱了其作为货币的职能与作用，不利于比特币作为货币的推广。王培霖(2013)更是从比特币本质上揭示它的泡沫属性。首先,比特币的根本存在价值是货币属性,而人们的囤积行为以及价格的波动使其无法完成交易支付功能。其次,比特币数量的固定使其存在通货紧缩的隐患。最后,比特币数量从广义上来说无法控制,因为还会有大量类似的货币产生,比如现有的莱特币,两者本质上都是一样的。

在研究投资者关注度方向的文献中,俞庆进、张兵(2012)分析了投资者有限关注与股票收益之间的关系,得出前者能给股票价格带来正向压力,但很快会发生压力的反转。王镇、郝刚(2013)研究提出,若将投资者关注度分为前后期,则前期对股票收益率的影响为负向,后期则为正向。由此,投资者关注会对市场交易行为产生显著影响。

基于上述文献,本文提出的假设为:投资者关注度能够影响比特币的价格,并且在价格不同的变化趋势下会产生不同的影响。

三、研究设计

(一)投资者关注度指标

本文研究比特币与投资者关注度的相关关系,需确定投资者关注度的具体度量指标。投资者关注度隶属于行为金融学,该理论认为投资者在有限理性下无法及时、充分、全面地了解市场上的信息,只会选择自己感兴趣的方面进行了解与分析,并将其运用到自己的投资策略中。在投资者关注度的变量选择上,传统的变量主要有异常收益率、涨停板事件、股票成交量、广告投入量等。但是,这些指标都是以间接的方式来衡量投资者的注意力,或多或少存在局限性。

因而,本文主要采用现代度量方式,即网络搜索引擎中相关信息的搜索量。该方式最早是由 Da,Engelberg,Gao 在 2011 年提出来的,他们利用谷歌趋势中相关指标来替代投资者关注度,进而研究了股票的短期价格上涨及其反转效应。在中国国内搜索引擎市场上,主要有百度、谷歌、360 等搜索引擎。根据 CNZZ 的最新数据显示,在 2013 年中,百度占据 63.55%的市场份额,远超其他搜索引擎的使用率，位居第一，故百度搜索量最能反映投资者的关注度。

在文章中获取相关搜索量时，选择的是以“比特币”为关键词的搜索量，而“bitcoin”与“比特币”意思相同，两者百度指数的日度数据如图 1 所示：

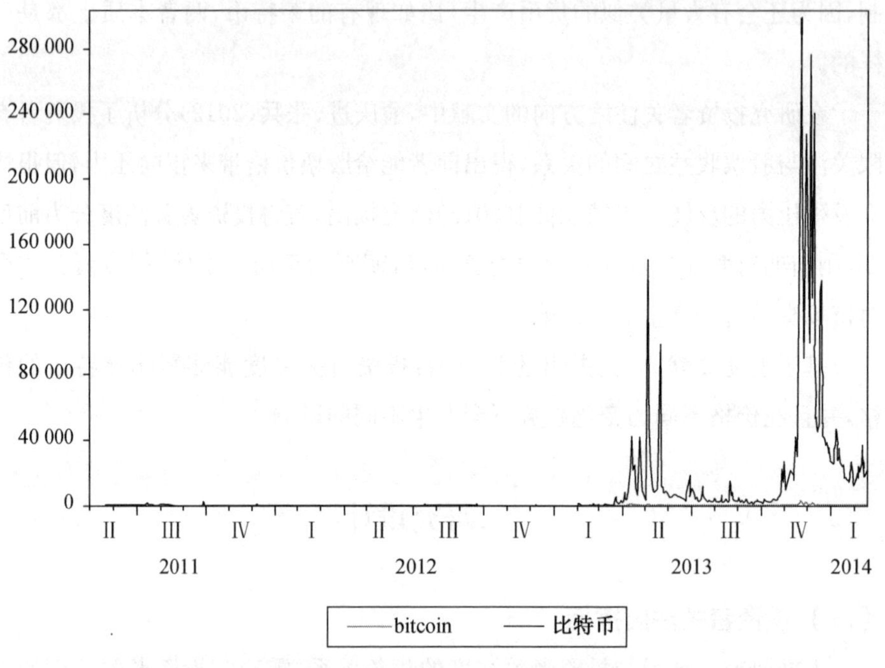

图 1　比特币与“bitcoin”的搜索量

我们能从原始数据表中清楚地发现，初始“bitcoin”的搜索量一直大于“比特币”的搜索量。但从 2011 年 7 月 9 日开始，百度引擎上“比特币”的搜索量远超过“bitcoin”的搜索量，所以，选择使用“比特币”为关键词的搜索量更能代表国内投资者对比特币的关注度。

（二）数据选择

首先，如上所说，用百度指数替代投资者关注度指标。其次，在比特币的历史相关数据的择取上，本文采用的是国内最大的交易平台，同时也是全球最大的交易平台——“比特币中国”上的历史日度成交价格。

在“比特币中国”官网上，本文采用从 2011 年 6 月 18 日起的历史日度收盘价格，将其与百度指数数据的日期相协调，最终选择从 2011 年 6 月 18 日到 2014 年 1 月 31 日的日度比特币收盘价与百度指数的相关数据。

（三）模型构建

获得数据之后，本文主要进行了协整检验、误差修正模型、Granger 因果检验、脉冲响应和 EGARCH 模型检验。

GARCH 模型是针对回归误差的方差进行建模，它在市场的投资决策中能发挥特别重要的作用，尤其是对于波动性的研究、判断和预测。其研究重点是时间序列的持续性和聚集性，能很好地反映现实数据中的长期记忆性质。

由于在市场波动中，外部的负冲击带来的波动通常大于同等强度正冲击带来的波动，即冲击具有非对称性，文章需要使用更适合市场的 GARCH 类模型——EGARCH 模型。为了分析比特币价格与百度指数之间的联动性，在 Nelson 提出的模型基础上，文章将它们的联动系数引入该 EGARCH 模型中，构建的条件均值方程如下：

$$R_{i,t} = \alpha_{i,0} + \alpha_{i,1} R_{i,t-1} + \varepsilon_{i,t} \tag{1}$$

在上述条件均值方程中，R_t 是比特币价格收益率或百度指数变动；$\alpha_{i,1}$ 是比特币价格或百度指数相应的滞后项系数。

EGARCH 模型的条件方差方程为：

$$\log(\sigma_{i,t}^2) = \omega_{i,t} + \beta_{i,t}\log(\sigma_{i,t-1}^2) + \gamma_{i,t}\frac{\varepsilon_{i,t-1}}{\sqrt{\sigma_{i,t-1}^2}} + \delta_{i,t}\left(\frac{|\varepsilon_{i,t-1}|}{\sqrt{\sigma_{i,t-1}^2}}\right) + \eta_{j,t} Z_{j,t-1} \tag{2}$$

其中，ω 为常数项；$\gamma_{i,t}$ 用来判定存在的杠杆效应，若它大于零，则说明正向冲击所带来的效果强于负向冲击的效果，反之则相反；$\eta_{j,t}$ 系数用来研究波动率的联动；Z_j 表示另一变量。具体而言，若考虑百度指数变动对比特币收益率波动的影响，则该 EGARCH 模型中：

$$R_t = \ln bitprice_t - \ln bitprice_{t-1} \tag{3}$$

$$Z_t = \ln baiduindex_t - \ln baiduindex_{t-1} \tag{4}$$

反之，则互换这两个变量。

四、实证结果及分析

本文选择从 2011 年 6 月 18 日到 2014 年 1 月 31 日的日度比特币收盘价与百度指数数据，将比特币收盘价格命名为 bitprice，百度指数命名为 baiduindex。一共可获得 959 组数据，大致情况如下图。两者变动的时间有先后，波动幅度也存在差异，但从整体上来看，它们存在一定相关性。

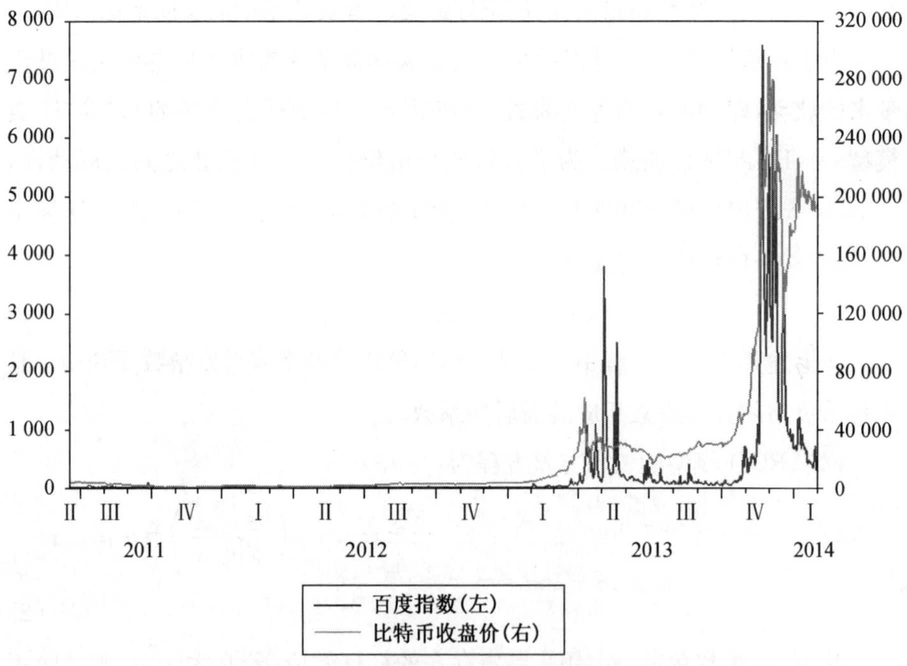

图 2　比特币价格与百度指数的走势

（一）平稳性检验

文章中对所获得的原始数据、对数处理后的数据以及对数化后一阶差分的数据在 Eviews7.2 中进行 ADF 单位根检验，所得到的检验结果如表 1～表 3 所示：百度指数序列不含单位根，为平稳序列；比特币价格是非平稳序列；两组对数化数据同为一阶单整，能直接进行最小二乘法线性回归。两者的数据分布图如图 3 所示。

表 1　原始比特币价格与百度指数的数据单位根检验结果

baiduindex	T-statistic	Prob
ADF test statistic	−3.449 205	0.009 6
1%level	−3.437 005	
5%level	−2.864 367	
10%level	−2.568 328	
ADF test statistic	0.987 177	0.996 5
1%level	−3.437 108	
5%level	−2.864 412	
10%level	−2.568 352	

表 2　比特币价格与百度指数对数化的数据单位根检验结果

lnbaiduindex	T-statistic	Prob
ADF test statistic	−2.201 177	0.206 1
1%level	−3.436 969	
5%level	−2.864 351	
10%level	−2.568 319	
lnbitprice	T-statistic	Prob
ADF test statistic	1.105 351	0.997 6
1%level	−3.436 955	
5%level	−2.864 345	
10%level	−2.568 316	

表 3　比特币价格与百度指数对数差分后的数据单位根检验结果

difflnbaiduindex	T-statistic	Prob
ADF test statistic	−16.080 90	0.000 0
1%level	−3.437 005	
5%level	−2.864 367	
10%level	−2.568 328	
difflnbitprice	T-statistic	Prob
ADF test statistic	−23.678 78	0.000 0
1%level	−3.436 969	
5%level	−2.864 351	
10%level	−2.568 319	

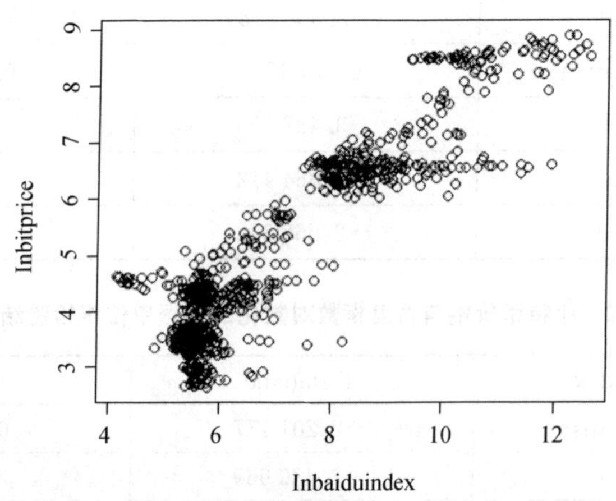

图 3　对数化比特币价格与百度指数相关关系图

经过以上的分析可知，lnbitprice 以及 lnbaiduindex 是同阶单整，故本文采用E－G 两步法进行协整检验。在 Eviews 中进行 OLS 回归的结果如下：

$$\ln bitprice_t = -0.626\,8 + 0.810\,4 \ln baiduindex_t \tag{5}$$

(S.E.)　(0.080 64)　(0.011 28)

$$MSE = 0.43 \qquad R^2 = 0.843\,5$$

系数和 t 值分别为：

表 4 回归系数统计值

变量	系数	T-值	Prob
常数项	−0.626 768	−7.772 375	0.000 0
lnbaiduindex	0.810 374	71.862 76	0.000 0

从回归结果来看，R 平方值比较显著，同时，常数项以及百度指数项的 t 值也通过了检验，即百度指数与比特币价格间存在显著的正向相关关系。当投资者对比特币投以更多关注时，比特币的价格很可能会随之上升，这与上文中的分析理论是一致的。

接下来便是检验回归残差项的平稳性。该回归方程共有 959 项残差项。对这些残差项进行 ADF 单位根检验，可以得到 t-statistic 值为−6.923 210，远小于显著水平为 1%、5%以及 10%的临界值，Prob 值为 0.000 0，即拒绝残差项为非平稳序列的假设，该数列平稳。由此说明 lnbitprice 和 lnbaiduindex 是协整的。

协整关系的存在说明百度指数与比特币价格间的线性组合存在着稳定、长期的均衡关系，这样既解决了“伪回归”的问题，又保证了回归模型中长期相关信息的存在，有利于人们对问题的深入分析。

（二）格兰杰（Granger）因果检验

在发现两组数列存在协整关系的情况下，利用 Granger 因果检验来判断两个变量间的因果关系是必要的。下表便是在滞后阶数为 2 阶、3 阶、4 阶情况下的格兰杰因果检验结果：

表 5　滞后 2、3、4 阶的 Granger 因果检验

阶数	原假设	F-值	Prob
二阶	Lnbitprice 不是 lnbaiduindex 的格兰杰原因	23.637 8	1.E-10
	Lnbaiduindex 不是 lnbitprice 的格兰杰原因	0.178 43	0.836 6
三阶	Lnbitprice 不是 lnbaiduindex 的格兰杰原因	13.553 2	1.E-08
	Lnbaiduindex 不是 lnbitprice 的格兰杰原因	0.423 26	0.736 4
四阶	Lnbitprice 不是 lnbaiduindex 的格兰杰原因	10.039 5	6.E-08
	Lnbaiduindex 不是 lnbitprice 的格兰杰原因	0.304 44	0.875 1

从表 5 中可以看出，“lnbitprice 不是 lnbaiduindex 的格兰杰原因”在显著水平为 1%的情况下被拒绝，而“lnbaiduindex 不是 lnbitprice 的格兰杰原因”在显著水平为 5%的情况下无法被拒绝，说明百度指数与比特币价格间存在着单向引导关系，即比特币价格的变化会引起百度指数的变化，反过来却不存在类似引导。

前半句结论能用事实常理来进行解释，比如假设在一段时间中比特币价格大幅上涨，人们便会通过互联网搜索引擎去获取比特币的相关信息，促使百度指数上升。但是，该因果检验结果并不意味着比特币价格改变是百度指数改变的原因，而百度指数的改变必定不会导致比特币价格的变化。根据李璐(2012)关于格兰杰检验的原理可以得知：百度指数变量的增加不能使得比特币价格的回归具有更显著的回归效果，但也不能否认百度指数在回归中的作用，毕竟在前文中，百度指数的 t 值通过了检验，具有显著性。

（三）误差修正模型（ECM）

经过上述协整检验分析，本文已经得出 lnbitprice 和 lnbaiduindex 是协整的，需要在此基础上对之前的线性回归模型进行误差修正。

由线性回归模型可知，该式的长期均衡项为：

$$ecm_{t-1} = \ln bitprice_{t-1} - \ln bitprice_{t-1} \tag{6}$$

将其作为普通变量纳入 Δlnbitprice 和 Δlnbaiduindex 中，得到新的 OLS 回归模型为：

$$\Delta \ln bitprice_t = 0.004\,029 + 0.003\,818 \Delta \ln baiduindex_t + 0.002\,510\,1 ecm_{t-1} \tag{7}$$

然而此时各系数的 p 值都较大，R 平方较小，DW 值为 1.94，这说明回归模型不显著。因而，需要将方程的滞后项纳入考虑范围内。此时，回归方程的模型如下：

$$\Delta \ln bitprice_t = c + \alpha ecm_{t-1} + \sum_{i=1}^{p} \mu_i \Delta \ln baiduindex_{t-i} + \sum_{i=1}^{p} \upsilon_i \Delta \ln bitprice_{t-i} \tag{8}$$

对于上述回归模型的滞后阶数的判定，我们采用 AIC、SC 等方法来确定。下表为进行 AIC、SC 检测的结果：

表 6　滞后阶数检验

Lag	LogL	LR	FPE	AIC	SC	HQ
0	−2 785. 074 392 900 711	NA	1. 297 587	5. 936 261	5. 946 580	5. 940 195
1	913. 270 593 791 923 4	7 373. 058	0. 000 496	−1. 932 419	−1. 901 461 *	−1. 920 617 *
2	915. 377 194 421 727	4. 190 767	0. 000 498	−1. 928 386	−1. 876 790	−1. 908 716
3	923. 914 641 842 645 5	16. 947 61	0. 000 494	−1. 938 050	−1. 865 817	−1. 910 513
4	926. 212 268 317 343 1	4. 551 209	0. 000 495	−1. 934 424	−1. 841 553	−1. 899 019
5	928. 176 004 274 807	3. 881 463	0. 000 498	−1. 930 087	−1. 816 577	−1. 886 814
6	935. 751 330 641 272 4	14. 940 90	0. 000 494	−1. 937 703	−1. 803 554	−1. 886 561
7	940. 986 824 672 044 3	10. 303 72	0. 000 492	−1. 940 334	−1. 785 548	−1. 881 325
8	945. 225 705 915 608 8	8. 324 278	0. 000 492	−1. 940 843	−1. 765 418	−1. 873 966
9	949. 827 979 270 207	9. 018 299	0. 000 492	−1. 942 126	−1. 746 063	−1. 867 381
10	954. 951 907 816 385 9	10. 018 67	0. 000 490	−1. 944 520	−1. 727 818	−1. 861 907
11	958. 891 514 729 025 4	7. 686 219	0. 000 490	−1. 944 391	−1. 707 052	−1. 853 910
12	961. 798 804 078 861 8	5. 659 771	0. 000 492	−1. 942 063	−1. 684 086	−1. 843 715

(续表)

Lag	LogL	LR	FPE	AIC	SC	HQ
13	965.104 595 045 935 1	6.421 473	0.000 492	−1.940 585	−1.661 969	−1.834 369
14	968.960 332 024 741	7.473 313	0.000 493	−1.940 278	−1.641 024	−1.826 193
15	972.132 706 298 701 5	6.135 284	0.000 493	−1.938 515	−1.618 623	−1.816 563
16	975.945 226 704 129 8	7.357 068	0.000 494	−1.938 115	−1.597 585	−1.808 296
17	983.000 594 199 014 4	13.584 78 *	0.000 490 *	−1.944 623 *	−1.583 455	−1.806 935
18	985.250 005 901 477 4	4.321 553	0.000 492	−1.940 895	−1.559 088	−1.795 339

原则上一般采取 AIC、SC 同时达最小数时的阶数作为滞后阶数，而在本模型中不适用，因为它们没有同时达到最小的阶数。而且，在模型中采用的阶数越多，模型的拟合程度虽然会提高，但随之而来的是自由度的大大减少。所以综合考虑，本文将方程的滞后阶数定为 17 阶。接下来在 Eviews 中进行误差修正处理，结果如下表所示：

表 7 误差修正模型系数统计值

Error Correction	D(LNBITPRICE)	D(LNBAIDUINDEX)
CointEq1	0.003 742 790 625 544 806	0.069 482 001 835 755 37
	(0.003 641 458 689 875 015)	(0.017 276 936 513 158 92)
	[1.027 83]	[4.021 66]
D[LNBITPRICE(−1)]	0.026 455 162 460 504 64	0.054 692 728 649 865 09
	(0.033 476 722 892 367 18)	(0.158 830 640 503 543 2)
	[0.790 26]	[0.344 35]
D[LNBITPRICE(−2)]	−0.085 330 417 4535 037	−0.061 077 772 434 817 49
	(0.033 449 257 636 910 57)	(0.158 700 331 329 321 1)
	[−2.551 04]	[−0.384 86]

(续表)

Error Correction	D(LNBITPRICE)	D(LNBAIDUINDEX)
D[LNBITPRICE(−3)]	−0. 036 280 511 244 276 57	0. 194 260 585 983 789 2
	(0. 033 446 664 780 486 1)	(0. 158 688 029 496 553 4)
	[−1. 084 73]	[1. 224 17]
D[LNBITPRICE(−4)]	0. 031 089 675 872 505 03	0. 090 476 606 939 187 55
	(0. 033 457 847 398 233 03)	(0. 158 741 085 536 266 8)
	[0. 929 22]	[0. 569 96]
D[LNBITPRICE(−5)]	0. 067 870 579 141 365 35	0. 125 626 413 954 876 8
	(0. 033 451 254 503 149 69)	(0. 158 709 805 480 801 8)
	[2. 028 94]	[0. 791 55]
D[LNBITPRICE(−6)]	0. 036 493 237 742 717 72	0. 217 101 759 680 039 9
	(0. 033 439 724 262 649 49)	(0. 158 655 100 141 521 9)
	[1. 091 31]	[1. 368 39]
D[LNBITPRICE(−7)]	−0. 022 862 085 592 318 42	0. 308 135 485 002 940 3
	(0. 033 430 437 883 189 12)	(0. 158 611 040 822 980 1)
	[−0. 683 87]	[1. 942 71]
D[LNBITPRICE(−8)]	−0. 079 841 069 171 776 2	0. 060 767 987 840 930 57
	(0. 033 490 129 162 675 28)	(0. 158 894 246 684 669 3)
	[−2. 384 02]	[0. 382 44]
D[LNBITPRICE(−9)]	0. 013 489 996 962 774 62	0. 254 067 148 681 329 8
	(0. 033 578 880 687 059 26)	(0. 159 315 329 163 647 1)
	[0. 401 74]	[1. 594 74]
D[LNBITPRICE(−10)]	0. 047 778 647 781 176 96	0. 127 835 448 104 185 1
	(0. 033 429 191 125 312 35)	(0. 158 605 125 567 990 6)
	[1. 429 25]	[0. 806 00]

(续表)

Error Correction	D(LNBITPRICE)	D(LNBAIDUINDEX)
D[LNBITPRICE(−11)]	0. 065 023 175 388 925 85	−0. 026 438 769 952 084 53
	(0. 033 440 533 450 383 39)	(0. 158 658 939 340 671 6)
	[1. 944 44]	[−0. 166 64]
D[LNBITPRICE(−12)]	0. 032 437 497 606 020 36	−0. 139 296 826 055 132 9
	(0. 033 444 376 415 654 19)	(0. 158 677 172 327 136 8)
	[0. 969 89]	[−0. 877 86]
D[LNBITPRICE(−13)]	−0. 040 540 223 812 013 22	0. 362 510 053 257 173 8
	(0. 033 279 958 004 414 04)	(0. 157 897 087 560 422 5)
	[−1. 218 16]	[2. 295 86]
D[LNBITPRICE(−14)]	0. 017 185 989 613 865 7	0. 331 972 384 438 635 7
	(0. 033 160 565 737 837 31)	(0. 157 330 629 779 219 8)
	[0. 518 27]	[2. 110 03]
D[LNBITPRICE(−15)]	0. 043 814 633 262 401 31	0. 349 892 150 122 090 2
	(0. 032 971 288 528 585 91)	(0. 156 432 602 2012 283)
	[1. 328 87]	[2. 236 70]
D[LNBITPRICE(−16)]	−0. 016 359 201 097 235 01	0. 562 245 963 546 069 1
	(0. 032 890 237 687 960 7)	(0. 156 048 055 691 964 4)
	[−0. 497 39]	[3. 603 03]
D[LNBITPRICE(−17)]	0. 036 411 150 778 411 66	0. 132 491 492 182 781
	(0. 033 072 664 861 188 65)	(0. 156 913 583 206 775 4)
	[1. 100 94]	[0. 844 36]
D[LNBAIDUINDEX (−1)]	0. 001 330 366 401 183 051	−0. 145 881 026 842 49 41
	(0. 007 489 460 689 459 539)	(0. 035 533 819 787 485 54)
	[0. 177 63]	[−4. 105 41]

（续表）

Error Correction	D(LNBITPRICE)	D(LNBAIDUINDEX)
D[LNBAIDUINDEX (−2)]	−0.001 848 710 880 559 677	−0.167 333 428 234 648 7
	(0.007 501 546 210 606 059)	(0.035 591 159 661 244 76)
	[−0.246 44]	[−4.701 54]
D[LNBAIDUINDEX (−3)]	−0.000 686 436 997 260 278 9	−0.104 073 298 791 335 2
	(0.007 545 151 420 523 859)	(0.035 798 045 007 901 99)
	[−0.090 98]	[−2.907 23]
D[LNBAIDUINDEX (−4)]	−0.002 235 640 206 682 388	−0.130 598 033 984 943 1
	(0.007 541 346 535 077 685)	(0.035 779 992 691 538 73)
	[−0.296 45]	[−3.650 03]
D[LNBAIDUINDEX (−5)]	0.005 248 913 562 297 313	−0.146 324 101 772 136 7
	(0.007 538 263 980 763 606)	(0.035 765 367 482 324 97)
	[0.696 30]	[−4.0912 2]
D[LNBAIDUINDEX (−6)]	0.01 464 623 616 316 726	−0.125 556 154 283 523 2
	(0.007 601 170 767 139 026)	(0.036 063 829 348 026 46)
	[1.926 84]	[−3.481 50]
D[LNBAIDUINDEX (−7)]	0.009 428 794 930 655 344	−0.130 262 603 246 896 3
	(0.007 645 003 754 614 489)	(0.036 271 795 387 542 79)
	[1.233 33]	[−3.591 29]
D[LNBAIDUINDEX (−8)]	0.005 094 255 164 348 516	−0.086 624 673 626 572 25
	(0.007 622 591 154 811 172)	(0.036 165 458 587 684 71)
	[0.668 31]	[−2.395 23]
D[LNBAIDUINDEX (−9)]	0.000 394 584 625 556 416 7	−0.124 417 990 725 806 9
	(0.007 555 561 400 834 079)	(0.035 847 435 261 709 62)
	[0.052 22]	[−3.470 76]

(续表)

Error Correction	D(LNBITPRICE)	D(LNBAIDUINDEX)
D[LNBAIDUINDEX(−10)]	0.006 230 995 373 634 665	−0.088 625 959 248 991 39
	(0.007 550 430 197 493 723)	(0.035 823 090 217 072 99)
	[0.825 25]	[−2.473 99]
D[LNBAIDUINDEX(−11)]	0.009 393 483 636 140 278	−0.034 895 785 765 879 7
	(0.007 463 423 125 401 055)	(0.035 410 284 309 121 74)
	[1.258 60]	[−0.985 47]
D[LNBAIDUINDEX(−12)]	0.015 490 941 020 533 03	0.017 896 738 602 308 02
	(0.007 366 134 929 976 669)	(0.034 948 699 510 562 73)
	[2.102 99]	[0.512 09]
D[LNBAIDUINDEX(−13)]	0.006 690 873 415 046 069	−0.053 595 095 292 243 91
	(0.007 250 767 897 067 286)	(0.034 401 339 490 022 34)
	[0.922 78]	[−1.557 94]
D[LNBAIDUINDEX(−14)]	0.005 281 510 694 377 071	0.036 859 437 827 417 4
	(0.007 159 675 921 077 53)	(0.033 969 152 715 417 68)
	[0.737 67]	[1.085 09]
D[LNBAIDUINDEX(−15)]	0.010 794 608 326 177 65	−0.022 348 703 284 135 33
	(0.007 081 999 199 995 359)	(0.033 600 614 749 459 56)
	[1.524 23]	[−0.665 13]
D[LNBAIDUINDEX(−16)]	0.008 202 041 569 666 136	−0.009 551 678 234 826 82
	(0.006 950 775 347 767 059)	(0.032 978 021 893 946 96)
	[1.180 02]	[−0.289 64]
D[LNBAIDUINDEX(−17)]	0.010 069 842 361 054 14	0.012 985 128 625 059 24
	(0.006 820 893 383 110 767)	(0.032 361 795 637 197 05)
	[1.476 32]	[0.401 25]

（续表）

Error Correction	D(LNBITPRICE)	D(LNBAIDUINDEX)
C	0.003 088 247 129 804 121	0.000 325 247 297 057 817 3
	(0.002 249 446 734 478 72)	(0.010 672 522 121 253 4)
	[1.372 89]	[0.030 48]

分析上表可以得知：第一列长期均衡项系数具有显著性，故在短期内，比特币的价格波动会对百度指数产生正向的促进，即若价格大幅波动，人们的关注度增加；反过来，当人们对于比特币的关注度上升时，并不一定会对比特币进行买卖操作，故第二列的系数不显著。

（四）VAR模型以及脉冲响应分析

从上文可知，lnbitprice 和 lnbaiduindex 都是一阶单整，为使脉冲响应具备平稳性，本文选用这两个数列的一阶差分进行 VAR 建模，两者含义分别为对数化的比特币收益率以及对数化的百度指数增长率。

根据 AIC、SC 准则，差分数列的滞后阶数为 16 阶，对其进行 VAR 建模，并进行稳定性检验。经过检验可知，VAR 模型的所有特征值都落在单位圆内，即该模型为平稳模型。特征值检验结果如图 4 所示。

在平稳的 VAR 模型基础上，文章进行脉冲响应分析。该响应如图 5 所示。

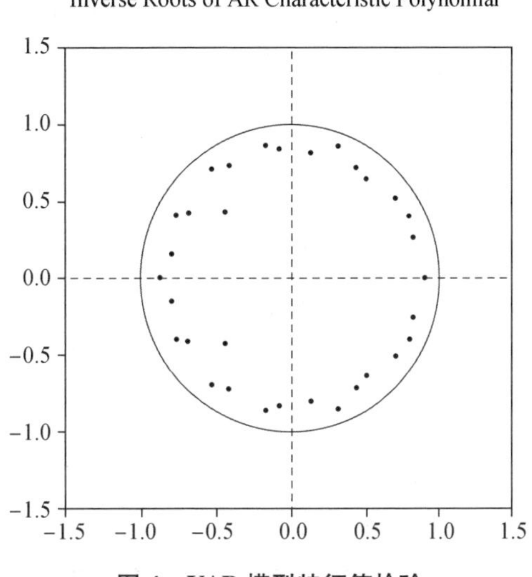

图 4　VAR 模型特征值检验

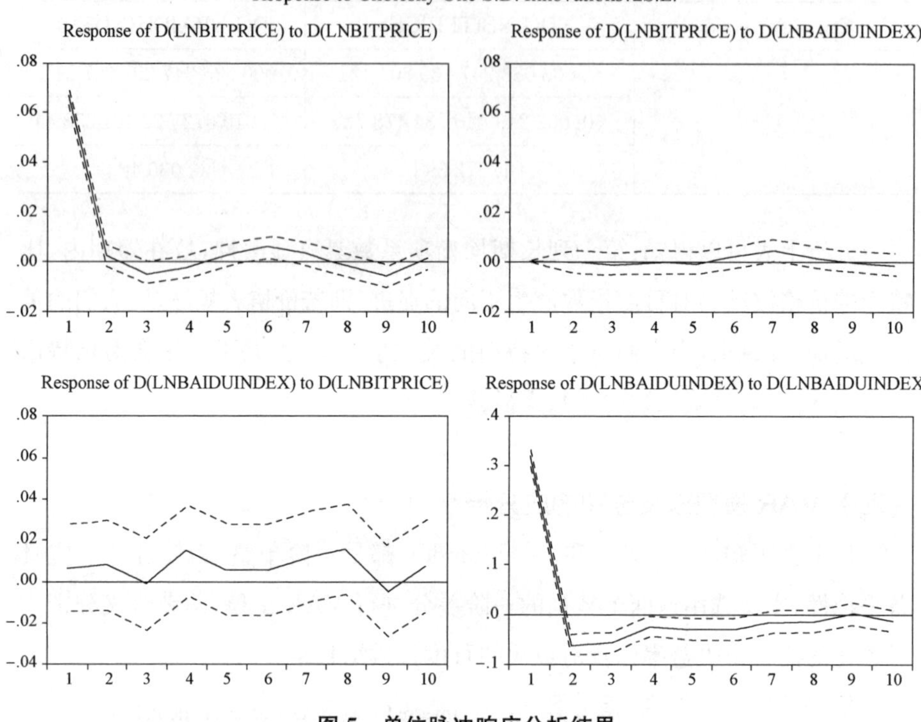

图 5 单位脉冲响应分析结果

由图可知，比特币收益率对其自身信息有较强的冲击反应，尤其是前两期，有负的、较大的冲击效应；百度指数增长率对自身反应与比特币收益率类似，甚至反应程度还高于比特币收益率。比特币收益率对百度指数增长率的冲击大约在0.01，例如，比特币收益率波动 4%时，百度指数增长率大致会产生 0.15%的波动。反过来，百度指数增长率的波动却不能显著引起比特币收益率的变动。

在之前的脉冲响应中，文章并未区分百度指数的波动是正向还是负向的。实际上，在比特币分别处于上升趋势和下降趋势情况下，区分百度指数的变化对于比特币收益率的影响极其重要。本文将两者分别命名为积极事件和消极事件，并在模型中引用指示函数 I，使得

$$\ln baiduindex_t^+ = \ln baiduindex_t \mathrm{I}\left(\ln bitprice_t - \frac{1}{7}\sum_{i=0}^{6}\ln bitprice_{t-i} > 0\right) \tag{9}$$

$$\ln baiduindex_t^- = \ln baiduindex_t \mathrm{I}\left(\ln bitprice_t - \frac{1}{7}\sum_{i=0}^{6}\ln bitprice_{t-i} \leqslant 0\right) \tag{10}$$

以此来区分积极反馈和消极反馈。接下来再次进行脉冲响应，结果如下：

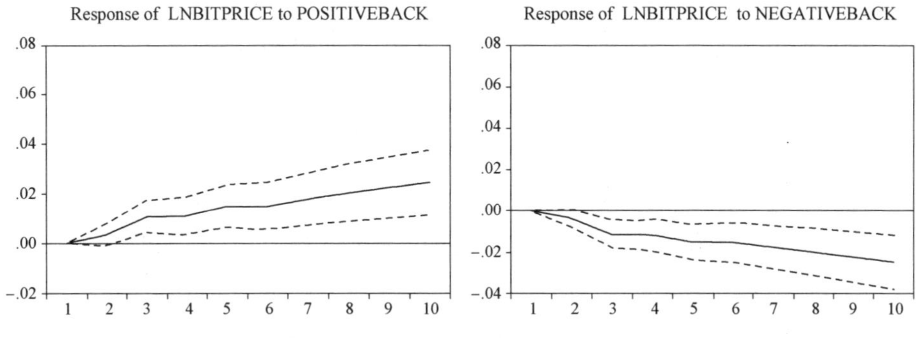

图 6　积极反馈与消极反馈对比特币价格的脉冲响应

从脉冲响应结果图可以得知，积极反馈和消极反馈对比特币价格的冲击作用大体上关于零反应轴呈对称分布，这意味着在比特币价格呈上升或者下降趋势时，百度指数的冲击对比特币价格的影响大致相同，只是符号上有差异。该脉冲响应整体累计冲击约为 0.02 和－0.02。

若比特币价格持续增长，人们对比特币的兴趣将增加，进而对比特币的投资热情上涨，比特币价格很有可能会继续上升；反之，若比特币价格下降，人们的关注也会增加，反而会促使其价格进一步下降。也就是说，人们对比特币的关注进一步加剧了比特币价格的波动，而不是使得价格的波动趋于和缓。

（五）GARCH 模型

为分析比特币收益率与百度指数增长这两个指标间波动的相互影响，还需进行 EGARCH 模型的检验。比特币价格以及百度指数的基本统计特征检测结果如下：

表 8　对数样本数据统计特征值

序列	均值	标准差	偏度	峰度	JB 统计量(P 值)
lnbaiduindex	6. 902 676	1. 869 364	1. 053 399	3. 046 456	177. 445(0. 000 0)
lnbitprice	4. 966 985	1. 649 288	0. 725 930	2. 405 275	98. 361 3(0. 000 0)

其中，JB 统计量的概率值是指该数列是否具备正态性的概率，概率值越低，则说明原假设（数列具有正态性）成立的概率越低，即认为它是非正态数列。

从两组统计特征可以得知，百度指数与比特币价格的序列均为右偏，同时峰度偏高，尤其是百度指数的序列，偏度大于 3，具备尖峰特征。又从 JB 概率值可知，它们均为非正态序列。所以，这两组序列大体上符合尖峰厚尾的一般金融时间序列的特征，用 GARCH 类回归方程能比普通的线性回归更好地贴近现实。

下表便为利用 EGARCH 模型对各系数的回归结果：

表 9　比特币收益与百度指数变动之间信息传递结果

	从百度指数到比特币的信息传递			从比特币到百度指数的信息传递		
	系数值	Z-statistic	P 值	系数值	Z-statistic	P 值
ω_i	−0. 837 489	−15. 002 07	0. 000 0	−0. 982 371	−11. 467 78	0. 000 0
β_i	0. 921 937	129. 937 4	0. 000 0	0. 750 338	27. 084 68	0. 000 0
γ_i	−0. 004 835	−0. 275 529	0. 782 9	0. 203 170	6. 366 942	0. 000 0
δ_i	0. 546 845	20. 160 21	0. 000 0	0. 527 110	14. 299 83	0. 000 0
η_i	0. 350 851	4. 934 968	0. 000 0	−0. 108 647	−0. 261 825	0. 793 5

由上表得知，从百度指数的变动到比特币收益率的波动传递中，η 值在 0. 05 的置信水平上显著，说明百度指数的变动对比特币收益率波动存在正相关性。γ 为负值，但在 10%的置信水平上都不显著，则无法说明不对称效应是

否显著。从比特币收益率到百度指数变动的信息传递中，η 值在 10% 的置信水平上都不显著，说明该方向的信息传递作用较弱；但通过 γ 值能看出正向冲击的效果显著高于负向冲击。当受到正向冲击时，能产生 0.73 倍的冲击；受到负向冲击时，只能产生 0.324 倍的冲击。这与正常情况下“坏消息对市场的影响较大”这一结论相矛盾，这值得我们进行深入分析。

第一，比特币市场在中国尚不成熟，人们对于比特币价格的预期较高并且产生其收益率会进一步增加的判断，这使得百度指数增长的反馈是对比特币价格保持增长模式的反应，忽略了价格偶然的变化。在目前市场上，当比特币价格持续上涨，人们会继续保持高度的关注度；而当价格下降时，人们认为它是一种偶然情况，投资者关注不会产生太大变化。第二，在当前比特币蓬勃发展的情况下，“好消息”更容易在众多投资者中产生共振，迎合大多数人的判断，“坏消息”会被忽视，即存在羊群效应。这使人们更倾向于继续持有关注，以获得期望利益。因而，此时的正向冲击效果大于负向冲击。

五、结　论

本文基于国内外已有比特币的研究基础上，将百度指数作为投资者关注度的替代变量，采用协整检验、Granger 因果检验、脉冲响应、EGARCH 模型等方法实证分析投资者关注度对比特币价格波动产生的影响。

从文章分析可以得出：首先，百度指数与比特币价格间存在显著的回归关系，且为正相关；同时，百度指数与比特币价格存在长期稳定的关系。其次，利用 Granger 因果检验得知比特币价格的变化单向引导百度指数的变化，反过来却不存在该引导关系，这说明百度指数的加入对比特币价格的回归模型没有更显著的作用。再次，在平稳的 VAR 模型基础上进行脉冲响应，可以发现百度指数增长率与比特币价格收益率对自身的信息都有较强的反应，比特币收益率的变动对百度指数增长率大致存在 0.01 的波动冲击，但反过来没有显著的脉冲影响。之后，将百度指数的波动加以区分，一种是在比特币价格的上升趋势下，另一种则是在下降趋势下，分别研究它们对比特币价格的脉冲响应。不同于之前的冲击反应，积极与消极反馈对比特币价格存在一定作用，且两者大致关于零轴呈对称分布。在比特币价格上升趋势下，百度指数的增加会促使比特币价格的上升；相反，若在价格下降的趋势下，百度指数的增加会加剧比特币价格的下降。最后，文章通过建立 EGARCH 模型分析得出百度指数的变动对比特币收益率波动存在正相关性，反过来，比特币收益率的波动对百度指数变动的影响较不显著，但此时正向冲击的效果大于负向冲击。

参考文献

[1] 李帅杰，2013：《去中心化的尝试——比特币的崛起》，《东方企业文化》第 18 期。

[2] 王培霖，2013：《三大悖论将戳穿比特币泡沫》，《第一财经日报》2013 年 11 月 26 日，第 A07 版。

[3] 王艳，2012：《金融危机背景下境内外股票市场联动研究》，南京大学硕士论文。

[4] 王镇、郝刚，2013：《投资者关注度对股票收益率的影响》，《新疆财经》第 5 期。

[5] 吴洪、方引青、张莹，2013：《疯狂的数字化货币——比特币的性质与启示》，《北京邮电大学学报：社会科学版》第 3 期。

[6] 俞庆进、张兵，2012：《投资者有限关注与股票收益——以百度指数作为关注度的一项实证研究》，《金融研究》第 8 期，第 152 - 165 页。

[7] Bouoiyour, J., R. Selmi, A. Tiwari, 2014, "Is Bitcoin business income or speculative bubble? Unconditional vs. conditional frequency domain analysis". Aviral Tiwari.

[8] Ciaian P., M. Rajcaniova, A. Kancs, 2014, "The Economics of BitCoin Price Formation", Applied Economics, 48(19), 1799 - 1815.

[9] Kristoufek, L., 2013, "BitCoin meets Google Trends and Wikipedia: Quantifying the relationship between phenomena of the Internet era", Scientific reports, 3(3), 182 - 182.

[10] Kristoufek, L., 2014, "What are the main drivers of the Bitcoin price? Evidence from wavelet coherence analysis", Plos one, 10(4), e0123923.

互联网金融与传统银行业未来发展的关系*

马新智

内容提要：2013 年阿里巴巴推出"余额宝"业务，开启了中国的互联网金融时代。随着互联网技术和电子商务的迅速发展，互联网金融对传统银行业形成了严峻挑战，同时也促使传统银行业加快了创新和转型的步伐。本文探讨了互联网金融的基本特征、业务模式以及对传统银行业的相对优势，分析了互联网金融对传统银行业形成的挑战和影响，认为互联网金融与传统银行业深度融合是不可逆转的发展趋势。在此基础上，本文还提出了完善法律体系、构建有效监管体系和保护消费者权益等互联网金融与传统银行业深度融合的对策性建议。

关键词：互联网金融；传统银行业；深度融合

一、引　言

互联网金融是随着互联网经济发展而诞生的一种新型产业模式，这种模式将传统金融与电脑、手机、网络等高端电子技术相结合。2013 年，阿里巴巴推出"余额宝"业务开启了互联网金融的划时代新概念。作为现代信息技术

* 马新智，宜诚财富，E-mail：yichengwealth@126. com

的产物，互联网金融凭借成本低、效率高、覆盖面广等鲜明优点，对传统银行业产生了巨大的影响与挑战。随着国家"互联网+"战略的提出，互联网金融"基本法"的出台，互联网金融未来与传统银行业将以什么样的关系继续发展？本文将从互联网金融的含义、互联网金融与传统银行业的比较、互联网金融对传统银行业产生的影响与挑战以及国家对互联网金融与传统银行业发展的安全保障政策等方面展开全面论述。

二、互联网金融 VS 传统银行业

互联网金融是指以依托于支付、云计算、社交网络以及搜索引擎、APP 等互联网工具，实现资金融通、支付和信息中介等业务的一种新兴金融。互联网金融不是互联网和传统金融业的简单结合，而是在实现安全、移动等网络技术水平上，为满足新的需求而产生的新模式及新业务。

（一）互联网金融的特征

(1) 引向特征。引向特征，即一种中介衔接状态。互联网金融从诞生之初便印上引向的特征。互联网金融是电子商务发展到一定阶段的产物，APP、大数据、云计算等技术在传统金融方面的开发运用，目的都是在时代技术的可及范围内，发挥技术的主动性作用，达到一种互联网技术引向金融服务的作用，打破传统银行业的单向缺陷。如支付宝的快捷支付功能等。

(2) 便捷特征。互联网金融与传统金融效率低、形式少、过程复杂相比，显现出了最大的优势——便捷性。互联网金融业务主要由计算机处理，操作流程完全标准化，客户不需要排队等候，业务处理速度更快，用户体验更好。如阿里小贷依托电商积累的信用数据库，经过数据挖掘和分析，引入风险分析和资信调查模型，商户从申请贷款到发放只需要几秒钟。

(3) 普惠特征。传统银行业某些业务方面有着明显的金融排斥性——传统金融服务多数只针对那些中高端收入群体或大型企业，而一定程度上忽视了众多低收入群体或者是中小型企业。互联网金融更具有普及大众的作用，使得金融服务不再由少数精英控制，每一位大众均可同等享受便捷金融服务。2015 年 7 月十部委联合出台的互联网金融“基本法”，明确指出普惠金融是互联网金融的最终目的。

（二）互联网金融的主要模式

(1) P2P 模式。这种模式主要提供中介服务，把资金出借方与需求方结合在一起，平台的模式各有不同，主要有以下三类：一是担保机构担保交易模式，此类平台的交易模式多为“1 对多”，即一笔借款需求由多个投资人投资；二是 P2P 平台下的债权合同转让模式，可以称之为“多对多”模式；三是以交易参数为基点，结合 O2O 将线下商务的机会与互联网结合的综合交易模式。

(2) 众筹。由发起人、跟投人、平台构成，具有低门槛、多样性、依靠大众力量、注重创意的特征，是一种向群众募资，以支持发起项目的个人或组织的行为。现代众筹指通过互联网方式发布筹款项目并募集资金，相对于传统的融资方式，众筹更为开放。截至 2014 年 7 月，国内有分属于股权众筹、奖励型众筹、捐赠性众筹等不同形式的平台数十家。

(3) 第三方支付。它是指运用具备一定实力和信誉保障的第三方独立机构提供交易支持平台。在通过第三方支付平台的交易中，买方选购商品后，使用第三方平台提供的账户进行货款支付，由第三方通知卖家货款到达、进行发货；买方检验物品后，就可以通知付款给卖家，第三方再将款项转至卖家账户，如支付宝、财付通、微信支付等。

(4) 信息化金融机构。金融信息化是金融业发展趋势之一，而信息化金融机构则是金融创新的产物。通过借助互联网渠道，采用信息技术，对传统金融运营流程进行改造或重构，为公众和社会提供电子化的经营管理服务。如现在的自助银行、电话银行、手机银行和网上银行的电子银行立体服务体系。

(5) 货币基金模式。货币基金是聚集社会闲散资金，由基金管理人运作，基金托管人保管资金的一种开放式基金，专门投向风险小的货币市场工具。

以支付宝打造的一项余额增值服务——余额宝为代表，用户能随时把自己支付宝中的钱转存到余额宝中，不但免转账手续费，还可以获得收益。

除了以上五种模式，互联网金融还具有大数据金融、交互式金融、数字货币、金融门户等其他模式。

（三）互联网金融对比传统银行业的优势

(1) 交易便捷，优质客户服务体验。互联网金融更加切合互联网客户的金融习惯，能多对多进行交易，不仅降低成本，又简化操作，使广大网络用户乐于参与。客户也可以自行完成信息甄别、匹配和定价，既便捷又高效。加之互联网的终端普及度较高，使其服务充分体现个性化优势，提升客户体验。

(2) 沟通充分，信息透明度更高。传统模式下金融机构获得企业信息的成本较高，而在互联网金融背景下，信息的可获性、扩散性较强，且借助超前的开放和共享模式，查询和搜索数据便利，沟通充分，信息透明度更高。

(3) 数据丰富，资源配置效率高。互联网金融企业拥有成熟的电商平台和庞大的群体，客户的交易记录等构成了重要的信用记录。同时，互联网金融拥有大数据、云计算等技术，使得其在服务中小企业及个人方面具有独特优势，便于高效配置资源。

三、互联网金融对传统银行业的挑战及影响

互联网金融的快速发展，不断改变着传统银行客户的金融习惯，不仅使金融服务变得更加生活化和简易化，更使得客户的投资渠道趋多元化。不得不说，互联网金融模式弱化了传统银行的中介职能，直接冲击着传统银行的核心业务。

（一）迫使传统银行重新审视金融战略

互联网金融的出现，从价值创造和价值实现方式两个方面改变了商业银

行。互联网金融为中小银行打开了一扇与大银行竞争的大门，如果中小银行利用好互联网金融这一发展契机，将能够在新兴业务上赶超大银行，形成竞争力。互联网金融模式将会导致传统银行业发生竞争格局的改变。对于互联网企业来说，仅仅是第三方的网络支付平台已经满足不了他们的野心，他们凭借数据信息积累与挖掘的优势，直接向供应链、小微企业信贷等融资领域扩张，未来可能冲击传统银行的核心业务，抢夺银行客户资源，替代银行物理渠道，颠覆银行传统经营模式和盈利方式。

（二）扩展银行业务的客户和渠道

客户是传统银行展开各项业务活动的基础，互联网金融模式自身的优势有利于传统银行扩展客户基础。互联网金融一方面能做到挖掘和吸引新客户，另一方面能增加客户粘性，进一步加深与客户之间的合作关系。网络技术、信息技术和数据处理技术等作为互联网金融机构的竞争基础，需求响应、期限匹配、风险定价与管理等业务流程被大大简化和多元化。与以往传统银行为客户提供的相对较死板的理财产品不同，互联网金融模式下，金融机构为客户提供的产品与服务更多地体现了个性化，它是建立在数据分析上的模块化资产组合，更加能满足不同人群的个性化理财需求。互联网金融使传统银行的竞争基础发生了演变，由安全、稳定、低成本和低风险转向快捷、便利和体验，进而从金字塔的底端开始对银行核心业务进行破坏。

（三）使支付功能边缘化

互联网金融进一步加速“金融脱媒”，使传统银行的支付中介功能边缘化，并使其中间业务受到替代。迄今为止，央行为包括阿里巴巴、腾讯、盛大等200多家第三方支付企业颁发了支付业务许可证。目前，第三方支付的业务范围在不断扩大，具体包括移动电话与固定电话支付、银行卡支付、货币汇兑、预付卡发行受理、互联网支付、数字电视支付等，它提供的服务不仅仅是单纯的支付和结算行为，更逐渐渗透为整个产业链提供行业解决方案。

（四）提升资源配置效率

按照现代金融功能理论的划分，金融系统具有六项基本功能，即跨期、跨区域、跨行业的资源配置，提供支付、清算和结算，提供管理风险的方法和机制，提供价格信息，储备资源和所有权分割，创造激励机制。在这六项基本功能中，我们通常认为，资源配置和支付结算是金融系统最基础的两大功能，一般主要由传统银行来承担，尤其是在中国。资源配置和支付结算这两大基础功能对于互联网企业来说占有巨大优势。互联网金融将社会资本、民间沉睡资本和民间资金需求等信息渠道打通，使金融的资源配置效果得到最大化。

（五）加速利率市场化

在互联网金融交易平台上，借贷双方议价成交，交易完全市场化。随着利率市场化的推进，金融机构已经不能再像以往完全依赖央行的基准利率指导，而是主动在市场上寻找利率基准。互联网金融市场的利率走势对于金融机构来说，是据以判断特定客户群的利率水平的基础。

四、互联网金融与传统银行业深度融合是发展的必然趋势

虽然互联网金融的产生，对传统银行带来了一定的挑战及影响。也正是如此，互联网金融给传统金融注入了一股新的暖流，改进了传统金融一些固化的缺陷，如网上银行、存款保险制度、民间资本设立的消费金融公司等。2015年“两会”期间，国务院总理李克强提出“互联网＋”战略，7月份十部委联合出台互联网金融“基本法”，说明国家对互联网金融与传统金融融合发展的高度重视，也预示着互联网金融与传统金融的深度融合是未来发展的必然趋势。就本质而言，互联网金融和传统银行同宗同源，下面将从两者的本质资信、系统、资金获取以及资金出借四大模块探讨其融合发展的未来关系。

（一）资信

传统银行最大的优势就是资信。几十亿甚至上百亿元的注册资本，几十年的信用积累，上千亿元的市值，银行牌照的信用背书等，这些都是银行的核心价值，象征银行的实力，让人们对银行产生信任。这一点上，互联网金融无疑就差很多，尤其是互联网金融刚出现的时候，一个注册资本几十万上百万元的科技公司，十几个人的团队，这也是所谓草根颠覆的由来。然而今天，随着行业的发展，监管的逐步落实，互联网金融公司的资信要求也在提升。业内顶尖的互联网金融公司上十亿元的注册资本，上千人的团队，全国各地的分公司，甚至比一般的城商行、村镇银行更有实力。未来，随着行业的进一步发展，两者的差距会逐渐消除。

（二）系统

传统银行投入大项之一的就是系统，但这个“系统”不光包括账户、清算、支付等财务方面的系统，还包括风控系统、运营系统、管理系统，甚至监控系统等。这些是银行几十年风风雨雨积累下来的一套方法论，也是银行能长存的要素之一。

对于传统银行积累的大量数据，通过大数据、大系统的方式，将个人的各种行为和消费数据构建成可量化的风险识别模型，对整个金融行业来说都有很长的路要走。尤其是对除了金融数据外其他维度数据的利用，比如社交数据，还需深入。与出身就带着系统的互联网金融相比，传统银行显得要保守一些。未来随着国家的加速布局，谁能率先建立有效的风控模型，谁就能占据制高点。因为其将极大程度地提升作业效率，对于金融行业的意义堪比蒸汽机对于工业的意义。然而，这个模型的建立或许需要全社会的共同努力和协作，不论是传统银行还是互联网金融，都必须贡献自己的力量。

（三）资金获取

对于银行来说，获取资金的方式就是吸储。而且，银行的资金成本非常低，基本上都是按照央行的基准利率在执行。对于互联网金融来说，其本身不具有吸储功能，所以更多只能是信息撮合。互联网金融公司提供给投资人的收益，从最开始的年化20%甚至30%，到今天的10%左右，虽然降低了不少，但在资金成本上依然劣势明显。未来，在利率市场化的体制和风险定价的金融准则下，互联网金融的资金成本将逐步降低，银行的资金成本将有所上升，两者的利率水平将会一定程度上趋同。

（四）资金出借

银行最主要的业务是放贷，然后赚取利差。金融的逻辑是，只要收益能覆盖成本和坏账率，就是赚钱的。对于互联网金融来说，由于是信息中介，所以只能是赚取信息服务费。对于借款利率，更多是受其前端资金成本所限，在投资人的基础上加1%～3%。而银行由于在资金成本上的优势，使得其在借款端也有相应的优势。未来随着利率水平趋同，主要的竞争在定价能力上，谁能对风险准确的评估并给出合适的利率水平，谁就能在资产端赢得客户。

五、互联网金融与传统银行业深度融合的建议

要想互联网金融与传统银行业融合健康发展，必须从国家层面探索加强互联网金融监管、严控风险，推动互联网金融借鉴传统银行业严谨缜密的内控机制与制度规范，使其自身规范发展，并以互联网金融思维深化传统银行业的发展，促使二者互补共进、融合发展。

（一）完善法律体系

一是适时修订、完善金融法律法规体系，制定专门针对互联网金融业务及其风险的监管规则，尽快将网络信贷、“众筹”融资模式等新型互联网金融纳入监管范围。二是完善互联网金融发展的相关基础性法律，加快个人信息保护、互联网安全等方面的立法，并从战略高度协调相关部委启动互联网金融行业

技术标准及国家标准的制定工作。

（二）构建有效的监管体系

一是明确监管主体。系统梳理各类互联网金融机构的业务范围，明确相关机构的性质定位和监管主体。二是合理确定监管范围。建议互联网金融监管机构秉持开放、包容的态度，从优化市场环境、促进行业良性发展的角度，建立科学的准入、退出机制；从维护金融稳定的角度，督促建立风险控制机制；从保护消费者权益的角度，加强资金安全监管以及个人信息的保护。

（三）着力保护消费者权益

一是推动完善互联网金融消费者权益保护法律框架。在充分认识互联网金融的基础上，适时出台相应的互联网金融消费者权益法律制度，从法律层面界定互联网金融问题，规范市场主体的交易行为。二是建立消费者权益保护的协调合作机制。互联网金融具有明显的跨行业性，消费者权益保护工作需各监管方通力合作、协调配合。

参考文献

[1] 刘畅，2015：《互联网金融对传统银行的影响分析》，《商场现代化》第 12 期。

[2] 刘自军、吕淑陶，2014：《浅析互联网金融与传统银行业融合发展的路径选择》，《经济技术协作信息》第 34 期。

[3] 林水源，2015：《互联网金融并不是传统银行的颠覆者》，《新浪创事记》。

互联网金融对商业银行的影响及对策研究*

王 磊 徐 炜 张 科 周晓琛

内容提要：本文利用德尔菲法设计问卷，在南京市随机选择70名受访者进行调查，从客户角度研究了互联网金融对商业银行的影响，分析了商业银行可能采取的对策。经研究发现：互联网金融的发展确实加快了商业银行金融脱媒的进程，大部分受访者都通过互联网完成支付和购买理财产品。如果商业银行能将理财产品收益率提高到与互联网金融相同的水平，大部分受访者会基于安全性高的考虑，转而通过商业银行购买理财产品。本文所做的研究有助于商业银行市场竞争策略的调整与创新。

关键词：互联网金融；商业银行；德尔菲法；金融脱媒

一、引 言

随着互联网技术的进步以及人们对金融交易便利性的追求，互联网与金

* 王磊，南京工业大学经济与管理学院，E-mail：1026859552@qq.com；徐炜，南京工业大学经济与管理学院，教授，E-mail：xw6374@163.com；张科，南京大学商学院金融与保险学系，博士生，E-mail：joeatjifang@163.com；周晓琛，南京工业大学经济与管理学院，副教授，E-mail：jocelyn_zhou@yahoo.com.cn。本文是国家社会科学基金重大项目“互联网金融的发展、风险与监管研究”（项目号：14ZDA043）的阶段性成果。

融实现融合，产生出互联网金融这种全新的金融模式。互联网金融模式的不断创新和规模的持续壮大，充分显示出它的发展潜力。商业银行必须及时调整其市场竞争策略，积极拥抱互联网，才能满足客户的需要，实现自身真正的创新与发展。

虽然目前已有不少文献探讨了互联网金融对商业银行的影响，但这些研究多是建立在理论上的逻辑推演或者基于统计数据的分析，鲜有学者深入实际生活，了解社会公众对互联网金融的态度。笔者随机抽取 70 位受访者，通过问卷调查，获取他们对互联网金融及商业银行可能受到冲击的看法；并在统计分析的基础上，提出传统商业银行应对互联网金融冲击的对策性建议。

二、文献回顾

由于互联网金融涉及的领域广、牵扯的方面多，学界对其定义尚未达成共识，不少学者从不同角度对互联网金融的概念进行了界定。谢平和邹传伟(2012)从融资模式的角度出发，认定互联网金融是不同于商业银行间接融资和资本市场直接融资的第三种融资和服务模式。李瑞瑞(2014)从互联网金融产生的角度出发，将互联网思维、工具、模式与传统金融业务结合而产生的全新的业态称为互联网金融。

随着互联网金融的迅速发展，其业务模式也不断创新。姚文平(2014)将互联网金融分为六大业务模式：(1) P2P 网贷业务，是指借贷双方通过 P2P 网贷平台进行资金交易的业务模式，如国内的拍拍贷、人人贷、翼龙贷、宜信、红岭创投、阿里巴巴小额信贷等。(2) 信息化金融服务业务，是指利用互联网技术，对相关的金融业务进行改造，将金融机构改造成运用互联网技术的机构，并提供信息化金融服务。(3) 第三方支付业务，是指由具有一定水准的非金融机构，运用一系列互联网技术，实现用户和银行之间的联通，开展资金结算的业务，支付宝、财付通、快钱支付、拉卡拉、微信支付等都属于这一业务模式。(4) 众筹业务，是指利用互联网技术吸收众人的资金，为个人或中小企业融资的业务模式，包括点名时间、大家投、积木网等。(5) 大数据金融业务，是指依托于海量数据，对金融服务进行数据化，为社会提供便利的金融服务，如阿里金融、京东金融等。(6) 互联网金融门户业务，是指利用互联网平台，进行与金融相关的业务，如网贷之家、和讯网和融 360 等平台。

互联网金融作为一种新兴的金融模式，有学者对其发展前景进行了研究，并得出不同的结论。陈功(2014)认为，相对于商业银行，互联网金融具有成本更低、满足社会公众便利性服务需要、将风险控制得更低等三点优势，因此具有极大的发展潜力。唐俊杰(2014)指出了互联网金融业务发展中存在的问题，如监管存在漏洞，很难处理好银行核心业务，以及企业的本质是互联网而不是金融，所以其发展前景尚不明朗。

不少文献认为互联网金融的发展对商业银行造成了巨大影响。李苗、史李娟(2014)认为存在四类冲击：一是分流商业银行存款；二是冲击银行贷款业务；三是挤压银行中间业务；四是瓜分银行客户资源。刘春艳(2014)认为互联网金融的发展加速了金融脱媒的过程，对商业银行的负债业务、资产业务、中间业务、网点业务和信用卡业务都造成了负面影响。她指出，互联网金融机构虽然在短期内不会对商业银行形成较大的冲击，但其巨大的发展潜力迫使银行寻求转型和创新，将促使商业银行积极创新和重视用户体验。阳旭东(2014)认为互联网金融业务冲击了商业银行的信贷业务，并且部分取代了商业银行的支付职能。周琳越(2014)提出，互联网金融业务的发展使得银行活期存款迁移，并且分流了商业银行的融资客源和单证收益。

基于对互联网金融发展趋势的分析，不少学者提出了商业银行的应对策略。金文龙、蒋欣(2014)指出，传统银行应尽快进行改革，加快股份制革新，摒弃过去规模至上的错误观念，走集约化发展的道路。安立红(2014)提出，商业银行应该从战略高度正视互联网金融发展造成的不利影响：一方面，充分利用传统优势，为客户提供安全周到的金融服务；另一方面，积极拓展互联网金融业务，如开拓网上支付模式等。

上述文献研究了互联网金融的发展及其对商业银行的影响，但大多数研究都仅在理论推导和数据检验层面进行，鲜有学者深入现实生活，直接了解社会公众的看法。笔者希望通过问卷调查的方法，直接倾听社会公众的意见，并在此基础上展开研究，从而弥补现有文献所做研究的空白或不足。

三、研究设计

（一）概念界定

目前学界对互联网金融的含义尚未达成共识，但业界普遍认为互联网金融机构由三类参与者构成：一是从事金融领域业务的互联网机构，如支付宝、京东等；二是通过互联网开展业务的传统金融机构，如商业银行、保险公司和证券公司等；三是通过互联网提供金融服务的其他行业机构，如房地产公司、物流公司等。① 本文为区分互联网金融机构与商业银行，将互联网金融机构定义为从事金融领域业务的互联网机构和通过互联网提供金融服务的其他行业机构；将商业银行定义为通过营业网点等传统渠道，或者通过互联网开展业务的银行机构。

由于互联网金融是对互联网技术与金融交易融合产生的所有新业务模式的统称，在现实中，不同模式的互联网金融业务对商业银行的影响存在差异。因此，本文在明确互联网金融概念的基础上，按照姚文平（2014）的分类方式，进一步将其细分为第三方支付、大数据金融、P2P 网贷、众筹、信息化金融和互联网金融门户这六大业务模式②。

（二）理论分析框架

笔者借鉴现有文献结论，从互联网金融对商业银行的影响，以及商业银行

① 这一分类标准来源于中国互联网协会发布的《中国互联网金融报告（2014）》，报告下载地址为：http://www.isc.org.cn/download/20141103.pdf。

② 为了使所有受访者对互联网金融有统一的认识，避免因概念分歧导致问卷数据出现偏差，本文在每一份问卷中都对互联网金融的概念和六大业务模式做了详尽说明。

的应对两方面构建理论分析框架。一方面，笔者认为互联网金融对商业银行的影响主要是加快了金融脱媒的进程。在传统金融交易中，银行是主要的资金中介。在互联网金融模式下，互联网企业为资金供需双方提供了金融搜索和匹配平台，充当了资金信息中介的角色，这将加速金融脱媒的进程，使商业银行的资金中介功能不断弱化。另一方面，商业银行要应对互联网金融带来的冲击，避免被边缘化，就必须进行创新，实现从产品驱动的销售型企业向以客户需求为中心的服务型企业转变，以及从传统的代销角色向资产管理集成的转变。因此，笔者从互联网金融加快商业银行金融脱媒过程和商业银行可能采取的应对措施两个方面形成问卷调查的理论分析框架，并由此设计问卷题项。

（三）调查问卷

考虑到互联网金融出现时间较短，学界对此研究尚不充分，也不够深入，笔者认为要设计出能够充分反映现实情况的问卷应该借鉴业界专家的意见。所以本文采用德尔菲法①，从高校和金融业界选择 19 名对互联网金融和传统金融行业都有一定研究的专家，根据严格的流程，就调查问卷的设计征询其意见，逐次汇总所有专家意见，修改调查问卷。经过三轮征询意见、汇总反馈与再次修改，最后形成一份意见相对统一的调查问卷。专家意见征询具体实施过程如下：

在第一轮专家意见征询过程中，专家采用发散性方式表达自己对调查问卷初稿的意见，由专家根据自己的理解，提出各自认为应该设置的指标。笔者汇总 19 位专家的第一轮征询意见，形成调查问卷初稿(第一轮问卷)。

在第二轮专家意见征询过程中，每位专家对第一轮问卷中的各项调查指

---

① 德尔菲法(Delphi Method)是 20 世纪 40 年代由赫尔姆和达尔克首创，经过戈登和兰德公司进一步发展而成的。该方法主要是由调查者拟定调查表，按照既定程序，以函件的方式分别向专家组成员进行征询；而专家组成员又以匿名的方式(函件)提交意见。经过几次反复征询和反馈，专家组成员的意见逐步趋于集中，最后获得具有很高准确率的集体判断结果。

标进行评分，笔者汇总每位专家的评分，计算出问卷各题项的众数、中位数、四分位区间[①]。根据这些数据可以判断每一题项的专家意见是否集中，对专家意见比较集中的题项，笔者直接采纳专家意见并对问卷进行修改；而对专家意见比较分散的题项，笔者将专家评分的众数、中位数、四分位区间数据保留在相应的题号下面，根据下一轮征询意见再做决定。通过以上步骤，形成第二轮问卷。

在第三轮专家意见征询过程中，19 名专家为第二轮问卷中的各项调查指标进行评分，笔者再次汇总这 19 份专家意见，并计算出每一题项专家评分的众数、中位数、四分位区间数据。根据这些数据，笔者保留专家评分较高的题项，对专家意见较为集中的题项进行修改完善，对专家评分较低的题项直接剔除。通过以上三轮征询过程，形成最终调查问卷。

（四）调查对象

笔者采取街头随机选取受访者的方式进行问卷调查，在南京市范围内共调查 72 名受访者。由于采取当面填答的方式，回收问卷 72 份，回收率 100%。剔除 2 份不合格问卷后，得到有效问卷 70 份，有效率为 97.2%。这 70 名受访者中男性 38 人，女性 32 人，性别比例基本保持 1∶1。受访者的年龄在 20～29 岁之间的为 21 人，占总体受访者的 30%；在 30～39 岁之间的为 29 人，占总体受访者的41.4%；40～49 岁之间的为 13 人，占总体受访者的 18.6%；50～60 岁之间的为 7 人，占总体受访者的 10%。可以看出，受访者的年龄构成与目前使用互联网的社会人口年龄结构基本相当。受访者的学历在高中及以下的为 6 人，大专学历的为 50 人，本科学历的为 10 人，硕士学历的为 4 人，可以看出本文选取的受访者涵盖了不同教育水平的人群。

---

① 四分位区间用于衡量意见的集中度，区间跨度越小，意见越集中；区间跨度越大，意见越分散。在进行统计分析时，对于四分位区间的跨度较大的指标，需要进行意见保留。

四、调查结果及其分析

(一) 受访者对互联网金融的熟悉程度

要考察受访者对互联网金融和商业银行的使用情况，有必要先了解受访者对互联网使用和互联网金融相关模式的熟悉程度，该项数据的汇总结果如图1和表1所示。

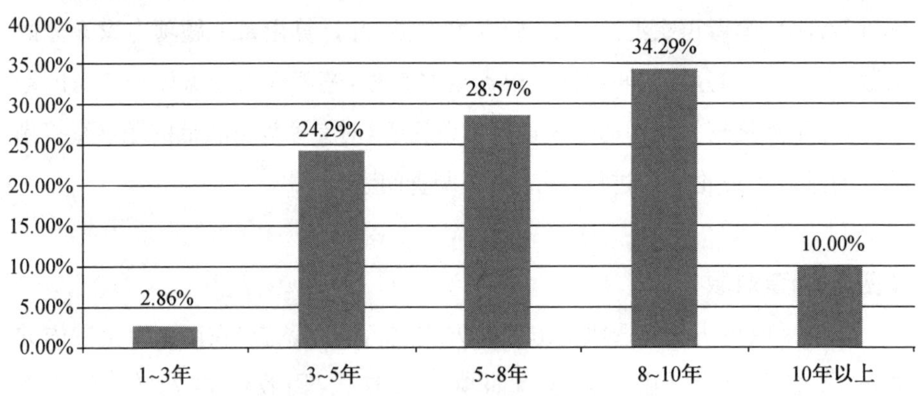

图1 受访者使用互联网时间

图1显示，大部分受访者使用互联网的时间都在3～10年之间，只有2位受访者使用互联网的时间在1～3年。丰富的互联网使用经验保证了受访者能够从广大网民角度出发，为互联网金融的发展及其对商业银行的影响提供意见。

表1 受访者对互联网金融六种模式的了解程度

	非常了解	比较了解	一般了解	不太了解	完全不了解
第三方支付	4.29%	64.29%	21.43%	10%	0%
P2P网贷	0%	8.57%	61.43%	28.57%	12.86%
众筹	0%	8.57%	61.43%	28.57%	12.86%
大数据金融	0%	1.43%	4.29%	75.71%	18.57%
信息化金融	0%	1.43%	4.29%	75.71%	18.57%
互联网金融门户	0%	1.43%	4.29%	75.71%	18.57%

表 1 显示,受访者对互联网金融不同业务模式的了解程度存在较大差异。其中,64.29%的受访者对于第三方支付业务都表示"比较了解",没有任何受访者表示对第三方支付业务"完全不了解",说明以支付宝、微信支付为主要代表的第三方支付业务已经深入社会公众日常生活,成为重要支付手段。对于目前媒体宣传较多的 P2P 网贷和众筹业务,均有 61.43%的受访者表示仅仅"一般了解",还有 12.86%的受访者表示"完全不了解",说明这两类业务模式虽然已获得业界和学界的关注,但社会公众对其认知度较低。对于大数据金融、信息化金融和互联网金融门户业务,受访者对其了解程度普遍较低,均有 75.71%受访者表示"不太了解",更有 18.57%的受访者表示"完全不了解",说明这些业务专业化程度较高,社会公众较少接触这些业务。

(二)互联网金融发展加速商业银行金融脱媒

在这一部分,本文先研究受访者对互联网金融的使用频率,然后分析受访者使用银行业务频率的变化,以及融资理财渠道的选择,由此判断互联网金融的兴起是否会加速商业银行金融脱媒的进程,结果如表 2 和图 2 所示。

表 2 受访者使用互联网金融六种业务模式的频率

	每周一次	每周两次	每周三次	每周四次以上	每月一次	基本不用
第三方支付	4.29%	2.86%	35.71%	47.14%	4.29%	5.71%
P2P 网贷	0%	0%	0%	0%	8.57%	91.43%
众筹	0%	0%	0%	0%	8.57%	91.43%
大数据金融	0%	0%	0%	0%	0%	100%
信息化金融	0%	0%	0%	0%	0%	100%
互联网金融门户	0%	0%	0%	0%	0%	100%

表 2 显示,受访者使用频率最高的业务是第三方支付,有 47.14%的受访者表示使用第三方支付业务的频率达到"每周四次以上",仅有 5.71%的受访

者表示“基本不用”，说明该业务已经融入社会公众日常生活，成为不可或缺的一种金融服务。除了第三方支付之外，P2P网贷和众筹也是受访者使用频率较高的业务，均有8.57%的受访者表示使用这两类业务的频率达到“每月一次”。考虑到P2P网贷和众筹项目的投资周期从几个月到一年不等，每月一次的使用频率说明，不少社会公众已经将P2P网贷和众筹视为较为固定的理财投资渠道。全部受访者对大数据金融、信息化金融和互联网金融门户这三种业务模式的使用频率均为“基本不用”，说明社会公众与这三种业务模式接触不多。一方面，由于其专业性程度较高，普通社会公众很少会使用这些业务模式；另一方面，由于相比表1前三种业务模式，后三种业务模式发展规模较小，社会公众对此认知度不高。

在了解受访者使用互联网金融业务频率的基础上，笔者询问了受访者通过银行办理业务的频率变化，结果如图2所示。

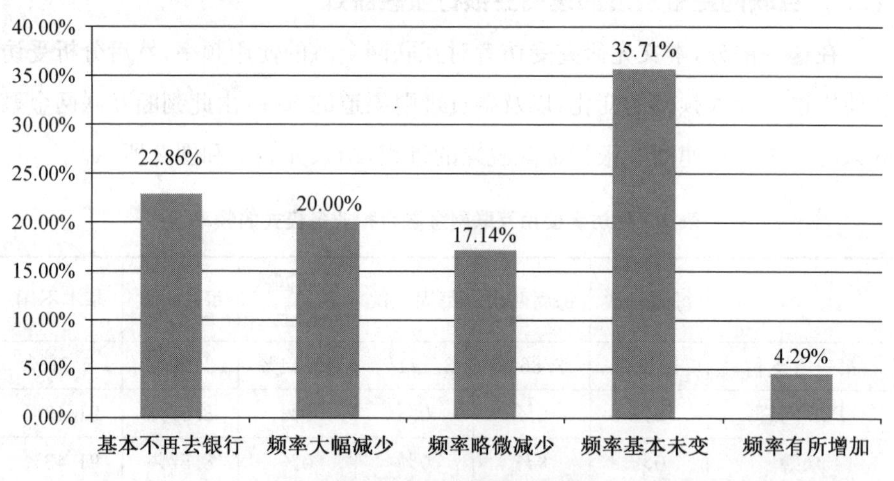

图2 通过银行办理业务的频率变化

图2显示，大部分受访者都表示使用互联网金融业务后，通过银行办理业务的频率有所降低，其中有22.86%的受访者表示“基本不再去银行”，但也有35.71%的受访者表示“频率基本未变”，还有4.29%的受访者表示“频率有所增加”。这说明互联网金融的发展确实会使社会公众办理金融业务的渠道从

商业银行转移到互联网金融机构，对于部分接受互联网金融程度较高的使用者来说，他们在网上已经可以完成绝大部分金融交易，因此逐渐减少与银行的业务往来。

社会公众通过银行办理的业务中绝大多数是资金存取与转账，而融资和理财这两类高利润业务办理频率较低，因此通过银行办理业务的频率变化能够较好地反映社会公众在资金存取与转账时的渠道选择，但不能准确显示出社会公众在融资和理财时的渠道选择情况。为了更深入地分析互联网金融发展对商业银行金融脱媒的影响，本文专门调查了社会公众对融资和理财渠道的选择，结果如图 3 所示：

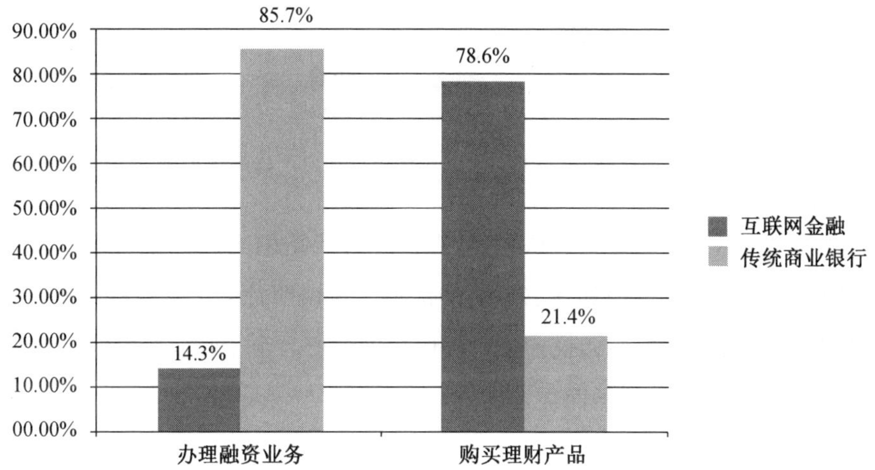

图 3　办理融资业务和购买理财产品时的渠道选择

图 3 显示，受访者在办理融资业务和购买理财产品时的偏好存在明显差异，85.7%的受访者选择通过商业银行办理融资业务，但有 78.6%的受访者选择通过互联网金融购买理财产品。这说明目前互联网金融不同业务模式的发展程度和社会公众接受度大相径庭，P2P 网贷和众筹受制于自身规模和社会公众信任度的局限，尚不能在融资领域与商业银行相抗衡。但余额宝等理财产品由于收益高、交易灵活而受到社会公众追捧。大部分受访者都表示会在网上购买理财产品，因此互联网金融分流了这一部分业务，加快了商业银行

金融脱媒的过程。

为进一步分析社会公众倾向于购买互联网金融理财产品的原因，本文调查了互联网金融理财产品相对于银行理财产品的优势，结果如图 4 所示。

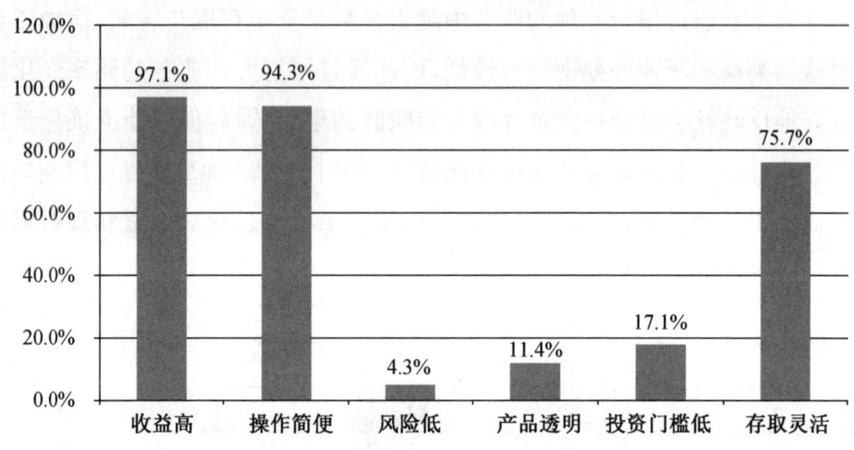

图 4 互联网金融理财产品相比银行理财产品的优势①

图 4 显示，大多数受访者认为，与银行理财产品相比，互联网金融理财产品具有收益高、操作简便和存取灵活的优势。这说明社会公众选购理财产品较为看重收益率和便捷性，商业银行提供的理财产品由于收益率较低、办理步骤繁杂以及投资周期较长而被社会公众抛弃。

（三）商业银行的应对措施

为寻求应对互联网金融产生冲击的措施，有必要深入了解收益率相近时社会公众选择银行理财及互联网金融理财的原因，以便对商业银行可能采取的对策进行分析。调查结果如图 5 所示。

根据对问卷进行的分析，理财产品是商业银行受互联网金融影响最大的业务，最主要原因是互联网金融理财产品的收益率更高。因此，笔者询问受访

① 这一题是多选题，最多可以选择三项，所以各选项选择比例之和超过 100%。

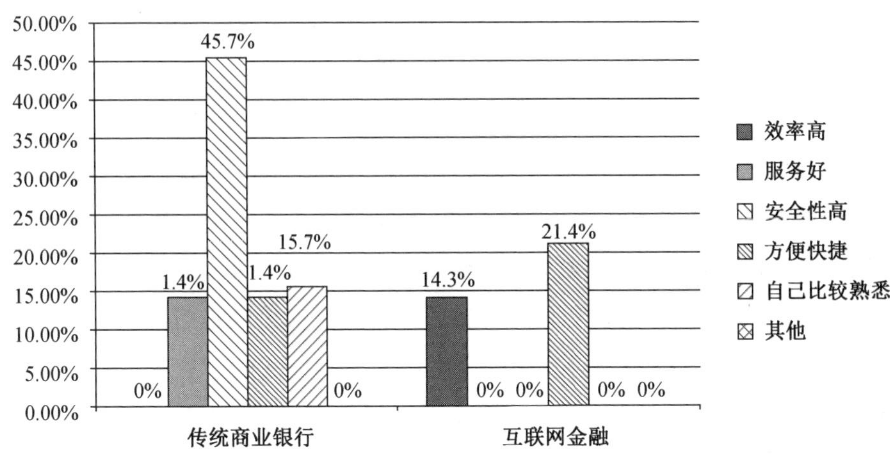

图 5 收益率相近时选择银行理财还是互联网金融理财及其原因

者"若传统银行理财产品与互联网金融理财产品收益率相近,那么选择哪种及其原因"时,有 64.2%的受访者表示会购买银行理财产品,仅有 35.7%的受访者表示会购买互联网金融理财产品。当被问及选择银行理财产品的原因时,如图 5 显示:有 45.7%的受访者表示因为"安全性高",15.7%的受访者表示因为"自己比较熟悉"。在问及选择互联网金融理财产品的原因时,有 21.4%的受访者表示因为"方便快捷",有 14.3%的受访者表示因为"效率高"。这些都说明,在收益率相同的情况下,大多数社会公众在购买理财产品时会选择银行,因此商业银行要扩大理财产品销售量,就必须提高产品收益,使其与互联网金融产品收益率相当。

从图 5 还可以发现,社会公众对商业银行和互联网金融存在刻板印象:选择购买银行理财产品的受访者中,仅有极少数是因为"方便快捷"或"效率高";选择购买互联网金融理财产品的受访者中,没有人是因为"安全性高"。这说明社会公众普遍认为商业银行代表安全,而新兴的互联网金融则代表便捷与高效。

因此,商业银行应该一方面提高理财产品的收益率,另一方面优化内部流程,改变社会公众对商业银行"办事效率低"的刻板印象,避免客户流失。

五、结论与建议

互联网金融发展代表了一个时代的潮流，对商业银行产生了巨大的冲击。在互联网金融迅猛发展的三年多时间里，商业银行一直在寻求革新，以应对互联网金融的冲击，实现可持续发展。本文以南京市 70 位市民调查问卷数据为研究样本，对商业银行受到互联网金融的冲击及应对策略进行了分析。本文的主要结论是：(1) 受访者对互联网金融不同业务模式的了解程度存在较大差异。社会公众最熟悉的互联网金融是第三方支付业务，其次是 P2P 网贷和众筹业务，大部分社会公众对大数据金融、信息化金融和互联网金融门户业务熟悉程度较低。(2) 互联网金融发展确实加快了商业银行金融脱媒的进程，60%的受访者表示使用互联网金融业务后，通过银行办理业务的频率有所降低。对理财产品，78.6%的受访者表示会通过互联网金融购买，其中大部分是因为互联网金融理财产品的收益率高、操作简便和存取灵活。(3) 商业银行可以通过创新重新赢得客户，商业银行如果能够将其理财产品收益率提高，达到与互联网金融理财相同的水平，则大部分受访者会基于安全性高的考虑，转而通过商业银行购买理财产品。

基于以上结论，本文对商业银行提出的主要建议是：(1) 根据自身优势进行特色化改革，主动拥抱互联网，使其与自身相融合，促进组织机构、业务模式、金融产品等方面的创新，充分利用互联网技术的优势弥补自身的不足；同时发挥自身的长处，保持传统特色，避免一味模仿而丧失自身的优势。(2) 转变以业绩为核心的经营理念，形成以客户为核心的经营理念，优化内部流程，减少客户等待时间，尽可能地改善客户体验，以优质的服务扩大业务和吸引客户。(3) 重视人才培养，努力引进和培养懂得互联网技术，又拥有扎实经济知识的人才，从而提高以人力资本为基础的核心竞争力。(4) 加强市场调研与风险分析，切实管控金融创新过程中产生的各种风险。(5) 顺应国家经济发展需要，使金融创新服务于实体经济的需要，为自身赢得可持续发展的空间。

参考文献

[1] 安立红,2014:《互联网金融发展对商业银行的影响及对策分析》,《财税统计》第 9 期。

[2] 陈功,2014:《互联网金融及其对传统金融的影响》,《中国商贸》第 14 期。

[3] 蒋欣,2014:《传统商业银行与互联网金融竞争力比较研究》,《现代经济信息》第 17 期。

[4] 金文龙,2014:《互联网金融与传统银行之间的博弈分析——以余额宝和传统银行之间的竞争为例》,《时代金融》第 20 期。

[5] 李苗、史李娟,2014:《互联网金融对商业银行的冲击与应对》,《品牌(下半月)》第 6 期。

[6] 李瑞瑞,2014:《互联网金融发展现状及问题研究》,《中外企业家》第 25 期。

[7] 刘春艳,2014:《互联网对中国传统银行业的影响探讨》,《行政事业资产与财务》第 24 期。

[8] 刘明艳,2014:《互联网金融对商业银行的影响及对策——以阿里金融为例》,《中小企业管理与科技(中旬刊)》第 5 期。

[9] 唐俊杰,2014:《国内外互联网金融发展对商业银行的启示》,《现代商业》第 24 期。

[10] 谢平、邹传伟,2012:《互联网金融模式研究》,《金融研究》第 12 期。

[11] 阳旭东,2014:《互联网金融对商业银行的影响及对策研究》,《邢台学院学报》第 4 期。

[12] 姚文平,2014:《互联网金融》,中信出版社。

[13] 周琳越,2014:《互联网金融的发展对商业银行的影响和对策分析》,《财政金融》第 19 期。

附录：
互联网金融对中国传统商业银行的影响调查问卷

您好！本调查问卷是南京某高校课题组为完成国家相关研究课题所收集的基础资料，我们真诚地希望得到您的大力支持。

问卷实行匿名填写，我们将对您的个人信息严格保密，请您不必有任何顾虑。填写大约需要10分钟，请将您的答案写在题号前面或横线上。衷心感谢您在百忙中回答这份问卷！

一、选择性回答的调查指标

1. 您的网龄是(单选)：

A. 没有使用过　B. 1年及以下　C. 1～3年　D. 3～5年
E. 5～8年　F. 8～10年　G. 10年以上

2. 您对互联网金融六种类型的了解程度(请在符合您情况的选项处打勾)：

	非常了解	比较了解	一般了解	不太了解	完全不了解
第三方支付					
大数据金融					
P2P网络借贷					
众筹					
信息化金融业务					
互联网金融门户					

3. 您过去的三个月里，使用互联网金融五种类型的频率(请在符合您情况的选项处打勾)：

	每周一次	每周两次	每周三次	每周四次以上	每月一次	基本不用
第三方支付						
大数据金融						
P2P 网络借贷						
众筹						
信息化金融业务						
互联网金融门户						

4. 若选择融资,您更倾向于借助新兴互联网金融还是传统商业银行(单选):

A. 互联网金融　　B. 传统商业银行

5. 若选择理财,您更倾向于借助新兴互联网金融还是传统商业银行(单选):

A. 互联网金融　　B. 传统商业银行

6. 相比银行理财产品,您认为互联网金融理财产品的优势是(最多选三项):

A. 收益高　　B. 操作简便　　C. 风险低

D. 产品透明　　E. 投资门槛低　　F. 存取灵活

7. 使用互联网办理金融业务后,您去银行办理业务的频率与之前相比有何变化(单选):

A. 基本不再去银行柜台办理金融业务　　B. 频率大幅减少

C. 频率略微减少　　D. 频率基本未变

E. 频率有所增加

8. 若传统银行理财产品与互联网金融理财产品收益率相近,你会选择哪种(单选)[如果选 A,接下面(1)作答;如果选 B,接下面(2)作答]:

A. 传统银行理财产品　　B. 互联网金融理财产品

(1) 选传统银行理财产品的主要原因(最多选三项):

A. 效率高　　B. 服务好　　C. 安全性高　　D. 方便快捷

E. 自己比较熟悉F. 其他(请注明________)

(2) 选互联网金融理财产品的主要原因(最多选三项)：

A. 效率高　　B. 服务好　　C. 安全性高

D. 方便快捷　　E. 自己比较熟悉F. 其他(请注明________)

二、个人背景资料性的调查指标

1. 您的性别(单选)：A. 男　　B. 女

2. 您的年龄：________周岁

3. 您经常居住地：________省________市________区________镇或乡

4. 您的职业是(单选)：

1) 学生　2) 军人　3) 农民　4) 企业职员　5) 无业人员　6) 个体职业者　7) 私营企业主　8) 企业管理者　9) 政府公务员　10) 离退休人员　11) 进城务工人员　12) 事业单位职员　13) 其他,请注明________

5. 您的个人年总收入是(单选)：

1) 1.5 万元以下　2) 1.5 万～4 万元　3) 4 万～6 万元　4) 6 万～8 万元　5) 8 万～10 万元　6) 10 万～12 万元　7) 12 万～15 万元　8) 15 万元及以上

6. 您的资产如何安排(填百分比)

A. 银行存款________　　B. 股票基金________

C. 固定资产(如房产和车)________　　D. 流动资产________

E. 其他________

7. 您所受到的教育程度(单选)：

A. 高中及以下　　B. 大专　　C. 本科　　D. 硕士

E. 博士及以上

8. 您是否在银行工作(单选)：

A. 是　　B. 否

9. 您是否在互联网金融企业工作(单选):

A. 是　　B. 否

最后再次感谢您的真诚支持。愿您心想事成,万事如意!

名词解释:

1. 互联网金融:互联网企业从事金融业务的行为。

2. 金融互联网:传统金融机构利用互联网这一平台进行交易的手段。

3. P2P 网贷业务,是指借贷双方通过 P2P 网贷平台进行资金交易的业务模式,如国内的拍拍贷、人人贷、翼龙贷、宜信、红岭创投、阿里巴巴小额信贷等。

4. 信息化金融服务业务,是指利用互联网技术,对相关的金融业务进行改造,将金融机构改造成运用互联网技术的机构,并提供信息化金融服务。

5. 第三方支付业务,是指由具有一定水准的非金融机构,运用一系列互联网技术,实现用户和银行之间的联通,开展资金结算的业务,支付宝、财付通、快钱支付、拉卡拉、微信支付等都属于这一业务模式。

6. 众筹业务,是指利用互联网技术吸收众人的资金,为个人或中小企业融资的业务模式,包括点名时间、大家投、积木网等。

7. 大数据金融业务,是指依托于海量数据,对金融服务进行数据化,为社会提供便利的金融服务,如阿里金融、京东金融等。

8. 互联网金融门户业务,是指利用互联网平台,进行与金融相关的业务,如网贷之家、和讯网和融 360 等平台。

网络营销对我国保险公司的战略意义*

袁　成

内容提要：随着互联网的普及，国内外保险营销格局正在发生巨大变化，网络营销发展迅猛，并贯穿从前期销售、购买到理赔的整个服务过程。网络营销对保险公司未来发展的意义重大，它降低了保险成本，大幅拓展了客户市场，所涉及的大数据对未来产品服务设计有巨大的潜在影响。与此同时，网络营销会带来渠道冲突、客户关系不稳定、欺诈风险以及新进入者挑战等问题。本文所做研究表明，我国保险公司应在IT系统升级、网络产品设计、非价格竞争、营销平台整合以及监管方面投入更多精力。

关键词：互联网金融；网络营销；保险营销

一、序　言

互联网和电子商务的发展正在颠覆大众消费习惯，加上日益丰富和完善的网络支付硬件和软件，越来越多的消费者开始接触网络消费。《2015年互联网保险行业发展报告》提供的数据显示，2005年至2014年十年间，中国互

---

* 袁成，南京大学商学院金融与保险学系，副教授，E-mail：yuanch@nju.edu.cn。本文是国家社会科学基金重大项目“互联网金融的发展、风险与监管研究”（项目号：14ZDA043）、江苏省保险学会课题“网络营销对保险公司的战略意义研究”（SBX201502C）的阶段性研究成果。

联网普及率从8.5%上升至 47.9%,2014 年网购使用率达到 55.7%,有超过 3.5 亿人使用过网络购物。这种消费习惯和网络科技的创新正在打破传统的保险营销过程,重塑保险中介的职能,保险营销已经开始从以代理/经纪为主的间接渠道,扩大到各种间接和直接渠道共同发展的模式。根据《2014 年互联网保险行业发展形势分析》显示,2014 年互联网保险累计实现保费收入 858.9 亿元,同比增长 195%,占总保费收入的比例由 2013 年的1.7%增长至 4.2%。与此同时,多种互联网保险产品也大胆试水,仅 2014 年淘宝天猫"双十一"就售出 1.86 亿份退货险,刷新了中国保险业单日同一险种成交保单份数的记录;众安保险销售超过 1.5 亿份保单;平安保险的官方旗舰店热销的产品包括养老险产品、车险以及非机动车辆保障险三款,总成交额超过 2 亿元。可以说,网络营销已经成为各家保险公司新一轮创新的重点。但目前包括互联网和移动设备在内的网络营销渠道的保费市场在整个保险市场中的占比还不到 5%,与发达国家如美国 30%的占比相距很远,未来发展空间巨大。因此,网络营销对于我国保险公司未来的发展具有重要的战略意义,保险公司应正确看待网络营销所带来的机遇和挑战,整合新旧营销渠道,积极创新,更好地利用科技为消费者服务。

二、国内外保险营销格局的变化

在保险几百年发展历程中,保险中介在全球大多数保险公司的营销环节占据着主导地位,图 1 显示,传统中介机构的保费收入占比在 60%以上,而包括保险公司自有销售团队在内的直接销售保费占比一般均少于 30%。这是保险产品的特殊性和信息不对称所决定的。潜在客户大多不了解市场上所有的保险产品和保险公司,而保险公司在评估风险保障水平和定价时,客观上也无法全面考虑到潜在客户的特征和行为。而专业的代理或经纪专业中介在保险公司和消费者之间充当媒介,弥补保险市场信息不对称问题,并通过规模经济降低营销成本,形成多赢局面。

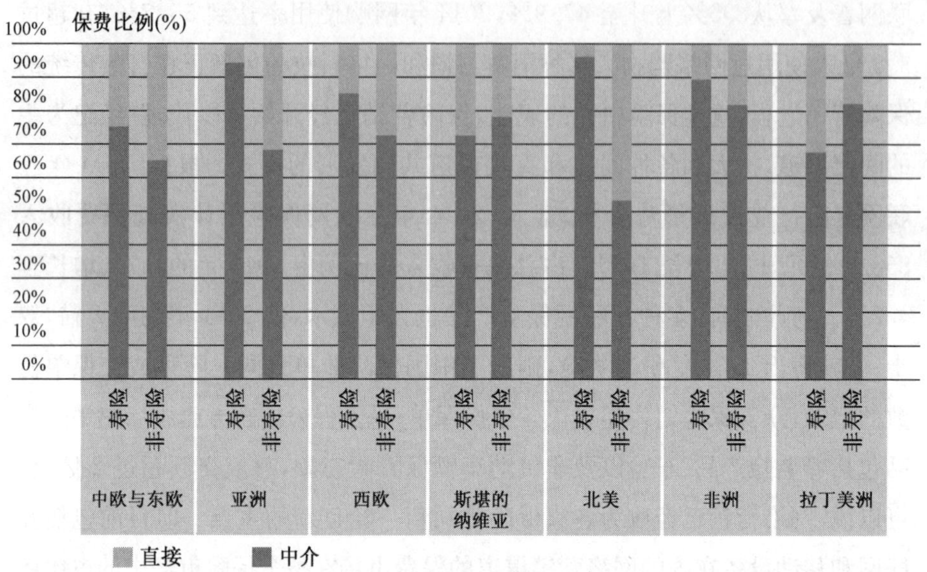

图 1　中介与直销渠道的保费占比

资料来源：Swiss Re，2014，"Digital distribution in insurance：a quiet revolution"，*Sigma*，2.

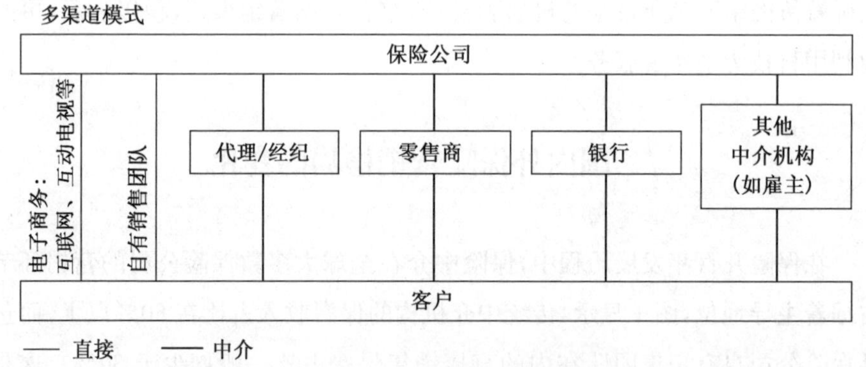

图 2　现行多渠道保险营销格局

资料来源：Swiss Re，2014，"Digital distribution in insurance：a quiet revolution"，*Sigma*，2.

但是从图 1 中我们也可以看出，直接销售正在逐步打破传统营销流程，尤其是在非寿险领域。在中国，2014 年直接销售保费占比已经超过 20%，这其中绝大部分是网络营销的功劳。这是由于网络科技和消费习惯的转变，通过网络渠道的直接销售额快速增加，越来越多的消费者不需要通过传统中介的服务，直接向保险公司购买自己心仪的产品。从图 2 中可以看出，现行的营销格局已经从代理或经纪为主演变为多个销售渠道并存，其中互联网保险和银行保险的发展势头迅猛。

三、网络营销的变革

广义上的保险营销不仅仅是销售渠道，还是消费者如何与保险公司互动，促成交易完成及其售后服务。网络营销相对于传统中介，更受消费者特别是年轻消费者的欢迎。过去的消费者完全通过代理或经纪为自己选购保险、申请索赔。而现在的消费者更希望通过多个渠道去了解和比较保险产品，根据自身情况找到性价比最高的险种投保，而且收集信息和投保过程由自己的时间决定，不会受到保险公司的干扰。网络营销则很好地满足了消费者的这种需求，将保险购买变被动为主动，带来了更好的消费体验，这也在一定程度上平衡了消费者与保险公司之间的关系。如图 3 所示，消费者如今的保险购买流程更加分散，涉及多点互动，而且部分险种已经可以通过网络完成所有流程包括理赔服务。

首先，前期信息收集环节。由于互联网使各类信息更加透明且随时可得，消费者通常会通过电脑或者移动设备进行在线搜索。目前除了各大保险公司的官方网站可以查询险种功能及报价外，还出现了很多聚合网站或者比价网站，消费者可以在一个网站上获取多个保险公司同类险种的功能和报价进行比价。此外，消费者也正日益依赖互联网，将其作为可靠建议的来源。消费者可以通过保险公司官网直接在线联系，或者其他专业网站来评估他们所面临的风险，确定所需要的险种类型。而社交媒体同样能为消费者提供来自朋友、专家，甚至同类型用户的建议和评价，辅助保险决策，如微信平台公众号。社交媒体甚至被用来构建团体，将具有同类保险需求的个人聚集在一起，彼此承保或者与保险公司协商议价，如德国“朋友保险”(Friendsurance)之类的 P2P

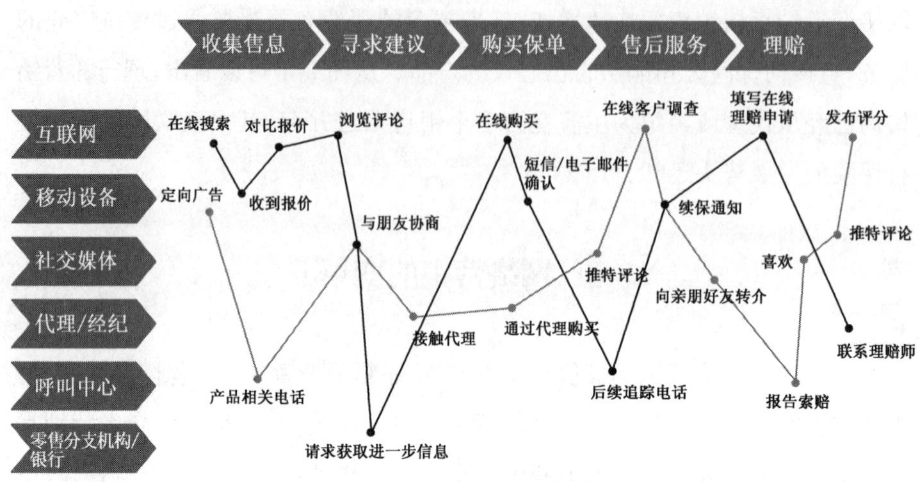

图 3　消费者保险购买过程

注：浅色线表示从移动设备广告开始的保险购买过程，深色线则显示了通过在线搜索进行的购买过程。

资料来源：Swiss Re，2014，“Digital distribution in insurance：a quiet revolution”，*Sigma*，2.

保险计划。

其次，完成购买环节。目前在线购买量还不高，尤其是寿险，这和产品复杂性、缴费方式、售后服务便利性有关，大部分险种不具备完整的在线销售功能。消费者仍多停留在“线上研究、线下购买”的模式，且会在未来持续很长一段时间。不过也存在很多突破和变化，相对简单的产品如车险、家庭财产保险、意外伤害保险越来越多地在线销售，且保险公司在产品设计方面也为在线销售提供便利。例如，新西兰的 Pinnaole Life 开发出一个具有吸引力的互动式承保流程，消费者只需要回答三个问题即可获得基本定期寿险的报价。此外，年轻消费者对互联网的接受程度更高，他们也更愿意在线购买保险，在线完成选购和支付保费，避免与中介打交道。如果这种消费偏好是持续的，那我们可以预计网络营销还会越来越受到欢迎。

第三，售后服务环节。消费者可以通过互联网查询并打印保单，甚至还可以在合同成立后，修改保单条款、更新被保险人的信息、更改支付方式以及修改投连险的投资配置等。如果发生保险事故，还可以通过互联网启动理赔程序，且消费者还可以通过网络评论评分，反馈对于售后服务的印象，从而对潜在消费者决策产生重要影响。

四、网络营销带来的机遇分析

（一）降低保险成本

网络营销由于减少了保险推销的中间环节，节省了保险代理人、经纪人等中介的佣金开支和前期培训管理费用；网络营销一般采用电子保单，也节约了一部分单证成本；网络平台日常维护和跟踪成本也较低。唐金成、李亚茹(2015)指出据美国布兹艾伦与哈米尔顿计算，经营财产和意外保险、健康和人寿保险的保险公司，通过网络向客户出售保单或提供服务，将比传统的方式节省58%～71%的费用，整个保险价值链的成本将降低60%以上。网络营销有效降低了保险公司的经营成本，让利于消费者，公司的利润也大幅增加，从而进一步提高保险公司的竞争力。此外，相对于长期依靠中介销售保单，网络营销的效率更高。

（二）大幅拓展市场

李克穆(2014)指出网络保险通过公开、全面的信息披露，真实、客观、完整地传递保险产品信息。因此，网络营销可以让更多的人有机会接触、认识和接受保险，从而大幅拓展客户群体。首先，以往由于城市居民住宅的封闭性、人际交往的有限性以及对陌生拜访的排斥心理，使得传统中介的展业难度非常大。而网络营销借助互联网形成了一个全球信息网络空间，使得那些不愿意面对面与保险中介接触的潜在消费者可以通过上网来自由了解、比较和挑选保险。其次，网络营销打破了时间性，消费者可以按照自己的作息时间，来享受保险服务。第三，网络营销打破了地域性，无论身处城市还是乡村，只要有网络的地方，就可以购买保险，这挖掘出大量原先被地域限制的潜在客户。第四，网络营销为低收入群体创造了购买条件，网络营销降低了保险成本,使得保险报价更低,使得低收入个人和家庭也可以享受保险服务,小额保单客户数量将迅猛增长。第五,随着社会整体教育水平的提高,人们的文化程度和保险意识都在增强,通过网络来购买保险将成为很多人的首选,因为标准化的合同、及时更新的信息以及自助式服务都越来越受年轻人的欢迎。此外,网络营销还会把更多的保险代理人从简易保险中解放出来,推向更广大的地区,为保险公司拓展更广阔的市场。

(三) 大数据的潜在作用

相对于传统中介,网络营销可以通过与消费者的数字化互动,迅速获取大量客户的各类信息和数据,并进行储存、管理和分析,从中提取有用信息,评估客户的保险需求、财务能力、风险偏好,从而有针对性地开发设计险种和提供服务,这就是大数据的潜在作用。大数据有利于保险公司转变经营理念,从消费者的需求出发提供产品和服务。大数据有助于更深入地了解客户的需求偏好、活动数据、社交情况等信息,以此改进产品和服务,还可以细分市场,把条款内容、优惠活动、服务做得更有针对性。进一步,大数据可以预测建模来识别目标客户、实时承保、维系客户的品牌忠诚度,等等。

五、网络营销带来的挑战分析

(一) 渠道冲突

网络营销兴起之后,渠道冲突成为不可避免的问题,如网络营销是否会使消费者疏远传统中介,这不仅存在于不同保险公司之间,也存在于同一保险公司之内。对于一些比较简单的险种,如车险、意外险,由于条款、定价都比较简单易懂,加上节省了中介费用,网络营销将越来越受欢迎,这对传统中介渠道确实有一定冲击。但对其他险种,网络营销仍处在辅助阶段。即使消费者最终能够通过互联网处理所有保险事务(前期咨询—购买—变更—理赔或者续保),传统的中介机构依然有不可替代的作用。很多保险产品本身比较复杂,条款繁多,很多消费者不希望在寻找产品上花费时间和精力,依然选择与代理人、经纪人互动来作出保险决策。

（二）客户关系不稳定

网络营销的便捷性和自由性不利于保险公司维护与客户的关系。目前保险市场上险种的同质性较强,消费者在选择购买哪家保险公司的产品时,更多的是比较价格,一旦出现性价比更高的产品,很容易改变选择,使客户的流失率和保单失效率增加。这对于保险公司显然很不利,保险合同多为长期合同,保险公司希望和客户建立长期关系,保险合同无法续保甚至中途退保,都会影响到保险公司业务经营的稳定性。特别是比价网站,通过促成新业务而一次性地获取佣金,相对于传统中介分期获得佣金,额度较小且较容易管理,但是比价网站可能会诱导或鼓励客户更换保险公司以便多次获取佣金。相较而言,传统中介和客户联系频繁,面对面互动,虽然费时费力,但在客户关系维护上效果更好。

（三）逆向选择与道德风险

网络营销中,保险公司对保险标的的了解大多基于消费者在网上提交的资料,但在很多险种特别是寿险,仅仅依靠投保人提供的信息是远远不够的,被保险人的健康状况需要多方审核才能保证合同的公平性。但很多销售网站为了吸引消费者投保,简化了很多流程,信息筛选也不够严格,导致风险较高的客户更倾向于网上购买保险,网上理赔,容易产生严重的逆向选择和道德风险,这对保险公司而言无疑是潜在的风险。吕志勇(2014)还指出,保险利益在网络上更加难以认定,这就容易引发赔偿纠纷,甚至会出现保险公司认为因难以认定而不认定的情况,给保险欺诈者提供了机会,从而引发道德风险。

（四）新进入者的挑战

前文所提到的网络营销给保险公司带来的机遇之一就是成本的降低,这也为很多小型、新型保险公司创造了更多机会。保险市场的进入门槛相对变低，很多擅长数据分析的公司成为现有保险公司的潜在竞争者，他们利用数据分析技术开发针对性产品，并通过构建网络平台来进行销售，甚至不需要设立实体销售点。众安保险就是一个非常典型的例子，这是国内首家网络车险公司，主要经营责任险、保证险这两大非车险专业险种。除了注册地在上海外，众安保险不设任何分支机构，完全通过互联网进行销售和理赔，可以说是中国保险业在互联网金融创新上的一次突破。这家公司是由阿里巴巴、中国平安和腾讯共同发起成立的，可以说兼具了保险专业、互联网客户群体、网络销售平台等优势，因此成立以来，销售量相当可观。因此，新进入的保险公司可以通过互联网迅速开拓市场，以往一个新的行业理念需要很多年才可能改变一个行业，但是现在互联网已经显著压缩了这一调整时间。

六、我国保险公司完善网络营销的策略

（一）升级 IT 系统

过于陈旧的 IT 系统会给网络营销带来风险，很多保险公司已经意识到这个问题。如果出现系统故障、数据丢失、网络攻击等风险将导致保险公司财务损失、业务中断和声誉受损，阻碍网络营销的顺利进行。目前网络营销对客户身份的认证技术水平很低，在线保险交易中涉及商业机密、个人隐私以及银行账号密码等敏感信息，这是消费者最顾虑的地方。因此，开发、升级、整合现有实体和数字渠道，是保险公司的当务之急。同时，大数据可以通过创建识别欺诈、应对网络和硬件缺陷及数据完整性受损的工具，来降低这些网络风险。

（二）创新网络产品

保险公司应该在产品设计上尽量区分传统中介和网络营销，对不同的销售渠道提供不同的产品，这可以大大化解渠道间的冲突。保险公司可以多研发适合网络销售的产品，或进行多样化产品组合，满足客户多元化需求。财险

方面，可以责任险、保证险、意外险为主，车险、重疾险也可进行网络销售。寿险方面，相对简单的定期寿险也是适合的，但对于一些复杂的险种也不必急于推出。总的来说，价格低于传统渠道，让利消费者；条款明晰易懂、投保程序相对简单；增加线上客服，便于消费者沟通了解和后续联系，甚至可以线上线下相结合，比如体检事宜，确保便捷和安全。

（三）重视非价格竞争

除了通过创新产品设计之外，保险公司还应重视非价格竞争，通过品牌形象、财务实力、服务质量等非价格因素来提高客户的忠诚度。随着信息化程度加深，在价格透明的环境里，产品几乎完全标准化，非价格因素将具有重大影响力。一个品牌强大、声誉良好的保险公司将更受消费者的信任，同时财务实力雄厚也为未来的保险承诺提供了有力保障，在整个产品周期中提供优质服务和专业理赔的保险公司也更受消费者欢迎。因此，无论保险公司是通过官网直销，还是利用综合性电商平台，始终应坚持客户至上的原则，从产品设计、销售渠道到售后服务，为客户打造更好的消费体验，不仅可以收获客户信赖、树立公司形象，还可以为未来持久经营打下坚实基础。

（四）整合营销平台

前文分析网络营销具有降低成本的优势，但实际上是需要大量的前期成本投入的，以加强品牌实力并在市场中立足。因此，保险公司应该认识到每个渠道都可以提供客户重视的服务，传统中介机构侧重复杂险种，面对面互动和人文关怀；而网络营销侧重简易险种，便捷购买和决策自由。不同渠道还可以相互补充，IBM 公司在 2013 年进行的一项研究显示，跨渠道的高度整合可以提高客户对保险公司的忠诚度，能刺激销售。传统中介机构可以利用互联网来提高服务质量和服务效率，甚至拓展客户群体。例如，视频聊天技术可以方便代理人和客户进行远程交流，个人代理人利用微博、微信等平台进行产品介绍和推广。

（五）加强监管

首先，对于网络营销中保险公司的不规范行为，如误导销售、泄露客户隐私、无理拒赔等情况，应针对网络保险的特点，尽快制定和出台网络保险法律和监管措施，并完善法律监管手段，确保法律措施得以执行，这样网络营销中的风险防范就有法可依。

其次，对于网络营销中消费者的欺诈行为，如隐瞒实情投保、骗赔等情况，我们将借助袁成(2010)一文中的静态博弈模型来给出对策。模型假设：有两个当事人，一个是保险公司，一个是投保人。投保人不出险时的收益为 A_0，出险时的收益为 A_1，且 $A_0 > A_1$，出险的概率是 p。保险费为 B，保险金额为 C，投保人诚实投保的概率是 q，则保险欺诈的概率是 $1-q$。可得：

若不存在保险欺诈行为，保险公司的期望收益为：

$$U_1 = (1-p)B_0 + p(B_0 - C) = B_0 - pC$$

若存在保险欺诈行为，保险公司的期望收益为：

$$U_2 = q(B_1 - pC) + (1-q)(B_1 - C)$$

假设保险市场是完全竞争市场，则保险公司的收益 $U_1 = U_2 = 0$，解得，$B_0 = pC$，$B_1 = C(1-qp+p)$，由于 $p<1$，因此 $B_0 \leqslant B_1$。当且仅当 $q=1$ 时，即不存在保险欺诈时，$B_0 = B_1$，$U_1 = U_2$。随着 q 的减小，B_1 将不断增加，这说明，随着保险欺诈概率的上升，保险公司将被迫不断提高保费，诚实投保的投保人将不断退出市场，最终剩下的全是进行保险欺诈的投保人，这就是所谓的"逆向选择"。

面对保险欺诈，保险公司和监管者必须采取措施予以防范。假设投保人欺诈行为被保险公司发现的概率是 r，且遭受的处罚成本为 D，可得：

若不存在保险欺诈行为，投保人的期望收益为：

$$V_1 = (1-p)(A_0 - B) + p(A_1 + C - B)$$

若存在保险欺诈行为，投保人的期望收益为：

$$V_2 = (1-r)(C-B) - rD$$

只有当 $V_1 < V_2$ 时，即 $B > [(1-p)A_0 + pA_1 + pC + rD - (1-r)C]/r$

时，投保人才会有进行保险欺诈的经济动机。这里设 $B=[(1-p)A_0+pA_1+pC+rD-(1-r)C]/r$，$B_0$ 为临界值，则当 $B>B_0$ 时，$V_1<V_2$。将 (V_2-V_1) 对 B 求一阶导数，得 $d(V_2-V_1)/dB=r>0$，这意味着，随着 B 的增加，投保人进行保险欺诈的经济动机将越来越大。

要想防范保险欺诈，就必须使 $B<B_0$，由于保险费 B 是由保险公司根据风险发生概率、损失大小、公司经营实际情况等客观条件，通过科学方法计算得出，并报保监会审批通过的，不可随意变更，因此，通过提高 B_0 比较可行。其中，p、A_0、A_1 和 C 也不可能随意变更，只有通过调整 D 和 r。在 r 不变的情况下，可通过提高 D，即加大对保险欺诈的惩戒力度，有助于防范保险欺诈。在 D 不变的情况下，将 B_0 对 r 求一阶导数，得 $dB_0/dr=[C-(1-p)A_0-pA_1-pC]/r^2$，当 $C-(1-p)A_0-pA_1-pC>0$，即 $C>A_0+pA_1/(1-p)$ 时，随着 r 的增加，B_0 也会提高。这意味着，针对保险金额较大的保险合同，保险公司和监管者更应加强风险评估，提高承保质量，完善理赔程序，从而有效防范保险欺诈。

根据以上的博弈分析，可以总结出防范消费者欺诈行为的一个基本思路和策略选择。除了立法监管以外，首先是对消费者的行为应赏罚分明，即拉大奖励和处罚之间的经济差距，降低保险欺诈的吸引力。对保险欺诈通过相关法律甚至刑法，从制度上加以严惩。对长期善意投保的消费者应给予适当的不同形式的奖励，如保费减免等。其次，保险公司在经营环节中应加强风险评估，特别是承保阶段，同时完善理赔程序。这是网络营销中的薄弱环节，可以通过线上线下相结合的方式，尽可能地将有欺诈企图的投保人拒之门外。第三，加大保险诚信宣传和社会监督，增加违规者和欺诈者的心理成本。

综上所述，互联网是未来保险销售的革命性力量，保险公司应该充分抓住机遇，迎接挑战，科学合理地安排网络营销，依托网络建立起全新的保险营销和服务体系。

参考文献

[1] 李克穆，2014:《网络保险及其风险防范》，《中国金融》第8期。

[2] 吕志勇、李东，2014:《我国网络保险的风险及风险管理研究》，《上海保险》第4期。

[3] 唐金成、李亚茹，2015:《中国第三方网络保险平台发展研究》，《西南金融》第3期。

[4] 袁成，2010:《基于博弈分析的保险市场行为监管策略研究》，《江西财经大学学报》第2期。

[5] Swiss Re，2014，"Digital distribution in insurance: a quiet revolution"，*Sigma*，2.

基于 TAM、TPB 的互联网保险消费意愿研究*

杨　波　方　芳

内容提要：互联网保险是保险企业通过互联网实现投保、核保、理赔与给付等业务流程的一种经营方式。鉴于目前我国互联网保险的消费现状，本文结合技术接受模型（TAM）、计划行为理论（TPB），从消费者感知角度出发，分析了互联网保险消费意愿的影响因素，并通过问卷调查获取数据，构建结构方程模型，做了实证检验。实证结果表明感知有用性、感知风险、主观规范对互联网保险消费态度有显著影响。基于此，本文还对互联网保险企业的经营管理提出建议。

关键词：互联网保险；TAM；TPB；消费意愿

一、引　言

随着电子商务和互联网金融的发展，互联网保险已成为保险公司一种重要的营销渠道，为保险业的发展带来了新的机遇和挑战。据相关数据统计，2011 年至 2014 年，我国经营互联网保险业务的公司从 28 家上升到 85 家，经营互联网保险的公司数量年均增长 45%。同时，我国互联网保险保费收入规

---

* 杨波，南京大学商学院金融与保险学系，副教授，E-mail：ybxx1976@vip.sina.com；方芳，南京大学商学院金融与保险学系，硕士生。本文是国家社会科学基金重大项目“互联网金融的发展、风险与监管研究”（项目号：14ZDA043）的阶段性研究成果。

模从2011年的32亿元增长到2014年的858.9亿元,年均增长200%,增幅总体高达2 684%。[①] 互联网保险作为互联网金融的一个重要组成部分,正迎来迅速发展的高峰期。

互联网保险是保险企业应用电子商务实现其网络经营目标的一种营销模式,它指的是保险企业通过互联网开展业务,即通过网络实现投保、核保、理赔与给付等业务流程。与传统的保险企业经营方式相比,网络保险具有方便快捷、降低成本、提高竞争力等优势[②]。然而,由于我国互联网保险仍处于起步阶段,2014年互联网保费收入占年度总保费收入的比例仅为4.2%。如何使互联网保险更加贴近消费者需求,扩大互联网保险需求,成为现阶段保险业界关注的热点话题之一。目前,国内学者对于互联网保险购买意愿的研究较少,因此,对互联网保险这一领域展开研究有着重要的理论价值和现实意义。本研究在参考国外相关文献的基础上,运用技术接受模型(Technology Acceptance Model, TAM)和计划行为理论(Theory of Planned Behavior, TPB),从感知有用性、感知易用性、态度、感知风险、感知价值和主观规范的角度出发,对互联网保险消费意愿的影响进行研究。

二、文献综述

国外学者对互联网保险消费行为的研究较早,已经取得了一定的研究成果,具有代表性的有:Lim et al.(2009)通过实证研究分析了消费者网络保险的购买意愿、网络保险的服务质量和消费者对网络保险的信任之间的关系。研究结果表明,两者对消费者购买网络保险的意愿有显著的影响,通过提高网络保险的服务质量以及消费者对网络保险的信任度,可以提高消费者的购买意愿。Khare and Singh(2010)探究印度保险市场上消费者网络保险消费态

① 2014年《互联网保险行业发展报告》,中国保险行业协会。

② 王海萍,2012:《我国网络寿险消费意愿研究》,见北京大学中国保险与社会保障研究中心:《深化改革,稳中求进:保险与社会保障的视角——北大赛瑟(CCISSR)论坛文集》。

度的影响因素，实证结果发现，消费者网络保险的选择态度与网络保险的安全性有显著的正向关系，与消费者对网络保险的感知易用性和感知有用性没有显著的关系。

国内对互联网保险消费领域比较有代表性的研究有：陈华(2006)以广州市为例，从消费者偏好的角度分析了网络的可使用性，计算机和连通互联网成本、面对变化的不愿意程度、对保险公司以及网上保险交易安全性的信赖程度、安全关注性、方便性和使用的容易性等七个因素对网络保险消费的影响。王海萍(2012)从消费者的实际感受出发，以中国人保寿险公司的网站为例，通过构建结构方程模型方法对网络寿险的消费意愿进行实证研究，研究结果表明网站易用性较网络有用性对消费意愿的影响更强，态度、信任与感知风险对消费意愿的影响也非常显著。

从国内学者已有的研究可以看出，基于互联网保险购买意愿的实证研究很少，基于 TAM 与 TPB 相结合角度的实证研究更少。因此，本文在参考国内外已有研究成果的基础上，试图在 TAM 与 TPB 的研究框架下探讨影响消费者对互联网保险购买意愿的因素。希望通过互联网保险消费意愿的研究，为构建良好的网络保险消费环境，促进我国互联网保险的发展提供借鉴意义。

三、理论概述和研究假设

（一）理论概述

本文以 TAM 与 TPB 为基础探析互联网保险消费意愿的影响因素。

1. 技术接受模型(TAM)

技术接受模型最早由 Davis 在 1993 年提出，该模型被证明在预测和评估信息技术用户接受和试图解释个体对技术采用方面的决定因素非常有用。它详细说明了消费者的感知有用性、感知易用性与用户对新技术接受和使用的关系。该模型的基本框架如图 1 所示：

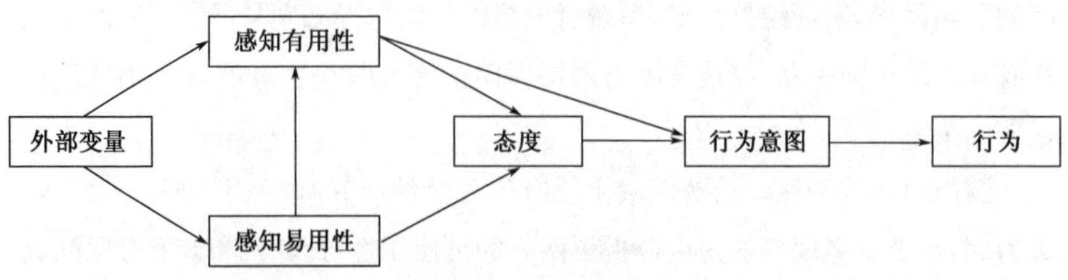

图 1　TAM 基本框架图

TAM 提出了感知有用性(Perceived Usefulness, PU)和感知易用性(Perceived Ease of Use, PEU)是影响态度的两个重要变量。感知有用性是指个体对使用信息技术所带来的好处及作用的主观评价。感知易用性是指个体对系统方便使用的期望程度。感知有用性和感知易用性对使用者的态度有直接影响。感知易用性和外部变量共同影响感知有用性,感知易用性则由外部变量决定。外部变量包括系统设计特征、用户特征、任务特征、组织结构和政策影响等①。

国外学者对 TAM 进行了大量研究,O'Cass and Fenech(2003)将 TAM 直接应用于网络购物行为的研究。Liu and Wei(2003)提出感知风险对消费者使用意愿有重要影响。Henderson and Divett(2003)分析了感知易用性、感知有用性与消费者网络购物行为的关系。国内学者方面,朱丽娜(2006)通过实证研究发现 TAM 对于解释消费者网上购物意愿仍然有用。感知有用和感知易用性仍然是网上购物态度的重要决定因素,网络经验是消费者偏向网上购物的重要外在变量。

2. 计划行为理论(TPB)

Ajzen 于 1991 年提出了计划行为理论(TPB),认为所有可能影响行为的因素都是通过影响行为意愿来间接影响行为,行为意愿受消费者个人态度、知

① Ahn, T., S. Ryu, I. Han, 2004, "The impact of the online and offline features on the user acceptance of internet shopping malls", Electronic Commerce Research and Applications, 3(4), 405-420.

觉行为控制和主观规范三个因素的影响。计划行为理论包含三个层次:第一个层次是消费者的消费意愿,其直接决定消费者采取哪种消费行为;第二个层次是影响消费意愿的三个因素,包括个人态度(个人对特定行为所持的正面或负面的感觉)、主观规范(个人对是否采取某项特定行为所受到的周围规范的影响)、行为控制认知(反映个人的经验和体验对行为意愿的影响);第三个层次是影响第二个层次三个方面内容的相关因素,这些因素通过影响行为信念,从而间接影响行为态度、主观规范和行为控制认知,进而影响购买意愿,最终影响消费行为①。

Harrison(2007)在 TPB 基础上,对 162 家中小企业负责人信息系统的使用意愿进行实证研究,研究发现:主观规范、行为态度、感知行为均对经理人的行为意愿有显著的正向影响。国内学者周新发(2014)在 TPB 框架下,运用二元 Logistic 回归模型的方法,发现消费者对网络保险的感知价值、感知易用性、感知风险、网络保险的信誉度与知名度对消费者的购买意愿都有显著影响。

3. 研究模型

依据前文的文献综述以及 TAM、TPB 理论基础,分析感知有用性、感知易用性、感知风险、感知价值、主观规范和互联网保险消费态度对互联网保险消费意愿的影响,研究模型如图 2 所示。

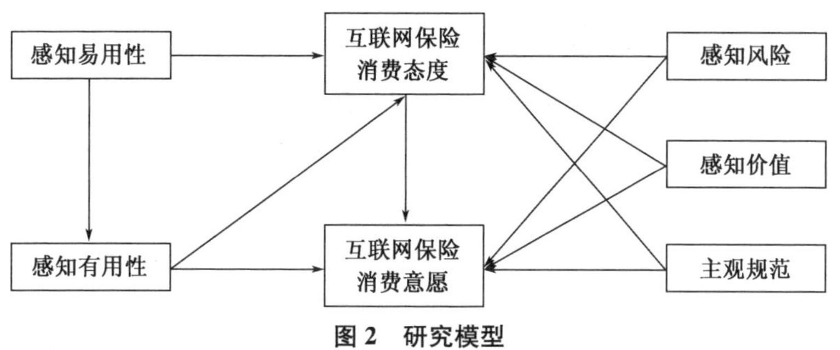

图 2 研究模型

① 周新发、王妲,2014:《基于 TPB 视角的消费者网络财产保险购买意愿研究》,《保险研究》第 7 期。

（二）研究假设

基于对互联网保险消费领域的相关文献回顾，以及技术接受模型(TAM)、计划行为理论(TPB)原理，结合互联网保险自身的特点，本文对感知有用性、感知易用性、态度、感知风险、感知价值和主观规范六类变量提出相应的假设，分析其对互联网保险消费意愿的影响。

1. 感知有用性和感知易用性

根据Davis(1993)在TAM理论中给出的解释，本文将感知有用性定义为消费者感知到的购买互联网保险能够提升其绩效的程度；将感知易用性定义为消费者购买互联网保险的难易程度。根据TAM理论，感知易用性与感知有用性存在着显著的正相关关系，感知易用性通过影响消费者的态度间接影响其消费意愿。感知有用性对消费者的态度和意愿都有显著的正向影响。因此，本文提出如下假设：

H11：保险网站的感知易用性与感知有用性正相关；

H12：保险网站的感知易用性与消费者网上投保态度正相关；

H21：保险网站的感知有用性与消费者网上投保态度正相关；

H22：保险网站的感知有用性与消费者网上投保意愿正相关。

2. 态度

本文参考Fishbein and Ajze(1975)的定义，将互联网保险消费态度定义为消费者对互联网保险正面或负面的评价。TAM和TPB理论都将态度作为影响消费者行为意愿的重要因素，同时实证研究[Moon(2001)、邓朝华(2009)]证明了各个影响因素通过影响态度间接影响行为意愿。因此，本文提出如下假设：

H3：消费者对网上投保的态度与其投保意愿正相关。

3. 感知风险

感知风险的概念最初是由Bauer1960年从心理学中延伸出来的。Cox(1967)将感知风险的概念观念化，认为感知风险包括两个方面：第一，消费者在购买前感知到的购买产生不利后果的可能性；第二，当购买后果为不利时，消费者个人主观上所感知到的损失的大小。本文将感知风险定义为，消费者购买互联网保险时感知的不确定性与损失的可能性，并将其细分为经济风险、功能风险、心理风险、时间风险、隐私风险和服务风险六个维度。大量研究[Jarvenpaa et al.(2000)、Pavlou(2003)]表明，消费者的感知风险与消费者的态度和意愿呈负相关关系，因此本文提出以下假设：

H41：消费者的感知风险与网上投保态度负相关；

H42：消费者的感知风险与网上投保意愿负相关。

4. 感知价值

本文延用 Day(1994)对感知价值的定义，将消费者对互联网保险的感知价值定义为互联网保险的感知利益和感知成本之间的差异，结合互联网保险的特征将感知价值细分为功能价值、效率价值、经济价值、情感价值和服务价值五个维度。Khare and Singh (2010)的研究表明感知价值与消费者的购买态度和意愿正相关，因此本文提出如下假设：

H51：消费者的感知价值与网上投保态度正相关；

H52：消费者的感知价值与网上投保意愿正相关。

5. 主观规范

罗长利(2015)认为主观规范是指个体认为对其有重要影响的人希望自己使用新系统的感知程度，反映了周围人群对个体行为的影响。本文将主观规范定义为消费者在购买互联网保险产品时受到他人和所在群体的影响程度。郭国庆(2010)验证了主观规范会对行为态度产生影响，因此本文提出如下假设：

H61：消费者的主观规范与网上投保态度正相关；

H62：消费者的主观规范与网上投保意愿正相关。

四、实证分析

（一）问卷设计

本研究在文献回顾的基础上，通过与个别消费者进行深入访谈后，设计调查问卷。根据预调研的反馈意见对问卷进行修改，最后形成正式问卷发放。正式问卷包括问卷介绍、问卷正文和个人信息三部分内容。问卷介绍部分包括调查的目的与要求；问卷正文部分列出各变量的测量问题供被调查者回答，采用五点 Likert 量表的形式（其中"5"代表非常同意；"1"代表非常不同意）；个人信息部分是被调查者的人口统计特征。

表 1　问卷正文问题表

变量	问题项	来源
感知有用性（PU）	使用互联网保险网站能提高我的投保效率 使用互联网保险网站能给我带来便利 在线投保可以让我购买到高性价比的产品	Tony Ahn et al.（2003） Davis（1996）
感知易用性（PEU）	学习使用互联网保险网站操作对我来说很容易 熟练使用互联网保险网站操作对我来说很容易	Gefen(2003) Tony Ahn et al.（2003）
感知风险（PR）	我担心在线投保可能会造成我的资金损失 我担心在线投保达不到预期的效果 我认为在线投保会使我紧张、焦虑 我担心在线投保可能会因浏览网页浪费太多时间 我担心在线投保会泄露我的个人信息 我担心在线投保时得不到所需的客户服务	Jacoby & Kaplan（1972） Featherman and Paul（2003） 刘玮(2010) 傅婕(2014)
感知价值（PV）	我认为在线投保能带来预期的效果 我认为在线投保可以提高业务办理效率、节省时间 我认为在线投保的价格更低 我认为在线投保的口碑很好 我认为在线投保能享受到更加及时、全面和个性化的服务	Sheth et al.（1991） Newman，Gross（1991） 张晓东(2011)

（续表）

变量	问题项	来源
主观规范（SN）	我周边的人在线投保过 我周围的人认为在线投保是个好主意 对我有重要影响的人支持我在线投保	Bamber & Schmidt (2003) Venkatesh(2000)
消费态度（CA）	我觉得在线投保很有吸引力 我觉得在线投保很方便 我觉得在线投保很有必要	Fishbein and Ajzen (1975) Bagozzi et al. (2001)
消费意愿（CI）	我将来会在网上购买保险产品 我会向其他人推荐在线投保	McKinney, et al. (2002) Song & Zahedi(2007)

（二）数据搜集与分析

本文基于正式问卷设计的内容，采用便利抽样与随机访问相结合的方法，通过在问卷星上制作电子问卷，并通过 QQ、微信和微博同步发放的方式搜集数据。共发放电子问卷 400 份，发放对象包括学生、企事业单位工作人员，并委托他们向身边的亲朋好友、同事发放问卷，回收问卷 400 份。回收样本剔除无效问卷后，得到有效问卷共计 336 份，有效回收率 84%。

1. 样本的人口统计特征

本研究采用了性别、年龄、最高学历、月收入、职业、上网频率与是否通过其他渠道（非互联网渠道）购买过保险产品，共 7 个人口统计变量。采用 SPSS19.0 软件进行描述性统计分析，分析结果如表 2 所示。

表 2　被调查者的人口统计特征

变量	选项	人数	占比(%)
性别	男	151	44.94
	女	185	55.06

（续表）

变量	选项	人数	占比(%)
年龄	<20 岁	7	2.08
	21～30 岁	260	77.38
	31～40 岁	37	11.01
	41～50 岁	29	8.63
	>50 岁	3	0.89
最高学历	高中(中专)及以下	27	8.04
	大学专科	22	6.55
	大学本科	152	45.24
	硕士	121	36.01
	博士及以上	14	4.17
月收入	<1 500 元	107	31.85
	1 501～3 000 元	51	15.18
	3 001～5 000 元	67	19.94
	5 001～10 000 元	82	24.4
	>10 000 元	29	8.63
职业	企业单位人员	105	31.25
	事业单位人员	29	8.63
	行政单位人员	22	6.55
	学生	130	38.69
	其他	50	14.88
上网频率	偶尔	11	3.27
	经常	97	28.87
	每天	228	67.86
是否通过其他渠道购买过保险产品	是	200	59.52
	否	136	40.48

由表 2 可得，被调查者中共有 151 个男性，占总调查人口的 44.94%，女性有 185 人，占比为 55.06%，女性人数略高于男性，差距并不大；年龄分布方面，21～30 岁的调查者占 77.38%，其次为 31～40 岁占 11.01%，两组人数总计占比为88.39%，这与 21～40 岁的人群网络消费能力强的特征相符；学历方面，大学本科及以上学历的占 85.42%，由于保险的认知度与教育程度有正相关关系，高学历人群占比高符合本研究的要求；月收入方面，月收入小于 1 500 元者最多，占31.85%，这一部分主要是学生群体，其次是月收入 5 001～10 000 元，占24.4%；职业部分，学生占比最多，为 38.69%，其次是企业单位人员，占比为 31.25%。从上网频率的情况来看，每天上网的人数最多，占 67.86%。值得注意的是，通过非互联网渠道购买过保险产品的人数占据约 60%的比例，说明保险在我国的普及率良好，仍有发展的空间。

2. 数据信度分析

研究者对调研后的 336 份有效问卷利用 SPSS19.0 进行信度分析，采用 Cronbach's α 系数来检验各因素测量变量的内在一致性程度。根据 Hair et al.(1998)的建议，当 Cronbach's α 值大于 0.7 时，数据的可靠性较高。由表 3 可得，本研究问卷的可靠性很高。

表 3　各变量的信度分析

变量	问项数	Cronbach's α 值
感知有用性	3	0.798
感知易用性	2	0.87
感知风险	6	0.843
感知价值	5	0.896
主观规范	3	0.953
消费态度	3	0.948
消费行为	2	0.946

3. 数据效度分析

效度(validity)分析通常包括内容效度和结构效度。由于本文选取的测量问题是参照以往学者的研究并结合访谈形成的,所以本研究的内容效度可以保证,结构效度方面采用探索性因子分析进行检验。探索性因子分析的目的是通过对观测变量的分析,找出因子个数,并且确定它与观测变量之间的关系。在进行探索性因子分析时,要对样本进行 KMO 检验和 Bartlett 球体检验,来判别样本数据是否适合做因子分析,利用 SPSS19.0 得出的结果如表 4 所示。

表 4 变量的 KMO 和 Bartlett 的检验

取样足够度的 Kaiser-Meyer-Olkin 度量		.919
Bartlett 的球形度检验	近似卡方	6 912.043
	Df	276
	Sig.	.000

表 5 主成分分析

成分	初始特征值			提取平方和载入			旋转平方和载入		
	合计	方差的%	累积%	合计	方差的%	累积%	合计	方差的%	累积%
1	10.58	44.083	44.083	10.58	44.083	44.083	9.531	39.711	39.711
2	3.816	15.901	59.984	3.816	15.901	59.984	3.519	14.662	54.373
3	1.792	7.466	67.45	1.792	7.466	67.45	2.363	9.846	64.219
4	1.045	4.356	71.806	1.045	4.356	71.806	1.821	7.587	71.806
5	0.864	3.599	75.405						
6	0.733	3.055	78.46						
7	0.64	2.668	81.128						
8	0.564	2.351	83.479						
9	0.525	2.189	85.668						
10	0.433	1.806	87.474						

(续表)

成分	初始特征值			提取平方和载入			旋转平方和载入		
	合计	方差的%	累积%	合计	方差的%	累积%	合计	方差的%	累积%
11	0.379	1.577	89.051						
12	0.367	1.529	90.58						
13	0.347	1.446	92.026						
14	0.307	1.278	93.303						
15	0.285	1.189	94.492						
16	0.254	1.057	95.549						
17	0.194	0.81	96.359						
18	0.189	0.787	97.146						
19	0.181	0.755	97.901						
20	0.147	0.611	98.511						
21	0.12	0.501	99.012						
22	0.109	0.455	99.467						
23	0.091	0.379	99.846						
24	0.037	0.154	100						

由表 4 可得 KMO 值为 0.919,并且通过了 Bartlett 卡方检验。表 5 中的前 4 个主成分的特征值都大于 1,且其总的方差贡献率为 71.806%,也就是说有71.806%的方差可以由这 4 个潜在因子进行解释。吴明隆在《结构方程模型——AMOS 实务进阶》中提到主成分总的方差贡献率若大于 50%,则说明适合做因子分析。

因子分析结果如表 6 所示,除感知风险的第四个问题项(PR4)因子负荷小于 5 删除外,其他问题项都有较高的因子负荷,表明各变量之间具有较好的区别效度。

表 6　变量探索性因子分析

	1	2	3	4	5	6	7
PU1						0.753	
PU2						0.736	
PU3						0.625	
PEU1							0.844
PEU2							0.79
PR1					0.65		
PR2					0.689		
PR3					0.596		
PR4					0.471		
PR5					0.619		
PR6					0.663		
PV1				0.668			
PV2				0.643			
PV3				0.577			
PV4				0.773			
PV5				0.741			
SN1			0.727				
SN2			0.773				
SN3			0.773				
CA1	0.85						
CA2	0.81						
CA3	0.835						
CI1		0.835					
CI2		0.839					

（三）结构方程模型分析

在对样本进行结构方程模型分析之前，本文采用国外学者的普遍做法，将 7 个变量所对应的问题项均合并为 2 个问题项（侯杰泰，2004），相应的取值用平均值代替。采用该方法的目的是提高问题项的可靠性和参数估计的稳定性。图 3 中的结构方程模型中含有 7 个潜变量：感知有用（$\eta 1$）、感知易用（$\xi 1$）、感知风险（$\xi 2$）、感知价值（$\xi 3$）、主观规范（$\xi 4$）、消费态度（$\eta 2$）、消费意愿（$\eta 3$）。各变量间的关系由模型中相应的系数表示。

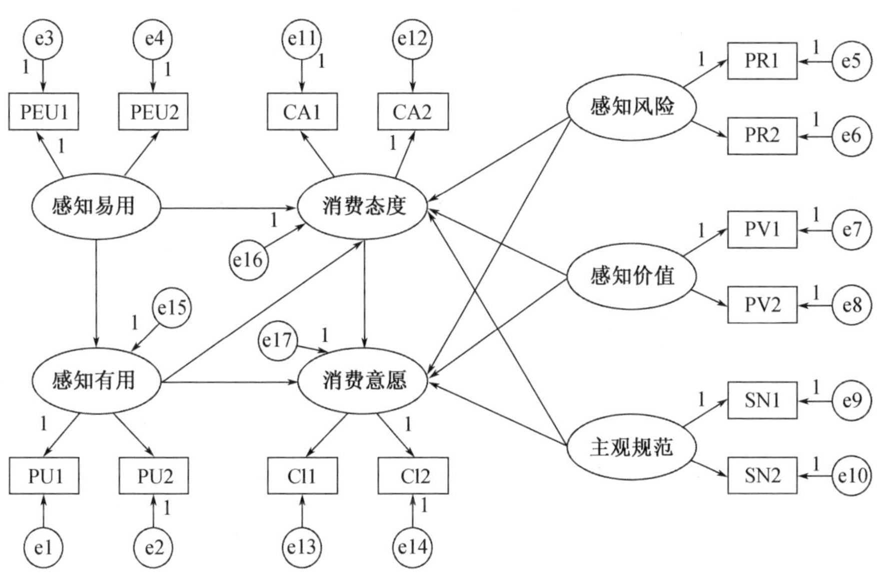

图 3　互联网保险消费意愿研究模型

1. 各指标的相关性分析

利用 SPSS19.0 取得测量变量子指标的相关系数矩阵，如表 7 所示，结果表明各测量变量子指标之间显著相关，因此适合进行结构方程分析。

表 7　各变量相关系数分析

		Va1	Va2	Va3	Va4	Va5	Va6	Va7	Va8	Va9	Va10	Va11	Va12	Va13	Va14
感知有用	Va1	1.00													
	Va2	0.57	1.00												
感知易用	Va3	0.49	0.38	1.00											
	Va4	0.41	0.40	0.77	1.00										
感知风险	Va5	−0.15	−0.17	−0.21	−0.20	1.00									
	Va6	−0.12	−0.18	−0.11	−0.12	0.70	1.00								
感知价值	Va7	0.52	0.53	0.38	0.40	−0.21	−0.25	1.00							
	Va8	0.58	0.47	0.39	0.38	−0.22	−0.19	0.65	1.00						
主观规范	Va9	0.36	0.28	0.24	0.32	−0.14	−0.17	0.47	0.40	1.00					
	Va10	0.40	0.32	0.26	0.35	−0.11	−0.22	0.50	0.41	0.71	1.00				
消费态度	Va11	0.58	0.39	0.38	0.32	−0.23	−0.15	0.46	0.60	0.29	0.34	1.00			
	Va12	0.61	0.39	0.40	0.42	−0.24	−0.21	0.63	0.59	0.47	0.46	0.64	1.00		
消费意愿	Va13	0.49	0.42	0.40	0.42	−0.28	−0.16	0.49	0.47	0.38	0.40	0.53	0.66	1.00	
	Va14	0.46	0.41	0.37	0.39	−0.29	−0.21	0.49	0.45	0.45	0.48	0.46	0.63	0.70	1.00

2. 结构方程模型分析结果

(1) 模型评价

本文模型的 PNFI＝0.59＞0.5，PGFI＝0.517＞0.5，简约拟合度较好；RMSEA＝0.013 8＜0.08，GFI＝0.923＞0.9，绝对拟合指数符合标准；CFI＝0.934，IFI＝0.936＞0.9，相对拟合指数也较好。因此，本文假设的研究模型整体拟合度较好。

(2) 假设检验

从表 8 可得，除 H22 与 H52 假设不成立外，其他假设均成立。其中，假设显著成立的有，感知易用与感知有用正相关(H11)，表明消费者认为保险公司网站越容易使用，则网站对其投保越有用；感知有用与互联网保险消费态度正相关(H21)，表明消费者感觉互联网保险网站越有用，其在网上购买保险的态度就越积极;互联网保险消费态度与消费意愿正相关(H3),说明消费者网上投保的态度越积极,网上投保的意愿也越强;感知价值正向影响互联网保险消费态度(H51),互联网保险产品和服务水平的价值越高,消费者对网上投保的态度越积极;主观规范正向影响互联网保险消费态度(H61),消费者网上投保的态度会受到周围人的影响。值得注意的是,虽然感知风险对互联网保险的消费态度和消费意愿有负向影响(H41、H42),但影响不显著,这说明各种风险的存在会阻碍人们在线投保,但这种影响并不大。

表 8　模型的路径系数与假设检验结果

假设	路径			Estimate	C. R.	假设是否成立
H11	感知有用	←	感知易用	.56	8.886	成立
H12	消费态度	←	感知易用	.09	1.371	成立
H21	消费态度	←	感知有用	.46	5.416	成立
H22	消费意愿	←	感知有用	−0.19	−1.275	不成立
H3	消费意愿	←	消费态度	1.09	4.139	成立
H41	消费态度	←	感知风险	−0.06	−1.053	成立
H42	消费意愿	←	感知风险	−0.07	−1.023	成立
H51	消费态度	←	感知价值	0.64	9.249	成立
H52	消费意愿	←	感知价值	−0.37	−2.020	不成立
H61	消费态度	←	主观规范	0.19	3.422	成立
H62	消费意愿	←	主观规范	0.16	1.981	成立

(3) 模型各变量间关系分析

如图 4 所示,通过对感知风险各子指标的因子负荷量的比较得知,消费者对于网上投保的感知风险中,事中风险(PR1,资金损失、感到紧张焦虑、浪费时间和得不到需要的服务)相对于事后风险(PR2,达不到预期效果、个人信息泄露)而言是较重要的因素。因此,如果要降低消费者对网上投保的感知风险,网上保险公司注意事中风险防范,在网站简洁、支付安全与在线服务上多增加投入。

对感知价值各子指标的因子负荷量的比较可知，消费者对互联网保险产品和服务的关注度（PV1 与 PV2）差不多，没有明显的偏好。

通过观察主观规范各子指标的因子负荷量，我们可以得出相对于周围人的影响（SN1），消费者更容易受对自己有重要影响的人的影响（SN2）而购买互联网保险产品。

由消费态度的两个子指标的因子负荷量比较得知，消费者对购买互联网保险的态度中，与情感有关的态度如认为在线投保很有吸引力（CA2）较认为在线投保很方便（CA1）更为重要，因此保险公司要重视对消费者的情感刺激。

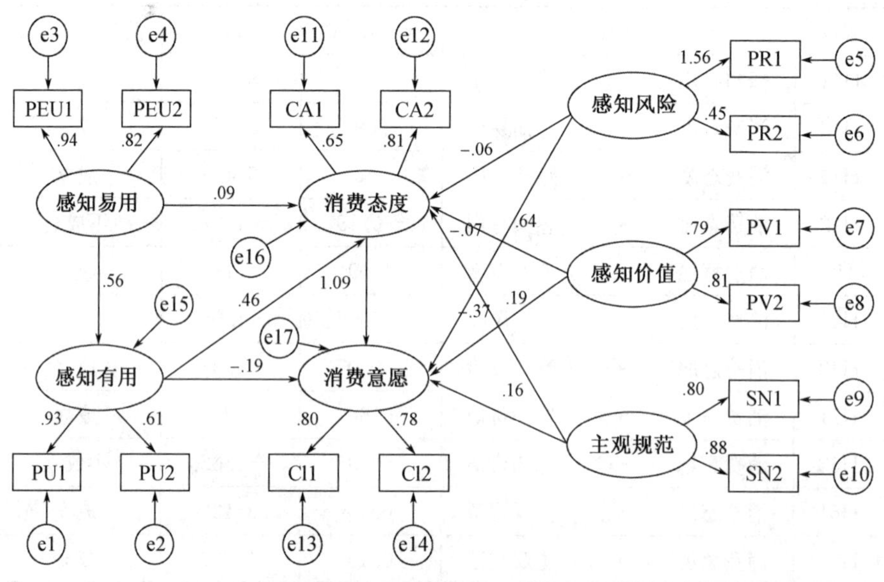

图 4 结构方程分析结果

五、结论及建议

本文基于 TAM 和 TPB 理论模型，构建了互联网保险消费意愿模型，通过发布问卷搜集数据，运用结构方程对研究模型进行检验，并对数据分析结果进行讨论。

（一）研究结论

实证研究发现，感知易用性与感知有用性正相关；感知有用性对互联网保险消费态度有显著的正向影响；互联网保险消费态度与消费意愿正相关；感知价值对互联网保险消费态度有显著的正向影响；主观规范对互联网保险消费态度有正向影响。此外，感知易用性对互联网保险消费意愿有正向影响，主观规范对互联网保险消费意愿有正向影响，感知风险对互联网保险的消费态度和消费意愿有负向影响，但这些影响都不显著。

（二）对策建议

本研究从消费者认知的角度探析互联网保险的消费意愿，对推进保险公司互联网保险产品的经营管理，更有针对性地设计互联网保险产品和服务，提升互联网保险竞争力具有重要的参考价值。

1. 感知易用与感知有用

本研究证实了感知易用性与感知有用性有显著的正相关关系。虽然实证结果表明感知易用对互联网保险消费态度的影响不显著，但感知易用性可以通过对感知有用性的影响间接地影响消费者对互联网保险的消费态度。因此，保险公司应该重视对互联网保险网站的便捷性设计，让消费者感受到网站的有用性，为以后的在线投保打下基础。

2. 感知风险

研究结果表明，感知风险对互联网保险消费态度和消费意愿有负向影响，但并不显著。这并不意味着保险公司可以忽略网络风险的存在，保险公司应该加强网络安全防护体系建设，营造安全可信的网络环境，保障支付安全、加强信息保护、提供及时服务、提高投保效率，以增强消费者对网上投保的积极性。

3. 感知价值

本文的实证结果表明，感知价值对互联网保险消费态度有显著的正向影响，但对互联网保险消费意愿的影响不显著。由于感知价值可以通过消费态度正向影响消费意愿,所以保险公司应该注意自身的口碑建设,为消费者提供物美价廉的保险产品和及时、全面、个性化的服务,尽可能满足消费者的预期。

4. 主观规范

主观规范反映的是周围人群对个体行为的影响。本文通过实证研究发现主观规范对互联网保险消费态度有显著的正向影响,消费者对在线投保的积极性受周围人的影响很大。因此,保险公司要加大对互联网保险的宣传,加强民众对网络保险的认知,刺激更多的消费者在线投保,扩大互联网保险覆盖面。

5. 消费态度

根据本研究发现,互联网保险的消费意愿主要由消费态度决定,要想提高互联网保险消费意愿,就需要采取相应措施让消费者产生积极的消费态度。保险公司可以通过创新保险产品方式增加对消费者的吸引力,提供更加舒适便捷的服务以增强客户的忠实度,来激发消费者在线投保的积极性。

参考文献

[1] 陈华,2006:《广州市网上保险消费者偏好行为的实证研究》,《消费经济》第2期。

[2] 邓朝华、鲁耀斌、张金隆,2009:《TAM、可靠性和使用能力对用户采纳移动银行服务的影响》,《管理评论》第1期。

[3] 傅婕,2014:《消费者互联网理财产品采纳意愿的影响因素及实证研究》,西南财经大学。

[4] 刘玮、柏学行,2010:《浅析保险电子商务中的消费者心理——对保险公司发展网络保险的启迪》,《上海保险》第3期。

[5] 罗长利、朱小栋,2015:《基于TAM/TPB和感知风险的余额宝使用意愿影响因素实证研究》,《现代情报》第2期。

[6] 王海萍,2012:《我国网络寿险消费意愿研究》,见北京大学中国保险与社会保障研究中心主编:《深化改革,稳中求进:保险与社会保障的视角——北大赛瑟(CCISSR)论坛文集·2012》。

[7] 张晓东、朱敏,2011:《网络口碑对消费者购买行为的影响研究》,《消费经济》第3期。

[8] 周新发、王妲,2014:《基于TPB视角的消费者网络财产保险购买意愿研究》,《保险研

究》第 7 期。

[9] Ajzen, I. , 1991, "The theory of planned behavior", Organizational Behavior and Human Decision Processes, 50, 179 - 211.

[10] Ahn, T. , S. Ryu, I. Han, 2004, "The impact of the online and offline features on the user acceptance of internet shopping malls", Electronic Commerce Research and Applications, 3(4), 405 - 420.

[11] Bauer R. A. , Consumer Behavior as Risk Raking, Dynamic Marketing for a Changing World, Hancock, R. S. (Ed.), Proceedings of the 43rd Conference of the American Marketing Association, 1960, pp. 389 - 398.

[12] Cox, D. F. , Risk Handling in Consumer Behavior: An Intensive Study of Two Cases, Risk Taking and Information Handling in Consumer Behavior, Cox, D. F. (Ed.), Harvard University Press, Boston, MA. , 1967, pp. 56 - 59.

[13] Davis, F. D. , 1989, "Perceived Usefulness, Perceived Ease of Use, And User Acceptance of Information Technology", MIS Quarterly, 13(3), 319 - 339.

[14] Fishbein, M. A. , I. Ajzen, 1975, Belief, Attitude, Intention, and Behaviour: An Introduction Theory and Research, Reading, MA: Addison-Wesley, 40 - 43.

[15] Gefen, D. , E. Karahanna, D. Straub, 2003, "Trust and TAM in Online Shopping: an Integrated Model", MIS Quarterly, 27(1), 51 - 90.

[16] Henderson, R. , M. J. Divett, 2003, "Perceived usefulness, ease of use and electronic supermarket use", International Journal of Human-Computer Studies, 59, 383 - 395.

[17] Khare, A. , S. Singh, 2010, "Antecedents to Indian customers' attitude towards online insurance services", International Journal of Business Competition and Growth, 1, 19 - 30.

[18] O'Cass, A. , T. Fenech, 2003, "Web retailing adoption: Exploring the nature of internet users web retailing behavior", Journal of Retailing and Consumer Services, 10, 81 - 94.

[19] Pavlou, P. A. , 2003, Consumer Acceptance of Electronic Commerce: Integrating Trust and Risk with the Technology Acceptance Model, International Journal of Electronic Commerce, 7(3), 101 - 134.

互联网消费金融发展模式研究*

陈　鸣

内容提要：作为互联网金融主要业务模式之一，互联网消费金融在中国的起步迟、发展快，有不少理论与实践问题需要解决。本文基于苏宁消费金融公司发展互联网消费金融的主要实践，论述了互联网消费金融的基本内涵，比较系统地分析了互联网消费金融的运行模式，最后还提出了完善征信体系、健全监管制度和发挥行业监管作用的政策建议。

关键词：互联网消费金融；运行模式；风险管理；征信体系

一、引　言

互联网金融风起云涌，围绕互联网金融创新与监管的研究更是成为当下政界、学界、业界热点关注的课题。互联网金融是什么？有哪些从业主体、类型？该怎么监管？为鼓励金融创新，促进互联网金融健康发展，明确监管责任，规范市场秩序，2015 年 7 月 18 日中国人民银行牵头十部委联合发布了《关于促进互联网金融健康发展的指导意见》[银发(2015)221 号，以下简称

* 陈鸣，苏宁消费金融有限公司，总经理，经济师，研究方向：消费金融、互联网金融，E-mail：13851753376@139.com。

《指导意见》]。《指导意见》对互联网金融的定义、类型、从业主体、监管等进行了明确的界定和划分，为互联网金融发展进行了正名，提供了监管的制度依据。互联网消费金融仍是一种新兴业态，近几年虽然不乏“京东白条”“阿里花呗”等电商消费金融异军突起，亦有针对大学生消费群体的“分期乐”“趣分期”等分期网站的不断加入，但一直存在监管不足的问题，导致行业发展乱象丛生，因此对互联网消费金融的定义、模式、监管亟待进一步研究和规范。此次《指导意见》明确鼓励传统金融机构借助互联网技术发展消费金融、网络金融，在合乎规范的条件下发展互联网消费金融业务，这对于刚刚起步的互联网消费金融的发展具有重要指导意义，有关互联网消费金融的指引、细则有待各界持续深入研究，尤其是业界的积极探索。苏宁消费金融有限公司(以下简称“苏宁消费金融”或“公司”)内生于苏宁 O2O 互联网消费平台，与零售业务紧密关系，具有先天的互联网金融资源和优势。公司设立之初便采用“互联网＋消费＋金融”的发展战略，致力于探索互联网消费金融发展的有效模式，引领行业创新。本文以苏宁消费金融的互联网消费金融发展为例，以实践为基础，对这一业态的模式进行深入的研究，为行业监管提供有针对性的建议。

二、苏宁消费金融公司概况

苏宁消费金融注册资本 3 亿元，于 2015 年 5 月 14 日成立，由苏宁云商集团股份有限公司(以下简称“苏宁”)持股 49%、南京银行股份有限公司(以下简称“南京银行”)持股 20%、法国巴黎银行个人金融集团(BNP Paribas Personal Finance)(以下简称“法巴”)持股 15%、江苏洋河酒厂股份有限公司(以下简称“洋河”)持股 10%、先声再康江苏药业有限公司(以下简称“先声”)持股 6%共同出资设立。苏宁、洋河和先声三名企业股东拥有优质的零售客户资源和网点资源，南京银行和法巴两名银行股东则拥有丰富的消费金融业务运作和风险控制经验，苏宁消费金融在股东构成上可谓强强联合、优势互补。

公司顺应互联网经济发展大潮，发挥苏宁互联网资源和大数据技术优势，采取互联网＋消费＋金融的发展战略，开拓创新，将互联网与消费金融深度结合，打造新型互联网消费金融，进一步引领行业发展，拉动消费升级。公司以提升中低收入阶层生活品质为使命，争创行业标杆，打造全国普惠金融典范。

三、互联网消费金融的基本内涵

市场的创新总是先于规范的规制，这条定律在互联网金融发展进程中得以诠释。吴志攀(2015)指出，经济形态正在发生剧变，但整个监管体系以及监管的理念、思路未必与时俱进，立法程序繁复、过程冗长，使得有关互联网金融的立法呈现一定的滞后性和规制不足，互联网消费金融也概莫能外。互联网消费金融在“互联网＋”浪潮下迅猛发展，成为互联网金融的下一个蓝海，但其概念鲜有文献可查，本次发布的《指导意见》也没有明确定义。易观国际(2015)认为，互联网消费金融是指资金的供给方通过互联网及移动互联网的技术手段，将资金提供给消费者购买、使用商品或服务。笔者认为互联网消费金融作为《指导意见》规定的互联网八大类型之一，具有互联网金融的一般属性，又有消费金融自有的属性。按照《指导意见》的规定，互联网金融的本质仍属于金融，没有改变金融风险隐蔽性、传染性、广泛性和突发性的特点，因此互联网消费金融概念的核心层仍是金融，且属于消费金融的范畴，只是在外围特征上具有互联网经济的特征。王国刚(2013)认为，一般意义上的消费金融是金融机构通过多层次、多渠道的信贷形式向个人或家庭提供消费贷款(住房按揭贷款除外)，帮助消费者实现跨期消费规划，以刺激当期消费市场需求，促进当期消费市场规模扩大的一种现代金融服务方式。笔者赞同这一理念，并尝试以此为基础探究互联网消费金融的外延。《指导意见》明确规定了互联网消费金融的从业主体是金融机构，是消费金融公司等金融机构通过互联网进行业务创新，并明确界定互联网消费金融业务由银监会负责监管。

综上所述，笔者认为互联网消费金融是指金融机构依托互联网技术和渠道，通过大数据分析技术和差异化风险政策，对存量客户进行筛选，进行批量化授信，并将信贷产品深度嵌入各类消费场景，以满足消费者即时消费的一种现代金融服务模式。对互联网消费金融的深入理解，应包括以下几个维度：第一，主体的特定性，即从业主体仅是受银监部门监管的金融机构；第二，业务的创新性，即有别于传统的金融机构运作，通过互联网展业，并与各类消费场景深度融合，互联网、大数据和云技术的广泛运用使得低定价的消费金融产品成为可能；第三，目的的普惠性，即旨在进一步提高现代金融的覆盖范围，提高普惠金融的深度和广度，为广大的中低收入者提供便捷、廉价、可获得的现代金融服务。

四、互联网消费金融的运行模式

目前，互联网消费金融行业发展尚不规范，从业主体纷杂，乱象丛生，很多从业主体并非金融机构，亦未纳入银监部门统一监管。目前，互联网消费金融产业链的提供主体主要有四种——电商、分期购物平台、银行、消费金融公司，不同参与主体从不同的角度切入消费金融服务，形成了不同的业务模式。(1) 电商平台的消费信贷模式类似于信用卡，在电商平台内部形成生态闭环(黄海龙，2013)。电商平台与小贷公司相结合的信贷模式具有一定的优势，但电商小贷由于受制于小贷公司的资金规模，且不是持牌金融机构，因此难以运作金融工具，后续发展受制于资金来源。(2) 分期购物平台的消费信贷模式，市场细分程度高，主要消费者为大学生群体，行业发展存在过度营销的乱象，且信用风险高。虽然分期消费平台通过债权包转让和出售，加快资金回流，进行风险转移，但这一操作存在一定的合规风险，也加大了产业链末端投资者的风险。(3) 商业银行消费信贷模式，该模式在资金、技术、人才等方面有优势，但在消费场景融合上不具有优势，且产品定价高、审批周期长，互联网化程度低，因此其互联网消费金融模式尚在转型阶段。(4) 传统的消费金融公司发展缓慢，多采用线下驻店的模式进行展业，而新设的消费金融公司正在走“互联网

＋”消费金融的模式，行业正在变革，有望进一步专业化。随着《指导意见》的落地和相关细则的出台，互联网消费金融从业主体势必将进行新一轮的洗牌，统一监管势在必行。

苏宁消费金融集消费金融、电商金融、普惠金融为一体，代表着消费金融行业发展的趋势，为我们研究互联网消费金融提供了个案研究资源。笔者基于苏宁消费金融的发展实践，从市场定位、信贷模式、产品设计、运营模式、风险管理五个方面对互联网消费金融模式进行初步分析和提炼总结。

（一）市场定位

1. 政策导向

国家鼓励金融机构与互联网企业发展互联网金融和消费金融，进一步拉动消费，提升现代金融普惠水平。(1) 2015 年 6 月 10 日，李克强主持召开国务院常务会议强调发展消费金融，重点服务中低收入人群，有利于释放消费潜力、促进消费升级，并将消费金融公司试点扩至全国。(2) 2015 年 7 月 04 日国务院印发《国务院关于积极推进“互联网＋”行动的指导意见》(国发〔2015〕40 号)促进互联网金融健康发展，全面提升互联网金融服务能力和普惠水平，鼓励金融机构利用互联网拓宽服务覆盖面。(3)《指导意见》积极鼓励金融机构和互联网企业通过互联网金融平台，进行产品和服务创新，建立服务实体经济的多层次金融服务体系，更好地满足中小微企业和个人的投融资需求。由此可见，无论是扩大消费金融试点，还是规范、引导互联网金融发展，都鼓励金融机构和互联网企业进一步推进普惠金融发展。

2. 错位竞争

消费信贷是消费金融的主体，而信用卡是消费信贷的主体。王国刚(2013)对 2011 年信用卡市场研究发现，信用卡交易金额占社会消费品零售总额的比重为 48.26%，现阶段商业银行仍是消费信贷的主要参与者。虽然消费信贷市场不断迎来消费金融公司、电商小贷、分期网站的加入，但后来者体量较小，尚不能改变行业竞争格局。另根据游春等(2013)研究发现，消费金融公司的贷款业务与商业银行信用卡具有较强的重叠性。规模上的劣势和产品上的同质化,使得后来者必须与商业银行展开错位竞争,发挥专业优势,找到市场盲区、客户痛点,向次级信用人群延伸,弯道超车。

综上所述,互联网消费金融的市场定位应是:进一步细分市场,面向广大中低收入人群,通过风控模式的创新,解决次级信用的消费人群信用贷款风控难题;依托互联网渠道迅速弥补网点不足,走互联网金融发展之路,为广大中低收入者提供现代金融服务,不断提升中低收入人群的生活品质,践行普惠金融、民生金融。

(二)信用贷款

互联网消费金融依托电商平台,充分运用大数据征信技术进行客户筛选,进行批量化预授信,从而破解信用贷款运营成本高、风险控制难的问题。

1. 依托电商平台,获得海量客户资源

互联网时代,得用户者得天下。发展互联网消费金融需要互联网基础,其中最重要的是海量用户,用户不仅要量大,还要相对稳定,具有较强的黏性。大量的优质用户资源是大数据运用的前提,进而为信用评估、主动授信提供条件。电商平台拥有大量的沉淀客户,且客户活跃度、依存度高,为衍生业务的发展提供了良好的基础。

2. 运用大数据技术征信推进信用资本化

米什金(2010)认为信息不对称是金融市场的一个重要特征,“信息不对称会导致逆向选择和道德风险”。为了缓解信息不对称带来的风险,商业银行在借出资金时往往需要借款人提供房屋、汽车等不动产或动产作为担保,而广大中低收入者又无法提供有效的担保,致使他们被现代金融拒之门外。谢平等(2014)指出征信是网络贷款的基础和保障,万建华(2013)提出在大数据广泛应用的背景下,大数据技术可以帮助金融业更有效地开发和维系最终用户。通过对海量的商业数据、金融数据、社交记录进行有效整合,可以对借款人进行全方位画像,进行有效的信用评分和需求识别。大数据分析技术是互联网消费金融公司的核心能力，苏宁消费金融公司正是运用大数据分析技术，根据海量用户的基础信息和交易行为数据，对用户进行全面、详细、精准的认知，进而形成完整的、多维的画像，使客户信息视觉化，从而进一步精准定制产品。

3. 批量化的预授信进行主动展业

将客户选择我们，变成我们选择客户。互联网消费金融通过信用评分模型对用户进行信用打分，进而筛选出优质客户，给予主动授信，然后再通过短信、微信、电话、邮件的方式告诉客户可以激活使用。这一授信模式既从源头上控制了信用风险，又可以根据客户的信用评分等级、购物习惯进行精准营销。比如苏宁消费金融的主要用户资源就是苏宁平台上的 2 亿会员客户，他们通过对客户身份信息、消费行为、信用状况等基础信息的了解和掌握，采取批量授信、主动授信方式进行展业，并通过精准分析为客户量身定制产品，将苏宁存量用户批量转化成消费金融公司的增量客户，引爆“长尾效应”。

（三）产品设计

由于互联网消费金融更多面向中低收入人群，因此在践行普惠金融上要设计更多灵活、便捷、可获得、低费率的产品。

1. 低费率的贷款产品定价

互联网消费金融在信贷产品定价上具有优势。依托互联网渠道，有效降低了互联网消费金融的展业的渠道成本和人力成本。涂子沛(2012)认为在大数据时代，数据就是企业的财富和金矿，数据分析和挖掘的能力就是企业的核心竞争力。互联网消费金融从业主体通过将数据之间的聚合形成新的知识，具备了大数据征信优势，可以有效控制信用风险，降低风险成本。主动授信和批量化授信模式有效降低了展业的获客成本，因此互联网消费金融在运营成本上低于传统金融机构，在产品定价上具有优势，可以通过较低的产品定价来弥补运营成本。

2. 产品的互联网化

互联网消费金融产品创新的重要途径就是产品互联网化，产品互联网化的核心在于用户互联网化。网上消费已经是年轻人最主要的消费方式，互联网消费金融的产品设计必须与主流人群的主流消费方式相吻合，推进产品的互联网化，即实现产品设计、申请、服务的互联网化。就具体产品而言，应做到：第一，贯彻互联网简约思维，实现产品设计简单化，便于客户理解；第二，运用移动通信技术，实现产品在线申请、审批、提额、还款等，第一时间响应客户诉求；第三，深度嵌入各类互联网支付工具的支付界面，在客户支付时第一时间引导客户消费。

3. 垂直化产品细分和定制

结合目前中国的消费金融发展现状，艾瑞咨询(2014)认为，垂直化发展将是未来中国互联网消费金融的又一重要趋势。垂直化包括两个维度的垂直化，即行业垂直化和用户层级垂直化。随着中国电商平台的垂直化发展，消费金融行业的市场将进一步被细分和垂直化。互联网消费金融领域将从传统的购物分期进一步延伸到旅行、教育、婚庆、租房等领域，各细分领域之间的生产经营模式、产业链格局均有不同发展特征，因此要围绕具体的消费场景进行产品的细分。另一方面则来自用户层级的垂直化，随着互联网用户年龄向两端延伸，因此需对用户进行分层，了解不同用户的综合性需求，提供覆盖用户全生命周期的消费金融服务。《指导意见》支持金融机构与互联网企业开展合作，建立良好的互联网金融生态环境和产业链，拓展金融产品的销售渠道。可以预见，未来消费金融公司将会与更多的垂直类电商平台或线下商户进行业务合作，覆盖更多的消费场景。

（四）运营渠道

发展互联网消费金融需要 O2O 全渠道。随着移动互联时代的来临，海量商品和服务不断涌现，用户需求和行为呈现碎片化和多样化，要求提供随时随地消费服务。但消费场景目前不能、以后也很难全部线上化，这一点从近期阿里入股苏宁可窥见一斑[①]。另外，从苏宁消费金融门店业务的调研来看，基于互联网授信的规则不适合门店实际的消费场景。线上授予的额度的风险逻辑是无法辨别新客户的有效身份和真实诉求，因此借助严格的量化条件和强身份验证后给予新客户小额的预授信额度，审批条件较为严格。而门店消费场景一般是大额的、客户年龄结构大、不经常使用网络支付的，线上新客户的审批规则不适合线下的新客户展业模式。因此，线上拓展应以预授信客户为主，线上新客户为辅；线下拓展以新客户为主，预授信客户为辅。随着未来的消费场景 O2O 化，与此相对应，消费金融也要根据线上、线下的具体场景制定不同的风险政策和业务流程，为线上客户提供小额、快捷的支付，也要满足线下大额、非网购人群的购物需求。

（五）风险管理

对于金融机构来说，成也风险，败也风险。一如《指导意见》所说，互联网金融本质仍属于金融，没有改变金融风险隐蔽性、传染性、广泛性和突发性的特点。只是互联网消费金融作为消费金融模式的创新形态，采取的是无担保、无抵押的信用贷款，且贷款具有小额、分散的特征。在互联网渠道下，风险的覆盖面又被进一步扩大，因此互联网消费金融发展的核心在于风控。

1. 识别主要的风险类型

巴塞尔委员会在 1997 年颁布的《有效银行监管的核心原则》将风险分为信用风险、市场风险、操作风险、流动性风险、国家和转移风险、法律风险和声誉风险七大类。罗明雄等(2013)认为互联网金融也面临传统金融所面临的风险，同时由于互联网金融在技术与业务上较传统金融模式更为超前，又具备自身的风险特点，互联网金融风险扩散速度快，监管难度高，交叉传染的可能性大。根据苏宁消费金融公司的经验发现，互联网消费金融面临两大突出风险

---

① 2015 年 8 月 10 日，阿里以约 283 亿元人民币战略投资苏宁，成为第二大股东；苏宁将以 140 亿元人民币认购不超过 2 780 万股的阿里新发行股份，双方打通线上线下，全面提升效率，为中国及全球消费者提供更加完善的商业服务。

是信用风险和操作风险:一是信用风险,主要是因次级信用群体违约行为带来的直接损失;二是操作风险,主要包括因客户欺诈行为而带来的欺诈损失,以及信息系统操作失误、缺陷、攻击而带来的欺诈风险和信息系统风险。实践证明,新客户的违约率要高于预授信客户的违约率,“贷款市场上逆向选择发生的原因在于,严重的信用风险(最有可能出现贷款违约的人)往往来自那些排队申请贷款的人”(米什金,2010)。作为初创型的消费金融公司,不法分子总是尝试使用各种手段骗取贷款。

2. 制定完善的风险政策

在对风险进行准备识别后,就要对不同的风险制定不同的风险政策,进行有效管理。互联网消费金融发展趋势既要有线上业务场景,也要有线下业务场景;既要依托电商平台存量客户资源进行预授信,又要通过多渠道开发新客户,因此要对客户进行分类。根据苏宁消费金融的客户类型研究,可将客户类型分为四类(见图 1),即线上预授信客户、线上新客户、线下预授信客户和线下新客户。(1) 线上预授信客户是利用大数据技术,对苏宁存量会员客户的基础信息和消费行为记录进行消费者画像和信用模型打分,再通过人行征信系统和外部征信机构进行黑名单控制,从而筛选出优质的会员客户;(2) 线上新客户是除预授信客户以外的通过线上申请的客户,这类客户欺诈风险较高,需要建立差异化的风险政策;(3) 线下预授信客户主要是对股东单位和优质企事业单位的员工进行预授信,这类客户身份信息真实、工作稳定、收入较好,因此风险易控;(4) 线下新客户主要是通过苏宁门店和第三方合作商户及其他渠道受理的新客户,公司基于线下的具体消费场景,通过人工审批给予客户在基本授信额度之外辅以临时授信额度,以满足客户购物需求。

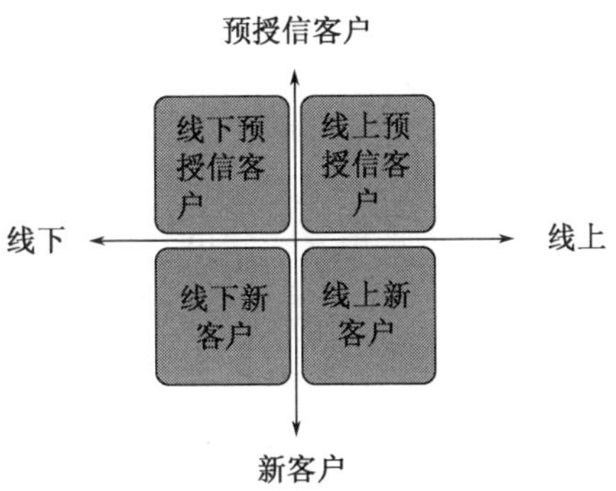

图 1　互联网消费金融客户类型矩阵图

综上，在制定互联网消费金融风控政策时，要根据不同的客户类型进行场景化、类型化的风险控制。经过对苏宁消费金融逾期客户的类型化分析，发现新客户的逾期率约为预授信客户逾期率的 9 倍，且新客户的主要风险类型是欺诈造成的操作风险。因此，在制定风险政策时，新客户的风险政策相比于预授信客户更加严格；同时，由于线下客户主要是实体门店的购物者，且有线下门店人员可以现场审核借款人的身份信息和购物行为，因此在制定线上风险政策时要严于线下。

3. 建立完善的风控系统

互联网金融核心是风控，风控的核心是征信。苏宁消费金融在展业实践中，建立了定期优化风险模型的机制，不断提高风险模型的有效性，防控信用风险。同时，运用云技术和广泛的外部征信系统和反欺诈侦测系统将欺诈风险控制在合理范围内。这就要求：一要建立大数据征信库，通过将平台的交易数据与人行的征信数据和市场化的征信数据聚合，建立有效的信用违约风险评估模型，进一步推进量化风险管理；二要建立强大的系统和完善的模型，系统的支持既要内部拥有核心的审批系统，也要借助外部的云端反欺诈系统进行联防、联控、联治，最大限度地规避欺诈风险；三要在贷后管理上广泛运用委外催收，需要从业主体建立催收系统，加强委外催收管理，提高催收效率；四要防范信息技术风险，加强核心信息系统自主建设的同时，做好外部专业机构安全检测，严格控制信息技术风险。

4. 打造复合型风险团队

互联网消费金融需要熟悉互联网和消费金融的复合型人才，尤其缺乏在风控和信息技术方面的复合型人才。国内互联网金融和消费金融发展尚处于初步阶段，国外的消费金融比较发达，可以考虑在设立消费金融公司时引入外部战略投资者，通过股东方外派风险专家的方式为互联网消费金融的发展提供风控技术支持。

五、互联网消费金融发展的政策建议

（一）完善征信体系

整个互联网金融行业中，风险管控是关键，“征信体系是风险管控最核心的内容，健全的征信系统能够最大限度地消除信息不对称的状况，减少道德风险与逆向选择事件发生的概率”（李真，2015）。发展互联网消费金融，需要完善的社会信用体系，一方面，进一步整合传统征信系统数据分散的现状，构筑大征信数据库，提高征信覆盖范围；另一方面，支持、规范以互联网征信为代表的市场化征信机构的发展，形成政府主导与市场结合的征信体系，为互联网消费金融发展提供有力支撑。

1. 进一步完善征信数据库，扩大征信覆盖范围

发展互联网消费金融需要破解征信难题。征信直接关系着互联网消费金融的风险防控水平。消费金融公司虽然通过电商平台可以获取大量用户数据，但主要局限于某一方面，如消费行为记录、社交记录等，要想构建更精准的信用评分模型，需要更全面的征信数据。但目前消费金融公司征信覆盖面较窄，外部征信只能接入人行征信系统，还可以与专业的征信公司合作；但一些公共征信数据仍难以获取，如税收、公安、行政等关键信息，难以综合评判客户的信用状况。本次《指导意见》明确提出推动信用基础设施建设，鼓励从业机构依法建立信用信息共享平台，对行业发展是一大利好。接下来建议中央部委能够尽快对个人信用信息进行跨部门整合，构筑完整的个人信用信息基础数据库。

2. 支持、规范互联网征信发展，弥补人行征信不足

李真（2015）研究发现，互联网征信是以开放式的互联网为载体，利用大数据、云计算等新兴高科技，通过抓取、采集和整理个人以及企业在使用互联网时所留下的数据信息，同时辅以其他渠道获取的数据信息而进行信用评估与服务的活动。因此，互联网征信在数据采集和应用方面高度契合互联网消费

金融的发展，弥补了以人行征信为代表的传统征信的商业数据空白。

（二）健全监管制度

我国互联网金融和消费金融的制度不健全，《指导意见》仅是对互联网金融提供了宏观层面的指导，具体落地的指引细则还需尽快跟进，尤其是在对互联网金融从业主体分类监管方面还需明确。另外，有关消费金融公司的规范制度也需要修改完善。

1. 制定《指导意见》的配套监管制度

2015 年 7 月 16 日，中国人民银行有关负责人就互联网金融指导意见答记者问时表示，人民银行将与有关部门一道加强组织领导和分工协作，抓紧制定配套监管规则，确保各项政策措施落实到位。为此，为指导互联网金融从业主体在规范的基础上进行业务创新，建议根据互联网金融的八大类型分别制定具体指引。

2. 修改完善《管理办法》，拓宽资金来源渠道

目前，消费金融公司虽然有吸收股东存款、同业拆借、发行金融债、资产证券化等多种融资方式，但对于新设公司，吸收股东存款几乎成了唯一的资金来源渠道。若股东没有大量富余资金，或对富余资金收益率要求较高，都将直接制约消费金融公司的业务发展。所以，发展互联网消费金融：一方面，需要寻求对消费金融有深刻认识的强大股东，确保在初期有意愿、有能力持续提供低成本资金支持；另一方面，建议监管部门对消费金融公司开展监管评级，实施分类监管，对符合发展方向、创新动力强劲、业务发展稳健合规的互联网消费金融公司给予更广的资金渠道和更宽松的资金政策支持，待条件成熟后修改完善《消费金融公司管理办法》，提供制度支持。同时，早日细化《指导意见》有关上市融资制度，为互联网消费金融创新发展提供强有力的营运资金保障。

（三）发挥行业监管作用

互联网金融的监管原则呈五大趋势，即依法监管、创新监管、适度监管、分类监管、协同监管五大原则。为此建议：一，在监管细则尚未出台，互联网消费金融从业主体纷杂的现实背景下，尽快组建行业协会，由银监部门指导协会开展工作，通过间接方式将从业主体统一纳入监管，规范市场秩序；二，加强行业交流学习、业务创新规范研究，推进行业评级和黑名单客户信息共享工作，发挥行业协会平台作用，降低行业成本；三，发挥行业协会在保护金融消费者权益方面的作用，加强对消费者隐私信息的保护，建立消费者权利救济维权机制。

参考文献

[1] 艾瑞咨询，2014：《2014 年中国互联网消费金融产业趋势报告》。

[2] 黄海龙，2013：《基于以电商平台为核心的互联网金融研究》，《上海金融》第 8 期。

[3] 李真，2015：《中国互联网征信发展与监管问题研究》，《征信》第 7 期。

[4] 罗明雄、唐颖、刘勇，2013：《互联网金融》，中国财政经济出版社。

[5] 米什金，2010：《货币金融学》（第九版），中国人民大学出版社。

[6] 涂子沛，2012：《大数据：正在到来的革命，以及它如何改变政府、商业与我们的生活》，广西师范大学出版社。

[7] 万建华，2013：《金融 e 时代：数字化时代的金融变局》，中信出版社。

[8] 王国刚，2013：《中国消费金融市场的发展：中日韩消费金融比较研究》，社会科学文献出版社。

[9] 吴志攀，2010：《“互联网＋”的兴起与法律的滞后性》，《国家行政学院学报》第 3 期。

[10] 谢平、邹志伟、刘海二，2014：《互联网金融手册》，中国人民大学出版社。

[11] 易观国际，2015：《2015 年中国互联网消费金融市场专题研究》。

[12] 游春、尚菲，2013：《我国消费金融公司发展存在的问题及对策分析》，《西部金融》第 2 期。

消费金融公司支付结算问题研究*

王世欣

内容提要：建立完整、安全和有效的支付结算体系是消费金融公司正常开展业务的必要前提之一。本文以互联网消费金融发展为背景，深入分析了消费金融公司在支付结算过程中存在的验证困难、成本高和安全性差等问题，指出出现此类问题的主要原因，进而提出优化消费金融公司支付结算体系的对策性建议。

关键词：互联网消费金融；消费金融公司；支付结算

一、引　言

伴随着中国经济转型，扩大内需、拉动消费已逐渐成为中国经济发展的主要驱动力。与此同时，人们开始追求更高品质的生活，国内消费金融市场应运而生，近年来蓬勃发展。2009 年 8 月 13 日，中国银监会发布《消费金融公司试点管理办法》，北京、天津、上海和成都先后成立四家消费金融公司。2013 年 9 月 27 日，新增加 12 个试点城市，并放开了业务的区域限制。2015 年 6 月 10 日，国务院常务会议又决定将试点扩大至全国。

---

* 王世欣，管理学学士，中级会计师、EFP(金融理财管理师)，现任苏宁消费金融有限公司运营管理中心副总经理，兼任产品管理部总经理和市场管理部总经理。

消费金融行业巨大的商业机会吸引了大量的市场参与者，除商业银行、信用卡、消费金融公司等持牌金融机构以外，电商、网贷和小贷等机构也纷纷加入，从电商线上购物平台到基于大额消费场景的细分市场，从面向中高端客户的大额现金贷款到直接通过移动终端发放的小额即时借贷，竞争日趋白热化。面对消费金融行业数据化、移动化、支付化、场景化和低息化的趋势，多数消费金融公司并未因持牌而获得实质性的竞争优势。不仅资金成本与商业银行和信用卡公司相比处于较高水平，消费金融公司在数据资源和场景覆盖上也远不是互联网电商的对手；由于受银监会监管，展业灵活度方面与网贷和小贷公司相比处于劣势。面对巨大的发展压力，多数消费金融公司已背离消费金融面向消费的基本属性，被迫采取地推方式，大规模发展现金贷款。个别消费金融公司甚至直接采取第三方代理模式，最终造成了严重的声誉损失。

为有效控制展业风险，降低获客成本，近年来消费金融公司在互联网消费渠道方面陆续投入资源，在场景类消费金融的营销推广、系统研发和风险管控等方面积累了一些经验，但在支付结算方面一直鲜有突破。小额、多频、快速、分散是消费金融公司贷款的主要特点，拥有一套完整、安全的支付结算体系是消费金融公司开展正常经营活动的基本需求。然而，消费金融公司虽为金融机构，却不能直接加入央行清算体系，不能为客户开立结算账户，所有支付结算必须依靠商业银行或第三方支付机构完成，这在一定程度上制约了消费金融公司的发展。

二、消费金融公司支付结算存在的问题

消费金融支付结算的核心需求包括银行卡验证、放款和还款。其中，银行卡验证解决的是客户身份识别和还款账号绑定的问题；放款和还款解决的是消费金融公司如何根据客户需求发放贷款和客户如何按照合同约定归还贷款的问题。但在实践中，这些需求的实现均面临挑战，具体表现在以下三个方面：

（一）验证困难，放款还款体验差

1. 银行卡验证成功率低

银行卡验证是将借款人申请贷款时提供的信息与其留存在商业银行的个人信息进行比对。业内普遍把对客户姓名、身份证号码、借记卡卡号三项信息的验证称为“三要素验证”或“还款账号验证”；将“三要素＋银行预留手机号”四项信息的验证称为“四要素验证”或“实名认证”。目前，“三要素验证”的平均成功率为 80％，而“四要素验证”的平均成功率只有 50％。不可否认，由于线上申请环境开放可能产生欺诈，通过率低可以理解，但在线下面核的环境中“四要素验证”的平均成功率也不到 70％，一些已经确认身份的客户无法通过验证。“四要素验证”成功率低的主要原因在于验证服务的提供方（通常为银联或第三方支付机构）并不掌握银行预留手机号的全部信息。同一个客户可能在同一家银行因办理账户开立、短信银行、网上银行等业务关联多个手机号，由于银行不是获利方，也不会因验证失败承担任何责任，所以不会主动提供关联手机的全部数据库。银行卡验证失败导致的申请流程中断严重影响了用户体验，为提高验证成功率，一些消费金融公司被迫放弃对银行预留手机号的验证，通过小额转账、人脸识别、公安系统验证、网络爬虫、指定银行卡，甚至面谈面核等方式来辅助识别客户身份，这些手段的运用客观上影响了业务办理效率。

2. 放款手续烦琐，易失败

消费金融产品放款主要包括循环额度扫码支付、专项额度受托支付和现金自主支付。循环额度扫码支付须将消费金融公司产品植入第三方支付公司移动客户端，愿意接受植入消费金融公司产品的第三方支付公司一般市场占有率不高，这些第三方支付公司可接入的商户规模通常也不大。为了避免中小商户套现风险，第三方支付公司在付款环节会制定较为严格的反欺诈策略，这些策略可能“错杀”一部分客户；而引导客户下载这些非主流第三方支付公司的 APP 以实现扫码支付，又会造成一定的订单流失；还有一部分客户由于额度不足无法组合支付[①]而被迫放弃。专项额度受托支付须实现消费金融公司系统与商户订单核心系统直连，商务洽谈周期长，系统开发难度大。目前，多数消费金融公司通过纸质凭证与商户收银台结算，全程人工操作，对客户进行面签面核，放款手续复杂，操作风险大。现金支付方面，由于考虑到银行卡效验成功率低，一些消费金融公司选择放款至第三方支付机构，而第三方支付机构近期又面临监管支付结算账户级别和限额控制的影响，最终只能要求客户开立指定银行账户，牺牲用户体验。

3. 扣款失败率高，还款困难

还款一直是用户使用消费金融产品的痛点，一方面，自动扣款受制于代扣通道[②]，通道一般不支持中小城商行、信用社，也不支持差额扣款[③]、多账户扣款；另一方面，客户自主还款困难多，无论是商业银行还是第三方支付机构都有各自的转账限额和限时规定，客户常因不了解转账规则造成逾期；消费金融公司批量代扣时会锁定账户，导致客户主动还款失败；还有一些消费金融产品根本不支持客户主动部分还款。这些情况下，客户只能将还款资金打入消费金融公司对公账户，消费金融公司安排人员逐笔核对手工还款，一些还款资金由于客户没有备注，导致长期挂账无法处理。

（二）成本高，背离普惠金融

1. 支付机构收费高

消费金融公司支付结算必须依靠商业银行或第三方支付机构来完成，而商业银行或第三方支付机构均为市场化盈利组织，通过其完成的资金结算均需按其价格标准收费。经测算，消费金融公司每发放一笔 1 000 元消费贷款，

---

① 组合支付：可使用多种支付方式完成同一笔订单的支付，即可以使用银行卡、扫码支付、现金等多种支付方式。

② 代扣通道：通常包括银联、商业银行或第三方支付机构。

③ 差额扣款：代扣机构扣款时，如发现客户账户资金不足的，可按其余额代扣，目前除本行或有协议银行可满足差额扣款外，多数银行出于自身利益和用户隐私考虑并不支持差额扣款。

按12期分期来计算,平均需要支付15元的通道费用。国内落后的征信体系已经增加了消费金融公司的风险成本,而在资金成本方面,消费金融公司相比银行和信用卡公司明显偏高,加上支付结算的通道费,这些成本费用最终都将转嫁给客户,体现到产品价格中。例如,某外资参股消费金融公司3C消费场景消费贷款平均利率已超过60%,普惠金额"普而不惠"。

2. 退货成本难摊销

相比信用卡公司,消费金融公司更容易卷入交易纠纷。虽然消费金融公司可以通过合同将消费和信贷交易明确区分,但由于其产品与消费场景融合较深,一些消费金融公司甚至直接由商户参股或控制,在面对客户投诉时很难全身而退。交易变更或纠纷造成的用户退换货不仅会增加消费金融公司支付结算的复杂程度,还可能影响其在交易中的既得利益。因为消费金融公司一般通过第三方支付机构和银行来完成支付结算,无法参与支付结算费用的分配,只能通过利息和手续费获利,一旦发生用户退换货,已确认的收益可能退回,而相关通道费用已经发生。据统计,电子零售商面临的退货率高达60%,且退货率不断上升,已经超过了电子商务的整体增长率。

3. 营销推广耗费大

目前,支付宝、财付通等强势第三方支付产品已占据在线支付的绝对份额,而线下实体店主流的支付方式是银联卡,这些支付方式用户基数大,支付结算便利,成功率高,已经培养出消费者的支付习惯,更重要的是这些机构几乎都推出了自己的消费金融产品。对于一些优质客户,除非有大力度的优惠政策刺激,否则很难被消费金融公司产品吸引。很多大型商户正是看中了这点,把各家消费金融公司引进到平台,直接对比价格、风险和优惠补贴政策,以减少其自身营销费用的消耗。一些消费金融公司不堪重负,将目标客户下沉到一些无信或低信的客户,通过地推方式拓展小型商户渠道来获客;还有一些公司放弃消费场景,直接发展现金贷款,如某银行系消费金融公司现金贷占其总贷款余额比例超过80%。

（三）安全性差，支付限额成桎梏

消费金融公司支付结算必须依靠商业银行或第三方支付机构来完成，但近年来一些第三方支付机构和地方性商业银行对客户身份识别机制不够完善，风险意识较弱，在客户资金安全和信息安全保障机制等方面存在欠缺，客户信息泄露、网络欺诈、套现等网络犯罪案件快速攀升，其中尤以快捷支付和虚拟电子银行账户风险度最高。

消费金融的支付结算分为线上和线下两种模式。线上小额支付主要通过第三方支付公司的快捷支付完成，大额支付则使用商业银行网银来完成；线下支付既有传统的银行卡收单支付，也有第三方支付公司的扫码支付。扫码支付只是在线下对购买人身份认定和订单确认的技术手段，最终支付仍须通过快捷支付完成。在快捷支付中，用户不需开通网银，只需提供银行卡卡号、户名、手机号码等信息，银行验证手机号码正确后，第三方支付发送手机动态口令到客户手机号上，用户输入正确的手机动态口令，即可完成支付；如客户选择保存卡信息，则用户下次支付时，只需输入第三方支付的支付密码或者是支付密码加手机动态口令即可完成支付。相比第三方支付机构，商业银行在合规意识、风控能力、系统稳定性等方面具有明显优势，芯片卡代替磁条卡后，线下 POS 的支付安全性也大幅提升。但为应对第三方支付机构的冲击，商业银行近年大力发展虚拟电子银行账户，该账户所有开户流程均在线上完成，易造成因客户信息泄露导致的冒名开户。为防范上述支付手段带来的风险，央行于 2015 年 12 月先后下发了《关于改进个人银行账户服务加强账户管理的通知》和《非银行支付机构网络支付业务管理办法》（以下简称《办法》），新规实施后，将支付结算账户按风险级别进行了分类，分别设置了限额①。这些措施能

---

① 2015 年 12 月 29 日央行发布《非银行支付机构网络支付业务管理办法》，其中限额相关规定如下：Ⅰ类支付账户，账户余额仅可用于消费和转账，余额付款交易自账户开立起累计不超过 1 000 元；Ⅱ类支付账户，账户余额仅可用于消费和转账，其所有支付账户的余额付款交易年累计不超过 10 万元；Ⅲ类支付账户，账户余额可以用于消费、转账以及购买投资理财等金融类产品，其所有支付账户的余额付款交易年累计不超过 20 万元。

够控制一些网络欺诈风险，但同时也对消费金融产品的支付结算功能造成了一定影响。尤其是现金贷款，由于《办法》对第三方支付账户余额的限制，加上各家商业银行对往来资金限额和到账时间的规定，用户根本无法便捷地在网上进行放款、还款操作，一些业务只能走到线下，严重影响了消费金融公司正常业务的开展。

三、消费金融公司支付结算存在问题的原因

（一）政策支持并未落到实处

消费金融公司作为全新金融机构业态在中国生根仅有七年时间，这七年来国家要求积极发展消费金融行业的态度很鲜明，但针对消费金融公司发展给予的政策支持没有落地措施。消费金融本可以凭借其贷款受托支付的功能天然成为新型的信用支付机构，但由于政策限制使得消费金融产品在与支付结算直接相关的银行卡验证、放款和还款等核心功能上存在严重缺陷，无法公平参与消费金融的市场竞争，最终误入歧途，要么把成本全部转嫁给客户，发展"普而不惠"的高定价产品，路越走越窄；要么饮鸩止渴，背离消费金融本质，盲目发展现金贷款，最终风险频发，严重影响了消费金融公司的声誉。

消费金融的业态在政策执行层面被严重忽视的另一个例子就是消费金融公司的贷款记录在"人行征信报告"中的表现形式。无论是现金贷还是购物贷，无论贷款金额大小，消费金融发放的贷款在"人行征信报告"都是逐笔记录的。也就是说，对于频繁使用消费金融产品的客户，其征信报告记录冗长，一些银行将其视为异常情况，拒绝该类客户的房贷、车贷申请。可见，监管机构虽曾出台针对消费金融公司的专门法规政策，但面对消费金融公司在发展中遇到的具体问题，并没有明确有效的指导意见，消费金融公司只能自己"摸着石头过河"。

（二）市场地位不高，受排挤

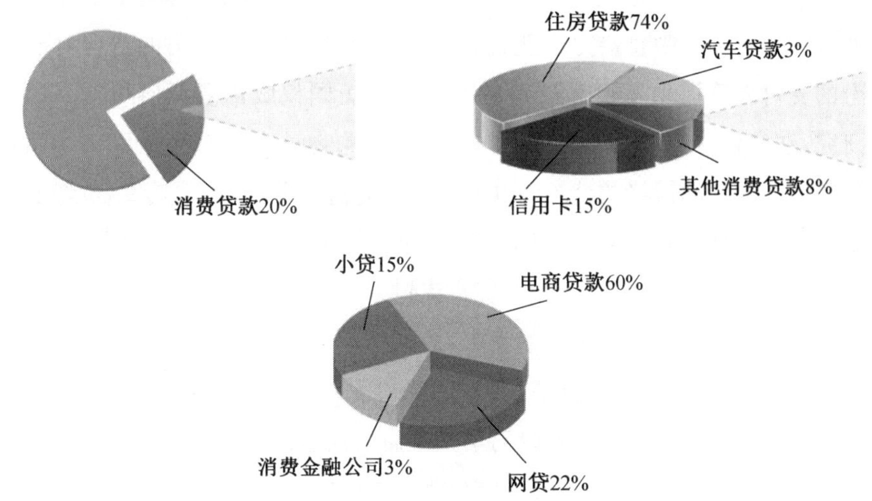

图 1　消费金融公司在消费金融市场中份额占比

资料来源：中国人民银行、国家统计局和互联网。图片由李超越绘制。

消费金融公司作为一种非银行金融机构业态，在国外发展已经相当成熟，而我国消费金融公司起步较晚，市场占有率较低，在商品零售中的渗透率也不高。2015 年我国消费贷款占 GDP 比重超过 20%，但剔除住房贷款、汽车贷款和信用卡贷款，我国消费金融市场的规模在全部消费贷款中占比不到 8%，消费金融公司投放占消费金融总投放规模还不到 3%，近 60%的业务被大型电商控制，消费金融公司在消费金融中逐步被边缘化。所以，无论是第三方支付公司还是商业银行，对向消费金融公司提供支付结算服务都不够重视，仅提供的通用型产品，在效率、成本和安全性方面自然无法充分满足消费金融公司的展业需要。

从市场竞争角度看，强势的第三方支付机构考虑到关联消费金融机构利益，并不欢迎持牌消费金融公司接入；多数商业银行在零售业务条线既有个人消费贷款部门，又有信用卡中心，考虑到竞争关系，对消费金融公司系统接入的热情也不高，甚至一些商业银行还刻意排挤消费金融公司。例如，一些商业银行规定不受理已在消费金融公司申请贷款客户的按揭贷款申请。

（三）业务需求复杂多变

首先，与信用卡“先获客授信，后引导消费”的展业模式不同，消费金融公司通常在消费场景中直接完成获客和放款。显然，授信和用信的融合对消费金融的支付结算提出了更为严苛的要求。据美国权威市场调研机构 NPD[①]的研究，在实体店购物冲动消费占 45%，在线购物时这一比例为 23%。而心理学普遍认为冲动情绪的持续时间一般不会超过 7 分钟，也就是说，遭遇消费金融产品的糟糕体验，客户有可能瞬间改变客户的购买决定。在消费场景中，商家首先看中的是成交，并不关心客户支付方式的选择，如果因为向消费者推荐消费金融产品导致其订单大量流失，商家一定会中止合作。所以，消费金融公司必须在极短的时间内完成对客户的身份识别、额度审批、订单确认、还款账号绑定、收银台清算等工作，这对消费金融公司来说无疑是巨大的挑战。

其次，消费金融产品对于支付结算重点功能的设计应兼顾效率和安全性，通过技术手段达到两者的平衡，如一些第三方支付机构在客户身份的验证上采取“三要素验证”，避免了验证银行预留手机号失败率高造成的正常业务中断。在进行小额交易时，一些场景或额度之内可以不需要输入密码直接支付，但这是建立在其掌握大量客户交易行为数据和强大的数据分析、IT 开发能力基础之上的，这种能力对于多数消费金融公司来说，短期根本无法达到。

最后，金额支付结算功能的实现很多都依赖于和外部合作机构系统的联接，这些合作机构既有银行或第三方支付公司，也有各类反欺诈、征信、客服、大数据、催收服务机构；还有更多的厂家、商户或互联网平台。他们的系统架构、开发语言、接口标准与消费金融公司都存在差异，尤其是全国综合性商户，商品类目众多，分支机构分布全国，退换货流程处理复杂。目前，消费金融公司尚不具备与其进行全 SKU[②] 收银台的支付结算的能力。

---

① NPD：The NPD Group (www. npd. com)是国际知名市场调研机构，致力于消费者行为变化的追踪研究以及零售终端的销售监测，创立于 1967 年，总部在美国，目前全球超过 1800 家知名企业都使用 NPD 集团的咨询产品和服务。

② SKU：即单品，对一种商品而言，当其品牌、型号、配置、等级、花色、包装容量、单位、生产日期、保质期、用途、价格、产地等属性与其他商品存在不同时，可称为一个单品。

四、优化消费金融公司支付结算的建议

（一）将消费金融公司的信用支付方式纳入支付结算体系

目前，我国支付清算系统包括以大小额支付系统为代表的央行清算系统、银联等第三方服务机构清算系统、各类商业银行内部清算系统和金融市场支付清算系统，后三类系统也主要是通过央行大小额支付系统完成清算。为提升消费金融公司的服务能力，践行普惠金融理念，促进消费金融行业稳健、高速、合规发展，建议将消费金融公司按照商业银行的信用卡支付模式归入支付结算体系，并制定消费金融行业支付结算的准入、交易信息处理等相关规定与标准。考虑到消费金融公司为持牌消费金融机构，其内控和风险管理要求均参照商业银行，所以建议允许消费金融公司参照商业银行按照银联制定的银联卡业务规则和技术标准发行卡面带有“银联”标识的“消费金融公司卡”（以下简称“消金卡”），准予消费金融公司独立向 ISO 申请的 BIN 发行的“消金卡”（卡面带有“银联”标识，经检测符合银联制定的银联卡业务规则和技术标准，并与中国银联签署协议）纳入银联卡管理。同时允许客户在“消金卡”上预存一定限额的溢缴款用于还款。

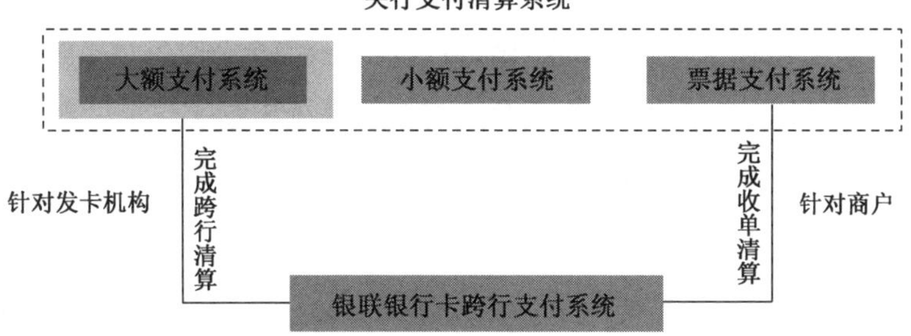

图 2　消费金融公司通过“中国银联银行卡跨行支付系统”参与央行清算

资料来源：该图由作者根据央行、银联支付结算系统实际情况设计，由李超越绘制。

（二）支付结算行业应积极投入资源开发能够满足消费金融公司经营需求的支付结算产品

目前，第三方支付机构已经能够较为独立地为客户提供类似于银行存贷汇的基本服务，在有限额度之内，客户的支付行为可以完全脱离银行。银行账户不再是支付账户，而沦为第三方支付的充值账户，所以商业银行要积极面对互联网金融对其传统业务带来的冲击，通过电子银行账户等新兴产品加强与消费金融的合作，充分发挥银行在支付安全和限额管控方面的优势。而第三方支付机构虽然在支付结算服务方面发展迅速，但产品同质化严重，如在大数据风险、数据化精准营销等方面与消费金融公司深入合作，将第三方支付产品与消费金融公司的消费金融产品、促销资源和客户资源融合，可以快速提升用户黏性，扩大市场占有率。

（三）消费金融公司应自主开发可满足各场景消费金融需求的支付结算系统

消费金融公司发行带有银联标识的“消金卡”虽可解决绝大多数现金借贷和自主支付的购物需求，但基于各场景的新客户单笔消费受托支付，消费金融公司必须根据不同消费场景的实际需要，自主开发全新的与商户订单系统、清算系统和消金进件系统、渠道管理系统融合的综合支付结算系统。商户登录消金进件系统录入客户身份信息，确定订单信息，消金及时反馈审批结果至商户清算系统确认是否信用支付，消金支付结算系统根据支付的金额和时限确定使用的支付结算通道放款。同时，商户可登录渠道管理系统查询订单审批状态和支付状态。

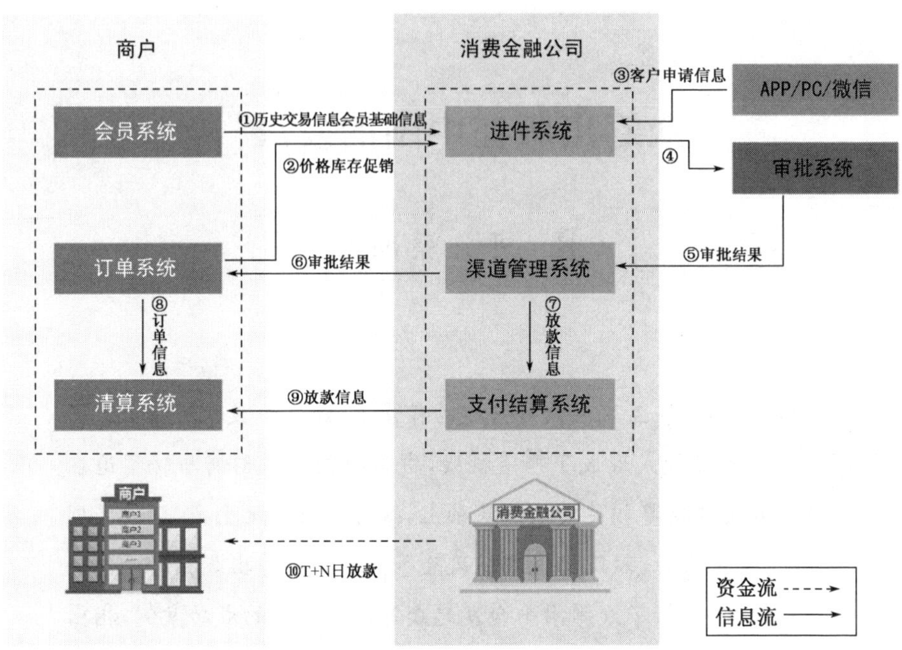

图 3　消费金融公司支付结算系统与进件系统、渠道管理系统和商户各系统关系

资料来源:该图由作者根据消费金融公司系统实际情况设计,由李超越绘制。

参考文献

[1] 刘秀光,2014:《互联网支付体系的破坏性创新》,《五邑大学学报(社会科学版)》第4期。

[2] 苗文龙,2015:《互联网支付:金融风险与监管设计》,《当代财经》第2期。

[3] 陈继玉,2016:《央行支付结算监管面临的挑战及建议》,《时代金融(旬刊)》第6期。

[4] 伍聪,2014:《互联网金融支付体系的变革与创新》,International Monetary Institute Working Papers。

[5] 李甜甜,2013:《国内支付结算系统研究》,《江苏商论》第31期。

[6] 卿文芳,2014:《从支付结算角度看金融消费者权益保护》,《区域金融研究》第3期。

[7] 赵烁,2015:《第三方支付平台以及互联网金融发展问题研究》,《商业时代》第11期。

[8] 杨鹏艳,2011:《消费金融的理论内涵及其在中国的实践》,《经济问题探索》第5期。

众筹出版在中国的发展*

裴　平　蔡雨茜

内容提要：在互联网众筹兴起的背景下，众筹出版这一新出版模式对传统出版模式形成了严峻挑战，中国出版业的创新与转型迫在眉睫。本文在借鉴相关文献的基础上，探讨了社会化生产、开放式创新、拓宽资金来源，以及降低市场风险等互联网众筹出版相对于传统出版的优势，分析了众筹网平台发起众筹出版项目的成功案例，指出了众筹出版存在的项目参与人数不多、品牌依赖性强、脱离众筹出版初衷，以及缺乏独立平台等问题，进而提出完善法律法规、引导公众参与、建立个性化供求关系、打造独立众筹出版平台，以及推广以出版社为主导的众筹出版模式等对策性建议。

关键词：众筹出版；众筹网；中国的主要实践

---

* 裴平，管理学博士，南京大学国际金融研究所所长，教授、博士生导师，主要研究方向为金融理论与实务、国际金融管理、互联网金融等，E-mail: peip@nju.edu.cn；蔡雨茜，经济学学士，上海交通大学安泰经济与管理学院，2016级金融专业硕士生，主要研究方向为金融理论与实践、互联网金融等。
基金项目：本文系国家社会科学基金重大项目"互联网金融的发展、风险与监管研究"（14ZDA043）的阶段性研究性成果。

一、引　言

随着基于移动互联网、大数据和云计算的新媒体技术蓬勃发展，传统出版业不可避免地被卷入互联网时代的浪潮之中，面临前所未有的重大挑战。近年来，融合了互联网金融思维的新型出版模式——互联网众筹出版（基于互联网的众筹出版，下文简称“众筹出版”）走入社会公众的视野，以其高度的开放性和人格化引起了出版业界的关注。目前，中国已有一些众筹出版的成功实践，取得了良好的社会反响和商业效应，同时也存在着不少理论与实践问题。因此，对中国互联网众筹出版项目的成功经验和不足之处进行深入分析，具有重要的理论与现实意义。

二、文献综述

近年来，已有一些专家学者对中国互联网众筹出版进行了研究。白志如（2014）选取了众筹网、中国梦网、追梦网、点名时间网等平台的出版项目，对其项目总体数量和内容进行了分析，指出众筹出版项目存在的主要问题，并提出了对策性建议。郭泽德（2014）论述了众筹出版对传统出版行业的重大影响，即延伸了传统出版的产业链、为传统出版的市场营销提供新手段、促进传统出版业社会资本的增长，进而提出众筹出版对于传统出版业创新的启示。武小菲（2014）分析了中国众筹出版的基本现状，提出了构建以出版社为主导的众筹出版传播新模式，并且还设计了书籍众筹出版的流程。徐琦、杨丽萍（2014）通过对中国涉及出版项目的四家众筹平台的数据抓取、清洗、整理和运用，探讨了众筹出版的问题及其原因，并且提出了解决问题的思路。李婷、杨海平（2015）结合中国众筹出版实例，分析了众筹出版所面临的机遇和挑战，同时提出一种新型的复合型众筹出版模式。王雯、许洁、李阳雪（2015）针对中国出版行业的发展新要求和现实困境，从众筹出版的基本模式和运作出发，总结出众筹出版的三大功能，即金融与出版无缝对接的核心功能、出版产品增值体验提升的延伸功能、群体智慧下出版价值选择与决策的附加功能。于晓燕(2015)认为众筹模式是对传统出版的创新，归纳了中国众筹出版的特点，揭示存在的主要问题，并对未来众筹出版的健康发展提出建议。

上述文献主要是从宏观层面或整体上分析众筹出版在中国的发展，一定程度上能够反映现阶段中国众筹出版的发展现状，特别是指出了存在的主要问题，同时也提出了对策性建议。在借鉴这些文献所做研究的基础上，本文着重于从微观层面或个体案例上，分析当前中国众筹出版项目最多、经验最为丰富的众筹平台——众筹网的成功案例，总结其成功经验和不足之处，最后提出中国众筹出版健康发展的对策性建议。

三、互联网众筹出版相对于传统出版的优势

众筹(Crowd-funding)即大众筹资或群众筹资，在互联网时代，众筹被赋予了"互联网"背景，主要指人们通过互联网平台开展的向社会公众募集资金的活动。众筹出版，顾名思义，指在互联网众筹平台上发布出版项目的大众筹资活动。项目内容以图书、绘本、杂志等纸质出版物为主，不包括影视出版。众筹出版模式涉及的核心主体有项目发起方、互联网众筹平台和项目资助者。项目发起方设计并规划出版项目，通过文字、图片及音视频等方式展示项目信息，争取公众的关注和支持；若项目筹资成功，则按计划实施项目并负责后续的承诺兑现。众筹平台作为独立的第三方，负责制定并说明众筹规则，审核项目信息，提供展台，监督项目执行和承诺兑现，以及提供相关配套服务。项目资助者一般是从广大的互联网用户中产生，他们根据自己的偏好和需求选择项目进行资助，最终获得回报。

众筹出版产生于互联网金融兴起的大背景下，作为互联网思维、创新性金融与传统出版融合的产物。众筹出版模式相对于传统出版模式具有四大显著的优势：

1. 社会化生产

众筹出版模式属于社会化生产模式，消费者即生产者，这是众筹出版模式的一大特征。在这种模式中，用户的创造力和消费力被有机地结合在一起，从而推动出版业生态变化，提升了各个出版节点的价值。在众筹出版模式中，社会化生产取代了组织化生产，出版方借助众筹平台，邀请读者参与到出版过程中并且提出建议，读者不再是以往单纯的消费者，而是成为项目的“联合生产者”，从中获得了一种独特的阅读体验和精神层面的效用。出版物经出售到达读者手中仅仅是价值链的开端，通过读书会、研讨会等活动的开展，作者与读者之间、出版社与消费者之间的互动更为直接和频繁，交互性以及用户的黏性也更强，这比传统意义上单调的图书购买或出售要更有趣味性和精神价值，甚至能够促进圈子文化的形成。

2. “开放式”创新

众筹出版模式对于传统出版业来说不仅是一种新的融资模式，其价值也不仅局限于营销手段的创新，更是带来了新的思维模式，为出版业提供了一条“开放式”创新路径。互联网思维体现出的平等、开放等特征充分发掘出个人价值和创造力，并且提供了高度开放的展示平台。任何有创意和想法的个人或团体都可以在众筹平台上发布项目，如果能获得他人欣赏，被市场认为有价值，那么就可以实施计划，将创意变成现实。这种“开放式”创新无论对于个人还是对于社会来说，都是有积极意义的。

3. 拓宽资金来源

众筹出版模式充分诠释了如何用较低的成本聚集分散的社会资金。众筹出版项目募集的资金主要来自民间闲置资金、普通公众的文化消费支出，以及文化产业投资资本。其资金募集来源广，能够将众多资助者资助的资金汇集起来，聚沙成塔，形成充足的出版资本，有效地缓解了出版企业的资金压力。在众筹出版模式下，资金需求者和资金持有者之间发生了直接联系，降低了中间成本，通过群体决策和市场选择，资金自然地流向那些既有文化价值又有吸引力的出版项目，资源配置效率因此得到明显的提高。

4. 降低市场风险

传统出版模式下，出版社依据过往经验对出版物的首印数量做出判断，对于市场风险的控制能力很低。而在众筹出版模式中，待出版作品以众筹项目的形式发布在众筹平台上，公众根据自己的需求和兴趣自由选择项目，自发地进行传播，并且结合自身利益权衡利弊。其中一部分公众会决定参与到项目中，对项目进行资助，资助的内容形式也是多样化的，金钱、劳力和智力资本都是受欢迎的。在这种情形下，社会公众充当了“把关人”的角色，他们选择资助对象的过程也就是决定哪些项目可以实施的过程，市场环节被置于印刷环节之前，可以帮助出版方预判市场。在很大程度上，众筹出版能够规避传统出版由于脱离市场而带来的风险，并且通过网络预热获得了切实的收入，从而保障资助者回报的稳定性。

四、众筹网:成功出版的案例

众筹网是中国知名度高、影响力大的互联网众筹平台，自 2013 年 2 月上线至 2016 年 2 月 28 日（本文所有数据搜集截止日期），已发布众筹项目 13 840个，累计支持人次超过 75 万，累计筹资金额超过 1.65 亿。在众筹网发起的众筹项目按行业划分为八大类，出版是其中之一。之所以对众筹网的出版项目进行案例分析，是因为它是中国出版项目数量最多的众筹平台，具有代表性和典型意义，特别是众筹网上成功出版的案例能够为众筹出版在中国的健康发展提供有益的借鉴。

（一）个性定制、限量印刷

2014 年 7 月 14 日，《拆掉思维里的墙》一书的作者古典（新精英生涯创始人）在众筹网上发起项目“众筹属于你的‘生命可能’，一本古典为你定制的书”，项目必须在 2014 年 8 月 13 日之前筹集到 300 000 元才可成功。截至 2014 年 8 月 11 日，筹款超过 100%，到 8 月 13 日，项目成功结束，共完成

428 241元的筹资额，达成预定目标的143%，获得1 612 人支持。

表1　《拆掉思维里的墙》项目资助情况

	资助金额(元)	资助人数(人)	该类别总金额	该类别贡献度
目标金额 300 000	99	1 000	99 000	23.12%
	199	559	111 241	25.98%
	4 000	50	200 000	46.70%
	6 000	3	18 000	4.20%
累计		1 612	428 241	100.00%

资料来源:众筹网 http://www.zhongchou.com/deal-show/id-10887

表1显示，该项目一共设立了四种资助类别，每种类别对应着不同的资助金额和回报，随着资助金额的增加，对应的资助人数呈现出递减趋势。99元档的资助人数最多，有1 000人，其次是199元档的559人，4 000元档的50人，6 000元档的3人。表1还表明，4 000元档对于总筹资金额的贡献度最高，达46.7%，这主要是因为单笔资助金额较高且资助人数也不少；接下来是199元档的25.98%、99元档的23.12%；6 000元档的贡献度最少，仅为4.20%。

在古典发起的众筹出版项目中，大多数人满足于获得定制书籍和作者信件(99元档回报)，也有不少人在此基础上还希望能与作者进行一次深度交流，成为书友会核心成员(199元档回报)，另外少数的人会选择能够参加国家《生涯规划师》认证课程(4 000元档回报)以及与作者共进午餐的机会(6 000元档回报)。资助者做出这些投资决定的背后无外乎有三大因素：一是经济考量，二是成本与收益分析，三是对于效用的追求(情感与精神上的考量)。

大规模复制、标准化生产一直都是传统出版的核心环节，但是在追求个性化和独特性的消费环境下，有针对性地使小众的出版成为可能，这就是定制书出现的契机。其实，定制书并不算是一个新鲜事物，例如晋江文学城此前也会出定制书，以满足部分读者对于纸质书的需求。古典发起的众筹出版项目别出心裁之处在于每一位投资人都可以得到一本封面上印着自己名字的书，一本属于自己的独一无二的书，比如说“小明的生命有什么可能”“李强的生命有什么可能”“王源的生命有什么可能”……“既然一个150元的蛋糕可以印上你的名字，一件500元的衬衫可以绣上你的名字，一个3 000元的戒指可以刻上你的名字，那么为什么一本书的封面不能有你的名字呢?”正是由于古典最初有了这样的想法，才有了这个众筹出版项目的问世。当然，事情的发展并不会像想象中的那么一帆风顺，古典以及他的工作团队也经历了与出版社、出版审查制度、印刷厂老板、设计师漫长的沟通过程，遭遇了种种挫折，克服了一系列的困难，最终才能够呈现在投资者面前这本独一无二的个人定制书——《你的生命有什么可能》。

在过去工业时代标准化生产的背景下，以牺牲个人消费美学为代价追求产品数量和生产效率，由此形成的消费观念在新媒体技术快速发展的现代社会越发格格不入，以“90后”“00后”为代表的网络原住民的消费观念是追求多样化和个性化，这无疑是未来社会消费的主流价值观念。“限量印刷、独一无二的个人定制”充分考虑了读者的个性化需求和自我价值实现的诉求，使得待出版产品具有了标准化复制产品难以企及的个性魅力。再加上古典此前著有《拆掉思维里的墙》，积累了一定的人气和知名度，这也在一定程度上提升了众筹出版项目的公信度和好感度。

（二）活动众筹、新书发布

2014年12月3日，“与黄磊多多仔仔，共读《圣诞老爸的来信》:一个与众不同的圣诞”在众筹网上线，该项目必须在2014年12月20日之前筹集到10 000元才可成功。截至2014年12月16日，筹款超过100%，到2014年12月20日，项目成功结束，共完成14 133元的筹资额，达成预定目标的142%，获得183人支持。

表 2 《圣诞老爸的来信》项目资助情况

	资助金额(元)	资助人数(人)	该类别总金额	该类别贡献度
目标金额 10 000	1	108	108	0.76%
	79	20	1 580	11.18%
	199	40	7 960	56.32%
	299	15	4 485	31.73%
累计		183	14 133	100.00%

资料来源：众筹网 http://www.zhongchou.com/deal-show/id-39022

表 2 显示，该项目按照资助金额和回报的不同一共设立了四种资助类别，其中 1 元档的资助者最多，有 108 人，其次是 199 元档的 40 人，79 元档的 20 人和 199 元档的 15 人。该项目的总体规模不大，四种类别的资助金额之间差距也不大。199 元档对于总筹资金额的贡献度最高，达到 56.32%，接下来依次是 299 元档 31.73%的贡献度，79 元档 11.18%的贡献度，而 1 元档的贡献度不到百分之一，几乎可以忽略不计。1 元档的回报是圣诞电子贺卡和一次抽奖机会，资助者大多抱着友情支持和碰碰运气的想法，毕竟这种参与的成本和收益都是微乎其微的；而 199 元档的参与者可以获得托尔金《圣诞老爸的来信》首发派对入场券、《圣诞老爸的来信》黄磊签名和多多仔仔签章版一本、托尔金亲子名著《霍比特人》一本，以及包括特制圣诞礼包在内的丰厚回报，称得上是物有所值。

《圣诞老爸的来信》众筹出版项目的亮点在于明星嘉宾和知名亲子绘本相得益彰。活动邀请的嘉宾黄磊父女，不久前凭借中国某收视率火爆的亲子真人秀节目而广为人知，并且受欢迎程度颇高。众筹出版选取的书籍是英国文豪托尔金的经典亲子绘本《圣诞老爸的来信》，他曾著有魔幻文学经典《魔戒》《霍比特人》，被誉为现代奇幻小说的鼻祖。可以认为，该项目发起方的心思机敏、设计巧妙，嘉宾的公众形象与亲子绘本传达的精神十分契合，同时项目资助者能够获得多多仔仔和黄磊发送的圣诞贺卡，并且有机会和他们一起参加托尔金《圣诞老爸的来信》的首发派对。该项目的资助者大致可以分为黄磊父女的粉丝、托尔金的忠实读者,或者两者兼而有之,共同之处在于他们都是粉丝。该项目设置了四种额度的投资,分别对应着不同的回报。通过层次分明的激励机制,在不同的读者或粉丝之间适当地划分了界限。也就是说,读者和粉丝可以根据自己的情感倾向和经济实力,选择最适合自己的投资种类,参与到感兴趣的项目中,支持自己的偶像。从该项目的成功中,可以感受到"粉丝经济"的强大力量。

(三)影视文化、周边产品

2014 年 9 月 15 日,由《甄嬛传》手游联合制作人陈柏言发起的项目"官方原著授权,陈柏言三年倾情创作《后宫·甄嬛传》画集"在众筹网上线,该项目必须在 2014 年 10 月 20 日前筹集到 50 000 元才可成功。该项目的火爆程度出乎众筹发起方的预料,上线 5 分钟,筹款超过 100%,被称为速度最快的众筹出版项目。到项目截止日期 2014 年 10 月 20 日,项目成功结束,共完成 193 877 元的筹资额,达成预定目标的 388%,获得 1 570 人支持。

表 3 《后宫·甄嬛传》项目资助情况

	资助金额(元)	资助人数(人)	该类别总金额	该类别贡献度
目标金额 50 000	1	152	152	0.08%
	5	497	2 485	1.29%
	88	738	64 944	33.58%
	198	176	34 848	18.03%
	888	1	888	0.46%
	5 000	0	0	0.00%
	15 000	6	90 000	46.56%
累计		1 570	193 317	100.00%

资料来源:众筹网 http://www.zhongchou.com/deal-show/id-17442

表 3 显示，该项目一共设置了七种投资类别，分别对应着不同的资助金额和回报。其中，88 元档的资助人数最多，有 738 人；其次是 5 元档的 497 人，198 元档的 176 人，1 元档的 152 人；其他三类高额档的资助人数都是个位数，5 000 元档甚至没有资助人，但是最高金额 15 000 元档有 6 个资助人。对比 5 000 元档和15 000 元档的回报，最大的差别在于后者可以成为《甄嬛传》画集的联合出品人，拥有《后宫・甄嬛传》官方画集联合出品人聘书。可见，该项目并不缺乏有经济实力的资助者，关键在于高金额资助的回报设置是否能吸引人。对总筹资贡献度最高的是 15 000 元档，占比 46.56%，虽然只有 6 人资助，但单笔金额非常高，所以完成了将近一半的筹资额。88 元档由于资助人数最多，所以贡献度达到33.59%，排在第二位；接下来是 198 元档的18.03%；剩下的四种投资类别加起来的占比还不到 2%，对项目成功的贡献度十分有限。

此前在电视荧屏上热播的清宫剧《甄嬛传》圈了一大批电视粉，再加上原著作者流潋紫十年磨剑创作《后宫・甄嬛传》积累的小说粉，共同促成了这个众筹出版项目的成功。在高度娱乐化的当代社会，影视作品的公众影响力不容小觑。一般来说，优秀的动漫、电视和电影作品通常都能俘获一批忠实粉丝，这些粉丝对于自己喜爱的作品是愿意鼎力支持的，也会爱屋及乌地购买周边产品，这也是“粉丝经济”发展得如火如荼的真实写照。张嫱在《粉丝力量大》中对“粉丝经济”做了这样的定义：“粉丝经济以情绪资本为核心，以粉丝社区为营销手段增值情绪资本。粉丝经济以消费者为主角，由消费者主导营销手段，从消费者的情感出发，企业借力使力，达到为品牌与偶像增值情绪资本的目的。”可以认为，情绪资本就是粉丝对于偶像及其作品的喜爱之情，这种情感外化出来就是不遗余力地支持，包括精神上和物质上两个层面的支持。这种支持带来的热度又会让敏锐的投资人嗅到商机，推波助澜，进而获取丰厚的利润。这种众筹出版模式虽有消费粉丝之嫌，但本质上是在双方自愿的基础上各取所需。如果项目发起方足够用心，拿出诚意之作，那么无论是对发起人，还是对支持项目的粉丝们，以及看到商机择时而动的文化产业投资者来说，都是效用大于付出，收益高于成本，这样的结果自然皆大欢喜。

（四）下午茶会，培训咨询

2013 年 7 月 26 日，由徐志斌发起的项目“徐志斌的新书《社交红利》——微博微信运营基础”在众筹网上线，该项目必须在 2013 年 8 月 29 日前筹集到 100 000 元才可成功。截至 2013 年 8 月 28 日，筹款超过 100%，到 2013 年 8 月 29 日，项目成功结束，共完成 107 220 元的筹资额，达成预定目标的 108%，获得 279 人支持。

表 4 《社交红利》项目资助情况

	资助金额(元)	资助人数(人)	该类别总金额	该类别贡献度
目标金额 100 000	30	107	3 210	2.99%
	50	26	1 300	1.21%
	60	49	2 940	2.74%
	70	2	140	0.13%
	90	4	360	0.34%
	100	31	3 100	2.89%
	200	21	4 200	3.92%
	500	15	7 500	6.99%
	510	7	3 570	3.34%
	1 000	3	3 000	2.80%
	2 900	1	2 900	2.70%
	3 000	5	15 000	13.99%
	6 000	5	30 000	27.98%
	10 000	3	30 000	27.98%
累计		279	107 220	100.00%

资料来源：众筹网 http://www.zhongchou.com/deal-show/id-485

表 4 显示，该项目按照资助金额和回报的不同设置了 14 种资助类别，资助者主要集中在 30 元、50 元、60 元、100 元、200 元和 500 元这六个金额档位，其余档位的资助者都是个位数。对总筹资贡献度排名前三的是高金额档位，其中 10 000 元档和 6 000 元档的贡献度并列第一，均为 27.98%；3 000 元档的 13.99%居于其后；由于档位设置过多，其余资助类别的贡献度都不高，而且贡献度也较为接近。

《社交红利》的作者徐志斌是腾讯微博开放平台资深员工，在互联网与创业领域积累了丰富的工作经验。这本书的副标题是“如何从微信微博 QQ 空间等社交网络带走海量用户、流量与收入”，明确揭示了其目标读者是那些希望在互联网时代充分利用社交网络工具为自身利益服务的个人和企业。时下社交网络的大势无人能挡，这本书无疑是审时度势、应运而生的范例。“全国五地的读书沙龙活动、与作者零距离下午茶交流、提供微博微信运营咨询”是该项目主打的特色，也给项目的成功增加了砝码。这些活动及其能够提供的机会对于互联网从业者和对这个行业有浓厚兴趣的人很有吸引力，也让志同道合的人聚集到一起，交流思想、分享观点、切磋技艺、互相学习，进而形成“圈子文化”。由于该项目属于比较早期的众筹出版项目，不可避免地存在一些不足。例如，在资助金额和回报设置上不尽合理，档位过多，回报略显重复且缺乏新意，这会造成项目资助者眼花缭乱又抓不住重点。但瑕不掩瑜，该项目的成功一鸣惊人，取得了积极的市场反馈，也让众筹出版走进了公众视野，让更多的人对众筹出版树立了信心。

（五）粉丝效应、名人午餐

2014 年 5 月 20 日，由电子工业出版社发起的项目“凯文 · 凯利携《新经济、新规则》与中国黑客教父万涛尖峰对谈”在众筹网上线，项目必须在 2014 年 6 月 9 日前筹集到 100 000 元才可成功。截至 2014 年 6 月 6 日，筹款超过 100%，2014 年 6 月 9 日，项目成功结束，共完成 132 686 元的筹资额，达成预定目标的 133%，获得 175 人支持。

表5显示，该项目一共设置了八个资助类别，分别对应着不同的资助金额和回报。资助金额和资助人数之间的关系并没有呈现出规律性，资助人数较多的是600元档和50元档，分别有38人和36人；资助人数较少的是1元档（最低金额）和10 000元档（最高金额），分别有11人和8人。对总筹资的贡献度随着各类别资助金额的增加表现出严格递增的趋势。与上一例《社交红利》的众筹出版项目相似，对总筹资贡献度排名前三的是资助金额较高的三挡，其中10 000元档的贡献度最高，占比60.29%；其次分别是600元档的17.18%和1 000元档的15.83%；贡献度较少的是1元、25元和50元三个档位，加起来占比不到2%。由此可见，决定不同类别贡献度的主要因素是各类别的资助金额，而资助金额的高低又与资助者的情感、效用及价值认同密切相关。

表5 《新经济、新规则》项目资助情况

	资助金额(元)	资助人数(人)	该类别总金额	该类别贡献度
目标金额 100 000	1	11	11	0.01%
	25	27	675	0.51%
	50	36	1 800	1.36%
	100	19	1 900	1.43%
	300	15	4 500	3.39%
	600	38	22 800	17.18%
	1 000	21	21 000	15.83%
	10 000	8	80 000	60.29%
累计		175	132 686	100.00%

资料来源：众筹网 http://www.zhongchou.com/deal-show/id-8118

这个项目的发起方是电子工业出版社，项目发起的初衷是“希望通过众筹方式，邀请硅谷教父凯文·凯利（KK）来华，与中国黑客教父万涛从网络隐私、电子货币、互联网金融等多维度探寻互联网的下一个引爆点”。这听起来非常激动人心，足以让一大批粉丝心甘情愿地掏腰包促成这场会面。人们很难排除电子工业出版社有为自己做宣传、推广出版社知名度的动机，但就众筹结果而言，这个项目是成功的。亲身参与"尖峰对谈"的现场以及与 KK 共进晚餐、深入交流的机会对于具备经济实力的铁杆粉丝无疑是有吸引力的。在这次众筹项目的成功中，凯文·凯利的知名度和影响力功不可没，"粉丝经济"再一次展示了其对经济活动强大的影响力。

（六）出版公益、众筹情怀

2014 年 11 月 30 日，由秦晓宇和蓝狮子出版发起的项目"一个底层打工诗人的遗著：许立志诗集《新的一天》"在众筹网上线，项目必须在 2015 年 1 月 15 日前筹集到 60 000 元才可成功。该项目一上线就得到了积极热烈的反响，截至 2014 年 12 月 3 日，也就是在三天内筹款超过 100%，2015 年 1 月 15 日项目成功结束，共完成 136 850 元的筹资额，达成预定目标的 229%，获得 1 140 人支持。

表 6 《新的一天》项目资助情况

	资助金额(元)	资助人数(人)	该类别总金额	该类别贡献度
目标金额 60 000	2	150	300	0.22%
	50	671	33 550	24.52%
	100	245	24 500	17.90%
	500	25	12 500	9.13%
	1 000	38	38 000	27.77%
	2 000	9	18 000	13.15%
	5 000	2	10 000	7.31%
	10 000	0	0	0.00%
累计		1 140	136 850	100.00%

资料来源：众筹网 http://www.zhongchou.com/deal-show/id-37669

表6显示,该项目按照资助金额和回报的差异设置了八个资助类别。各类别的资助人数和资助金额之间的关系大致呈抛物线的形状,50元档的资助人数最多,有671个,其次分别是100元档的245个资助者、2元档的150个资助者;金额较高的三档对应的资助者相对比较少,都是个位数,其中10 000元档(最高金额)没有人资助。总体而言,该项目的资助人数在众筹出版项目中已经算很多了,可见公众的热情和支持度很高。除去最低和最高资助金额的两个类别,其余各类别对总筹资的贡献度相差不大,分布比较均匀,这是资助金额和资助人数两方面力量综合作用的结果,贡献度居前两位的依次是1 000元档的27.77%和50元档的24.52%。

该项目虽然被归入出版类别中,但实际上它的公益性质更为突出,最低金额2元档完全是无偿捐助,而其他金额的资助对应着相应数量的诗集作为回报。项目发起方在网站上声明:“这本书的众筹是为了纪念并展示一名优秀的90后农民工诗人的创作实绩,并给予他陷入巨大悲痛的年迈双亲一些实际的帮助。”显然,该项目的公益色彩非常浓烈。作为项目发起方之一的诗人、诗歌评论家、诗话作家秦晓宇义务进行编纂,不收取任何报酬;另一项目发起方——出版机构蓝狮子提供出版印刷支持。众筹收益除去出版、印制及寄送等硬性成本外,全部归许立志家人。诗集《新的一天》的众筹出版,既是对农民工诗人许立志的告慰,将他兼具想象力和“现实世界性”的诗歌作品呈现在公众面前,引导更多的人去关注底层打工者的生活和思想,同时出版收入又切实地帮助了他遭遇不幸的家庭。这种公益众筹模式筹集的不只是资金,更是一种情怀:对于被帮助者的家庭来说,除去出版和其他成本后剩余的众筹资金,无疑是雪中送炭;对于在社会上树立和弘扬正确价值观也是一件好事。更值得欣慰的是,公众对于这样的项目抱有热情的支持态度,可见善心和公益心并不像媒体报道的那样在现代社会普遍缺失。当然,要防止和打击打着公益旗号欺骗公众钱财的现象,因为欺诈之事一旦发生,很容易挫伤公众行善的热情,降低人与人之间的信任度。

（七）书店咖啡、文化店铺

2014 年 7 月 22 日，由霄酸桐发起的项目“让我们一起开书店，寻找属于字里行间的人”在众筹网上线，项目必须在 2014 年 8 月 6 日前筹集到 500 000 元才可成功。项目上线当天，筹款超过 100%，到项目截止日 2014 年 8 月 6 日，项目成功结束，共完成 1 392 104 元的筹资额，达成预定目标的 279%，获得 190 人支持。

表 7 显示，该项目一共设置了八种投资类别，分别对应着不同的投资金额和回报。资助人数最多的是 20 元档，有 87 人；其次是 20 000 元档的 39 人；资助人数较少的三个档位分别是 9 888 元、3 588 元、1 788 元，各自对应着 1、4、9 名资助者。这表明，资助人数的多少与资助金额的高低之间没有明确的关系。不同类别之间对于总筹资贡献度的差异非常明显。20 000 元档对总筹资的贡献度最高，达到 56.03%；其次是 50 000 元档，占比 39.51%，这两个档位的资助加起来占总筹资金额的 96%左右。高额投资对于项目成功的贡献占有绝对优势，这与项目的性质以及回报设置相关，20 000 元档和 50 000 元档的回报都包括可以成为不同级别的字里行间合伙人，所以对于文化产业投资人是很有吸引力的。

表 7　“字里行间”项目资助情况

	资助金额(元)	资助人数(人)	该类别总金额	该类别贡献度
目标金额 500 000	20	87	1 740	0.12%
	288	17	4 896	0.35%
	688	22	15 136	1.09%
	1 788	9	16 092	1.16%
	3 588	4	14 352	1.03%
	9 888	1	9 888	0.71%
	20 000	39	780 000	56.03%
	50 000	11	550 000	39.51%
累计		190	1 392 104	100.00%

资料来源：众筹网 http://www.zhongchou.com/deal-show/id-12933

该项目的发起方是北京字里行间文化发展有限公司，归属于中国知名文化产业集团——江苏凤凰出版传媒集团旗下，这就保证了发起方的背景是可靠的，有较高的信誉。众筹目标是为字里行间书店招募合伙人以及阅读家，该项目属于文化创意项目，“书店加咖啡”这种宣传能够吸引不少喜欢小清新文艺范儿的年轻人。字里行间书店成立于 2010 年 7 月，截至 2014 年 7 月，已在北京、上海及江苏等地开设多家分店，累计发展会员一万余名，举办过几百场读者见面会、文化沙龙，以及新书发布会等活动。书店已有四年的经营经验，积累了一定的用户基础，所以这次通过众筹募集资金成立北京字里行间嘉里中心店的项目并不是一个从无到有的过程，项目风险相对来说比较小。项目按照投资金额设立八档回报，投资者可以根据自己的经济实力，权衡兴趣和利益选择最适合自己的投资种类，从最低投资金额 20 元可以获得咖啡券和菜谱，到最高投资金额 5 万元成为金牌合伙人。无论是有一颗文艺心的年轻人还是致力于文化产业投资的仁人志士，都可以参与到众筹出版中实现自己的愿景。

严格意义上说，这个项目并不是众筹出版，但是众筹网还是把它归入出版类别，并且将它列作成功示例，可能因为书店与出版之间存在着千丝万缕的联系。提到“书店咖啡、文化店铺”，不得不提与之类似的众筹咖啡馆。咖啡馆在很多人心中，是小资和情调的象征，拥有一家自己的咖啡馆是不少年轻人的梦想，但是由于资金、工艺、经营等各种现实因素的制约，普通人很难成功开一家咖啡馆并且将其经营得有声有色。于是，众筹咖啡馆就应运而生了，众多普通人的力量聚集在一起就不普通了，最现实的资金问题得到了解决。目前已经有不少通过众筹建立咖啡馆的成功实践，然而能够成功经营下去的很少，这源于众筹模式天然的弊端——决策层和经营层很难按照现代企业制度去经营。

（八）内容众筹、募集作者

2014 年 8 月 25 日，由中国金融出版社发起的项目“《智慧众筹》：与互联网金融千人会共享互联网金融的精神早餐”在众筹网上线，项目必须在 2014

年9月29日前筹集到80 000元才可成功。截至2014年9月6日，筹款超过100%，到2014年9月29日，项目成功结束，共完成133 116元的筹资额，达成预定目标的167%，获得292人支持。

表8显示，该项目一共设置了6个不同的投资类别，分别对应着不同的资助金额和回报。随着资助金额的增加，资助人数呈现出明显的递减趋势。39元档的资助人数最多，有179人；其次是189元档的85人；较高金额的4 990元档和9 980元档分别只有7人和5人。除去890元档之外，各投资类别对总筹资的贡献度随着该类别资助金额的增加呈递增趋势。较高资助金额的两个类别对总筹资的贡献度加起来接近64%；没有出现某个类别贡献度非常低的情况，最低的是890元档的4.01%。

表8 《智慧众筹》项目资助情况

	资助金额(元)	资助人数(人)	该类别总金额	该类别贡献度
目标金额 80 000	39	179	6 981	5.24%
	189	85	16 065	12.07%
	890	6	5 340	4.01%
	1 990	10	19 900	14.95%
	4 990	7	34 930	26.24%
	9 980	5	49 900	37.49%
累计		292	133 116	100.00%

资料来源：众筹网 http://www.zhongchou.com/deal-show/id-15856

该项目的发起方是中国人民银行麾下的中国金融出版社，以出版经济金融类书刊、电子音像制品为主，在出版业占据重要的地位。项目发起方背景雄厚，资本充足，无形中成为保障项目质量和回报兑现的有力背书，作用堪比给项目资助者打了一剂“定心针”。项目招牌是互联网金融千人会俱乐部(IFC1000)，由互联网金融一线创业者、研究者以及投资者联合发起并组成，俱乐部总部设在北京，同时还在国内外多个城市建立了当地的分支俱乐部。

互联网金融千人会定期开展每日早餐会、互联网金融夜话、中美对话、研讨会、互联网金融沙龙以及一系列在筹备中的活动。互联网金融早餐会就是本次众筹项目的内容来源，从早餐会讨论的主题中精选多篇文章，集结成册，形成《智慧众筹》这本书。除了出版之外，该项目的发起目的还在于让更多的人知道早餐会，参与到互联网金融的思想碰撞中。最高金额档的资助者可以获得《智慧众筹》实体书、为企业专门设计带企业 logo 的书籍腰封、加入"互联网金融早餐会读者微信群"、参加实体早餐会的资格，以及互联网金融千人会主办的大会参会资格，这对于想要借助互联网金融的东风进行结构调整和转型升级的企业是十分有吸引力的。该项目的成功在很大程度上是一种"圈子"文化的体现，项目资助者都很关心互联网金融发展，由这个项目聚集到一起。项目的意义已远远超出了出版，更多的是为了吸纳志同道合的人才，为俱乐部做推广，传播互联网金融的思想和精神。

五、众筹出版存在的问题

从上述案例分析中可以看出，众筹出版在中国的发展呈现出良好态势，成功项目都各具特色，各有千秋，但是无论是成功项目还是失败项目，都或多或少地反映出一些共同的问题，其中主要的是：

1. 项目参与人数不多。从已发布的众筹出版项目不难发现，中国众筹项目的参与人数不算多，大多数项目的参与人数都在三位数以内，项目资助者达到上千人十分难得，目前中国投资人数最多的众筹出版项目是《全职高手》纪念画册，有5 361人。造成这种情形的原因是多方面的：一是众筹出版在中国属于新生事物，社会公众对它并没有深入了解，甚至有很多人完全不知道它的存在，更遑论参与其中；二是众筹出版领域的法律法规不完善，存在着很多漏洞和缺失，有些项目的规划非常美好，但是后续工作的实施一团糟，资助者的利益得不到切实保障，失望之余又找不到解决方法，只好在网站上给出负面评价。这些负面评价又会让其他处于观望中的潜在资助者望而却步，这会造成恶性循环，不利于众筹出版的健康发展。

2. 品牌依赖性。作为一种商业模式，众筹出版表现出来的品牌倾向较为明显，在很多成功项目中，发挥很大助力的往往是项目背后依托的传统出版社及知名作者等较为成熟的资源。在众筹出版发展的初期，这是其谋求生存的必然选择，无可厚非；然而这种做法也成为其在未来发展壮大面临的主要障碍。从众筹平台的出版案例看，非组织化、非品牌化的项目能获得市场认可的概率比较低，筹资不足以失败告终的情形居多。可以认为，当前众筹出版表现出的特征更倾向于品牌资源整合，而非大众融资。

3. 脱离众筹出版初衷。众筹出版的初衷是给项目发起方和项目资助者提供一个“价值匹配”的机会。在这个过程中，项目资助人向项目发起方提供的支持主要是资金，发起方回报给资助人出版产品，可能还有附加物及衍生品。如果项目发起方只是为了作秀或自身宣传推广，那么这种项目其实已经脱离了众筹出版初衷，于情于理都不该出现在众筹平台上挤占珍贵的公众资源。近年来有不少众筹出版项目都涉及主流的财经和商业话题，在项目回报中往往牵涉交流会、培训班等活动，给众筹出版烙上明显的营销和推介特征。此类众筹出版项目“醉翁之意不在酒”，打着出版的幌子，真实用意在于培训推广和机构推介。这种做法一方面对于真正的内容创意起不到促进作用，另一方面也无法建立起长久的、平等的个性化供求关系。

4. 缺乏独立平台。在中国，独立的专业化众筹出版平台尚未建立起来，由于缺乏具有针对性的适用机制，众筹出版的发展不可避免地会受到限制。从规模上来看，出版项目数量在众筹平台所有项目总数量中所占的比重较小，这在很大程度上是因为中国众筹平台普遍存在的垂直化情结。例如，点名时间网的重心偏向智能产品，乐童音乐致力于音乐项目，淘梦网专注于网络电影，等等，许多众筹平台并没有做出版的意愿。而诸如众筹网、追梦网等支持出版的网站上虽然有出版的一席之地，但是出版领域并没有受到格外的关注和扶持，众筹出版作为非独立的品类只能按照母平台的运营机制开展业务，这样的模式不利于众筹出版的成长壮大。另外，独立平台的缺失还导致同一出版项目在不同众筹平台重复上线的现象，这也是当前众筹出版市场秩序混乱的重要原因之一。

六、互联网众筹出版健康发展的建议

互联网众筹出版在中国属于新生事物，它的发展不可能一蹴而就，往往是一个循序渐进的过程。发现问题、正视问题，并最终解决问题是互联网众筹出版成长壮大的必由之路，没有捷径可循。基于众筹网平台成功项目的案例分析，特别是针对众筹出版存在的问题，本文提出的对策性建议主要是：

1. 完善法律法规。对于众筹出版行业的健康发展来说，构建良好的法律环境和规范的制度框架不可或缺。这一方面需要政府部门出台有关众筹出版的法律法规，另一方面也要求加强行业自律和诚信体系建设，从而有效保护项目发起人的知识产权，保障项目资助者的利益，维护众筹出版平台的信誉，实现三方共赢的局面。

2. 引导公众参与。众筹平台和出版行业要共同努力，使众筹出版被更广泛的群体了解和接受。一是加强宣传工作，鼓励更多的人参与其中；二是在众筹出版项目的实施过程中提升用户体验，获得积极反馈，形成用户口碑，实现良性循环。只有重视培育社会公众对众筹出版的信任和接受程度，才能为众筹出版创造广阔的发展空间。

3. 建立个性化的供求关系。众筹平台要适当地加大对具有特色的小众项目的扶持力度，鼓励此类项目在平台上线，并在项目的推广和宣传方面予以支持。项目发起方则需要在主题选择和内容表现方面深耕细作，在资助等级和回报方式方面审慎斟酌、合理设置，精准定位目标读者，寻找个性和价值观趋同的群体，以私人订制等方式突显产品的“人格化”魅力。无论何时，高质量的出版项目才是众筹出版的主角，也是众筹出版健康发展的根本保障。

4. 打造独立的众筹出版平台。由于众筹出版领域呈现出出版题材日益多样化、地域分布更为广泛等新趋势，建立独立众筹平台是众筹出版谋求长远发展的必然选择。在众筹出版规模进一步扩大的情况下，独立的众筹出版平台有利于形成更加有针对性和适用性的运作机制，有利于进一步细化和规范出版项目，有利于培育出色的品牌。

5. 推广以出版社为主导的众筹出版模式。充分发挥现有资源——出版社网站的作用，在出版社自身运营的网站上设立专门的众筹板块，负责书籍众筹出版整个流程的运作。这种模式与当前在众筹平台上发布出版项目的模式最大不同点在于众筹过程中媒介身份的改变，即传统出版社成了众筹平台的运营商，取代了当前模式中科技或金融企业的角色。传统出版社有历史，有经验，有积淀，有品牌，在此基础上利用其网站进行众筹出版，公众信任度会提高，宣传效果也会更好。而且出版社作为众筹出版的中间人，会减少中间环节，提高众筹运作效率，在负责后续的承诺兑现上也更加专业化，有利于保障众筹成功的后续服务，并且实现众筹品牌的良性循环。

参考文献

[1] 白志如，2014:《国内众筹出版项目的内容分析与发展建议》，《出版科学》第 5 期。

[2] 郭泽德，2014:《众筹出版模式对出版业创新的启示》，《出版发行研究》第 8 期。

[3] 李婷、杨海平，2015:《众筹出版新模式研究》，《中国编辑》第 4 期。

[4] 王雯、许洁、李阳雪，2015:《论众筹出版的三个功能》，《出版科学》第 5 期。

[5] 武小菲，2014:《书籍众筹:问题与对策——基于构建以出版社为主导的书籍众筹出版传播模式的思考》，《编辑之友》第 9 期。

[6] 徐琦、杨丽萍，2014:《大数据解读国内众筹出版的现状与问题》，《科技与出版》第 11 期。

[7] 于晓燕，2015:《我国众筹出版的现状与问题分析》，《新闻世界》第 11 期。

[8] 张蔷，2010:《粉丝力量大》，中国人民大学出版社。

互联网金融背景下的金融资产交易中心发展之路*

徐朝军　肖　兵

内容提要:在互联网金融背景下,资产证券化业务创新层出不穷,多层次资本市场建设步伐迅速加快,不少金融资产交易中心破土而出,并已成为中国资本市场的重要组成部分。本文分析了金融资产交易中心设立的宏观环境,论述了金融资产交易中心的发展现状、基本职能与市场价值,认为金融资产交易中心应该成为资产端与资金端的目标市场,要在参与 PPP 项目融资、帮助地方政府债务融资和债务转换,以及实现"中国制造 2025"目标等方面取得创新性突破。在此基础上,本文提出了依托互联网,建立基本业务模式和提供全方位金融资产交易服务等促进金融资产交易中心进一步发展的对策性建议。

关键词:互联网金融;金融资产交易中心;基本职能与市场价值

* 徐朝军,南京金融资产交易中心,董事长,E-mail:xcj1161@163.com;肖兵,南京金融资产交易中心,副总裁,E-mail:26169319@qq.com。本文是国家社会科学基金重大项目"互联网金融的发展、风险与监管研究"(项目号:14ZDA043)的阶段性研究成果。

一、引　言

党的十八届三中全会决定[①]明确指出，当前中国需进一步深化金融体制改革，建立多层次资本市场。随着中国金融业市场化改革的不断深入，一批金融资产交易中心[②]应运而生，成为中国多层次资本市场中的重要环节，在区域性场外市场交易中发挥着重要作用。同时，互联网金融的兴起为金融资产交易中心的发展提供了新的思路和运营模式，各金融资产交易中心都意识到了这一历史潮流，竞相“触网”，以充分利用互联网在服务金融资产交易上的优势拓展业务，寻找自身的生存和发展空间，奠定自身在金融市场中的地位。

二、金融资产交易中心设立的宏观背景

（一）互联网金融发展迅猛

2013 年 6 月 19 日，“余额宝”横空出世，开辟了中国互联网金融的新纪元。七个月之后，“余额宝”成为世界第七大货币基金，创出了金融发展史上的“奇迹”。金融创新的威力生动地展现出来，“余额宝现象”随即引起监管部门、金融业界和全社会的广泛关注和思考。监管部门在权衡利弊后顺势而为，确立了“加强监管、放松管制”的金融改革思路。在“余额宝现象”冲击下，传统金融机构纷纷向互联网金融方向转型，新型互联网金融机构也纷纷破土而出。互联网金融在提高金融市场运作效率，解决中小微企业融资困境等方面的重要作用得到政府有关部门的充分肯定，因此很长一段时间，监管层并未制定出

① 即《中共中央关于全面深化改革若干重大问题的决定》。

② 成立较早的地方金融资产交易场所大多命名为金融资产交易所，2011 年，国务院颁发的《关于清理整顿各类交易场所切实防范金融风险的决定》中规定，未经批准在交易场所名称中使用“交易所”字样的交易场所，应限期清理。因此，新近成立的地方金融资产交易场所多命名为金融资产交易中心，除国家特别授权外，金融资产交易所和金融资产交易场所在功能和业务类型上没有区别。因此，本文统称为金融资产交易中心。

专门的监管政策来规范中国互联网金融的发展。但随着互联网金融的发展规模越来越大,其所存在的风险也逐步暴露出来。2015 年 6 月,中央十部委(会)联合出台互联网金融监管方面的指导意见,对互联网金融的发展做出明确的规范,以促进互联网金融的健康发展,这为金融资产交易的发展创造了更加有利的市场条件。

(二)大资管时代来临

2010 年,中国超越日本成为世界第二大经济体;2015 年,按照 PPP(购买力平价)法,中国已经成为世界第一大经济体,中国人的财富迅猛(甚至是爆发式)增长成为不争的事实,大资管时代已经来临。中国证监会于 2012 年 7 月 31 日颁布了《期货公司资产管理业务试点办法》,首次允许期货公司开展资产管理业务;中国保监会于 2012 年 12 月 12 日颁布了《关于保险资产管理公司有关事项的通知》,之后又采取一系列措施,允许和鼓励保险公司进入资产管理市场,开展具有资产管理性质的保险业务。监管部门一系列“资管新政”的出台放宽了证券公司与基金公司资产管理的投资范围和运作方式,同时对期货公司与保险公司敞开了资产管理业务的大门,商业银行、信托公司、基金公司、证券公司、保险公司与期货公司初步实现混业经营。截至 2014 年 8 月末,包括银行资管、信托、证券公司资管、保险公司、公募基金、基金公司子公司和私募基金在内的大资管行业的资产管理规模已经接近 50 万亿元,剔除通道业务的重复计算因素后约为 35 万亿元。

(三)资产证券化业务加速发展

我国的企业资产证券化业务和信贷资产证券化业务分别于 2011 年 9 月和 2012 年 5 月重启。截至 2014 年末,我国资产证券化市场产品存量余额共计 2 878.49 亿元,其中信贷/租赁资产证券化产品比重最高,达到 81.91%,企业资产证券化产品的比重占 12.67%,其余产品比重较低。相关研究表明,2015 年信贷资产证券化发行量将达到 8 000 亿元,企业资产证券化发行量将达到 1 500 亿元。

（四）多层次资本市场构建与金融机构混业经营发展趋势

从20世纪90年代初沪、深证券交易所开办以来，经过26年的发展，中国金融市场已经初步形成了多层次金融市场的局面，从场内市场的主板、中小企业板、创业板、银行间市场，到场外市场的“新三板”（全国中小企业股份转让系统）、产权交易所、股权交易所等多种证券交易平台，中国的金融市场呈现出多元化的发展趋势。传统的重银行、轻证券，重间接融资、轻直接融资的发展格局正在被打破。2014年5月，国务院发布了《关于进一步促进资本市场健康发展的若干意见》（下称“国九条”），提出研究证券公司、基金管理公司、期货公司、证券投资咨询公司等交叉持牌；支持符合条件的其他金融机构在风险隔离基础上申请证券期货业务牌照；支持证券期货经营机构与其他金融机构在风险可控前提下以相互控股、参股的方式探索综合经营。虽然目前券商牌照尚未放开，但这并不妨碍银行开展投资银行业务。一方面，商业银行可以通过和券商的合作，来完成相关业务；另一方面，商业银行本身也在从事一些除了股票承销和经纪以外的非核心券商投行业务，这些业务主要包括作为银行间债券市场的承销商，以及充当财务顾问等，在银行中间业务收入中的占比已经相当高。牌照放开还需对《证券法》《商业银行法》等基础法律做出修改，预计会有2～3年的过渡期。

构建多层次资本市场，推进金融机构混业经营是我国深化金融改革的一部分，也是为了配合资产证券化的发展和保障大资管时代下交易效率的重要举措。以金融资产交易中心为代表的区域性金融资产交易市场作为场外市场系统中的新要素，能够为大量非标金融资产提供交易场所，从而发挥金融市场的价格发现功能和优化资源配置功能，是深化金融改革、构建多层次资本市场的重要环节。

三、金融资产交易中心的发展现状、基本功能与市场价值

金融资产交易中心是我国场外市场的重要组成部分。它是金融创新的产物，属于金融行业的新业态，具有朝阳产业的性质。经过多年的金融改革和金融市场培育，我国金融市场呈现出多层次和多元化的发展趋势。在多层次金融市场结构中，场内市场比较成熟，场外市场的发展刚刚起步。以金融资产交易中心为代表的地方金融资产交易市场异军突起，成为当前发展最为迅猛的场外市场。

（一）我国金融资产交易中心的发展现状

截至 2015 年 7 月底，全国各地的金融资产交易中心已经达到数十家，如北京金融资产交易所、天津金融资产交易所、平安集团陆金所、武汉金融资产交易所、四川金融资产交易所、重庆金融资产交易所、浙江金融资产交易中心、温州金融资产交易中心、山东金融资产交易中心等。江苏省内共有 4 家金融资产交易中心，即江苏金融资产交易中心、南京金融资产交易中心、苏州金融资产交易中心和无锡金融资产交易中心。凡以金融资产交易中心命名的机构，大多是 2013 年、2014 年设立的区域性金融资产交易机构。例如，南京金融资产交易中心就是在 2014 年 12 月 15 日开业的区域性金融资产交易机构。

与沪深证券交易所、中国银行间市场等实行自律性管理的非营利性法人不同，各个金融资产交易中心的组织形式均为以营利为目的的公司，包括有限责任公司和股份有限公司。在互联网金融蓬勃发展的大背景下，各个金融资产交易中心均建立起了网上交易平台。与互联网相结合，借助网络平台进行信息公布、产品推介与交易是当前国内各个金融资产交易中心（所）的重要特征。

（二）金融资产交易中心的基本功能

设立金融资产交易中心，是为了能够向区域性或地方层级的其他金融机构、企业和政府部门提供专业化、标准化、规范化的金融资产交易服务。金融资产交易中心在地方金融要素市场中发挥以下六大基本功能：

（1）为金融资产、现有金融产品和创新金融产品提供交易平台的功能。这是金融资产交易中心的基本功能，也是金融资产交易中心的核心业务。该功能的有效发挥，需建立在金融资产交易中心组织结构完整、配套服务完善的基础上，同时还需建立安全完善的网上交易平台，提高交易的自主性和效率。

（2）作为连接地方层级的政府部门、金融机构、企业和个人投融资活动纽带的功能。这是金融资产交易中心的核心功能，在大资管时代以及资产证券化蓬勃发展的环境下，金融资产交易中心能够将金融市场上的融资主体与金融资产开发机构、金融资产信用增级机构等有机结合起来，建立金融新生态，实现融资需求的新发现和金融资产的高效开发，同时将金融资产经由自身交易平台提供给投资者，实现资金的高效运转，提高经济的运行效率。

（3）为金融资产、现有金融产品和创新金融产品提供登记服务的功能。出于规范市场的需要，政府规定由金融机构发行的金融资产、金融产品以及创新金融产品必须在金融资产交易场所登记挂牌。金融资产交易中心作为地方金融资产交易场所，具有办理非标金融资产交易业务的资质，因而具有为金融资产、现有金融产品和创新金融产品提供登记服务的功能。

（4）为金融资产、现有金融产品和创新金融产品的交易提供结算服务的功能。各种金融资产、现有金融产品和创新金融产品在交易时都会涉及资金的结算，金融资产交易中心也需要具备交易结算的功能。

（5）信息整合和降低信息不对称的功能。金融资产交易中心在对可供交易的金融资产和金融产品进行发掘和审核时，发挥着对这些金融资产和金融产品的供求状况、信用状况、风险水平等信息的搜集与整合功能，将重要的信息通过交易平台进行公告。这种信息整合与发布有利于克服投资方与融资方之间的信息不对称，降低风险，提高交易效率。

(6) 为创新金融产品进行开发与设计并制定相应规则的功能。随着金融市场管制的逐步放开，创新型金融产品将不断出现，金融资产交易中心作为类金融机构，能够进行创新型金融产品的开发与设计，并制定相应的规则，推动创新型金融产品的风险控制和规范化运作，降低区域金融市场的风险。

(三) 金融资产交易中心的市场价值

马云说过，企业的价值在于企业为他人创造的价值。因此，金融资产交易中心的市场价值就体现在它能为其他市场主体，尤其为实体经济服务的能力上。笔者认为，金融资产交易中心具有以下三层市场价值。

第一个层次的市场价值体现在"互联网金融"上。互联网金融代表着未来金融业的发展方向。2015 年国务院大力推行"互联网＋"行动计划，互联网金融正是"互联网＋"行动计划在金融领域的实现，因而受到国家产业政策的支持和社会资本的追捧。作为有别于传统企业的互联网金融企业，金融资产交易中心的互联网金融企业性质和交易资质本身就具有标签意义上的市场价值，且价值不菲(即金融资产交易中心的估值水平高于一般企业)。

第二个层次的市场价值体现在金融资产交易平台上。平台和大数据是信息时代商业活动最重要的资产，交易平台为数据积累创造了有利条件，从而成为大数据分析和挖掘的重要前提，因此，平台经济是互联网(信息)时代的宠儿。金融资产交易平台的有效运转能够使金融资产交易中心标签意义的品牌价值产生质的跃升，阿里金融、京东金融等电商金融使电商品牌产生质的跃升就是实证。

第三个层次的市场价值体现在资产证券化上，尤其是非标资产证券化。资产证券化是资本流动的重要方式，而资本的高度流动则是发达资本市场的两个核心要素之一①，资产证券化对于我国资本市场走向成熟和发达的重要意义由此可见。作为与债券融资、股权融资并立的资本市场三大主流融资工

① 另一个核心要素是价值发现和风险配置。

具之一,资产证券化是我国未来实体经济长期融资所面对的"新蓝海",也是新的金融生态,具有广阔的发展空间。金融资产交易中心的存在依据或生命力就在于运用证券化手段使存量资本(产)得以充分流动,因此,金融资产交易中心是我国多层次资本市场不可或缺的组成部分。2013 年以来,监管部门对商业银行的非标金融资产业务采取了一系列限制措施,这就为金融资产交易中心开展非标资产证券化业务留出巨大空间。将非标资产证券化是金融资产交易中心有别于大多数互联网金融企业之处,从而成为金融资产交易中心市场价值的核心所在。

四、金融资产交易中心的目标市场和创新方向

(一) 资产端与资金端目标市场

作为金融资产交易场所,金融资产交易中心联系着市场中的投资方和融资方,从而形成资金端和资产端的目标市场。

资产端对应着融资方,为交易标的——金融资产或金融产品的提供者。金融资产交易中心采用市场化经营方式,以企业为组织架构,因此需发挥企业机制灵活的优势,积极拓展对公客户市场,包括地方政府部门市场、地方金融机构市场和地方企业市场。首先,应致力于满足地方政府融资平台的融资需求,尤其要与地方政府及其金融主管部门建立起良好的关系,努力发掘地方政府融资平台的融资业务,做好地方政府债务证券化业务;其次,尽可能与银行、保险公司、证券公司和信托公司等金融机构建立起良好的关系,努力发掘其中的潜在机会,尤其是开拓非标金融资产证券化业务,为金融机构的创新型金融产品提供开发、登记、交易、结算等服务。目前这个市场才刚刚发展,潜在的需求即待开发的金融产品规模巨大,这将为金融资产交易中心作提供广阔的发展空间;第三,充分利用大股东的品牌和经营资源,与关联企业建立业务合作关系,帮助这些企业开展债务融资和资产证券化融资。

资金端市场对应着资金来源,即投资方市场。作为金融资产交易场所,投

资方越广泛，就越有利于销售金融产品，越有利于扩大金融资产交易中心的影响力。金融资产交易中心主要服务于有投资需求的金融机构、企业和个人。其中，部分高端和高风险产品需设置进入门槛，主要针对目标市场中的高净值客户。金融资产交易中心还要使资金端目标市场和资产端目标市场的业务相互协调，同时推进，使金融资产的供给和需求相匹配，迅速扩大业务规模。

（二）创新方向和设想

金融资产交易中心是金融抑制与金融创新的结果，金融抑制给金融资产交易中心预留了潜在的发展空间，金融创新成就了金融资产交易中心的现实发展。互联网金融代表着金融发展的方向，资产证券化具有巨大的社会需求和发展潜力，这些因素给金融资产交易中心提供了生存依据和创新、发展的空间。金融资产交易中心是我国新金融领域的后起之秀，其市场地位来自超常规、跨越式的发展方式。金融资产交易中心必须站在经济发展的风口上创新，即围绕当前我国经济发展所迫切需要开发的领域，以及互联网金融的热点和难点，锐意进取，有效突破，创新产品和业务模式，满足以前无人参与、无处着手和无法满足的金融资产证券化需求。据此，笔者对金融资产交易中心的创新方向提出以下设想。

1. 在参与 PPP 项目融资上取得创新突破

大力推广 PPP 项目是我国投融资体制改革的重要方向。截至 2015 年 5 月，我国采用 PPP 模式运作的项目累计超过 1000 个，涉及交通、通信、能源、水资源等领域，总投资超过 9 000 亿元。2015 年上半年，国家发改委设立的 PPP 项目库中已有 1 043 个项目，投融资总额达到 1.97 万元。国家 PPP 项目库将继续优化，项目数量还将增加，融资规模还将扩大。然而，这个国家级项目库中已落地的 PPP 项目还不足 40 个[①]，显然，PPP 项目融资是当前社会投

---

① 2015 年 7 月 19 日，国家发改委投资司司长许昆林做客央视财经频道谈到上述情况，并表示国家将出台一系列政策推动更多的 PPP 项目落地，并督促检查下级政府推动本地 PPP 项目的实施。

融资需求的"痛点"。金融资产交易中心应该积极主动"杀入"地方性 PPP 项目融资，尤其是城市公共交通和公用事业 PPP 项目融资领域，实施产品和业务模式创新，做成、做好、做优国家和社会迫切需要但又无人能做、无人愿做的 PPP 项目融资，以及其后续的资产证券化业务，例如，在城市公交地铁建设及公交地铁沿线的房地产开发和"海绵城市"(城市地下管廊)建设中开展创新业务。

(1) 在城市公交地铁建设及公交地铁沿线的房地产开发 PPP 项目上开展创新业务

目前国内地铁建设的 PPP 项目融资，真正获得成功的只有北京地铁 4 号线[①]。但是，北京地铁 4 号线 PPP 项目融资也有遗憾。由于建设工期所限和未采用资产证券化融资，北京地铁 4 号线 PPP 项目参与方来不及筹措更多的资金进行地铁 4 号沿线房地产开发，从而极大地限制了北京地铁 4 号线的盈利能力。尽管香港地铁公司[②]参与了北京地铁 4 号线 PPP 项目，但建成后的北京地铁 4 号线不能像香港地铁那样盈利，仍需北京市政府提供地铁营运收支差额补贴。

北京地铁 4 号线 PPP 项目的遗憾可以作为金融资产交易中心未来产品和业务模式创新的方向。金融资产交易中心应在即将动工且明确采用 PPP 项目融资方式进行建设的地铁线路中，选择沿线土地开发潜力巨大的项目[③]，参与项目融资和沿线土地开发。金融资产交易中心参与这一类型项目，可以放宽项目工期和融资规模对 PPP 项目投资方进行沿线土地开发的制约，尤其是解决地铁沿线房地产开发的前期资金需求，将原本排除在 PPP 项目价值链之外的沿线房地产开发[④]重新纳入地铁 PPP 项目价值链之中，提升 PPP 项目的盈利水平。

---

① 北京地铁 4 号线的项目融资，是未来我国城市地铁 PPP 项目融资的样板。

② 该公司营运的香港地铁是全世界唯一盈利的城市地铁。

③ 南京市首批采用 PPP 方式融资的地铁项目往往具有试点性质，因而融资条件可能更加优惠。

④ 如北京地铁 4 号线建设方最终(被迫)放弃的沿线房地产开发项目。

(2) 参与"海绵城市"[1](城市地下综合管廊)建设的PPP项目融资创新业务

"海绵城市"建设作为我国城市公用设施现代化建设的重大举措,是国家重点支持的民生工程,也是未来我国开展PPP项目投融资的重要领域。国家已经确定17个城市作为试点城市[2]。2015年7月和8月,国务院常务会议多次专门部署推进城市地下综合管廊建设。根据已经出台的国家相关政策,一般城市、省会城市和直辖市进行海绵城市(城市地下综合管廊)建设试点,每年可得到国家4亿到6亿元财政资金的补助,只要采用PPP模式达到一定比例,就可以获得上述财政资金10%的奖励。国家还将设立海绵城市(城市地下综合管廊)建设引导基金,推进这一领域PPP项目的实施。

金融资产交易中心参与城市地铁沿线土地开发和海绵城市建设PPP项目融资的具体方式有以下四种:第一种,直接将PPP项目投融资方前期投入的资产证券化,以迅速实现项目现金回流,为PPP项目建设方提供融资服务;第二种,直接吸收社会的碎片化投资和其他闲散资金,为PPP项目开发建设提供补充资金的融资服务;第三种,直接联系新的社会资本进入PPP项目,使PPP项目建设方一开始就能统筹项目的核心工程建设和项目的增值性开发,再通过资产证券化业务,帮助社会资本提前实现现金回流;第四种,依托金融资产交易中心大股东,设立项目开发托底基金,从而将项目建设的完整价值链纳入项目开发中,再对托底基金的资金投入进行证券化。

金融资产交易中心参与PPP项目开发的四种基本方式如表1所示。

---

① "海绵城市"是指城市能够像海绵一样,在适应环境变化和应对自然灾害等方面具有良好的"弹性",下雨时吸水、蓄水、渗水、净水,需要时将蓄存的水"释放"并加以利用。海绵城市建设遵循生态优先等原则,将自然途径与人工措施相结合,在确保城市排水防涝安全的前提下,最大限度地实现雨水在城市区域的积存、渗透和净化,促进雨水资源的利用和生态环境保护。在海绵城市建设过程中,统筹自然降水、地表水和地下水的系统性,协调给水、排水等水循环利用各环节,并考虑其复杂性和长期性。

② 2015年4月至6月,国家有关部门将迁安、白城、镇江、嘉兴、池州、厦门、萍乡、济南、鹤壁、武汉、常德、南宁、重庆、遂宁、贵安新区、西咸新区和三亚确定为我国首批海绵城市建设试点城市,并向社会公布。

表 1　金融资产交易中心参与 PPP 项目建设和开发的基本方式

方式	方式要点	金融资产交易中心的参与价值	融资性质①及其组合
方式一	直接将 PPP 项目参与方的前期投资证券化。	帮助 PPP 项目投资方提前收回前期投资,项目价值链延伸(增值)。	资产证券化融资
方式二	直接为 PPP 项目参与方进行证券化融资。	补充或完全解决项目投资方开发项目延伸价值所需的资金。	私募债权融资＋资产证券化融资
方式三	直接联系社会资本进入 PPP 项目。	直接运用金融资产交易中心的社会资源,将原本可能被排除的 PPP 项目延伸开发重新纳入其价值链中。	私募股权融资＋资产证券化融资,或者私募债权融资＋资产证券化融资
方式四	动员大股东为 PPP 项目价值链延伸开发提供资金托底。	通过资产证券化,将大股东托底基金的资金投入提前变现并取得收益。	私募股权融资＋资产证券化融资,或者私募债权融资＋资产证券化融资

2. 在帮助地方政府债务融资和债务转换上取得创新突破

地方政府债务存量的妥善消化是未来若干年我国财政面临的棘手问题,地方政府债务融资是目前正在探索的拓展地方建设资金来源的重大创新。2015 年,经过三轮确定和修正,我国地方债务置换和融资规模由 1 万亿元增加到 3.2 万亿元。资产证券化是贯彻国务院关于"盘活存量、用好增量"要求、妥善解决地方政府债务转换与债务融资的重要措施。目前,虽然地方政府债务的资产证券化需求迫切,实践上却几乎是空白,因而创新空间和发展潜力巨大。金融资产交易中心应该果断进入这一领域,大胆探索创新,寻找出属于自己发展空间的"蓝海"。

① 融资性质分为股权融资、债权融资和资产证券化融资。

3. 在实现“中国制造2025”方面取得创新突破

2015年，国家推出“中国制造2025”规划，推动我国制造业加速向智能化方向转型升级。“中国制造2025”是国家级发展战略，对未来我国经济发展影响重大。“中国制造2025”的实施，一方面对资金提出了巨大需求，尤其提出了大量的资产证券化需求，这为产业资本对接互联网金融和金融资产交易中心提供了历史性机遇；另一方面，“中国制造2025”必将孵化出大量的创新型中小企业，并由它们完成60%～80%的制造业创新[①]，这其中蕴藏着巨大的业务机会。

以互联网技术为特征的信息时代是一个大量草根企业向大型企业发展的时代。在草根企业向大型企业发展的过程中，除了银行体系的资金支持，还必须依托发达的资本市场，这就给金融资产交易中心绑定若干潜在大型企业提供了机会。金融资产交易中心要想在参与“中国制造2025”方面取得创新突破，根本要领是绑定一批未来有可能成为“大型企业”的中小型草根企业，与它们“同成长，共分享”。

要想成功绑定潜在大型企业，金融资产交易中心需在国家产业政策大力支持的范围内，选择拥有高新技术或良好商业模式，并有可能高速成长为居行业领先地位的企业，与其建立战略合作关系或股权渗透关系，通过特别定制产品、定向资产证券化、私募债权融资、长期跟踪服务、提供一揽子解决方案等手段，持续地帮助这些企业得到资本市场的支持。绑定潜在大型企业，必须要有战略眼光，不要被早期的高成本、低利润吓住，要坚定地与潜在大型企业进行合作，打造优质资产端，以吸引更多的客户与业务；同时，要让交易平台资金端客户分享这些大型企业高速成长带来的财富扩张，以提高他们的忠诚度。

① 纵观欧美、日本制造业的智能化转型过程，60%～80%的制造业创新由中小企业完成。中小企业也是我国发展潜力巨大的企业群体，我国65%的专利、75%的发明创新和85%的新产品产生于这一企业群体。

五、促进金融资产交易中心发展的建议

互联网的高效便捷性在服务于金融行业时具有独特的优势，金融资产交易中心必须嵌入互联网金融，建立起完善高效的互联网金融交易平台，以吸引和黏住更多的客户，才能使自身得到更快的发展，更加高效地服务于实体经济。

（一）依托互联网金融，建立基本的业务模式

在未来金融业混业经营不断深入、竞争不断加剧的趋势下，金融资产交易中心要想得到持续发展，必须依托互联网交易平台，连接资产端和资金端客户，进而打造成 B2B(Business-to-Business，对公客户与对公客户之间的交易）和 B2C(Business-to-Consumer，对公客户与个人客户之间的交易）齐头并进，共同发展的业务格局，或者是以 B2B 为主、B2C 为辅的业务格局①。通过 B2B 业务的扩展，扩大业务规模，进而扩大其影响力；通过 B2C 业务的扩展，夯实稳步发展的基础。金融资产交易中心基于互联网开展的业务可进一步细分成以下四个基本业务模式。

(1) B2B 模式(Business-to-Business，即对公客户与对公客户之间的交易）。金融资产交易中心的互联网交易平台的两端都是机构，资产端是融资项目的开发建设或投资机构，资金端是能够提供与资产端资产相匹配的资金供应商。资金端的机构可以提供自有资金，也可以提供所筹集的资金。金融资产交易中心负责产品开发(融资工具的设计）、交易规则的制订、金融资产的证券化定价和信用评估与风险控制，负责优质的非标金融资产寻觅和有实力的资金供应商的选择；向资产资金两端机构提供优质的交易服务和其他服务。上述措施可将金融资产交易产品和资产端、资金端客户相对

① 还可以是复合的 B2B 与 B2C 结构，即“B2B2C”的业务格局。

固定下来,形成金融资产交易中心的主流业务模式。

(2) B2C 模式(Business-to-Customer,即对公客户与个人客户之间的交易)。碎片化是互联网金融的魅力所在,“2C”就是碎片化资金供给的体现。金融资产交易中心应采用 B2C 的业务模式作为对 B2B 模式的补充,这也是金融资产交易中心与传统金融机构错位发展的重要体现。在 B2C 模式中,互联网直销平台的资产端仍然是融资项目的开发建设或投资机构,金融资产交易中心应做好优质资产发现和寻觅工作;资金端为会员制的个体(家庭)投资者,金融资产交易中心向他们提供优质金融资产的证券化投资机会。

(3) F2F 模式(Financial institutions-to-Financial institutions,即金融机构之间的资产交易业务)。F2F 是一种特殊的 B2B 模式,交易标的是金融机构(含企业财务公司)自身的金融资产或受托代理的金融资产,金融资产交易中心为金融机构和企业财务机构提供投融资和金融资产交易的互联网金融服务平台。由于国内金融资产存量达到数百万亿元级水平,F2F 模式的创立能够有效地拓展金融资产交易中心未来的业务发展空间。

(4) C2C 模式(Customer-to-Customer,即个人客户与个人客户之间的点对点交易)。C2C 模式可以作为 B2C 模式与 P2P 模式的嫁接或综合。在 C2C 模式下,金融资产交易中心通过提供互联网交易平台并收取一定的交易费用,将碎片化的投资需求与资金供给结合起来,彰显互联网金融强大的资金筹集和匹配功能。这种业务模式的本质是金融资产交易中心的资产证券化直销业务嵌入 P2P 原有的业务模式,用互联网手段为资产证券化方式下的 P2P 交易提供信息、登记、结算和咨询服务。

(二) 依托互联网金融,提供全方位金融资产交易服务

金融资产交易中心本质上属于服务型金融中介,高效快捷始终是服务业所追求的目标。因此,金融资产交易中心必须依托高效快捷的互联网,为现实客户和潜在客户提供以下综合服务。

(1) 信息服务。金融资产交易中心为融资方、投资方及金融从业人员搭

建高效的投融资信息发布、搜寻、匹配平台，在平台上发布融资项目的信息。投资方可以通过金融资产交易中心发布的海量项目信息，轻松挑选和快速挖掘符合自身投资取向、具有投资价值的项目。此外，金融资产交易中心还为投资方提供投资项目转让信息的发布及相关服务。

(2) 投融资咨询服务。金融资产交易中心为缺乏融资经验的中小微企业提供融资咨询服务，根据企业的实际情况及融资需求，有针对性地提供相应的帮助，为其设计融资产品和融资工具。金融资产交易中心还可以为投资方提供投资咨询服务，根据投资方的资金情况、风险承受能力和收益预期，向其推荐合适的投资产品。

(3) 交易撮合服务。金融资产交易中心通过资格预审，构建诚信交易环境，促成转让或融资意向与投资意向的有效对接，保护交易各方的正当权益；通过互联网金融交易平台，为融资项目寻找投资人资源，从而缩短交易周期，提高交易效率，降低交易成本。

(4) 资金清算服务。金融资产交易中心可以在连入互联网的基础上，开发出专门的系统来为投融资双方提供及时、准确、到位的投融资资金交割和清算服务。

参考文献

[1] 蔡琛，2015:《浅析我国资产证券化的发展现状》，《对外经贸》第 5 期。

[2] 丁化美、南云僧、沈金牛，2014:《资产证券化释放生产力——基于我国金融资产交易市场的视角》，《探索》第 2 期。

[3] 梁轶、陈嘉欣，2014:《我国金融资产交易市场法律规制研究——基于对各地金融资产交易市场的实证分析》，《法治论坛》第 36 辑。

[4] 林强，2015:《资产证券化在我国的过去、当下及未来》，《时代金融》第 1 期。

[5] 马庆强，2014:《我国金融资产交易所发展问题研究——基于北京、天津金融资产交易所的比较》，《华北金融》第 3 期。

“人人贷”网络借贷平台的借款成功率*

裴 平 陈 楚

内容提要:近几年来,P2P 网络借贷发展很快,在较大程度上激活了金融要素,缓解了小微企业和自然人融资瓶颈,但平台上的借款成功率仍然是理论界与实务部门关注的热点之一。本文基于借款人角度,采用 Logit 回归计量模型,以中国 P2P 网络借贷平台“人人贷”2014 年 1 月到 2015 年 1 月的借款标的数据为样本,对“人人贷”借款成功率的影响因素进行了实证检验。实证结果表明,借款人成熟程度、借款人私家车情况、借款订单基本信息、借款人住宅情况、借款人违约可能性,以及借款人素质这六个关键因子对借款成功率有显著影响。为提高中国 P2P 网络借贷平台的借款成功率,政府要完善法规,加强监管,规范网络借贷行为;P2P 网络借贷平台要根据法律规定,加强对借款人所提供信息的审核与验证,完善借款人信用等级评价机制;借款人也要遵纪守法,按规定向平台和放款人提供必要和真实的多维度信息,并自觉接受平台和监管部门的审查与监督。

关键词:P2P 网络借贷;借款人;借款成功率

---

* 裴平,管理学博士,南京大学国际金融研究所所长,教授、博士生导师,主要研究方向为金融理论与实务、国际金融管理、互联网金融等;陈楚,经济学学士,南京大学商学院 2016 级金融学专业研究生,主要研究方向为金融理论与实践、互联网金融等。本文系国家社会科学基金重大项目“互联网金融的发展、风险与监管研究”(14ZDA043)的阶段性研究性成果。

一、引　言

P2P网络借贷(Peer-to-Peer Lending)是指个体与个体间在无传统金融中介机构介入情形下的资金借贷行为。2007年,国外P2P网络借贷平台模式开始被引入中国,互联网的兴起与大数据时代的到来使得国内P2P网络借贷行业迅速崛起。2015年度中国全部P2P网络借贷平台的累计成交量达到9 823亿元,历史累计成交量达到了13 652亿元。截至2016年2月中旬,P2P网络借贷平台超过3 800家,并且平台数量随着时间推移仍呈现大幅增加之势①。作为中国首批P2P网络借贷平台,“人人贷”自2010年5月成立至今已将全国2 000多个地区列入业务范围,吸引了数十万的行为主体在平台上进行资金借贷,成功帮助了作为资金需求方的借款人筹集资金,也为资金供给方的放款人提供了新的投资渠道。据“人人贷”2014年度报告,2014年“人人贷”网站成交笔数为61 265笔,成交金额超过37亿,同比增长138%。报告还显示,“人人贷”逾期贷款金额仅占全部贷款总金额的0.41%,而且风险备用金逐年增加,明显远高于网站的坏账率。

但是P2P网络借贷平台作为一种新兴的中介服务机构,由于信息不对称导致的道德风险和逆向选择,难免会产生一些问题。例如,借款人在平台上公开的信息有限,平台的监管漏洞为部分借款人发布虚假信息提供了便利,一些放款人由于无法有效甄别信息而不愿轻易出借资金,而另一些放款人愿意出借资金却无法收回成本,最终造成P2P网络借贷平台借款成功率低下。为保护借款人和放款人的利益,并且提高平台的投融资效率,有必要深入分析P2P网络借贷平台借款成功率的影响因素。本文基于借款人角度,利用“人人贷”的借款标的数据,构建Logit模型对P2P网络借贷平台借款成功率的影响因素进行实证检验,目的是得到有理论与应用价值的研究结论,促进中国P2P

① 数据来源:网贷之家。

网络借贷平台的健康发展。

二、文献综述

国外学者 Hadlock 和 James(2002)从借款人的角度出发,认为银行贷款要求严格,而 P2P 网络借贷平台向中小企业和潜在借款人提供了一个低成本的融资机会,并具有手续简便、流动性强的优点。Klafft(2008)则认为 P2P 网络借贷风险极高,借款人不得不采取设置高昂利息的方式来补偿风险,这种做法更易使借款人陷入无力偿还欠款的困境。Greiner 和 Wang(2009)的研究发现,P2P 网络借贷平台担任着中间人的角色,根据资金需求者的风险程度设立信用等级,使得借款人能够与承担风险的资金放款人相互联系并匹配,最终满足供需双方的要求。Seth Freedman (2011)发现将硬信息与软信息相结合有利于信息识别,硬信息包括借款人以往借款信息,软信息涉及借款人的名声与信誉。

国外学者 Herzenstein 等(2008)针对借款人属性进行研究,发现人口学特征、财务实力、贷款需求前的自身努力程度对借款成功的可能性有着显著影响。Barasinska(2009)分析了放款人的性别属性,发现女性偏向于向低信用评级和低利率的借款人提供资金,体现了女性风险防范意识薄弱和同情弱者的特征。Iyer 等(2009)研究发现,放款人更多地使用银行贷款标准来衡量 P2P 网络借贷平台上借款人信用,借款人的信用分数越高,放款人越愿意出借资金。Lin(2009)发现,如果借款人负债情况严重而收入水平较低,借款利率与借款金额会因此大幅增长。Lin 等(2009)的研究发现,可验证的社交网络关系这一社会资本与提高借款成功率和降低风险违约率成正相关关系。Pope 和 Sydnor(2010)从借款人的种族属性考察发现,由于美国特殊的人口构成,黑人在借款时会处于不利地位,必须比白人承担更高的利率才能借到所需的资金。Herzenstein 等(2010)以放款人为视角,研究羊群效应对借款成功率的影响,发现羊群效应使得更多的放款人愿意将资金投向某个借款标的。

Laura 等(2011)指出,叙述性扩展、具体性描述以及与个人经济状况有关的量词会对借款成功率产生积极影响。

国内学者辛宪(2009)认为,P2P 网络借贷平台增加了投融资渠道,其庞大的数据流有利于社会信用体系的建立,是对传统金融市场的补充与发展。张玉梅(2010)指出,我国 P2P 网络借贷平台上存在着欺诈行为,借款人提供信息的真实性不能得到保证。尤瑞章和张晓霞(2010)提出计算机技术的进步、个人征信制度的建立以及法律法规的完善能够推动 P2P 网络借贷行业健康成长。陈初(2010)根据 P2P 网络借贷平台的作用,将平台分为银企合作共担风险的 P2P 网络借贷平台、银行外包贷款业务的 P2P 网络借贷平台、单独运作的 P2P 网络借贷平台和针对社会弱势群体的网贷平台。张职(2013)发现我国在借鉴国外 P2P 网络借贷平台模式的基础上产生了 5 种借贷方式,即单独中介、网下到网上的复合中介、网上到网下的复合中介、公益型和单纯网下。

国内学者对借款成功率的研究多数以"人人贷"和"拍拍贷"的数据作为样本,采用各种经济计量模型分析借款成功率的影响因素。张娜(2010)所做的问卷调查表明,P2P 网络借贷平台的可靠性与借款人的信用会对借款成功率产生显著影响。李悦雷(2013)从借款人和放款人的角度分别研究 P2P 网络借贷平台借款成功率的影响因素,发现借款订单信息、借款人个人信息、借款人人际关系,以及放款人的羊群效应特征等都会影响放款人资金在平台上的流向。廖理(2014)的研究发现,对于相同的借款利率,借款人公开信息反映出违约概率越大,募集资金成功的时间就越长,所需放款人就越多。李焰(2014)分析了软信息的主动性披露对借贷成功率的影响,借款人叙述性信息的文字越多,信息中包含的大众认同特征越充足,放款人就越愿意出借资金。王会娟(2014)分析了信用认证机制对放款人决策的影响,认为信用评级、认证指标和信用认证方式能提高借款成功率,降低借款成本。熊劲(2015)的研究发现,放款人对 P2P 网络借贷平台的信赖程度是其出资偏好的决定因素。

上述文献从理论与实证两方面对 P2P 网络借贷行业,特别是对 P2P 网络借贷平台借款成功率的影响因素进行了探讨,对本文所做的研究具有重要的参考价值。但是本文认为，上述文献对 P2P 网络借贷平台借款成功率影响因素的研究还不够全面和深入。同时，中国的 P2P 网络借贷平台富有特色，而且日新月异、发展很快，采用新的研究方法，选取新的样本数据，对中国 P2P 网络借贷平台借款成功率的影响因素进行更加全面和深入的研究，这有利于中国 P2P 网络借贷平台的健康发展。

三、实证检验

（一）模型构建与变量选择

本文在模型构建上选择 Logit 回归模型来研究借款成功率的影响因素。Logit 回归模型也被称为分类评定模型，是针对被解释变量为离散选择数据的一种分析方法。因为被解释变量借款成功率（*Success*）为二元选择变量，所以本文将借款成功取值为 1，借款失败取值为 0。借款成功率的概率 P 可以用该 Logit 基本模型预测：

$$P = Prob(Success = 1) = \frac{Exp(\beta_0 + \beta_1 x_1 + \beta_2 x_2 + \cdots + \beta_m x_m)}{1 + Exp(\beta_0 + \beta_1 x_1 + \beta_2 x_2 + \cdots + \beta_m x_m)} \quad (1)$$

式(1)中 β_0 是常数项，$\beta_1, \beta_2, \cdots, \beta_m$ 是回归系数，表明解释变量 $x_1, x_2, \cdots, x_m$ 对被解释变量借款成功率的影响程度。若用 Q 表示借款失败的概率，则：

$$Q = Prob(Success = 0) = \frac{1}{1 + Exp(\beta_0 + \beta_1 x_1 + \beta_2 x_2 + \cdots + \beta_m x_m)} \quad (2)$$

为方便估计，常对式(1)和式(2)采取如下变换：

$$L = \ln\left(\frac{P}{Q}\right) = \beta_0 + \beta_1 x_1 + \beta_2 x_2 + \cdots + \beta_m x_m \quad (3)$$

式(3)中，$\frac{P}{Q}$ 为机会比率，即借款成功与借款失败的比率。经过变换，Logit 模型式(1)变成了如式(3)的线性表达式，故此时式(1)中拟合 Logit 二元回归模型的参数问题就转化为拟合线性模型式(3)中的参数问题。

借款人可观察到的“人人贷”平台借款标的所有公开信息可分为三类，即借款订单信息、借款人基本信息和信用认证机制，这三类信息在很大程度上会影响借款成功率。借款订单信息包括借款金额、借款期限与借款利率。借款金额越大，借款人违约的可能性越大，借款成功率越低；借款期限长意味着借款人还款的风险加大，放款人无法收回资金的概率随之增大；借款利率与借款成功率成正向关系，借款利率越高，其出借资金的可能性也就越大。

借款人基本信息包括收入、工作时间、婚姻、性别、年龄、学历、有无车产、有无车贷、有无房产与有无房贷。借款人收入越高，还款能力越强，借款成功率越大。借款人工作时间越长，收入就越高，人脉圈也越广，具有较低的违约率。已婚借款人相比未婚借款人更追求稳定生活，责任感更强，不愿自己的配偶被放款人或 P2P 网络借贷平台追债，因此已婚者更受放款人青睐。相比男性借款人，女性借款人更容易在 P2P 网络借贷平台借到资金，一方面女性借款人对风险的承受能力较弱，在借款时会综合考虑自己的经济水平；另一方面可能是出于同情弱者的心理，放款人愿意帮助女性摆脱困境。借款人年纪越大，累积的资产越多，同时在心理上更加成熟，会尽力避免违约造成个人信誉损害。社会对知识分子的推崇使得高学历者的信誉度更高，因此受教育水平越高，放款人越愿意出借资金。借款人的车产、房产越多，车贷、房贷越少，意味着借款人还款能力越强，违约的风险就越低。

信用认证机制包括信用等级与审核项目，其中信用等级是综合借款人提供给平台的全部信息所得出的综合指标。一般而言，信用等级越高，借款人违背承诺的可能性越低，放款人越容易相信借款人。审核项目包括地址认证、学历认证、婚姻认证、工作认证、住房认证、车辆认证、身份认证和收入认证等，审核项目个数越多，借款人提供的公开信息可信度越高，放款人出借资金的意愿也就越强。

根据对 P2P 网络借贷平台借款成功率影响因素所做的经济学分析，基于对 Logit 回归模型，即对式(3)的拓展，可得实证模型式(4)。

$$
\begin{aligned}
Z &= \alpha_0 + \alpha_1 Obj.info + \alpha_2 Bow.info + \alpha_3 Cre.info + \varepsilon \\
&= \alpha_0 + \alpha_{10} Amount + \alpha_{11} Term + \alpha_{12} Rate + \alpha_{20} Income + \alpha_{21} Worktime \\
&\quad + \alpha_{22} Marriage + \alpha_{23} Sex + + \alpha_{24} Age + \alpha_{25} Education \\
&\quad + \alpha_{26} Car + \alpha_{27} Lcar + \alpha_{28} House + \alpha_{29} Lhouse + \alpha_{30} Credit + \alpha_{31} Sum + \varepsilon
\end{aligned} \tag{4}
$$

式(4)中 α_0 为常数项,ε 为残差项,$Z=\ln\left(\frac{P}{Q}\right)$,$P$ 为借款成功,Q 为借款失败。*Obj.info* 为借款订单信息,包括借款人借款金额(*Amount*)、借款期限(*Term*)和借款利率(*Rate*);*Bow.info* 为借款人基本信息,包括收入(*Income*)、工作时间(*Worktime*)、婚姻(*Marriage*)、性别(*Sex*)、年龄(*Age*)、学历(*Education*)、有无车产(*Car*)、有无车贷(*Lcar*)、有无房产(*House*)和有无房贷(*Lhouse*);*Cre.info* 为信用认证机制,包括信用等级(*Credit*)与审核项目个数(*Sum*)。关于解释变量的处理方式详见表 1。

表 1 解释变量及其处理方式

解释变量	说明	处理方式
借款订单信息	借款金额	取自然对数
	借款期限	单位:月
	借款利率	单位:%
借款人基本信息	收入	单位:元
		月收入≤1 000,取 1 1 000<月收入≤2 000,取 2 2 000<月收入≤5 000,取 3 5 000<月收入≤10 000,取 4 10 000<月收入≤20 000,取 5 20 000<月收入≤50 000,取 6 月收入>50 000,取 7

（续表）

解释变量	说明	处理方式
	工作时间	单位:年
		工作时间≤1,取 1 1<工作时间≤3,取 2 3<工作时间≤5,取 3 工作时间>5,取 4
	婚姻	已婚、离异或丧偶取 1,未婚取 0
	性别	男性赋值 1,女性赋值 0
	年龄	单位:岁
	学历	高中或以下取 1 专科取 2 本科取 3 研究生或以上取 4
	车产状态	有车产取 1,没有取 0
	车贷状态	有车贷取 1,没有取 0
	房产状态	有房产取 1,没有取 0
	房贷状态	有房贷取 1,没有取 0
信用认证机制	信用等级	AA 取 1,A 取 2,B 取 3,C 取 4,D 取 5,E 取 6,HR 取 7
	审核项目个数	指审核状态中有效审核项目个数,审核项目包括地址认证、学历认证、婚姻认证、工作认证、住房认证、车辆认证、身份认证和收入认证八个项目

本文研究所使用的样本是利用网络爬虫抓取的“人人贷”平台数据,样本区间为 2014 年 1 月 1 日到 2015 年 1 月 25 日。初始样本数为 308 203 个,考虑到本文研究的是借款成功率的影响因素,故将仍在投标进程中的 69 964 个样本剔除。在此基础上,又将存在缺失信息的 75 284 个样本去除,最终得到有效样本观测数为 162 955 个。

（二）描述性统计与相关性分析

表2列出了主要变量的统计性描述结果。被解释变量借款成功率的平均数值只有0.03，说明所选取的全部标的中只有3%的借款人成功筹到款项，借款成功率较低。在借款订单信息中，借款金额自然对数的均值为10.418 06，最低与最高数值分别为8.01与13.12，表明借款金额的最低与最高值分别为3 010元和498 820元；全部借款的平均期限为17.730 37月，最短的3个月，最长的36个月；借款利率均值和中位数均为13%左右，几乎是银行个人贷款利率的2倍。在借款人基本信息中，借款人的月收入集中在5 000元～10 000元之间，平均工作时间超过2年，已婚、离异和丧偶群体、男性群体、中年群体占多数，多数借款人受教育程度低下（基本为专科或以下文凭），房产的拥有者人数几乎是车产拥有者人数的2倍，房贷承担者人数是车贷承担者人数的2倍多。在信用认证机制上，信用等级的均值为6.85，中位数为7，表明多数借款人的信用等级较高，即AA级；审核项目个数均值为1.32，表明多数借款人只提供了审核项目的一个或两个证明，数目较少。

表2　统计性描述

变量	观测个数	均值	中位数	标准偏差	最小值	最大值
借款成功率	162 955	0.031 236	0	0.173 954	0	1
借款金额	162 955	10.418 06	10.6	1.225 488	8.01	13.12
借款期限	162 955	17.730 37	12	10.581 34	3	36
借款利率	162 955	0.135 829	0.13	0.028 092	0.07	0.24
收入	162 955	3.975 92	4	1.163 245	1	7
工作时间	162 955	2.333 423	2	0.992 297	1	4
婚姻	162 955	0.555 614	1	0.496 899	0	1
性别	162 955	0.854 702	1	0.352 402	0	1
年龄	162 955	30.333 99	29	6.657 151	14	71

（续表）

变量	观测个数	均值	中位数	标准偏差	最小值	最大值
学历	162 955	1.828 364	2	0.778 051	1	4
车产状态	162 955	0.420 926	0	0.493 709	0	1
车贷状态	162 955	0.137 817	0	0.344 709	0	1
房产状态	162 955	0.232 082	0	0.422 163	0	1
房贷状态	162 955	0.056 365	0	0.230 626	0	1
信用等级	162 955	6.853 389	7	0.794 611	1	7
审核项目个数	162 955	1.321 991	1	0.801 918	0	8

为了防止自变量出现多重共线性对所构建模型造成干扰，本文采用偏自相关系数来检验模型的有效性。结果表明，所有解释变量的偏自相关系数都在−0.5～0.5的区间内，即解释变量之间的相关度较低，所构建模型的解释能力较强（表3）。

表3　偏自相关系数

	借款成功率	借款金额	借款期限	借款利率	收入	工作时间	婚姻	性别	年龄	学历	车产状态	车贷状态	房产状态	房贷状态	信用等级
借款成功率	1	0.453	0.024	0.419	0.17	0.214	−0.039	0.268	0.096	0.218	0.116	0.168	0.143	−0.05	0.102
借款金额	0.453	1	0.099	−0.03	0.054	0.065	−0.051	0.071	0.028	−0.001	0.012	0.063	0.064	−0.078	−0
借款期限	0.024	0.099	1	0.022	0.026	−0.024	0.02	−0.01	−0.04	−0.073	−0.03	−0.038	−0.032	0.066	0.007
借款利率	0.419	−0.03	0.022	1	0.087	0.186	0.023	0.22	0.055	0.281	0.169	0.134	0.13	−0.086	0.165
收入	0.17	0.054	0.026	0.087	1	0.241	0.007	0.338	0.092	0.139	0.034	0.221	0.108	0.103	0.128
工作时间	0.214	0.065	−0.024	0.186	0.241	1	−0.058	0.469	−0.04	0.23	0.1	0.301	0.142	−0.097	0.121
婚姻	−0.04	−0.05	0.02	0.023	0.007	−0.058	1	−0.04	−0.05	0.037	0.007	−0.006	−0.019	0.049	0

（续表）

	借款成功率	借款金额	借款期限	借款利率	收入	工作时间	婚姻	性别	年龄	学历	车产状态	车贷状态	房产状态	房贷状态	信用等级
性别	0.268	0.071	−0.005	0.22	0.338	0.469	−0.044	1	0.029	0.157	0.041	0.283	0.118	−0.154	0.113
年龄	0.096	0.028	−0.039	0.055	0.092	−0.044	−0.045	0.029	1	0.06	0.002	0.102	0.133	−0.064	0.138
学历	0.218	−0	−0.073	0.281	0.139	0.23	0.037	0.157	0.06	1	0.445	0.264	0.159	−0.059	0.205
车产状态	0.116	0.012	−0.033	0.169	0.034	0.1	0.007	0.041	0.002	0.445	1	0.097	0.089	−0.021	0.092
车贷状态	0.168	0.063	−0.038	0.134	0.221	0.301	−0.006	0.283	0.102	0.264	0.097	1	0.459	−0.071	0.177
房产状态	0.143	0.064	−0.032	0.13	0.108	0.142	−0.019	0.118	0.133	0.159	0.089	0.459	1	−0.132	0.164
房贷状态	−0.05	−0.08	0.066	−0.09	0.103	−0.097	0.049	−0.15	−0.06	−0.059	−0.02	−0.071	−0.132	1	−0.22
信用等级	0.102	−0	0.007	0.165	0.128	0.121	0	0.113	0.138	0.205	0.092	0.177	0.164	−0.221	1

（三）Logit 回归结果

Logit 回归模型假设随机变量服从逻辑概率分布，考虑到本文的被解释变量借款成功率是 0 和 1 两种逻辑状态的布尔型变量，因此选择二元 Logit 回归模型分析借款成功率的影响因素。模型估计结果如表 4 所示：

表 4　Logit 回归结果

变量	系数	标准误差	Z 统计值	显著性水平
借款金额	−0.697 89	0.026 013	−26.828 9	0
借款期限	−0.000 18	0.002 966	−0.059 61	0.952 5
借款利率	−22.960 8	1.296 436	−17.710 7	0
收入	0.144 929	0.021 526	6.732 677	0
工作时间	−0.399 73	0.026 115	−15.306 8	0
婚姻	0.132 034	0.055 486	2.379 589	0.017 3

（续表）

变量	系数	标准误差	Z统计值	显著性水平
性别	－0.125 13	0.059 194	－2.113 89	0.034 5
年龄	0.044 314	0.003 802	11.655 46	0
学历	0.181 924	0.028 224	6.445 748	0
车产状态	－0.322 16	0.063 338	－5.086 37	0
车贷状态	0.153 58	0.100 474	1.528 561	0.126 4
房产状态	－0.449 9	0.061 424	－7.324 39	0
房贷状态	0.892 427	0.066 476	13.424 77	0
信用等级	－1.255 2	0.013 743	－91.332 8	0
审核项目个数	0.430 554	0.018 672	23.058 61	0
常数项	12.023 33	0.305 807	39.316 72	0
麦克法登可决系数	0.603 276	被解释变量均值		0.031 236
被解释变量标准差	0.173 954	回归的标准误差		0.112 938
赤池信息准则	0.110 495	残差平方和		2 078.281
施瓦茨准则	0.111 477	对数似然估计值		－8 986.83
汉南-奎因准则	0.110 786	偏差值		17 973.66
限制性偏差值	45 305.21	限制性极大似然函数		－22 652.6
LR 统计量	27 331.55	对比似然函数均值		－0.055 15
LR 统计量的显著性水平	0			

表 4 中似然比检验 LR 统计量为 27 331.55，其显著性水平值为 0，说明模型整体优度良好。麦克法登可决系数为 0.603 276，表明借款成功率的 60％能够被模型解释，模型的解释能力不是很高。造成这种现象的原因可能是本文只考虑硬信息对借款成功率的影响，而像借款人提供的描述性信息、朋友圈之类的软信息未在模型中考虑；同时，本文未从放款人角度出发研究借款成功率的影响因素，而在实际借贷过程中，放款人的心理也会对被解释变量产生不可忽视的作用。表 4 中，除借款期限与车贷统计结果不显著外，其他解释变量在 5％的置信水平上都是显著的。

在借款订单信息中，借款金额和借款利率对借款成功率有负面影响，借款金额越大，借款利率越高，借款人违约的可能性越大，借款成功率越低。借款利率与借款成功率的反向关系也在一定程度上说明多数借款利率在一定程度上存在虚高，已超过了放款人认知层面的一般借款人偿还能力。借款标的的借款期限对借款成功率的影响不显著，"人人贷"平台的借款期限一般为3～36月，属于短期与中期借款，时间跨度是在放款人所能接受范围内；并且对于一个借款标的而言，只要利率水平能够在一定程度上弥补期限过长带来的风险，借款期限就不会对借款成功率造成影响，"人人贷"中借款利率最低为7%，与银行同期个人贷款利率相当，高利率使得借款期限对借款成功率的影响无足轻重。

在借款人基本信息中，收入与借款成功率成正向关系，而工作时间与借款成功率成负相关，其主要原因是放款人会认为工作时间较长的借款人可能工作能力越差，或是因其信用问题难以从银行获得贷款而求助P2P网络借贷平台。已婚人士相比未婚人士、女性相比男性更容易获得放款人青睐，放款人相信婚姻使人富于责任感，女性更加善良。借款人年纪越大，受教育水平越高，偿还资金的可能性越高。拥有车产和房产的借款人不容易借到资金，一是因为放款人对其的品质特征评价不高，认为借款人在求助别人之前没有做出摆脱困境自己该做的努力，如未将车产或者房产变现；二是因为拥有车产或房产的借款人可以向银行要求较低利率的抵押贷款，而借款人在P2P网络平台上寻求更高利率的贷款，表明其可能存在信用问题。拥有房贷的借款人更容易借到贷款，一是有房产作为还款保障；二是拥有房贷的借款人已通过了银行全方位的审核，有较高的信用；三是房贷已成为常态，放款人也大多经历过，更容易理解借款人所处的经济困境，出于同情也愿意借款。车贷对借款成功率的影响不显著，因为车贷的金额相对较小，且有车贷的借款人一般有车产，即使违约，将来平台帮助放款人收回资金的可能性也较大，故车贷对借款成功率的影响并不大。

在信用认证机制中，审核项目个数与借款成功率成正相关关系，信用等级与借款成功率成负相关关系。信用等级越高，借款成功率越低，这似乎不符合常理。但深入研究“人人贷”的借款标的可以发现，信用等级为 AA 级的样本有 156 712 个，占总样本的 96.17%，这意味着 100 个借款人中有 96 个拥有最高的信用等级，这在现实生活中几乎不可能。因此，放款人不敢相信“最高信用等级”的借款人，因怕受骗宁愿选择信用等级低的诚实借款人。

（四）期望预测表检验

表 5 为期望预测表，其中的检验结果显示，利用 Logit 回归模型式(4)检验 P2P 网络借贷平台借款成功率的影响因素，157 865 个借款失败的借款标的中有 155 827 个检验是准确的，正确率达 98.71%；5 090 个借款成功的借款标的中有 3 052 个检验是准确的，正确率达 60%；模型整体的正确率高达 97.5%，可见本文采用的 Logit 回归模型进行的实证检验是合理的。

表 5　期望预测表

	Estimated Equation		
	Dep=0	Dep=1	Total
E(# of Dep=0)	155 826.7	2 038.3	157 865
E(# of Dep=1)	2 038.3	3 051.7	5 090
Total	157 865	5 090	162 955
Correct	155 826.7	3 051.7	158 878.4
% Correct	98.71	59.95	97.5
% Incorrect	1.29	40.05	2.5

（五）关键因子检验

前面本文基于借款人角度，采用 Logit 回归模型，实证检验了“人人贷”借款成功率的影响因素，这里有必要采用因子分析法进一步找出影响“人人贷”平台借款成功率的关键因素。因子分析的主要目的就是用少数几个因子去描述许多指标或因素之间的联系，即将相关比较密切的几个变量归在同一类中，每一类变量就成为一个因子，以较少的几个因子反映原资料的大部分信息。

在做因子分析前，先要进行 KMO 抽样适当性检验和 Bartlett 球形检验。KMO 值处于 0～1 区间，KMO 值越接近 1，表示越适合做因子分析。当 KMO 值大于0.9 时表示因子分析是显著的，0.8～0.9 表示良好，0.6～0.8 表示可接受，0.5～0.6 表示勉强接受，低于 0.5 表示不能用因子分析。Bartlett 球形检验的原假设是变量间的相关系数矩阵是对角线元素为 1、其余元素为 0 的单位矩阵，若检验结果拒绝原假设则表示因子分析的效果良好。

表 6　KMO 和 Bartlett 的检验

取样足够度的 KMO 度量		0.643
Bartlett 的球形度检验	近似卡方	142 889.290
	自由度	105
	显著性水平	0.000

由表 6 可知，KMO 检验值为 0.643，处于可容忍的范围；Bartlett 的球形度检验的近似卡方值为 142 889.290，显著性水平低于 1%。应该拒绝原假设，可以采用因子分析方法。

为了考察影响借款成功率不同因子的重要程度，本文使用解释的总方差[①]来反映不同因子对借款成功率的贡献率。因子的方差值越高，该因子对借款成功率的影响越大。

表 7　解释的总方差

成分	初始特征值			提取平方和载入			旋转平方和载入		
	合计	方差的%	累积%	合计	方差的%	累积%	合计	方差的%	累积%
1	2.899	19.324	19.324	2.899	19.324	19.324	1.889	12.592	12.592
2	1.407	9.382	28.706	1.407	9.382	28.706	1.635	10.899	23.492

① 解释的总方差是指 SPSS 软件中单个因子与总方差的方差比，实际含义是提取的公因子包含原来所有变量信息的能力。

（续表）

成分	初始特征值			提取平方和载入			旋转平方和载入		
	合计	方差的％	累积％	合计	方差的％	累积％	合计	方差的％	累积％
3	1.318	8.784	37.490	1.318	8.784	37.490	1.534	10.230	33.721
4	1.278	8.520	46.010	1.278	8.520	46.010	1.467	9.782	43.503
5	1.114	7.430	53.440	1.114	7.430	53.440	1.286	8.572	52.075
6	1.038	6.917	60.357	1.038	6.917	60.357	1.242	8.282	60.357
7	0.987	6.583	66.940						
8	0.938	6.256	73.196						
9	0.849	5.660	78.856						
10	0.765	5.101	83.957						
11	0.614	4.096	88.053						
12	0.522	3.480	91.534						
13	0.484	3.229	94.763						
14	0.440	2.932	97.695						
15	0.346	2.305	100.00						

提取方法：主成分分析。

表 7 显示不同因子的累计方差贡献率。根据初始特征值大于 1 的标准，本文选取 6 个因子，其累计方差贡献率达 60.357％，即使采用方差最大法进行因子旋转，这 6 个因子的累计方差贡献率仍为 60.357％，也就是说，这 6 个因子可以解释原有变量总方差的 60％以上。在这 6 个因子中，方差贡献率最大的是第一个因子，即使在旋转后其贡献率有所下降但依旧排名第一；剩下的 5 个因子方差贡献率并没有很大差别，差距为 3％左右，旋转后这 5 个因子各自贡献率呈现上升趋势，但差距依旧很小。剩余其他 9 个因子特征值都小于 1，初始特征值方差的占比较小，故不作考虑。

累计方差贡献率最高的前 6 个因子是借款成功率的关键因素，本文将使用成分得分系数矩阵来解释这 6 个因子并对其定义。

表 8　成分得分系数矩阵

	成分					
	1	2	3	4	5	6
金额	0.042	0.061	0.513	−0.117	0.059	0.09
利率	−0.007	−0.044	0.172	0.017	0.448	−0.039
性别	−0.062	0.167	−0.062	0.049	0.273	−0.049
收入	0.116	0.237	0.153	−0.291	−0.013	0.228
年龄	0.479	−0.099	−0.013	−0.087	−0.107	−0.058
学历	−0.175	−0.162	0.066	0.024	−0.052	0.704
婚姻	0.442	−0.01	−0.073	0.021	−0.092	−0.203
工作时间	0.312	−0.129	−0.074	0.041	0.364	0.209
房产	0.044	−0.012	−0.044	0.54	0.074	−0.044
房贷	−0.131	−0.026	0.023	0.596	−0.011	−0.008
车产	−0.028	0.472	−0.048	0.039	0.018	0.009
车贷	−0.138	0.543	−0.002	0.017	0.03	−0.15
信用等级	−0.016	0.007	−0.041	0.01	0.596	0.012
审核数	0.03	0.105	−0.146	−0.022	−0.017	0.431
期限	−0.133	−0.087	0.576	0.132	0	−0.148

提取方法：主成分分析法。

旋转法：具有 Kaiser 标准化的正交旋转法。

表 8 显示，如果以 0.4 为标准，第一个因子与年龄、婚姻状态成正相关关系，即借款人会随着年龄增长和成婚而责任感增强，可归结为借款人成熟程度；第二个因子与车贷、车产成正相关关系，可归结为借款人私家车情况；第三个因子受借款期限与借款金额强烈影响，可归结为订单基本信息；第四个因子受房贷与房产的强烈影响，可归结为借款人住宅情况；第五个因子受信用等级与借款利率的正向冲击，信用等级越高表示借款人提供的信息虚假度越高，借款利率越高反映借款人越可能用高利息骗取放款人资金，可归结为借款人违

约可能性；第六个因子与学历和项目审核数成正相关关系，项目审核项目数越多表示借款人提供给平台的信息越真实，为人真诚可靠，同时高学历也是全社会认可的高素质标志，可归结为借款人素质水平。

由因子分析的结果表明，影响借款成功率的关键因素有6个，依次分别为借款人成熟程度、借款人私家车情况、订单基本信息、借款人住宅情况、借款人违约可能性和借款人素质水平。

四、结论与建议

本文基于借款人角度，选取“人人贷”平台162 955个有效样本，对P2P网络借贷平台借款成功率进行了实证检验，其主要结论是：除借款期限与车贷外，借款订单信息、借款人基本信息、信用认证机制均对借款成功率有显著影响。借款订单信息中的借款金额和借款利率对借款成功率有负面影响。放款人更愿意将资金借给收入水平高、工作年限短，以及受教育水平高的已婚女性借款人；同时，借款人基本信息中的车产、房产对借款成功率有负向影响，房贷对借款成功率有正向影响。信用认证机制中的信用等级与借款成功率成负相关，审核项目个数与借款成功率成正相关。本文还采用因子分析提取影响借款成功率的6个关键因素，按其影响程度大小，依次分别为借款人成熟程度、借款人私家车情况、借款订单基本信息、借款人住宅情况、借款人违约可能性和借款人素质水平。

根据所做研究结论，为提高P2P网络借贷的成功率，本文提出的主要建议是：(1) 政府要完善法规，加强监管，从严整治P2P网络借贷行业中非法集资和恶意欺诈之乱象，同时提高行业准入门槛，规范网络借贷行为，使借款人和放款人能够在合规经营的网络借贷平台上公平、公正地进行投融资。(2) P2P网络借贷平台根据法律规定，并在保证借款人资金和人身安全的前提下，要求借款人提供较多的客观信息。同时，P2P网络借贷平台还要加强对借款人所提供信息的审核与验证，完善借款人信用等级评价机制，提高信息披露的透明度和准确性。(3) 为提高借款成功率,借款人也要恪守诚信,遵纪守法,学习投融资知识,按规定向平台和放款人提供必要和真实的多维度信息,并自觉接受平台和监管部门的审查与监督。

参考文献

[1] 辛宪,2009:《P2P 运营模式微探》,《商业现代化》第 21 期。

[2] 张玉梅,2010:《P2P 小额网络贷款模式研究》,《生产力研究》第 12 期。

[3] 尤瑞章、张晓霞,2010:《在线借贷的中外比较分析——兼论对我国的启示》,《金融发展评论》第 3 期。

[4] 陈初,2010:《对中国"P2P"网络融资的思考》,《人民论坛》第 9 期。

[5] 张职,2013:《P2P 网络借贷运营模式的比较、问题及对策研究》,上海:华东理工大学。

[6] 张娜,2010:《P2P 在线借贷研究评述》,《经营管理者》第 8 期。

[7] 李悦雷、郭阳、张维,2013:《中国 P2P 小额贷款市场借贷成功率影响因素分析》,《金融研究》第 7 期。

[8] 廖理、李梦然、王正位,2014:《聪明的投资者:非完全市场化利率与风险识别》,《经济研究》第 7 期。

[9] 李焰、高弋君、李珍妮、才子豪、王冰婷、杨宇轩,2014:《借款人信息描述对投资人决策的影响——基于 P2P 网络借贷平台的分析》,《经济研究》第 S1 期。

[10] 王会娟、廖理,2014:《中国 P2P 网络借贷平台信用认证机制研究——来自"人人贷"的经验研究》,《中国工业经济》第 4 期。

[11] 熊劲、马超群,2015:《我国 P2P 网络借贷市场散标出借人出资偏好实证分析》,《武汉金融》第 11 期。

[12] Hadlock, C. J., C. M. James, 2002, "Do banks provide financial slack?", The Journal of Finance, 57(3).

[13] Klafft, M., 2008, "Peer to Peer Lending: Auctioning Microcredits over the Internet", Social Science Electronic Publishing.

[14] Greiner, M. E., H. Wang, 2009, "The Role of Social Capital in People-to-People Lending Marketplaces", Thirtieth International Conference System, 15(2).

[15] Freedman, S., G. Z. Jin, 2011, "Learning by Doing with Asymmetric Information:

Evidence from Prosper. com”, NBER Working Papers.

[16] Herzenstein, M. , R. L. Andrews, 2008, “The Democratization of Personal Consumer Loans? Determinants of Success in Online Peer-to-Peer Lending Communities”, Bulletin of the University of Delaware, 15(3).

[17] Barasinska, N. , 2009, “The Role of gender in lending business: Evidence from an online market for Peer-to-Peer lending”, Working Paper.

[18] Iyer, R. , A. I. Khwaja, E. F. Luttmer, K. Shue, 2009, “Screening in New Credit Markets: Can Individual Lenders Infer Borrower Creditworthiness in Peer-to-Peer Lending?”, NBER Working Papers.

[19] Lin, M. , 2009, “Peer-to-Peer lending: An Empirical Study”, AMCIS 2009 Doctoral Consortium.

[20] Lin, M. , R. Prabhala, S. Viswanathan, 2009, “Judging Borrowers By The Company They Keep: Social Networks and Adverse Selection in Online Peer-to-Peer Lending”, SSRN E-library.

[21] Pope, D. G. , J. R. Sydnor, 2010, “What's in a Picture? Evidence of Discrimination from Prosper. com”, Journal of Human Resources, 46(1).

[22] Herzenstein, M. , M. D. Utpal, L. A. Rick, 2010, “Strategic Herding Behavior in Peer-to-Peer Loan Auctions”, Journal of Interactive Market, 25(1).

[23] Laura, L, L. Jiang, L. Jeff, M. David, G. Scott, 2011, “Peer -to-Peer Lending: The Relationship Between Language Features, Trustworthiness and Persuasion Success”, Journal of Applied Communication Research, 39(1).

P2P 网络借贷关系中的违约行为估计*

高彦彦　周　勤　孙　军

内容提要:如何缓解信息不对称进而控制违约风险是 P2P 借款平台面临的核心问题。本文基于 P2P 网络借贷市场的特征构建了关于借款人违约行为的三条假说,并运用人人贷平台的 11 413 条借款数据对其进行检验。研究结果发现:实地认证和第三方担保是缓解信息不对称和控制违约行为的最有效措施;仅有那些具有信用能力指示剂作用的"硬信息"能够显著预测借款人的违约行为;以历史还款表现为基础的授信系统导致了"守约"和"钓鱼"双重激励效应;重复借贷关系下不良借款人的策略性行为弱化了"硬信息"对违约风险的预测作用,也降低了重复借贷对借款人机会主义行为的抑制能力。

关键词:P2P 借款平台;违约行为;信息不对称

---

* 高彦彦,东南大学经济与管理学院,讲师,主要研究领域:互联网金融、产业经济学,E-mail:yanyan_gao@seu. edu. cn;周勤,东南大学经济与管理学院,副院长,教授,博导,主要研究领域:互联网金融、产业经济学,E-mail:zhouqin63@126. com;孙军,淮海工学院商学院,副教授,主要研究领域:产业经济学,E-mail:sunj197986@aliyun. com。作者感谢清华大学五道口金融学院张伟强博士在南京大学互联网金融发展高层论坛上的有益评论,但文责自负。本文是国家社科基金青年项目(12CJY040)、教育部人文社科基金青年项目(14YJC790107)以及国家自科基金(71173050)的阶段性研究成果。

一、引　言

互联网改变了传统以银行为主导的资金融通模式，借助互联网借贷平台，资金供求双方可以轻松建立借贷关系。自 2007 年我国成立第一家 P2P 网络借贷平台以来，各种互联网融资平台纷纷注册成立，满足正式金融市场之外的各种投融资需求，极大地提高了社会资金的使用效率。根据易观智库数据(2015)，中国 P2P 网贷市场规模从 2011 年的 96.7 亿元增至 2014 年的 2 012.6亿元。2015 年上半年 P2P 网贷市场交易规模达到 3 006.19 亿元，全年预计突破 5 000 亿元(网贷之家和盈灿咨询，2015)。尽管增长迅速，P2P 信贷相对银行信贷具有更大的信息不对称和交易风险。具体而言，P2P 借贷市场上的投资者面临着两种风险：融资平台的倒闭和借款人的违约。投资者对这些风险的顾虑将抑制 P2P 平台的资金供给，能否缓解这些风险则关系到 P2P 信贷市场的生存基础和发展潜能。

为了保证投资者的利益，从而吸引社会闲散资金，P2P 平台一方面为平台借出资金提供本金或者本息担保，另一方面加强对借款人进行事前审核和事后监督，以降低违约风险。相对于银行中介，P2P 平台的劣势在于对借款人的事后监督。P2P 平台的小额信贷需求和分散投资者特点导致其无法进行有效的事后监督。结果，对 P2P 信贷市场上违约风险的控制更多地依赖 P2P 平台和投资者事先对借款人的信用进行审核和甄别。为了促使借款人按时还款，P2P 平台还鼓励借款人通过重复借贷来累积信用和提高信用额度，并以此对其进行信用评级。

总之，事先对借款人进行信用审核和甄别，以有效控制违约风险，是 P2P 信贷市场生产和发展的基石。各种借贷平台均要求借款人提供能够证明其真实身份和信用能力的各种信息，进行信用评级，并授予信用额度。由于借款人的信用属于私人信息，为了获取资金，借款人有提供虚假信息的空间。由此而产生亟待回答的问题是：这些虚实相糅的信息在多大程度上能够充当借款人的信用指示器？基于重复借贷关系的信用累积机制能否有效降低违约风险？本文尝试回答 P2P 信贷市场上的这些核心问题，估计能够反映借款人信用的指示器因素，并评价重复借贷关系在抑制违约行为上的有效性。

本文运用 P2P 借款平台人人贷网站自 2010 年 5 月成立以来至 2014 年 4 月期间的借款数据，实证分析信息不对称条件下 P2P 平台降低信息不对称的措施、借款人的个人特征信息、借款信息以及重复借款与借款人违约行为之间的关系。人人贷平台的一个重要特征是它为借出资金至少提供本金保障。这意味着投资者面临的唯一投资风险就是平台倒闭。换言之，人人贷平台累积和承担了所有的违约风险，成为唯一的借款人信用甄别方。这可以使我们专注于分析借款人信息和平台信用评估机制对借款人违约行为的影响，也使本文的研究结论对于改善类似 P2P 平台的风险控制具有参考作用。

二、文献回顾

如何解决不对称信息下的逆向选择和道德风险是 P2P 平台面临的一个核心问题。P2P 借款平台上留下的历史信息，方便学者们检验不同借款机制安排能否有效控制借款人的违约行为。早期文献运用美国的 P2P 平台 Prosper 网站的借款数据检验了社会网络对借款人坏账行为的影响。该借款平台允许借款人加入某个客户组，经客户组负责人批准后，组内成员可以凭借投资者对客户组的信任而以优惠的条件获得资金。组内的成员之间往往存在亲戚或者朋友关系。组中借款人的违约将会影响整个组的信用和未来借款优惠程度。此外，组内成员也可以相互借贷。

由于事先知道借款人的品质和事后可以监督借款人还款，诸如朋友圈和同事圈之类社会网络中的借款人具有更强的激励去还款。Freedman and Jin (2008)基于 Prosper 平台从 2006 年 6 月到 2008 年 7 月的交易数据进行的实证分析发现，朋友担保或者投标的借款有助于减少坏账和提高投资回报，但是团体借款的回报显著低于非团体贷款。与此类似，Lin et al(2013)的实证研究也表明，借款人的朋友关系反映了其信用质量，增加借款成功的概率，降低了借款利率和坏账率。Berger and Gleisner(2009)运用 14 000 个 P2P 借贷数据分析中介在电子商务市场的作用，认为在网络借贷市场上，可以把筛选潜在借款人和监督还款的工作委托给团体领导，从而降低信息不对称和改善借款人信用条件。因此，缺乏信用记录的借款者则可以通过申请加入某些团体来获得更好的融资支持。

为了获取融资支持，不同信用水平的借款人总有很强的激励在 P2P 借贷平台上发布能够增强其信用的信息。P2P 信贷市场上借款人的信息优势使其可能会发布一些不可证实的、或真或假的信息。那么，借款人的信号发送行为如何影响其违约行为？关键在于借款人发送的信号能否被投资者所接收和甄别。已有文献从两个方面，即投资者是否接收借款人发送的信号，以及投资者是否有效从中甄别出可信借款人。

Michels(2012) and Herzenstein et al.(2011b)基于 Prosper 平台数据进行的实证分析表明，投资者的确会受未被证实信息的影响，借款人提供的未被证实的信息有助于提高融资效率，降低融资成本，但是借款人的机会主义行为会产生较差的还款意愿和还款表现。李悦雷等(2013)根据对拍拍贷数据的分析发现，借款人和借款信息均有助于提高借款效率，说明投资者行为的确受到借款人和平台发送的信号影响。Yang(2014)基于 P2P 平台的实验研究也发现投资者信息甄别过于简单，借款人提供给人以信任感或开心照片时可以借到更多的资金。但也有一些意外的结论。同样是不可证实的信息，Duarte et al.(2012)的实证研究却发现，看起来可信的借款人不仅更可能借款成功，而且具有较低的坏账率。对此，一种解释是面相具有发送难以操纵的声誉资本价值的作用；另一种解释则认为可信性面相与可信性之间的联系具有生物学基础，是演化力量的结果。

借款人信息能否影响其违约行为，关键在于投资者能否有效甄别这些信息的真伪。在人人贷平台上，投资者不仅可以直接通过借款利率来判断借款人的违约风险，做出相对正确的投资选择，从而提高投资的预期收益，也可以在相同的利率情况下根据违约风险做出理性的投资选择(廖理等,2014)。在P2P信贷市场上,利率既是资金的价格,反映资金需求,也是对交易风险的度量,即借款人以高回报为诱饵骗取资金的可能。类似地,较长的借款期限也值得投资者警惕,因为较长的借款期限会导致较高的监督成本,也反映了借款人较差的资金流和还款能力。Emekter et al. (2015)运用Lending Club上的借款数据证实了这点,期限长的借款坏账率更高,对高风险借款人收取更高利率并不能弥补违约损失。这说明,在逆向选择和道德风险的双重作用之下,更高的利率只会导致更高的违约风险和坏账概率。

投资者还可以采取“羊群行为”来应对P2P借贷平台上的信息不对称,即对那些已经有更多人投资的借款进行投资。“羊群行为”被认为是投资者在信息不对称情况下一种理性反应,它具有信息发现的作用,可以降低其信息处理成本,提高投资者的投资效率和借款人的融资效率。Lee and Lee (2012)运用韩国最大的P2P平台数据、廖理等(2015)对人人贷数据的分析以及李悦雷等(2013)基于拍拍贷数据的分析均发现该市场上存在很强的“羊群效应”。Herzenstein et al. (2011a)基于Prosper数据的实证分析则进一步发现P2P信贷市场上的“羊群效应”与借款人的还款表现成正向关系。

作为交易中介的P2P平台也会采取积极的措施去控制平台上借款人的违约风险。它们一方面要求借款人提供真实身份材料和信用材料,并对其审核和贷后催缴;另一方面鼓励借款人通过重复借贷来累积信用。平台基于借款人信息进行的信用评级有助于降低投资者的信息甄别成本,提高平台的投资效率。Emekter et al. (2015)基于Lending Club数据的研究,以及廖理等(2014)基于人人贷数据的研究均发现,较低的信用级别与较高的坏账率联系在一起。但是,由于P2P平台上借款人的信用记录为历史信用,不良借款人可能会为了骗取大额资金而保持良好记录,因而缺乏对该信用等级能否用于预测借款人未来违约行为的研究。

因此,以P2P平台数据为基础,国内外学界对信息不对称下的借款人违约行为进行了大量研究。本文基于人人贷数据进行的实证分析将在以下几个方面拓展已有研究：首先，本文检验了最直接的信息披露机制、实地认证和第三方担保，对抑制借款人违约行为的有效性；其次，本文比较了单次借贷和重复借贷之下借款人信息对其违约风险的影响差异；第三，本文评估了以历史还款记录为基础的信用评级系统能否有效约束借款人违约行为，从而弥补已有文献在这方面的不足。

三、研究假说

新古典经济学的重要假设之一是不存在交易成本，但是，现实经济总是存在各种交易摩擦。一种普遍的交易成本源自信息不对称下理性人的机会主义行为。互联网之于信息不对称的悖论在于，一方面通过方便的信息发布和获取而降低了信息不对称，另一方面由于信息量的暴涨和交易时空的分离而产生更大的信息不对称。相对于银行系统，P2P 借贷由于借款人和投资者分散程度更高而产生严重的信息不对称，导致更大的信息审核和监督成本。银行在借贷双方信息不对称下的理性策略之一是信贷配给（Stiglitz 和 Weiss，1981）。即便 P2P 借款以满足小额信贷需求为目标，但只要存在信息不对称，信贷配给总是无法避免，部分融资需求无法得到满足，而且违约行为总是存在。类似于银行中介，P2P 平台也通过对借款人资料进行审核和对借款人进行信用评级来帮助投资者对卖方信用进行甄别，或者通过为借出资金提供担保来吸引投资者。除了自己提供担保，P2P 平台还通过借款人提供担保，或者引进第三方担保来约束借款人的违约风险，以及通过对借款人进行实地考察来降低信息不对称。根据 P2P 平台降低信息不对称的措施与平台违约可能之间的潜在关系，我们提出如下研究假说——

假说 1：在非对称信息 P2P 借贷关系中，P2P 平台可以通过实地考察或者引进第三方担保，来有效降低借款人的违约风险。

尽管实地考察和建立资金担保有助于降低信息不对称和违约风险，但是这会削弱 P2P 平台相对于银行的竞争力。银行的优势在于监督和担保

(Diamond，1984 和 1991)，由此产生的较大成本也导致银行系统无法满足小额资金需求。如果 P2P 平台坚持以满足小额信贷需求为目标，那么必然要求其采取“纯线上”模式，并由此形成在小额信贷市场的核心竞争力。P2P 平台的信息处理优势是专注于在线信息搜集、审核和对借款人进行信用评估（谢平等，2012）；与此同时，作为资金需求方的借款人通过积极发送能证明自身还款能力的各种信息，以降低信息不对称程度，提高融资效率。

P2P 平台上，借款人提供的信息部分来自平台方的要求，部分来自其主动的信号发送。由于信用状况及其证明材料往往属于私人信息，借款人为了获取资金总有提供虚假信息的激励。类似于在信息不对称的劳动力市场上教育作为分离均衡的结果具有向雇主发送应聘者能力信号的作用（Spence，1973），资质良好的借款人可以通过发送难以造假的信用信号来把自己与不良借款人区分开来。这些信号被称为“硬信息”，与之对应的是无法证实或者容易伪造的信息，即“软信息”。目前，实证文献并没有对“软信息”和“硬信息”进行明确的界定。例如，在 Lin 等(2013)的研究中，“硬信息”包括借款人的信用评级、债务收入比、银行卡信用额度使用的百分比、发布借款信息之前的半年内对其信用报告的查询次数以及借款人信用历史长度。而在 Chen 等(2014)的文章中，“硬信息”包括借款人的人口信息、信用级别和借款标上列出的信息，而“软信息”则指借款人的社会网络。不管哪种划分方法，“软信息”和“硬信息”之间的核心差异在于可证实的难度，而“硬信息”对违约风险的预测能力则进一步取决于其在多大程度上能够充当借款人信用能力的指示剂。可以预见，“硬信息”，特别是能够反映借款人信用能力和违约成本的“硬信息”，相对于“软信息”对借款人的违约行为具有更强的预测能力。由此我们得到第 2 个待检验假说——

假说 2：在信息不对称的条件下，能够反映借款人信用能力的“硬”信息对 P2P 平台借款人的违约概率具有显著的预测能力，而借款人的“软”信息和不具有信用能力指示剂作用的“硬”信息则对违约行为不具有预测作用。

重复借入者可以在 P2P 平台上累计信用记录。基于历史还款表现来评价借款人信用等级的做法被 P2P 平台广泛采用。还款记录良好的借入者将被平台授予更高的信用等级和额度,从而可以满足更大的不时之需,而违约者将无法继续在该平台融资。因此,对于需要累积信用以满足未来资金需求的借款人而言,该信用系统将会产生一种积极的"守约"效应,即鼓励借款人保持良好还款记录,累积信用,获取更高的信用额度。

但是,把借款人享受的信用额度和其历史记录联系起来也会产生一种消极的"钓鱼"效应。不良借款人为了获取更大的信用额度而通过重复借款来累积信用,在获取预期资金之后选择违约。因此,借款人的信用记录与其违约风险之间的关系取决于哪种激励效应起主导作用。这种关系联系到重复借款上来则是,如果该信用评价系统导致的"钓鱼"效应超过"守约"效应,重复借贷关系并不足以抑制借款人的违约行为。同时,由于重复交易市场上混杂着诚实的和不诚实的借款人,即由于不良借款人的存在,"硬信息"对借款人违约行为的预测能力将被弱化。由此,我们提出本文第 3 个待检验假说——

假说 3:在 P2P 平台上,如果基于历史还款记录来评价借款人信用等级和赋予其信用额度,那么,① 重复借贷关系将会产生双重激励效应,即"守约"效应与"钓鱼"效应,两者的相对大小决定了该信用评价系统能否有效抑制借款人的违约行为;② "钓鱼"效应会弱化重复借贷关系下借款人"硬信息"对违约风险的解释作用。

四、数据与变量

(一) 数据来源

本文运用人人贷网站(renrendai. com)上的历史借款信息来检验不对称信息环境下借款人违约行为的研究假说。人人贷公司成立于 2010 年 5 月,业务范围覆盖全国各省的 2 000 个地区,迄今已为数十万人提供融资服务。该公司在其网站公布的 2014 年年度报告显示,2014 年网站注册用户超过 100 万人,平台完成了 61 265 笔交易,实现了 37.28 亿元的成交额,网站坏账率为

0.34%。目前，人人贷提供三类借款产品：适用于工薪阶层的工薪贷、适用于私营企业主的生意贷和适用于淘宝网店商户的网商贷。借款人如想在平台上发布借款信息，需要满足一些基本的申请条件，并上传一些指定的资料给人人贷审核。例如，申请工薪贷的借款人必须是22～55周岁的中国公民，在现单位转正满3个月，且月收入超过2 000元，同时需要上传身份证、个人信用报告、劳动合同或在职证明以及近3个月工资卡银行流水信息，提供给人人贷审核。这些准入条件说明该P2P借贷平台也存在着信贷配给问题。此外，在填写贷款申请时，借款人需要填写少于14个字的借款标题和20～500字的借款描述。为了吸引投资，借款人还可以主动提供更多的资料给人人贷审核，如房产、车产、技术职称、结婚认证、居住地、学历等。人人贷为所有借出资金提供本金保证，并为部分借出资金提供本息保证。因此，平台方承担所有违约风险。

我们采用爬虫软件抓取了该网站自2010年10月12日上线至2014年3月期间的169 906条散标借款信息。由于本文关注的焦点是成功借款者的违约行为，也无法知道尚未到期借款的最终坏账情况，我们剔除了借款失败和未到期的借款数据，得到11 413条成功借款且到期的借款数据。对每一笔借款，我们抓取的信息包括借款标的编码、类型、金额、利率、期限、保证形式、还款方式、提前还款费率、逾期或者坏账信息、借款描述、借款标题、用户账号及其编码、用户性别、年龄、教育、婚姻、所处行业、所在企业规模、职位、公司所处城市、工作年数、收入、房车及其贷款信息、信用评级以及历史借款信息等。该借款数据一共涉及6 848个借款人，其中多次借贷者共计1 913人。

（二）变量选取

本文进行实证分析的因变量为违约率，采取“是否坏账”和“坏账率”来度量。在人人贷平台上，如果借款人超过30天未还款，即意味着坏账发生，将由平台方垫付剩余借出资金。坏账率为一笔借款中坏账资金占借出资金的百分比，用以度量违约程度。

根据人人贷平台上每笔历史借款的信息特征，以及已有实证研究的变量选取（如 Freedman 和 Jin，2008；Lin 等，2013；李悦雷等，2013；廖理等，2014），我们把影响坏账率的潜在变量分为三类：借款人特征变量、借款信息变量以及平台信用评估变量。

借款人特征变量包含：① 人口学特征——借款人的性别、年龄、婚姻状况；② 借款人的教育水平；③ 收入和财产状况——收入水平，是否有房产、车产；④ 工作特征——工作年数和公司规模。除年龄之外的借款人特征变量均处理为虚拟变量，具体如表 1 所示。

借款信息变量包括借款金额、利率、期限、借款标题和借款描述。其中，借款标题和借款描述为字符数，反映借款人提供的诸如借款目的、还款能力和意愿等信息的详细程度。

P2P 信用评估变量为 P2P 平台针对借款人信息和信用对每笔借款贴上标识，包括标的类型、资金保证类型以及借款人信用水平。借款标的类型分为四类，即“机构担保标”“实地认证标”“信用认证标”和“智能理财标”；资金保证类型分为“本金保证”和“本息保证”；平台方根据信息完整程度和历史信用记录把借款人的信用水平从高至低标记为 7 个等级，依次标记为 AA、A、B、C、D、E、HR。这些变量亦被处理为虚拟变量。所有变量的构建和描述性统计如表 1 所示。从中可知，人人贷平台上的坏账率约为 4.94%，即 564 笔坏账；违约金额占借款金额的平均比重为 4.1%。男性借款人比重为 83%，借款人的平均年龄为 35.25 岁。48%的借款人有房产，41%的借款人有车产。借款人的平均借款金额为 4.59 万元，平均借款年利率为 13.44%，平均借款期限为 10.81 个月。借款人平均用 23.58 个字来填写借款标题，用 359 个字来描述借款目的。86%的借款提前还款需要缴纳 1%的费用，平台为 67%的借款提供本金保证，为其余 33%的借款提供本息保证。

表 1　变量及其描述

变量	变量的定义(单位)	样本数	均值	标准差
是否违约	虚拟变量:“坏账”=1;否则=0	11 413	0.05	0.22
违约率	违约金额占借款金额比重(%)	11 413	4.10	19.11
性别	虚拟变量:男性=1;女性=0	11 413	0.83	0.37
年龄	周岁	11 413	35.25	7.81
婚姻状况	三类:已婚、未婚、离异或丧偶	11 413	—	—
教育	学历:高中以下、专科、本科、研究生以上	11 411	—	—
收入水平	月收入:<0.2 万元、0.2~0.5 万元、0.5~1 万元、1~2 万元、2~5 万元、>5 万元	11 410	—	—
房产	虚拟变量:有=1;无=0	11 413	0.48	0.50
车产	虚拟变量:有=1;无=0	11 413	0.41	0.49
工作年数	≤1 年、2~3 年、4~5 年、>5 年	11 400	—	—
公司规模	员工数:<10 人、10~100 人、100~500 人、>500 人	11 337	—	—
借款金额	借款数(万元)	11 413	4.59	14.37
利率	年利率(%)	11 413	13.44	2.82
期限	月数	11 413	10.81	8.78
标题长度	字符数(个)	11 413	23.58	14.13
借款描述	字符数(百个)	11 413	3.59	2.67
1%的提前还款费	虚拟变量:有=1;无=0	11 413	0.86	0.35
标的类型	信用认证标、实地认证标、智能理财标、机构担保标	11 413	—	—
借款保证	虚拟变量:本金保证=1;本息保证=0	11 413	0.67	0.47
借款人信用等级	7 个等级:AA、A、B、C、D、E、HR	11 413	—	—

五、实证分析

（一）计量模型

当借款人的违约行为采用是否坏账来度量时，由于因变量是一个虚拟变量，我们采用 Probit 模型（伍德里奇，2007：第 15 章）对其进行估计，即估计如下模型：

$$P(defalt = 1 \mid (x) \mid = G(x\beta) \tag{1}$$

其中 $G(\cdot)$表示标准累积正态分布函数，$default$ 为是否违约变量，x 为前文所述自变量向量，β 为待估系数向量。考虑到异方差问题，我们将估计稳健性回归结果。为了观测自变量对因变量的影响大小，我们将仅报告基于稳健性 Probit 模型得到的边际效应结果，即由（1）式对 x_i 求偏导数：

$$\frac{\partial P(x)}{\partial x_i} = G'(x_i\beta)\beta_i \tag{2}$$

当因变量为坏账率时，由于该变量为一个百分比，其取值范围在 0～100%之间，即因变量存在一个上下限，我们采用考虑异方差的稳健性 Tobit 模型（伍德里奇，2007：第 16 章）进行估计，同样为了便于解释，文中仅报告其边际效应结果。

（二）实地认证和引进担保的有效性

当我们尝试运用表 1 中所有自变量基于 Probit 模型估计借款人违约概率时发现，是否存在 1%的提前还款费率、资金保证类型、借款标的类型以及部分信用等级指标均因完全无法预测违约行为而被模型自动剔除。对此，我们进一步观察这些变量之间及其与违约行为之间的关系。根据表 2 可知，在实地认证标、机构担保标、智能理财标和信用认证标中，仅有信用认证标发生坏账。这直接说明 P2P 平台通过实地认证来降低信息不对称，或者通过机构担保来抑制借款人的道德风险，均有效地控制了借款人的违约行为。因此，人人贷的借款数据直接证明了假说 1。

根据表 2 我们还可知，几乎所有的坏账发生在 1%提前还款费率的借款标的，所有的坏账发生在仅提供本金保证的标的，而且所有的坏账发生在 D 级及以上信用级别的标的，其中又以 HR 信用级别为主。由于人人贷为所有信用认证标设定了 1%的提前还款费率、仅提供本金保证和较低的信用评级，这些变量之间存在高度相关性：实地认证标与提前还款费率之间的相关系数接近−1；信用认证标与仅提供本金保证之间的相关系数为 1；AA 信用等级与信用认证标以及提供本金保证之间的相关系数均为−0.96。

因此，由于人人贷平台上述变量反映了一致的信用水平，且坏账仅发生于信用认证标，后文仅关注信用认证标。另外，由于坏账率仅发生在信用等级为 D 及以上的借款人，类似于廖理等(2014)把信用评级简化为 HR 和非 HR，我们把借款人信用等级简化为 C 及其以下、D、E 和 HR 四个等级。

表 2　标的类型、提前还款费、资金保证类型与借款人违约行为

是否坏账	标的类型				提前还款费		资金保证类型		总计
	信用认证	实地认证	智能理财	机构担保	无	有	本金	本息	
否	7 139	1 603	87	2 020	1 604	9 245	7 139	3 710	10 849
是	564	0	0	0	1	563	564	0	564
总计	7 703	1 603	87	2 020	1 605	9 808	7 703	3 710	11 413

是否坏账	信用等级							总计
	A	AA	B	C	D	E	HR	
否	3 709	249	674	810	1 086	2 045	2 276	10 849
是	0	0	0	0	3	10	551	564
总计	3 709	249	674	810	1 089	2 055	2 827	11 413

（三）非对称信息下的违约行为

由于存在重复借贷关系，特别是以还款记录为依据的信用累积和评价系统，不良借款人有很强的激励采取“钓鱼”策略，即通过保持良好的还款记录来累积信用和信用额度，最后通过违约来骗取大额资金。此时，用所有借款数据估计出来的个体特征信息、借款信息和信用记录与借款人违约行为之间关系是有偏的。因为在不良借款人的前期借款中，守约是一种策略性行为。对此，我们采取借款人最后一次借款数据进行实证分析。在 P2P 平台上，借款人一旦违约，将无法继续在该平台上借款，这意味着最后一次借款数据更能反映借款人特征、借款信息以及信用等级与借款人违约行为之间的真实关系。表 3 报告了采用所有借款人最后一次借款数据进行的违约行为估计。其中，考虑到收入低于 2 000 元和工作年限低于 1 年的观察值太少，我们把收入低于 5 000 元和工作年数不超过 3 年的观察值分别作为收入和工作年数虚拟变量的基准。

模型(1)和模型(2)为控制借款人信用等级的估计结果。其中，信用等级与借款人的违约行为之间存在高度显著的正向关系。HR 信用等级在 Probit 边际效应模型下的估计系数大于 1，即与 D 以下信用级别的借款人相比，信用级别为 HR 的借款人的坏账概率竟然要高出 118.2%，因此模型存在误设问题。值得注意的是，由于本文抓取的信用等级信息为借款人“事后”的信用记录，即该信用等级为借款人的历史信用记录，它更新于借款人最后一次借贷关系结束之后，包含了借款人所有过去的违约信息，因而两者之间的显著关系并不能说明该信用评级可以预测借款人的违约行为。另外，由于不良借款人的策略性行为，借款人的历史信用可能并不是很好的违约风险指示器。也正由于这些问题，当我们尝试采用 Tobit 模型对坏账率进行估计时，发现模型无法收敛，因此模型(2)报告了 OLS 估计结果。同样可以发现，HR 变量与违约率之间的显著性和系数大小处于异常水平。有鉴于此，我们在模型(3)和(4)中剔除了信用等级指标。

根据模型(3)和(4)，在借款人特征变量中，离异或丧偶、低教育水平、无车产、较短的工作年数与较高的违约概率和违约率显著相关，而性别、年龄、未婚、收入水平、房产状况和企业规模等变量与借款人的违约行为没有显著关系。值得注意的是，借款人的收入无法预测其违约行为。原因在于，该平台上显示的借款人收入水平属于“软信息”：借款人只需提供近 3～6 个月的银行卡流水账或者单位开具的收入证明，而不良借款人可以轻松提供虚假收入材料来夸大其信用能力。企业规模与违约行为不存在显著关系，说明企业规模不具备已有研究（如 Lin 等，2013；Freedman 和 Jin，2008）所发现的社交网络或者社会资本的功能，因而对借款人违约行为缺乏约束作用。车产相对于房产更能显著预测借款人的违约行为，则表明车产反映了借款人更宽松的资金流——用车需要更多的资金，因而其信息“硬度”更高。

在借款信息中，仅有借款利率和期限对借款人的违约行为具有显著的预测作用。借款利率提高 1%，坏账风险增加 2.4%，坏账率增加 2.22%；借款期限延长 1 个月，坏账风险增加 0.7%，坏账率增加 0.46%。在信息不对称市场上，利率具有双重身份，即资金价格和信用风险。利率和坏账风险之间的正向关系说明 P2P 市场上利率是最直接的违约风险指示器，这也说明 P2P 平台上存在逆向选择问题。借款期限一方面反映了借款人的还款能力，另一方面反映了回款监督的成本，两者均会导致更大的违约风险。但是，借款标题和借款描述长短与借款人违约行为没有显著关系，原因在于他们属于“软信息”，无法被投资者或者 P2P 平台证实。借款金额与违约行为之间没有显著关系。一方面，借款金额由 P2P 平台根据借款人信用评级决定；另一方面，更大的借款金额虽然可以给借款人带来更大的违约好处，但也增加了违约成本，如被起诉的风险，因而两者之间并不存在一个简单的线性关系。

因此，对借款人违约行为具有预测作用的变量为那些可以发挥信用能力指示剂的“硬信息”，即离异或丧偶、教育、车产、工作年限，以及那些具有风险指示剂作用的信息，如借款利率和期限；而诸如性别、年龄、收入、房产、借款金额和借款描述等与违约风险没有直接关系或者难以证实的“软信息”不对借款人违约行为具有预测作用。研究假说 2 得以证实。

表 3　P2P 网络借贷关系中的违约行为估计:全样本情形

变量	(1) Probit	(2) OLS	(3) Probit	(4) Tobit
	所有最后一次成功借款数据			
	是否坏账	坏账率	是否坏账	坏账率
男性	0.018 (0.019)	2.487* (1.473)	0.033 (0.021)	2.934* (1.775)
年龄	0.000 (0.001)	0.063 (0.085)	−0.001 (0.001)	−0.054 (0.094)
未婚	−0.007 (0.016)	−0.885 (1.696)	0.012 (0.020)	0.805 (1.699)
离异+丧偶	0.085** (0.042)	3.710 (5.147)	0.127*** (0.048)	8.724** (3.623)
专科	−0.016 (0.014)	−2.774* (1.460)	−0.028* (0.017)	−2.262 (1.389)
本科	−0.049*** (0.018)	3.360** (1.593)	−0.104*** (0.021)	8.164*** (1.740)
研究生及以上	−0.151** (0.074)	−3.766 (2.401)	−0.231*** (0.081)	19.693*** (6.876)
0.5 万~1 万元收入	0.005 (0.018)	1.937 (1.922)	0.005 (0.023)	−0.027 (1.855)
1~2 万元收入	−0.026 (0.023)	−1.114 (2.094)	−0.032 (0.027)	−2.957 (2.253)
2~5 万元收入	0.022 (0.022)	3.933* (2.048)	0.010 (0.025)	0.964 (2.099)
>5 万元收入	0.054** (0.022)	5.162** (2.104)	0.026 (0.026)	2.029 (2.178)
有房产	0.021 (0.013)	1.279 (1.303)	0.014 (0.016)	0.509 (1.361)
有车产	−0.011 (0.014)	−0.719 (1.336)	−0.049*** (0.016)	4.396*** (1.368)
4~5 年工作时间	−0.042*** (0.016)	4.261*** (1.556)	0.076*** (0.019)	6.173*** (1.624)
>5 年工作时间	−0.028* (0.016)	−1.872 (1.537)	−0.046** (0.019)	−3.242** (1.528)

(续表)

变量	(1) Probit	(2) OLS	(3) Probit	(4) Tobit
	所有最后一次成功借款数据			
	是否坏账	坏账率	是否坏账	坏账率
企业规模:10～100人	0.005 (0.018)	1.043 (1.823)	0.025 (0.022)	1.550 (1.800)
企业规模:100～500人	−0.002 (0.025)	1.252 (2.339)	0.003 (0.029)	−0.577 (2.398)
企业规模:>500人	−0.014 (0.023)	0.790 (2.196)	−0.015 (0.028)	−1.947 (2.292)
借款金额	0.007*** (0.001)	0.389*** (0.083)	0.001 (0.001)	−0.019 (0.094)
借款利率	0.012*** (0.002)	0.718*** (0.314)	0.024*** (0.003)	0.222*** (0.243)
借款期限	0.006*** (0.001)	0.359** (0.150)	0.007*** (0.001)	0.456*** (0.118)
标题长度	0.000 (0.000)	0.085* (0.045)	−0.001* (0.001)	−0.050 (0.047)
借款描述长度	−0.009*** (0.003)	0.746** (0.309)	−0.006 (0.004)	−0.470 (0.365)
信用等级:D	0.721*** (0.047)	0.069 (0.892)		
信用等级:E	0.807*** (0.054)	0.788*** (0.963)		
信用等级:HR	1.182*** (0.052)	4.631*** (1.670)		
观察值	2 692	2 692	2 692	2 692

注释:括号中的值为标准误;Probit 模型和 Tobit 模型为边际效应结果; *、**、*** 分别表示 10%、5%和 1%的显著性水平。

表 4 为把最后一次成功借款的信用借款数据分为单次借款数据和多次借款数据得到的估计结果。如模型(1)和模型(2)所示,在单次借款中,与借款人坏账至少在 5%的显著水平上呈正向关系的变量包括离异或丧偶、借款利率和期限,与坏账至少在 5%的显著水平上呈负向关系的变量则包括本科及以

上的教育水平、有车产以及工作时间超过 4 年。根据模型(3)和模型(4)可知，在多次借款关系中，仅有教育、4～5 年的工作时间和借款利率对两项违约指标具有显著的影响：受过专科和本科以上教育的借款人相对于高中及以下借款人而言，其坏账概率分别低 4.7%和 9.9%；工作时间为 4～5 年的借款人坏账概率比工作时间低于 4 年的借款人要低 5.5%；而借款利率每提高 1 个百分点，坏账概率提高 2.6%；期限每提高 1 个月，坏账概率提高 0.5%，但对坏账率则没有显著影响。

相对于单次借款关系，在多次借款关系中仅有借款人的教育、特定年限的工作时间和借款利率对借款人的违约行为有显著的预测作用，而车产和婚姻状况则失去了信用或收入信号作用。一些“软信息”，如借款人提供的收入水平、借款标题和描述长度仍然对借款人的违约行为没有显著影响。Herzenstein 等(2011b)的研究结论可以对此进行解释，即“软信息”仅会提高融资效率，但无助于约束违约行为。因此，分样本结论仍支持了研究假说 2，同时部分支持了研究假说 3(2)，即发现重复借贷关系弱化部分“硬信息”对违约行为的预测作用。对假说 3 的完整检验还需分析在以历史还款记录为基础的信用评价系统下重复借贷关系是否催生了“守约”和“钓鱼”双重激励效应。我们接下来对此进行分析。

表 4　P2P 网络借贷关系中的违约行为估计：分样本情形

变量	(1) Probit	(2) Tobit	(3) Probit	(4) Tobit
	单次借款		多次借款	
	是否坏账	坏账率	是否坏账	坏账率
男性	0.034 (0.028)	2.698 (2.370)	0.033 (0.032)	3.248 (2.662)
年龄	−0.001 (0.001)	−0.009 (0.125)	−0.001 (0.002)	−0.134 (0.134)
未婚	0.049* (0.029)	4.168* (2.356)	−0.042 (0.028)	−3.762 (2.466)

(续表)

变量	(1) Probit	(2) Tobit	(3) Probit	(4) Tobit
	单次借款		多次借款	
	是否坏账	坏账率	是否坏账	坏账率
离异+丧偶	0.235***	5.196***	0.026	−1.261
	(0.060)	(4.213)	(0.081)	(7.027)
专科	−0.009	−0.583	−0.047*	−4.153**
	(0.023)	(1.872)	(0.024)	(2.075)
本科及以上	−0.120***	8.710***	0.099***	8.675***
	(0.029)	(2.365)	(0.028)	(2.440)
0.5～1万元收入	−0.003	−0.469	0.003	−0.386
	(0.032)	(2.474)	(0.031)	(2.721)
1～2万元收入	−0.024	−1.385	−0.051	−5.332
	(0.037)	(3.005)	(0.041)	(3.474)
2～5万元收入	−0.006	0.619	0.031	1.685
	(0.036)	(2.914)	(0.035)	(2.956)
>5万元收入	0.003	1.192	0.053	3.474
	(0.038)	(3.072)	(0.036)	(3.023)
有房产	0.031	1.761	−0.003	−0.563
	(0.022)	(1.882)	(0.022)	(1.950)
有车产	−0.067***	5.450***	0.015	−2.276
	(0.023)	(1.916)	(0.023)	(1.936)
4～5年工作时间	−0.083***	6.030***	0.055**	−5.363**
	(0.027)	(2.267)	(0.027)	(2.309)
>5年工作时间	−0.061**	−4.278**	−0.018	−1.174
	(0.027)	(2.117)	(0.025)	(2.125)
企业规模:10～100人	0.058*	4.237	−0.005	−0.766
	(0.033)	(2.627)	(0.028)	(2.403)
企业规模:100～500人	0.032	1.733	−0.030	−2.797
	(0.042)	(3.313)	(0.040)	(3.485)
企业规模:>500人	0.015	0.687	−0.053	−4.692
	(0.041)	(3.275)	(0.037)	(3.230)
借款金额	−0.001	−0.004	−0.002	−0.107
	(0.001)	(0.127)	(0.002)	(0.139)
利率	0.022***	0.087***	0.026***	0.345***
	(0.004)	(0.358)	(0.004)	(0.326)

（续表）

变量	(1) Probit	(2) Tobit	(3) Probit	(4) Tobit
	单次借款		多次借款	
	是否坏账	坏账率	是否坏账	坏账率
期限	0.009***	0.641***	0.005**	0.280
	(0.002)	(0.164)	(0.002)	(0.172)
标题长度	−0.001	−0.042	−0.001	−0.041
	(0.001)	(0.066)	(0.001)	(0.065)
借款描述长度	−0.006	−0.459	−0.008	−0.820
	(0.005)	(0.447)	(0.008)	(0.665)
观察值	1 540	1 540	1 152	1 152

注释：括号中的值为标准误；*、**、*** 分别表示 10%、5%和 1%的显著性水平；研究生及以上学历变量因没有坏账而与本科学历变量合并。

（四）重复借贷关系与借款人的违约行为

为了检验 P2P 平台的信用评价系统是否具有“守信”和“钓鱼”双重激励效应，及其与借款人违约行为之间的关系，我们先在自变量中添加了借款人借款次数变量，结果如表 5 所示。从模型(1)可以看出，在所有最后一次成功借款数据下，借款人借款次数与其是否坏账没有显著的关系。但是，根据模型(2)，平均而言，单次借款者的坏账概率比两次及以上借款者显著高 2.8%。该结果主要是由于两次成功借款者相对于单次成功借款者有较低的坏账发生所致。如模型(3)和模型(4)所示，如果我们进一步比较更多次成功借款者与更少次成功借款者的坏账率，结果发现 3 次及以上的成功借款者的坏账概率并没有显著低于 1～2 次成功借款者。模型(5)也说明，仅仅是成功借款 2 次的借款人的坏账率以 5.5%的水平显著低于单次成功借款者。而且，直接运用 2 次以上的成功借款者数据进行的估计也表明，更多次借款反而倾向于与更高的坏账概率联系在一起，见模型(6)。这说明人人贷以历史还款记录为基础的信用评估系统的确导致了“钓鱼”效应。图 1 进一步列出了不同成功借款次数的借款人中发生坏账的借款人的比重。从中也可以看出，借款成功次数与借款人坏账率之间并没有一个简单的线性关系。成功借款 2 次、4 次、5 次、7 次和 9 次的借款者平均坏账率低于单次借款者，但是成功借款 3 次、6 次、8 次以及 10 次以上借款人的坏账率则高于单次借款者。因此，正如假说 3 的预测，人人贷平台的坏账数据说明重复借贷关系之下存在双重激励效应："守信"效应和"钓鱼"效应。

表 5 重复借款与借款人的违约行为

变量	(1)	(2)	(3)	(4)	(5)	(6)
	所有借款					多次借款
	是否坏账					
重复借款次数						
成功借款次数	0.001 (0.002)					0.003* (0.002)
1 次=1；>1 次=0		0.029** (0.015)				
1～2 次=1；>2 次=0			−0.016 (0.018)			
1～3 次=1；>3 次=0				−0.018 (0.024)		
2 次借款					−0.056*** (0.018)	
3 次借款					−0.003 (0.024)	
>3 次借款					0.004 (0.024)	
观察值	2 692	2 692	2 692	2 692	2 692	1 152

注释：本表控制了借款人特征和借款信息变量，但这些变量的估计系数基本保持不变；本表为 Probit 边际效应模型估计结果；*、**、*** 分别表示 10%、5%和 1%的显著性水平；括号中的值为标准误；观察值均为最后一次成功借款数据。

对信用标的坏账数据进行分析有助于我们进一步判断单次借款者和多次借款者中不良借款者的违约行为的差异。首先，我们比较不良借款者在这两类借款者中的比重差异。在 7 703 个成功借款的信用认证标中，一共有 2 993

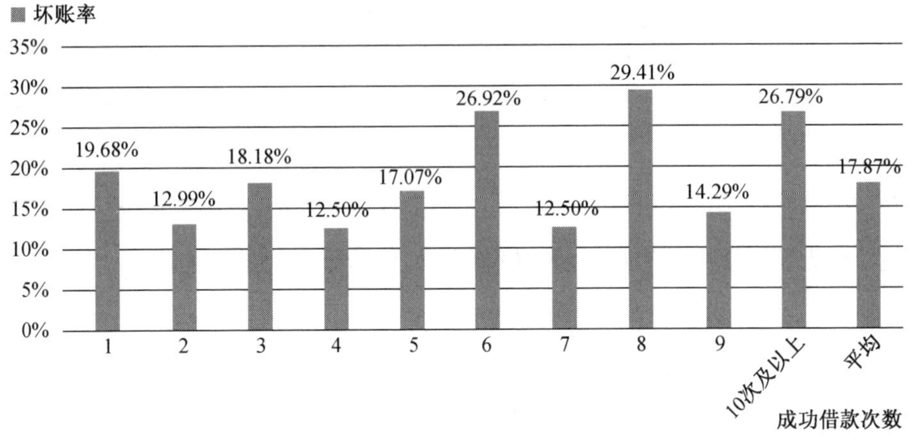

图 1　成功借款次数与坏账率

个借款人，其中单次借款人 1 834 个，2 次及以上借款人 1 159 个。由于违约者将无法继续在平台上融资，我们仅需考察借款人最后一次借款的坏账情况来评估两类借款人的违约行为差异。根据表 6 可知，单次借款数据中共发生了 305 笔坏账，因而单次借款人的坏账率为 16.63％，即违约者占单次借款者的比重；在 1 159 个多次借款人中，发生了 259 笔坏账，多次借款人的坏账率为 22.35％。因此，多次借款人的坏账率更大。

其次，我们分析两类借款人中违约者恶性程度的差异。尽管无法知道借款人的真实借款动机，但是我们可以通过坏账率来间接判断借款人恶性程度。一个“钓鱼者”在 P2P 平台上借入预期的信用额度后，通常会全额违约；而一个因还款期内经济条件恶化或者因高估还款能力而违约的借款人，至少会偿还部分本息。因此，坏账金额占借款金额的比重可以成为违约者“不良程度”的一个间接度量。根据表 6 可知，单次借款人中的 305 名违约者中有 175 名分文未还的“钓鱼者”，“钓鱼者”比重为 57.4％，占所有单次借款人的比重为 9.54％。而在 259 笔由多次借款者产生的坏账中，由分文未还的“钓鱼者”产生的坏账为 192 笔，占该类违约者的比重为 59.32％，占所有多次借款人的比重为 16.57％。这也说明多次借款吸引了更多的“钓鱼”借款人。

我们注意到,多次借款者最后一次借款的坏账笔数比多次借款数据中的坏账笔数少 78 笔,这说明部分违约者发生多笔坏账,原因在于人人贷允许借款人在未偿还完前期借款的情况下继续借款。如果剔除非最后一次借款的坏账笔数,那么,1 159 个多次借款者发生的坏账笔数为 182 笔,坏账率为 15.70%,稍低于单次借款关系下16.63%的坏账率。因此,P2P 平台应该慎重给予仍处偿还期内的欠款者新的借款机会,以降低平台坏账风险。

总之,重复借款关系并不足以降低平台的违约风险。对人人贷坏账数据的分析发现,重复借贷关系仅在两次借贷时产生更大"守约"效应,在更多次的借贷关系中则导致了更大的"钓鱼"效应。因此,假说 3(1)得以证实,即以借款人历史还款记录为基础的信用评价和信用额度授予系统具有双重的激励效应。在人人贷平台上,我们看到了很强的"钓鱼"效应。由于"钓鱼"效应的确存在,假说 3(2)亦得到进一步的证实。

表 6 借款次数、坏账标的数量与坏账规模的描述性统计

	单次借款数据				重复借款数据			
	笔数	均值	最小值	最大值	笔数	均值	最小值	最大值
所有坏账	305	51 067.81	451	300 000	259	35 201.97	722	500 000
完全坏账	175	81 594.29	3 000	300 000	192	35 447.4	3 000	500 000
部分坏账	130	9 974.47	451	47 888	67	34 498.64	722	252 600
借款人数量	1 834				1 159			
违约率(%)	16.63				22.35			

注释:坏账率为所有坏账标的数量/借款人数量。

六、结 论

P2P 借贷平台在降低资本交易成本的同时增加了信息的不对称,由此产生的逆向选择和道德风险将恶化 P2P 平台的违约风险,威胁 P2P 借贷平台的生存基础。本文运用人人贷平台的 11 413 条借款信息，检验了 P2P 平台和借款人降低信息不对称的各种机制和行为是否有助于约束借款人的违约行为。实证研究表明，直接对借款人进行实地认证可以降低 P2P 平台上的信息不对称，引进担保机构则可以降低借款人的道德风险，从而有效抑制了借款人的违约行为。

为了降低信息不对称，P2P 平台还要求借款人提供身份和信用资料供其甄别，同时借款人为了筹集资金，积极发送其信用信号，供投资者和 P2P 平台进行甄别。研究结果表明，仅部分借款人信息对借款人的违约行为具有预测作用：诸如婚姻、教育、车产、工作年数、借款利率和期限等能够反映借款人还款能力且不容易被借款人操纵的“硬信息”可以显著地解释借款人的违约行为，而借款人的性别、年龄、企业规模和容易被借款人操纵的诸如收入和借款描述之类的“软信息”则不对违约行为具有预测作用；重复借贷关系下借款人的策略性行为弱化了车产、教育和工作年数等“硬信息”对借款人违约行为的解释作用。

最后，对重复借款和借款人坏账率之间关系的分析表明，以历史还款表现为基础的信用评价系统会产生“守信”效应和“钓鱼”效应，此时，由于借款人的策略性行为，重复借贷关系并没有有效地抑制信息不对称下借款人的违约行为。我们还发现，允许借款人在未还完期内欠款的情况下继续借款会强化重复借贷下的“钓鱼”效应，导致更大的违约风险。这说明，这种“向后看的”信用评价系统主要是通过鼓励重复借贷，发挥着增加交易规模而非控制违约风险的作用。

因此，本文的研究结论强调了那些具有信用能力指示剂作用的“硬信息”对于预测其违约行为的重要性，同时指出基于历史还款记录的“向后看的”借款人信用评价系统在预测借款人违约行为上的局限性，并提出了一些改善人人贷平台运行风险的一些具体措施。但值得注意的是，人人贷公司是一个为借出资金提供本金保证的平台，这意味着平台方完全承担着借款人的违约风险，其对借款人信息的有效甄别至关重要。因而，基于人人贷数据的研究结论对于类似 P2P 平台具有直接的借鉴意义，但是这些结论是否适用于其他类型的 P2P 平台，仍需更多的研究支持。此外，由于人人贷网站上可供抓取的借款人信用数据所存在的局限性，直接估计这种"向后看的"信用评价系统在抑制借款人违约行为上的有效性，亦需要更多的实证工作进行检验。

参考文献

[1] 李悦雷、郭阳、张维，2013:《中国 P2P 小额贷款市场借贷成功率影响因素分析》，《金融研究》第 7 期。

[2] 廖理、李梦然、王正位、贺裴菲，2015:《观察中学习:P2P 网络投资中信息传递与羊群行为》，《清华大学学报(哲学社会科学版)》第 1 期。

[3] 廖理、李梦然、王正位，2014:《聪明的投资者:非完全市场化利率与风险识别——来自 P2P 网络借贷的证据》，《经济研究》第 7 期。

[4] 网贷之家和盈灿咨询，2015:《2015 年中国网络借贷行业半年报》，网贷之家网站 2015 - 17 - 8. Retrieved(http://www.wangdaizhijia.com/news/baogao/20950 - 2.html)。

[5] 伍德里奇，2007:《横截面与面板数据的经济计量分析》，北京:中国人民大学出版社。

[6] 谢平、邹传伟、刘海二，2012:《互联网金融模式研究》，《金融研究》第 1 期。

[7] 易观智库，2015:《中国 P2P 网贷市场趋势预测 2014—2017》，Retrieved(http://www.analysys.cn/yjgd/7469.shtml)。

[8] Berger, S., F. Gleisner, 2009, "Emergence of Financial Intermediaries in Electronic Markets: The Case of Online P2P Lending", BuR Business Research Journal, 2(1), 39 - 65.

[9] Chen, N., A. Ghosh, N. S. Lambert, 2014, "Auctions for Social Lending: A Theoretical Analysis", Games and Economic Behavior, 86(2), 367 - 391.

[10] Diamond, D. W., 1984, "Financial Intermediation and Delegated Monitoring", The Review of Economic Studies, 51(3), 393 - 414.

[11] Diamond, D. W., 1991, "Monitoring and Reputation: The Choice between Bank Loans and Directly Placed Debt", Journal of Political Economy, 99(4), 689 - 721.

[12] Duarte, J., S. Siegel, L. Young, 2012, "Trust and Credit: The Role of Appearance in Peer-to-Peer Lending", Review of Financial Studies, 25(8), 2455 - 84.

[13] Emekter,R. Tu, Y. B. Jirasakuldech, M. Lu, 2015, "Evaluating Credit Risk and Loan Performance in Online Peer-to-Peer (P2P) Lending", Applied Economics, 47(1), 54 - 70.

[14] Freedman, S., G. Z. Jin, 2008, "Do Social Networks Solve Information Problems for Peer-to-Peer Lending? Evidence from Prosper. com", NET Institute Working Paper, 08 - 43.

[15] Herzenstein, M., U. M. Dholakia, R. L. Andrews, 2011, "Strategic Herding Behavior in Peer-to-Peer Loan Auctions", Journal of Interactive Marketing, 25(1), 27 - 36.

[16] Herzenstein, M., S. Sonenshein, U. M. Dholakia, 2011, "Tell Me a Good Story and I May Lend You Money: The Role of Narratives in Peer-to-Peer Lending Decisions", Journal of Marketing Research, 48(SPL), S138 - 49.

[17] Lee, E., B. Lee., 2012, "Herding Behavior in Online P2P Lending: An Empirical Investigation", Electronic Commerce Research and Applications, 11(5), 495 - 503.

[18] Lin, M., N. R. Prabhala, S. Viswanathan, 2013, "Judging Borrowers by the Company They Keep: Friendship Networks and Information Asymmetry in Online Peer-to-Peer Lending", Management Science, 59(1), 17 - 35.

[19] Michels, J., 2012, "Do Unverifiable Disclosures Matter? Evidence from Peer-to-Peer Lending", Accounting Review, 87(4), 1385 - 1413.

[20] Spence,M., 1973, "Job Market Signaling", The Quarterly Journal of Economics, 87 (3), 355 - 374.

[21] Stiglitz, J. E., A. Weiss, 1981, "Credit Rationing in Markets with Imperfect Information", The American Economic Review, 74(1), 393 - 410.

[22] Yang, X., 2014, "The Role of Photographs in Online Peer-to-Peer Lending Behavior", Social Behavior & Personality, 42, 445 - 452.

中国 P2P 网贷平台经营有效率吗？*

陈　鑫　李建军

内容提要：P2P 网贷行业快速发展的今天，网贷公司经营过程中难免存在资源利用不足或冗余的问题，直接影响经营效率。经营效率的高低又决定着网贷平台应对风险的能力。本文利用 DEA 方法，使用改进原始模型后的 BCC 模型，基于 80 家 P2P 网贷公司的微观数据，对平台的经营效率进行实证研究。结果显示，大部分平台处于非 DEA 有效状态，主要原因是人气指数、投资者收益率和待收杠杆指标存在冗余值，这些指标冗余反映了平台经营过程中存在着管理问题。对于经营无效率平台，本文提出了控制发行超短期产品，适当降低投资者收益率和待收杠杆，尽量提高注册资本和风险备付金的建议。

关键词：网贷平台；DEA；经营效率；冗余值

一、引　言

互联网改变人们的生活，金融业依托于互联网高效便捷的信息获取方式，

---

* 陈鑫，女，中央财经大学金融学硕博连读研究生，电子邮箱：cufechenx@163.com；李建军，男，中央财经大学金融学院副院长，教授，博士生导师，经济学博士。研究领域：货币经济、影子金融与普惠金融。资助项目：国家自然科学基金项目“货币政策约束下中国影子信贷市场融资搜寻模型研究”（编号：71173246）。

正在发生深刻的变革。互联网金融的蓬勃兴起，有利于经济转型，对于引导资金向小微企业流动，提高金融服务的可获得性，实现普惠金融具有重要意义(谢平，邹传伟，2012)。P2P 网贷平台作为我国互联网金融的主要形式之一，可以有效降低交易成本，缓解小微企业贷款难的困境，同时也为小额投资者提供了可行的投资渠道，近年来发展态势迅猛(莫易娴，2011；李朝晖，2015)。

自 2007 年 P2P 网贷行业兴起以来，呈现快速发展趋势。从行业规模来看，截至 2015 年 4 月，根据网贷之家的数据显示，我国共约 1 819 家网贷平台，贷款余额总计 1 757.56 亿元(见图 1 和图 2)，参与平台交易人数在过去一年中迅速上升(见图 3)，平台主要分布在北京、上海、广东、浙江等地区(见图 4)。

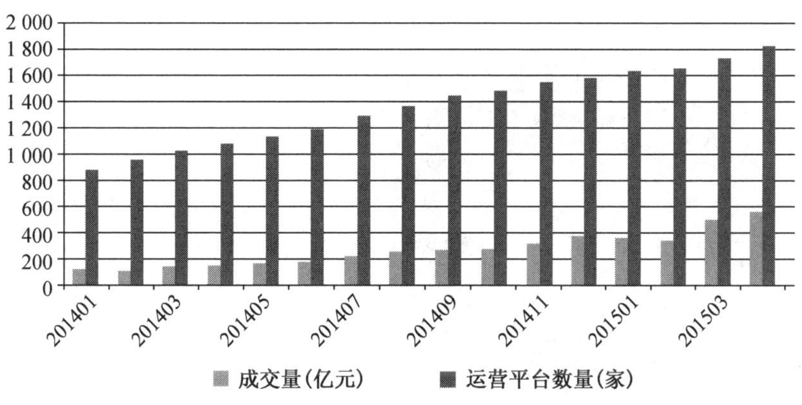

图 1　运营平台数量与成交量增长

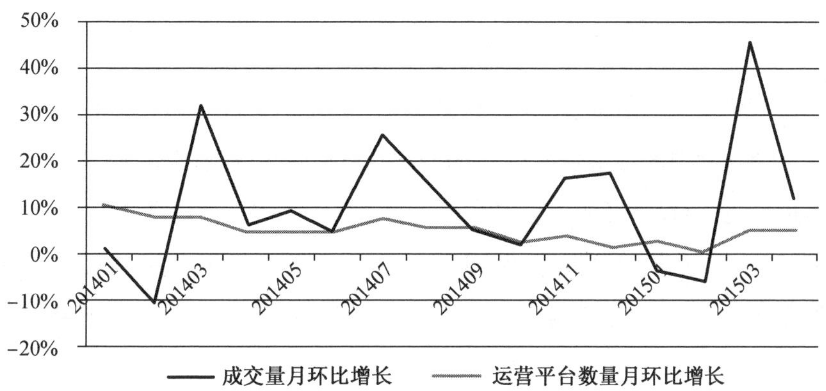

图 2　运营平台数量与成交量增长率

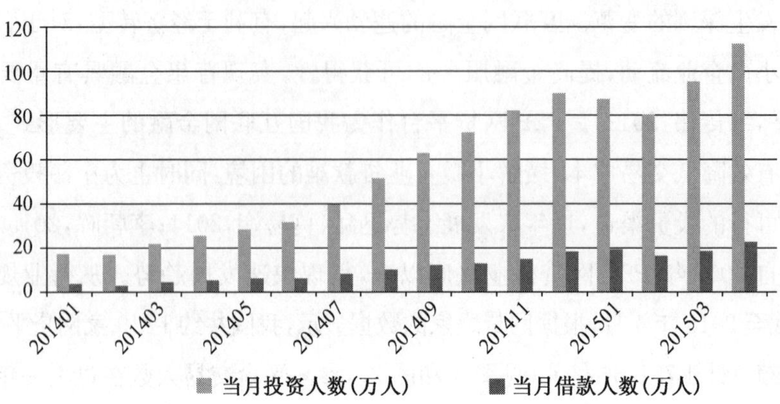

图 3　P2P 平台当月投资人与借款人数流量

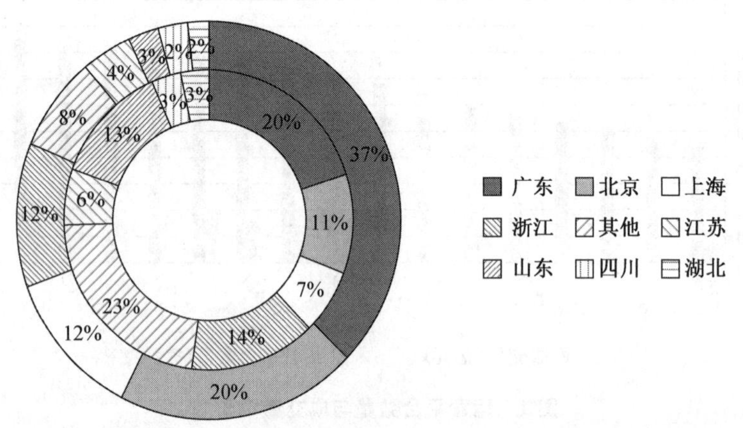

图 4　2015 年各地区运营平台数量(内环)与成交量(外环)占比

在 P2P 平台快速扩张的同时,难免鱼龙混杂,跑路事件也层出不穷。P2P 网贷平台经营中面临市场风险、信用风险、流动性风险、操作风险和法律风险等多重风险,给投资者的资金安全留下极大的风险隐患(黄震,2012;唐嘉悦,郝蒙,2014)。从统计数据看,2015 年 6 月底,新增问题平台数 419 家,是上一年同期的 7.5 倍,累计问题平台达到 786 家,其中 2015 年 6 月份新增 125

家。[①] 随着《关于促进互联网金融健康发展的指导意见》的发布，平台之间竞争日益加剧，P2P 行业面临重新洗牌的压力。

在激烈的行业竞争和经济低速增长的形势下，P2P 网贷平台要想立于不败之地，必须提高平台的核心竞争力，而平台的核心竞争力集中体现在经营效率上。因此，正确认识 P2P 网贷平台的投入产出效率，找出影响平台经营效率的因素，对于 P2P 平台提升行业竞争力，提高运营水平，实现持续健康发展具有重要的现实意义。

二、文献综述

我国首家 P2P 网贷平台拍拍贷成立于 2007 年。伴随着互联网技术的发展和互联网金融概念的兴起，2012 年后 P2P 网贷平台快速发展，对互联网借贷平台的研究也逐步兴起。国内对于 P2P 网贷平台的研究主要集中于以下几个方面：一是 P2P 网贷平台的经营模式的研究，钮明(2012)、叶湘榕(2014)通过分析各类 P2P 平台的商业模式、性质和特征，对经营模式存在的风险提出针对性建议。二是经营过程中存在的风险、监管方式和发展路径(吴晓光，2011；马运全，2012)，宋鹏程等(2014)认为对于 P2P 监管应当在保护投资者利益的基础上尽可能使平台保持充分投资额与投资效率，P2P 行业应当由央行和银监会联合监管，并强调行业协会和行业自律的重要作用；宋琳，郝光亮(2015)基于委托代理理论分析了由于信息不对称引发的激励问题，并提出相应的风险监控措施，如提高平台的声誉、物质激励与精神激励结合以及建立健全信用评价体系等建议。三是 P2P 网贷平台对解决中小企业融资难的作用(邵彦铭，2013；赵雅敬，2014)，李朝晖(2015)通过数据分析发现我国近半的网络贷款资金流向了小微企业，网贷行业发展受贷款需求的影响，往往小微企业多的地区，网贷平台也越多。四是 P2P 网贷平台信用认证机制对借贷行为的

---

① 数据来源：网贷之家，http://www.wangdaizhijia.com/news/baogao/20950-all.html。

影响(李悦雷等,2013)。由于信息不对称问题广泛存在于信贷市场(Stiglitz,1981),王会娟、廖理(2014)从信息不对称理论出发,利用人人贷的数据,分析了信用认证机制对借贷行为的影响。具体的认证指标和认证方式在缓解信息不对称和揭示信用风险的作用不同,因此对借款成功率和借款成本有不同的影响。

从以上的分析可以发现,对P2P平台的研究主要是定性分析,其中对于P2P经营效率的研究尚未引起广泛的关注,更鲜有人对P2P平台的经营效率进行定量测度。目前,国内学者对于P2P网贷平台的经营绩效方面的研究较少,宋鹏程等(2014)通过定性分析认为平台的经营效率与投资者保护之间存在冲突,在维护投资者利益的同时应当尽可能给平台足够的发展空间。因此,国内缺乏对于P2P网贷平台经营绩效测评方面的研究。本文使用DEA方法来评价P2P网贷平台经营效率,希望对网贷行业的规范发展贡献一些理论价值。

三、P2P网贷平台经营效率的测算方法

效率是衡量P2P网贷平台经营业绩的重要标准,效率的高低可以反映平台的资源利用情况和整体的经营情况,因而效率本身也是机构经营业绩评价的一个重要方法。其中,经营效率是指一个企业或者单位在经营活动中投入产出之间的对比关系(王建敏,秦亚芳,2011)。随着时代的进步,研究企业经营效率的方法层出不穷,国外学者用来评价企业经营绩效的方法最早是运用杜邦分析法,该方法的主要缺点在于仅从财务角度评价企业的经营状况,并没有将企业的非财务指标纳入评价体系中。之后是EVA-经济增加值管理体系,EVA是衡量企业经营产生的剩余经济价值,即经营利润与资本占用成本之间的差距。但是EVA方法计算难度较大且对于中下层管理者并没有起到较好的激励作用。Robert S. Kaplan and David P. Norton(1992)创造的平衡计分卡评判法采用财务评价指标和一系列非财务指标来评价企业的经营业

绩，强调了企业战略和绩效管理之间的关系，但是平衡计分卡评判法指标权重难以确定，而且是非流程改进方法，无法得知如何改进。由 Charnes，Cooper，Rhodes（1978）提出的非参数的 DEA 评价方法，从实际观测的投入产出数据角度研究同类型生产经营部门的效率评价问题，单纯依靠数据的数量关系来衡量企业的经营效率，避免了人为赋值的主观性，而且可以将企业绩效评价的非财务指标和财务指标相结合，目前最具代表性的 DEA 模型有 C^2R 模型和 BCC 模型。

尽管国外学者对于企业经营绩效的评价较为完善，但是在 P2P 网贷平台经营效率的评价中应用很少，Friedman，Halpern，Kash（2006）建立了 P2P 网贷提供服务的模型，认为通过维持货币和代理人数量的合适比例可以使效率最大化，得到纳什均衡解。国内学者运用 DEA 方法来评价 P2P 网贷平台经营效率的研究也鲜有见到。

DEA 作为一种非参数方法无须设定参数，在效率测度中拥有得天独厚的优越性。DEA 方法是对若干具有相同类型的多输入和多输出的决策单元进行相对效率的评价，本质是把每一个被评价单位作为一个决策单元，而每个决策单元有相同的“投入”和“产出”，通过对投入和产出比例的分析，确定有效的生产前沿面。生产前沿面是一个相对概念，不同样本组、不同定义及计算方法都可以得出不同的结果（张健华，2003）。通过计算决策单元和生产前沿面之间的距离，可以判断各个决策单元是否有效，并且还可以使用投影的方法来分析决策单位 DEA 无效的原因以及改进的方向和程度。分析经营效率可以是参数也可以是非参数的方法，由于非参数的方法无需对 P2P 平台经营管理中的生产函数做出假设，本文使用数据包络分析法（DEA）计算 P2P 平台的经营效率。本文将 P2P 平台经营管理中心定义为把若干投入转化为若干产出的生产单位，与生产前沿的距离就是它的经营效率。根据方法和模型的改进，本文使用的是在 C^2R 模型的基础上改进的 BCC 模型。使用该模型计算 80 家代表性 P2P 网贷平台的经营效率并进行了横向比较，同时也对网贷公司经营效率的提升和网贷行业发展战略提出了优化建议。

(一) 平台 DEA 效率的测算

本文参照魏权龄(2000,2012)和陈燕武(2011)的算法,再结合 P2P 网贷行业的特点进行测算。考虑 n 个样本 P2P 网贷平台(简称决策单元,DMU),$DMU_1, DMU_2, \cdots, DMU_n$,每个样本 P2P 网贷平台使用 m 种投入得到 s 种产出。X_j 代表 DMU_j 的投入向量,$X_j = (x_{1j}, x_{2j}, \cdots, x_{mj})^T$,$Y_j$ 代表 DMU_j 的产出向量,$Y_j = (y_{1j}, y_{2j}, \cdots, y_{sj})^T$,$\vartheta$ 代表投入量的权重向量 $\vartheta = (\vartheta_1, \vartheta_2, \cdots, \vartheta_m)^T$,$\mu$ 代表产出变量的权重向量,$\mu = (\mu_1, \mu_2, \cdots, \mu_m)^T$。对于权重向量 ϑ 和 μ,$DMU_j(1 \leqslant j \leqslant n)$ 的效率评价指数:

$$h_j = \frac{\mu^T Y_j}{\vartheta^T X_j}, j = 1, \cdots, n \tag{1}$$

衡量第 j 个平台是否是 DEA 经营有效率的——是否处于由包络线组成的生产前沿面上。先构造一个线性规划组合,以各个平台的投入量和产出量构造一个假想的合成平台,此假想的合成平台的经营是最有效率的。将各个样本投入(或产出)量的加权平均值作为合成平台的投入(或产出)量,合成平台的产出量必须大于或者等于每个样本平台的产出量,投入量必须小于或者等于样本平台的投入量。DEA 模型的逻辑就是寻找一种 Pareto 状态,能否在取得相同的或者更多的产出量的情况下只需要更少的投入量。基于上述事实,本文构建了 P2P 网贷平台的经营效率模型,将效率评价指数表示为在权数给定的情况下投入与产出之比。

在公式(1)中,权重向量 ϑ 和 μ 都是待定的,对 DMU_j 求权向量使得 h_j 最大化,就得到数据包络分析的 C^2R 模型:

$$\begin{cases} \max h_j = \dfrac{\mu^T Y_j}{\vartheta^T X_j} \\ \dfrac{\mu^T Y_j}{\vartheta^T X_j} \leqslant 1 (1 \leqslant j \leqslant n) \\ \vartheta \geqslant 0, \mu \geqslant 0 \text{ ①} \end{cases} \tag{2}$$

① $\vartheta \geqslant 0$ 表示 ϑ 的每个分量 $\vartheta_s \geqslant 0$,但至少有一个严格大于 0。S^+ 和 S^- 分别为松弛变量中的不足量和过剩量。θ 表示 DMU 离有效前沿面或包络面的一种径向优化量或“距离”。

模型(2)是分式规划模型，使用 Charnes 和 Cooper 关于分式规划的 Charnes-Cooper 变换：

$$t=\frac{1}{\vartheta^{T}X_{0}},\omega=t\vartheta,u=t\mu$$

将分式规划模型，转换为等价的线性规划模型(3)和(4)：

$$(P_{C^2R})\begin{cases}\max u^{T}y_{0}=h_{0}\\ s.t.\ \omega^{T}x_{j}-u^{T}y_{j}\geqslant 0,j=1,2,\cdots,n\\ \omega^{T}x_{0}=1\\ \omega\geqslant 0,u\geqslant 0\end{cases}\tag{3}$$

$$(D_{C^2R})\begin{cases}\min\theta\\ s.t.\ \sum_{j=1}^{n}x_{j}\lambda_{j}+s^{-}=\theta x_{0}\\ \sum_{j=1}^{n}y_{j}\lambda_{j}-s^{+}=y_{0}\\ \lambda_{j}\geqslant 0,j=1,2,\cdots,n,\theta\in E_{1}^{+}\end{cases}\tag{4}$$

由公式(3)和(4)可知，在应用(P_{C^2R})和(D_{C^2R})评价 DMU 是否为 DEA 有效时并不直接，而且计算也很烦琐。早在 1951 年，Charnes 在处理线性规划的退化问题时，就在非 Archimedes 域上引入了非 Archimedes 无穷小的概念，给出了摄动法。对于模型(D_{C^2R})，Charnes 和 Cooper 给出了相应的具有非 Archimedes 无穷小量 ε 的模型：

$$(D_{C^2R}^{\varepsilon})\begin{cases}\min[\theta-\varepsilon(\hat{e}^{T}+e^{T}s^{+})]\\ s.t.\ \sum_{j=1}^{n}x_{j}\lambda_{j}+s^{-}=\theta x_{0}\\ \sum_{j=1}^{n}y_{j}\lambda_{j}-s^{+}=y_{0}\\ \lambda_{j}\geqslant 0,j=1,2,\cdots,n,\theta\in E_{1}^{+},s^{+}\geqslant 0,s^{-}\geqslant 0\end{cases}\tag{5}$$

其中 $\hat{e}=(1,1,\cdots,1)^{T}\in E_{1}^{+},e=(1,1,\cdots,1)^{T}\in E_{s}^{+}$ 。

在上述模型中，当加入凸性约束条件 $\sum_{i=1}^{n}\lambda_{i}=1,\lambda_{i}\geqslant 0$ 时称为 BCC 模型。

$$(BCC)\begin{cases}\min[\theta-\varepsilon(\hat{e}^T+e^Ts^+)] \\ s.t.\ \sum_{j=1}^{n}x_j\lambda_j+s^-=\theta x_0 \\ \sum_{j=1}^{n}y_j\lambda_j-s^+=y_0 \\ \sum_{j=1}^{n}\lambda_jx_j+s^+=1 \\ \lambda_j\geqslant 0, j=1,2,\cdots,n,\theta\in E_1^+, s^+\geqslant 0, s^-\geqslant 0\end{cases} \tag{6}$$

C^2R 模型假设规模报酬不变，凸性约束条件使得 BCC 模型允许规模报酬可变。BCC 模型可以将每个决策单元的技术效率（TE，Technical Efficiency）、纯技术效率（PTE，Pure Technical Efficiency）和规模效率（SE，Scale Efficiency）区分开来。其中，技术效率指的是实现投入既定下产出最大或者产出既定下投入最小的能力；规模效率表示与规模有效点相比规模经济的发挥程度；纯技术效率指的是剔除规模因素的效率（蒋萍，王勇，2011）。三者之间的关系如下：

$$TE=SE\times PTE \tag{7}$$

若 BCC 模型得最优解 $\theta_0, j=1,2,\cdots,n, s^-, s^+$ 满足 $\theta_0=1, s^-=0, s^+=0$，则 DMU_{j0} 为 DEA 有效，决策单元同时为技术有效和规模有效；当 $\theta_0=1$ 且 $s^-\neq 0$ 或者 $s^+\neq 0$，决策单元为弱 DEA 有效，决策单元的经济活动不是同时为规模有效和技术有效；当 $\theta_0<1$ 时，决策单元不是 DEA 有效，决策单元既不是规模有效，也不是技术有效。

（二）分析平台 DEA 无效的原因

全部指标构成集合 D，以各决策单元的相对效率值 $\theta_i(D)$ 为分量构成向量 $\theta(D)$。D_i 表示 D 中去掉第 i 个指标后的指标体系，由于 D_i（$i=1,2,\cdots,t$，t 是指标个数）是由 D 中部分指标组成的不同子指标集（即有 $D_i\subset D$），可得到以各决策单元的相对效率值为分量的向量 $\theta(D_i)$，以 $\theta(D_1),\theta(D_2),\cdots,\theta(D_t)$ 为变量，建立泛函 $F=F[\theta(D_0),\theta(D_1),\cdots,\theta(D_t)]$，并从 F 中得到关于指标变

化的信息(陈燕武,2011)。

当某一决策单元 j_0 在 D 指标下为非 DEA 无效时,定义:

$$S_i = \frac{\theta_j(D) - \theta_{j0}(D_i)}{\theta_{j0}(D_i)}, j = 1,2,\cdots,n; i = 1,2,\cdots,t \tag{8}$$

当某一决策单元 j_0 满足 $S(i_0) = \min S(i)$,则说明指标 i_0 是对决策单元 j_0 无效性影响最大的指标,可能是由于该指标的投入存在冗余,利用率过低,也可能是该指标相应产出效率偏低,未达到有效规模。

四、测算结果分析

(一) 数据来源与指标选取

1. 数据来源

本文采用的是网贷之家网贷研究院数据库公布的 2015 年 4 月的行业数据、平台数据以及评级数据。网贷之家是 P2P 网贷行业发展的资讯门户网站,已发展为网络借贷行业最大、最权威的第三方资讯平台。此数据库更新及时,保证了数据的时效性、资料的可信性和全面性,深受业界的认可,同时数据细分样本量大也使得全口径研究 P2P 网贷平台成为可能。

2. 数据包络分析变量的选取

(1) 产出指标的选取

考虑到 P2P 网贷平台作为商业机构 P2P 网贷平台经营的主要收入来自借款管理费用和利息管理费用。由于管理费的收取标准受到借款期限的影响,而不同平台发放借款的期限不同则导致经营收入也存在较大差异。因此,为使具有不同借款期限的管理费用具有可比性,本文采取以时间加权的管理费用作为产出变量,调整后的借款管理费=借款期限×成交量×费率。

(2) 投入指标的选取

P2P 平台投入产出的定义方法类比于同样是经营货币的商业银行,通常有三种方法:生产法、中介法和资产法(张健华,2003)。由于 P2P 平台主要从事金融中介服务，因此此处选择中介法和资产法。综合考虑以上因素和数据的可获得性，根据P2P平台的经营特点，本文选取5个变量作为投入变量，分别为平台的人气指数、品牌指数①、注册资本金、投资者收益率、待收杠杆。具体展开说明：注册资本指标考察平台规模对平台经营效率的影响，注册资本是反映平台规模最直观有效的指标。人气指数是衡量平台活跃度和可持续发展的指标，是先将平台成交笔数、投资人和借款人数加权平均。人气越高表明该平台经营效率越高，从而可以获得更高的营业收入。品牌指数表明投资者对于平台的认可度，即投资者愿意以更低的收益率投资更多的资金到更长期的借款标上面，对于平台来说这就是一种品牌价值，因此，品牌价值越高，越有利于平台经营。

待收杠杆衡量的是承诺本金保障的平台所承受的资金杠杆，即待收金额与平台净资产之比，杠杆率越高，平台的风险越高，对于经营效率好、资金利用率高的平台使用较低的资金杠杆就可以获得较高的营业收入。从信息不对称所引发的道德风险的角度来看，经营不善的企业往往利用较大的资金杠杆进行过度投资（谈超、王冀宁、孙本芝，2014年）。从实证检验角度来看，杠杆率和平台经营收入呈现出显著的负相关关系，因此，本文对经营杠杆进行了反向标准化处理，使得杠杆率和营业收入呈现正向变化关系。投资者收益率是平台的投资人获得的平均收益率，反映的是平台主要的经营成本，对于经营效率高的平台可以使用较低的综合收益率吸引投资人进行投资，而对于经营不善的平台以提供高收益作为风险补偿，来吸引投资者投资，因此，投资者收益率和平台经营收入呈现负相关关系，此处同样对投资者收益率进行反向标准化处理。

应用DEA进行效率分析时应该保证决策单元的数量是投入产出指标的2倍以上，本文决策单元为80个，而投入产出指标为6个，因此适合使用DEA

① 人气指数与品牌指数无法获得原始数据，本文此处使用的是"网贷之家"给平台进行评级时计算发展指数所用的分项数据。

方法。另外,投入指标和产出指标之间应该具有显著的正相关关系,以避免出现某投入指标的数量增加却引起产出指标减少的情况(蒋萍,王勇,2011)。经计算产出变量营业收入与五个投入变量之间为正相关关系,因此适合使用 DEA 方法进行效率分析。

(二) P2P 平台经营效率的测算与解读

本文应用 DEAP 软件对 2015 年 4 月的 80 家 P2P 网贷平台的经营数据进行了效率分析,结果见表 1,80 个 P2P 网贷平台综合技术效率平均得分为 0.508,纯技术效率平均得分为 0.918,规模效率的平均得分为 0.551,这说明大部分平台的规模效率要明显小于纯技术效率。从表格 1 中可以看出 80 个平台的经营效率存在较大差别,其中处在经营效率前沿面上的有陆金所、宜人贷、红岭创投、金开贷、贷贷兴隆、腾邦创投,共 6 个平台,占全部估算平台数量的 7.5%。这些平台的经营效率既是规模有效,又是技术有效,其余各家平台在规模效率或技术效率上均有一定的改进空间。

表 1　80 家 P2P 网贷公司 2015 年 4 月经营效率值

序号	平台名	上线时间	所在城市	综合技术效率	纯技术效率	规模效率	规模报酬
1	陆金所	2012.01	上海|浦东	1.000	1.000	1.000	—
2	宜人贷	2012.07	北京|东城	1.000	1.000	1.000	—
3	红岭创投	2009.03	广东|深圳	1.000	1.000	1.000	—
4	金开贷	2014.05	陕西|西安	1.000	1.000	1.000	—
5	贷贷兴隆	2014.01	重庆|渝中	1.000	1.000	1.000	—
6	腾邦创投	2014.09	广东|深圳	1.000	1.000	1.000	—
7	开鑫贷	2012.12	江苏|南京	0.991	1.000	0.991	irs
8	向上金服	2013.08	北京|东城	0.984	1.000	0.984	irs
9	翼龙贷	2011.04	北京|海淀	0.958	1.000	0.958	irs
10	你我贷	2011.06	上海|浦东	0.945	1.000	0.945	irs

(续表)

序号	平台名	上线时间	所在城市	综合技术效率	纯技术效率	规模效率	规模报酬
11	人人贷	2010.01	北京|西城	0.935	0.971	0.963	irs
12	金宝保	2014.06	重庆|渝北	0.915	1.000	0.915	irs
13	88财富网	2013.01	广东|深圳	0.873	0.941	0.928	irs
14	爱钱进	2014.05	北京|东城	0.757	1.000	0.757	irs
15	楚金所	2014.09	湖北|武汉	0.756	1.000	0.756	irs
16	易贷网	2013.01	四川|成都	0.730	0.855	0.853	irs
17	团贷网	2012.07	广东|东莞	0.713	0.898	0.793	irs
18	易九金融	2013.11	重庆|渝北	0.700	0.936	0.748	irs
19	新新贷	2012.02	上海|虹口	0.683	0.979	0.698	irs
20	诺诺镑客	2009.06	上海|黄浦	0.676	0.906	0.746	irs
21	爱投资	2013.03	北京|西城	0.668	1.000	0.668	irs
22	温商贷	2013.03	浙江|温州	0.662	0.902	0.734	irs
23	有利网	2013.02	北京|朝阳	0.653	0.828	0.788	irs
24	生菜金融	2014.09	上海|浦东	0.647	0.997	0.649	irs
25	温州贷	2012.02	上海|杨浦	0.639	0.894	0.715	irs
26	小牛在线	2013.05	广东|深圳	0.625	0.865	0.722	irs
27	91旺财	2014.03	北京|西城	0.621	0.829	0.749	irs
28	众信金融	2014.06	北京|海淀	0.618	0.956	0.646	irs
29	投哪网	2012.05	广东|深圳	0.611	0.806	0.757	irs
30	融金所	2013.05	广东|深圳	0.584	0.844	0.692	irs
31	积木盒子	2013.08	北京|朝阳	0.582	0.850	0.685	irs
32	金融工场	2012.07	北京|西城	0.561	0.917	0.611	irs
33	658金融网	2014.01	浙江|杭州	0.548	0.892	0.614	irs

（续表）

序号	平台名	上线时间	所在城市	综合技术效率	纯技术效率	规模效率	规模报酬
34	房金所	2014.07	上海|虹口	0.543	1.000	0.543	irs
35	PPmoney	2012.12	广东|广州	0.539	0.785	0.687	irs
36	珠宝贷	2014.09	广东|深圳	0.534	1.000	0.534	irs
37	国诚金融	2013.09	上海|虹口	0.509	0.987	0.516	irs
38	365 易贷	2010.02	江苏|南京	0.498	0.975	0.510	irs
39	人人聚财	2011.11	广东|深圳	0.489	0.795	0.615	irs
40	和信贷	2013.08	北京|朝阳	0.484	0.751	0.644	irs
41	拍拍贷	2007.06	上海|浦东	0.483	0.821	0.588	irs
42	金联储	2014.08	北京|朝阳	0.473	0.827	0.572	irs
43	理财范	2014.03	北京|朝阳	0.464	1.000	0.464	irs
44	微贷网	2011.07	浙江|杭州	0.461	0.784	0.588	irs
45	银客网	2013.12	北京|海淀	0.452	0.903	0.501	irs
46	信融财富	2012.12	广东|深圳	0.448	0.752	0.596	irs
47	鑫合汇	2013.12	浙江|杭州	0.447	0.929	0.481	irs
48	德众金融	2014.06	安徽|合肥	0.442	0.988	0.447	irs
49	口贷网	2011.01	四川|成都	0.435	0.984	0.442	irs
50	永利宝	2013.11	上海|浦东	0.411	0.914	0.450	irs
51	安心贷	2011.07	北京|东城	0.408	0.906	0.451	irs
52	E 速贷	2010.09	广东|惠州	0.382	0.791	0.483	irs
53	银湖网	2014.07	北京|东城	0.381	0.757	0.504	irs
54	礼德财富	2013.08	广东|广州	0.357	0.906	0.393	irs
55	汇盈贷	2013.12	山东|青岛	0.350	0.811	0.431	irs
56	付融宝	2013.11	江苏|南京	0.342	0.973	0.352	irs

(续表)

序号	平台名	上线时间	所在城市	综合技术效率	纯技术效率	规模效率	规模报酬
57	微金互助	2013.04	广东|深圳	0.332	1.000	0.332	irs
58	前海理想金融	2014.05	广东|深圳	0.320	0.860	0.373	irs
59	银豆网	2014.03	北京|海淀	0.303	0.835	0.362	irs
60	汇通易贷	2011.05	广东|深圳	0.266	0.910	0.292	irs
61	合拍在线	2012.06	广东|深圳	0.263	0.732	0.360	irs
62	合时代	2013.01	广东|深圳	0.258	0.787	0.328	irs
63	抱财网	2014.02	北京|海淀	0.223	1.000	0.223	irs
64	网利宝	2014.08	北京|朝阳	0.218	0.763	0.286	irs
65	恒信易贷	2013.12	广东|广州	0.217	0.972	0.223	irs
66	四达投资	2012.09	四川|宜宾	0.211	0.961	0.219	irs
67	融通资产	2014.01	江西|赣州	0.178	1.000	0.178	irs
68	立业贷	2014.02	广东|深圳	0.173	0.986	0.176	irs
69	宁创贷	2013.06	浙江|宁波	0.170	1.000	0.170	irs
70	惠众金融	2013.03	江西|赣州	0.163	1.000	0.163	irs
71	众信在线	2014.04	北京|朝阳	0.163	0.894	0.183	irs
72	合盘贷	2013.04	上海|虹口	0.158	0.848	0.187	irs
73	粤商贷	2013.12	广东|深圳	0.156	0.953	0.163	irs
74	九斗鱼	2014.02	北京|朝阳	0.152	0.856	0.178	irs
75	民民贷	2012.01	浙江|温州	0.149	0.948	0.158	irs
76	新联在线	2013.07	广东|广州	0.139	0.968	0.144	irs
77	月月贷	2014.04	湖北|武汉	0.137	1.000	0.137	irs
78	合力贷	2013.02	北京|朝阳	0.130	1.000	0.130	irs
79	短融网	2014.06	北京|朝阳	0.126	0.852	0.148	irs
80	众金在线	2013.08	广东|深圳	0.094	0.926	0.102	irs

注:“—”为规模报酬不变;“drs”为规模报酬递减;“irs”为规模报酬递增。

另外结合规模报酬来看，除了六家处于经营效率前沿面上的平台为规模报酬不变外，其余各家平台均为规模报酬递增。将表 1 中的综合技术效率、纯技术效率和规模效率绘制到图 5 中。从图 5 可以看出，综合技术效率和规模报酬效率具有相似的变化趋势，因此本文进一步检验三个效率之间的相关关系，检验结果发现：综合技术效率和规模报酬效率具有更强的正相关关系。① 因此，规模效率比纯技术效率对综合技术效率的影响更显著。

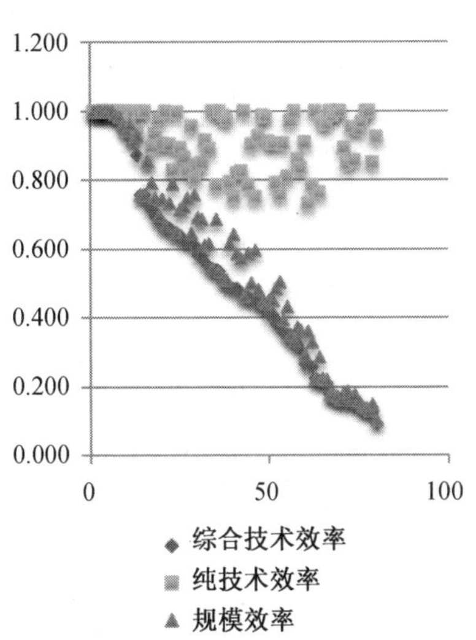

图 5　综合技术效率、纯技术效率、规模效率相关图

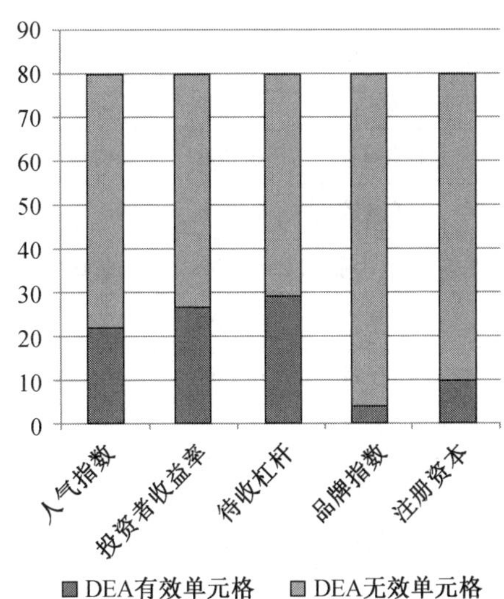

图 6　DEA 无效平台投入冗余量对比图

从表 1 中可以看出绝大多数平台投入产出是无效率的，存在改进空间，通过(8)式进一步计算造成部分平台经营无效率的原因和改进方向。计算结果见表 2，由表 2 可以看出在 DEA 无效的平台中，如果冗余值为零则该投入量的利用是有效的；如果不为零则该投入量投入过剩，存在效率改进的空间，通过提高资源利用率可以提高其经营效率。

---

① 综合技术效率和规模报酬效率的 Pearson 相关系数为 0.98，综合技术效率和纯技术率的 Pearson 相关系数为 0.27，且两者在 5%的显著性水平下均可以拒绝原假设，存在显著的相关关系。

表 2 投入产出冗余情况

序号	平台名	产出不足量	投入冗余量				
		经营收入	人气指数	综合投资者收益率	待收杠杆	品牌指数	注册资本
1	陆金所	0.000	0.000	0.000	0.000	0.000	0.000
2	宜人贷	0.000	0.000	0.000	0.000	0.000	0.000
3	红岭创投	0.000	0.000	0.000	0.000	0.000	0.000
4	金开贷	0.000	0.000	0.000	0.000	0.000	0.000
5	贷贷兴隆	0.000	0.000	0.000	0.000	0.000	0.000
6	腾邦创投	0.000	0.000	0.000	0.000	0.000	0.000
7	开鑫贷	0.000	0.000	0.000	0.000	0.000	0.000
8	向上金服	0.000	0.000	0.000	0.000	0.000	0.000
9	翼龙贷	0.000	0.000	0.000	0.000	0.000	0.000
10	你我贷	0.000	0.000	0.000	0.000	0.000	0.000
11	人人贷	0.000	0.000	0.000	0.000	12.764	0.448
12	金宝保	0.000	0.000	0.000	0.000	0.000	0.000
13	88 财富网	0.000	0.000	2.674	12.438	4.136	1.064
14	爱钱进	0.000	0.000	0.000	0.000	0.000	0.000
15	楚金所	0.000	0.000	0.000	0.000	0.000	0.000
16	易贷网	0.000	0.000	0.000	0.434	0.000	0.000
17	团贷网	0.000	0.000	0.000	3.419	0.000	0.048
18	易九金融	0.000	0.000	0.000	22.824	0.000	0.000
19	新新贷	0.000	0.000	0.000	26.020	0.000	0.314
20	诺诺镑客	0.000	0.000	0.000	15.925	0.000	0.000
21	爱投资	0.000	0.000	0.000	0.000	0.000	0.000
22	温商贷	0.000	0.000	0.000	0.000	0.000	0.788
23	有利网	0.000	1.355	3.326	0.000	0.000	0.000
24	生菜金融	0.000	4.166	3.734	0.000	0.000	0.000

(续表)

序号	平台名	产出不足量	投入冗余量				
		经营收入	人气指数	综合投资者收益率	待收杠杆	品牌指数	注册资本
25	温州贷	0.000	0.000	0.000	35.089	0.000	0.000
26	小牛在线	0.000	0.000	0.000	14.256	0.000	0.000
27	91 旺财	0.000	0.000	0.000	4.823	0.000	0.000
28	众信金融	0.000	0.000	0.000	22.783	0.000	0.000
29	投哪网	0.000	2.753	0.000	0.000	0.000	0.000
30	融金所	0.000	0.000	0.000	22.447	0.000	0.000
31	积木盒子	0.000	8.321	4.432	0.000	0.000	0.000
32	金融工场	0.000	0.000	7.658	0.000	0.000	0.000
33	658 金融网	0.000	3.651	0.000	35.441	0.000	0.000
34	房金所	0.000	0.000	0.000	0.000	0.000	0.000
35	PPmoney	0.000	11.229	0.000	0.000	0.000	0.000
36	珠宝贷	0.000	0.000	0.000	0.000	0.000	0.000
37	国诚金融	0.000	1.683	4.186	20.557	0.000	0.000
38	365 易贷	0.000	0.000	0.000	27.065	0.000	0.000
39	人人聚财	0.000	0.000	0.000	0.506	0.000	0.000
40	和信贷	0.000	0.000	0.000	3.719	0.000	0.000
41	拍拍贷	0.000	10.913	0.000	0.000	0.000	0.000
42	金联储	0.000	0.000	1.029	2.914	0.000	0.000
43	理财范	0.000	0.000	0.000	0.000	0.000	0.000
44	微贷网	0.000	6.005	0.000	0.000	0.000	0.000
45	银客网	0.000	12.442	5.262	0.000	0.000	0.000
46	信融财富	0.000	0.967	0.000	0.000	0.000	0.000
47	鑫合汇	0.000	11.752	17.890	0.000	0.000	0.000
48	德众金融	0.000	0.768	17.612	0.000	0.000	0.000

(续表)

序号	平台名	产出不足量	投入冗余量				
		经营收入	人气指数	综合投资者收益率	待收杠杆	品牌指数	注册资本
49	口贷网	0.000	0.000	0.000	10.984	5.543	1.135
50	永利宝	0.000	0.449	13.330	0.000	0.000	0.000
51	安心贷	0.000	0.000	5.277	6.790	0.000	0.000
52	E速贷	0.000	0.000	0.000	24.260	0.000	0.000
53	银湖网	0.000	3.175	0.000	0.000	0.000	0.000
54	礼德财富	0.000	0.000	2.954	17.045	0.000	0.000
55	汇盈贷	0.000	0.000	0.000	0.000	0.000	1.890
56	付融宝	0.000	0.000	20.467	0.000	0.000	0.000
57	微金互助	0.000	0.000	0.000	0.000	0.000	0.000
58	前海理想金融	0.000	4.168	10.321	0.000	0.000	0.000
59	银豆网	0.000	0.000	0.000	2.111	0.000	0.000
60	汇通易贷	0.000	0.000	8.927	8.302	0.000	0.000
61	合拍在线	0.000	9.240	3.422	0.000	0.000	0.000
62	合时代	0.000	0.000	2.182	0.000	0.000	0.000
63	抱财网	0.000	0.000	0.000	0.000	0.000	0.000
64	网利宝	2.103	6.100	6.449	0.000	0.000	0.000
65	恒信易贷	2.499	7.669	0.000	34.115	0.000	0.000
66	四达投资	1.028	5.816	0.000	4.051	0.000	0.000
67	融通资产	0.000	0.000	0.000	0.000	0.000	0.000
68	立业贷	0.000	0.000	4.186	9.585	0.000	0.000
69	宁创贷	0.000	0.000	0.000	0.000	0.000	0.000
70	惠众金融	0.000	0.000	0.000	0.000	0.000	0.000
71	众信在线	2.731	0.000	8.251	0.037	0.000	0.000

（续表）

序号	平台名	产出不足量	投入冗余量				
		经营收入	人气指数	综合投资者收益率	待收杠杆	品牌指数	注册资本
72	合盘贷	3.703	0.000	21.164	20.089	0.000	0.000
73	粤商贷	2.365	0.000	0.000	0.000	0.000	0.283
74	九斗鱼	6.175	0.000	1.780	0.000	0.000	0.554
75	民民贷	0.000	0.000	9.512	0.000	0.000	0.647
76	新联在线	3.583	7.184	13.495	0.000	0.000	0.000
77	月月贷	0.000	0.000	0.000	0.000	0.000	0.000
78	合力贷	0.000	0.000	0.000	0.000	0.000	0.000
79	短融网	0.000	0.000	23.360	3.255	1.606	0.000
80	众金在线	6.530	12.051	19.869	0.000	0.000	0.000
	均值	0.384	1.648	3.034	5.141	0.301	0.090

（三）经营效率差异的原因分析

不同平台之间的经营效率存在较大差异，有些平台的经营效率 DEA 是有效的，但绝大部分平台还有很大的效率改进空间。只有了解造成经营效率存在差异的原因，才能提高经营效率。本文将各家经营 DEA 无效的平台数据进行分解得到投入冗余量，从表 2 可以看出在 DEA 无效的平台中人气指数、投资者收益率和待收杠杆存在冗余值是造成 P2P 平台经营无效的主要原因。从图 6 可以看出，在这三种投入变量中存在冗余值的平台分别占 DEA 无效平台总量的 29.73%，36.49%和39.19%。而存在品牌指数和注册资本冗余的平台仅占 DEA 无效平台总量的 5.41%和 13.51%。

本文选取的 80 家 P2P 网贷平台中，DEA 经营无效的平台共有 74 家。在这 74 家平台中，在人气指数指标存在冗余的共有 22 家，占比约为 29.73%。本文中人气指数是将成交笔数、投资人和借款人数加权平均得到的。通常来说，成交笔数越多，参与人越多应该可以为平台带来更多的经营收入，但是实证结果表明人气指数并没有有效增加平台的营业收入,并存在投入过剩的情况。笔者认为原因可能在于,一些平台为了吸纳人气发放超短期限产品,如“秒标”。所谓“秒标”通常是网站虚构一笔借款,由投资者竞标并打款,网站在满标后很快就连本带息还款(王会娟,2015)。秒标属于娱乐标,随借随还,上线后几分钟内就会被抢完,是网贷平台招揽人气的一种手段,因此发放秒标虽然可以迅速提升平台的知名度,但平台自身并不能从中直接获益。如果平台在一段短时间内大量发出秒标,也很有可能是平台跑路“圈钱”的预告。即使平台并非要借秒标来圈钱,大量秒标带来交易量大幅上涨的虚假繁荣,也会对投资者进行投资决策产生误导。

本文研究的 74 家 DEA 无效的平台中,在投资者收益率上存在投入冗余的有 27 家,占比约为 36.49%。投资者收益率是网贷平台支付给投资者的平均收益率。由于网贷平台为了争夺客户,于是纷纷向投资者支付高收益,投资者收益率存在冗余表明平台为投资者支付了过高的收益。过高的投资者收益给平台经营带来了更大的成本负担和经营风险,反而使得平台经营业绩下滑。因此,这可以证明大部分 P2P 网贷平台存在资金池问题,中国 P2P 平台存在违规经营和道德风险。有些平台依靠支付高额的投资者收益率来吸引投资者,虽然能带来短期利好,但从长期发展战略来说并不利于平台提高经营效率,而应当通过提升平台的品牌效应和安全性来吸引投资者。

从本文的分析结果可以看出,待收杠杆存在冗余是造成一些平台经营无效的主要原因,74 家无效平台中有 29 家在待收杠杆指标下存在冗余,占比约为39.19%。由于杠杆率的提升,平台面临的违约风险随之增大,反而不利于平台经营效率的提升。对于经营效率不高的平台,可以通过提高资金利用率,只使用较低的资金杠杆就可以获得较高的营业收入。因此,出于安全性和稳健经营的角度,各家平台应该适当降低待收杠杆率,提高经营效率。

品牌指数和注册资本的利用情况较好,基本上不存在冗余,并不是造成平台 DEA 经营效率无效的主要原因。委托代理理论认为,提高平台的声誉可以增加其在投资者心目中的认可度,进而吸引更多的投资者到该平台注册,扩大交易(宋琳,郝光亮,2015)。同时,品牌指数的提高还可以提高平台以较低利率获得高质量资金的能力。2014 年联想控股投资 9 亿资金控股中国 P2P 著名企业翼龙贷,联想集团的信用背书给翼龙贷增加了“信誉分”,极大提振了投资者信心。得益于此,翼龙贷的交易量大幅攀升,平台的投资人更为活跃,排队人数多达万余,资金量近亿元。因此,强化平台的品牌效应对于提升平台的经营效率有着显著的贡献。同时,注册资本指标并不存在显著的冗余现象。雄厚的注册资本一方面可以降低平台的财务杠杆,另一方面也可以提取更多的备付金,有利于提高平台的抗风险能力,更好地维护投资者资金安全。注册资本的提高还意味着运营公司对平台发展前景持乐观态度,愿意为平台承担更大的风险,从而提振投资者对平台的信心。在《关于促进互联网金融行业健康发展的指导意见》出台后,监管部门也将出台新政要求提高平台注册资本和实缴资本的标准。从本文的实证结果来看,绝大部分平台的注册资本指标并没有投入冗余,提高平台的注册资本金有利于经营效率的提升。

五、结论与建议

本文通过构建数据包络分析(DEA)模型,定量测度了 80 家 P2P 网贷平台的经营效率和 DEA 无效平台的投入冗余值,并定性分析了经营效率存在差异的原因。结果发现:80 家样本平台中仅有 7.5%的平台是 DEA 经营有效率的,处于规模报酬不变的阶段,而其他各家平台还存在效率改进的空间。DEA 冗余分析显示,人气指数、投资者收益率和待收杠杆指标存在冗余是造成平台经营无效率的原因。其中,人气指数存在冗余,原因在于平台过量发行超短期理财产品,使得平台人气虚假繁荣,然而此种手段招揽的投资人并不是稳定的投资人,而且没有稳定的投资额,反而推高了平台自身的经营成本,并不利于平台的可持续发展。投资者收益率存在冗余,表明平台不能只靠提升投资者收益率来吸引和维护投资人。为了提高投资者收益率,平台可能冒险投资于高风险的项目,使得贷款违约率上升,平台难以保证客户的资金安全,不仅会流失客户，还会给平台带来经济损失和声誉损失。另外，由于平台使用较高的待收杠杆，平台面临较大的金融风险，一旦资金周转不灵，又难以筹集新的资金，就会发生资金链断裂的情况，平台将难以为继。

因此，如何提升P2P网贷平台的经营效率，防范风险是推动P2P网贷行业健康发展的关键。由此，本文提出如下建议：平台应当加强自身的品牌建设，良好的商誉和品牌形象有利于企业吸引优质的投资人和借款人，为平台积聚宝贵的软实力。平台也应当结合自身的资产结构和贷款项目，确定合理的投资者收益率，若支付投资者过高的收益率将迫使平台为了获得高收益将资金投入到高风险的项目中，使得平台背上沉重的风险负担，也不利于平台维护投资者资金安全和自身的稳健经营。P2P网贷平台自身也应当制定长远的发展战略，避免采取短期行为危害企业的长期发展能力。平台可以控制发行超短期产品的数量，防止通过发行超短期理财产品形成网贷行业内的不良竞争，防范出现因资金链断裂而跑路的情况。对于平台待收杠杆过高所带来的风险，平台可以主动提高注册资本，这样可以增大待收杠杆的分母，从而减小杠杆。注册资本增加后还可以提取更多的风险备付金，设定备用金提取比例。这样不仅可以满足未来对于注册资本金更加严格的监管要求，还可以提升平台的抗风险能力，博取市场的信任，拓展业务范围，提升业务量。

参考文献

[1] 陈燕武，2011：《基于复合DEA和Malmquist指数的科技投入产出效率评价》，《运筹与管理》第6期。

[2] 黄震，2012：《P2P网贷行业的发展现状与未来趋势》，《经济导刊》第11期。

[3] 蒋萍、王勇，2011年：《全口径中国文化产业投入产出效率研究——基于三阶段模型和超效率模型的分析》，《数量经济技术经济研究》第12期。

[4] 李悦雷、郭阳、张维，2013：《中国P2P小额贷款市场借贷成功率影响因素分析》，《金融研究》第7期。

[5] 马运全，2012：《P2P网络借贷的发展、风险与行为矫正》，《新金融》第2期。

[6] 莫易娴，2011：《P2P 网络借贷国内外理论与实践研究文献综述》，《金融理论与实践》第12 期.

[7] 钮明，2012：《"草根"金融 P2P 借贷模式探究》，《金融理论与实践》第 2 期。

[8] 邵彦铭，2013：《我国小微企业网络融资研究》，《中国经贸导刊》第 7 期。

[9] 宋琳、郝光亮，2015：《委托代理视角下 P2P 网贷平台风险防控研究》，《山东社会科学》第 3 期。

[10] 宋鹏程、吴志国，2013：《生存之道：P2P 借贷平台的业务模式研究》，《新金融》第 11 期。

[11] 谈超、王冀宁、孙本芝，2014 年：《P2P 网络借贷平台中的逆向选择和道德风险研究》，《金融经济学研究》第 9 期。

[12] 唐嘉悦、郝蒙，2014：《基于 AHP 的 P2P 风险综合评价及控制》，《经济研究导刊》第 33 期。

[13] 王会娟、廖理，2014：《中国 P2P 网络借贷平台信用认证机制研究——来自人人贷的经验证据》，《中国工业经济》第 4 期。

[14] 王会娟，2015：《P2P 的风险与监管》，《中国金融》第 1 期。

[15] 王建敏、秦亚芳，2011：《配股融资对上市公司短期收益率影响的实证研究》，《中南财经大学研究生学报》第 4 期。

[16] 魏权龄，2000：《数据包络分析 DEA》，《科学通报》第 9 期。

[17] 吴晓光，2011：《论加强 P2P 网络借贷平台的监管》，《南方金融》第 4 期。

[18] 谢平、邹传伟，2012：《互联网金融模式研究》，《金融研究》第 12 期。

[19] 叶湘榕，2014：《P2P 借贷的模式风险与监管研究》，《金融监管研究》第 3 期。

[20] 张健华，2003：《我国商业银行效率研究的 DEA 方法及 1997—2001 年效率的实证分析》，《金融研究》第 3 期。

[21] 赵雅敬，2014：《P2P 网络借贷缓解科技型中小企业融资难问题研究》，《经济研究参考》第 25 期。

[22] 李朝晖，2015：《我国 P2P 网络借贷与小微企业融资关系的实证研究》，《现代经济探讨》第 2 期。

[23] 魏权龄，2012 年：《评价相对有效性的数据包络分析模型——DEA 和网络 DEA》，中国人民大学出版社。

[24] 宋鹏程、吴志国、赵京，2014:《投融资效率与投资者保护的平衡：P2P借贷平台监管模式研究》,《金融理论与实践》第1期。

[25] Charnes A.，W. Cooper，E. Rhodes，1978，"Measuring the Efficiency of DMU"，European Journal of Operational Research，2，429－444.

[26] Friedman，E. J.，J. Y. Halpern，I. Kash，2006，"Efficiency and Nash Equilibria in a Scrip System for P2P Networks". EC '06 Proceedings of the 7th ACM conference on Electronic commerce，140.

[27] Kaplan，R. S.，D. P. Norton，1992，"The Balanced Scorecard — Measures that Drive Performance"，Harvard Business Review，11，70－80.

[28] Stiglitz，J.，L. Weiss，1981，"Credit Rating with Imperfect Information"，American Economic Review，71，393－410.

网络借贷的逆向选择及其缓释机制研究*

林　辉　杨　旸

内容提要：网络借贷中亦存在传统信贷市场中的逆向选择问题，以往文献缺乏针对网络借贷中信用评级和债权标准化逆向选择问题的深入探讨。本文从分析逆向选择在P2P网络借贷中的形成原理出发，深入剖析信用评级和债权标准化过程中潜在的逆向选择行为。研究认为，资信较差的融资者有通过隐瞒信息获取较高信用评级的动机；同时，平台具有利用优先行动优势事先筛选低质量贷款将风险传导给终端市场的可能性。最后，本文针对以上问题分别提出相应的缓释机制和对策建议，以期为网络借贷监管政策的制定提供决策依据。

关键词：互联网金融；网络借贷；逆向选择；缓释机制

一、引　言

近年来，金融机构与互联网企业利用互联网技术和信息通信技术实现互

* 林辉，南京大学商学院金融与保险学系，教授，博导，E-mail：linhui@nju.edu.cn；杨旸，南京大学商学院金融与保险学系，博士生，E-mail：yangyang68nj@163.com。本文是国家社会科学基金重大项目“互联网金融的发展、风险与监管研究”（项目号：14ZDA043）、中国经济改革研究基金会“互联网金融的风险与监管制度研究”课题、区域经济转型与管理变革协同创新中心“江苏‘互联网＋’行动方案研究（金融）”课题的阶段性研究成果。

联网与金融深度融合，产生了以互联网支付、网络借贷、股权众筹融资等模式为主的互联网金融。其中，网络借贷包括 P2P 网络借贷和网络小额贷款，P2P 网络借贷是指个体和个体之间通过互联网平台实现的直接借贷[①]，目前已成为互联网金融中最主要且增长最快的债务融资模式。据统计，截至 2015 年 6 月，P2P 网贷行业累计成交量已经突破了 6 835 亿元，其中，2015 年 6 月 P2P 网贷行业整体成交量达 659.56 亿元，是去年同期的 4 倍[②]。随着 P2P 网络借贷的高速发展，网络借贷平台的数量不断增加，各个平台对客户和资金的争夺十分激烈，且由于相关监管措施的滞后，以及民间征信系统的缺失，P2P 网络借贷的各类风险呈现加速累积态势，平台"跑路"和倒闭的现象也层出不穷。截至 2015 年 5 月底，P2P 网贷行业累计平台数量共 2 607 家，出现诈骗、"跑路"以及倒闭的问题平台累计达到 661 家，接近平台总数的四分之一[③]。

由于 P2P 网络借贷系投资者和融资者在互联网上（线上）进行直接债务融资，二者之间的信息不对称程度比线下更为严重，这也是当前 P2P 网络借贷信用风险、流动性风险产生的根源。首先，在 P2P 网络借贷中，投资者对融资者的资信状况缺乏充分认知的情况下，往往选择预期利率较高的贷款项目，这使得低风险、高质量项目因拒绝承担过高的融资成本而退出 P2P 融资平台，故 P2P 融资平台只会留下高风险、低质量的项目。其次，当前 P2P 网络借贷平台对于融资者的资信审查力度宽松，缺乏完善的信用风险防范体系，因而在平台中出现了许多通过伪造项目信息"骗贷者"。第三，P2P 网络借贷平台作为发起人对网贷资产进行资产证券化[④]，将非标债权转变为标准化债权（即"债权标准化"），此举将使 P2P 网络借贷的风险传导给终端市场的普通投资者，产生了"类次债危机"问题。此时，市场交易产品的平均质量下降，平台的

---

① 2015 年 7 月，央行等十部委联合印发的《关于促进互联网金融健康发展的指导意见》（以下简称《指导意见》）对 P2P 网络贷款进行了定义，本文遵循该定义。

② 数据来源：网贷之家《中国 P2P 网贷行业 2015 年 6 月月报》。

③ 数据来源：和讯数据统计。

④ 由商业银行创办的网络贷款平台，通常将其信贷资产通过平台进行等额分割转让，如平安银行陆金所的"彩虹"项目，即本文所称的"类资产证券化"。

风险累积速度加快，市场资源配置效率降低，由信息不对称造成的 P2P 网络借贷逆向选择问题日益凸显。

在 P2P 模式下，上述三个问题中的主体各不相同。第一，P2P 网络借贷中融资者与投资者存在信息不对称；第二，信用评级机构①对融资者资信状况缺乏充分的认知；第三，P2P 平台掌握参与债权标准化的贷款质量，而终端市场缺乏相关的信息。事实上，实行信用评级和债权标准化是为了减少市场中由第一类逆向选择问题所带来的不利影响，前者是期望通过更严格的资信审查缓解借贷发生前的信息不对称，后者是在借贷发生后通过债权标准化分散和转移信用风险，但两者在实践过程中又产生了逆向选择的新问题。因此，本文在分析 P2P 网络借贷中的逆向选择形成原理的基础上，进一步剖析 P2P 模式下信用评级和债权标准化过程中的逆向选择问题，并针对以上问题提出了相应的缓释机制，这也正是本文的创新之处。

二、文献综述

Akerlof(1970)的柠檬市场模型(Lemons model)开创了逆向选择理论的先河。他认为在旧车市场上逆向选择问题来自买者和卖者的信息不对称，买者只愿意按旧车的平均质量支付价款，导致市场上出售的旧车质量下降，只有低质量的车成交，使得旧车市场根本不存在的极端情况出现。逆向选择的典型应用不仅适用于旧车市场，而且也适用于金融市场。信贷市场的逆向选择是指融资者为了获得借款，可能会隐瞒对自己不利的信息，甚至提供虚假信息，因此导致出借人投向风险比较大的借款人(Jensen and Meckling, 1976)。Arrow(1994)认为，金融市场中广泛存在着信息不对称现象，信息不对称将引发商业银行对中小企业实施“信贷配给”行为，使得中小企业陷入融资困境。Stiglitz and Weiss(1981)证明，即使没有政府干预，由于资金需求方存在道德

① 当前国内 P2P 网络借贷的信用评级工作是由平台承担，尚缺乏独立的第三方信用评级机构。

风险和逆向选择，信贷配给将长期存在，如果资金供给增加，超额需求就会减少，但只要信贷配给存在，市场利率不会降低，当超额需求消失时，利率才会下降。P2P 网络借贷中同样存在逆向选择问题，Gonzalez and Loureiro(2014)研究申请者的个人信息是否会影响 P2P 网上借贷平台投资者的决策，研究表明提供更多真实的个人信息将有助于减少逆向选择和提高获取贷款的可能性。王锦虹(2015)研究发现，逆向选择行为的发生是资金需求方信用风险产生的根本原因，合理地确定贷款利率，充分利用信号传递和信号甄别可以减少逆向选择行为的发生。

在传统信贷市场中，为解决由信息不对称引致的逆向选择问题时，以往文献通常认为加强信用评级和实现债权标准化可以发挥缓释作用。首先，Klafft(2008)利用美国最大的 P2P 网络借贷平台 Prosper 的数据，实证检验了借款人信用评级对借贷行为的影响。结果发现，信用评级对借贷行为的影响程度最大，信用评级越高，越容易获得贷款，贷款利率越低，并且逾期还款率越低。王会娟(2014)认为通过搜集借款人的信息并对信息整理加工分析后做出的信用评级，能够反映借款人的信用情况，揭示借款人的信用风险，因此出借人可根据信用评级作出合理的放贷决策，避免逆向选择行为的发生。持有类似观点的研究还有 Freedman and Jin(2008)、Pope and Sydnor(2011)、Duarte et al.(2012)等。其次，Duffie(2008)认为通过对贷款进行债权标准化可以转移银行自身信贷风险，提高抵押资产的清算效率，并且能够有效降低金融机构不良资产比例，降低收益对逆向选择的敏感度。Demarzo(2005)发现银行可以通过把不同质量的资产打包，分等级和比例在打包证券中纳入次级贷款，从而转移银行累积的信用风险。陈红艳(2005)认为实行债权标准化可以减少信息不对称带来的信用风险，其应用范围包括住房抵押贷款、应收账款抵押贷款、企业存货抵押贷款。

然而，在 P2P 网络借贷市场中，信用评级机构难以实际接触被评级融资者，往往难以把握被评级融资者申请材料和融资者信息的真实性；同时，债权标准化技术和定价过程非常复杂，使得金融机构转移到资产负债表之外的资产信息极不透明，投资者很难准确评估其所购买的资产支持证券(Asset-Backed Securities, ABS)的真实价值，这些都引起了新的逆向选择问题(韩京芳，2008；郭桂霞，2014)。首先，Greenstadt and Smith(2005)认为评级机构通常通过认证和评级获取收益，其中的一部分收益由被评级机构承担，此时评级机构的判断将缺乏独立性，并给予被评级融资者寻租的空间。Edelman(2011)研究认为主动寻求和获取资质认证的融资者在一定程度上会比不寻求认证的融资者更加不可信任，这主要是因为评级认证向市场传达了一个理念——“只要被评估为较高信用等级就可以被认为资信安全”，那么信用评级就会转变为高风险融资者获取“增信”的途径。其次，Demarzo and Duffie(1999)基于债权标准化的流动性模型认为，原始贷款人的最优选择是保留贷款，或仅出售那些具有低程度信息不对称的贷款，而保留那些具有高程度信息不对称的贷款。Ambrose et al. (2005)通过对 1995 年至 1997 年美国 14 000 笔抵押贷款的实证分析得出，银行确实在终端市场中出售更高风险的贷款，而保留相对低风险的贷款。Ashcraft et al. (2008)研究认为抵押贷款标准化过程中存在严重的逆向选择和道德风险问题，这促使次级抵押贷款质量逐步下降和违约率上升。James(1998)认为，减少贷款出售中的逆向选择和道德风险的方法是原始贷款人占出售贷款的一定头寸，同时由于贷款出售者在市场中反复参与，声誉资本也将保证贷款质量。

从国内外已有的研究成果来看，信贷市场的逆向选择问题已经被重视和广泛讨论，但仍存在以下几点不足之处：(1) 以往文献多是对传统信贷市场中的逆向选择问题开展分析，而缺少针对 P2P 网贷市场中该问题的理论研究；(2) 许多学者对解决信贷逆向选择问题提出有关加强信用评价和实行债权标准化的对策建议，但忽视了这两种业务环节内部可能产生的逆向选择行为，因此有必要对其产生的机理进行探讨；(3) 以往提出信贷市场逆向选择行为的缓释机制主要针对的对象是银行业信贷业务，缺乏针对 P2P 网络借贷市场特征而提出的缓释机制和政策建议。为深化相关的研究，在借鉴上述文献的基础上，本文从分析逆向选择在 P2P 网络借贷中的形成原理出发，提出开展信用评级和实行债权标准化的必要性，以减少和转移平台信用风险；进而为保障所提出的两项政策建议在操作中充分发挥作用，继续深入剖析 P2P 网络借贷中信用评级和债权标准化业务环节中的逆向选择行为。研究发现，一是必须防止实际资信状况较差的融资者通过申报虚假信息获取较高的信用等级认证，以及出现"资信越差的融资者越急于寻求信用风险评估"的现象；二是防止平台作为标准化的发起人利用优先行动优势，事先筛选低质量贷款（次级债务风险）出售给终端市场，从而约束平台逆向选择行为。最后，本文针对以上讨论的三项逆向选择问题，分别有针对性地提出缓释机制和对策建议。

三、逆向选择在 P2P 网络借贷中的形成原理

假设在一个借贷利率自由竞争的 P2P 网贷市场中，由于信息不对称，投资者无法完全知晓融资者的风险状况，为简化分析，不妨将融资者分为两种类型：高风险者和低风险者。由于信息不对称，投资者事前无法确知融资者的类型。在投资者没有鉴别的情况下，其按照随机选择的原则决定是否参与某一投资贷款的申请。假设融资者有连续多个投资项目，每个投资项目都需要相同的 1 单位资金，且该资金全部来源于 P2P 网络借贷。每个投资项目有两种可能的结果：成果和失败。设项目成功的概率是贷款利率 r 的函数，记为 $p(r)$，则失败的概率为 $1-p(r)$；1 单位资金投资成功时的收益 $I>0$，失败时的收益为 0；给定贷款种类中的所有投资项目具有相同的收益均值 T，$T=p(r)*I$。融资者投资成功时存在偿还贷款意愿的问题，即在融资者有能力偿还贷款的情况下，根据合同利率和融资者自身所期望收益的大小，去选择是否偿还贷款，设还款概率是利率 r 的函数，记为 $q(r)$，不还款的概率为 $1-q(r)$。

一般认为，在 P2P 网络借贷平台上进行债权融资的融资者，除了出于在平台借贷较为便捷的考虑，更重要的原因是其通常难以通过传统银行信贷渠道进行借款。此类融资者包含初创高新技术企业，经营风险较大且不能够提供历史财务报表；另一方面原因是很多融资者在银行贷前审批时被诊断出具

有较高的信用风险，因而未能通过银行贷前审批流程。此类融资者在 P2P 网络借贷平台中往往愿意支付更高的利率以吸引贷款，然而，投资者不仅关心利率高低，同时也关心该笔贷款的风险。那么，风险与利率之间存在何种关系？现分别从融资者“项目选择行为”和“偿还贷款选择行为”两方面引起贷款风险的因素出发，分析风险与利率的关系。

（一）融资者项目选择引起的贷款风险与利率的关系

融资者在选择投资项目时，项目的成功与否是影响贷款安全性的重要方面，这里用投资项目成功的概率 $p(r)$ 衡量贷款资金风险。基于假设，融资者的期望利润为

$$y = p(r) * [I - (1 + r)] + [1 - p(r)] * 0 = p(r) * [I - (1 + r)] \quad (1)$$

由此，设 $I^* = 1 + r$，融资者进行投资的前提条件是 $y > 0$，即 $I > I^*$。又因 $T = p(r) * I$，则有 $p(r) = T/I$，因此也存在一个临界成功概率 $p^*(r) = T/I^* = T/(1+r)$，当且仅当 $p(r) < p^*(r)$ 时，融资者才会申请贷款。假定 p 在 $[0,1]$ 区间上的密度函数为 $f(p)$，分布函数为 $F(p)$，那么所有申请贷款的项目的平均成功概率为

$$\overline{p(r)} = \frac{\int_0^{p^*} pf(p)dp}{\int_0^{p^*} f(p)dp} = \frac{\int_0^{p^*} pf(p)dp}{F(p^*)} \quad (2)$$

因此，其对利率的一阶偏导为

$$\begin{aligned} \frac{\partial \overline{p(r)}}{\partial r} &= \frac{\frac{\partial p^*}{\partial r} p^* f(p^*) F(p^*) - \frac{\partial F(p^*)}{\partial r} \int_0^{p^*} pf(p)dp}{F^2(p^*)} \\ &= -\frac{f(p^*)}{F^2(p^*)(1+r)^2} \left[p^* F(p^*) - \int_0^{p^*} pf(p)dp \right] < 0 \end{aligned} \quad (3)$$

（二）融资者偿还贷款选择引起的贷款风险与利率的关系

融资者投资成功时，存在着偿还贷款意愿的问题，其选择偿还贷款与否是

影响贷款资金安全性的另一个重要因素。根据假设,用偿还贷款的概率 $q(r)$ 衡量贷款资金的风险。此时融资者的期望收益为

$$E = I - [q(1+r) + (1-q)] \tag{4}$$

整理得到 $q = (I-E-1)/r$,当给定期望收益时,有

$$\frac{\partial q}{\partial r} = -\frac{I-E-1}{r^2} \tag{5}$$

由于 I 是 1 单位资金带来的收益,实际中 $I-1>0$ 是融资者投资的前提条件。$I-1$ 是投资项目带来的净收益,而 E 是融资者投资净收益扣除还款后的最终期望收益。因此,对于融资者来说,还款意愿须满足 $I-1>E$,则

$$\frac{\partial q}{\partial r} < 0 \tag{6}$$

由(3)和(6)式可知,融资者选择项目成功的概率和还款概率都与利率成反比,这意味着当利率提高时,融资者有两种反应:一是将资金投向成功率 $p(r)$ 较低的高风险项目;二是选择降低 $q(r)$ 或者直接不还款,这些无疑给投资者资金带来巨大的风险。因此,利率越高,申请项目的平均质量越低,归还贷款的可能性越小,必然导致较大的违约风险。

基于以上分析,由于投资者在决策时无法了解融资者投资项目的成功概率,同时也无法识别高风险与低风险融资者,因此在 P2P 网络借贷平台上往往选择承诺利率较高的融资者进行投资。平台的贷款利率逐渐趋高,甚至出现众多通过高利率进行骗款的空壳融资者,加剧了平台融资者之间的恶性竞争。此时,一部分谨慎经营、信誉较高、能保证资本安全性的低风险融资者拒绝承担与其不相称的成本,而减少申请贷款或退出市场;而那些资信较差、资金短缺、准备拖欠贷款的融资者则不必考虑成本问题,仍积极申请贷款,造成 P2P 网络借贷市场上的逆向选择——低质量的融资者驱赶走高质量的融资者,形成“劣驱逐良”的典型“柠檬现象”。

解决融资者与投资者之间的信息不对称问题是应对 P2P 网络借贷中逆向选择的根本途径。首先,一个良好的征信体系必然带来信息不对称程度的降低、信息收集成本的减少,能帮助投资者有效鉴别出 P2P 网络借贷市场中

的优质产品和劣质产品，大大缓解“柠檬现象”。目前我国缺乏统一详尽的P2P网络借贷征信体系，各大平台分别建立各自的数据库而不能共享，而且信息采集的标准化程度和详细性也继续完善。征信体系的建立必须以具有独立性、按市场方式运作的权威性的资信评估机构为基础，为融资者的财务、信用、业绩、发展前景等方面做出公正合理的评级，为解决借贷双方信息不对称提供帮助。其次，在以往银企借贷的实践中，银行和很多借款人都形成了长期的合作关系，能够及时获取借款人内部的关键信息，从而防止借款人贷前隐瞒信息的逆向选择行为。但在P2P线上平台借贷中，即使通过征信体系对融资者提供的信息进行了信用评级，投资者仍对融资者内部的真实情况缺乏了解。因此，投资者向融资者发放贷款形成自身债权后，为减少信息不对称带来的风险，可以通过实行债权标准化分散和转移信用风险，此后融资者依合约按时偿还本金与利息，成为债权标准化产品的现金流量来源。

四、开展信用评级与债权标准化时的新问题

实行信用评级和债权标准化是为了减少信息不对称对P2P网络借贷的不利影响，前者是期望通过更严格的资信审查缓解借贷发生前的信息不对称，后者是在借贷发生后通过债权标准化分散和转移信用风险，但两者在实践过程中又产生了逆向选择的新问题，这将阻碍P2P网络借贷市场的健康发展。下面主要分析P2P模式下，逆向选择在信用评级与债权标准化中的形成机理。

（一）信用评级中的逆向选择问题

假设某些信用评级机构在没有对融资者资信水平进行严格的实地评估的情况下给出融资者较高的信用等级，这样的认证实际上传递给了投资者一种“信号”：这些信用等级较高的融资者可以被信任和投资。但是如果实际不可信的融资者可以容易地获得较高的信用等级认证，那么投资者看到被认证为

高信用等级的融资者时，也会对其资信产生怀疑。在这样的情况下，“信号”将会逐渐失去价值。

假设一位理性的投资者对给定的融资者的先验“信念”（即认为融资者可信的概率）是 $P(t)$，此时融资者信用为 t，之后投资者接收到信用评级机构传递的“信号”s，那么根据贝叶斯公式，投资者更新“信念”为

$$P(t \mid s)=\frac{P(s \mid t)P(t)}{P(s)} \tag{7}$$

运用全概率公式扩展(7)式分母，可得

$$P(t \mid s)=\frac{P(s \mid t)P(t)}{P(s \mid t)P(t)+P(s \mid \bar{t})P(\bar{t})} \tag{8}$$

要使得投资者在接收到信用评级后提高对融资者的“信念”，则要求 $P(t \mid s) > P(t)$，故

$$\frac{P(s \mid t)}{P(s \mid t)P(t)+P(s \mid \bar{t})P(\bar{t})}>1 \tag{9}$$

又因为 $P(t)=1-P(\bar{t})$，故

$$P(s \mid t)>P(s \mid \bar{t}) \tag{10}$$

(10)式给出了一个直观的结论：要通过“信号”提高投资者对融资者的“信念”，就需要信用评级机构更多地将实际资信良好的融资者与较高信用等级认证匹配，而不是为资信状况不佳的融资者评估出良好的认证。

因为 t 与 s 均是二元类型，由贝叶斯法则易证 $P(s \mid t)>P(s \mid \bar{t})$ 的充分必要条件为

$$P(t \mid s)>P(t \mid \bar{s}) \tag{11}$$

(11)式是指经过较高信用等级认证后的融资者将具有更被认可的资信状况。然而问题在于，如果融资者通过信息披露不完全影响到初始信用评级认证的过程，那么(11)式将不成立。此外，如果出现“只要融资者被评估为较高信用等级就可以被认为资信安全”的市场理念，那么信用评级就会转变为高风

险融资者获取“增信”的途径(这在指导意见中是不被允许的),在这样的情况下,经过较高信用等级认证的融资者并不会比未经认证的融资者更加安全。如果低质量融资者也能容易地申请到较高信用等级,那么信用评级的有效性将降低,一段时间之后市场对于信用评级的认可程度也将降低,那么信用评级将不能有效解决借贷双方信息不对称。因此,仅通过融资者提供的信息资料,信用评级机构将难以区分高质量融资者与低质量融资者,还需要信用评级机构突破线上界限,能够充分了解融资者的真实经营情况。

要使得信用评级真正发挥解决信息不对称的作用,并且通过评级促进P2P网络借贷的良性循环,就必须做到以下几点:首先,防止实际资信状况较差的融资者通过申报虚假信息获取较高的信用等级认证;其次,信用评级机构要对P2P网络借贷平台上所有融资者按照统一标准进行资信评估,防止出现“资信越差的融资者越急于寻求信用风险评估”的现象;第三,在P2P网络借贷中引入担保机制和完善贷款抵押制度是进一步解决由信息不对称带来的逆向选择问题的具体措施。

(二)债权标准化中的逆向选择问题

投资者根据融资者的基本情况估计其履约概率 q ,假定履约概率 q 的分布是连续可微的,且概率密度方程 $f(q)$ 在[0,1]之间分布,在不考虑标准化因素下,投资者给那些能够为其带来预期净收益的融资者发放贷款,这就必须满足

$$\prod_1 = qr + (1-q)r_d \geqslant r_f \tag{12}$$

其中,$\prod_1$ 是投资者发放贷款获得的预期收益;r 是融资者履约时投资者可以获得的利率;r_d 是融资者违约时投资者可以获得的预期收益,且 $r > r_f > r_d$,即投资者不能从贷款违约中获得利润(Heuson, 2001)。由(12)式可以得出投资者愿意接受的贷款最低履约概率为

$$q_0 = \frac{r_f - r_d}{r - r_d} \tag{13}$$

对于P2P网络借贷平台所有被接受的抵押贷款，平台将根据利润最大化原则决定将其保留在借贷市场中还是标准化。假设通过债权标准化可以获得的预期净收益$\prod_2$为

$$\prod_2 = r_s + \delta - c \tag{14}$$

其中，r_s是标准化产品的保证利率；δ是债权标准化的其他收益，包括将低流动资产转为持有标准化产品的流动性溢价、将高风险资产转为低风险资产的风险分散溢价等；c是债权标准化过程中必须支付的额外成本，包括法律费用、资产审查成本、信用评级费用、发行及服务费等。在信息不对称的额情况下，终端市场主体无法准确地测算贷款的违约概率，因此，$\prod_2$对q的敏感程度不高。

平台债权标准化决策标准为：当$\prod_2 > \prod_1$时，选择标准化；反之，选择将贷款保留在借贷市场中。由(12)(14)式可以得出平台将$q > q_1$的贷款保留在借贷市场上，而将$q < q_1$的债权标准化出售，其中

$$q_0 = \frac{r_s + \delta - c - r_d}{r - r_d} \tag{15}$$

平台实际上比终端市场拥有更多关于贷款信用质量的信息，这种信息不对称使得高信用质量和低信用质量的贷款无法在终端市场中被有效地区分开来，从而终端市场主体不能对贷款的信息质量进行合理的定价。同时，平台作为标准化的发起人拥有优先行动优势，可以事先筛选低质量贷款出售给终端市场，保留高质量贷款在其借贷市场中。终端市场主体也会意识到自己处于信息劣势和被动地位，为了不遭受损失，他们会对抵押贷款的信用质量给予合理的预期和一定的“柠檬市场折扣”①。平台也会意识到这种柠檬市场折扣，因而仅将那些信用质量低于平均水平的贷款出售给终端市场，这样，典型的逆

① “柠檬市场折扣”指终端市场预期标准化的贷款信用水平满足$q<q_1$，并且平台会筛选质量最低的贷款出售，然后依次升高，因而将市场总体贷款统计上的平均质量作为购买定价的依据，产生出不合理折扣。

向选择问题便会产生，整个债权标准化终端市场的效率将会降低，其规模会出现萎缩直至不存在。

五、P2P 网络借贷中逆向选择问题的缓释机制

较为有效地解决互联网金融 P2P 模型中的逆向选择问题是促进 P2P 网络借贷市场不断发展壮大的关键因素。在深入分析 P2P 网络借贷中逆向选择问题形成原理的基础上，本文试图针对上述问题中的关键环节探讨相应的缓释机制。

（一）引入信用评估机构，建立征信体系和信息共享机制

征信的本质是信息的收集、整理与共享，一个良好的征信体系必然带来信息不对称程度的降低，能够帮助 P2P 网络借贷平台的投资者有效鉴别贷款市场中的优质产品和劣质产品，以此大大缓解“柠檬现象”。当前 P2P 网络借贷平台缺乏统一详尽的融资者资信审查体系，各家平台分别建立各自的数据库，缺乏统一标准且不能共享，同时信息采集的标准化程度和详细性也需要继续完善。P2P 网络借贷平台需要不断增加本平台的交易发生额以维持平台业务发展，然而在网络借贷兴起的阶段，强化融资者资信评估与业务拓展的思路不相一致。因此，征信体系的建立必须以具有独立性、按市场方式运作的权威性的资信评估机构为基础，为融资者的财务、信用、业绩、发展前景等方面做出公正合理的评判。

此外，应当在各 P2P 网络借贷平台之间建立起一个信贷信息共享的机制，拥有不良信用记录的融资者将不会被任何 P2P 网络借贷平台所接受，这对于规范融资者信用行为，实现借贷业务有序管理，是一种行之有效的方法，同时也会提高 P2P 网络借贷系统防范信贷风险的整体能力。截至 2014 年年底，央行征信中心通过网络金融征信系统（NFCS）已接入网贷机构 370 家，收录客户 52.4 万人，该系统有助于放大 P2P 网络借贷市场的违约成本；降低行

业总体经营风险，帮助互联网平台全面掌握融资主体的负债水平和历史交易表现；优化互联网平台及信用评级机构信用审批流程，降低成本；帮助投资者了解投资对象的真实信用水平，为P2P网络借贷平台缓释逆向选择问题提供支持。

（二）推进平台贷款抵押制度和信用担保机制

首先，通过提高贷款抵押的比率来降低逆向选择的可能性，这样的做法实际上就是提高融资者逆向选择的成本，从而使得投资者面临逆向选择的可能性降低。推进平台贷款抵押制度，需要首先解决融资者缺少贷款抵押物的难题，可以立足于融资者经营实际，充分利用融资者现有物品，例如在建工程、生产设备、原材料、半成品、成品、商誉、知识产权等的抵押来获取贷款资金。一方面，若融资者未能按期归还贷款，则平台可以协助投资者变卖处分抵押品，并用出售所获的款项补偿贷款损失，由此使投资者减少信贷损失，从而弱化了逆向选择的不利后果；另一方面，抵押是平台发起的承诺行动，并建立起了可置信威胁，使得融资者在经营投资失败时面临更多的财产损失，这会减少其冒险投资活动，降低了违约的可能性。

其次，信用担保实质是将投资者的交易对手进行了转化，由信息不对称程度高、信息采集成本大的融资者转化为了专业的担保机构。担保机构一般具有更加规范的财务制度、良好的合作关系、透明公开的经营信息，为保证信用担保体系的高效率与高准确性，担保体系应当实现市场化和专业化，市场化才能保证担保机构以风险和利润为导向，不因经营之外的其他原因盲目担保；专业化是指担保机构需要对行业领域内进行细分，针对平台中不同细分行业融资者的申请能够从专业化的视角进行核实。当前担保机构大多实现本地化经营，远远未形成充分供给和市场竞争，仍然有大批具备良好风险状况的融资者无法寻求到担保，如果能够通过P2P网络借贷平台实现担保机构与融资者的更多合作，将对担保机构市场化提供动力，也对P2P网络借贷平台缓解“柠檬市场”现象提供支持。

（三）强化对债权标准化运作模式的监管，引入监管资本标准

为切实防范债权标准化过程中的逆向选择，必须采取措施加强对债权标准化各个环节和相关机构的监管。

一是加强对基础贷款质量的监管。首先，监管机构必须审查平台的贷款标准，设置不同情景，严格测算还款流，以从根本上保证基础资产的质量；其次，对以次级贷款为基础的标准化产品进行深度监管，包括对此类产品的规模做出必要限制，以及对信用评分低于某一标准的贷款进入资产池加以限制等；第三，对某些标准过低的贷款（如无收入证明、无信用评级和无还款来源的贷款），要求贷款出售者和资产支持证券的发行人中至少保留一方为第一损失承担者，严格限制其通过出售贷款完全转移风险。

二是加强对债权标准化运作模式的监管。首先，对平台出售的贷款设定“保质期”。在此期限内，为债券发行担保的房贷等资产仍保留在资产负债表上，超过此期限后，“真实销售”机制发挥作用。这一方法可以削弱平台单纯为打包出售而促成借贷的冲动，促使其更加关注贷款质量。其次，要求发起人必须持有一定比例的以自身发放的次级贷款打包形成的标准化产品，以此构建约束机制，迫使平台提高信贷质量。

三是引入监管资本标准。从传统金融业角度来看，银行一般都运用内部信用风险模型来测度资产组合的经济资本，当银行被要求维持的监管资本水平超过经济资本水平时，银行有动力进行监管资本套利，即将那些经济资本要求低于4%的低风险抵质押贷款进行标准化，而保留经济资本要求高于4%的高风险贷款。P2P借贷平台从事债权标准化时，监管层可以借鉴监管资本标准对平台债权标准化进行约束。出于监管资本套利动机，平台可能将原先不愿标准化的低风险债权标准化，而保留部分高风险贷款。尽管监管资本套利在一定程度上粉饰了平台的真实风险，但它确实抑制了平台利用不对称信息将低质量贷款出售给终端市场主体的行为。

六、结 论

本文在分析 P2P 网络借贷中逆向选择形成原理的基础上，进一步剖析 P2P 模式下信用评级和债权标准化过程中的逆向选择，并针对以上问题提出了相应的缓释机制。本文所做研究的主要结论是：

(1) 融资者选择项目成功的概率和还款概率都与利率成反比。利率越高，申请项目的平均质量越低，归还贷款的可能性越小，一部分低风险融资者拒绝承担与其不相称的成本而减少申请贷款或退出市场；而那些资信较差、资金短缺、准备拖欠贷款的融资者则不必考虑成本问题，仍积极申请贷款，造成 P2P 网络借贷市场上的逆向选择。

(2) 经过较高信用等级认证后的融资者将具有更被认可的资信状况，但要使得信用评级真正发挥解决信息不对称的作用，就必须防止实际资信状况较差的融资者通过申报虚假信息获取较高的信用等级认证，以及出现“资信越差的融资者越急于寻求信用风险评估”的现象。

(3) 债权标准化过程中，平台作为标准化的发起人拥有优先行动优势，可以事先筛选低质量贷款出售给终端市场，保留高质量贷款在其借贷市场中。终端市场主体也会意识到自己处于信息劣势和被动地位，因此他们会对抵押贷款的信用质量给予合理的预期和一定的“柠檬市场”折扣，这样整个终端市场的效率将会降低。

(4) 为缓解由信息不对称带来的互联网金融 P2P 模型逆向选择问题：首先，需要建立以具有独立性、按市场方式运作的权威性的资信评估机构为基础的征信体系，并建立信贷信息共享机制；其次，推进平台贷款抵押制度和信用担保机制，并根据 P2P 模式进行相应的制度和机制创新；第三，强化对债权标准化运作模式的监管，引入监管资本标准，降低平台利用不对称信息将低质量贷款出售给终端市场主体的可能性。

参考文献

[1] 陈红艳、许长新,2005:《我国中小企业信贷融资中的“柠檬”问题》,《统计与决策》第10期。

[2] 郭桂霞、巫和懋、魏旭、王勇,2014:《银行资产证券化的风险自留监管:作用机制和福利效果》,《经济学(季刊)》第3期。

[3] 韩京芳,2008:《抵押贷款证券化中的柠檬市场问题及缓释机制》,《经济管理》第10期。

[4] 王会娟、廖理,2014:《中国P2P网络借贷平台信用认证机制研究——来自“人人贷”的经验证据》,《中国工业经济》第4期。

[5] 王锦虹,2015:《基于逆向选择的互联网金融P2P模式风险防范研究》,《财经问题研究》第5期。

[6] Akerloff, G., 1970, “The market for lemons: quality and the market mechanism”, Uncertainty in Economics, 79(3), 235: 237 - 251.

[7] Ambrose, B. W., M. Lacour-Little, A. B. Sanders, 2005, “Does regulatory capital arbitrage or asymmetric information drive securitization?”, Journal of Financial Services Research, 28: 113 - 133.

[8] Arrow, K. J., 1984, “Collected papers, vol. 4: the economics of information”, Journal of the American Society for Information Science, 23(4): 281 - 283.

[9] Ashcraft A. B., T. Schuermann, 2008, “Understanding the Securitization of Subprime Mortgage Credit”, Staff Reports, 2: 1 - 76.

[10] Demarzo, P. M., 2005, “The pooling and tranching of securities: a model of informed intermediation”, Social Science Electronic Publishing, 18(1): 1 - 35.

[11] Duarte, J., S. Siegel, L. Young, 2012, “Trust and credit: the role of appearance in peer-to-peer lending”, Review of Financial Studies, 25(8): 2455 - 2484.

[12] Edelman B., 2011, “Adverse selection in online ‘trust’ certifications and search results”, Electronic Commerce Research and Applications, 10: 17 - 25.

[13] Freedman, S., G. Z. Jin, 2008. “Do Social Networks Solve Information Problems for Peer-to-Peer Lending? Evidence from Prosper.com”, Working Paper, 1:64.

[14] Gonzalez, L., Y. K. Loureiro, 2014, “When can a photo increase credit? The

impact of lender and borrower profiles on online peer-to-peer loans", Journal of Behavioral & Experimental Finance, 2: 44 - 58.

[15] Greenstadt, R., M. D. Smith, 2005, "Protecting personal information: obstacles and directions", In Proceedings of the Fourth Annual Workshop on the Economics of Information Security. Cambridge, MA.

[16] Heuson A., Passmore W, 2001, "Credit scoring and mortgage securitization: implications for mortgage rates and credit availability", Journal of Real Estate Finance and Economics, 23(2): 337 - 363.

[17] James, C., 1988, "The use of loan sales and standby letters of credit by commercial banks", Journal of Monetary Economics, 22(88), 395 - 422.

[18] Klafft, M., 2008, "Peer to peer lending: auctioning mirco credits over the internet", Proceedings of the 2008 International Conference on Information Systems, Technology and Management (ICISTM 08).

[19] Passmore, W., R. Sparks, 1996, "Putting the squeeze on a market for lemons: government-sponsored mortgage securitization", Journal of Real Estate Finance & Economics, 13(1), 27 - 43.

[20] Pope, D. G., J. R. Sydnor, 2008, "What's in a picture? Evidence of discrimination from prosper. com", Journal of Human Resources, 46(1): 53 - 92.

[21] Stiglitz, J. E., A. Weiss, 1981, "Credit rationing in markets with imperfect information", American Economic Review, 3: 393 - 410.

P2P网络融资平台差异化特征、交易活跃度与问题平台*

洪祥骏　罗德明　蒋岳祥

内容提要:2013年以来,P2P网络融资平台的类型迅速增多,融资业务也呈现出多样化趋势,这不仅增加了政府部门对P2P网络融资平台的监管难度,而且也对P2P网络融资业务监管提出了更高的要求。本文首先梳理了相关文献,论述了平台差异化优势特征与交易活跃度基本内涵,然后采用网页抓取方法,得到376天49046条日交易数据和1057家P2P网络融资平台特征数据,进而构建了评价P2P网络融资平台的差异化优势特征和交易活跃度的评价指标体系。在此基础上,本文对所选取的样本进行实证检验,认为中小企业在选择P2P网络融资平台时,最好选择平均利率较低、融资期限较长、注册资金较多、债权转让期为3个月的平台,还要考虑风险准备金、融资担保,以及平台背景和资源等其它因素。

为促进P2P网络融资平台健康发展,本文采用定性与定量相结合的方法,进一步分析了P2P网络融资平台出现的问题及其原因,探讨了P2P网络融资平台可能出现问题的预测方法,最后还提出了P2P网络融资平台稳健运行的政策性建议。

* 洪祥骏,清华大学经济管理学院,博士生,E-mail:hongxj.15@sem.tsinghua.edu.com;罗德明,浙江大学经济学院,副教授,E-mail:luo106857@zju.edu.cn;蒋岳祥,浙江大学经济学院,教授,博导,E-mail:jiangyuexiang@zju.edu.cn。

关键词:P2P 网络融资平台;差异化特征;交易活跃度

一、引 言

在日前央行新发布的《关于促进互联网金融健康发展的指导意见》中,政府和央行对于互联网金融,持着包容和鼓励创新的态度,但是又强调监管的重要性,以及服务于实体经济的最终归宿。

P2P 网络融资平台作为一种重要的互联网金融模式。它服务于实体经济的方式,是通过搭建纯信息中介平台让投资者与借款人直接进行交易,减少中小企业在向正规金融中介借款时的交易成本(Freedman and Jin, 2010),使中小企业融资难问题得以解决。正规金融机构往往对中小企业采取金融抑制政策(林毅夫,2001),这使得 P2P 平台有望成为中小企业的融资新去处。可是,P2P 平台上借款人硬信息(收入、负债、信用情况)缺乏,使得网络借贷存在信息不对称问题(Freedman, 2008),进入 P2P 市场的都是无法提供公开信用等级的小企业(Agarwal and Hauswald, 2008),投资者可能会因为道德风险望而却步。同时,P2P 纯信息中介平台虽然作为一种非正规金融具有软信息处理上的优势(林毅夫,2005),不用提供抵押,但会使得中小企业的借贷成本更高(尹志超,2011),还存在投资者的逆向选择问题(谈超,2014),对中小企业的借款形成新的阻碍。

因此,许多 P2P 平台开始产生一系列增加自身信用的多样化特征,提供资金安全保障、资金中介等增信服务来吸引投资者。虽然 Berger(2007)认为提供中介服务的网络平台可以降低借贷过程中的信息不对称问题,实现借款人和贷款人互惠双赢的借贷交易,但是中介平台有可能会成为非法集资,同时增信手段也可能因平台实力不足无法兑现。所以,央行的《指导意见》强调“网络借贷不得提供增信服务,不得非法集资”。

而除了增信服务外,网络融资平台还有其他多样化的特征,如何对它们进行取舍便显得较为重要。因此,本文认为有必要对当下 P2P 平台发展出的多样化特征进行梳理,研究当下各种特征类型的 P2P 平台中,监管机构应该确定什么特征类型的平台适合于小微企业融资,实现普惠金融;监管什么类型的平台以避免问题平台的发生,使得互联网金融的发展与规范市场的进程中可以有的放矢地推进改革,进一步为 P2P 行业未来如何发展给出政策性建议。

在研究方法上,本文通过网页抓取方法,收集 227 家 P2P 网络融资平台在 2014 年 3 月 28 日到 2015 年 4 月 8 日总计 376 天的 49 046 条日交易数据的基础上,构建出平台交易活跃度指标;还有对 1 057 家平台的特征数据进行抓取和总结出 8 类特征指标,构建出平台特征指标、用户评价指标,通过数量化的方法探究出平台运营模式中的优势特征。

二、文献综述

关于 P2P 网络融资运营模式的已有研究中,国外学者更多地通过了 Prosper、Lending Club、Zopa 和 Kiva 等运营较为成功的大平台上的机制进行研究,使用了平台自身的借贷数据来探讨借贷行为和运作模型的问题。Greiner(2009)通过了在 Prosper 上的 14 000 笔贷款进行研究,发现了借贷者在平台上具有自我选择和竞标交易的特点,这时候存在的借款利率不仅较为适中,同时借款者的信用状况良好。Fredman and Jin(2008)则基于 Prosper 的交易数据分析了网上投资的作用。他们研究了社会网络在识别风险上的作用。Chen(2009)从理论角度分析了社会贷款的机制,进一步分析了 Prosper 的 VCG 机制,他们发现了在统一价格机制下比 VCG 机制能给借款者更多的支付。Emma(2011)对比了欧洲不同的 P2P 平台,发现了 Zopa 的社交网络关系型借贷使它能够提供更为真实和透明的金融服务,同时具有更高的风控措施;Kiva 作为非营利的公益借贷平台为发展中国家小企业服务,使用批量出借人+小额借贷的模式。而 Lending Club 则借助了 Facebook 等社交网络平台来让借款人和投资人彼此接触。

国内的学者更多地侧重在较有代表性的 P2P 平台进行定性分析和对比研究上，而关于 P2P 营运模式的分类较为有限。王紫薇（2012）对拍拍贷和宜农贷的运营目的、借款对象、借款利率还有风险控制等多种方面的差异进行了研究分析。尤瑞章（2010）发现了国外平台运作更加成熟的原因是它们有完善的法律制度、健全的信用制度和强大的技术支持。奚尊夏（2012）将国内 P2P 平台分为五类：亿峰模式、速贷帮模式、宜信模式、门户网站模式和阿里小贷，提出了 P2P 未来发展路径。高佳敏（2013）对国内的成交量较大的四家 P2P 平台人人贷、拍拍贷、红岭创投还有温州贷，在人气指数、成交指数、收益率和透明度等方面进行了对比分析，同时考虑了本金保障、债券转让、秒标和净值标等特征对于 P2P 业务的影响。

此外，国内也有一些采用数量化方法的研究，但更多的是在对具体某个平台上对借贷行为影响因素还有某些经济现象进行研究。廖理、李梦然和王正位（2014）借助人人贷网络借贷平台的数据发现了有相当高比例的违约风险并未在利率中反映出来，进一步指出，虽然投资者中存在一定的羊群行为，但这是聪明而理性的，他们在通过对公开信息分析以后，可以发现相同利率的借款人背后的不同违约风险。宋文（2013）通过使用拍拍贷数据考察了借款人出借意愿（投标是否完成）、出借人要求收益（实际年利率）和逾期行为（是否逾期）等因变量与借款信息变量（借款金额、借款年利率和借款期限）、抵押担保变量（是否非提现标、是否担保和是否安全标）、人口特征变量（年龄段、性别和所在地）、信用变量（认证总分、借入信用分、借出信用分）和历史表现变量（借款成功次数和流标次数）。李悦雷（2013）通过对借款人地域、年龄、信用等级和订单基本特征与借款成功率的关系进行研究，同时发现投资者存在羊群行为，并且这种行为与借款成功率有重要影响。王会娟、廖理（2014）则使用了人人贷数据对网络融资平台上的信用认证机制进行考察，探究了借款成功率、借款利率和投标人数受到信用评级，还有信用认证指标（借款人身份认证、工作认证和收入认证、实地认证标）的影响情况。

综上所述，目前国内的研究关于网络融资运营模式的研究较多地还是从定性的角度进行归类总结，而通过成交数据对已有平台的运营模式的特点还有问题平台的影响因素进行总体上的归纳和分析较少，本文的研究则可以较好地弥补这些不足。

三、平台差异化优势特征与交易活跃度

（一）差异化特征发展现状

一些 P2P 平台新发展出的特征涵盖了运营模式、平台保障方式、托管方式、标的种类、服务对象平台背景、平台特殊增信方式等几方面的变化：

在运营模式上，线上线下结合的模式属于较早产生的新类型，宜信（网贷平台的名称为宜人贷）采用线上为融资者提供贷款，线下寻找投资人购买理财产品的方式；而金信网则是线上对接有投资需求的广大投资者，线下由合作的专业公司或担保公司推荐借款客户，金信网不介入交易本身；鑫合贷采用 P2B（个人到企业或机构）的模式，相类似的还有 P2N、P2C、P2G 等新的方式；以积木盒子为代表的一些平台都具有自动投标的特性；联想集团战略投资翼龙贷平台为自己的上下游计算机零件企业进行融资，形成了供应链金融的新形式；与之类似的还有清华大学五道口金融学院设立的道口贷，它专门为清华大学校友企业的上下游企业进行融资；齐放网由于放款对象主要是大学生，引入了风险共担机制，和高校合作，由学校与齐放网共同承担风险。

在平台保障方式上，有利网推荐个人小额借贷的安全、有担保的理财项目；积木盒子的所有投资产品均为融资担保机构全额本息担保的标的和实地调查认证标；易贷网以“实物强抵押”为特色，理财标的均有房产或车产抵押。

在托管方式上，人人贷则是 100%本息保障，同时采用托管方式将风险金账户由招商银行托管；你我贷对于用户放在平台上的资金交给第三方机构托管。

平台标的的种类得到了极大的丰富。以当下成交量最大的红岭创投为例子，标的类型涵盖了信用标、净值标、快借标、推荐标、资产标、秒标、公信标等

丰富的标种，借款期限可以有 1 个月、1～3 个月、3～6 个月、6～12 个月、12 个月以上，这极大地满足了投资者的各种偏好。

在平台的服务对象上，有专门从事车贷业务的平台，以微贷网为代表；众信金融专门为环保新能源产业贷款；特易贷还有宜农贷等专门面向“三农”人群进行融资。

在平台背景上，以中国平安保险集团设立的陆金所为代表的银行系的平台专门从事稳健收益的理财项目；14 家国内珠宝上市公司企业共同投资成立珠宝贷，为中国珠宝商提供贷款；许多央企背景的公司也纷纷成立网贷平台，如央企武钢成立的飞融网等。

最后，越来越多的平台也通过加入互联网金融管理委员会，加入投之家合作平台，股权上市，加入第三方征信等方式增强自己平台的信誉。

（二）平台特征类型数据说明

我们通过对 1057 家网络融资平台在网贷之家上的网页档案进行抓取，考察了平台的特征类型数据。

平台特征类型主要包括债权转让模式、资金托管模式、标的保障模式、平台保障模式、平台背景、平台增信特征、其他特征、网友点评等。

1. 债权转让模式

在投资者投资的标的还没有到还款时间前，投资者可以选择将这个标的转让给其他人，分为债权随时转让，1 个月以后允许转让，2 个月以后允许转让，3 个月以后允许转让，6 个月以后允许转让，还有不可转让。

2. 资金托管模式

托管的含义就是资金流运行在托管公司或者银行，不经过平台的银行账户，避免平台因为经营不善导致挪用交易资金而给交易双方带来风险。这些资金包括平台的风险准备金，或者是用户在未投资前放在平台里面的资金。根据具体托管的资金类型分为用户资金托管、风险准备金托管，还有无托管。

3. 标的保障模式

目前网贷平台除了纯粹的信用标外，还具有一些有资金保障的标的。这些标的类型包括保本保息的标的、保本金的标的、有担保的标的、有抵押的标的、有第三方介入的标的、具有风险准备金的标的，还有其他特殊类型标的。一个平台可以有多种标的保障模式。

此外，还有其他的保障模式我们都归类为其他标的保障模式。例如，VIP补偿100%，非VIP补偿50%、项目优选、代偿模式、资产管理公司回购、债权收购、三方联保、自愿认缴风险保障金，已缴纳用户平台先行垫付；未缴纳用户平台全程代催收，90天后回购债权、6S级风险控制、融资租赁、亿元安保金百亿财产险、央行征信可查、P2G等。

4. 平台保障模式

根据平台中成交量最大的标的的保障模式类型，可以将平台分为有小贷公司保障、有融资性担保公司保障、有非融资性担保公司保障、有平台垫付保障、有风险准备金保障、无保障，还有其他保障方式。

其他平台保障模式包括线下P2P业务，线下结合线上P2P平台同步开展、P2B、P2G、P2C、债权回购、双重保障金（风险保证金＋担保保证金）、I2AR、民品动产质押、期货配资、系统风控、产业链投融资、多重回购担保、保理等。

5. 平台背景

平台的高管和出资方背景包括上市公司系、银行系、国资系，还有民营系。

上市公司系列指的是由上市公司出资建立的网贷平台，一般是为自己产业上下游的小企业进行融资，属于一种供应链金融方式；或者是为同行业的一些公司进行融资。

银行系指的是银行或一些大型金融机构出资设立的网贷平台，一般征信系统上较为完善。

国资系指的是政府或者国有企业设定的网贷平台，一般用于政策试点和为企业自设上下游企业融资的目的。

民营系则为一般的平台，数量最多。

6. 平台其他增信特征

其他增信特征包括接受过风投、加入协会、加入第三方征信、股权上市、网贷之家考察。

接受过风投衡量是否有资产管理公司或者风投机构对其投资过；加入协会指是否加入互联网金融专业委员会；加入第三方征信考察是否有其他金融机构的征信信息授权，如上海资信、安融惠众等；股权上市指是否有上市、区域股权市场或者海外上市；网贷之家考察体现了是否有网贷之家的实地考察报告。

7. 其他特征

包括平台平均利率、最大占比期限、注册资金、自动投标、是否有担保机构、用户推荐人数、平台历时等。

平台平均利率：体现的是每一家平台在设定利率时，主要和标的的期限有关，通过对 2014 年里不同期限的标的利率按照他们的成交量占比进行加权平均得到。

最大占比期限：借款标的的期限包括 1 月标、2 月标、3 月标、4～6 月标、6 月以上标，还有天标。这里通过记录成交量最大的标的期限，反映出平台侧重的贷款期限长短。

平台历时：衡量的是平台从成立到 2015 年 5 月 1 日经历了多长时间。

8. 网友点评

体现在提现、站岗、服务、体验等四个用户评分值上。

提现得分度量用户提取资金是否便利。

站岗得分考察用户根据自己投资一个标的时需要花多长时间标的才会投满，或者是平台的标的太少，抢不到标等情况给出评价。

服务得分衡量用户在遇到一些特殊情况与平台联系时，平台的服务情况。

体验得分衡量用户在整个投资过程中的体验感受。

（三）平台交易活跃性的度量指标

我们使用 49 046 条每日交易数据来度量每个平台的交易活跃程度，其中，每日交易类数据包括从 2014 年 3 月 28 日到 2015 年 4 月 8 日的 376 天的每个平台的日成交量、日平均利率、每日投资人数、每日平均借款期限、每日借款人数、每日累计待还金额、每日平均投资金额、每日借款标数、每日平均借款金额、每日平均满标用时，还有近 30 日资金净流入等 11 个指标。

(1) 平台日成交量越大，意味着平台上投资金额总量越高，中小企业在这里越容易获得资金，是我们主要关心的变量。

(2) 日平均利率衡量企业借款的资金成本，利率越低，越对企业有利。

(3) 每日投资人数和借款人数反映平台的人气，人气越旺，平台越能吸引到足够多的投资人，进而新的借款人会更多地涌入平台。

(4) 每日平均借款期限长，说明企业可以在平台上融到长期的贷款，有利于企业满足长期资金需求进行投资再生产。

(5) 每日平均投资金额和平均借款金额则反映每一个参与者在这个过程中投资或者融资的资金量，平均每人资金量越大意味着企业可以在平台上融得更多的资金。

(6) 每日累计待还金额度量已经贷款出去但是还未还款的金额，金额越小，意味着未还款风险越小，平台倒闭的可能性小，投资者会更有信心，对于企业更有利。

(7) 每日借款标数衡量平台发生的标的总数，这里的标数衡量有多少笔借款发生，从标的的角度而不是总的借款量的角度来反映出这个平台的交易活跃度。

(8) 近 30 日资金净流入等于近 30 天内新发生的贷款量减去还未偿还的贷款量，一定程度上也体现了平台的风险大小。数值越大，平台发生破产的可能性就越小，越有利于企业进行融资。

（四）实证检验设计

我们实证的目的是检验出什么类型的平台能够有更高的交易活跃度，所以我们需要建立对以上 11 个活跃度指标分别建立一般的实证方程。我们的实证方程主要分为八类回归方程，每一类中分别对债权转让模式、资金托管模式、标的保障模式、平台保障模式、平台背景、平台增信特征、其他特征、网友点评等八类指标进行回归分析。

(1) 公司特征还有用户评价，t 使用日数据：

$$TransactionPopularity_{it} = \alpha_0 + \sum_{j=1}^{N_K} \alpha_j \times P2Pcharacter_{ij}^{K} + \mu_t + \varepsilon_{it}$$

$TransactionPopularity_{it}$ 表示成交活跃度，需要分别将上述日成交量、日平均利率、每日投资人数、每日平均借款期限、每日借款人数、每日累计待还金额、每日平均投资金额、每日借款标数、每日平均借款金额、每日平均满标用时，还有近 30 日资金净流入等 11 个活跃度指标都代入一遍。所以在每类方程中，我们总共有 11 个实证方程。它表示的是，对于第 i 家平台在 t 时期的平台活跃度，会受到自己的固定不变的 N_K 种平台特征的影响。

$P2Pcharacter_{ij}^{K}$ 表示平台特征类变量中分别用债权转让模式(Trans)、资金托管模式(Mand)、标的保障模式(Prin)、平台保障模式(Insure)、平台背景(Bg)、平台增信特征(Type)、网友点评(Score)以及其他平台特征等八类变量代入方程中一一进行回归。

这里，i 表示的是每一家 P2P，t 表示的是月份或者日期，j 表示的每一个企业的某一种特征指标，用户评价指标或者网贷之家每月的评价指数。ε_{it} 表示一般的扰动项。这里的 μ_t 表示的是只随时间而变化的扰动项，需要我们考虑时间固定效应。由于平台特征 $P2Pcharacter_{ij}^{K}$ 为截面变量，已经包含了平台截面的扰动项，所以我们在这里不需要对平台进行固定效应控制。

（五）描述性统计

我们在描述性统计时先对总共 49 046 条的日交易数据极端值使用位缩

处理,反映了大部分平台的日数据交易情况;在平台特征数据中,我们考察 1 057 家网络融资平台的全样本情况。我们得到了如表 1 的每日交易数据描述性统计以及表 2 的平台特征数据描述性统计表。

(六) 实证结果

1. 对数处理

我们使用 stata12.0 进行线性回归检验。我们将数量较大的原始值取自然对数,包括了成交量、投资人数、借款人数、累积贷款余额、平均借款人数、借款标数、平均满标时间还有 30 天净流入资金。而利率、借款期限仍然使用原始值。

2. 位缩处理

通过了位缩处理去掉极端值还有取出零值以后,数据一起进行回归时,我们的样本量有所减少,最后有效样本量为 49 046 个左右。

表 1 每日单个平台上交易数据描述性统计

	Variable	变量名	单位	均值	标准差	中位数	最大值	最小值	样本数
每日交易数据	volume_w	成交量	万元	360.302 2	652.090 4	109.59	3 380.6	0.01	49 046
	interest_w	每日平均利率	%	17.215 98	6.101 726	16.75	33.83	0	48 956
	investor_w	投资人数	人	294.718 7	597.975	84	3 496	0	48 956
	period_w	平均借款期限	月	4.597 966	6.104 747	2.52	30.64	0	48 956
	borrower_w	借款人数	人	28.697 83	81.461 83	3	485	0	48 956
	repay_w	累计待还金额	万元	4 665.868	13 435.05	353.92	100 905	0	48 956
	aveinv_w	平均投资金额	万元	1.830 685	2.132 067	1.184 211	13.12	0	48 327
	bill_w	借款标数	个	49.130 62	139.681 4	5	816	1	49 043
	avebor_w	平均借款金额	万元	58.231 71	103.265 8	20.2	600	0.01	48 503
	time_w	满标用时	秒	35 492.34	61 252.29	10 242	309 830	0	49 043
	inflow_w	近 30 日资金净流入	万元	46 123.81	98 774.63	9 327.81	523 060	0	49 043

其中 Variable 中 x_w 表示变量 x 经过了位缩处理。

表 2 平台特征数据描述性统计

	Variable	变量名	单位	均值	标准差	中位数	最大值	最小值	样本数
债权转让模式	trans	债权随时转让	1/0	0.264 286	0.441 215	0	1	0	840
	trans_1	债权 1 个月转让	1/0	0.088 095	0.283 602	0	1	0	840
	trans_2	债权 2 个月转让	1/0	0.016 667	0.128 095	0	1	0	840
	trans_3	债权 3 个月转让	1/0	0.038 095	0.191 54	0	1	0	840
	trans_4	6 个月以上转让	1/0	0.005 952	0.076 968	0	1	0	840
	trans_0	债权不可转让	1/0	0.586 905	0.492 683	1	1	0	840
资金托管模式	mand_no	无托管	1/0	0.697 256	0.459 663	1	1	0	1 057
	mand_user	用户托管	1/0	0.264 901	0.441 489	0	1	0	1 057
	mand_res	风险准备金托管	1/0	0.037 843	0.190 907	0	1	0	1 057
标的保障模式	prin_1	保本保息/本息	1/0	0.398 297	0.489 779	0	1	0	1 057
	prin_2	本金	1/0	0.077 578	0.267 633	0	1	0	1 057
	prin_3	担保	1/0	0.086 093	0.280 634	0	1	0	1 057
	prin_4	抵押	1/0	0.017 975	0.132 925	0	1	0	1 057
	prin_5	第三方	1/0	0.011 353	0.105 994	0	1	0	1 057
	prin_6	准备金	1/0	0.013 245	0.114 377	0	1	0	1 057
	prin_7	其他	1/0	0.074 74	0.263 096	0	1	0	1 057
	prin_0	无	1/0	0.421 949	0.494 104	0	1	0	1 057
平台保障模式	insure_1	小贷公司	1/0	0.081 362	0.273 52	0	1	0	1 057
	insure_2	非融资性担保公司	1/0	0.075 686	0.264 62	0	1	0	1 057
	insure_3	融资性担保公司	1/0	0.183 538	0.387 291	0	1	0	1 057
	insure_4	平台垫付	1/0	0.162 725	0.369 289	0	1	0	1 057
	insure_5	风险准备金	1/0	0.198 676	0.399 192	0	1	0	1 057
	insure_6	其他	1/0	0.085 147	0.279 232	0	1	0	1 057
	insure_0	无	1/0	0.461 684	0.498 766	0	1	0	1 057

（续表）

	Variable	变量名	单位	均值	标准差	中位数	最大值	最小值	样本数
平台背景	bg_pc	上市公司系	1/0	0.018 756	0.135 73	0	1	0	1 013
	bg_bank	银行系	1/0	0.002 962	0.054 366	0	1	0	1 013
	bg_soe	国资系	1/0	0.026 654	0.161 148	0	1	0	1 013
	bg_poe	民营系	1/0	0.883 514	0.320 965	1	1	0	1 013
平台增信特征	type_vc	接受过风投	1/0	0.018 922	0.136 312	0	1	0	1 057
	type_ass	加入协会	1/0	0.039 735	0.195 429	0	1	0	1 057
	type_credit	加入第三方征信	1/0	0.049 196	0.216 379	0	1	0	1 057
	type_pc	股权上市	1/0	0.017 975	0.132 925	0	1	0	1 057
	type_wdzj	网贷之家考察	1/0	0.088 931	0.284 779	0	1	0	1 057
其他特征	avg_i	平台平均利率	%	16.861 58	5.454 159	16	38	5.5	968
	duration	最大占比期限	0～6	3.235 808	1.874 654	3	6	1	229
	k	注册资金	万元	3 377.188	7 090.244	1 000	100 000	100	1 054
	auto_bill	自动投标	1/0	0.512 368	0.500 142	1	1	0	849
	warrant	是否有担保机构	1/0	0.108 799	0.311 534	0	1	0	1 057
	recom	用户推荐人数	人	6.956 522	16.09 447	3	199	0	736
	longevity	平台历时	天	411.359 5	299.478 2	334	2 891	61	1 057
网友点评	score1	提现	十分制	2.969 434	0.782 615	3	5	1	831
	score2	站岗	十分制	3.983 273	0.866 886	4	5	1	831
	score3	服务	十分制	3.898 956	0.817 527	4	5	1	862
	score4	体验	十分制	3.811 717	0.795 627	3.9	5	1	862

表 3　债权转让模式特征回归结果

	债权转让模式										
	lnvol	i	lninv	period	lnbor	lnrepay	lnaveinv	lnbill	lnavebor	lntime	lninflow
trans	0.147 ***	−2.612 ***	0.331 ***	2.238 ***	0.526 ***	0.814 ***	−0.181 ***	0.575 ***	−0.367 ***	0.199 ***	0.541 ***
	(0.019 1)	(0.056 9)	(0.016 9)	(0.058 9)	(0.018)	(0.022 7)	(0.010 1)	(0.020 1)	(0.015 1)	(0.028 8)	(0.019)

(续表)

债权转让模式											
	lnvol	i	lninv	period	lnbor	lnrepay	lnaveinv	lnbill	lnavebor	lntime	lninflow
trans_1	0.325***	−3.757***	0.685***	3.130***	0.721***	1.605***	−0.347***	0.720***	−0.393***	−0.255***	1.016***
	(0.026 5)	(0.061 6)	(0.024 4)	(0.105)	(0.029 9)	(0.027 9)	(0.014 2)	(0.031)	(0.028 6)	(0.048 5)	(0.024 7)
trans_2	−0.644***	−5.789***	0.218***	0.0119	−0.759***	−2.754***	−0.880***	−0.878***	0.111	1.928***	−0.720***
	(0.106)	(0.242)	(0.084 3)	(0.147)	(0.053 7)	(0.026 6)	(0.057)	(0.049 7)	(0.084 9)	(0.126)	(0.052 9)
trans_3	1.222***	−6.901***	1.990***	12.38***	1.906***	1.806***	−0.791***	1.883***	−0.695***	0.129**	2.252***
	(0.037 3)	(0.057 8)	(0.036 7)	(0.252)	(0.042)	(0.043 3)	(0.023 1)	(0.042 1)	(0.038 2)	(0.055 4)	(0.034 1)
trans_4	−0.206	21.52***	−2.378***	−17.93***	−2.436***	0.393***	2.211***	−2.474***	2.232***	−2.038***	−1.961***
	(0.13)	(0.333)	(0.108)	(0.338)	(0.091 5)	(0.087 3)	(0.072)	(0.096 9)	(0.109)	(0.183)	(0.089 1)
_cons	2.861***	15.25***	2.263***	3.393***	1.233***	3.008***	0.571***	1.754***	1.620***	6.216***	7.029***
	(0.179)	(0.649)	(0.163)	(0.597)	(0.158)	(0.206)	(0.0943)	(0.186)	(0.147)	(0.372)	(0.174)
TimeFixed	Y	Y	Y	Y	Y	Y	Y	Y	Y	Y	Y
N	49 046	48 956	48 321	48 956	48 503	35 894	48 320	49 043	48 503	46 640	48 524
R2	0.063	0.207	0.125	0.218	0.095	0.249	0.066	0.078	0.042	0.034	0.196

注：***、** 和 * 分别表示在 1%、5%和 10%的水平上显著，括号内为稳健标准差。Time Fixed 表示对时间进行了固定效应控制。

表 4 资金托管模式特征回归结果

资金托管模式											
	lnvol	i_w	lninv	period_w	lnbor	lnrepay	lnaveinv	lnbill	lnavebor	lntime	lninflow
mand_no	0.701***	0.433***	0.632***	−0.059 1	0.366***	0.660***	0.067 5***	0.540***	0.334***	−0.365***	0.383***
	(0.035 0)	(0.105 0)	(0.026 4)	(0.092 7)	(0.028 2)	(0.036 4)	(0.020 3)	(0.031 1)	(0.028 7)	(0.056 8)	(0.031 3)
mand_user	0.091 8**	−2.249***	0.0267	0.618***	−0.475***	1.151***	0.119***	−0.476***	0.584***	0.792***	0.371***
	(0.038 3)	(0.110 0)	(0.029 3)	(0.107 0)	(0.029 9)	(0.038 0)	(0.022 6)	(0.032 6)	(0.033 6)	(0.060 3)	(0.034 1)
_cons	4.062***	18.75***	3.652***	4.475***	1.220***	6.353***	0.400***	1.356***	2.841***	6.361***	9.191***
	(0.163 0)	(0.652 0)	(0.153 0)	(0.652 0)	(0.141 0)	(0.224 0)	(0.085 1)	(0.158 0)	(0.138 0)	(0.343 0)	(0.177 0)
TimeFixed	Y	Y	Y	Y	Y	Y	Y	Y	Y	Y	Y
N	49 046	48 956	48 321	48 956	48 503	35 894	48 320	49 043	48 503	46 640	48 524
R2	0.046	0.136	0.043	0.004	0.049	0.111	0.021	0.057	0.019	0.055	0.076

注：***、** 和 * 分别表示在 1%、5%和 10%的水平上显著，括号内为稳健标准差。Time Fixed 表示对时间进行了固定效应控制。

表 5 标的保障方式回归结果

	标的保障方式										
	lnvol	i_w	lninv	period_w	lnbor	lnrepay	lnaveinv	lnbill	lnavebor	lntime	lninflow
Prin_1	0.667***	−3.398***	0.831***	0.694***	0.224***	0.300***	−0.152***	0.165***	0.434***	−0.260***	0.690***
	(0.032 3)	(0.122 0)	(0.032 5)	(0.159 0)	(0.034 9)	(0.056 0)	(0.016 7)	(0.040 0)	(0.023 2)	(0.046 2)	(0.039 8)
Prin_2	0.996***	−1.447***	1.054***	2.393***	0.806***	0.679***	−0.068 8***	0.949***	0.179***	−0.202***	0.956***
	(0.023 0)	(0.076 8)	(0.023 4)	(0.130 0)	(0.025 1)	(0.040 0)	(0.013 5)	(0.027 5)	(0.018 2)	(0.039 9)	(0.027 5)
prin_3	0.028 4	−4.641***	0.099 2***	0.473***	−0.785***	0.628***	0.031	−0.828***	0.806***	2.016***	0.608***
	(0.040 1)	(0.068 3)	(0.032 9)	(0.093 5)	(0.035 3)	(0.032 0)	(0.019 6)	(0.039 3)	(0.037 0)	(0.045 7)	(0.035 5)
prin_4	1.324***	−2.923***	1.338***	−2.203***	1.728***	0.443***	−0.0511***	1.683***	−0.403***	−2.993***	1.019***
	(0.039 0)	(0.094 8)	(0.038 3)	(0.100 0)	(0.047 4)	(0.054 4)	(0.015 3)	(0.052 4)	(0.035 5)	(0.089 4)	(0.036 4)
prin_5	−2.231***	−3.179***	−1.040***	−1.786***	−0.694***	0.591***	−0.276***	−0.819***	−0.607***	0.108	−4.112***
	(0.265 0)	(0.466 0)	(0.200 0)	(0.283 0)	(0.172 0)	(0.056 5)	(0.100 0)	(0.176 0)	(0.117 0)	(0.293 0)	(0.269 0)
prin_6	2.924***	−0.228	2.443***	6.054***	2.005***	0.708***	−0.539***	2.872***	−0.040 6	−2.482***	6.265***
	(0.291 0)	(0.468 0)	(0.215 0)	(0.317 0)	(0.193 0)	(0.040 5)	(0.125 0)	(0.198 0)	(0.145 0)	(0.300 0)	(0.272 0)
prin_7	0.875***	−5.810***	0.815***	−0.639***	−0.180***	0.738***	0.062 7***	−0.083 2*	1.045***	0.380***	0.793***
	(0.043 2)	(0.148 0)	(0.040 9)	(0.171 0)	(0.041 3)	(0.061 8)	(0.021 8)	(0.047 6)	(0.031 7)	(0.062 4)	(0.045 3)
prin_0	0.506***	−4.635***	0.422***	0.346**	−0.081 4**	−0.236***	0.083 1***	−0.030 7	0.572***	0.014 3	0.312***
	(0.036 8)	(0.138 0)	(0.036 4)	(0.170 0)	(0.038 9)	(0.061 5)	(0.019 9)	(0.044 5)	(0.028 5)	(0.057 1)	(0.044 0)
_cons	3.818***	23.05***	3.267***	3.648***	1.204***	6.728***	0.541***	1.464***	2.626***	6.275***	8.769***
	(0.16)	(0.65)	(0.15)	(0.65)	(0.14)	(0.22)	(0.09)	(0.16)	(0.14)	(0.34)	(0.17)
TimeFixed	Y	Y	Y	Y	Y	Y	Y	Y	Y	Y	Y
N	49 046	48 956	48 321	48 956	48 503	35 894	48 320	49 043	48 503	46 640	48 524
R2	0.077	0.162	0.102	0.032	0.094	0.144	0.039	0.085	0.041	0.078	0.146

注：***、** 和 * 分别表示在 1%、5%和 10%的水平上显著，括号内为稳健标准差。Time Fixed 表示对时间进行了固定效应控制。

表 6 平台保障方式回归结果

	平台保障模式										
	lnvol	i_w	lninv	period_w	lnbor	lnrepay	lnaveinv	lnbill	lnavebor	lntime	lninflow
insure_1	−0.121***	1.640***	0.208***	−1.502***	−0.269***	0.012 3	−0.246***	−0.210***	0.132***	−0.279***	0.045 2
	(0.032 6)	(0.069 5)	(0.029 4)	(0.098 7)	(0.027 5)	(0.029 4)	(0.019 4)	(0.027 3)	(0.030 3)	(0.042 9)	(0.028 5)

（续表）

平台保障模式											
	lnvol	i_w	lninv	period_w	lnbor	lnrepay	lnaveinv	lnbill	lnavebor	lntime	lninflow
insure_2	−0.203***	−1.295***	0.054 1**	1.599***	−0.016 2	0.111***	−0.286***	−0.054 8**	−0.193***	0.893***	0.248***
	(0.025 4)	(0.065 8)	(0.024 5)	(0.118 0)	(0.022 6)	(0.028 7)	(0.012 8)	(0.023 8)	(0.021 6)	(0.033 8)	(0.024 9)
insure_3	0.167***	−4.215***	−0.020 9	1.805***	−0.266***	0.408***	0.196***	−0.390***	0.433***	1.220***	0.678***
	(0.023 1)	(0.055 6)	(0.020 6)	(0.080 4)	(0.022 9)	(0.023 5)	(0.012 5)	(0.024 0)	(0.021 0)	(0.031 8)	(0.020 2)
insure_4	−0.976***	4.823***	−0.827***	−0.776***	−0.913***	−1.235***	−0.141***	−1.020***	−0.047 1**	0.283***	−0.972***
	(0.022 9)	(0.081 6)	(0.021 4)	(0.089 4)	(0.019 9)	(0.022 8)	(0.012 4)	(0.020 7)	(0.019 5)	(0.038 5)	(0.023 2)
insure_5	−0.069 7***	0.741***	0.192***	0.090 4	0.494***	0.103***	−0.276***	0.500***	−0.562***	−0.791***	−0.017 2
	(0.019 6)	(0.063 9)	(0.018 2)	(0.067 6)	(0.018 6)	(0.021 0)	(0.010 3)	(0.019 9)	(0.018 2)	(0.030 3)	(0.018 9)
insure_6	−0.753***	−0.375***	−0.713***	−2.060***	−0.993***	−0.521***	−0.050 5***	−1.058***	0.258***	0.476***	−0.774***
	(0.023 8)	(0.076 5)	(0.020 7)	(0.064 1)	(0.019 0)	(0.026 0)	(0.012 7)	(0.020 3)	(0.022 6)	(0.038 0)	(0.022 7)
insure_0	−0.927***	0.236***	−0.872***	−0.358***	−0.684***	−0.946***	−0.074 9***	−0.738***	−0.246***	0.160***	−0.889***
	(0.023 7)	(0.079 6)	(0.021 9)	(0.082 1)	(0.022 4)	(0.029 3)	(0.013 5)	(0.024 6)	(0.022 1)	(0.039 0)	(0.023 6)
_cons	5.194***	18.47***	4.565***	4.568***	1.783***	7.514***	0.645***	2.117***	3.408***	6.057***	9.946***
	(0.155 0)	(0.600 0)	(0.146 0)	(0.641 0)	(0.131 0)	(0.205 0)	(0.080 6)	(0.149 0)	(0.134 0)	(0.343 0)	(0.160 0)
Time Fixed	Y	Y	Y	Y	Y	Y	Y	Y	Y	Y	Y
N	49 046	48 956	48 321	48 956	48 503	35 894	48 320	49 043	48 503	46 640	48 524
R2	0.09	0.267	0.11	0.039	0.129	0.192	0.061	0.118	0.073	0.086	0.185

注：***、** 和 * 分别表示在 1%、5%和 10%的水平上显著，括号内为稳健标准差。Time Fixed 表示对时间进行了固定效应控制。

表 7　平台背景回归结果

平台背景											
	lnvol	i_w	lninv	period_w	lnbor	lnrepay	lnaveinv	lnbill	lnavebor	lntime	lninflow
bg_pc	1.305***	−8.355***	0.576***	4.959***	−0.003 29	4.110***	0.464***	−0.234***	1.294***	−0.961***	2.878***
	(0.066 7)	(0.212 0)	(0.060 6)	(0.262 0)	(0.067 2)	(0.064 2)	(0.044 1)	(0.069 5)	(0.084 8)	(0.124 0)	(0.043 9)
bg_bank	3.115***	−14.01***	1.142***	22.20***	3.348***	5.100***	1.715***	2.965***	−0.239***	0.234	5.041***
	(0.070 9)	(0.193 0)	(0.062 5)	(0.448 0)	(0.128 0)	(0.071 4)	(0.030 0)	(0.130 0)	(0.083 1)	(0.233 0)	(0.074 9)
bg_soe	0.540***	−7.278***	0.233***	3.413***	0.059 8	2.849***	0.066 9*	0.188**	0.467***	−0.727***	1.887***
	(0.066 4)	(0.238 0)	(0.062 3)	(0.095 6)	(0.057 1)	(0.067 6)	(0.040 4)	(0.074 0)	(0.062 1)	(0.088 1)	(0.051 9)

（续表）

平台背景											
	lnvol	i_w	lninv	period_w	lnbor	lnrepay	lnaveinv	lnbill	lnavebor	lntime	lninflow
bg_poe	0.569***	−5.091***	0.410***	2.624***	0.354***	2.097***	−0.095 2***	0.260***	0.212***	−1.101***	1.431***
	(0.042 2)	(0.186 0)	(0.033 2)	(0.041 5)	(0.033 9)	(0.055 4)	(0.023 5)	(0.041 0)	(0.034 6)	(0.056 3)	(0.040 1)
_cons	−1.476***	58.54***	1.393***	−31.43***	−2.693***	−9.184***	−1.607***	−1.755***	1.257***	9.805***	−3.135***
	(0.278 0)	(1.140 0)	(0.242 0)	(0.804 0)	(0.260 0)	(0.356 0)	(0.151 0)	(0.296 0)	(0.248 0)	(0.510 0)	(0.269 0)
TimeFixed	Y	Y	Y	Y	Y	Y	Y	Y	Y	Y	Y
N	49 042	48 952	48 317	48 952	48 499	35 890	48 316	49 039	48 499	46 636	48 520
R2	0.049	0.15	0.02	0.115	0.048	0.161	0.062	0.033	0.018	0.034	0.134

注：***、** 和 * 分别表示在1%、5%和10%的水平上显著，括号内为稳健标准差。Time Fixed表示对时间进行了固定效应控制。

表8　平台增信特征回归结果

平台增信特征											
	lnvol	i_w	lninv	period_w	lnbor	lnrepay	lnaveinv	lnbill	lnavebor	lntime	lninflow
type_vc	0.880***	−2.841***	1.110***	2.862***	0.882***	0.869***	−0.212***	0.946***	0.017 7	−0.048 2	1.481***
	(0.033 4)	(0.107 0)	(0.035 1)	(0.159 0)	(0.041 5)	(0.042 2)	(0.018 7)	(0.044 5)	(0.030 2)	(0.049 7)	(0.034 2)
type_ass	0.720***	0.125	0.901***	2.715***	1.070***	1.171***	−0.204***	1.026***	−0.361***	0.224***	1.012***
	(0.024 4)	(0.081 5)	(0.024 6)	(0.111 0)	(0.027 7)	(0.040 9)	(0.011 6)	(0.030 0)	(0.018 4)	(0.034 2)	(0.028 3)
type_credit	0.064 6**	0.601***	0.475***	3.310***	0.527***	0.681***	−0.427***	0.568***	−0.479***	−0.261***	0.351***
	(0.030 7)	(0.076 6)	(0.026 4)	(0.124 0)	(0.028 1)	(0.030 2)	(0.014 8)	(0.031 5)	(0.020 1)	(0.040 4)	(0.026 1)
type_pc	−0.474***	0.473**	−0.808***	−1.137***	−0.552***	0.236***	0.305***	−0.722***	0.057 7	0.553***	−0.171***
	(0.052 9)	(0.187 0)	(0.038 4)	(0.098 6)	(0.027 2)	(0.053 0)	(0.028 6)	(0.030 0)	(0.053 2)	(0.070 0)	(0.038 1)
type_wdzje	0.0176	−0.616***	0.059 8***	0.796***	0.276***	0.285***	−0.054 8***	0.300***	−0.258***	−0.275***	0.202***
	(0.015 3)	(0.055 3)	(0.014 0)	(0.056 5)	(0.014 6)	(0.021 0)	(0.008 9)	(0.016 3)	(0.014 5)	(0.027 3)	(0.015 0)
_cons	4.436***	19.92***	3.879***	2.008***	0.759***	6.317***	0.578***	1.026***	3.679***	6.691***	8.924***
	(0.157 0)	(0.664 0)	(0.141 0)	(0.534 0)	(0.135 0)	(0.226 0)	(0.083 5)	(0.157 0)	(0.132 0)	(0.354 0)	(0.164 0)
TimeFixed	Y	Y	Y	Y	Y	Y	Y	Y	Y	Y	Y
N	45 146	45 056	44 454	45 056	44 635	32 948	44 453	45 143	44 635	43 209	44 648
R2	0.067	0.127	0.114	0.092	0.118	0.174	0.054	0.096	0.033	0.034	0.177

注：***、** 和 * 分别表示在1%、5%和10%的水平上显著，括号内为稳健标准差。Time Fixed表示对时间进行了固定效应控制。

表 9　平台其他特征回归结果

	平台其他特征										
	lnvol	i	lninv	period	lnbor	lnrepay	lnaveinv	lnbill	lnavebor	lntime	lninflow
avg_i	−0.053 6***	1.005***	−0.047 4***	−0.134***	−0.047 0***	−0.109***	−0.014 8***	−0.048 9***	−0.006 23***	−0.048 5***	−0.091 7***
	(0.001 9)	(0.004 7)	(0.001 5)	(0.005 3)	(0.001 4)	(0.002 3)	(0.001 1)	(0.001 6)	(0.001 9)	(0.003 4)	(0.001 7)
duration	0.067 0***	0.109***	0.056 4***	0.440***	0.054 4***	0.088 5***	0.006 09**	0.069 6***	0.013 4***	0.152***	0.119***
	(0.003 8)	(0.008 2)	(0.003 1)	(0.010 7)	(0.002 7)	(0.005 6)	(0.002 4)	(0.003 0)	(0.003 7)	(0.006 5)	(0.003 4)
k	0.011 4***	0.006 89***	0.008 53***	−0.040 1***	0.002 11***	0.012 2***	0.002 06***	0.003 61***	0.009 40***	−0.000 384	0.010 9***
	(0.000 5)	(0.001 0)	(0.000 4)	(0.001 9)	(0.000 4)	(0.000 6)	(0.000 3)	(0.000 5)	(0.000 5)	(0.001 0)	(0.000 4)
autobill	−0.127***	0.829***	0.060 9***	0.584***	−0.272***	−0.033 9	−0.185***	−0.326***	0.150***	−0.314***	−0.295***
	(0.019 0)	(0.038 9)	(0.017 6)	(0.060 1)	(0.014 7)	(0.024 6)	(0.012 1)	(0.016 4)	(0.019 6)	(0.036 3)	(0.016 0)
warrant	−0.078 9**	0.862***	0.081 7***	−1.167***	−0.421***	0.489***	−0.052 0***	−0.301***	0.339***	0.127**	−0.245***
	(0.033 8)	(0.063 9)	(0.026 0)	(0.095 8)	(0.021 9)	(0.032 5)	(0.018 7)	(0.024 2)	(0.033 1)	(0.051 8)	(0.025 6)
recom	0.006 89***	0.002 47***	0.005 32***	−0.009 66***	−0.000 472**	−0.006 21***	0.001 84***	−0.000 930***	0.007 42***	0.005 81***	0.008 23***
	(0.000 3)	(0.000 5)	(0.000 2)	(0.000 8)	(0.000 2)	(0.000 3)	(0.000 1)	(0.000 3)	(0.000 3)	(0.000 4)	(0.000 3)
longevity	0.001 4***	−0.001***	0.001 6***	0.001 2***	0.002***	0.002 3***	−0.000 1***	0.002***	−0.000 3***	−0.000 4***	0.001 6***
	(0.000 02)	(0.000 05)	(0.000 02)	(0.000 07)	(0.000 02)	(0.000 03)	(0.000 02)	(0.000 03)	(0.000 02)	(0.000 05)	(0.000 02)
_cons	−10.70***	25.80***	−15.01***	−35.17***	−18.69***	−14.19***	6.641***	−22.17***	8.136***	22.56***	−9.655***
	(0.471 0)	(1.030 0)	(0.374 0)	(1.089 0)	(0.328 0)	(0.607 0)	(0.276 0)	(0.385 0)	(0.453 0)	(0.723 0)	(0.395 0)
Time Fixed	Y	Y	Y	Y	Y	Y	Y	Y	Y	Y	Y
N	43 140	43 050	42 463	43 050	42 642	31 499	42 462	43 137	42 642	41 241	42 674
R2	0.372	0.824	0.468	0.392	0.539	0.544	0.148	0.529	0.2	0.211	0.613

注：***、** 和 * 分别表示在 1%、5%和 10%的水平上显著，括号内为稳健标准差。Time Fixed 表示对时间进行了固定效应控制。

表 10　网友点评回归结果

	网友点评										
	lnvol	i	lninv	period	lnbor	lnrepay	lnaveinv	lnbill	lnavebor	lntime	lninflow
score_1	−0.044 4***	0.524***	−0.041 1***	−0.093 6***	−0.018 9***	−0.075 3***	−0.003 04***	−0.028 3***	−0.024 6***	−0.163***	−0.062 3***
	(0.001 96)	(0.006 85)	(0.001 71)	(0.005 71)	(0.001 50)	(0.002 22)	(0.001 17)	(0.001 75)	(0.001 71)	(0.003 28)	(0.001 97)
score_2	0.004 46***	−0.115***	0.000 583	−0.036 9***	−0.022 6***	−0.067 3***	0.001 28	−0.012 3***	0.025 8***	0.143***	0.009 60***
	(0.001 7)	(0.005 7)	(0.001 5)	(0.005 3)	(0.001 5)	(0.002 7)	(0.001 0)	(0.001 7)	(0.001 5)	(0.002 9)	(0.001 8)

(续表)

网友点评											
	lnvol	i	lninv	period	lnbor	lnrepay	lnaveinv	lnbill	lnavebor	lntime	lninflow
score_3	−0.124*** (0.003 1)	−0.013 2 (0.012 7)	−0.117*** (0.003 1)	−0.386*** (0.012 1)	−0.130*** (0.002 9)	−0.120*** (0.005 0)	−0.007 50*** (0.002 2)	−0.144*** (0.003 2)	0.007 23*** (0.002 7)	0.087 0*** (0.006 8)	−0.183*** (0.003 7)
score_4	0.122*** (0.003 1)	−0.107*** (0.013 1)	0.109*** (0.003 1)	0.266*** (0.011 3)	0.107*** (0.002 8)	0.183*** (0.004 3)	0.010 6*** (0.002 2)	0.126*** (0.003 1)	0.014 0*** (0.002 8)	−0.059 4*** (0.006 7)	0.159*** (0.003 4)
_cons	5.215*** (0.162)	15.74*** (0.606)	4.847*** (0.154)	8.107*** (0.640)	2.423*** (0.144)	8.515*** (0.208)	0.454*** (0.084)	2.586*** (0.162)	2.809*** (0.138)	5.520*** (0.340)	10.61*** (0.171)
Time Fixed	Y	Y	Y	Y	Y	Y	Y	Y	Y	Y	Y
N	49 046	48 956	48 321	48 956	48 503	35 894	48 320	49 043	48 503	46 640	48 524
R2	0.065	0.233	0.067	0.053	0.075	0.204	0.021	0.061	0.025	0.098	0.159

注：***、** 和 * 分别表示在 1%、5% 和 10% 的水平上显著，括号内为稳健标准差。Time Fixed 表示对时间进行了固定效应控制。

3. 实证结果小结

根据表 3 到表 10 的各项特征类型的回归结果，我们可以梳理出在具体每个特征类别中，哪个变量会影响更大，比如说 P2P 平台的保障类型中包括小贷公司、非融资性担保公司、融资性担保公司、平台垫付、风险准备金和其他。因此，我们在实证检验中单独对这一组变量进行回归检验，将各个变量间的显著程度和系数进行对比，在同一组特征类型里，选出 0.01 水平上显著的变量中系数最大的那个变量作为最有效的特征。我们得到表 11P2P 平台的最优特征的筛选结果。根据结果，我们对中小企业在选择平台进行融资时可以采取的方法总结如下：

(1) 债权转让模式。债权转让模式中，几乎所有债权转让期限都与成交活跃度指标呈正相关。其中，债权转让期限为 3 个月的平台与大部分活跃程度指标回归后，系数最大。所以本文认为，企业选择债权转让期限为 3 个月的平台较为合适。这在一定程度上体现了投资者对于较短期限的投资标的更为热衷，三个月是投资者能够承受的网络融资期限风险较普遍的期限，而对于更长期限的标的则由于担心风险，投资者习惯在三个月左右便将投资标的进行转让。

(2) 资金托管方式。在资金托管方式中,大部分成交活跃度都与资金不托管最为显著,而部分指标与用户资金托管正相关。这在一定程度上说明了当下的资金托管方式存在一定的不合理性,并没有使投资者觉得资金得到安全保障,因此与平台活跃程度关系不大。在今后的网络融资发展当中,资金托管应该采用更好的处置方式,比如通过银监会向有关机构颁发资格牌照,由它们进行有效托管,才能够使得资金托管方式落在实处。而目前看来,中小企业在选择资金借贷平台时,不用将资金托管方式作为重点考虑的因素。

(3) 标的保障方式。标的保障方式中,使用风险准备金保障模式的平台与较多的活跃程度指标正相关,同时系数是最大的,所以企业选择平台时可以重点寻找有风险准备金保障模式的平台。而对于保本保息/本息、本金、担保、抵押、第三方、其他等平台在一定程度上也都很显著。所以,这一系列标的保障方式都有效地提高了交易活跃度。而关于这些特殊的标的保障方式的存在使投资者的资金得到了保障,因此投资者更敢于进行投资。近年来,有许多银行与 P2P 公司合作,为它们建立风险准备金账户,具体数额公开透明,使得投资者对于资金安全较有信心,相比于一些平台仅仅字面上提到的保本保息,还有担保公司频频跑路,投资者更青睐于使用风险准备金方式的平台。

(4) 平台保障方式。平台保障方式中,担保公司、风险准备金、平台垫付等方式均与部分指标相关,所以企业在选择平台进行融资时这些方式都可以考虑。但成交量情况是我们考虑的最主要因素,我们发现融资性担保公司的保障模式与它最相关。这在一定程度上体现了当下投资者对于具有融资性担保公司的平台还是较为关注,这说明了早前发生的担保公司跑路的消息对于投资者选择融资性担保公司平台的影响还不算十分严重。

(5) 平台背景。平台背景中,银行系的平台和上市公司系的平台都与平台活跃度关系较大。企业选择银行系的平台进行融资较为稳妥,银行系平台一般由金融机构成立,信誉较高,因此安全性较大,受到投资者青睐。

(6) 平台增信方式。平台是否接受过风投,还有平台是否加入互联网金融专业委员会对于大部分活跃度指标都较显著，所以企业可以选择有风投投资过，而且加入协会的平台。

是否加入第三方征信、股权上市，还有网贷之家实地考察对于平台的活跃度没有太大的影响，在企业选择平台时可以不进行考虑。

(7) 其他特征类指标。平台利率指标与平台活跃程度几乎为负相关(对于每日平均利率、累计待还金额还有满标用时则为正相关)，即平台平均利率越低时，它们的交易活跃程度越显著。企业融资时可以通过平台平均利率高低来进行选择。而我们所有的特征类变量中只有平台平均利率显著负相关的[我们标记的符号为 Y(一)]，其他特征变量都可以使用正相关原则进行筛选。

最大占比的期限与平台活跃程度显著正相关。这个特征指标的性质是，当标的最大占比的期限越长时，平台活跃度的取值越大。所以企业选择平台时，可以考虑选择主营长期限标的的平台来进行融资。

注册资金与平台活跃程度为正相关显著。

自动投标与平台活跃程度没有关系。

是否有担保机构对平台活跃程度没有太大影响。

平台历时越长，用户推荐人数越多，平台活跃度越高，所以企业应该选择建立年份较久，而且有较多人推荐的平台。

(8) 用户评价类指标。网友点评中各个指标均与部分活跃度指标有关系，而体验的得分则与大部分活跃度指标都相关，所以企业选择平台时应该着重考虑体验得分。

表 11　平台特征指标筛选结果汇总

因变量 类别	成交量	每日平均利率	投资人数	平均借款期限	借款人数	累计待还金额	人均投资金额	借款标数	人均借款金额	满标用时	近 30 日资金净流入
正负相关	+	−	+	+	+	−	+	+	+	−	+
债权转让模式	3 个月	3 个月	3 个月	3 个月	3 个月	3 个月	6 个月以上	3 个月	6 个月以上	1 个月	3 个月

（续表）

因变量 类别	成交量	每日平均利率	投资人数	平均借款期限	借款人数	累计待还金额	人均投资金额	借款标数	人均借款金额	满标用时	近30日资金净流入
托管方式	无托管	用户托管	无托管	用户托管	无托管	N	用户托管	无托管	用户托管	无托管	无托管
标的保障方式	准备金	其他	准备金	准备金	准备金	其他	N	准备金	其他	抵押	准备金
平台保障方式	融资性担保公司	融资性担保公司	小贷公司	融资性担保公司	风险准备金	平台垫付	融资性担保公司	风险准备金	融资性担保公司	风险准备金	融资性担保公司
平台背景	银行系	银行系	银行系	银行系	银行系	N	银行系	银行系	上市公司	民营系	银行系
平台增信特征											
接受过风投	Y	Y	Y	Y	Y	N	N	Y	N	Y	Y
加入协会	Y	N	Y	Y	Y	N	N	Y	N	Y	Y
加入第三方征信	N	N	Y	Y	Y	N	N	Y	Y	Y	N
股权上市	N	N	N	N	N	N	Y	N	N	N	N
网贷之家考察	N	Y	Y	Y	Y	N	N	Y	Y	Y	Y
平台其他特征											
平台利率	Y(—)	Y(—)	Y(—)	Y(—)	Y(—)	Y(—)	N	N	N	N	Y(—)
最大占比期限	Y	Y	Y	Y	Y	Y	Y	Y	Y	N	Y
注册资金	Y	Y	Y	N	Y	Y	Y	Y	Y	N	Y
自动投标	N	Y	Y	Y	N	N	N	N	Y	Y	N
是否有担保机构	N	N	Y	N	N	N	Y	N	N	N	N
平台历时	Y	Y	Y	Y	Y	N	N	Y	N	Y	Y
用户推荐人数	Y	N	Y	N	N	Y	Y	N	Y	N	Y
网友点评	体验	站岗	体验	体验	体验	服务	体验	体验	站岗	提现	体验

这里，我们将只有一个变量的特征类别中按照“Y：相关”“N：不相关”来进行划分。在具有多个变量的特征类别中，我们选择 0.01 水平上显著的变量中系数最大的那个变量作为最有效的特征。值得注意的是，由于度量平台活跃程度的数据中，每日平均利率、累计待还金额还有满标用时等解释变量的性质是：数值越小时，对企业融资越有利，所以只有当平台特征变量与它们为负相关显著时(第一行中的正负相关表示为“－”)，我们才会选择这些特征变量。

四、问题平台影响因素探究与问题平台预测

P2P 平台快速发展的同时问题也不断，面对越来越多的平台出现问题，必须明确准入和退出规则。

本文已经初步探究出了适合于“准入”的 P2P 平台的特征类别，在本节中我们将探究怎样的平台该“退出”，考虑问题平台的形成还会受到哪些因素的影响，找到控制住问题平台发生的办法。最后我们将建立一个问题平台的预测方式，在一些平台还没有成为问题平台之前，就可以防微杜渐，及时让这一类的平台“退出”。

（一）问题平台的产生原因

问题产生的原因包括平台跑路、提现困难、诈骗等。根据 2011—2014 年的相关数据进行汇总，我们得到它的所占比例：平台跑路 42 起，提现困难 99 起，运营不善 15 起，诈骗 55 起，其他(老板失联、歇业等)28 起；其中 2011 年发生 10 起，2012 年 6 起，2013 年 76 起，2014 年将近 164 起。

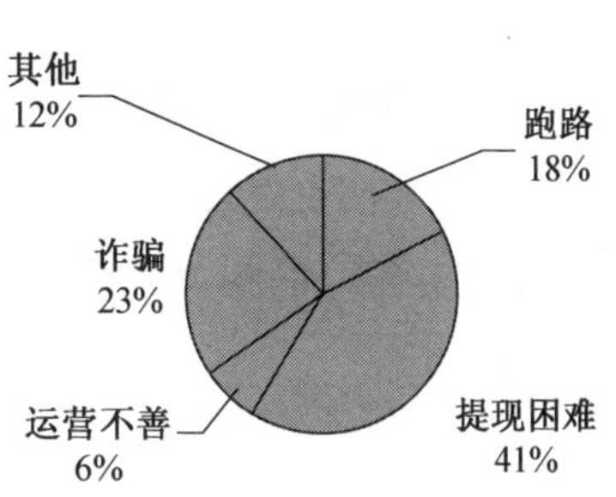

图 1　平台倒闭原因

而我们网页抓取到的数据中包含 68 家问题平台，其中有 12 家属于跑路平台，有 44 家属于提现困难，有 11 家属于停业。

（二）问题平台的特征情况

根据我们抓取到的 2014 年—2015 年 4 月前还有交易的 68 家问题平台的特征情况，我们对它的平台特征还有用户点评情况进行了一定的探究。

我们通过均值 t 检验将问题平台和非问题平台的特征进行对比，样本数总共为 1 057 家平台。

我们得到的均值 t 检验如表 12 所示：

从得到的描述性统计结果，我们可以观察到其中较为显著的指标中，问题平台往往利率较高，注册资金较少，更倾向于没有债权转让，资金托管方式上也往往没有托管；在标的保障方式上，保本保息的标的较少、第三方保障的方式也较少；在平台保障模式上，几种保障模式都和普通平台没有太大差别，融资性担保公司还有风险准备金模式的保障在 10%的显著水平上比普通公司少；较少引入担保机构；在用户评分上提现、站岗、服务还有体验都显著比普通平台低，在网贷之家考察的比例上都较少；用户推荐人数也较少；另外在平台背景上和平台的其他类型上的信息也不理想。

总体而言，我们可以将这一些关键性变量作为预测依据。这些关键特征总结如下：

平台特征和点评类：平台利率、注册资金、债权转让方式、资金托管方式、担保机构、用户点评的其中四个指标、网贷之家的考察，还有用户推荐人数。

同时，我们也发现当下的平台保障方式还有标的保障方式对于问题平台的发生没有很好的相关关系，说明这些保障方式在一定程度上未能避免问题平台的发生。

表 12　问题平台均值 t 检验

指标	普通平台	问题平台	t 值
Avg_I	16.5 (0.17)	19.9 (0.7)	−5.87*** [0.00]
Duration	3.22 (0.12)	4.5 (1.5)	−0.95 [0.17]
K	3515.3 (242)	2192 (248)	1.85** [0.03]
Auto_Bill	0.52 (0.02)	0.018 (0.05)	1.35* [0.09]
Trans	0.30 (0.02)	0.12 (0.03)	2.88*** [0.00]
Trans_1	0.1 (0.02)	0.06 (0.026)	0.8 [0.21]
Trans_2	0.03 (0.015)	0 (0)	0.72 [0.23]
Trans_3	0.055 (0.015)	0.01 (0.01)	1.01 [0.16]
Trans_4	0.007 (0.003)	0 (0)	0.78 [0.22]
Trans_no	0.57 (0.02)	0.8 (0.04)	−3.57*** [0.00]
Mand_No	0.69 (0.02)	0.77 (0.04)	−1.8** [0.03]
Mand_User	0.27 (0.01)	0.23 (0.04)	0.9 [0.17]
Mand_Res	0.04 (0.006)	0 (0)	2.2*** [0.01]
Prin_1	0.09 (0.01)	0.04 (0.018)	1.97** [0.02]
Prin_2	0.0179 (0.004)	0.0181 (0.01)	−0.02 [0.49]
Prin_3	0.013 (0.004)	0 (0)	1.19 [0.12]
Prin_4	0.014 (0.004)	0.01 (0.01)	0.4 [0.34]

（续表）

指标	普通平台	问题平台	t 值
Prin_5	0.08 (0009)	0.027 (0.015)	2** [0.02]
Prin_No	0.42 (0.016)	0.47 (0.05)	−1.1 [0.13]
Insure_1	0.081 (0.01)	0.082 (0.03)	−0.018 [0.49]
Insure_2	0.07 (0.008)	0.09 (0.03)	−0.6 [0.26]
Insure_3	0.19 (0.01)	0.136 (0.03)	1.35* [0.09]
Insure_4	0.16 (0.012)	0.19 (0.038)	−0.85 [0.2]
Insure_5	0.2 (0.013)	0.14 (0.03)	1.48* [0.07]
Insure_6	0.086 (0.01)	0.07 (0.02)	0.49 [0.3]
Insure_0	0.46 (0.016)	0.48 (0.048)	−0.45 [0.32]
Warrant	0.11 (0.01)	0.05 (0.02)	1.9** [0.03]
Score_1	3.0 (0.026)	2.38 (0.12)	7.79*** [0.00]
Score_2	4.1 (0.03)	3.2 (0.14)	9.0*** [0.00]
Score_3	3.97 (0.026)	3.3 (0.13)	7.6*** [0.00]
Score_4	3.88 (0.03)	3.25 (0.13)	7.25*** [0.00]
Type_WDZJ	0.1 (0.01)	0.03 (0.02)	2.1*** [0.01]
Recom	7.3 (0.6)	3.1 (0.4)	1.99** [0.02]
Obs	989	68	

注：t 值由左边的均值减去右边的均值得出，圆括号内为标准差，方括号内为 P 值。

表 13 问题平台影响因素实证结果

	Prob
LnVolume	−18.5*** (2.5)
Interest	0.24*** (0.01)
LnInv	−6.88*** (2.4)
Lnbor	22.8*** (3.6)
Lnrepay	−2.11*** (0.14)
Period	−0.56*** (0.06)
LnBill	2.12*** (0.13)
LnAvebor	25.1*** (3.63)
LnAveinv	−5.3** (2.4)
LnTime	0.81*** (0.07)
LnInflow	0.86*** (0.12)
Intercept	−12*** (0.84)
Obs	33 760
Pseudo R^2	0.46

注：***、** 和 * 分别表示在 1%、5%和 10%的水平上显著，括号内为稳健标准差。

（三）平台活跃度与问题平台的实证检验

我们使用类似之前实证检验的做法，由于 2014 年 3 月 28 号到 2015 年 4 月 8 号期间内还在交易的部分平台最终会在这段时间里变成问题平台，我们将这些问题平台标记为 1，对于这段时间里始终正常的平台标记为 0。建立如下的 Logit 实证方程来探究这些平台的成交活跃度与成为问题平台的可能性之间的关系：

$$Logit(Prob_i) = \alpha_0 + \sum_{j=1}^{N3} \alpha_j \times TransactionPopularity_{ijt} + \varepsilon_{it}$$

我们沿用前面的回归方程，将差异化作为工具变量与竞争程度先进行回归，再把预测出来的竞争程度作为控制变量放入方程中。由于使用差异化度量需要使用成交量不为 0 的样本，我们对 33 769 个样本进行了检验，对比出问题平台和正常平台在交易活跃度上的表现差异。同时，我们也对数据进行了位缩处理。实证结果如表 13 所示。

问题平台发生的可能性与每天利率呈现正相关，说明当一个平台在交易时呈现出较高的利率时，它很有可能会成为利率问题平台；同时与借款人数、借款期限、平均借款人数呈负相关。这些结果均与直觉相符，可以放入我们的预测模型中。

最后，问题平台与借款标数、平均投资金额还有近 30 日资金净流入量呈现正相关，还有与贷款余额呈正相关，与我们的直觉不符合。这说明这几个指标在进行问题平台的预测时不太适合放入我们的预测模型中。

（四）问题平台预测——CART 分类回归树模型

基于我们在上部分分别对平台特征类变量还有交易活跃度变量与问题平台发生的可能性进行的分析，找到了可以用来进行问题平台预测的变量，包括平台特征和点评类：平台利率、注册资金、债权转让方式、资金托管方式、担保机构否、用户点评的其中四个指标、网贷之家的考察，还有用户推荐人数。

活跃度指标包括每日利率、借款人数、借款期限、平均借款人数等，总计

21 个指标。

通过 CART 分类回归树，我们可以确定关心的这些变量对目标函数的影响大小，还能确定选择变量进行判断的优先次序，因为它可以输出变量的树型路径图。我们可以先从影响目标函数最大的变量开始分析，然后根据实际情况判断它落到哪一个分枝，进一步再对第二关键的变量进行判断，依此类推。通过已有数据建立的 CART 分类树，可以用于预测原来样本以外的新样本的情况。

在 CART 分类回归树中，我们使用 50%的样本用于训练，使用 50%的样本用于验证。同时，仍然使用上述的变量进行检验。使用最大树深度自动探索，采用 CHAID 的生长法。树的生长策略 CHAID 的水平最大数设为 3，树的剪枝策略设置为 CRT 和 QUEST＝5。

根据结果可以看出具体的预测问题平台可能性。路径是先通过第一层，这里的第一个节点为 Score_4(体验得分)来进行判断，然后根据它的大小在第二层树上分为五个路径，大部分非问题平台在第一个路径上就可以被排除，在第三个和第五个路径上有着较多的问题平台样本。其中，到达五个路径的样本直接判定为全部都是问题平台，即体验得分在 1～2 之间的样本较有可能变为问题平台。

第三条路径和第四条路径都有较大部分样本为问题平台。接着在第三层树上可以依照上面的分析方法，依次根据变量的大小判断出新的样本成为问题平台的可能性。

这说明了在我们所选取的变量中，体验得分、平台的平均利率、服务得分以及资金托管方式四个变量可以较好地用作问题平台的预测。

训练样本的分类树如图 2，验证样本中的分类树如图 3 所示。

分类的准确程度如表 14 所示。

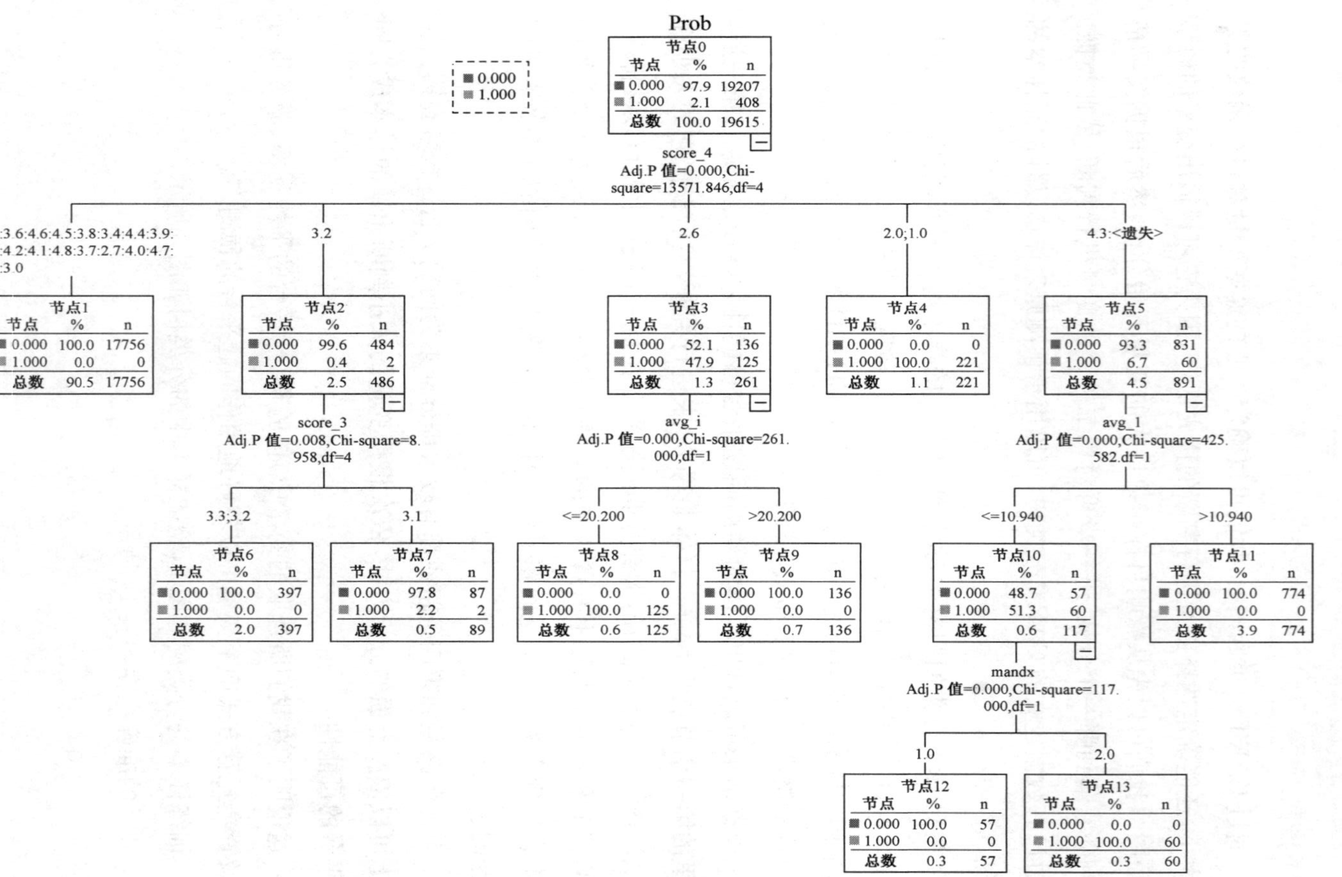

图 2 训练样本的 CART 分类回归树

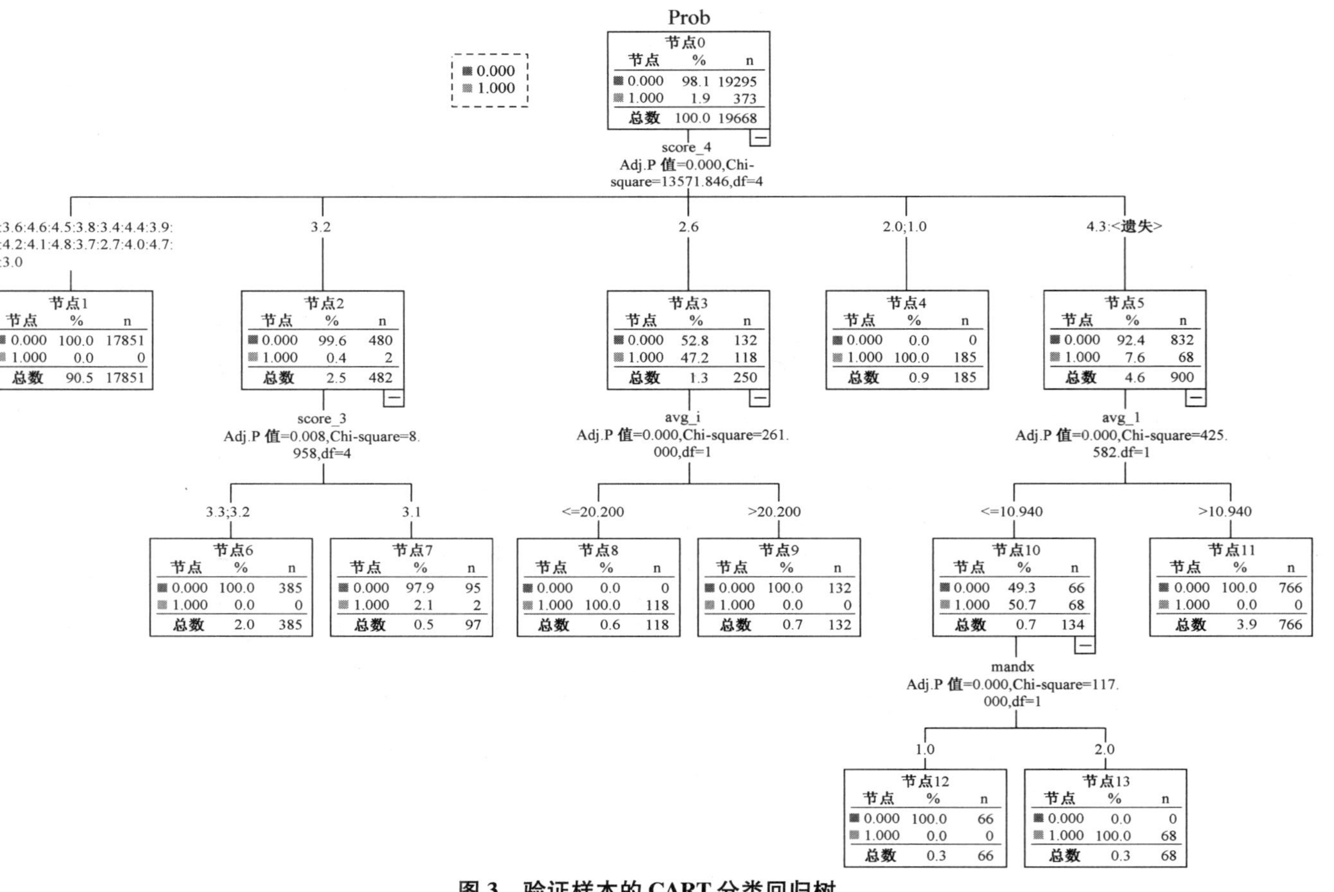

图 3 验证样本的 CART 分类回归树

表 14 CART 分类回归树准确率分类表

样本	观察值	预测值		
		0	1	正确百分比
训练	0	19 241	0	100.0%
	1	2	408	99.5%
	总百分比	97.9%	2.1%	100.0%
检验	0	19 261	0	100.0%
	1	2	369	99.5%
	总百分比	98.1%	1.9%	100.0%

本部分通过对 P2P 平台的问题平台可能性的影响因素进行探究，发现了平台特征和点评类中的平台利率、注册资金、债权转让方式、资金托管方式、担保机构否、用户点评的其中四个指标、用户推荐人数，还有活跃度指标中的每日利率、借款人数、借款期限、平均借款人数等因素都显著与问题平台的发生有关系。

进一步基于上面几种因素对问题平台的发生进行预测，通过 CART 分类回归树的方法发现体验得分、平台的平均利率、服务得分以及资金托管方式四个变量具有较好的预测能力，准确率达到了 95%以上。这说明在对问题平台的预测时可以重点考察本部分研究探索出的变量，在政府对 P2P 平台的监管上，着重对这些变量表现不佳的平台进行关注。

五、研究结论与政策建议

本文通过对 P2P 平台差异化特征进行探究，确定出受到投资者欢迎的平台特征为较低的利率、期限较大，较高的注册资金，3 个月后允许债券转让，风险准备金的标的保障模式，融资性担保公司的平台保障模式，银行系和上市公司系平台背景，接受过风投，加入过互联网金融专业委员会，建立年份较久，推荐人数较多。同时,成交量排名前 18 的 P2P 平台具有的特征和上述结论类似。该结论可用于中小企业在选择平台融资时作为参考,也可供政府在进一步确定 P2P 市场准入准则时引导平台朝着这样的方式发展。

在问题平台的预测上,我们发现:平台特征上的平台利率、注册资金、债权转让方式、资金托管方式、担保机构否、用户点评的其中四个指标、网贷之家的考察还有用户推荐人数等几个指标,还有活跃度指标中的每日利率、借款人数、借款期限、平均借款人数等总计 21 个指标显著与问题平台的发生相关。其中,通过 CART 分类回归树方法,我们发现了体验得分、平台的平均利率、服务得分还有资金托管方式四个指标可以重点考察一个平台是否会成为问题平台。此外,目前平台上的标的保障方式还有平台保障方式都无法避免问题平台的发生。

关于接下来几年 P2P 平台应该如何健康发展,根据本文实证结果,还有结合一些当下的新闻时事、政策导向,我们给出以下几点建议:

(一) 利率更趋合理化

如果 P2P 平台希望真正地解决小微企业融资难问题,服务于实体经济,那么就必须降低现在过高的利率。而降低利率的前提,是解决 P2P 不良贷款率问题。将不良贷款率降低到 3%以下,便使得 P2P 平台的贷款利率能够有所降低,接近 10%左右。这也与我们在实证检验中的结论相一致,即利率越低的情况下,平台的交易活跃度越高。

(二) 平台应该结合债权转让模式推出更多长期限的贷款

长期贷款可以使 P2P 网络融资更好地服务于中小企业的长期项目投资,促进实体经济的发展。一个比较好的模式创新便是债权转让模式,它可以有效延长借款期限。根据我们的研究结果显示,允许转让的期限为 3 个月时,平台会更受投资者欢迎。这一定程度上反映了当前的投资者更多地参与为期 3 个月左右的投资以保证资金安全,所以平台应该更多地推广中短期(3 个月及以下)的债权转让方式,建立起债权二级市场,加大资金的流动性,吸引更多投资者来投资长期贷款。

(三)去担保化是大趋势,但还需要一段时间,平台需要加强与保险机构的合作

最近除了 P2P 平台频频发生跑路事件以外,许多担保机构也发生了倒闭事件。由于国内社会征信体系缺失,为了取信投资者,许多平台都引入担保机制,而并非所有担保机构都有能力担保,P2P 过度依赖担保公司是不利于自身提高专业化程度和风控能力的。相比之下,P2P 应该加强与保险业合作。

在我们之前的实证研究中,平台保障方式上非融资性担保公司与平台活跃程度关系最大,一定程度上反映了当下投资者还是较为青睐有担保公司的平台。因此,我国 P2P 平台的转型还需要一定时日。

而在标的保障类型的探究中,我们看到投资者较喜欢有风险准备金的平台,说明去担保化可以先结合平台自身的保险金制度,再向保险机构合作过渡。

(四)资金托管还需要落到实处

日前有新闻曝光一些平台所谓的资金托管其实并不能解决平台自融还有骗贷问题,托管银行并不能很好地监控资金的安全。同时,他们并没有这样的激励去监控,因为从法律上看,银行的资金托管部分并不需要银行承担责任进行监管,它只是中间业务,所以使用资金托管对于部分投资者而言并不能提高平台的信誉。

我们对数据探究的结果也显示了当下资金托管与平台活跃度并没有很大关系,所以投资者对于资金托管的真正益处还没有很认可。对于资金托管问题也许还需要进一步落到实处,引入更加权威的第三方资金托管机构才行。

（五）逐步与投资机构合作

根据我们探究的结果显示，接受过风投的平台在成交活跃度上表现得更好。随着 P2P 规模扩大，网贷平台应该在提高自身专业化能力以后，吸引更多的投资机构入场，包括投资银行、财富管理公司、各类基金、保险资金、企业家族资金、企业的财务公司，以及信托公司，使市场规模进一步扩大。

（六）风险保障需要内部和外部控制相结合

当下 P2P 平台的风险控制在内部控制上，根据我们在标的保障模式和平台保障模式的探究中可以看到，风险准备金保障模式的平台与较多的活跃程度指标正相关，平台保障方式中，担保公司、风险准备金、平台垫付等方式均与部分指标相关。所以，平台应该在风险准备金保障模式上进行发展，同时可以考虑进一步引入保险机制来进行风控。

在外部控制上，可以促进当下信用中介机构的发展，完善社会信用体系；或者鼓励 P2P 平台自愿加入互联网金融协会。

根据我们的探究结果，加入互联网金融专业委员会的平台活跃度指标都较显著。通过行业协会的外部控制，对于加入了协会的平台，协会将会对一些没有风控的机构进行除名。这在一定程度上能够提高 P2P 平台的整体质量。

参考文献

[1] 高佳敏，2013：《P2P 网络借贷模式研究》，西南财经大学硕士学位论文。

[2] 李悦雷、郭阳、张维，2013：《中国 P2P 小额贷款市场借贷成功率影响因素分析》，《金融研究》第 7 期。

[3] 廖理、李梦然、王正位，2014：《聪明的投资者：非完全市场化利率与风险识别——来自 P2P 网络借贷的证据》，《经济研究》第 7 期。

[4] 林毅夫、李永军，2001：《中小金融机构发展与中小企业融资》，《经济研究》第 1 期。

[5] 林毅夫、孙希芳，2005：《信息、非正规金融与中小企业融资》，《经济研究》第 7 期。

[6] 宋文，2013：《P2P 网络借贷行为的实证研究》，上海交通大学硕士学位论文。

[7] 谈超、王冀宁、孙本芝,2014:《P2P 网络借贷平台中的逆向选择和道德风险研究》,《金融经济学研究》第 5 期。

[8] 王会娟、廖理,2014:《中国 P2P 网络借贷平台信用认证机制研究——来自人人贷的经验证据》,《中国工业经济》第 4 期。

[9] 尹志超、甘犁,2011:《信息不对称、企业异质性与信贷风险》,《经济研究》第 9 期。

[10] 尤瑞章、张晓霞,2010:《P2P 在线借贷的中外比较分析——兼论对我国的启示》,《金融发展评论》第 3 期。

[11] Agrawal, S., R. Hauswald., 2008, "Distance and Private Information in Lending", NBER Working Paper.

[12] Berger, S. C., F. Gleisner., 2007, "Electronic Marketplaces and Intermediation: An Empirical Investigation of An Online P2P Lending Marketplace", NBER Working Paper.

[13] Chen, N., A. Ghosh, N. S. Lambert, 2011, "Auctions for Social Lending, A Theoretical Analysis", SSRN Working Paper.

[14] Freedman, S., G. Z. Jin, 2010, "Learning by Doing with Asymmetric Information: Evidence from Prosper. com", NBER Working Paper.

[15] Freedman, S., G. Z. Jin., 2008, "Do Social Networks Solve Information Problems for eer-to-Peer Lending? Evidence from Prosper. com", NBER Working Papers.

[16] Greiner. M. E., H. Wang., 2009, "The Role of Social Capital in People-People Lending Market Places". Proceedings of ICIS.

[17] Iyer, R., A. I. Khwaja, E. F. P. Lutter, K. Shue, 2009, "Screening in New Credit Markets Can Individual Lenders Infer Borrower Creditworthiness in Peer-to-Peer Lending?", SSRN Working Paper.

[18] Klafft, M., 2009, "Peer to Peer Lending: Auctioning Microcredits over the Internet", Technology and Management, 1-8.

中国 P2P 借贷利率与逾期行为研究*

李虹含

内容提要:随着互联网发展和信用环境的成熟,基于互联网的 P2P 借贷应运而生,国内 P2P 借贷平台大多深度依赖线下渠道(包括借款人开发和审核,乃至投资人的开发),借款利率也显著高于同期"银行利率"。本文通过对 P2P 借贷平台参与的个人—平台—群众的行为进行实证分析,得出影响我国 P2P 借款利率大小及逾期率高低的行为因素。实证检验表明,借款人及出借人的行为能够显著影响借款成功率及借款利率的高低,平台的统计信息也能够影响平台的平均借款利率水平。最后,本文还有针对性地提出政策性建议。

关键词:P2P 网络借贷;借款利率;逾期行为

一、引　言

20 世纪 80 年代以来,得益于互联网的迅猛发展,金融发展过程中出现的信息分散以及信息不对称的问题得以有效缓解。同时,伴随着大数据以及云

---

* 李虹含,中国社会科学院金融研究所博士后流动站,华夏银行博士后科研工作站,博士后,研究方向:银行管理与货币政策,E-mail:windman12@126.com。本文受北京市博士后科研活动经费项目(2015ZZ159)、国家社会科学基金(12BJY154)、国家自然科学基金(71273282)、国家社会科学基金青年项目(12CJY113)资助。

处理等数据挖掘技术的革新，也提升了信息大数据的转化价值。而这些技术的进度均为 P2P 借贷模式的发展做出了举足轻重的贡献。P2P（Peer to Peer）网络借贷是一种随着互联网技术崛起而发展的、实现金融脱媒的个体借贷行为。P2P 网络借贷的优势在于，依靠网络为信息传播的媒介，使得各类贷款需求及"0 门槛"理财需求得以实现。自 2005 年 3 月以来，以 Zopa、Prosper 为代表的 P2P 网络借贷模式在欧美迅速发展，此后该模式在世界范围内被广泛传播开来，尽管整体规模并不算太大，仍表现出持续的创新性和旺盛的生命力。从 2006 年国外 P2P 网络借贷的先进理论被介绍到我国，到 2007 年 8 月，我国第一家基于互联网平台的 P2P 借贷平台成立，再到我国超越美国成为全球最大的 P2P 借贷市场。根据网贷之家的数据统计，截至 2014 年 10 月底，行业运营平台达 1 474 家，10 月网贷成交量达 268.36 亿元，行业贷款余额达到了 744.14 亿元，活跃投资人数为 64.56 万人。P2P 借贷平台如此高速的成长，主要得益于以下几个方面：其一，我国人口基数大，大众理财需求量较大；其二，借助于互联网传递信息的优势，借款人成本能够很好地被控制；其三，准入门槛较低，无特殊监管。除了这些外部的因素以外，P2P 借贷平台的内部因素——借贷平台的参与者（借款人和出借人）以及平台自身的优势、劣势也时时刻刻影响着 P2P 网络借贷的发展。本文研究的对象——A 网贷网络平台，截至 2015 年第一季度，A 网贷平台交易量达 72 亿，用户注册量突破 150 万，风险备用金超过 1 亿元人民币。2015 年年初，银监会设立普惠金融工作部。不管是平台成长数据还是国家监管政策的推进，都体现了 P2P 平台迫切需要利用大数据的研究手段来进行更加合理的发展，比如更低的借贷成本及更高的成功率。本文分别从出借人的行为、借款人的行为以及平台信息这三个角度出发，分析 P2P 借贷平台对借款人降低融资成本、平台提高借贷成功率以及出借人规避违约风险的影响，并提出指导性的建议。

二、文献回顾

由于 P2P 网贷平台在国内外出现的时间较短，研究文献并不多，在对国内外的文献进行查阅后，综述如下：

从借款者角度来看，Ryan 等人(2008)发现可以将影响 P2P 借款成功率的因素主要分为两类：财务信息因素和非财务信息因素。Zhang(2014)通过对 Prosper. com 的数据分析，研究金融危机前后该网站的信用风险情况，指出外在的经济大环境也会对借款人的借款情况产生影响。Mach, Carter, Slattery(2014)在研究 P2P 对小企业影响时发现，相比于传统的借贷方式，借款人通过 P2P 平台利率往往是传统借贷的两倍。此外，商业借贷的借贷成本要略高于非商业型借贷。Logistic 回归的结果也显示出小型企业更容易逾期和违约。

从出借人的角度来看，Wang, Wang, Kang(2014)在对我国截至 2012 年的所有 P2P 平台进行研究后发现，在 P2P 借贷平台上，正向的评价及社交对信用评价有小部分影响以及可以帮助我们预测机构风险。Yang, Lai(2014)的研究通过建立模型来分析个人及群组的表现如何降低 P2P 借贷平台的信息不对称问题。研究最后指出每个信息不对称问题都可以分为 5 个部分：保守、稳定而保守、保守、保守而激进、激进。[①] 此外，Kumar(2010)在分析了 Prosper 上 6 个月的交易数据，发现贷款人的行为是符合“理性经济人”的基本假设的，能够根据借款人的信用状况确定合理的风险溢价。然而，此研究也表明，两者有时候也会出现不匹配现象。这种不匹配主要来源于非财务因素的干扰。

从利率角度来考量，曹楠楠、牛晓耕(2013)认为 P2P 借贷平台需要结合

---

① Yang L, Lai V S. Performance As A Signal To Information Asymmetry Problem In Online Peer-To-Peer Lending. 2014.

地区、行业、产业等实际情况，创新风控机制创新 P2P 利率定价手段，确定 P2P 平台合理的利率范围。宋鹏程、吴志国、赵京(2014)认为目前 P2P 借贷平台上存在的由各大平台利差获取收益的这种套利行为，实际上是给定的制度框架下的合理市场行为，有利于促进市场利率的形成，并给 P2P 平台确定有效利率提供激励。

在实证结果方面，宋文(2013)通过实证得出中介信任、第三方信任对于提高出借人意愿和降低要求收益的影响最为明显，以及个人信任倾向对提高出借人意愿和降低要求收益率也有较为显著的影响。赵乐峰(2013)通过对 A 网贷的数据做多元线性回归得出借款者历史借款成功的次数越多、借入信用越高、借出信用越高、总投资数越多、借款者所在的地区为东部地区，则借款者获得借款的可能性就越大。

在 P2P 借贷模式方面，高佳敏(2013)认为，纯中介平台在中国并非没有生存和发展空间，但迫切需要解决风险控制能力弱和交易规模瓶颈两大问题，以及对待本土化“创新”不能采取“一刀切”的态度。宋鹏程、邹震田(2014)发现与纯线下、纯线上模式经历的“倒闭潮”形成鲜明对比的是，2011 年至今，通过网络吸引出借人而对借款人进行审核的“线上＋线下”的 P2P 借贷模式在我国得到迅速的发展。宋文(2013)在以人人贷为例研究借贷平台的借贷成功率中得出如下结论：P2P 网络借贷平台上的担保信息以及借款人在平台上的信用信息，是对网络借贷行为影响最大的因素，能极大地影响出借人的出借意愿和要求收益。

通过对国内研究文献的梳理可以发现，P2P 网络借贷平台对融资利率的影响因素分析以及 P2P 网络借贷中逾期行为的特征分析并不十分普遍。本文致力于对此进行补充。

三、模型构建与数据收集

根据宋鹏程等(2014)和高佳敏(2013)的研究模型及前人的研究内容,本文主要从两个方面来进行:第一,P2P 网络借贷中借款者个人行为对必要收益率的影响因素分析,P2P 网络借贷平台对融资利率影响因素分析;第二,P2P 网络借贷中逾期行为的特征分析。本文使用了 Logistic 模型和 OLS 多元线性回归模型进行回归研究。

(一) 理论模型的建立

采用 Logistic 模型进行回归主要原因是本文的因变量取值为 0～1 的情况,在研究因变量与自变量之前的关系时,二者并不是简单的线性回归模型 $y=a+bx$,在 0～1 变量的情形下,y 的期望值就等于因变量取 1 的概率,一般就写成 P。于是便想通过一种转化,能够使得模型等式右边的值的取值范围限定在[0,1]之间,转化如下。

$$P=\frac{e^{a+bx}}{e^{a+bx}+1} \tag{1}$$

$$y=a+bx \tag{2}$$

式中:Logistic 回归中的回归系数 b 表示某一因素改变一个单位时,因变量发生与不发生事件的概率之比的对数变化值。根据宋鹏程等(2014)的模型构建,本文在研究 P2P 网络借贷中逾期行为的特征分析中使用了 Logistic 回归模型,在研究借款者个人行为对必要收益率的影响因素中使用了多元线性回归方程。

(二) 理论假设

1. P2P 网络借贷平台对融资利率的影响

根据借款人所发布借款项目的平台对借款利率可能会产生的影响,本文做出如表1所示的相关假设。

表1 关于P2P借贷平台对平台融资利率的假设

假设	内容	假设依据
H1	平台的成交量越大,平台的平均年化收益率越低	平台的成交量越大说明平台的规模越大,出借人对平台的认可度较高,能够接受较低的年化收益率的补偿
H2	平台透明度越高,平台的平均年化收益率越低	平台透明度越高,说明平台的借款项目质量越高,出借人能够接受较低的年化收益率
H3	平台出借人资金分散度越高,平台的平均年化收益率越低	平台资金分散程度越高,说明平台的风险控制做得好,理性的出借人能够接受风险小、收益低的借款项目
H4	平台的资金流动性越强,平台的平均年化收益率越低	平台的流动性越强,说明平台的短期借款较多,平均年化收益率会略低

2. P2P网络借贷中逾期行为分析

根据逾期行为在借贷关系中为普遍存在的行为,本文对逾期行为做出如表2所示的假设。

表2 逾期行为的假设

假设	内容	假设依据
H1	借款金额、借款利率、借款期限与逾期发生概率正相关	借款金额越少、利率越低、期限越短,借款人的还款压力就越小,逾期行为发生的概率也越低
H2	男性借款者的逾期率高于女性	男性比较愿意去尝试高风险的事情,逾期的可能性更大
H3	年龄与逾期发生的概率负相关	年龄越大的人越稳重,逾期的情况会较年轻人好一些
H4	未婚借款者的逾期率高于已婚借款者	未婚借款者还款来源相对而言比较不稳定,逾期发生的可能性会较大
H5	借款者的收入与逾期发生的概率负相关	借款人收入越高,还款保障越强,逾期发生的可能性越小
H6	借款者的信用等级与逾期发生的概率负相关	借款人信用等级越高,资质越好,逾期发生的可能性就越小

（三）数据来源

本文的实证数据来自 A 网贷网站 2014. 01. 01—2015. 6. 30 的交易数据，共抓取 132 854 条有效数据，在对数据进行分类并剔除无用数据后，本文所使用的数据共有 885 643 条数据；同时，对第三方网贷平台（www.wangdaizhijia.com）的数据进行记录，对其年度评级分数求均值，然对各大平台进行比较。为了方程能够更好地回归，本文先对 A 网贷网站上所抓取的数据做如表 3 赋值处理：

表 3 投资行为研究变量赋值释义

指标变量	变量	变量的取值定义
借款信息变量(L_i)	认证方式(Certification)	“机构担保标”赋值为 3；“实地认证标”赋值为 2；“信用认证标”赋值为 1
	借款金额(Amount)	借款金额按以下分类赋值：(0，10 000)、(10 000，50 000)、(50 000，100 000)、(100 000，+∞)为 1、2、3、4
	借款期限(Time)	借款期限按 1～12 个月、12～18 个月、18～24 个月、24 个月以上分别赋值为 1、2、3、4
	借款利率(Rate)	借款年利率按 0%～12%、12%～15%、15%～20%、20%及以上分别赋值为 1、2、3、4
用户信息变量(D_i)	年龄(Age)	年龄段按照 20 岁以下、20～30 岁、30～40 岁、40～50 岁、50 岁以上分别赋值为 1、2、3、4、5
	性别(Gender)	“男性”赋值为 2、“女性”赋值为 1
	婚姻状况(Marriage)	“丧偶”赋值为 4；“离异”赋值为 3；“已婚”赋值为 1；“未婚”赋值为 0
	房产(House)	有房赋值为 1；无房赋值为 0
	车产(Car)	有车赋值为 1；无车赋值为 0
	学历(Education)	大专/高中以下赋值为 1；本科赋值为 2；研究生及以上赋值为 3
	收入情况——月薪(Income)	收入按照(0，2 000)、(2 000，5 000)、(5 000，10 000)、(10 000，20 000)、(20 000，50 000)、(50 000，+∞)分别赋值为 1、2、3、4、5、6

（续表）

指标变量	变量	变量的取值定义
信用变量(C_i)	信用等级(Credit)	信用等级按照A、B、C、D、E、HR分别赋值为6、5、4、3、2、1
	逾期比率逾期比率=逾期次数/申请借款笔数(OverdueR)	0%,1%～99%,100%分别赋值为0,1,2
	已清偿比率=已清偿笔数/申请借款笔数(PayoffR)	0%,1%～99%,100%分别赋值为0,1,2
	成功借款比率=成功借款笔数/申请借款笔数(SuccessR)	0%～10%,10%～20%,20%～30%,30%～40%,40%～50%,50%～60%,60%～70%,70%～80%,80%～90%,90%～100%分别赋值为1,2,3,4,5,6,7,8,9,10

研究P2P借贷平台对借款利率影响时，所使用变量及其赋值如表4所示。

表4 研究P2P网络借贷平台对融资利率影响所需要的变量

因变量	自变量	赋值
平台平均综合年化收益率(Y_1)	平台的人气指数(Popularity)	按评分0～10、10～20、20～30、30～40、40～50、50～60、60～70、70～80、80～90、90～100分别赋值为1、2、3、4、5、6、7、8、9、10
	平台的成交量指数(Number)	
	平台的分散程度(Separation)	
	平台的流动程度(Liquility)	
	平台的透明程度(Public information)	

四、P2P 网贷平台对融资利率和逾期行为的影响因素分解

（一）融资利率的影响因素变量选择与检验

表 5 研究 P2P 网络借贷平台对融资利率影响所需要的变量

因变量	自变量
平台平均综合年化收益率(Y_1)	平台的人气指数(Popularity)
	平台成交量指数(Number)
	平台的分散程度(Separation)
	平台的流动程度(Liquility)
	平台的透明程度(Public information)

在研究这个行为问题的时候，我们继续构建多元线性回归方程来检验以上各自变量对因变量的影响情况。构建模型如下：

$$Y_1=\beta_0+\beta_1 P+\beta_2 N+\beta_3 S+\beta_4 L+\beta_5 PI+\varepsilon$$

其中，P、N、S、L、PI 分别表示上表列出的解释变量，β_i 为系数，ε 为由其他原因引起平台平均综合收益率变动的误差项。采用逐步分析法得出的结论如下：

表 6 模型摘要(平台)

R	R^2	调整后 R^2	Durbin-Watson
.977^e	.954	.958	2.024

调整后的 R^2 为 0.958，说明模型中自变量对因变量的解释力度为 95.8%。Durbin-watson 值为 2.004，该值接近 2，说明模型的残差不存在自相关性。

表 7 方差分析表(平台)

模型	平方和	平均值平方	F	显著性
回归	561.668	141.417	221.914	.111
残差	27.332	.636		
总计	589.111			

由上表可知：t检验的显著性为0.000，F值为221.914，说明模型的回归拟合很好。经过逐步回归法，被方程回归所接受的变量及其系数如表8所示。

表8　方程系数(平台)

模型	非标准化系数		标准化系数		显著性
	B	标准错误	Beta	T	
透明度	.413	.198	.561	4.224	.111
流动性	.223	.164	.411	3.484	.111
分散度	.292	.182	.419	3.568	.111
成交	−.213	.173	−.393	−2.919	.116

经过第三方整合的指标中，显著的变量有：

(1) 透明度。系数为正，说明平台的透明度越高，平台上借款人给出的高收益率更容易被认可。因为透明度较低平台的高收益率会被投资人所警戒，出于理性的角度而放弃高收益的借款散标。

(2) 流动性。系数为正，说明平台的流动性越强，平台上平均借款率较高。流动性越强，出借人对平台的认可性更高，高利率的借款项目较易被出借人所认可。

(3) 分散度。系数为正，说明平台的分散度越高，平台的平均借款率越高。这是因为平台的分散性越高，出借人的风险易被分散，会推动借款人对高利率项目的选择。

(4) 成交。系数为负，说明平台的成交量越大，平台的综合平均利率越低。这是因为成交量越大，说明出借人在平台内投入的资金会越多，借款人较容易筹集到资金，所以平台整体的回报率会下降。

通过上述实证可以得出，对于表1中P2P借贷平台对平台融资利率的假设当中，同意H1的假设，对H2、H3、H4的假设均持否定结论。假设H1：平台交易量越大，借款人更容易筹集到资金，这种内在动因会促使借款人降低对出借人的利息回报率。假设H2：平台的透明度越高，说明借款人对平台的认可度很高,更倾向于向平台内回报率高的项目进行投资,这种内在动因会促使借款人在一定程度上提高必要收益率。假设 H3:平台的分散度越高,出借人的风险越能够被很好地分散,在投资能够很好分散的情况下,出借人选择更多的高收益的借款标的。假设 H4:平台的流动性越强,债权转让的情况会越发普遍,出借人也会更倾向于必要收益率较高的借款项目。

(二)逾期行为的特征分析的变量选择与实证检验

既然 P2P 网络借贷是借款者和出借者对资金需求的一个匹配,那么便必然存在着借款者逾期还款的风险。所需变量如表 9 所示:

表 9　研究借款者的逾期行为所需要的变量

<table>
<tr><td rowspan="3">因变量名</td><td colspan="4">自变量名</td></tr>
<tr><td>借款信息变量(Loan)</td><td colspan="2">用户信息变量(Demographic)</td><td>信用变量(Credit)</td></tr>
<tr><td>借款金额(Amount)</td><td>年龄(Age)</td><td>婚姻状况(Marriage)</td><td>信用等级(Credit)</td></tr>
<tr><td rowspan="3">借款人是否逾期 Y_1</td><td>借款期限(Time)</td><td>性别(Gender)</td><td>有无房产(House)</td><td>逾期比例(Overdue R_2)</td></tr>
<tr><td>借款利率(Rate)</td><td>学历(Education)</td><td>有无房贷(HouseL)</td><td>已还清比率(PayoffR)</td></tr>
<tr><td>认证方式(Certification)</td><td>收入(Income)</td><td>有无车产(Car)</td><td>已成功比率(SuccessR)</td></tr>
</table>

因为我们对因变量的赋值为 0 和 1,同样建立 Logistic 回归模型。构建的模型如下:

$$\ln \frac{P(Y_1=1)}{P(Y_1=0)} = b_0 + \beta_{1i}L_i + \beta_{2i}D_i + \beta_{3i}C_i + \varepsilon$$

其中,b_0 为在不被任何自变量影响的情况下,因变量逾期和不逾期的事件概率之比的对数值。β_{1i}、β_{2i}、β_{3i} 为相对应的因素改变一个单位时,因变量逾期与不逾期发生概率之比的对数变化值。

表 10 模型系数 Omnibus 测试(逾期)

		卡方	df	显著性
步骤	步骤	761.607	15	.000
	区块	761.607	15	.000
	模型	761.607	15	.000

Omnibus 的零假设是新增变量会增加模型的解释力度。这说明变量的模型的每一个系数都显著不为 0。

表 11 分频表(逾期)

观察值			预测值 逾期行为		
步骤	逾期行为	0	0	1	正确百分比
		1	5 960	73	98.8
			540	40	6.9
	整体百分比				90.7

尽管模型的整体解释比高达 90.7%,但模型对于逾期行为(赋值为"1")的预测程度仅只有 6.9%,对不存在逾期行为的解释力度达到了 98.8%。这主要是因为在借款成功的散标中,有 91%的借款项目是没有逾期行为的,有逾期行为的样本仅占所有成功借款项目的 8%,样本占比过小。

表 12 方程系数(逾期)

	B	显著性	Exp(B)
Amount	—.406	.000***	.666
Rate	.358	.000***	1.431
Time	—.210	.000***	.811
Gender	.268	.076**	1.307
Income	.222	.000***	1.248
Age	—.029	.516	.971

(续表)

	B	显著性	Exp(B)
House	.091	.417	1.096
Education	−.410	.000***	.664
HouseL	−.411	.006*	.663
Car	−.127	.317	.881
Marriage	.235	.008*	1.265
CarL	−.221	.323	.802
Credit	.246	.004**	1.279
PayoffR	1.238	.000***	3.447
SucceseR	.179	.000***	1.196
常数	−4.195	.000***	.015

注：* 显著性水平为 0.1；** 显著性水平为 0.05；*** 显著性水平为 0.01。

显著的变量及分析如表 13 所示：

表 13　显著性变量的分析说明(逾期)

变量	系数	说明
Amount(借款金额)	−0.406***	系数为负，说明借款金额越大，借款人逾期的可能性越小
Rate(借款利率)	0.385***	系数为正，说明借款利率越低，借款人逾期的可能性越小
Time(借款期限)	−0.21***	系数为负，说明借款期限越长，借款人逾期的可能性越小
Gender(性别)	0.268***	系数为正，说明女性与男性相比，逾期的可能性更小
Income(收入)	0.222***	系数为正，说明在 A 网贷网站上，收入较低的人，逾期的可能性较小
Education(学历)	−0.410***	系数为负，说明学历越高的人，逾期的可能性越小

（续表）

变量	系数	说明
HouseL(房贷)	−0.411***	系数为负，说明有房贷的借款人逾期的可能性更大
Marriage(婚姻)	0.235***	系数为正，说明未婚的借款人逾期的可能性更小
Credit(信用等级)	0.246***	系数为正，说明信用等级低的借款者发生逾期的可能性较小，这主要是因为评级为 HR(赋值为 1)的借款者大多是第一次借款，没有逾期行为记录
PayoffR(已清偿比率)	1.238***	系数为正，但不具备参考性实际上清偿比率为 0 的借款人占比为 92%对结果有一定的误导，清偿比率 1%～99%、100%的逾期率分别为 36%、16%
SucessR(借款成功比率)	0.179***	系数为正，但不具参考性。实际上借款成功率在 50%～80%的借款人，由于样本量较少呈现出逾期率上升的趋势

根据上述实证检验，从表 2 逾期行为的假设中可以得出如下结论部分：同意 H1 假设，同意 H2 假设，否定了 H4、H5 假设，H6 假设未得出有效支撑结论；对假设 H1：借款利率与逾期发生情况正相关，而借款金额和借款期限与此负相关；对假设 H2：女性的逾期概率要小于男性；对假设 H3：从回归模型结果来看，年龄变量并不显著，即年龄对违约的概率影响并不大；对假设 H4：未婚借款者的逾期率要低于已婚的借款者；对假设 H5：从样本数据来看，借款人的收入与逾期发生的概率是正相关的；对假设 H6：囿于数据可得性，借款者的信用等级与逾期发生的概率负相关，由于评级为 B、C、D 的样本数量较小，无法简单根据系数为正来判定。

五、结论与建议

根据上述实证检验的结果，以及各种因素对 P2P 网络平台的影响，得出以下结论及建议：

1. P2P 网络平台对融资利率的影响

通过实证部分的多元线性回归，以第三方收集的数据为样本，本文发现平台的透明度指标、流动性指标、分散度指标均与平台的平均综合年化收益率呈正相关关系，而平台的成交量指标与平台的综合年化收益率负相关。也就是说，平台透明度越高、流动性越好、分散度越高、交易量越小，平台的平均综合年化收益率越高。实际上，这项结论的得出和日常的经验并不相符，这也从另一方面突显了我国 P2P 网贷平台仍旧不是十分规范，借款人在平台上给出的年化收益率并不是合理的一个范畴。

针对平台不规范的问题，本文也有两项建议，分别从外部和内部来解决 P2P 借贷不规范的问题：

第一，从外部来讲，对 P2P 的监管一定要实施到位。在监管方层面，本文提倡由央行和银监会来共同监管。这主要是因为：首先，监管方在征信体系方面，只能够由央行来完成；其次，P2P 网络借贷平台主要是作为第三方机构来参与借贷过程，央行应该加强对第三方支付机构的监管；再次，针对 P2P 借贷过程中可能出现的各类违法行为，央行应该予以监督和打击；最后，银监会作为银行类信贷业务的管理部门，也应该为央行的管理出谋划策。

第二，从内部来讲，P2P 借贷平台一定要保持借贷信息的真实性。P2P 借贷平台作为连接借款人和出借人之间的“桥梁”，要努力保证“桥梁”两端信息的对称性。P2P 借贷平台可以通过“线上+线下”的模式来确保对借款人的借贷信息审核到位。

2. P2P 借贷平台逾期行为

以A网贷数据为例，有成功借款记录的借款人的逾期概率仅有8%，说明有过一次成功借款记录的借款人在还款期内表现良好，逾期概率很低。也说明平台的借款人也十分在意对自己信用记录的维护，均按时还款，这也为后期借款成功率的提高提供了保障。

通过实证的Logistic回归，对逾期行为造成显著性影响的变量有借款金额(Amount)、借款期限(Time)、借款利率(Rate)、借款人性别(Gender)、借款人收入(Income)、借款人受教育程度(Education)、借款人有无房贷(HouseL)、借款人婚姻状况(Marriage)、借款人信用等级(Credit)、借款人已偿清比率(PayoffR)、借款人成功借款比率(SuccessR)。其中，借款人个人信息方面，男性逾期情况要比女性更严重，受教育程度高的借款人逾期发生概率要低于受教育程度低的借款人。

出借人在对项目进行投资后需要重点考虑以上因素，当发现借款项目有逾期风险时，应在投资该项目前便做好把资金进行分散性投资的准备，来尽量降低借款人逾期后的损失。

此外，借贷平台也应该格外关注会造成逾期情况发生的借款项目，并针对有逾期风险的借贷项目适当提高风险金的计提比例，为逾期后的偿还做好保障工作。

参考文献

[1] 曹楠楠、牛晓耕，2013:《P2P网贷行业的发展现状及风险控制分析——以A网贷商务顾问有限公司为例》，《中小企业管理与科技》第8期。

[2] 宋鹏程、吴志国、赵京，2014:《投融资效率与投资者保护的平衡：P2P借贷平台监管模式研究》，《金融理论与实践》第1期。

[3] 宋鹏程、邹震田，2014:《P2P借贷商业模式在我国的演进及其启示——由大型金融机构和风险投资公司的动向谈起》，《新金融》第4期。

[4] Kumar, S., 2010, "Bank of one: Empirical Analysis of Peer-to-Peer Financial

Marketplaces", *Americas Conference on Information Systems* (*AMCIS*),2010.

[5] Mach, T., C. Carter, R. Slattery, 2014,"Peer-to-Peer Lending to Small Businesses", Finance and Economics Discussion Series Divisions of Research & Statistics and Monetary Aairs Federal Reserve Board.

[6] Wang, M, T. Wan, M. Kang, 2014, "Understanding Perceived Platform Trust And Institutional Risk In Peer-to-Peer Lending Platforms From Cognition-Based And Affect-Based Perspectives".

[7] Yang, L, S. Lai, 2014, "Performance As A Signal To Information Asymmetry Problem In Online Peer-to-Peer Lending".

[8] Zhang Z., 2014, "Credit Risk Preference In E-Finance: An Empirical Analysis of P2P Lending".

通信运营商大数据在个人征信领域的应用*

黄强松　高　倩

内容提要：大数据颠覆了传统服务业的商业模式和运营规律，特别是传统的征信方法也因大数据而发生了重要变化。通信运营商拥有丰富的数据资源、先进的数据处理技术、良好的社会形象，而且还有政府背书，应该在大数据个人征信领域大有作为。本文分析了现有个人征信过程中存在的征信模式单一、风险把控力不强和征信体制不灵活等问题，认为通信运营商要在个人征信领域发挥自身优势，积极参与解决现有个人征信过程中存在的问题。在此基础上，本文还给出通信运营商将大数据应用于个人征信领域的对策性建议。

关键词：通信营运商；大数据；个人征信

一、引　言

大数据正以超乎想象的速度席卷全球。2012 年，美国政府投资 2 亿美元启动了“大数据研究和发展计划”，这是继 1993 年美国宣布“信息高速公路”计划后的又一重大科技发展部署，美国政府认为大数据是“未来的新石油与矿

---

* 黄强松，南京大学国际金融管理研究所，高级研究员，江苏电信大数据团队运营总监，主要研究领域：互联网技术的研发、数据运营与管理，E-mail：18118999518@189.cn；高倩，江苏电信大数据团队智慧征信产品经理，主要研究方向：企业管理、市场营销。

产”。法国政府在发布的《数字化路线图》中表示，将大力支持大数据在内的战略高新技术，法国生产振兴部部长 Arnaud Montbourg、数字经济部部长 Fleur Pellerin 和投资委员 Louis Gallois 在第二届巴黎大数据大会结束后第二天共同宣布将投入1 150 万欧元用于支持项目发展。2013 年 6 月，日本安倍内阁正式公布新 IT 战略——“创建最尖端 IT 国家宣言”，宣言全面阐述了以发展开放公共数据和大数据为核心的日本战略。

近年来，我国逐步认识到大数据的重要战略意义。2012 年，我国政府批复了“‘十二五’国家政务信息化建设工程”；2014 年 2 月成立中央网络安全和信息化领导小组，旨在保障网络信息安全，开放信息建设，积极发展信息经济实力；2015 年 7 月，国务院办公厅发布《关于运用大数据加强对市场主体服务和监管的若干意见》，鼓励发展大数据征信，加强对市场主题服务的监管，推进简政放权和政府职能转变。也正是因为这些政策利好和环境支持，大数据正在我国各个领域颠覆现有的经济模式和商业模式。

金融行业有着技术密集和资金密集的特点，也是国外大数据的典型应用行业。当前，为了破解小微企业融资难、互联网金融征信难的困境，金融征信被推到了风口浪尖，信息极度不对称的市场上涌现出大量的征信需求。为了促进征信市场的发展，提升信用生活覆盖面，营造和谐的社会氛围，我国于 2015 年开发了对第三方征信机构的准入资格，8 个月来大有快速追赶欧美的趋势。以芝麻信用为代表的首批 8 家个人征信公司凭借长期积累的线上线下交易类数据，引入部分有代表性的外部数据，逐步构建了全新的互联网化的征信体系，并衍生出多种个人信用消费模式，形成多个跨界信用消费产品，让人们感受了全新的消费理念和消费方式。

随着征信行业的发展，金融消费类数据已经不能满足征信模型的优化需要，征信市场需要对个人进行覆盖通话、位置、兴趣爱好、社交关系等更为全面的画像标签。而通信运营商拥有网络运维数据、信令数据、用户基本信息、用户位置信息、用户访问日志、流媒体数据在内的全量固网、移动网的海量 DPI 数据，并且有着雄厚的资本和良好的政府背书，是大数据快速发展，实现产品变现的最佳阵地。因此，在我国征信市场刚刚起步的阶段，通信运营商大数据在个人征信方面的应用将是今后研究的一个重要方向。

二、个人征信现存的问题

我国现有的个人征信体系功能简单、覆盖人群少、可应用性不强，从征信衍生出来的互联网金融及消费金融也尚在起步阶段，由于信息极度不对称，许多问题也在这一过程中逐步显现。例如，数据源限于行业内部，缺乏全面的汇聚数据；前期投入成本大、收益低、战线长，造成了许多追求快速收益的公司不得不全身而退；自身技术不完善，而引入外部技术不适应本国的市场环境等原因，也使得绝大多数征信公司举步艰难，成效缓慢，究其原因主要来源于征信体制和管理运营两个方面。

（一）传统征信模式单一、固化，缺乏有效的风险把控能力

传统模式下，商业银行贷款的风控工作以基础信息校验和风控人员的主观判断为主，贷后监控更是凭借风控人员的个人经验和显性特征来进行判断。新生的互联网金融甚至无法接入央行征信系统，即无法实现最基本的征信服务，造成了严重的信息不对称，进而引发道德风险和逆向选择。最终导致的局面就是，一方面，商业银行为了控制信贷风险，拒绝高风险的贷款业务，使得产品创新进程极其缓慢，本应大热的消费金融举步艰难；另一方面，互联网金融虽然以极快的速度颠覆传统商业银行的运营模式，业务量飞速扩张，但是由于无法接入央行系统的天生缺憾，导致风险难以把控，实际坏账率居高不下，进而又要引入高收益高风险的产品来平衡盈亏，最终形成了"简审批，易坏账，低诚信"的恶性循环。

（二）现有征信体制不灵活，缺乏具有理想资质的引导者

现有的征信模式在处理抵押类贷款或小额信用贷方面颇有成效的原因也

是在于该类贷款本身就具有低风险的特征，所以粗略的金融违约数据看似在贷前起着决定性作用，而非抵押类贷款的审批除了比对营收情况和抬高过往信用门槛外，大多数靠风控从业人员的经验和对某些公认的逾期显性特征的判断。

纵观美国、欧洲、日韩等发达国家的征信史，无论是政府、第三方征信公司还是征信协会主导征信建设，都有以下几点特征：一是在资质上本身的数据源要广进而节省数据汇聚的难度和时间，并且积累了长期数据从业经验；二是在资本上有雄厚的人力、物力和财力去采购数据，并承担在很长一段时间的低盈利甚至是负盈利；三是在能力上要有领先的技术用于庞大的数据存储和征信复杂的建模和分析；四是在市场中要有较高的社会地位和良好的大众口碑，能够组织协调多方资源；五是在安全保障上要有完善的内部管控用以保证数据安全和个人隐私；六是在机制上有灵活多变、快速响应的组织架构，以互联网化的快速迭代方式追赶发达国家的征信建设。

三、通信运营商破题而立

征信市场开放初期，格局未定，竞争还未激烈，无论是互联网公司、外资企业还是政府职能部门，都想在这一时期抢占高地。目前，现状是数据源难以统一，业务能力参差不齐，一方面，政府部门及公共事业单位掌握大量信用信息却不能快速有效地构建征信体系，同时政府数据开放程度不高，使得外界有能力做征信的公司难以获取该部分数据；另一方面，来自第三方的征信机构快速变现却无法保证不侵害个人信息和隐私数据。面对困境，通信运营商凭借着广泛、多样、实时的数据源，先进的技术和创新氛围以及良好的政府背书，俨然成了中国社会环境下较为理想的征信体系建设引导者。

（一）作为通讯数据的承载者，通信运营商在互联网时代具有最广泛的数据源

“数据孤岛”是大数据公司面临的最大问题，信用信息数据汇聚是大数据征信的首要前提，运营商作为通讯数据传输的底层管道，在数据广度方面，覆盖包括网络运维数据、信令数据、用户基本信息、用户位置信息、用户访问日志、流媒体数据在内的全量固网、移动网 DPI 数据。在数据量方面，通信运营商数亿级的用户规模保证了数据的海量；在多样性方面，既包括结构化的用户基本信息数据，又包括半结构化的用户访问日志数据，还包括非结构化的流媒体数据；在速度方面，通信网络的实时承载保证了数据的速度，这就赋予了通信运营商做大数据的天然优势。纵观美国三大征信巨头、英国公共信用以及日本、巴西的征信协会，都是以可交流的、广泛的数据源为基础，逐渐发展成为大型的全国性机构。

（二）作为技术密集型企业，通信运营商有着雄厚的资本和先进的科技能力

征信体系的建设是一个长期的过程，一方面，具有投资大、见效慢、回报周期长的特点，需要大量、长时间的成本投入，导致征信产品无法快速变现，缺乏盈利价值，进而对绝大多数民营企业来说缺乏市场推动力；另一方面，征信体系的建设对数据汇聚、清洗和挖掘的技术水平要求较高。通信运营商长期从事数据存储工作，有大量的硬件设施和丰富的运维经验，同时，运营商经过多年的建设运营和不断创新，从底层的骨干网传输、核心网汇聚和上层各类营业受理及应用系统，有着长期处理大量数据的经验，毫秒级实时响应的分布式处理技术，形成了非常成熟和先进的体系。近年来，通信运营商引入了大数据相关人才，成立了“大数据实验室”，以单独的平台和优质数据建立了汇聚、清洗、脱敏、结构化和上层应用的大数据闭环体系。

（三）作为国有大型企业，通信运营商有着一定的社会地位和公信力

发达国家的征信市场最大的特征是完全或部分市场化，需要由非政府的机构按照市场规律进行运作，以独立、客观的角度为市场提供征信服务。以往我国的征信是由政府职能部门进行管理和运营，虽然 2014 年已将征信市场打开，但是由于我国政策环境和监管条理尚未完善，民众信用意识和配合程度相对较弱，如果任由民营机构主导经营，完全按照市场规律来做，结果难以把控。

通信运营商有着政府背书，会在符合政府监管要求的前提下按照市场规则进行作业。征信体系的建立是一个社会化的问题，牵扯到文化、道德和理性多个方面，我国征信市场的开放是在道德缺失、诚信匮乏的时候，这就需要有公信力和社会地位的企业或者机构进行征信业务的统领发展工作。征信体系从一定程度上来说，是未来用于改善社会环境、消费环境、道德氛围以及市场秩序的公共信息产品，与通信管道有着相似的作用，再加上所用生产资料涉及个人隐私和信息安全等多个方面，具有不可估量的市场价值，所以在市场偶有失灵的中国，仍需要有政府的强监管和强管控。

四、通信运营商大数据如何应用于征信行业

通信运营商应结合目前征信市场的旺盛需求，吸取征信公司的产品优势，构建一套“贷前—贷中—贷后”的大数据解决方案，实施贷前的个人信用评估，贷中的价值评估和贷后的动态监管全流程风险把控。

（一）采集多方数据，构建个人信用评级系统

个人信用评级在国外已经有 100 多年的探索，形成了较为完善的算法模型，美国得到广泛使用的 FICO 评分系统有五类主要影响个人信用的因素：客户的信用偿还历史、信用账户数、使用信用的年限、正在使用的信用类型及新开立的信用账户。国内个人征信处于起步初期，在 8 家征信公司所提供的产品中，可以明显地看到类似于 FICO 体系的评级模式，模型数据来源大同小

异，包含自身企业内部数据、采购第三方数据以及互联网公开数据。各家评级虽然各有侧重，但是都以互联网数据和金融数据为主。企业作为“数据孤岛”，自身的数据体量有限，必定需要花费大量的人力、财力来将“点”形式的多方数据汇聚成面。而电信运营商作为通信管道，自身拥有着跨企业、跨类型的数据资源，良好的客户关系，再加上雄厚的资本能力和丰富的人力资源，是数据汇聚方较为理想的机构。通信运营商可以充分汇聚政府部门、金融行业以及互联网企业的全面数据，来构建适合国情的个人信用评级系统。

（二）深度挖掘数据，建立个人信用价值标签

在完成数据汇聚工作的基础上，通过深度挖掘现有数据，分析个人行为，对个人进行标签发放，提供基于个人信用的标签体系，例如电信业欠费标签、纪检法违规类标签、敏感地出入标签、敏感通话行为标签以及手机入网时长标签等；提供基于客户购买力的标签体系，例如消费标签、收入标签、电商标签、购买偏好标签等；提供基于客户兴趣爱好的标签体系，例如购物性别标签、家庭身份标签、购买特征标签、购买品类标签等；提供基于通讯情况的标签体系，例如需求标签、交往圈标签、社交标签等，为金融行业勾画出更为详细的用户画像，用于贷中风险把控、产品开发、营销推广以及客户关系管理等。

（三）取得用户授权，合法催缴

个人征信市场的开放带来了众多商机和发展机遇，但是伴随而来的是个人隐私问题和数据安全问题，无论何时何地，能否保障个人隐私是大数据征信是否能继续推进的唯一底线，因此绝大多国家征信法律法规均明确规定需要在用户授权的情况下才能进行征信工作。在用户授权之后，通信运营商就能运用手机定位、手机通话等即时数据来帮助金融机构完成贷后催缴工作，这对挽回损失、追回欠款有着极大的现实意义。

五、结　语

通信运营商作为传统的通信服务提供商，较少涉及金融行业，故金融行业对于电信运营商大数据在个人征信领域的应用尚存疑虑，一是没有专业的金融从业经验，二是缺乏金融交易类数据，并且电信运营商作为传统的国有企业，对数据安全以及个人隐私把控极严。如何以有效授权的方式和不涉及数据安全的方式来进行产品研发和应用输出，是通信运营商现阶段面临的主要问题。

总之，金融服务正在由粗放式管理向数据精细化管理转变，信用消费正在改变着人们的消费习惯和资本运作模式，大数据风险控制为小微企业融资困境提供了出路，为互联网金融的快速发展提供了方案。电信运营商凭借其丰富的底层数据、先进的技术水平以及良好的社会地位和政府背书正在逐步向金融征信服务方面挖掘前进，这不仅将促进我国征信业的发展，也必将会开辟出一条推动普惠金融发展的新思路。

参考文献

[1] 范铁光、刘岩松，2015:《大数据应用于信用评分模型的实践与启示》，《征信》第 2 期。

[2] 黄子健、王龑，2015:《大数据、互联网金融与信用资本：破解小微企业融资悖论》，《金融经济学研究》第 1 期。

[3] 王召，2014:《"大数据":传统金融与互联网金融争夺的焦点》，《中国农村金融》第 2 期。

[4] 吴晶妹，2011:《2011—2012 年中国征信业回顾与展望》，《征信》第 6 期。

基于 KMV 模型的我国互联网金融上市公司信用风险研究*

申尊焕　孟庆颖

内容提要:互联网金融的快速发展增加了人们对信用风险的担忧和理论上的关注。本文利用 KMV 模型对我国互联网金融上市公司的信用风险进行研究。研究表明,KMV 模型中的执行价格(即违约点)应是根据长期负债比重变化的有效区间,且长期负债在违约点中的比重越小,违约点的精确度越高。同时,我国互联网金融公司的违约距离服从正态分布,互联网金融存在信用风险。因此,强化对互联网金融信用风险的监管和防范有重要的现实意义。

关键词:KMV 模型;互联网金融;信用风险

一、引　言

随着互联网技术的快速发展和普及程度的提高,互联网金融实践也在快速发展。特别是支付宝、P2P 等金融创新的出现,对传统金融业造成了冲击,因此,强化对互联网金融信用风险的监管和防范成为重要的课题。

---

* 申尊焕,西安电子科技大学经济管理学院,教授,E-mail:zunsh03@126.com;孟庆颖,西安电子科技大学经济管理学院,硕士生,E-mail:mengjieerguaiguai@126.com。本文受教育部人文社会科学研究项目(09XJA790008)、中央高校基本科研业务费专项资金(K5051306011)资助。

检索文献发现对互联网金融的研究内容较多，包括对互联网金融内涵、动作模式、互联网金融的作用等方面的分析。由于互联网金融以虚拟网络为基础，因此，对互联网金融中的风险研究也为成重要议题，但这些研究主要是基于宏观理论方面的分析。如关于互联网金融是否会加大风险的问题，文献有两类不同的观点。第一种观点认为互联网金融可以降低风险，如互联网金融的信用风险在信息传导中被分散化；证券的个体风险能被充分分散，信用风险造成的极端损失不易出现。第二种观点认为互联网金融会放大风险，如互联网金融超越了地域和时间的限制，使得风险扩散的速度更快；在互联网金融理财领域，流动性风险的放大效应也已经出现。另一些文献则研究了互联网金融的监管等问题。由此可见，目前对互联网金融的分析涉及对风险问题的研究，但主要是理论分析，而缺乏实证方面的研究，特别是缺乏对互联网金融公司信用风险的实证分析。

对于信用风险的研究，前沿的研究模型包括 KMV 公司的 KMV 模型、JP 摩根的 Credit Metrics 模型、瑞士信贷银行的 Credit Risk＋模型、麦肯锡公司的 Credit Port folio View 模型等。在上述模型中，KMV 模型得到了更为广泛的认知和应用，早在 2004 年巴塞尔银行监管委员会在巴塞尔新资本协议中就提倡使用内部评级的方法监管和控制信用风险，并推荐使用 KMV 模型进行内部评级。事实上，国内外学者的大量研究结果也支持 KMV 模型有效性的观点。如文献的分析表明，KMV 对企业的违约概率有很强的预测能力，相应的研究[13]也证明了 KMV 模型的有效性。国内文献通过对电力、蒸汽、热水生产和供应、房地产开发与经营业研究发现，KMV 模型能够较好地对不同行业进行信用风险的预测。本文也认为，由于国内信用风险评价体系不完善以及证券市场的弱有效特征，KMV 模型更加适用于我国互联网金融。基于上述原因，本文将借用 KMV 模型研究我国互联网金融的信用风险问题。

关于信用风险的 KMV 模型，国内外文献都进行了广泛探索。如国外文献以金融类公司为样本进行了实证研究，其分析结果表明，EDF 值在发生信用事件时或破产前就能够准确灵敏地监测到信用质量的变化。国内学者对我国上市公司的信用风险进行了研究，但主要侧重于对 KMV 模型适用性以及对违约点在固定情况下的讨论，体现为对 KMV 模型中的参数修正，通过不同样本的差异性检验，以确定最优参数，且其研究结论具有多样性特点。如文献分别分析了长期负债占 0%、50%和 75%三种违约点情况下样本公司的违约距离，其结果表明，当违约点值等于流动负债时，模型对上市公司信用风险有最强的分辨能力；文献通过比较不同违约点下违约公司和正常公司违约距离差异的显著程度得出，我国上公司的违约点设定为流动负债加上 10%的长期负债时预测能力最强；有些研究通过比较四种违约点情况下的违约距离后，指出当违约点值设定为流动负债加上 25%的长期负债时，模型对上市公司有最强的分辨能力；文献利用上述方法研究得到的 KMV 模型表明，我国中小上市公司在违约点参数设立为 0.5 的违约点上有很强的识别信用风险状况的能力；另一些文献结合中国证券市场的实际情况，对 KMV 模型进行了修正，将违约点参数修正为 0.75，然后利用修正后的模型对我国证券市场上的部分样本公司进行实证检验，表明在参数设立为 0.75 时 KMV 模型适用于中国证券市场。

由此可见，现有文献利用 KMV 模型对信用风险的研究结果具有多样性。究其原因，本文认为，首先由于我国证券市场起步较晚，信息不完全是一个重要特点，我国资本市场存在弱势有效性可能是上述研究结果多样性的主要原因，将 KMV 模型中的违约点设定为某个固定数可能并没有反映证券市场弱有效性的特点。其次，现有文献对违约点的分析缺乏考虑具体的行业特点，因而出现最优违约点的不同。基于以上原因，本文以互联网金融公司为研究对象，借鉴文献分别研究不同情况下违约点的分析方法，并认为违约点实质上是一个有效区间，不过有效区间中的不同取值对应不同的信用风险精确度，以此寻找最优违约点。进一步看，现有文献以普通上市公司为研究对象，与此相比，基于互联网从事金融业务的公司（互联网金融公司）由于缺乏物理实体，其资产主要体现为软件、系统以及研发投入，而这需要长期的大量投资；或者说，互联网金融公司的长期负债可能是其重要的资金来源。基于这样的考虑，在研究互联网金融公司的信用风险时，本文在测量违约点时将长期负债的最低比例设定为 25%，在此基础上，比较研究长期负债处于区间(0.25，0.75)内的三个代表点 25%、50%和 75%时的信用风险，以检验违约点实质是一个有效区间的判断；同时，探讨最佳违约点的参数。

与现有文献相比，本文研究有以下特色：第一，研究对象不同。本文以具有创新特点的互联网金融类上市公司作为研究对象，利用 KMV 模型研究其信用风险问题。如前所述，现有文献只是对整个市场上公司信用风险的分析，而本文是基于对创新型的互联网金融上市公司信用风险的研究，在理论上对互联网金融有更多理解，具有理论和实践意义。第二，研究方法不同。文献在对模型识别风险能力进行判断时采用了 ST 与非 ST 公司进行配对的两样本差异性 t 检验和 Wilcoxon 检验，而本文采取了多样本差异性 Jonckheere-Terpstra 检验，从而使得对互联网金融公司信用风险的研究更为深入。第三，对期权执行价格(即违约点)的认识不同。现有文献认为 KMV 模型中的期权执行价格(即违约点)固定点，而本文发现违约点更应是一个有效区间。第四，研究内容不同。本文在选择最优违约点后对所得到的互联网金融公司的违约距离的分布状况进行了分析，再利用其分布状况对互联网金融公司的信用风险预警进行了划分，从而为判断目前互联网金融公司的信用风险状况提供了可靠依据。

二、KMV 模型建立及参数的设定

为测量我国互联网金融公司的信用风险，本文借鉴 KMV 模型，并根据现有文献设定相应的参数。

（一）KMV 模型和违约距离

1. 固定行权价格下的 KMV 模型和违约距离

KMV 模型的理论基础是布莱克-斯科尔斯和默顿的期权定价模型。模型将公司股权看作是以公司资产价值为标的的看涨期权,并且把公司的负债作为该看涨期权的执行价格。在公司的债务到期日,当企业资产未来市场价值低于企业所需清偿的负债面值时,企业将会发生违约,否则不违约。若公司的资产价值高于企业的负债面值,则公司能够偿还债务,公司所有者将选择不违约,并获得偿还债务以后所剩下的收益,这就相当于执行了看涨期权。反之,如果债务到期时,公司的资产价值低于其负债的面值,公司将不能偿还债务,也就相当于放弃执行看涨期权。企业资产未来市场价值的均值到违约点之间的距离就是违约距离 DD(Distance to Default)。

根据上述分析,由 Black-Scholes 的看涨期权定价公式可得到公司资产价值和股权价值的关系式为:

$$E = VN(d_1) - De^{-rT}N(d_2) \tag{1}$$

其中,E 是公司股权市场价值,V 是公司资产价值,D 是公司负债的违约点,r、T 分别为无风险利率和债务期限、$N(\cdot)$为标准正态分布的累计函数。上式中 d_1、d_2 分别为:

$$d_1 = \frac{\ln(V/D) + (r + \sigma_V^2/2)T}{\sigma_V\sqrt{T}}$$

$$d_2 = \frac{\ln(V/D) + (r - \sigma_V^2/2)T}{\sigma_V\sqrt{T}} = d_1 - \sigma_V\sqrt{T}$$

对(1)式两边求导,再求期望可以得到企业股权价值的波动性 σ_E 和资产价值的波动性 σ_V 之间的关系:

$$\sigma_E = \frac{VN(d_1)}{E}\sigma_V \tag{2}$$

联立式(1)和式(2),根据 Newton 迭代法可以求得 V 和 σ_V 的值。

由 V 和 σ_V 的值计算违约距离(Distance to Default, DD),即市场净值(企业资产的市值减去公司的违约点)除以资产价值波动的一个标准差:

$$DD = \frac{V - D}{V\sigma_V} \tag{3}$$

在假定公司的资产价值服从正态分布的前提下,违约距离反映的是企业距离违约的标准差,我们可以由违约距离得到企业的违约概率 EDF (Expected Default Frequency)为:$EDF=N(-DD)$。由于缺乏我国历史违约数据,违约距离和违约概率之间的映射关系无法实现,因此,本文直接用违约距离度量上市公司的信用风险大小。由于违约距离 DD 是一个标准化指标,所有公司在不同时间的违约距离可以进行相互比较。DD 反映公司信用风险的大小:违约距离越大,说明公司到期偿还债务的可能性越大,发生违约的可能性越小,公司信用状况越好;反之,则信用状况越差。

2. 考虑多个期权执行价格下的 KMV 模型及违约距离

由于我国资本市场的弱有效性,已有对股票期权的研究中认为目前采用固定的行权价格并不合适。本文在研究互联网金融上市公司的信用风险中利用 KMV 模型的实质是将公司股权看作看涨期权,这与股票期权理论基础相同。有鉴于此,本文在对互联网金融上市公司信用风险的研究中设定多个行权价格,以寻找行权价格的设定规律。KMV 模型中的行权价格即为公司负债违约点 D,根据长期负债所占比重的不同,本文设定三个执行价格,其长期负债的比重分别为 25%、50%和 75%,并测量这三种不同情况下的违约距离。

违约距离在上市公司财务危机预警中,有着不可替代的作用。如现有文献通过对违约距离的研究,发现违约距离比传统财务指标能更早地预警到企业财务危机的发生,结合违约距离因素的危机预警模型能更明显地提高模型的危机判断正确率。因此,本文选择利用违约距离来对信用风险进行测定。

(二)参数的设定

为测量互联网金融企业的信用风险,根据公式(3),应设定相应的参数。为此,需要对公式(3)作进一步说明。

1. 股权价值

由于我国证券市场发展较晚,上市公司主要由原国有企业改制而成,其股票被分割成了流通股和非流通股两部分。非流通股并不随着市场价值的变化而变化,且非流通股的价值也不容易估算。通常情况下,非流通股的价值低于流通股的价值。本文借鉴已有研究的做法，参考上市公司股票全流通研究中的非流通股定价，将每股净资产作为非流通股的价格，由此得到上市公司股权价值为：股权价值＝流通股收盘价格×流通股股本数＋每股净资产×非流通股股本数。

2. 股权价值的确定

国内学者应用 GARCH 模型对我国股票市场风险所做的研究表明，GARCH(1,1)可以很好地对股票波动率进行预测，本文在计算出股权价值后，对股权价值取对数，然后进行去均值化处理后，利用 Eviews 进行 GARCH(1,1)回归，从而得到了股权价值的条件标准差，以此标准差作为 σ_E 的值。

3. 公司违约点 D 的设定

国内学者对违约点的确定中长期负债的权重并没有统一的标准。如前所述，一些人认为传统的 KMV 模型中违约点等于短期负债加长期负债的一半；一些人将模型的违约点修正为 0.75；还有研究者在对上市银行的研究中将我国上市银行的违约点设定为 0.25。基于这种分析，本文对互联网金融行业的违约点分别设定为 0.25、0.5 和 0.75 三种水平，即：违约点＝流动负债＋长期负债×0.25，违约点＝流动负债＋长期负债×0.5，违约点＝流动负债＋长期负债×0.75；并利用多样本差异性非参数检验 Jonckheere-Terpstra 方法来检验违约点设立的优劣。在以上分析基础上，本文还将根据最优违约点计算出互联网金融行业的违约距离，并讨论其分布情况。

4. 债务到期期限 T 和无风险利率 r

T 以年度计量，用于测量一年内的违约距离和违约概率；r 为中国人民银行公布的从 2012 年 7 月 6 日开始执行的一年期定期存款利率 3%。

三、样本选择和信用风险测量和检验

在设定 KMV 模型中参数的基础上，本节将利用我国互联网金融公司的数据，实际测量其信用风险，并进行检验。

（一）样本选择和数据采集

不同于以往的研究，本文选择的样本为互联网金融上市公司。与其他类型上市公司不同，互联网金融上市公司具有特殊性，即虚拟性、高技术性、高投入等特点，意味着这类公司有大量的长期投资，相对于传统产业，其长期信用风险较大。

关于互联网金融上市公司，由于现有文献没有互联网金融的标准定义和相应分类，所以本文参考同花顺、新浪财经等财经网站概念股板块的互联网金融公司，从中选取各网站共同认定为互联网金融企业，且其主营业务符合互联网金融特点的 14 家上市公司进行分析。为了保证数据的完整性和违约距离在不同公司不同期间均可比较的要求，本文并没有剔除上市时间比较晚的公司。每股净资产、流通负债和长期负债的数据，选取于 14 家互联网金融企业 2011 年第一季度至 2014 年第二季度共 14 个季度的数据。为深入分析互联网金融上市公司的信用风险，本文同时选取每个交易日收盘股价、流通股股数和非流通股股数等数据，通过计算得到日股权价值，再利用 GARCH 模型进行回归，最后利用回归得到的模型重新预测历史数据得到上市公司股票的日股权波动率 σ_E，取其季平均值作为每一季度的股权波动率，从而计算得到资产价值波动率和违约距离。本文所有数据均来源于同花顺数据库。

利用所得数据通过 Mat lab 编程实现 KMV 模型的 Newton 迭代算法，计算出 V 和 σ_V，进而得到违约距离 DD，并以违约距离作为衡量信用风险的依据。

（二）实证结果与分析

1. 违约点和最佳违约点的确定

本文利用 Matlab 编程实现 KMV 模型的 Newton 迭代算法，计算得到在违约点分别为：违约点＝流动负债＋长期负债×0.25，违约点＝流动负债＋长期负债×0.5，违约点＝流动负债＋长期负债×0.75，14 家互联网金融公司的违约距离，如下表：

表 1 长期负债权重为 0.5 时的违约距离

违约距离	大智慧	东方财富	恒生电子	金证	君正	欧浦钢网	上海钢联
2011.03	45.432 3	33.312 6	42.029 7	33.563 5	42.571 6	31.763 7	45.077 4
2011.06	58.215 9	30.284	43.661 7	32.062 3	44.182 2	29.250 7	45.410 9
2011.09	49.526 4	30.403 8	43.109 7	34.687 9	46.777 6		45.409 6
2011.12	58.157 6	30.141 9	41.557 6	26.867 2	49.166 3		14.642 2
2012.03	26.096 3	30.195 6	41.712 2	28.556 9	31.188 5		37.229 9
2012.06	13.775 1	30.3	43.154 5	28.851 2	23.211 8		37.674 7
2012.09	49.569 2	30.251 2	43.871 2	34.495 2	39.045 8		43.168 2
2012.12	49.387 1	30.473 4	42.696 8	38.274 4	45.758 2		20.706 5
2013.03	41.147	30.013 4	39.588 6	27.338 6	42.023 3		15.721 3
2013.06	24.567 9	30.101 5	43.118 9	26.174	22.642 1		16.656 7
2013.09	19.683 7	29.303 9	43.956 7	22.894	26.209 9		15.733
2013.12	17.966 2	29.003 6	41.966 3	24.322	22.759 8		9.929 2
2014.03	7.860 4	28.890 7	43.091 8	23.796 4	14.676 6		
2014.06	19.755 9	29.203 1	40.693 7	28.608 8	25.704 2		
违约距离	深圳华强	生意宝	苏宁云商	腾邦国际	天成	同花顺	雅戈尔
2011.03	47.111 5	49.705 3	45.400 6	56.874 3	49.164 6	46.831 3	33.886 4
2011.06	43.696 3	41.374 1	47.535 1	57.479 7	49.128	51.629 6	30.671 5
2011.09	43.829 8	33.087 6	52.065 1	57.863 2	48.726 8	44.456 4	30.154 7
2011.12	41.592 5	28.730 4	42.645 2	57.402 3	47.660 9	51.394 6	29.789 6
2012.03	35.776 7	42.092 8	39.299 9	33.173 2	33.323 4	59.372 1	27.794 9
2012.06	32.233 8	33.015 1	39.518 8	44.234 5	36.775 2	63.325 7	29.453
2012.09	25.493 1	35.307 6	31.760 2	48.250 4	39.770 3	57.704 1	24.142 1
2012.12	17.795 5	27.629 6	32.847 5	60.260 3	45.124	62.958 2	18.278 5
2013.03	30.409	42.924	29.005 5	55.280 1	45.024 3	54.276 2	22.333 1
2013.06	33.560 1	28.318 1	40.997 7	52.330 5	46.456	30.587 2	20.003 9

（续表）

违约距离	深圳华强	生意宝	苏宁云商	腾邦国际	天成	同花顺	雅戈尔
2013.09	21.400 1	21.178 7	26.552 5	32.335 5	46.112 5	32.783 4	16.629 9
2013.12	22.763 7	27.612 4	21.286 5	32.653 5	46.666 7	42.404 2	19.333 7
2014.03	24.165 6	27.629 5	31.444 3	26.321 6	43.085	41.035 6	21.657 2
2014.06	35.379 5	35.503 8	33.140 8	32.637 2	44.982 1	30.462 2	23.589 2

表2　长期负债权重为0.25时的违约距离

违约距离	大智慧	东方财富	恒生电子	金证	君正	欧浦钢网	上海钢联
2011.03	45.432 3	33.312 6	42.064 3	33.583 8	43.578 1	31.799 7	45.316 8
2011.06	58.215 9	30.284	43.693 8	32.085 5	44.922 7	29.438 5	45.646 8
2011.09	49.526 4	30.403 8	43.141 1	34.710 1	47.541 9		45.632 6
2011.12	58.159 7	30.141 9	41.585 9	26.887 8	50.025 6		14.72
2012.03	26.096 7	30.195 6	41.724 1	28.587 5	31.697		37.448 8
2012.06	13.775 3	30.3	43.164	28.866 6	23.594 8		37.913 9
2012.09	49.570 1	30.251 2	43.881 8	34.520 1	39.659 2		43.444 3
2012.12	49.388	30.475	42.703 5	38.332 4	46.669 8		20.926 1
2013.03	41.147	30.014 7	39.590 1	27.371 6	42.808		15.782 1
2013.06	24.568 7	30.102 7	43.119 4	26.216 6	23.083 4		16.700 3
2013.09	19.684 1	29.304 6	43.960 6	22.926 1	26.692 4		15.779 1
2013.12	17.966 4	29.004 9	41.971 4	24.363 3	23.137 4		9.957 9
2014.03	7.860 5	28.892 1	43.098 9	23.823 9	14.899 2		
2014.06	19.756	29.204 3	40.699 5	28.634 8	26.046 9		
违约距离	深圳华强	生意宝	苏宁云商	腾邦国际	天成	同花顺	雅戈尔
2011.03	49.782 4	49.709 4	45.425 4	56.887 7	49.170 1	46.836 8	34.692 2
2011.06	46.401	41.378	47.573 9	57.493 7	49.131 9	51.637 4	31.375 5
2011.09	46.607 5	33.090 8	52.106 6	57.875 3	48.740 3	44.464 7	31.015 6
2011.12	44.555 1	28.733 3	42.702 7	57.416 1	47.985 7	51.405	30.393 4
2012.03	38.581 8	42.097 4	39.359 1	33.182 3	33.559 7	59.384 6	28.539 8
2012.06	35.158 3	33.018 4	39.581 5	44.250 8	37.041 4	63	30.021 6

（续表）

违约距离	深圳华强	生意宝	苏宁云商	腾邦国际	天成	同花顺	雅戈尔
2012.09	28.500 9	35.311 4	31.840 1	48.272 2	40.074 3	57.717 7	24.838 3
2012.12	18.851	27.631	33.314 7	60.291 6	45.567 3	62.981 8	18.591 1
2013.03	31.265 7	42.929	34.195 6	55.301 2	45.456 2	54.293	22.916 5
2013.06	34.520 5	28.320 5	41.692 6	52.369 2	47.029 9	30.593 6	20.682 5
2013.09	21.686 7	21.179 6	26.931 6	32.352	46.748 9	32.793 2	17.368 3
2013.12	22.906 3	27.613 8	21.618	32.669 4	47.038 9	42.419 4	19.730 4
2014.03	24.295 3	27.630 8	32.009 1	26.332 9	43.400 8	41.049 5	22.403 4
2014.06	35.554 7	35.505 6	34.009 9	32.654 5	45.129	30.472 1	24.382 5

表 3　长期负债权重为 0.75 时的违约距离

违约距离	大智慧	东方财富	恒生电子	金证	君正	欧浦钢网	上海钢联
2011.03	45.432 3	33.312 6	41.995 1	33.543 2	41.565	31.727 7	44.838
2011.06	58.215 9	30.284	43.629 7	32.039 1	43.441 6	29.062 8	45.175
2011.09	49.526 4	30.403 8	43.078 4	34.665 8	46.013 4		45.186 6
2011.12	58.155 6	30.141 9	41.529 3	26.846 7	48.307		14.564 4
2012.03	26.095 9	30.195 6	41.700 2	28.526 4	30.679 9		37.011 1
2012.06	13.774 8	30.3	43.145	28.835 8	22.828 8		37.435 6
2012.09	49.568 3	30.251 2	43.860 6	34.470 3	38.432 3		42.892 2
2012.12	49.386 2	30.471 7	42.690 1	38.216 4	44.846 6		20.486 9
2013.03	41.147	30.012 2	39.587 2	27.305 6	41.238 6		15.660 6
2013.06	24.567 1	30.100 4	43.118 4	26.131 4	22.200 8		16.613 1
2013.09	19.683 3	29.303 2	43.952 9	22.862	25.727 5		15.686 8
2013.12	17.966	29.002 3	41.961 1	24.280 7	22.382 1		9.900 4
2014.03	7.860 4	28.889 3	43.084 8	23.768 9	14.454		
2014.06	19.755 8	29.201 9	40.688	28.582 8	25.361 4		

（续表）

违约距离	深圳华强	生意宝	苏宁云商	腾邦国际	天成	同花顺	雅戈尔
2011.03	44.440 6	49.701 3	45.375 7	56.861	49.159	46.825 7	33.080 5
2011.06	40.991 6	41.370 1	47.496 3	57.465 7	49.124 1	51.621 8	29.967 5
2011.09	41.052 2	33.084 3	52.023 7	57.851 1	48.713 4	44.448 1	29.293 9
2011.12	38.63	28.727 5	42.587 6	57.388 6	47.336 2	51.384 2	29.185 8
2012.03	32.971 8	42.088 2	39.240 6	33.164 2	33.087 2	59.359 6	27.05
2012.06	29.309 2	33.011 8	39.456	44.218 3	36.509	63.313 5	28.884 3
2012.09	22.485 3	35.303 8	31.680 3	48.228 6	39.466 2	57.690 6	23.445 6
2012.12	16.739 9	27.628 2	32.380 3	60.229	44.680 8	62.934 7	17.966 1
2013.03	29.552 2	42.919	23.815 4	55.258 9	44.592 5	54.259 4	21.749 6
2013.06	32.599 7	28.315 7	40.302 7	52.291 7	45.882	30.580 9	19.325 4
2013.09	21.113 5	21.177 9	26.173 4	32.319	45.476	32.773 5	15.891 5
2013.12	22.621 1	27.611	20.954 9	32.637 7	46.294 5	42.389	18.937
2014.03	24.035 9	27.628 2	30.879 5	26.310 3	42.769 2	41.021 8	20.911 3
2014.06	35.204 3	35.501 9	32.271 8	32.62	44.835 3	30.452 4	22.796 9

上表说明了在三种违约点假设下本文所研究的 14 家互联网金融上市公司自 2011 年第 1 季度到 2014 年第 2 季度 14 个季度的违约距离情况。下文对互联网金融上市公司违约距离的相关检验均基于此表。

对互联网金融公司的违约距离在：违约点＝流动负债＋长期负债×0.25，违约点＝流动负债＋长期负债×0.5，违约点＝流动负债＋长期负债×0.75，三种情况下分别利用多样本差异性非参数检验得到如下结果：

表 4　Jonckheere-Terpstra 检验

参数	0.25	0.5	0.75
group 中的水平数	14	14	14
N	182	182	182

(续表)

参数	0.25	0.5	0.75
J-T 观察统计量	8 658	8 609	8 530
J-T 统计量均值	7 656	7 656	7 656
J-T 统计量的标准差	409.601	409.601	409.601
标准 J-T 统计量	2.446	2.327	2.134
渐近显著性(双侧)	0.014	0.02	0.033

由上表可以看出,根据长期负债权重三个水平的互联网金融公司的违约距离都存在显著性差异。在长期负债权重为 0.25 时,企业间违约距离在 2%的水平上存在显著性差异;在长期负债权重为 0.5 时,互联网金融企业的违约距离在 3%的水平上存在显著性差异;而当长期负债权重为 0.75 时,互联网金融企业的违约距离也在 5%的水平上存在显著性差异。这不仅与将违约点等于短期负债加长期负债的一半时的结论相同,也与将模型的违约点修正为 0.75、违约点设定为 0.25 时的结论相同。

由此可得到以下结论:

(1) 对于互联网上市公司而言,违约点实质上可能不是一个点,而是一个有效区间。根据本文样本,有效区间为(0.25,0.75);这证实了本文关于在研究互联网金融上市公司的信用风险时将执行价格即违约点 D 设定为固定点存在不合理性的假设。违约点是有效区间的判断,意味着在研究信用风险时,它体现了未来不确定性的特征,因此,实质上违约点有效区间要比违约点是单个点的分析有更强的说服力。

(2) 在违约点是有效区间(0.25,0.75)的情况下,上述分析表明,对于互联网金融企业而言,长期负债在违约点中所占的比重越低,则隐含着短期负债所占比重较大。在本文研究中,它就是长期负债比重为 25%时的状态。

需要注意的是,虽然违约点处于一个有效区间内,区间内的所有点都有可能准确预测信用风险,但其精确程度不同。对于互联网金融公司而言,基于其行业特征,长期负债对其违约的影响较大,这体现在两个方面:一方面,如果长期负债占比大，由于长期负债利率高于短期利率，因而从长期看，企业面临的长期信用风险和违约概率相对于短期而言较大。另一方面，由于长期的未来不确定性程度更大，因此，长期负债所占比例较大时，对信用风险预测的准确度则越低。如果长期负债占比较低，则正好相反，即由于短期来看未来的不确定性程度相对较低，信用风险的可预测程度较高。因此，在短期负债所占比例较大(或长期负债所占比例较低)的情况下，企业整体发生违约的风险较低，预测的准确程度也越高。

2. 互联网金融公司违约距离的分布检验

根据上文的结果，本节进一步讨论互联网金融公司的违约距离的分布。对于样本公司违约距离的描述性统计如下表所示：

表 5　违约距离描述性统计

			统计量	标准误
ch	均值		36.141 8	.857 49
	均值的 95%置信区间	下限	34.449 8	
		上限	37.833 8	
	5%修整均值		36.070 2	
	中值		34.520 3	
	方差		133.822	
	标准差		11.568 15	
	极小值		7.86	
	极大值		63.00	
ch	范围		55.14	
	四分位距		16.52	
	偏度		.088	.180
	峰度		—.545	.358

由表 5 可知,互联网金融公司违约距离的偏度为 0.088,峰度为−0.545,均不等于 0,但差异不大。为了分析互联网金融公司违约距离出现在各区间的频率情况,有以下图形。

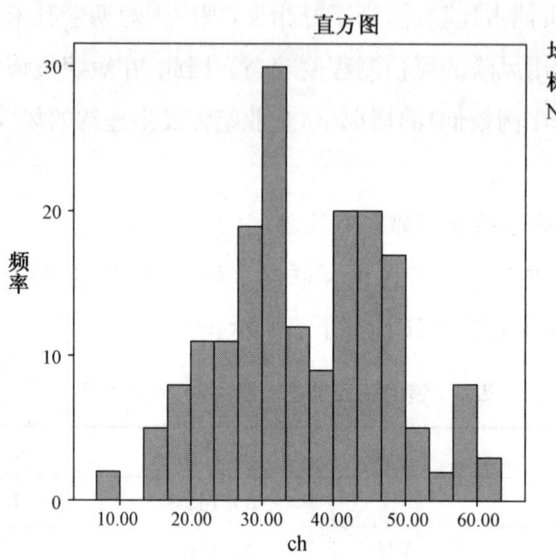

图 1　直方图

ch Stem-and-Leaf Plot

Frequency	Stem &	Leaf
2.00	0.	79
3.00	1.	344
10.00	1.	5567788999
18.00	2.	001112222333344444
23.00	2.	66666667777888888889999
38.00	3.	00000000000001111112222222333333444444
13.00	3.	5555777889999
30.00	4.	001111111222222223333333334444
27.00	4.	555555556666677777889999999
6.00	5.	011224
9.00	5.	567777889
3.00	6.	023
Stem width:	10.00	
Each leaf:	1 case(s)	

图 2　茎叶图

结合图 1 和图 2 也可以看出，虽然互联网金融公司的违约距离不完全服从正态分布，但近似于正态分布。为进一步检验互联网金融公司的违约距离是否服从正态分布，本文进行了 K-S 正态分布检验，检验结果如表 6 所示。由于 K-S 检验的原假设是总体服从正态分布，所以检验结果在 0.05 的显著水平下 0.318＞0.05，接受原假设，互联网金融公司的违约距离服从正态分布。

表 6　K-S 正态分布检验

单样本 Kolmogorov-Smirnov 检验		
		ch
N		182
正态参数 a,b	均值	36.1418
	标准差	11.56815
最极端差别	绝对值	.071
	正	.071
	负	−.066
Kolmogorov-Smirnov Z		.958
渐近显著性(双侧)		.318

3. 违约预警的划分

上述检验表明，互联网金融公司的违约距离服从正态分布。因此，可根据表 5 按照正态分布的特性将违约距离划分为三个区间，在 0.05 的显著水平下，三个区间分别为：违约距离＜34 时的一级警戒、34＜违约距离＜38 时的二级警戒和违约距离＞38 时公司信用风险很低时的安全区间。由图 2 可以看出，在互联网金融公司 2011 年第一季度以来的 182 个样本中，违约距离在一级警戒下出现了 94 次，在二级警戒以下 103 次，在安全区间内 79 次。即 52%在一级警戒以下，57%在二级危险警戒以下，这说明互联网金融企业的信用风险普遍较高，存在违约的可能性较大。

四、研究结论

与传统的金融类公司不同，互联网金融公司是基于互联网开展一些金融活动的非传统金融类公司。近年来，互联网金融实践的快速发展不仅对传统的金融业造成了冲击，而且增加了人们对虚拟环境下的互联网金融活动的担忧。为了明确这种担忧是否必要，就需要研究互联网金融类公司的信用风险。因此，研究互联网金融信用风险具有重要的理论和实践意义。

本文以互联网金融类企业作为研究对象，利用 KMV 模型研究其信用风险问题，基于我国互联网类上市公司的数据，利用多样本差异性 Jonckheere-Terpstra 检验方法确定违约参数，根据最优违约点的确定，研究了互联网金融公司的违约距离的分布和信用风险预警划分。本文的分析表明，利用 KMV 模型分析互联网金融信用风险时，其长期负债在违约点中的比重实质上是一个有效区间；对于具有虚拟特征的互联网金融公司而言，长期负债在违约点中的比重越小，则违约点计算的精确度越高。分析同时表明，我国互联网金融公司的违约距离服从正态分布，且我国互联网金融存在很大的信用风险。因此，金融监管部门应该加强对互联网金融信用风险的监管，同时投资者在将互联网金融公司作为投资对象时也应谨慎从事。

参考文献

[1] 巴曙松、朱明海，2013：《网络支付业的风险评估及监管》，《中国金融》第 20 期。

[2] 黄海龙，2013：《基于以电商平台为核心的互联网金融研究》，《上海金融》第 8 期。

[3] 李金婷，2009：《上市商业银行信用风险评价中违约点设定公式研究——以招商、浦发、华夏、民生、深发展为例》，《财经与管理》第 1 期。

[4] 李磊宁、张凯，2007：《KMV 模型的修正及在我国上市公司信用风险度量中的应用》，《首都经贸大学学报》第 4 期。

[5] 刘国光、王慧敏、张兵，2005：《考虑违约距离的上市公司危机预警模型研究》，《财经研

究》第 11 期。

[6] 刘晓林，2013：《中国资本市场有效性的论证检验》，《商业时代》第 31 期。

[7] 马雨生，2008：《我国上市公司信用风险度量实证研究》，华东师范大学。

[8] 孙小丽、彭龙，2013：《KMV 模型在中国互联网金融中的信用风险测算研究》，《北京邮电大学学报》第 12 期。

[9] 孙小琰、沈悦、罗璐琦，2008：《基于 KMV 模型的我国上市公司价值评估实证研究》，《管理工程学报》第 1 期。

[10] 王念、王海军、赵立昌，2014：《互联网金融的概念、基础与模式之辨》，《南方金融》第 4 期。

[11] 吴晓灵，2013：《互联网金融应分类监管区别对待》，《IT 时代周刊》第 11 期。

[12] 谢邦昌，2008：《我国上市公司信用风险试题模型的选择》，《经济学动态》第 5 期。

[13] 谢平、邹传伟，2012：《互联网金融模式研究》，《金融研究》第 12 期。

[14] 许荣、刘洋、文武健、徐昭，2014：《互联网金融的潜在风险研究》，《金融监管研究》第 3 期。

[15] 杨成炎、周佳，2012：《股票期权可变行权价格模型的探索》，《会计之友》第 7 期。

[16] 杨凯生，2014：《互联网金融需要良好的监管文化和创新文化》，《中国证券报》第 1 期。

[17] 杨阳，2008：《股票期权可变行权价格的确认》，《财会月刊》第 4 期。

[18] 易宪容，2014：《当前互联网金融最大风险是信用风险》，证券日报，2014 - 03 - 08(2)。

[19] 张玲、杨贞柿、陈收，2004：《KMV 模型在上市公司信用风险评价中的应用研究》，《系统工程》第 22 期。

[20] 张泽京、陈晓红、王傅强，2007：《基于 KMV 模型的我国中小上市公司信用风险研究》，《财经研究》第 11 期。

[21] 邹建军、张宗益、秦拯，2003：《GARCH 模型在计算我国股市风险价值中的应用研究》，《系统工程理论与实践》第 5 期。

[22] Wroldsen, J. S., 2013, "The social network and the Crowd Fund Act: Zuckerberg, Saverin, and Venture Capitalists' Dilution of the Crowd", Duke University Working Paper, (1), 583 - 635.

[23] Black, F., M. Scholes, 1973, "The pricing of options and corporate liabilities", Journal of Political Economy, 81, 637 - 654.

[24] Bohn, J. R., 2001, "Response to JP Morgan's Paper Using Equities to Pricing Credit", http: www. moodyskmv. com.

[25] Crosbie, P. J., J. R. Bohn, 2003, "Modeling default risk", KMV Working Paper.

[26] Duffie, D., L. Saita, K. Wang, 2007, "Multi-period corporate default prediction with stochastic covariates", Journal of Financial Economics, 3, 635-655.

[27] FDC. Mobile financial services: extending the reach of financial services throughmobile payment system, FDC: The foundation for development cooperation, 2009.

[28] Freedman, S., G. Z. Jin, 2008, "Dynamic learning and selection: the early years", Working paper, University of Maryland.

[29] Jorgenson, D. W., 2001, "Information technology and the US economy", American Economic Review, 91(1), 1-32.

[30] KMV corporation introduction credit monitors, San Francisco: KMV Corporation, 1993.

[31] Kurbat, M., I. Korablev, 2002, "Methodology for testing the level of the EDFTM credit measure", KMV Corporation, http://www. moodyskmv. com.

[32] Merton, R., 1973, "The theory of rational option pricing", Bell Journal of Economics and Management Science, 4, 141-183.

基于大数据的消费金融风控项目研究*

何 飞 等

内容提要：在国家政策支持下，互联网消费金融进入快速发展期，大数据风控技术也在金融风险控制过程中得到了普遍运用。但在具体实践中，如何提高大数据风控的效果，还需要做客观和深入的研究。作者深入国内某知名消费金融公司大数据风控部门进行调研，参与该部门大数据风控模型的开发，形成了以本文为主要内容的研究报告。本文采用计量统计和大数据等分析方法，构建了基于PCA的逻辑回归信用模型和基于集成方法的大数据评分模型，并且还对相关模型进行了地址粒度解析。本文构建的大数据风控模型不仅丰富了大数据风控领域的研究，而且能够为消费金融公司提升大数据风控水平提供实践指引。

关键词：大数据；消费金融公司；风控模型；地址粒度解析

一、引 言

2016年，在国家政策支持下，互联网消费金融进入快速发展期。消费金

* 本文为互联网金融国家社会科学基金重大项目（14ZDA043）"大数据风控"研究小组的实践成果总结。"大数据风控"研究小组于2016年7月18日由互联网金融国家社会科学基金重大项目秘书何飞博士牵头成立，课题组成员包括何飞（组长）、章安辰、沈佳楠、刘劭、李阳、刘方超。

融是我国金融业发展的重要方向，与此同时，大数据技术在金融风控中的应用不断深化。在此意义上，基于大数据的消费金融风控是最具学术价值和实践价值的研究。当前，基于多维度数据积累，消费金融公司在业务发展上已经形成了自身特色，同时在数据分析应用上积累了丰富经验。但与此同时，如何构建一套完备的大数据风控系统以应对未来井喷的市场需求，正成为消费金融公司亟待解决的重要问题。

概括来说，消费金融中的风险主要包括信用风险与欺诈风险两大类，这两类风险的防控涉及消费金融业务贷前、贷中和贷后的整个流程。进一步地，在贷前实施信用风险与欺诈风险的有效预防，至关重要。依托国内某知名消费金融公司的数据积累，互联网金融国家社科基金重大项目组“大数据风控”研究小组（以下简称“研究小组”）对消费金融贷前风控的一些重难点理论及技术问题展开攻关研究，并将相关成果应用于消费金融公司大数据风控系统研发中，取得了初步成果。①

二、国内消费金融公司贷前风控存在的问题

通常来说，消费金融公司在贷前进行风控的主要技术手段包括两种：一是构建个人信用评分模型，评估个人信用风险；二是挖掘欺诈风险策略规则，预防个人欺诈风险。在实际运作过程中，这两种技术手段的运用仍然存在以下问题：

就个人信用风险防控的技术手段而言，传统个人信用评分模型在消费金

---

① 2016年6月，研究小组组长何飞博士与国内某知名消费金融公司大数据部门负责人进行了深入沟通交流，明确了相关研究计划、人员、数据以及设备需求。2016年7月至2016年8月初，研究小组成员围绕“消费金融中的大数据风控问题”进行了相关理论梳理。2016年8月8日，研究小组正式开展为期一个多月的一线科研活动。2016年9月13日，研究小组组长何飞博士进行了研究成果汇报，出席汇报会议的人员包括：互联网金融国家社会科学基金重大项目（14ZDA043）首席专家裴平教授，国内某知名消费金融公司的董事长、总经理、大数据部门负责人、风控部门负责人，以及公司其他高管人员等。特别说明的是，出于商业保护，本文不具体列出公司名称及相关人员姓名。

融中的实践效果一般。这主要是因为:第一,消费金融面向的服务群体具有特殊性。相比于传统金融机构的"高精尖"定位,消费金融公司以"中低层收入人群"为服务对象,这部分群体通常存在"信贷记录匮乏、信用数据缺失"等问题,无法达到传统个人信用评分模型对于授信主体的较高数据要求。第二,消费金融采取的评分流程具有固化性。在对个人开展信用评分的过程中,消费金融公司仍然遵循传统的评分流程,基于"WOE 分箱""IV 值特征选择"以及"逻辑回归"的标准化建模思想,与互联网时代消费金融服务呈现的"便捷、快速、分散"等特征存在相悖之处。第三,消费金融应用的场景环境具有虚拟性。传统个人信用评分模型通常以现实消费场景为依托,以假定消费环境不变为前提,一旦模型构建测试完成,将被赋予较长的运转时间。然而,基于线上的消费金融服务已经成为行业发展方向,虚拟的消费场景使得针对个人的授信过程更加复杂多变,传统个人信用评分模型在虚拟消费场景中的运用效果大打折扣。

就个人欺诈风险防控的技术手段而言,依赖人工经验总结欺诈风险策略规则不具有可持续性。这主要是因为:第一,人工经验存在先天性主观偏差。为了保证业务开展免受欺诈活动带来无法估量的损失,消费金融公司贷前审核人员更加倾向于"审慎原则",严格考量授信对象的相关记录信息,在此过程中,人工主观臆断将使得误判率升高,不利于公司业务推广等重要战略布局。第二,虚拟环境下欺诈手段变化多端。依赖人工经验总结的欺诈风险策略规则相对固定,判定标准相对单一,应对措施相对陈旧,这些都无法适应互联网环境下欺诈手段快速演变的事实。第三,欺诈事件中团伙作案现象凸显。以往凭借人工经验总结的欺诈风险策略规则一般以"个体"为对象,策略的适用范围较窄。当前互联网消费环境中"团伙欺诈"事件频发,欺诈活动组织性更强、隐蔽性更高、危害性更大。在此意义上,单纯依靠人工经验识别欺诈人群显然无法取得预期效果。

三、国内消费金融公司大数据风控业务痛点及总体解决思路

传统技术手段在消费金融风控中的“失效”现象，使得运用大数据解决消费金融风控问题成为学界和业界的共识。鉴于国内消费金融公司还未对相关问题进行探讨，故研究小组对此展开了攻关研究。通过对现有文献进行梳理，结合过往调研实践，我们认为国内持牌消费金融机构在大数据运用上存在以下业务痛点：

首先，为了尽可能准确地评估个人信用，消费金融公司通常借助本身能够获得的各种类型数据进行信用评估。对于能够查询到央行个人征信报告（PBOC 记录）的用户群体，普遍存在着数据缺失严重的现象，不同属性的缺省值差异大，合理有效的缺省值填补方式难寻觅，这大大影响了消费金融公司授信的效率及效果。与此同时，在能够获得的数据信息中，存在着信息登记遗漏、错误、记录不规范的情形，这对于消费金融公司据此评判个人还款能力、还款意愿构成了挑战。通常，我们将数据值缺失严重的现象描述为“数据稀疏性”。传统应对数据稀疏性的方法是将有关数据维度直接删除，但由于大数据不仅存在“高维度”的显性特征（变量个数较多），而且存在“弱相关”的隐性特征（自变量与因变量之间存在相关性，但相关性不高），直接删除维度的处理方式将影响模型的最终运行效果。在此意义上，如何应对普遍存在的“数据稀疏性”问题，成为消费金融公司业务开展的痛点之一。

其次，部分消费金融公司已经意识到拓展外部数据的重要性，但对于拓展哪些数据还存在较大的疑虑。一方面，在“数据稀疏性”普遍存在的情况下，引入诸如社交数据、运营商数据、电商数据、公共服务数据等外部数据，逐渐成为消费金融公司未来业务开展的重要方向。但由于数据种类繁多，究竟哪些数据与消费金融业务联系紧密，仍然处于探索阶段。另一方面，数据质量存疑，“数据重复、信息重叠”问题严重。由于存在着收益考量的客观事实，消费金融公司在拓展外部数据时必定有所选择，如何尽量规避“数据重复”问题，以及如

果存在“数据重复”如何有效处理，都是需要思考的关键点。与此同时，外部数据通常以脱敏后的“标签数据”形式提供，如何根据自身业务提出好的数据需求，以及如何通过技术手段对这些“二手数据”进行有效利用，都是数据拓展过程中的待解难题。概言之，如何进行切实有效的外部数据拓展，成为消费金融公司业务开展的痛点之二。

再次，鉴于传统个人信用评分模型应用效果一般，消费金融公司正积极尝试布局大数据风控系统。然而，一方面，消费金融公司属于持牌金融机构，受到监管约束较多，在个人信用评级开展的过程中更加注重“可解释、透明性”原则，这也正是“逻辑回归”模型被普遍采用的原因。大数据技术的“复杂性”、“不透明”影响了实际应用进程。另一方面，对于当前业界流行的机器学习算法，如神经网络、随机森林、支持向量机（SVM）、K-近邻（knn/kknn）、Bagging、Boosting 等，由于每种算法都有自身特点，并且运行的时间复杂度较高，因此需要强大的软硬件支撑。除此以外，“稳定性”是个人信用评分模型最重要的考量标准，通常机器学习算法经过反复训练后，会存在“过拟合”现象，造成对新样本进行测试时效果大幅降低，如何预防模型“过拟合”，值得深入探索。“大数据＋机器学习”的前沿拓展，成为消费金融公司业务开展的痛点之三。

最后，由于消费金融业务的开展普遍基于（移动）互联网，相对于传统银行借贷，用户对于消费金融服务的体验要求更高，一般只愿提供姓名、身份证号、手机号等极少部分重要信息即希望获得授信。然而，在当前信息泄露普遍存在的情况下，犯罪分子盗用他人信息进行骗贷已成为消费金融健康发展的阻力。消费金融公司利用大数据技术预防欺诈风险势在必行，同时面临诸多挑战。一方面，包括“地址数据”“评价数据”“社交数据”等在内的重要信息均以非结构化形式存在，借助大数据技术挖掘欺诈规则，关键在于非结构化数据的结构化转换。在此过程中，必须依赖当前热门的自然语言处理（NLP）等方法，但这些方法的正确使用需要丰富的理论指导。另一方面，欺诈风险爆发的时间节点不具规律性，相比于信用风险，其对技术、硬件的要求更高，基于传统关系型数据库的顺序处理方式面临“效率、效果”的双重考验。为了能够实时监测并处理可能存在的欺诈事件，构建“Hadoop＋Spark”的大数据处理底层架构，是消费金融公司业务发展壮大后必须认真考虑的事情。然而，“分布式存储、并行处理”等更符合大数据特征的技术手段需要完善的架构体系思考，同时需要专业的技术人才储备。如何利用技术手段以及算法模型防范欺诈风险，成为消费金融公司业务开展的痛点之四。

基于上述问题及业务痛点，研究小组提出的贷前大数据风控总体思路如下：对于信用风险防控，研究小组提出包括评分流程优化和评分流程重构在内的两大解决措施。具体地，针对痛点一和痛点二，围绕大数据“高维度、弱相关、稀疏性”特征，构建基于主成分分析（PCA）的逻辑回归信用评分模型。针对痛点三，围绕大数据特征以及大数据技术，打造基于集成方法的大数据评分模型。对于欺诈风险防控，研究小组提出包括应用统计算法以及自然语言处理（NLP）在内的两大技术手段，以地址解析为例。针对痛点四，围绕大数据特征以及大数据技术，分别构建地址粒度解析模型以及地址相似度解析模型进行欺诈地址信息识别。

四、主要成果及应用

概括来说，研究小组在一个多月时间内取得的成果如下：一是利用主成分分析（PCA）方法实现了对多维变量的约简，构建了基于PCA的逻辑回归信用评分模型，该模型的运用使得好坏人区分度（分类模型）效果得到了提升。二是基于集成方法实现了大数据评分模型构建，并获得了两个有效的大数据评分卡（“逻辑回归＋随机森林”评分卡、“随机森林＋boosting”评分卡），相比于传统评分卡，这两个大数据评分卡的评估性能（KS值、AUC值、GiNi系数）大幅提升。三是构建了地址粒度解析模型，通过运用标准匹配、模糊匹配、有限状态机前向/后向匹配方法，实现了对地址的精确划分。四是其他成果，包括系统的评分卡构建理论梳理及文献综述、大数据评分卡构建流程图、基于R

语言的大数据评分卡构建程序代码、基于 Java 的地址解析数据预处理代码，等等。

（一）基于 PCA 的逻辑回归信用评分模型

传统个人信用评分卡的构建需要经过数据获取、探索性数据分析（EDA）、数据准备、特征选择、逻辑回归模型开发、模型评估、评分卡创建、评分卡实施、监测和报告等流程。其中，特征选择是个人信用评分卡构建过程中的重要环节。传统个人信用评分流程在进行特征选择时，主要依靠 IV 值来进行筛选，通常经过该处理后，最终进入模型的变量只有为数不多的十几个。

之所以在传统评分流程中剔除了大多数变量，是因为以下两个原因：一是在利用传统的统计模型（逻辑回归）进行分析时，如果不事先剔除对结果没有显著影响力的变量，将会增加模型运行的时间复杂度，甚至无法得到模型运行结果，在此意义上，通过 IV 值大小删除与因变量相关性低的自变量非常必要；二是由于自变量之间本身可能存在较强的相关性，如果将这些相关性较强的自变量全部放入回归模型，将会干扰模型回归效果，导致模型应用于新数据时出现“失真”，因此，只保留相关性较强自变量中 IV 值最大的那一个，而删除其他自变量，成为传统评分过程中的必要措施。然而，在对变量进行删除的过程中，很有可能遗漏隐含的重要信息，同时在应用模型时，对“被选中变量”太过依赖，一旦新用户在某些维度上出现数据缺失，评分模型效果将大大降低。

为了应对传统评分流程在特征选择环节的不足，实现评分流程优化的目的，研究小组重点对较高相关性自变量（相关系数介于 0.5～0.9 之间）的降维进行了探讨。经过大量文献梳理，提出了运用主成分分析（PCA）方法对较高相关性自变量实施降维的思路，并通过编程实现了 PCA 降维过程，构建了基于 PCA 的逻辑回归信用评分模型。

基于 IV 值的特征选择与基于 PCA 的特征变换之间的区别可以通过以下的例子说明：假设未经特征选择（变换）之前原始变量包括年龄、收入、学历、婚姻、房贷还款金额、车贷还款金额、信用卡还款金额、准贷记卡还款金额、过去3个月逾期次数、过去6个月逾期次数、过去9个月逾期次数、过去12个月逾期次数、过去3个月PBOC查询次数、过去6个月PBOC查询次数、过去9个月PBOC查询次数、过去12个月PBOC查询次数。通过相关性检验可知，年龄与收入之间、学历与收入之间、房贷/车贷/信用卡/准贷记卡还款金额之间、过去3个月/6个月/9个月/12个月逾期次数之间、过去3个月/6个月/9个月/12个月PBOC查询次数之间存在着显著的相关性。故在变量选择时只能选取每组相关性变量中IV值最大的那个，同时根据IV值决定其他变量（相互间不存在相关性的变量）的选择与否问题。经过该特征选择过程，最终进入逻辑回归评分模型中的变量为年龄、学历、房贷还款金额、过去6个月逾期次数、过去12个月PBOC查询次数。

与基于IV值的特征选择不同，基于PCA的特征变换，是通过提取反映m个原变量主要特征的成分形成n个新变量（通常n<m）。每个新变量都是m个原变量的线性组合，体现m个原变量的综合效果。这n个新变量称为“主成分”，由于这些新变量相互正交，故变量之间不存在相关性。同时在实际运用过程中，鉴于n比m小很多，故能够通过PCA实现对高维变量的降维目的，进而能够有效应对大数据的“稀疏性”问题。同样，以上例中的原始变量为例，我们可以提取“年龄/收入/学历/婚姻”变量中的第一主成分形成“身份特质”这一新变量，提取“房贷/车贷/信用卡/准贷记卡还款金额”变量中的第一主成分形成“还款能力”这一新变量，提取“过去3个月/6个月/9个月/12个月逾期次数”变量中的第一主成分形成“履约记录”这一新变量，提取“过去3个月/6个月/9个月/12个月PBOC查询次数”变量中的第一主成分形成“稳定性”这一新变量，最终进入逻辑回归评分模型中的变量为身份特质、还款能力、履约记录、稳定性。通俗来说，PCA的运用能够实现信息损失最小的特征变换效果，并且达到模型构建中“规避自变量相关性及共线性”的目的。

表 1　分类模型的混淆矩阵

实际 预测	坏人	好人
坏人	True Negative(TN)	False Negative(FN)
好人	False Positive(FP)	True Positive(TP)

为了验证 PCA 降维效果，研究小组运用 15 288 条主动申请用户数据按照传统评分流程构建逻辑回归模型，涉及的原始变量数目为 254 个。个人信用评分卡的构建实质上是一个二分类问题，可以用如表 1 所示的混淆矩阵刻画分类结果。其中，“坏人”代表违约用户；“好人”代表正常用户；“TN”代表预测为坏人，实际也为坏人的分类数目；“FN”代表预测为坏人，实际为好人的分类数目；“FP”代表预测为好人，实际为坏人的分类数目；“TP”代表预测为好人，实际也为好人的分类数目。在我们使用的数据中，(TN＋FP)/(FN＋TP)＝1∶1.3。显然，在样本数量一定的情况下，我们总是希望 TN 和 TP 的值越大越好；或者说，我们希望表 2 中的“总体准确率”“好人准确率”“坏人准确率”越高越好，因为这意味着模型的分类效果较优。

表 2　非 PCA 逻辑回归与 PCA 逻辑回归的效果对比

	非 PCA 逻辑回归 1	非 PCA 逻辑回归 2	PCA 逻辑回归 1	PCA 逻辑回归 2	PCA 逻辑回归 3	PCA 逻辑回归 4
总体准确度	69.96%	70.69%	73.36%	72.94%	73.37%	73.41%
好人准确度	71.62%	73.35%	76.89%	76.05%	77.90%	76.19%
坏人准确度	67.86%	67.40%	67.77%	68.54%	66.96%	69.50%

注：总体准确度＝(TP＋TN)/(TN＋FN＋FP＋TP)；好人准确度＝TP/(TP＋FN)；坏人准确度＝TN/(TN＋FP)

为了形成客观对比，我们在传统评分流程的特征选择环节分别采用“基于 IV 值的特征选择”和“基于 PCA 的特征变换”两种方式，分别得到“非 PCA 逻辑回归分类模型”和“PCA 逻辑回归分类模型”。为了保证模型的稳健性，采用多次“训练＋测试”的方式，最终得到如表 2 所示的分类结果。由表 2 可知，相比于非 PCA 逻辑回归模型，PCA 逻辑回归模型的总体精度最高提升了 5%

左右，好人准确率最高提升了8.77%，坏人准确率最高提升了3.12%，而且这是在未对模型进行其他优化的情况下达到的。

PCA降维在实际业务中的应用，主要针对第三部分中提到的"痛点一"与"痛点二"，即有利于应对"数据稀疏性"以及外部数据拓展中"数据重复"的问题。与此同时，PCA降维有利于实现一级指标的构建，提升评分维度的清晰度，进而改善用户体验。

（二）基于集成方法的大数据评分模型

在对相关变量进行PCA降维的基础上，研究小组利用集成方法重点打造了基于主动申请用户数据的大数据评分卡。与传统基于逻辑回归模型构建评分卡所不同的是，大数据评分卡集合了传统统计模型（逻辑回归）以及机器学习算法的优点，通过概率加权综合实现个人信用评分。应该说，基于集成方法构建个人信用评分模型是对传统评分卡构建流程的重构，意义重大。

大数据评分卡的构建主要包括以下几步：第一，对主动申请用户数据进行缺省值填补、异常值检测和处理、高相关性自变量的PCA降维、部分连续数值离散化等预处理环节；第二，运用不同模型对预处理完的数据进行训练和测试，经过多个回合，总结出各类模型的准确度排序；第三，根据模型准确度排序结果，选出适合进行集成的分类模型；第四，根据"取长补短"的原则进行模型的集成，依靠概率加权实现"概率—分数转换"，进而得到大数据评分卡；第五，运用新的数据进行评分卡测试，检验其稳健性。

表3　各类模型准确度排序

	逻辑回归	决策树	SVM	SVM+逻辑回归	随机森林	kknn	boosting	bagging
总体准确度	3	6	4	5	1	8	2	7
好人准确度	4	5	7	6	1	8	3	2
坏人准确度	3	7	1	2	5	6	4	8

注：总体准确度＝(TP＋TN)/(TN＋FN＋FP＋TP)；好人准确度＝TP/(TP＋FN)；坏人准确度＝TN/(TN＋FP)

在该项目中，研究小组使用了包括逻辑回归、决策树、支持向量机(SVM)、SVM＋逻辑回归、随机森林、kknn、boosting、bagging 在内的八种分类模型。在经过若干次“训练＋测试”实验后，对各类模型分类准确度进行了排序，具体排序结果如表 3 所示。由表 3 可知，随机森林、boosting、逻辑回归模型总体分类准确度排在前三位；与此同时，这三种模型对好人和坏人的分类准确度也表现较好。故选择这三种模型进行两两集成，分别构建了“逻辑回归＋boosting”“逻辑回归＋随机森林”“随机森林＋boosting”的大数据评分卡。与此同时，为了进一步形成直观对比，我们还构建了“boosting＋bagging”“逻辑回归＋决策树”的大数据评分卡。我们分别使用 KS 值、AUC 值、GiNi 系数这三种经典评价指标对评分卡效果进行考量，具体结果如表 4 所示。

表 4　不同类型评分卡评价指标

	标准评分训练集	标准评分测试集	大数据评分(boosting＋bagging)	大数据评分(逻辑回归＋决策树)	大数据评分(逻辑回归＋boosting)	大数据评分(逻辑回归＋随机森林)	大数据评分(随机森林＋boosting)
KS 值	0.424 57	0.416 81	0.402 71	0.430 26	0.456 32	0.773 8	0.797 86
AUC 值	0.780	0.778	0.769 9	0.784 8	0.784 8	0.954 8	0.959 8
GiNi	—	—	0.539 474 7	0.569 250 2	0.605 676 7	0.909 362 1	0.919 269 3

由表 4 可知，“逻辑回归＋随机森林”和“随机森林＋boosting”大数据评分卡的 KS 值分别达到 0.7738 和 0.79786，相比于逻辑回归评分卡分别提升了 85.65％和 91.42％；“逻辑回归＋随机森林”和“随机森林＋boosting”大数据评分卡的 AUC 值分别达到 0.954 8 和 0.959 8，相比于逻辑回归评分卡分别提升了 63.60％和 65.40％。与此同时，通过对比附录中图 1 至图 6 对好人和坏人的区分效果可知，基于“逻辑回归＋随机森林”和“随机森林＋boosting”的大数据评分卡在信用评分中表现优异。进一步地，根据表 3 至表 4、图 1 至图 6 中不同评分卡的效果差异，可以得出以下结论：第一，并非所有机器学习算法经过集成后都能得到好的评分效果，例如本研究中“boosting＋

bagging”的集成效果就不理想，当然这与样本和数据处理过程也有关系。第二，本研究中，包含决策树的集成评分卡存在“评分中断”现象（表现为图 3 中中间段分数用户的缺失），这主要是由于决策树模型分类概率不连续所致，相比较而言，通过多个决策树的集成（如随机森林模型），能够避免该问题出现。第三，虽然逻辑回归和 boosting 单个模型的总体分类准确度、好人分类准确度、坏人分类准确度都表现不错，但其集成效果并没有显示出优越性，这是因为逻辑回归和 boosting 对好人分类准确度、坏人分类准确度效果相当，各自相对于另一方没有明显的“长处”。与之形成鲜明对比的是，“逻辑回归＋随机森林”和“随机森林＋boosting”的集成模型中，相对于逻辑回归和 boosting，随机森林模型对好人的分类准确度具有明显优势；与此同时，相比于随机森林模型，逻辑回归和 boosting 对坏人的分类准确度则更有优势。由此可见，相比于“强强联合”，“取长补短”对于提升模型集成效果更佳。

研究小组认为，对于使用各种模型都无法区分的少部分样本，可以采取寻找规则的方式加以判别。相关规则发现如下：逾期 1～2 期中，好样本较多；在贷款最后一次逾期距今月数中，距今 15 个月以内（小于等于 15 个月）的好样本比例较多，距今 16 个月至 23 个月的坏样本比例较多；当未结清且 2 年内未逾期的账户数（最近 24 个月没有逾期的个数）越多时，好样本越多；主申请人信贷未结清且从未逾期账户的最大账龄越大，好样本越多；主申请人信贷过去 12 个月逾期 1 期的次数超过 1 时，反而好样本多；主申请人信贷过去 3 个月最大逾期期数为 1 的，反而好样本多；主申请人信贷过去 6 个月逾期 1 期的次数除了 0 次外，其余好坏样本比例显著高于整体；贷记卡单月最高逾期总额较高时，反而好样本多；贷记卡最近 24 个月逾期的月份数大于 0 的，反而好样本多；个人消费贷款笔数越多，好样本越多；个人消费贷款未结清金额处于 1 930～2 000元的坏样本较多；个人消费贷款未结清笔数较多时，好样本多；个人住房贷总额越多，好样本越多。

基于集成方法的大数据评分实现是对传统评分模型的重大突破，也是对未来大数据征信模式的前沿探索，具有广阔的应用前景。就消费金融公司而言，未来可以着手布局基于"逻辑回归＋随机森林"(或者"随机森林＋boosting")的大数据评分卡,这对于应对第三部分提出的"痛点三"具有显著效果。

(三) 地址粒度解析研究

为了应对消费金融开展过程中存在的欺诈风险,研究小组重点探讨了利用相关统计模型进行地址解析这一问题。鉴于该问题的复杂性,研究小组初步构建了"行政地址标准库"(包括省、市、区/县、街道、社区)、"地址分词库"两大数据库;编写了实现地址信息全半角转换、数字转换、行政地址划分在内的地址数据预处理代码。与此同时,研究小组还归纳出一些典型的地址通名、地址正则表达式(如图7、图8)。

概括来说,地址粒度解析的步骤为:第一,先将地址信息划分为"前段＋后段"两部分,"前段"为行政地址部分,"后段"为非行政地址部分;第二,针对"前段"行政地址部分"省、市、区/县"层级,根据"行政地址标准库"进行标准匹配;第三,针对"前段"行政地址部分"街道、社区"层级,根据"行政地址标准库"进行模糊匹配;第四,针对"后段"非行政地址部分"道路、小区、标志位"等层级进行粗粒度划分,由于其通常含有"路、弄、巷、大道"等固定词尾,故采用有限状态机进行前向匹配;第五,针对"后段"非行政地址部分"楼牌号、单元号、楼层号、室号"等层级进行细粒度划分,由于其通常没有固定词头或词尾,故采用有限状态机进行后向匹配。

表5　基于粒度划分的地址解析

	室号	楼层号	单元号	楼牌号	小组号	门牌号	小区	自然村	其他
地址数	2 840	220	80	260	1 160	2 280	120	100	20
占比	28.4%	2.2%	0.8%	2.6%	11.6%	22.8%	1.2%	1.0%	0.2%
	道路	行政村	社区	街道	乡镇	区	县	市	省
地址数	320	360	20	40	180	740	920	160	180
占比	3.2%	3.6%	0.2%	0.4%	1.8%	7.4%	9.2%	1.6%	1.8%

由表5可知，运用主动申请用户数据中的10 000条数据进行测试后，可将地址按照不同的粒度进行有效分类。其中，精确到室号的地址占28.4%；精确到楼层号的地址占2.2%；精确到单元号的地址占0.8%；精确到楼牌号的地址占2.6%；精确到小组号的地址占11.6%；精确到门牌号的地址占22.8%；精确到小区的地址占1.2%；精确到自然村的地址占1.0%；精确到道路的地址占3.2%；精确到行政村的地址占3.6%；精确到社区的地址占0.2%；精确到街道的地址占0.4%；精确到乡镇的地址占1.8%；精确到区的地址占7.4%；精确到县的地址占9.2%；精确到市的地址占1.6%；精确到省的地址占1.8%；其他地址占0.2%。应该说，模型取得了较好的测试效果。地址粒度解析模型的实现，不仅为未来地址相似度模型的实现奠定了基础，而且对于个人信用评分模型效果具有重要的提升作用。这是因为其处理非结构化数据的思想不仅具有前瞻性，同时具有实操可行性，能有效应对第三部分中提到的“痛点四”。

研究小组除了对以上三大问题的探讨，同时还进行了完整的大数据评分流程梳理，形成了包括文献库、评分流程图、实现代码等在内的多个可应用成果。这些成果将对未来实际业务的开展形成强有力支撑。

五、总结展望

通过这一次的项目开展，研究小组取得了较为丰硕的成果，同时这些成果也将被运用于消费金融公司大数据风控系统的诸多环节。当然，由于时间紧促，当前研究成果的细节部分仍然需要后续的完善提升。总的来说，完整的大数据金融系统包括大数据金融基础数据库、大数据征信系统、大数据舆情系统、大数据产销系统、大数据微服系统、大数据风控系统以及大数据金融应用案例库等，当前的研究只能算作大数据风控中的小部分探索。进一步地，就大数据评分卡的构建来说，现有研究只是基于主动申请用户数据，未来还将基于预授信用户数据开展相关模型的实践应用。与此同时，在大数据风控过程中，除了需要构建贷前大数据申请评分卡，还需要构建贷中大数据行为评分卡以及贷后大数据催收评分卡。这些评分卡的构建过程，将会涉及更广泛数据以及更先进技术的运用，同时将产生更有价值的学术成果以及更加丰硕的社会效益。

展望未来，互联网金融国家社科基金重大项目组仍然期待继续加强与国内消费金融公司的合作，共同探讨大数据的理论与实践研究。建议未来的合作交流方式更加便捷化，可以探讨“设立研究基地”“半月度/月度交流会”“高层人员互设顾问”“小组团队定期互访”“数据设备相互供应支持”等方式的合理运用。

附录

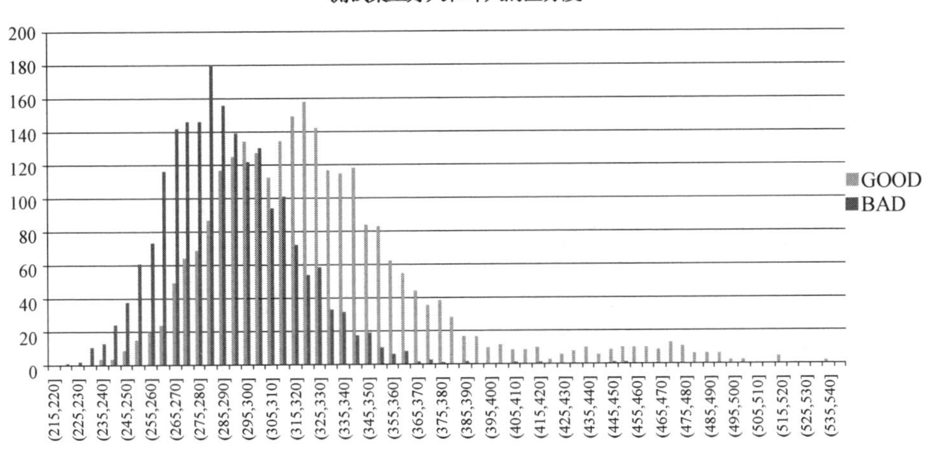

图 1　基于逻辑回归的标准评分测试集区分效果(来源于公司业务人员)

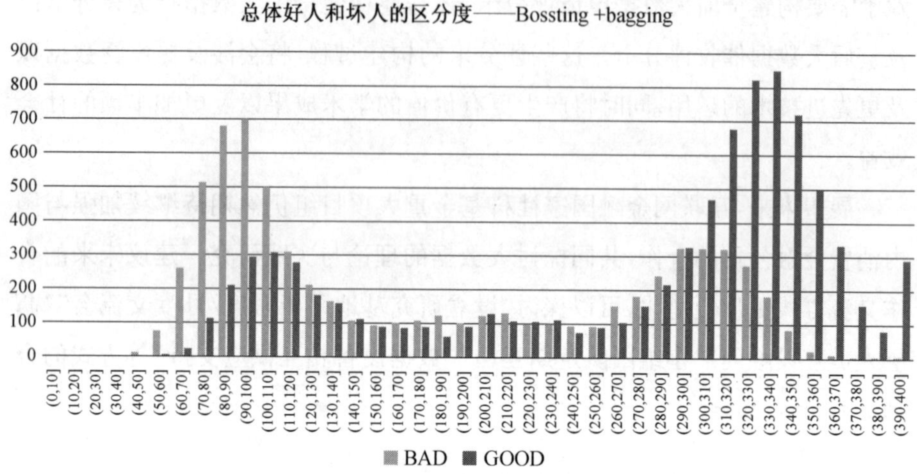

图 2　基于"boosting＋bagging"的大数据评分总体区分效果

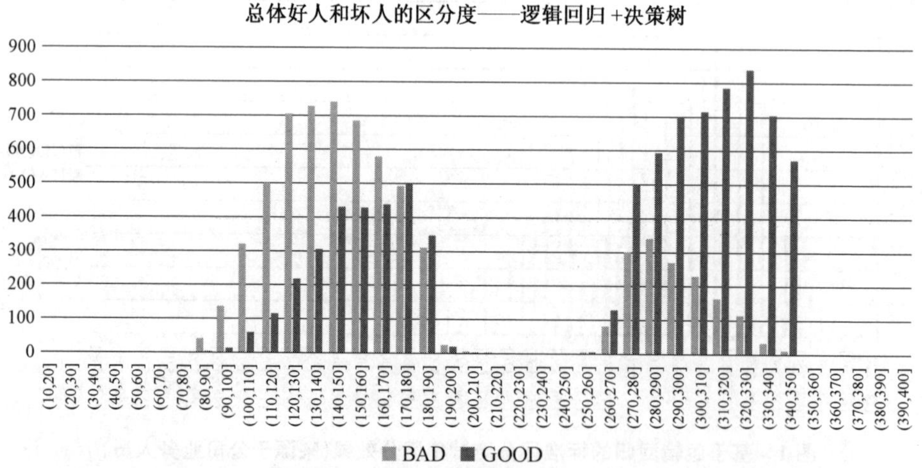

图 3　基于"逻辑回归＋决策树"的大数据评分总体区分效果

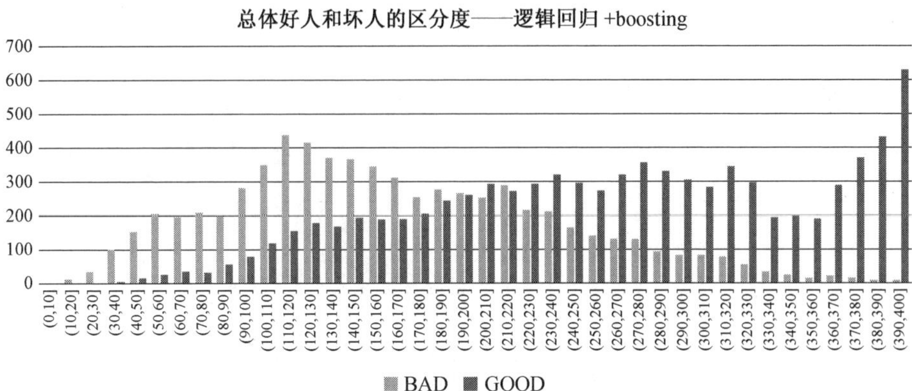

图 4　基于"逻辑回归＋boosting"的大数据评分总体区分效果

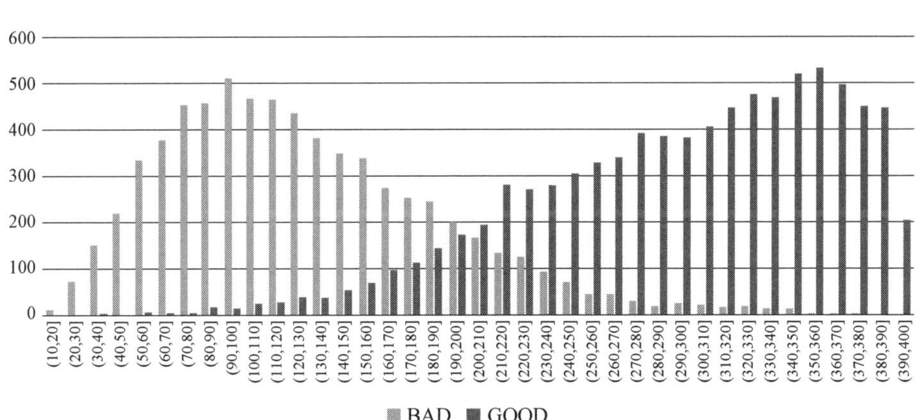

图 5　基于"逻辑回归＋随机森林"的大数据评分总体区分效果

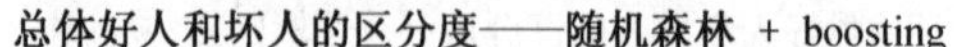

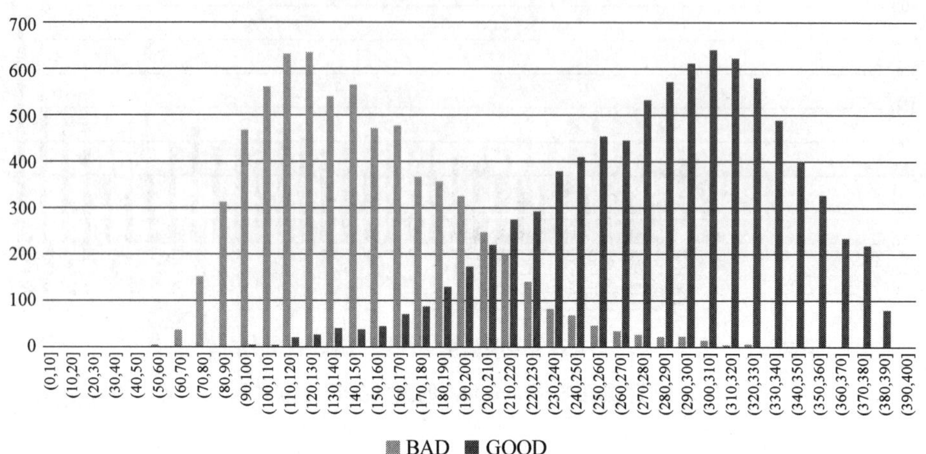

图 6　基于“随机森林＋boosting”的大数据评分总体区分效果

1		名称	简称	通名	所在等级	补充说明
2	行政区划	省	PR	省、自治区、市	1	
3		市	MU	市、地区、自治州	2	
4		县	CO	县、市	3	
5		区	DI	区	3	
6		街道	JD	街道、街道办、街道办事处	4	
7		镇、乡	ZH	镇	4	
8		社区	SH	社区、居委会	5	
9		行政村	ZC	村、村委会	5	
10		中国	CN	中国、中华人民共和国	0	
11	非行政区划	道路	DL	路、街、巷、段、大道		
12		标志点	BD	中心、大厦、公司、大学、市场		
13		自然村	RC	村、庄、屯		
14		小区	XQ	园、苑		
15		楼牌号	LP	号楼、栋、幢、座		
16		楼层	LC	楼		
17		门牌号	MP	号		
18		楼门号	LM	单元、门		
19		户号	HH	户、室、号		
20		小組	XZ	組、社		
21		其他	QT			无法识别
22						
23	自然语言描述	方位	FW	前、后、东、西、南、北首、旁、内		
24		交叉口	JC	交汇处、交叉口		
25		距离	JL	100m处		
26		包含	1			
27		相邻	2			
28		对上解释	3			
29		对下解释	4			
30		方向	5			
31		距离	6			
32		其他	0			

图 7　地址通名归纳

```
1、^.*([幢栋座#]|号楼*).*[户号室].*$ 1
2、^.*([幢栋座#]|号楼*).*[0-9]+-[0-9]+.*$ 1
3、^.*([幢栋座#]|号楼*).*[层楼FfL][0-9]+.*$ 1
4、^.*([幢栋座#]|号楼*).*([门单]|单元)[0-9]+.*$ 1
5、^.*[0-9]+-[0-9]+-[0-9]+[^0-9A-Za-z]*$ 1
6、^.*([幢栋座#]|号楼*).*[0-9]+$ 1
7、^.*[0-9]+排[0-9]+号[^0-9A-Za-z]*$ 1
8、^.*[0-9]+-[0-9]+[室户]*$ 1
9、^.*[0-9]+([幢栋座#]|号楼*)[^0-9A-Za-z]*$ 1
10、^.*([幢栋座#]|号楼*).*([门单]|单元)[^0-9A-Za-z]*$ 2
11、^.*([幢栋座#]|号楼*).*[层楼FfL][^0-9A-Za-z]*$ 2
12、^.*[0-9]+([门单]|单元)[^0-9A-Za-z]*$ 2
13、^.*[0-9]+[层楼FfL][^0-9A-Za-z]*$ 2
14、^.*[村社组屯队][0-9]+[^0-9A-Za-z]*$ 2
15、(小区|苑|村|园)$ 3
16、(公司|大学|中心|场|厦|所|城|区)$ 3
17、^.*[路街巷弄道段]+[0-9]+[^0-9A-Za-z]*$ 3
18、^[^0-9A-Za-z]*[0-9]+号[^0-9A-Za-z楼房]*$ 3
19、^.*[0-9]+[组社][^0-9A-Za-z]*$ 3
20、default 4
```

图 8　地址正则表达式归纳

监管第三方支付机构的博弈分析*

包丽红　封思贤

内容提要：近年来，飞速发展的第三方支付行业正隐藏着较大风险，并已对我国现有的监管制度形成了巨大挑战。基于静态博弈与动态演化博弈分析模型，本文主要从理论上研究了监管第三方支付机构的最佳策略。本文认为，监管第三方支付机构不宜采用简单的"关、停、罚款、限制正常业务范畴"等惩罚性手段，而宜以合规性激励为主；第三方支付机构的法律定位应与金融监管体制相对应，我国现将第三方支付机构定位为"非金融机构"的做法仅可作为风险谨慎管理的权宜之计，长期来看不利于金融创新；"对机构实施全面监管、对核心业务和功能实施重点监管"的组合监管模式更适合于我国；实施第三方支付机构沉淀资金的托管制度、强化第三方支付机构的信息披露制度等应成为当前监管重点。

关键词：第三方支付；静态博弈；演化博弈；监管策略

---

*　包丽红，南京师范大学商学院研究生，E-mail：hhf0205@hotmail.com；封思贤，南京师范大学商学院，教授、博导，E-mail：fengsixian@njnu.edu.cn。本文是国家社科基金重大项目"互联网金融：发展、风险与监管研究(No. 14ZDA043)"、教育部人文社科基金项目"我国财政政策与货币政策的组合优化问题研究(No. 13YJC790026)"等的阶段性研究成果。

一、引　言

长期以来，银行一直是支付服务主要提供者且重点是大额支付，小额支付往往采用面对面的现金结算。伴随着网络经济的快速发展，对线上交易进行的线上支付逐步取代了面对面的现金交易，第三方支付趁机与传统银行错位发展且速度惊人，交易规模已从5.1万亿元(2010年)增至23.3万亿元(2014年)。[①] 如今，第三方支付行业已成了互联网金融的重要基石。第三方支付在便捷交易、提升支付效率、拓宽金融普惠广度、支持创业创新的同时也带来了潜在新风险(如信用风险、备付金挪用风险、信息系统安全风险等)。事实上，关于第三方支付风险性与创新性之间的争论在我国始终未断，并一直伴随着各种“反击”与“叫停”，[②]这给相关监管部门带来了巨大挑战。基于十分谨慎的风险管理理念，中国人民银行在2015年7月31日公布了《非银行支付机构网络支付业务管理办法(征求意见稿)》。然而，该办法一经公布就立即遭到了学术界和实务界的大量质疑(比如，是否过度保护了传统银行利益、抑制了第三方支付机构正常发展和全社会金融创新等)。

理论上，第三方支付会对我国的货币政策产生重大影响。虚拟货币削弱了央行控制基础货币的能力，干扰着货币政策中介目标(货币供应量、利率)的实施过程，进而可能大大降低货币政策有效性。进入第三方支付行业既需要网络安全等高端技术，也必须具备巨额注册资本，这种高进入壁垒无形中会增强第三方支付行业的规模效应和垄断优势。高度垄断的市场结构不但会损失

---

① 数据来源：艾瑞咨询，《第三方支付行业2014年度数据发布》，www.iresearch.com.cn，2015年2月6日。

② 2013年6月，支付宝通过第三方支付平台推出余额宝产品，激起众多银行反击；2014年3月，央行下调第三方支付转账限额，虚拟信用卡业务与二维码支付业务随后被央行紧急暂停；2014年8月，叫停还不到半年，邮政储蓄银行就重启二维码支付；2014年12月，支付宝通过补贴方式进入由银联一直掌控的线下收单业务，银联立即推出NFC(近距离无线通信技术)予以反击，支付宝2015年3月通过脸识别技术予以再反击……类似冲突频繁出现。

社会福利,而且难以分散行业风险并更容易诱发系统性危机。当前,第三方支付机构已显示出成为系统重要性机构的发展趋势,它们提供的金融功能相互交叉并相互影响。可见,加快我国第三方支付监管体系建设及完善已显得尤为重要。

本文将在综述相关文献的基础上,重点构建第三方支付行业监管的分析框架,分析工具主要采用静态博弈模型和演化博弈模型。最后,本文将根据理论分析结果提出相应监管建议。

二、文献综述

(一)第三方支付的概念界定

许多学者从不同角度阐述了第三方支付的基本内涵。国外方面:Kim(2005)较早给出的定义认为,第三方支付是使用商业和技术的安全功能、为电子交易业务提供便捷的独立机制和公正机构。Sullivan and Wang(2007)以及Weiner et al.(2007)将第三方支付定义为通过网络途径为消费者提供支付服务的非银行机构。国内方面对第三方支付的认识大致经历过两个阶段:在2010年以前,第三方支付主要是指以某一特定系统内(以银行为主)网络为主要清算平台的互联网支付(如中国银联等)。比如,童卓超(2009)就认为第三方支付是那些具有较强实力和较好信誉保障的独立机构通过与银行签约,从而为客户提供银行支付结算功能的一种网络支付模式。自2010年中国人民银行发布《非金融机构支付服务管理办法》以及2011年颁发非金融机构支付业务许可证以来,第三方支付的范畴得到了外延。第三方支付由原来的互联网支付扩展为从事支付业务、资金转移服务的所有非金融机构。其中,《非金融机构支付服务管理办法》将第三方支付定义为,在收付款人之间作为中介机构提供网络支付、预付卡的发行与受理、银行卡收单以及中国人民银行规定的其他支付服务的非金融机构。容玲(2012)比较后指出,传统的第三方支付服务仅仅指代中介机构提供的线上资金转移服务,而新兴的第三方支付服务还应包括移动支付、POS收单等线下支付服务;第三方支付是一种信用中介服务、一种支付托管行为,其本质是通过设立中间过渡账户的形式实现资金的可控性停顿。蒋先玲、徐晓兰(2014)认为,第三方支付企业的产生主要有两种形式,一是由银行外包服务企业演变形成,二是依托电子商务平台发展形成。第三方支付是指通过信息技术优势、客户群体优势为客户提供支付通道或支付工具,从而最终实现货币资金转移的服务机构。综上可见,国内外均将第三方支付界定为与传统金融中介有密切业务联系、为货币资金转移提供服务,但又不同于传统金融中介的独立机构。而且国内界定的范围要比国外窄,国外文献一般将第三方支付界定为非银行机构,而国内大多文献界定为非金融机构。本文认为,目前,我国大多数第三方支付机构的核心业务还只是提供支付通道(即目前尚难以从事贷款等金融投资),因而,将其性质定位在非金融机构可能更有利于实施风险的谨慎管理。但是,这种定位将不利于第三方金融机构的持续创新。随着风险监管水平的不断提高、市场内在潜力的不断发现,第三方支付机构在联通资金收支、沉淀资金、便捷金融投资等方面的功能将越来越突出,“金融机构”的特性也会越来越明显,我国可将其定位逐步过渡为“准金融机构”并最终接受金融监管。

(二)第三方支付监管研究

国外方面,在归纳零售支付方式改变带来各种影响的基础上,Mester(2000)较为详细地列出了在监管过程中所需关注的一系列问题。通过解释非银行支付机构的外延性及其在特定交易类型中的重要地位,Bradford et al.(2002)从行业属性等方面明确了监管的政策取向。Qing(2003)指出,美国对第三方支付执行的是功能性监管,其监管依据不是第三方支付的机构属性,而主要是交易过程。为保证第三方支付机构有足够的动机遵守相关法律规定,Mann(2004)强调,支付行业的风险主要源自参与机构的不负责任,任何监管和干预都必须平衡好由新机构进入引发竞争带来的社会利益与因机构缺乏责任心而导致的消费者利益损失。在梳理美国对提供支付服务的非银行机构已有监管措施的基础上，Sullivan(2006、2007)认为，以控制零售支付系统风险为目标的监管政策应能更好地解决信息不对称、负外部性以及不同政策之间的冲突等问题，监管部门可通过各种政策工具(如标准制定、信息披露、明确法律责任等)来提高支付系统的风险防范能力。Sullivan and Wang(2007)指出，通过公共机构督促行业自律是促使第三方支付健康发展的有效途径，依靠市场机制本身来监管第三方支付比采用强制性措施来监管更有效。

国内方面，谢平、刘海二(2013)强调，我国应加速相关立法进程、明确第三方支付机构的合法地位、提高准入门槛、厘清其与银行的关系，并注重业务监管。在比较国内外监管现状后，巴曙松、杨彪(2012)认为，我国第三方支付的现行分类体系不利于当局实施有效监管，我国应通过灵活备付金制度等相关法律法规的加快构建来改进监管效率。通过分析支付行业特有的宏观经济风险，杨彪、李冀申(2012)提出，我国应将第三方支付机构行业纳入宏观审慎监管框架。吴晓求(2015)认为，第三方支付是形成互联网金融最具影响力的基石；我国央行 2015 年 7 月 31 日公布的《非银行支付机构网络支付业务管理办法(征求意见稿)》存在对第三方支付限制过多的缺陷，这不但会阻碍金融创新，还会阻碍大众创新和万众创业。

基于对我国第三方支付企业的规模、经营模式以及成长周期的分析，王丹萍(2012)认为传统“一刀切”式的监管模式无法满足行业发展需要，应根据各企业发展程度不同进行差异化监管。李婧华(2012)发现，商业银行与第三方支付之间的竞合关系演化系统通常收敛于两种模式(资金由银行最终转入第三方支付平台、第三方支平台资金最终转入银行)，当商业银行与第三方支付的风险和收益发生变化时，收敛于不同模式的概率也会随之发生显著变化；现阶段商业银行群体与第三方支付群体的交往模式，自发演化依赖于各种策略的相对支付；不同的收敛模式和不同的相对支付策略会对应着不同的监管要求，第三方支付的健康发展需要对风险进行合理分担并需要政府协调好其与商业银行的竞合关系。通过比较我国与美国、欧盟的监管制度，郝雅红(2014)认为准入门槛偏高、行政处罚偏轻、违规成本偏低是我国第三方支付机构法律制度的主要不足。蒋先玲、徐晓兰(2014)强调,我国应该在全面认识现阶段第三方支付市场发展特征的基础上充分借鉴发达金融市场国家的相关监管经验,尽快实现第三方支付领域机构监管与功能监管相结合、较低准入门槛与有效过程监管相配套的新型动态监管模式。在详细阐述第三方支付监管的核心内容(即消费者权益如何保护、沉淀资金如何监管、衍生业务如何监管以及洗钱和恐怖行为如何监管)的基础上,陆磊、刘海二(2015)认为,监管部门应在最小化第三方支付风险的同时最大化第三方支付的优势,综合利用事前监管、事中监管以及事后监管,实现对第三方支付的有效监管。

总体上,在监管第三方支付行业时,欧美国家由于相关的法律法规体系相对健全,比较注重通过市场机制自身来发挥监管功能,且以功能监管为主。我国则十分关注监管法律法规的尽快构建与完善,注重强制性监管措施且主张以机构监管为主。

三、第三方支付机构与监管部门的静态博弈分析

作为一种金融创新,第三方支付的迅猛发展一直“钱景与险景”并存。2014 年 3 月,央行下发 79 号文暂停包括汇付天下、易宝支付等在内多家第三方支付机构的线下收单业务,并要求广东嘉联、银联商务进行自查。表面上看,央行这样做主要针对的是 2014 年以来频繁发生的“信用卡预授权套现”问题,实际上却是央行开始加强第三方支付企业监管的一种信号。2015 年 2 月,第三方支付首例“挤兑案”发生,上海畅购的创始人跑路,资金链断裂,所有门店关闭,类似事件仍在不断发生。第三方支付行业快速发展背后风险的极强隐蔽性、突发性、传染性、外溢性以及广泛性,正受到央行等监管部门的高度关注。虽然监管不力会诱发行业泡沫甚至金融危机,但监管过度同样会遏制金融创新。因此,如何在创新与监管的博弈中找到它们的“均衡解”是我国目前面临的一个难题。通过对相关模型的构建与分析,我们将在本部分分析监管部门应在何时选择何种力度的监管。

(一) 博弈模型的设定

为便于分析,我们给出如下假定:

(1) 博弈模型存在两个参与者 $i(i=1,2)$:第三方支付机构与监管部门。

(2) 第三方支付机构的策略为:违规和合规。其中,违规行为主要表现为信用卡预授权套现、涉猎灰色地带业务(如利用在途资金组建自己的资金池以用作投资或运营其他项目造成资金周转问题)等现象。监管部门的策略为:监管和不监管。因此,博弈模型的策略空间 $s_i(i=1,2)$ 为四种:(违规,监管),(合规,监管),(违规,不监管)以及(合规,不监管)。

(3) 市场处于完全信息状态。只要第三方支付机构存在违规(如挪用沉淀资金等),监管部门就可以通过各种手段完全检查出来并对其进行处罚;同样,若第三方支付机构合规(如按照法律规定开设银行账户保管在途资金等),监管部门也能检查出来并予以公布,提升第三方支付机构的社会评价和声誉。当监管部门不监管时,监管部门就无法判断第三方支付机构是否存在违规现象。

(4) 博弈双方信息完全,都知道对方策略,且双方行动没有先后顺序(同时决策)。

(5) 博弈双方均是追求效用最大化的理性人。

(二) 博弈模型的支付矩阵

在模型参数设定方面,本文将在杨彪(2013)一文基础上适当改进,主要改进之处是:引入第三方支付机构的合规激励和未发现违规时监管部门的声誉损失。具体参数设定如下:d_1 是第三方支付机构合规经营时获得的正常收益;d_2 是第三方支付机构违规经营时获得的超额利润;n_1、n_2 分别是合规经营时第三方支付机构和监管部门获得的社会收益;n_3、n_4 分别是违规经营时第三方支付机构和监管部门获得的社会收益;C 是监管部门的监管成本;F 是第三方支付机构违规时监管部门征收的罚款;V 是社会对于被监管部门监测到的合规经营机构的正面评价,相当于社会对于合规机构的激励;L 是监管部门因未实施监管导致未发现违规而产生的声誉损失。假设第三方支付机构的违规概率为 p，监管部门进行监管的概率为 q，则第三方支付机构的合规概率为 $1-p$，监管部门不监管的概率为 $1-q$。显然，$n_2>n_1>n_3>n_4$，$F>C$。据此，可建立完全信息下的静态博弈支付矩阵（如表 1 所示）。

表 1　第三方支付机构与监管部门的博弈支付矩阵

		第三方支付机构	
		违规（p）	合规（$1-p$）
监管部门	监管（q）	$F-C+n_4, d_1+d_2-F+n_3$	$-C+n_2, d_1+n_1+V$
	不监管（$1-q$）	$-L+n_4, d_1+d_2+n_3$	n_2, d_1+n_1

（三）静态博弈模型分析

显然，此博弈模型不存在纯策略纳什均衡，但存在混合策略纳什均衡。求解过程如下——第三方支付机构和监管部门的期望收益分别为：

$$\pi_T = p[q(d_1+d_2-F+n_3)+(1-q)(d_1+d_2+n_3)]+(1-p)[q(d_1+n_1+V)+(1-q)(d_1+n_1)] \tag{1}$$

$$\pi_G = q[p(F-C+n_4)+(1-p)(-C+n_2)]+(1-q)[p(-L+n_4)+(1-p)n_2] \tag{2}$$

分别对 p 和 q 求一阶偏导，得到必要条件为：

$$\frac{\partial \pi_T}{\partial p} = -q(F+V)+d_2+n_3-n_1=0 \tag{3}$$

$$\frac{\partial \pi_G}{\partial q} = p(F+L)-C=0 \tag{4}$$

因此，监管部门的最优监管概率和第三方支付机构的最优违规概率分别为：

$$q^* = \frac{d_2+n_3-n_1}{F+V} \tag{5}$$

$$p^* = \frac{C}{F+L} \tag{6}$$

即第三方支付机构与监管部门博弈的混合策略纳什均衡为$\left(\frac{C}{F+L},\frac{d_2+n_3-n_1}{F+V}\right)$。其经济含义为：

（1）当第三方支付机构的实际违规概率 p 大于均衡违规概率 p^* $\left(\text{即 } p>\frac{C}{F+L}\right)$时，监管部门的最优选择是监管；当第三方支付机构的实际违规概率 p 等于均衡违规概率 p^* $\left(\text{即 } p=\frac{C}{F+L}\right)$时，监管部门将以 $q^*=\frac{d_2+n_3-n_1}{F+V}$ 的概率选择监管；当第三方支付机构的实际违规概率 p 小于均衡违规概率 p^* $\left(\text{即 } p<\frac{C}{F+L}\right)$时，监管部门的最优选择是不监管。

（2）当监管部门的实际监管概率 q 大于均衡监管概率 q^* $\left(\text{即 } q>\frac{d_2+n_3-n_1}{F+V}\right)$时，第三方支付机构的最优选择是合规；当监管部门的实际监管概率 q 等于均衡监管概率 q^* $\left(\text{即 } q=\frac{d_2+n_3-n_1}{F+V}\right)$时，第三方支付机构将以 $p^*=\frac{C}{F+L}$ 的概率选择违规；当监管部门的实际监管概率 q 小于均衡监管概率 q^* $\left(\text{即 } q<\frac{d_2+n_3-n_1}{F+V}\right)$时，第三方支付机构的最优选择是违规。

（四）静态博弈模型的结论

通过对上述混合策略纳什均衡进行分析，可以得到以下结论：

（1）监管成本 C 越高，则均衡违规概率 p^* 越大，此时监管部门通常选择不监管，这在一定程度上会刺激第三方支付机构实际违规概率的增加；第三方支付机构违规时监管部门征收的罚款 F 越高，则均衡违规概率 p^* 越小，监管部门此时通常选择监管。关于这个结论，可以通过监管部门的成本收益分析得到解释：监管部门征收的罚款越高，监管成本越小，其监管收益越大，监管部门越有动机实施监管，从而有效降低了第三方支付机构的实际违规概率。

(2) 监管部门因未实施监管而未发现违规时的声誉损失 L 越大,则均衡违规概率 p^* 越小,监管部门越倾向于选择监管。此时,声誉损失可看作监管部门实施监管的潜在收益或不实施监管的潜在成本,因此,L 越大,监管部门越有动机实施监管,从而有效降低第三方支付机构实际违规概率。

(3) 对 q^* 进行变形,可以得到 $q^* = \frac{d_2 - (n_1 - n_3)}{F + V}$,其中,$d_2$ 是第三方支付机构相对于合规时违规获得的超额收益,$(n_1 - n_3)$ 是第三方支付机构相对于违规时因合规而多获得的社会收益。两者差额越大,均衡监管概率 q^* 越大,第三方支付机构越有动机违规,对应地,越需要监管部门实施监管。

(4) 第三方支付机构违规时监管部门征收的罚款 F 越高,均衡监管概率 q^* 越小,第三方支付机构越倾向于选择合规,此时监管部门可适当放松监管。第三方支付机构的被罚款就是违规成本。

(5) 社会对于被监管部门监测到的合规经营机构的正面评价(激励) V 越高,均衡监管概率 q^* 越小,第三方支付机构越倾向于选择合规,因而监管部门可适当放松监管。对比来看,当 $V = 0$ 即不存在激励时,$q^* = \frac{d_2 - (n_1 - n_3)}{F}$,此时只能通过减少违规超额收益与合规超额社会收益之间的差额[即减少 $d_2 - (n_1 - n_3)$]或增加罚款 F 来降低第三方支付机构的违规动机,从而减少违规行为。引入激励(即 $V > 0$)后,除上述措施外,还可通过提高激励来减少其违规行为。

(6) 结合 4 和 5 的分析,罚款 F 与激励 V 对于降低违规概率有相同的作用,但两者能实现的效果有所区别。对第三方支付机构而言,罚款是一种处罚措施,而激励是一种正面的鼓励措施。从经济学角度来看,两者带来的效用显然不同,因而,当两者数值相同时,第三方支付机构接受激励比支付罚款更倾向于合规。

四、第三方支付机构与监管部门的演化博弈分析

演化博弈论是在“有限理性”前提下研究博弈主体行为策略以及相应均衡问题的方法。在演化博弈中，博弈双方一开始未能找到最优策略；但在博弈过程中，双方会不断学习和调整自己的行为策略以形成更好的策略。因此，演化博弈均衡是在不断调整、不断改进的过程中形成的。现建立第三方支付机构与监管部门的非对称演化博弈模型对双方行为策略进行详细分析。

（一）第三方支付机构群体与监管部门群体的复制动态方程

演化模型参数设定与静态模型相同。根据演化博弈的分析框架，假设第三方支付机构群体选择违规的比例为 p，监管部门群体选择监管的比例为 q，则第三方支付机构群体选择合规的比例为 $1-p$，监管部门群体选择不监管的比例为 $1-q$。因此，第三方支付机构选择违规的期望收益 π_{T1}、选择合规的期望收益 π_{T2} 和支付机构群体的平均收益 $\overline{\pi}_T$ 分别为：

$$\begin{cases}\pi_{T1}=q(d_1+d_2-F+n_3)+(1-q)(d_1+d_2+n_3)\\ \pi_{T2}=q(d_1+n_1+V)+(1-q)(d_1+n_1)\\ \overline{\pi}_T=p[q(d_1+d_2-F+n_3)+(1-q)(d_1+d_2+n_3)]+\\ \qquad (1-p)[q(d_1+n_1+V)+(1-q)(d_1+n_1)]\end{cases}\tag{7}$$

监管部门选择监管的期望收益 π_{G1}、选择不监管的期望收益 π_{G2} 和群体平均收益 $\overline{\pi}_G$ 分别为：

$$\begin{cases}\pi_{G1}=p(F-C+n_4)+(1-p)(-C+n_2)\\ \pi_{G2}=p(-L+n_4)+(1-p)n_2\\ \overline{\pi}_G=q[p(F-C+n_4)+(1-p)(-C+n_2)]+\\ \qquad (1-q)[p(-L+n_4)+(1-p)n_2]\end{cases}\tag{8}$$

由式(7)和(8)可知，第三方支付机构和监管部门的模仿者复制动态方

程为：

$$\begin{cases} F(p) = \dfrac{\mathrm{d}p}{\mathrm{d}t} = p(\pi_{T1} - \bar{\pi}_T) = p(1-p)[d_2 + n_3 - n_1 - q(F+V)] \\ F(q) = \dfrac{\mathrm{d}q}{\mathrm{d}t} = q(\pi_{G1} - \bar{\pi}_G) = q(1-q)[p(F+L) - C] \end{cases} \tag{9}$$

对式(9)求一阶导数，可以得到：

$$\begin{cases} F'(p) = (1-2p)[d_2 + n_3 - n_1 - q(F+V)] \\ F'(q) = (1-2q)[p(F+L) - C] \end{cases} \tag{10}$$

（二）第三方支付机构群体与监管部门群体的演化稳定策略

演化稳定策略(*ESS*)要求 $F(\cdot) = 0$ 且 $F'(\cdot) < 0$，根据式(9)、式(10)，通过分析可以得到：

1. 第三方支付机构群体“违规”的演化稳定策略

当 $q = \dfrac{d_2 + n_3 - n_1}{F+V}$，$\dfrac{\mathrm{d}p}{\mathrm{d}t} \equiv 0$，即对于所有的 p 水平都是稳定状态；

当 $q \neq \dfrac{d_2 + n_3 - n_1}{F+V}$ 时，由于 $(d_2 + n_3 - n_1)$ 的正负性以及它与 $(F+V)$ 的大小关系不确定，因此可分三种情况讨论。

情况一：当 $q \neq \dfrac{d_2 + n_3 - n_1}{F+V}$ 且 $(d_2 + n_3 - n_1) < 0$，则 $p^* = 0$ 和 $p^* = 1$ 是两个稳定状态，由于 $\dfrac{d_2 + n_3 - n_1}{F+V} < 0$，此时必有 $q > \dfrac{d_2 + n_3 - n_1}{F+V}$，从而 $F'(0) < 0, F'(1) > 0$，因此 $p^* = 0$ 是演化稳定策略(*ESS*)，即当第三方支付机构相对于合规时违规获得的超额收益（d_2）小于第三方支付机构相对于违规时因合规而多获得的社会收益 $(n_1 - n_3)$ 时，不论监管部门群体监管与否，第三方支付机构群体都选择合规策略。具体见图 1。

情况二：当 $q \neq \dfrac{d_2 + n_3 - n_1}{F+V}$ 且 $0 < (d_2 + n_3 - n_1) < (F+V)$，则 $p^* = 0$ 和 $p^* = 1$ 是两个稳定状态，此时 $0 < \dfrac{d_2 + n_3 - n_1}{F+V} < 1$。因此，当第三方支

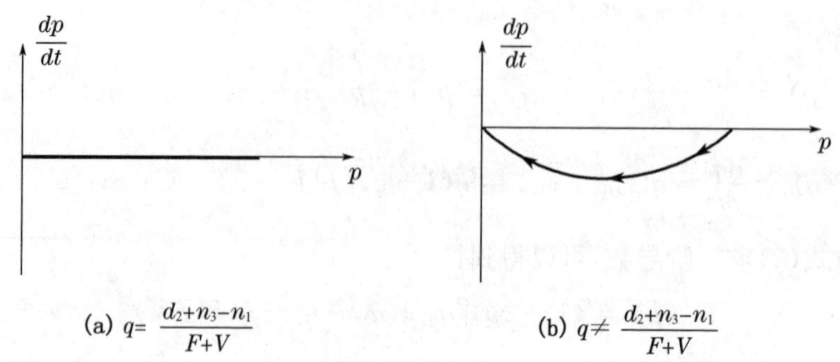

图 1　第三方支付机构群体复制动态相位图(情况一)

付机构相对于合规时违规获得的超额收益（d_2）大于第三方支付机构相对于违规时因合规而多获得的社会收益（n_1-n_3），但超出部分（$d_2+n_1-n_3$）小于第三方支付机构违规时监管部门征收的罚款与社会对于合规机构的激励之和（$F+V$）时：

(1) 当 $q<\dfrac{d_2+n_3-n_1}{F+V}$，$F'(0)>0$，$F'(1)<0$，因此 $p^*=1$ 是演化稳定策略(ESS)，即当监管部门群体监管比例小于给定值时，第三方支付机构群体选择违规策略；

(2) 当 $q>\dfrac{d_2+n_3-n_1}{F+V}$，$F'(0)<0$，$F'(1)>0$，因此 $p^*=0$ 是演化稳定策略(ESS)，即当监管部门群体监管比例大于一定值时，第三方支付机构群体选择合规策略。具体见图 2。

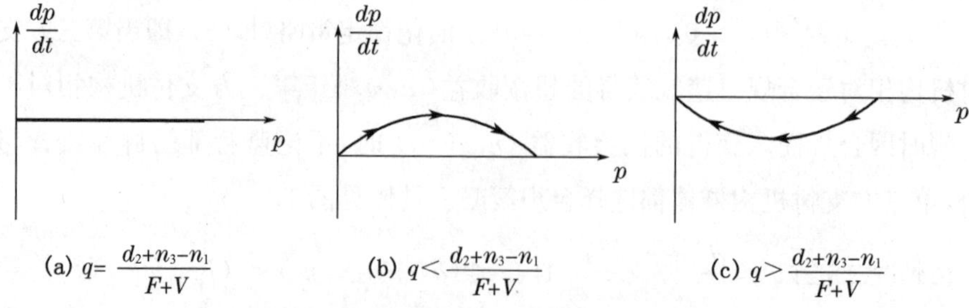

图 2　第三方支付机构群体复制动态相位图(情况二)

情况三：当 $q \neq \dfrac{d_2 + n_3 - n_1}{F + V}$ 且 $(d_2 + n_3 - n_1) > (F + V)$ 时，则 $p^* = 0$ 和 $p^* = 1$ 是两个稳定状态。由于 $\dfrac{d_2 + n_3 - n_1}{F + V} > 1$，此时必有 $q < \dfrac{d_2 + n_3 - n_1}{F + V}$，从而 $F'(0) > 0, F'(1) < 0$，因此 $p^* = 1$ 是演化稳定策略（ESS）。也就是说，当第三方支付机构相对于合规时违规获得的超额收益（d_2）大于第三方支付机构相对于违规时因合规而多获得的社会收益（$n_1 - n_3$），且超出部分（$d_2 + n_1 - n_3$）大于第三方支付机构违规时监管部门征收的罚款与社会对于合规机构的激励之和（$F + V$）时，不论监管部门群体监管与否，第三方支付机构群体都选择违规策略。具体见图 3。

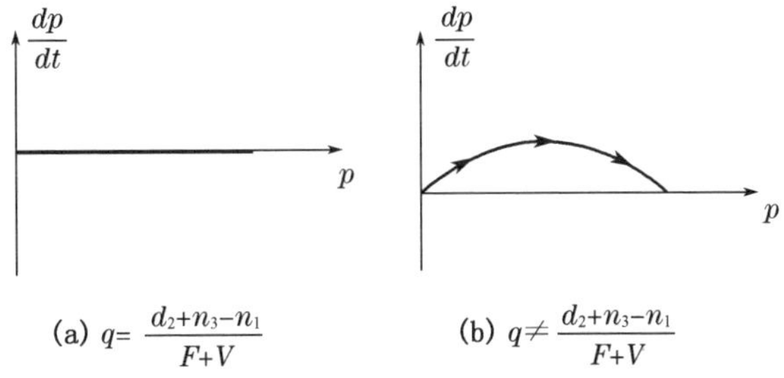

图 3　第三方支付机构群体复制动态相位图(情况三)

2. 监管部门群体“监管”的演化稳定策略

当 $p = \dfrac{C}{F+L}$，$\dfrac{\mathrm{d}q}{\mathrm{d}t} \equiv 0$，即对于所有的 q 水平都是稳定状态；

当 $p \neq \dfrac{C}{F+L}$ $\left(由于 F>C，因此 F+L>C，即 0<\dfrac{C}{F+L}<1\right)$，则 $q^* = 0$ 和 $q^* = 1$ 是两个稳定状态，其中，当 $p < \dfrac{C}{F+L}$，$F'(0)<0, F'(1)>0$，因此 $q^* = 0$ 是演化稳定策略（ESS），即当第三方支付机构群体违规的比例小于给定值时，监管部门群体选择不监管；当 $p > \dfrac{C}{F+L}$，$F'(0)>0, F'(1)<0$，因此 $q^* = 1$ 是演化稳定策略（ESS），即当第三方支付机构群体违规的比例大于给定值时，监

管部门群体选择监管。具体见图 4。

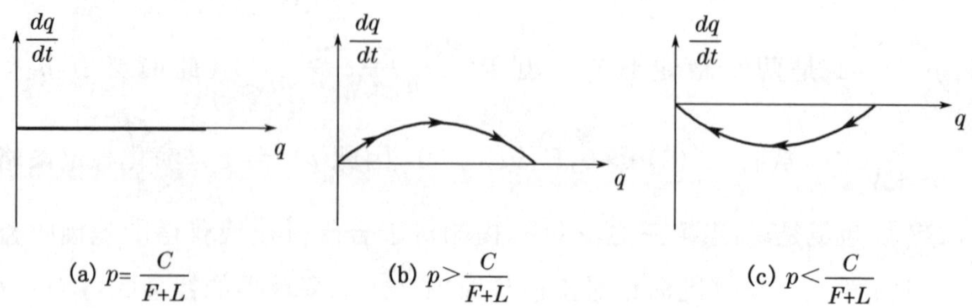

图 4　监管部门群体复制动态相位图

（三）策略的演变趋势分析

根据上述分析，此复制动态系统在前述“情况一”和“情况三”中有 4 个均衡点，分别为(0,0)，(1,0)，(0,1)以及(1,1)；在“情况二”有 5 个均衡点，分别为(0,0)，(1,0)，(0,1)，(1,1)以及 $\left(\frac{C}{F+L},\frac{d_2+n_3-n_1}{F+V}\right)$。在非对称复制动态演化博弈中，根据不同的初始状态，会得到不同的稳定状态。

把上述复制动态相位图在以 p、q 为坐标的平面图内画出(图 5)，并从中分析发现：

当 $\frac{d_2+n_3-n_1}{F+V}<0$ 时，见图 5(a)：若初始策略处于 A 区域则收敛于(0,0)，即(合规，不监管)策略；若初始策略处于 B 区域则收敛于(0,1)，即(合规，监管)策略。

当 $0<\frac{d_2+n_3-n_1}{F+V}<1$ 时，见图 5(b)：若初始策略处于 A 区域则收敛于(0,0)，即(合规，不监管)策略；若初始策略处于 B 区域则收敛于(0,1)，即(合规，监管)策略；若初始策略处于 C 区域则收敛于(1,0)，即(违规，不监管)策略；若初始策略处于 D 区域则收敛于(1,1)，即(违规，监管)策略。

当 $\frac{d_2+n_3-n_1}{F+V}>1$ 时，见图 5(c)：若初始策略处于 C 区域则收敛于

(1,0),即(违规,不监管)策略;若初始策略处于 D 区域则收敛于(1,1),即(违规,监管)策略。

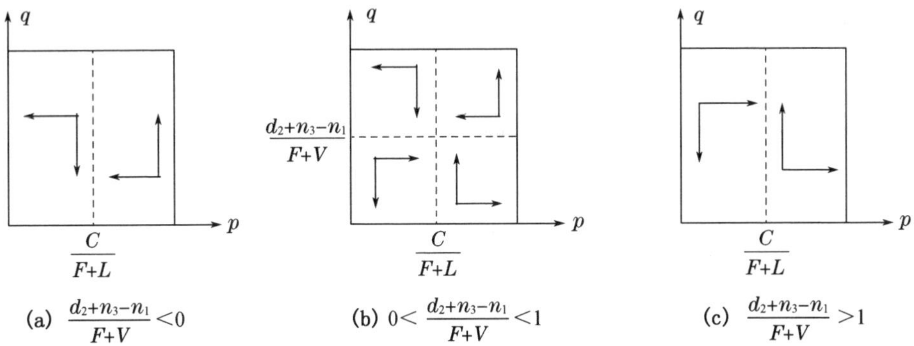

图 5　第三方支付机构群体和监管部门群体博弈的复制动态和稳定性

(四) 演化稳定均衡分析

接下来,我们将根据此模型相应雅可比(Jakobian)矩阵的局部稳定性来分析以上均衡点的稳定性。对式(9)分别求关于 p、q 的导数,可得雅可比矩阵为:

$$J=\begin{bmatrix}(1-2p)[d_2+n_3-n_1-q(F+V)] & (p^2-p)(F+V)\\(q-q^2)(F+L) & (1-2q)[p(F+L)-C]\end{bmatrix} \tag{11}$$

对雅可比矩阵求行列式和迹,可以分别得到:

$$\det J=(1-2p)[d_2+n_3-n_1-q(F+V)](1-2q)[p(F+L)-C]-(p^2-p)(F+V)(q-q^2)(F+L) \tag{12}$$

$$\mathrm{tr}J=(1-2p)[d_2+n_3-n_1-q(F+V)]+(1-2q)[p(F+L)-C] \tag{13}$$

对于离散系统,若演化博弈的均衡点满足:若 $\det J>0$、$\mathrm{tr}J<0$,则该均衡点具有稳定性;若 $\det J>0$、$\mathrm{tr}J=0$,则该均衡点为中心;若 $\det J>0$、$\mathrm{tr}J>0$,则该均衡点为不稳定点;若 $\det J<0$,则该均衡点为鞍点(即沿着某一方向是稳定的,但另一方向是不稳定的奇点)。根据雅可比矩阵判断均衡点的稳定性过程如表 2 所示,对应的相位图见图 6。

表 2　演化博弈模型均衡点的稳定性判断

情况类型	均衡点数	均衡点	$\det J$ 符号	$\mathrm{tr}J$ 符号	结论	相位图图示
情况一：$(d_2+n_3-n_1)<0$	4	(0,0)	+	−	*ESS*	图 6(a)
		(1,0)	+	+	不稳定	
		(0,1)	−	−	鞍点	
		(1,1)	−	不确定	鞍点	
情况二：$0<(d_2+n_3-n_1)<(F+V)$	5	(0,0)	−	不确定	鞍点	图 6(b)
		(1,0)	−	不确定	鞍点	
		(0,1)	−	不确定	鞍点	
		(1,1)	−	不确定	鞍点	
		$\left(\frac{C}{F+L},\frac{d_2+n_3-n_1}{F+V}\right)$	+	0	中心	
情况三：$(d_2+n_3-n_1)>(F+V)$	4	(0,0)	−	+	鞍点	图 6(c)
		(1,0)	−	不确定	鞍点	
		(0,1)	+	+	不稳定	
		(1,1)	+	−	*ESS*	

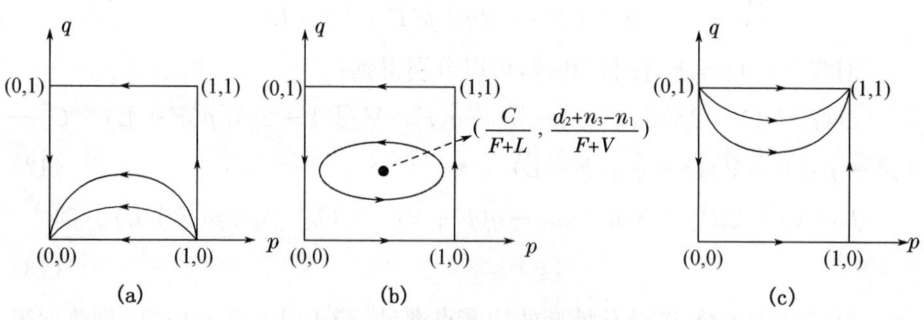

图 6　系统演化相位图

结合表 2 和图 6，可以得到：

(1) 若 $(d_2+n_3-n_1)<0$，此时第三方支付机构相对于合规时因违规获得的超额收益小于其相对于违规时因合规而多获得的社会收益。在此情形

下，第三方支付机构处于利益最大化的考量总是选择合规策略，因此，监管部门无须监管。系统最终锁定在（合规，不监管）稳定状态，这是最理想的状态。任何偏离这一策略选择集的状态都会通过不断学习和复制最终演化为这一状态。

(2) 若 $0<(d_2+n_3-n_1)<(F+V)$，这里包含两个条件：条件一是 $(d_2+n_3-n_1)>0$，条件二是 $(d_2+n_3-n_1)<(F+V)$。在此情形下，系统中不存在稳定点，可见，系统不会自发地演化为某一状态，但若对系统添加因素从而对其进行引导，便可得到一个稳定的演化状态。

a. 添加"监管部门选择监管"：对条件二进行变形可以得到 $d_1+d_2-F+n_3<d_1+n_1+V$，即在监管情形下第三方支付机构违规时获得的收益小于合规时获得的收益，因此第三方支付机构选择合规策略，系统将最终锁定在（合规，监管）状态，这也是一个非常理想的状态。

b. 添加"监管部门选择不监管"：对条件一进行变形可以得到 $d_1+d_2+n_3>d_1+n_1$，即在非监管情形下第三方支付机构违规时获得的收益大于合规时获得的收益，因此第三方支付机构选择违规策略，系统将最终锁定在（违规，不监管）状态，显然这不是理想状态。

(3) 若 $(d_2+n_3-n_1)>(F+V)$，同样对其变形可以得到 $d_1+d_2-F+n_3>d_1+n_1+V$，即在监管情形下第三方支付机构违规时获得的收益大于合规时获得的收益。因此，第三方支付机构总是选择违规策略，系统最终锁定在（违规，监管）这一稳定状态，任何偏离这一策略选择集的状态都会通过不断学习和复制最终演化为这一状态，显然这也不是理想状态。

此时我们重新回到图 5，策略空间有四种选择，其中的（违规，不监管）与（违规，监管）显然与我们所期望达到的理想状态不符（因为此时第三方支付机构选择违规策略），而（合规，不监管）与（合规，监管）是较为理想状态。我国第三方支付发展时间不长，因此（合规，不监管）通常情况下不能长期维持（因为第三方支付机构最初采取"合规"策略，而监管部门长期不监管，会使得第三方支付机构在利益驱使下转而采取"违规"策略），除非能够保证第三方支付机构相对于合规时因违规获得的超额收益小于其相对于违规时因合规而多获得的社会收益。可见,从长远角度来看,对全社会而言,最理想的状态是(合规,监管)策略。

通过上述分析,我们发现图5(a)、(b)中的B区域是理想的初始状态,要使初始状态落于B区域的概率增大则可从以下方面入手:降低监管部门的监管成本(C);提高第三方支付违规时监管部门征收的罚款(F);提升社会对于合规机构的正面评价(V);加大监管部门因未实施监管导致未发现违规而产生的声誉损失(L)。此外,应尽量保证第三方支付相对于合规时因违规获得的超额收益小于其相对于违规时因合规而多获得的社会收益;若第三方支付相对于合规时因违规获得的超额收益大于其相对于违规时因合规而多获得的社会收益,则尽量保证两者之差小于第三方支付违规时监管部门征收的罚款与社会对于合规机构的正面评价之和,且差距越大越好($d_2 + n_1 - n_3$)。

五、政策建议

在革新传统银行支付结算体系的同时,我国近年来迅猛发展的第三方支付行业也正集聚着较大风险,且这种风险具有强隐蔽性、易突发、易传染、外溢快、影响范围广等特征。尽快健全相应的监管机制不仅有利于鼓励金融创新,而且有利于防范系统性金融风险。在综述相关文献的基础上,本文主要通过静态博弈与演化博弈模型从理论上分析了第三方支付的监管策略。根据理论分析所得结论并结合我国实际,本文认为,为促进第三方支付行业规范发展,我国可采取以下监管措施:

(1) 明确第三方支付"准金融"行业的法律地位,将其纳入以央行和银监会为主的监管范围,并加快健全专门针对第三方支付行业监管的法律法规。近年来,我国央行已出台了一系列规章制度,如2010年颁布的《非金融机构支付服务管理办法》、2012年颁布的《支付机构预付卡业务管理办法》、2014年颁布的《支付机构客户备付金存管办法》、2015年公布的《非银行支付机构网络支付业务管理办法(征求意见稿)》等,但大多属于部门规章,缺乏专门的顶层宏观法律甚至存在不一致。如我国目前对第三方支付认定的地位是"非金融机构",但对第三方支付机构的注册资本和备付金要求与银行要求基本一致①,第三方支付对应的监管部门也是央行。第三方支付机构的经营范围、法律定位应尽快与监管体制对应起来。此外,我国应尽快成立专门的监管部门,在逐步放宽经营范围的同时,将支付活动的全过程纳入金融监管范畴,以提高支付的安全可靠性。

(2) 转变传统监管理念,尽量少用强制性处罚措施,宜多用合规激励性措施来引导第三方支付行业规范发展(前文的博弈分析表明:接受激励比支付罚款更倾向于合规)。同时,监管部门应不断优化全面监管与重点监管的策略关系,宜通过机构监管形式来执行全面监管策略,并通过核心业务监管或功能监管形式来执行重点监管策略。执行业务监管时,应加强不同部门之间的沟通与协调。

(3) 强化监管部门的责任意识,建立监管部门的激励机制。目前第三方支付绝大多数是无纸化交易,交易数据完全被第三方支付机构掌握,不仅银行和监管部门未知,即使是交易双方也未必知道,这不仅完全区别于存储在专用服务器并需出具公章的银行支付,更是对监管部门的挑战。简单的"关、停、罚、限制正常业务经营范围"不应成为主要监管手段。我国应充分意识到传统银行竞争与创新动力的不足是第三方支付快速发展的关键原因。因此,只有通过各种金融创新业务的不断学习来强化责任意识,监管部门才能针对不同的创新业务模式制定并完善相应的监管政策。同时,我国可借助社会舆论监督机制来提升监管部门的监管积极性,并促进监管部门积极落实监管行为。

(4) 加强信息披露,提升整个行业透明度。信息不对称是监管成本和监管难度高居不下的重要原因。我国应提高第三方支付业务中交易信息披露的

① 《非金融机构支付服务管理办法》第九条规定:申请人拟在全国范围内从事支付业务的,其注册资本最低限额为1亿元人民币;拟在省(自治区、直辖市)范围内从事支付业务的,其注册资本最低限额为3 000万元人民币。注册资本最低限额为实缴货币资本。

透明性、业务规则的透明性以及机构信用的透明性。在资金透明性方面，第三方支付机构应披露客户备付金的金额以及资金投向，当前在第三方支付被定位为非金融机构的背景下应实施资金强制托管制度；在业务透明性方面，可以建立专门的外部审计机构，协助第三方支付机构进行业务和财务审计，实现对外披露；在机构透明性方面，第三方支付机构应定期披露内部经营与公司治理等各种信息。

参考文献

[1] 巴曙松、杨彪，2012：《第三方支付国际监管研究及借鉴》，《财政研究》第 4 期。

[2] 雅红，2014：《支付机构业务发展及中央银行监管研究》，中国社会科学院研究生院博士学位论文。

[3] 蒋先玲、徐晓兰，2014：《第三方支付态势与监管：自互联网金融观察》，《改革》第 6 期。

[4] 李婧华，2012：《第三方支付与商业银行竞合关系研究》，西南财经大学硕士学位论文。

[5] 陆磊、刘海二，2015：《第三方支付监管的有效性》，《中国金融》第 1 期。

[6] 容玲，2012：《第三方支付平台竞争策略与产业规制研究》，复旦大学博士学位论文。

[7] 童卓超，2009：《C2C 第三方支付企业与银行的合作模式研究》，厦门大学硕士学位论文。

[8] 王丹萍，2012：《第三方支付企业监管差异化研究》，《上海经济研究》第 3 期。

[9] 吴晓求，2015：《限制第三方支付会阻碍金融创新》，http://finance.china.com.cn。

[10] 谢平、刘海二，2013：《ICT、移动支付与电子货币》，《金融研究》第 10 期。

[11] 杨彪、李冀申，2012：《第三方支付的宏观经济风险及宏观审慎监管》，《财经科学》第 4 期。

[12] 杨彪，2013：《中国第三方支付有效监管研究》，厦门大学出版社。

[13] Bradford, T. R., M. Davies, S. E. Weiner, 2002, "Nonbanks in the Payments System", Federal Reserve Bank of Kansas City.

[14] Dan, J. K., I. S. Yong, S. B. Braynov, H. R. Rao, "Multidimensional Trust Formation Model in B-to-C E-commerce: A Conceptual Framework and Content Analyses of Academia Practitioner Perspectives", Decision Support Systems, 40, 143 - 165.

[15] Mann, R. J., 2004, "Regulating Internet Payment Intermediaries", Texas Law Review, 82(3), 680 - 716.

[16] Mester, L. J., 2000, "The Changing Nature of the Payments System: Should New Players Mean New Rules?", Federal Reserve Bank of Philadelphia, 3, 3 - 26.

[17] Qing, S. H., 2003, "TTP Roles in Electronic Commerce Protocols", Journal of Software, 14(11), 1936 - 1943.

[18] Sullivan, R. J., 2006, "The Supervisory Framework Surrounding Nonbank Participation in the U. S. Retail Payments System: An Overview", Federal Reserve Bank of Kansas City, 04 - 03.

[19] Sullivan, R. J., 2007, "Risk Management and Nonbank Participation in the U. S. Retail Payments System", Federal Reserve Bank of Kansas City, 2, 5 - 40.

[20] Sullivan, R. J., Z. Wang, 2007, "Nonbanks in the Payment System: Innovation, Competition, and Risk——A Conference Summary", Federal Reserve Bank of Kansas City, 3, 83 - 106.

[21] Weiner, S. E., T. Bradford, F. Hayashi, 2007, "Nonbanks and Risk in Retail Payments", Working Paper, 07 - 02.

互联网 RTB 广告模式和关键技术研究*

黄强松　许　恺　董明昱　陈　辉　姚　迪

内容提要：本文首先介绍了互联网广告的发展史及实时竞价广告模式(RTB)的诞生过程，然后对 RTB 广告进行了定义并论述了其工作流程。在此基础上，本文对 RTB 广告所依赖的两项重要技术——DMP 平台技术和竞价技术分别进行了深入分析，其主要结论是：一个标签完整、详细、准确的 DMP 平台和一个有效的竞价算法是 RTB 广告成功的最关键要素。

关键词：RTB；DMP 平台；竞价算法

一、互联网广告的发展史及 RTB 广告的诞生

进入信息社会以来，互联网广告不断冲击着传统广告行业，逐渐成为商业信息传播的主要途径，而互联网广告自身模式也随着时代的技术革新进步和新思维的扩展经历了三个重要阶段而发展到今天，如图 1 所示。

---

* 黄强松，南京大学国际金融管理研究所，高级研究员，江苏电信大数据团队运营总监，主要研究领域：互联网技术的研发、数据运营与管理，E-mail：18118999518@189. cn；许恺，江苏电信大数据团队精准营销产品总监，主要研究方向：数据挖掘、大数据平台体系、广告媒体营销；董明昱，江苏电信大数据团队精准营销产品经理，主要研究方向：精准营销；陈辉，江苏电信大数据团队技术经理，主要研究方向：数据挖掘、大数据平台体系；姚迪，江苏电信大数据团队技术经理，主要研究方向：数据挖掘、大数据平台体系、广告媒体运营。

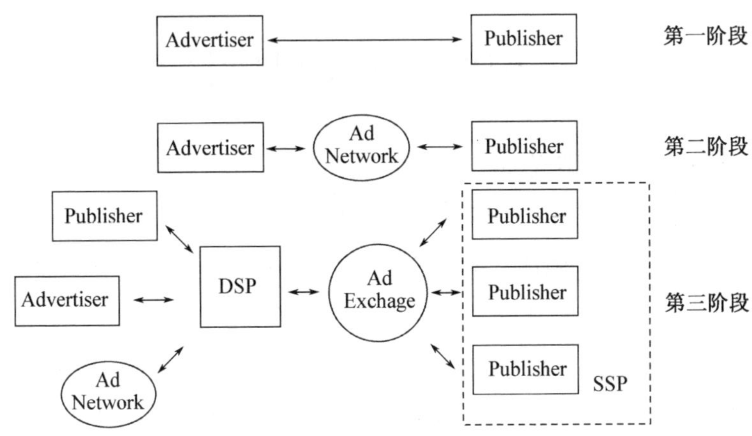

图 1　互联网广告的发展阶段

在第一阶段，广告主(Advertiser)和媒体(Publisher)直接接触，双方直接洽谈广告业务，并不通过第三方中介广告商(Agency)。在互联网迅速发展后，大大小小的网站不断出现，一方面，广告主没有精力与各个媒体一一对接，另一方面，一些小的网站在和广告主的交易中较为被动。因此，在互联网广告发展的第二阶段，广告网络(Ad Network)应运而生，它既像一个广告联盟，又像中小媒体的中介，他们负责代表中小媒体和广告主谈判。随着广告网络这一机构接入的中小媒体越来越多，广告网络的话语权越来越强，广告网络这一机构逐渐取得了中小媒体的广告定价权。另一方面，广告主也会抱怨广告网络往往提供的是长尾流量，效果不好，因此，新的模式急需出现，于是诞生了第三阶段的广告模式——RTB 竞价广告模式。在 RTB 竞价广告阶段，一些新的角色出现了，比如广告交换平台(Ad Exchange)、需求方平台(Demand Side Platform，以下简称 DSP)、供应方(Supply Side Platform，以下简称 SSP)、数据管理平台(Data Management Platform，以下简称 DMP)，等等。这些机构在一个互联网广告的诞生和展现中各自扮演的角色正是本文应该研究的内容。

二、RTB 广告的定义和流程

（一）RTB 广告的定义

实时竞价(Real-Time Bidding)广告简称为 RTB 广告，2010 年最先在美国兴起，并很快被引入国内。对于 RTB 广告，从不同的角度有不同的理解。从用户数据分析的角度，RTB 广告是一种在用户数据分析基础上针对每个用户的广告展示行为展开实时竞价的广告类型。而从技术和平台的宏观角度出发，RTB 广告是一种模仿股票交易模式，通过机器算法实现实时自动买卖的广告类型。

（二）RTB 广告的流程

RTB 广告模式主要包括三大平台，以 AD Exchange 为核心，连接着为广告主、广告机构服务的 DSP 和提供广告位与媒体资源的 SSP。这三大平台连接在一起形成一个开放的在线广告交易市场，类似于广告证券交易场所，流通其中的等价交换物，即流量。另外，RTB 运作高度依赖数据管理平台(DMP)，它将分散的第一、第三方数据整合纳入统一的技术平台进行分析整理，为需求端平台上的广告主提供目标用户的定位分析，以作出准确的媒体决策。

用一个简单例子来阐释 RTB 广告的运作模式。一个长期对汽车感兴趣或者对汽车用品感兴趣的用户，在供应方平台上浏览网页时，如浏览凤凰网的军事新闻时，凤凰网会向 ADX 平台发出广告请求，同时，并传送相关信息（信息主要包含识别用户的信息和凤凰网网站、广告位的信息）。ADX 平台迅速向所有 DSP 发出查询信息，告知 DSP 有用户来访问此网页，此时，DSP 立刻将用户身份发至 DMP 发起查询请求，DMP 会将用户标签返回。如上例，DMP 会告知 DSP 此用户是一位喜欢汽车的用户，适合在凤凰网上投放汽车方面的广告，DSP 接下来会去寻找到汽车方面广告主的广告，并开始和其他

DSP 在 ADX 平台展开实时竞价。需要说明的是，在竞价过程中，DSP 针对根据媒体和广告位的不同制定不同的出价策略，同时，DSP 会根据不同的媒体和广告位选择不同广告主的广告。出价最高的 DSP 将获得此次在此广告位展示的机会。结束竞价后，DSP 在极短的时间内将此汽车方面广告主的广告代码发至 ADX，ADX 将此广告代码传送给凤凰网，然后用户就会在此广告位上看到此汽车方面的广告。整个竞价过程时间非常短，一般在 50 毫秒以内。

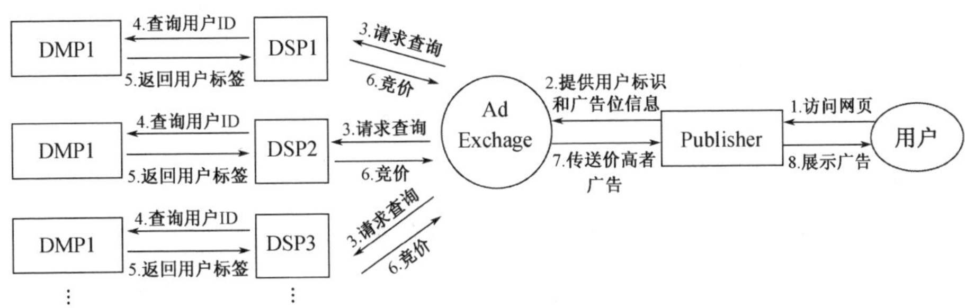

图 2　RTB 广告的流程展示

三、DMP 和 RTB 广告的关系研究

在 RTB 广告的交易过程中，有两项关键技术起到了极为重要的作用。一项为基于 DMP 平台的标签技术，一项为实时的竞价技术。

DMP(Data-Management Platform)即“数据管理平台”，它把分散的第一、第三方数据进行整合纳入统一的技术平台，并对这些数据进行标准化和细分，让用户可以把这些细分结果推向现有的互动营销环境里。

DMP 主要有三大功能：数据清洗、数据管理和数据挖掘。数据清洗主要就是去除一些无用、重复和涉及用户敏感的信息；数据管理就是将来自各方的数据结构化(如归类、标签化等)，便于以后有效使用；而数据挖掘就是综合运用有关联的数据，将隐藏在数据背后的潜在价值挖掘出来。

对于 DSP 来说，最大的要求是可以实时调用用户最完整、准确的标签。

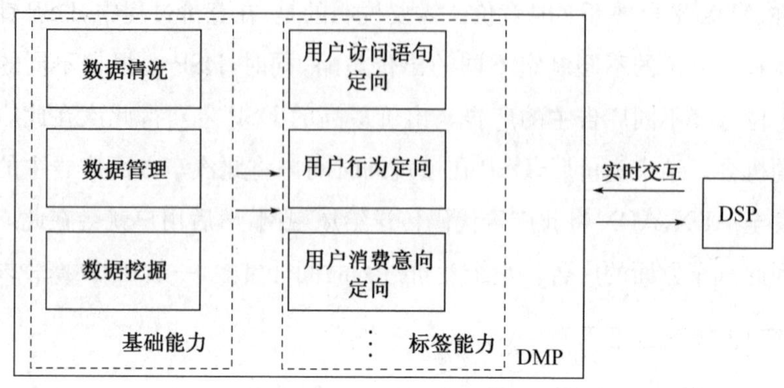

图 3　DMP 和 DSP 的关系

这就对 DMP 提出了几点要求：

(1) DMP 平台中需要汇聚尽可能全的数据，其对各类数据需要进行融合、匹配。目前，很多互联网网站数据存在着一个重大的缺陷，即各个网站均拥有用户的信息，但拥有的只是部分信息。DMP 平台作为一个大数据管理平台，首先要完善数据的汇聚，其次汇聚后的数据要进行融合匹配，为下一步的用户画像及标签分析提供更全的数据和更多的维度。

(2) DMP 平台需要对数据进行清洗和管理。互联网的海量数据中，并非所有数据都具有较高的价值，此时需要将无关数据清洗出去，避免占用大量的计算资源。而完成清洗后数据则是等待提炼的"金沙"。

(3) DMP 平台需要非常强的挖掘能力。DMP 平台最核心的功能是为用户建立标签库，此部分工作也是 DMP 平台需要技术能力最强的工作。DMP 平台不仅需要高效的算法进行海量数据进行处理，同时也要兼顾所有挖掘的要素。目前针对 DSP 的需求来说，一些用户的定向标签挖掘是 DMP 最为重要和必需的工作。一般来说，对于用户的定向有语句定向(爬虫技术)、用户行为定向、用户消费意向定向、地域定向、人口属性定向，等等。

总而言之，标签完整和详细准确是 DMP 平台的基本也是最重要特征，这就对数据汇入、采集清洗和准确、高效的挖掘算法提出了很高的要求。

四、主流竞价技术研究

在早前，谈到程序化竞价，一般即为 RTB。但随着市场发展，程序化购买开始有了新的拓展。事实上，程序化购买是一种过程，而 RTB 是进行程序化购买的一种交易方式。

程序化竞价包括以下四类：优先购买、程序化预定、受邀竞价、公开竞价。其中，公开竞价和受邀竞价属于 RTB 竞价的范畴。

公开竞价：公开竞价是一种参与最广泛和最通用的竞价方式，AD Exchange 将所有的媒体资源开放给所有的 DSP 进行参与竞价。在这种情况下，由于所有的媒体全部开放，因此广告主更在乎的是广告的效果，而非在乎广告出现的位置，此模式较适用于只追求点击效果的广告主。

受邀竞价：受邀竞价和公开竞价的原理类似，只是在媒体资源开放的权限有所不同。不同的 DSP 拥有不同媒体权限，其获得的数据也不尽相同。在受邀竞价中，广告主不仅在乎广告的效果，同时在乎广告出现的位置，此模式适合不仅追求点击效果，也同时追求品牌宣传的广告主。

从市场竞争和竞价规则的角度出发，保持竞价体系内的公平竞争是维护产品和市场的最基本要求。不管是公开竞价还是受邀竞价，都属于 RTB 的范畴。如何以一个合适的价格取得广告位则是竞价的终极目标。关于竞价算法，竞价价格设计是实时竞价最重要的部分，其有三个较为重要的因素分别是底价、参考价格和成交价格，如图 4 所示。

图 4　竞价价格体系设计

1. 底价

底价和媒体平均成本与毛利率相关。媒体平均成本指按每个广告位类型计算出的平均点击价格；毛利率系数则是指公司参考运营成本和销售成本后，核算出的利润率；利润率也可作为底价的调节系数进行调节。底价和这两个要素的关系为式1所示：

$$底价=媒体平均成本\times(1+毛利率系数) \tag{1}$$

可见，每个平均点击价格(Cost Per Click)和平均点击价格还有产品的毛利率有着直接关系，这就要求DSP在接洽客户时，要提供一些吸引人和利润率较大的产品，这样的竞价中可以有一个较高的底价，优势非常明显。底价不展示给用户，作用是在竞价中保证成本；低于底价出价的广告，不予展示或按剩余流量展示。

2. 参考价格

成交价格与较多因素有关系，具体需要深入各类，并需要换算成系数，一般有行业加权系数、关键词热度系数、兴趣组热度系数、广告类型系数、广告位置系数等。各个因素组成了最终的参考价格，而参考价格则是DSP的核心所在。其计算公式为式2所示：

$$参考价格=底价\times(1+行业加权系数+关键词热度系数+兴趣组热度系数+广告类型系数+广告位置系数) \tag{2}$$

从参考价格的组成因素可以看出，一个合理的参考价格需要考虑到各种商业理解、用户分析、实时热度等问题，因此，需要一个复杂的体系并经过多次验证和迭代才能算出有较强竞争力且合理的参考价格。需要说明的是，参考价格中的各维度加权系数可在竞价前期由行业竞争平均价格系数替代；各维度系数分配设置权重，策略叠加时并不是相加，需根据不同策略竞价核心差异调整权重。

3. 成交价格

成交价格的公式为式3所示：

$$成交价格=下一名出价+5\%\times底价 \tag{3}$$

在整个竞价体系里面，成交价格和竞争对手的出价有着很大的关系，而出价的阶梯则为底价的 5%，而 DSP 是否会选择加价和底价、参考价格息息相关，而参考价格更为重要，是 DSP 的整个竞价体系里最为重要的部分。

在整个竞价价格设计体系完成之后，DSP 一方面接入 DMP 获取用户标签，一方面接入 ADX 进行竞价，为广告主们获得合适广告位的同时获得合适的受众群体，大幅提高广告的转化率，大大节省了广告成本。

五、总　结

本文首先介绍了互联网广告的发展史及实时竞价广告模式（RTB）的诞生过程，然后对 RTB 广告进行了定义并简述其工作流程，接着对 RTB 广告所依赖的两项重要技术——DMP 平台技术和竞价技术分别进行分析和研究，最后得出结论：一个标签完整、详细准确的 DMP 平台和一个有效的竞价算法是 RTB 广告成功的最关键要素。

参考文献

[1] 吴晶姝，2015：《改写广告业的"实时"与"竞价"——实时竞价（RTB）广告的产业链流程和运行机制研究》，《编辑之友》第 5 期。

[2] 徐艟，2014：《RTB 模式对网络广告产业的影响》，《现代企业》第 8 期。

[3] 许晓飞，2014：《浅谈 RTB 在网络广告投放的前景》，《中国市场》第 5 期。

[4] 周楚丽，2015：《数字传播时代 RTB（实时竞价）广告模式研究》，《数字媒体》第 1 期。

基于社会网络分析的互联网金融论文作者合作关系研究*

许金涛　刘海飞　杨　萌

内容提要:本文利用社会网络分析方法,研究互联网金融领域作者间的合作关系。选取2001—2015年中国知网期刊论文数据,通过分析合作关系网络的网络密度、作者节点度数和强度以及子网络模式分类等信息发现,目前互联网金融领域作者间合作关系较弱,多以独立或小团体(2～24人)为单位进行合作交流,发展模式子网络中通过核心作者维持群体间的关系。通过作者间的合作关系网络,可以帮助作者发掘潜在合作伙伴和研究领域,以期促进互联网金融领域的发展。

关键词:社会网络分析;互联网金融;合作关系

---

* 许金涛,南京大学工程管理学院,硕士研究生,研究方向:金融工程、数据挖掘;刘海飞,南京大学工程管理学院,博士,副教授,研究方向:金融工程、行为金融、数据挖掘,Email:hfliu@nju.edu.cn;杨萌,南京大学工程管理学院,硕士研究生,研究方向:金融工程。本文获国家自然科学基金研究项目"流动性黑洞、订单提交策略与最优执行"(项目编号:71101068)、"基于计算实验的指令驱动市场交易行为与演化机制研究"(项目编号:71171109)、"股价短期大幅震荡下的价格生成、传导与形成机理研究"(项目编号:71203144)资助。

一、引　言

互联网金融(Internet Finance)是依托于移动支付、社交网络、搜索引擎以及云计算等互联网工具,实现资金融通、支付结算和信息中介等业务的一种新兴金融(李芳,2014),是为适应新需求将传统金融行业与互联网相结合而产生的全新模式和新兴领域,具有鲜明的信息时代背景。互联网金融因具有业务灵活、运营成本低,操作简便快捷、市场服务面广,以及信息处理与风险控制技术要求高等特点,而备受关注。

1998 年 12 月,美国在线支付服务公司贝宝(PayPal)成立,同时网上购物网站 eBay 迅速崛起,两者在网上购物交易的通力合作吹响了互联网金融的第一声号角。其后,贝宝公司利用信用卡和商业银行系统,在全球范围内实现安全便利的网上支付服务(降磊,2013)。我国互联网金融起步于 2003 年,但直至 2013 年才真正兴起,使得我国金融体系经历了前所未有的洗礼(李诗洋,2013)。在互联网金融时代,金融效率、交易结构以及金融架构的变革将对传统金融产生严峻挑战(袁博等,2013),互联网金融将优化资源配置(宫晓林,2013),弱化金融中介,减少交易成本(Hanno Beck,2001),控制交易风险,推动利率市场化(谢平等,2001)。

同时,互联网金融领域的兴起也引起了学术界的研究兴趣。从最初的探索电子银行(童涛,1997)、电子商务(何文婉,1999;张骏等,2004),以及互联网保险创新(高雷,2010),到关注支付方式、信息处理和资源配置(谢平等,2012),再到优化传统客户渠道、融资和定价(宫晓林,2013),最后到关注互联网金融的监管机制(张晓朴,2014),聚焦互联网金融风险研究(廖愉平,2015)等,均取得了良好的研究成果。

随着科学的迅速发展,科学研究难度不断加大,科研合作已经成为科研创新的重要动力(de Solla,1973),是突破重大难题的重要途径。我国互联网金融作为较为新颖的研究领域,学者的合作关系情况如何,亟须借助交叉领域学科研究方法以及相关理论，进行深入研究和分析。因此，本文将利用社会网络分析法对互联网金融领域的作者合作团队的形式、特点及结构等内容进行研究，对于把握该领域的研究现状和发展方向具有重要的指导意义和参考价值（彭希羡等，2013）。

二、文献综述

社会网络是指社会行动者及其相互关系的集合（朱庆华等，2008），是行动者间因互动而形成的相对稳定的关系网络。20 世纪 50 年代，舒尔茨等人（Myers and Schultz，1951；Rees and Shultz，1970）首次将社会网络的理论和观点引入经济学的分析中来。但是直到六度分离理论（Milgram，1967）、小世界网络模型（Watts and Strogatz，1998）和无标度网络模型（Barabási and Albert，1999）的提出，社会网络的普适性与重要性才被充分展现出来，网络的研究及应用也进入了一个全新时代。社会网络分析通过成员之间的关系建立网络模型，用于描述群体关系的结构，并研究这种结构对群体或子群体内部功能的影响。近年来，国内外学者将社会网络分析方法应用到各个领域作者合作网络的研究中（李进等，2014），从最初对作者合作关系网络的构建（Newman，2001），到网络特性的分析（Newman，2001；Yin et al.，2006），到科研群体的划分（Newman，2004；沈耕宇等，2013），再到通过网络分析对学科潜在关系的挖掘（张晗等，2006；鲁晶晶等，2011；陈卫静和郑颖，2013）等。社会网络分析在各领域中正日益彰显其独特的优势，从情报学（邱均平等，2010）、档案学（程齐凯，2009），到信息系统（朱庆华等，2001）、社会计算（彭希羡等，2013），再到管理科学（闫相斌，2011）、计量学（邱均平等，2011）等，采用社会网络分析法对某学科领域的网络结构进行分析，有助于对该领域的现状和未来发展趋势进行定量分析和评价。

由于互联网金融发展历时尚短，对于其研究尚停留在与传统商业银行等金融机构的比较和对市场未来趋势影响等方面，而对于互联网金融领域的论文合著情况研究，尚属待探索阶段，故本文的研究具有创新性。本文将社会网络分析法运用到互联网金融领域的研究中，描述作者合作网络的特征，剖析子网络的结构，并分析作者合作模式发展历程，以期促进该领域作者间的学术交流，为发掘潜在的合作伙伴提供理论依据。相比于已有文献，本文的贡献在于以社会网络分析方法为研究视角，对互联网金融领域的作者合作关系进行实证研究，具有鲜明的创新性；不同于传统作者间合作关系的定义，引入全新的关系权重构造合作网络，具有良好的度量效果；分四种模式研究合作关系网络的子网络，探究目前我国互联网金融领域的发展水平。

三、数据采集与处理

（一）数据采集

为保证研究数据样本的可靠性，本文以中国知网期刊数据库作为文献来源，以“互联网金融”为主题，期刊来源类别限定为“期刊论文”进行全局检索，检索时间段为 2001 年年初到 2015 年 7 月底，主要选取题目、作者、单位、关键词、摘要、所属期刊和出版年份等内容进行采集，共得到 6 629 条样本数据。另外，本研究使用 MATLAB2013b 和 R3.1.2 软件实现全过程。

（二）数据预处理

所研究的样本文献中，或存在作者缺失、以研究组署名等文章，或是会议通知、论文启事等非正式论文，或存在作者单位缺失的现象。因此，需要对研究样本进行预处理，以规范化研究样本。预处理的详细步骤如下：

① 剔除论文中作者名超过 4 个字的作者（此类一般是以某个机构或研究组署名的论文）；

② 删除无作者的论文（此类一般为会议通知、征文启事等非正式论文）；

③ 将单位与作者进行匹配（可有效填补部分作者单位缺失的数据）：当单位数与论文作者数相同时，该篇论文作者依次对应一个单位。当单位数与论

文作者数不同时，若单位不存在，则论文作者无单位；若单位数为 1 个，则作者均属于这个单位；否则，手动下载文章查找匹配论文作者所属单位。

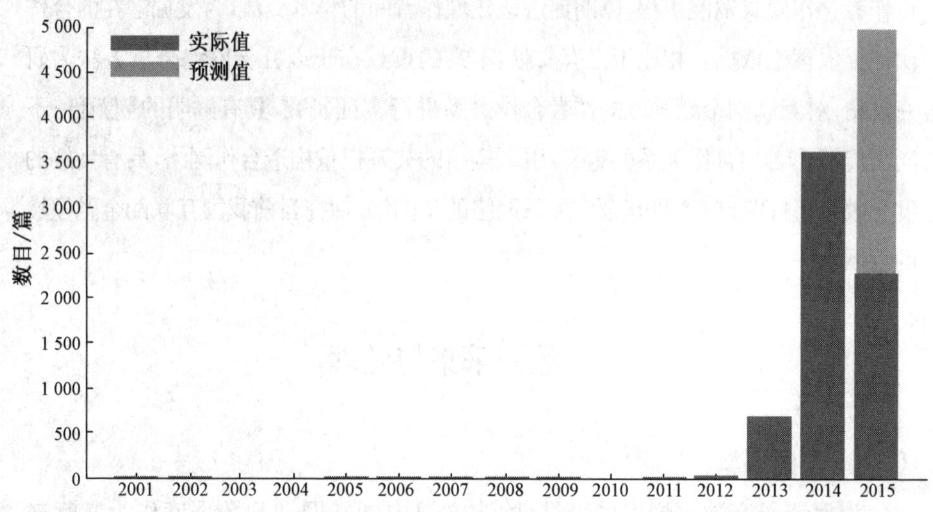

图 1　每年论文篇数走势图

④ 对所有论文作者进行统计，默认论文作者名相同为同一人，为部分单位依旧缺失的作者进行补全。

经上述处理，共得到 5741 条有效论文信息作为研究样本。各年份论文总数及发展趋势如表 1 和图 1 所示。从表 1 和图 1 可以清楚看到 2001—2014 年间，我国互联网金融领域论文一直保持增长趋势，发展态势良好。尤其自 2013 年开始，论文数量迅速增加，约为 2012 年的 27 倍，可见 2013 年是互联网金融发展历程中较为重要的一年，研究内容也十分广泛。2014 年论文数约是 2013 年的 6 倍，2015 年前七个月已达到 2014 年的 60%以上，预计在 2015 全年将会达到 5000 篇以上。

表 1　论文篇数统计表

处理前		论文总数						6 629				
年份	2001	2002	2005	2006	2007	2008	2009	2011	2012	2013	2014	2015
论文数	3	5	2	2	1	5	7	3	25	681	3 623	2 272
处理后		论文总数						5 741				
年份	2001	2002	2005	2006	2007	2008	2009	2011	2012	2013	2014	2015
论文数	2	2	0	2	0	5	6	2	21	551	3135	2015

四、实证研究

本节将利用上述采集的数据进行实证研究，主要包括对数据的统计性描述，构建合作关系网络，对整体网络特性进行描述以及对网络的各类子网络模式进行详细研究。

（一）统计性描述分析

表 2　论文合著情况统计表

年份	论文数	合著论文数	合著率(%)	年累计论文数	年累计合著论文数	年累计合著率(%)
2001	2	0	0.00	2	0	0.00
2002	2	1	50.00	4	1	25.00
2006	2	1	50.00	6	2	33.33
2008	5	1	20.00	11	3	27.27
2009	6	4	66.67	17	7	41.18
2011	2	0	0.00	19	7	36.84
2012	21	4	19.05	40	11	27.50
2013	551	86	15.61	591	97	16.41
2014	3135	784	25.01	3726	881	23.64
2015	2015	545	27.05	5741	1426	24.84

表2中列出了每年论文合著统计情况，其中合著率＝每年合著论文总数/当年论文总数，年累计合著率＝(一定年份内)累计合著论文总数/(该段年份内)累计论文总数。可以发现，每年合著率基本保持在15%以上，且自2013年起每年保持快速增长的趋势。而年累计合著率相对单年合著率略低，截至目前，年累计合著率已经达到24.84%。这说明目前我国互联网金融领域合作程度较低，学者间信息共享及知识交流相对较少，70%以上的互联网金融领域论文为独立研究成果。

表3　发表论文数的作者频数分布表

发表论文数	1	2	3	4	5	6	7	8	9	10	11	12	13	15	16	17	34
作者数	4 583	678	194	64	54	20	18	13	8	6	6	3	1	1	2	1	1
频率(%)	81.07	11.99	3.43	1.13	0.96	0.35	0.32	0.23	0.14	0.11	0.11	0.05	0.02	0.02	0.04	0.02	0.02

表4　每篇论文作者数的论文频数分布表

每篇论文作者数	1	2	3	4	5	6	7	8	11
论文数	4 315	1 020	304	64	20	12	4	1	1
频率(%)	75.16	17.77	5.30	1.11	0.35	0.21	0.07	0.02	0.02

表5　合作者数的作者频数分布表

合作者数	0	1	2	3	4	5	6	7	8	9	10	11	12
作者数	2 910	1 506	732	241	108	78	38	16	7	2	13	1	1
频率(%)	51.48	26.64	12.95	4.26	1.91	1.38	0.67	0.28	0.12	0.04	0.23	0.02	0.02

另外，本文对作者发表论文数、论文作者数和作者合作者数情况进行了统计分析，如表3－5所示。从表3发表论文数的作者频数分布表可以看出，大约有81.07%的作者到目前为止只发表了1篇互联网金融领域的文章，发表2篇及以上的情况较少。从表4每篇论文作者数的论文频数分布表中可知，有

75.16%的论文只有1位作者，其次是有17.77%的论文有2位作者，2位以上的只占7.08%，表明了互联网金融领域“独作”现象严重，论文合作关系主要集中在两人之间。由表5合作者数的作者频数分布表知，一半以上作者不存在合作者，39.59%的作者存在1～2位合作者。

表6 基本统计数据表

	Min. 最小值	1st Qu. 第一分位数	Median 中位数	Mean 均值	3rd Qu. 第三分位数	Max. 最大值
每位作者发文数	1	1	1	1.370	1	34
每篇论文作者数	1	1	1	1.349	1	11
每位作者合作者数	0	0	0	0.899	1	12
论文总数	5 741	作者总数	5 653			

表6中列出了每位作者发文数、每篇论文作者数和每位作者合作者数等统计数据。可以看出，平均每位作者发表1～2篇论文，极个别发表了3～4篇论文；平均每篇论文有1～2位作者，最多一篇论文有11位作者；平均每位作者有0～1位合作者，最多有12位合作者。整体上来看，每位作者的合作者偏少，超过一半的作者暂时没有合作者，目前是独自进行互联网金融领域问题的研究。

（二）整体网络分析

1. 整体合作关系网络构建

社会网络分析法将作者合著关系视为一张人际关系社会网络，其中每一个节点表示一位作者，节点大小表示作者发表论文数多少，节点之间的连线表示作者之间存在合作关系，连线的粗细表示合作关系的强弱。传统社会网络分析是以两者间是否存在关系来建立关系网络，本文将综合考虑作者间合作次数和各篇论文作者数两个因素，定义了作者间的合作关系强弱指标，即任意作者 i 和 j 之间的关系权重 w_{ij} 可定义为：

$$w_{ij}=\begin{cases}\sum_{k=1}^{N_A}\frac{\delta_i^k\delta_j^k}{n_k-1},i\neq j\\0,i=j\end{cases}$$

其中,作者 n_k 表示第 k 篇论文的作者数,且 $n_k>1$①;N_A 表示论文篇数,即 5 741;当作者 i 在论文 k 中时,δ_i^k 等于 1,否则为 0。由 w_{ij} 角标的任意性,可得到由所有作者构成的关系权重矩阵 W,W 为对角线为 0 的对称阵。

对于上述 5 653 位作者,使用 R 语言的 igraph 包可以绘制整体作者合作关系网络图。由于节点和连线较多,此处没有给出结果图。图中节点代表作者,节点的大小表示该作者发表论文数,点越大,表示该作者所著论文越多;节点间连线表示两作者间存在合作关系,连线的粗细表示关系权重大小,线越粗,表示两作者间合作关系越密切。此处的整体作者合作关系网络为非连通无向图,图中存在大量孤立点和小规模子群。

2. 整体网络特性描述

(1) 网络密度

网络密度表示网络中实际边数与可能总边数的比值,体现作者间关系的稀疏程度,间接反映了整个领域中信息交流和科研合作的难易。上面的整体作者合作关系网络中有 5 653 个节点、2 541 条边。而理论上可能总边数为 5 653×(5 653－1)/2＝15 975 378,故互联网金融领域的论文作者合作关系网络的密度为 0.000 159,网络结构非常松散。这表明该领域内学者间的交流相对较少,信息传递不通畅。

(2) 节点的度及强度

在无权网络中,节点的度表示与该节点直接相连的边的条数。而在加权网络中,与之对应的是节点的强度,表示与该节点直接相连的边的权重之和。节点 i 的度数 d_i 和强度 s_i 的定义如下:

$$d_i=\sum_{j=1}^{N}1_{w_{ij}>0}$$

---

① 注:此定义排除了论文只有一位作者的情况,此时权重表达式的分母会出现 0。

$$s_i=\sum_{j=1\&j\neq i}^{N}w_{ij}$$

其中，$1_{w_{ij}>0}=\begin{cases}1,w_{ij}>0\\0,w_{ij}\leqslant 0\end{cases}$；$w_{ij}$ 表示作者 i 和 j 之间的关系权重；N 表示所有作者数。同时，s_i 可简化为：

$$s_i=\sum_{j=1\&j\neq i}^{N}w_{ij}=\sum_{j=1\&j\neq i}^{N}\sum_{k=1}^{N_A}\frac{\delta_i^k\delta_j^k}{n_k-1}=\sum_{k=1}^{N_A}\sum_{j=1\&j\neq i}^{N}\frac{\delta_i^k\delta_j^k}{n_k-1}=\sum_{k=1}^{N_A}\delta_i^k$$

其中，上式中要求 $n_k>1$。可知，s_i 与 δ_i^k 直接相关，s_i 为与作者 i 与他人合著的论文数。

表 7　合作关系网络节点度的分布

节点度数	0	1	2	3	4	5	6	7	8	9	10	11	12
节点数	2 910	1 506	732	241	108	78	38	16	7	2	13	1	1
所占比例(%)	51.48	26.64	12.95	4.26	1.91	1.38	0.67	0.28	0.12	0.04	0.23	0.02	0.02

表 8　合作关系网络节点强度的分布

节点强度	0	1	2	3	4	5	6	7	8	9	10	11	34
节点数	2 910	2 323	307	66	23	7	3	5	1	1	5	1	1
所占比例(%)	51.48	41.09	5.43	1.17	0.41	0.12	0.05	0.09	0.02	0.02	0.09	0.02	0.02

节点的度反映了该节点所代表作者的合作者数，节点度数越大表明与之合作者越多；节点的强度展现了该节点所代表作者与他人合著文章的数目，节点强度越大表明其与他人合作文章数目越多。整体作者合作网络的度和强度分布情况如表 7 和表 8。从表 7 中可以看出，度数为 0 的作者节点最多，达到 51.48%，其次是度数为 1 和 2 的作者节点，上述三种作者节点占总数的 91.07%，故一半以上的作者都无合作者，剩余 30%左右的作者只有 1～2 位合作者。从表 8 中可以看出，强度为 0 的作者节点最多，达到 51.48%，其次是强度为 1 的作者节点，有 41.09%，故 51.48%的作者无合著文章，41.09%的作者仅与他人合作 1 篇文章，剩余 7.43%的作者有 2 位及以上合作者。

(3) 子网络分布

将非连通整体网络中的各连通部分分割开来，可得到所有的子网络。子网络按照其所包含的节点数汇总，如表 9 所示。从表 9 中可以看出，5 653 位作者共组成 3 900 个子网络，子网络规模作者数 2～24 人不等，其中由 1 人组成的子网络数量最多，为 2 910 个，占总数的 74.62%，其次分别为由 2 人和 3 人组成的子网络。这三种类型的子网络共计 3 750，占子网络总数的 96.16%，其中包含了 4 792 位作者，占作者总数的 84.77%。因此，互联网金融领域学术群体规模较小，作者间的合作仅限于小团体范围内，不同团体间的合作交流少。

表 9　子网络按其所包含的节点数汇总表

子网络节点数	子网络个数	占作者总数比重(%)	占子网络总数比重(%)
24	1	0.42	0.03
19	1	0.34	0.03
16	4	1.13	0.10
13	1	0.23	0.03
12	3	0.64	0.08
11	2	0.39	0.05
10	2	0.35	0.05
9	4	0.64	0.10
8	3	0.42	0.08
7	6	0.74	0.15
6	17	1.80	0.44
5	35	3.10	0.90
4	71	5.02	1.82
3	202	10.72	5.18
2	638	22.57	16.36
1	2 910	51.48	74.62
合计	3 900	100.00	100.00

（三）子网络模式分析

不同的子网络具有不同的特性，对整体网络的子网络进行分类并分析其构成原因，有助于进一步了解互联网金融领域发展现状及趋势。由整体作者合作关系网络的结构特征，本文将互联网金融领域的作者合作关系网络的子网络分为单一模式、双核模式、完备模式和发展模式。其中，单一模式和双核模式子网络中的作者是潜在的合作者，而完备模式和发展模式子网络是学科进步和发展的产物，这种模式的网络有助于作者间的合作交流。

1. 单一模式

独立发表文章的独立作者节点形成的网络模式，称为单一模式。互联网金融领域的论文作者合作关系网络中有 2 910 位作者形成的 2 910 个单一模式子网络，占总子网络数的 74.62％，如图 2 所示，其中节点表示作者，节点的大小表示作者发表论文数。这种模式的作者具有较高的科研能力水平，拥有相对宽松的独立思考空间，有利于作者独立科研能力的养成。但是，这种网络合作模式容易导致思维僵化，降低科研效率，不利于重大科研项目的有效实施。此模式子网络形成的原因可能是作者的研究习惯和爱好，也可能正在寻求科研伙伴。

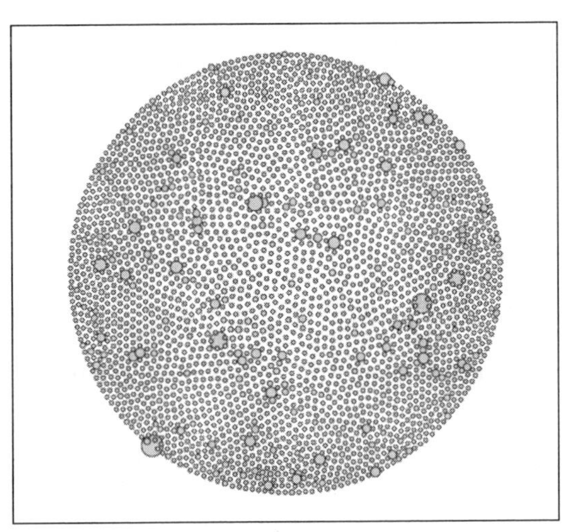

图 2　单一模式子网络图

2. 双核模式

只有两位作者节点直接相连的合作网络称为双核模式。互联网金融领域的论文作者合作关系网络中有 1 276 位作者两两相连，形成 638 个双核模式子网络，占总数的 22.57%，如图 3 所示。其中，节点的大小表示作者发表论文数，节点间连线的粗细表示两作者间合作关系的紧密度。这种模式的作者大部分都是来自相同科研机构或高校单位的，有利于加强作者在科研中的交流，及时进行意见交换和问题探讨，具有长期的稳健性。但是，这种模式缺乏跨机构或高校间的交流，学术理念容易受到禁锢，这在一定程度上不利于互联网金融领域的长期发展。

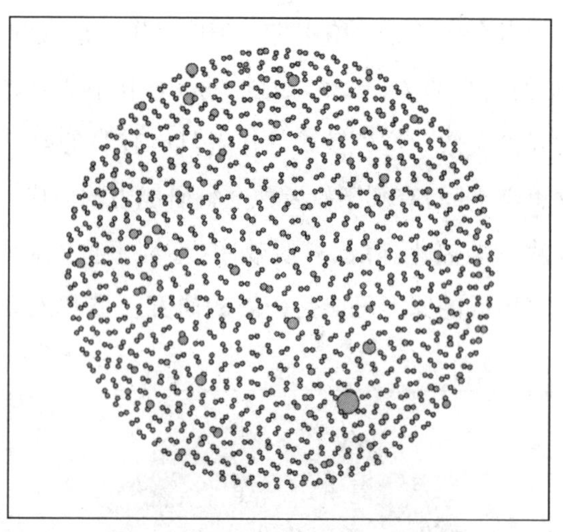

图 3　双核模式子网络图

3. 完备模式

对于节点数大于 2 的子网络中，任意两作者节点间均存在连线，则称为完备模式。在互联网金融领域的论文作者合作关系网络中有 727 位作者组成 216 个完备模式子网络，如图 4 所示。其中，节点的大小表示作者发表论文数，节点间连线的粗细表示两者合作关系强弱。这种模式作者间联系密切、直接互动，信息和资源传递效率高，同时不会因为某个作者节点制约而阻碍整个子群资源的共享，从而真正意义上实现了资源无障碍共享。

这种模式呈现的是关系的理想形态（邱均平和李威，2012），即资源流动自由化、信息沟通无限化和问题反馈及时化。现实中由于作者行为易受到某些因素（如时间、地理位置、资金和爱好等）的影响，形成的关系网络往往很难达到理想形态，大多呈现趋于完备的状态。

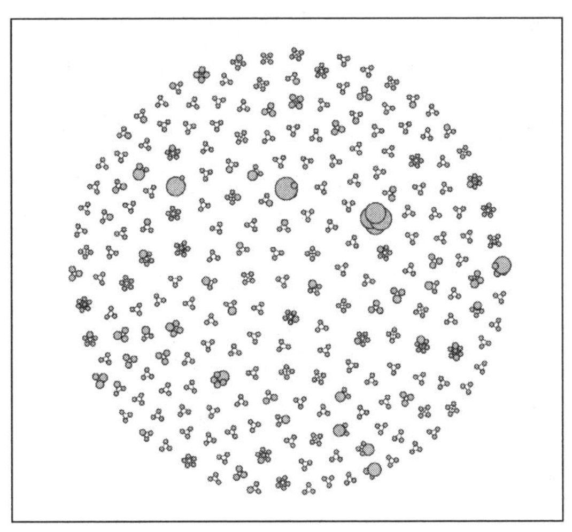

图 4　完备模式子网络图

通过对子网络所包含作者节点数进行统计，可得到完备模式中各子网络节点分布表，如表 10 所示。可以发现，子网络以 3 作者节点居多，占总数的 76.85%，节点数最多的是 7 作者节点子网络，共有 2 个。完备模式整体规模偏小，学者的学术思想易受群体的限制，无法实现真正意义上的交流。

表 10　完备模式子网络分布统计表

子网络节点数	3	4	5	6	7
子网络个数	166	29	15	4	2
所占比例(%)	76.85	13.43	6.94	1.85	0.93

4. 发展模式

相对于完备模式，发展模式是会随着时间推移有可能形成或正在形成的完备合作模式，如图5所示。其中，节点大小表示作者发文数，连线粗细表示作者间关系权重的大小，不同颜色表示不同的发展模式子网络。发展模式子网络中存在大量学者，由于网络的非完备性，资源可能并非平均分配于每个成员，其形成的可能原因是无任何成员拥有绝对的支配权，网络成员通过信息交流和资源交换实现其目标；或是网络中存在某些核心成员，维持着整个子网络的平衡结构（邱均平等，2012）。成员可通过信息交流探究学科间的交叉领域，或以核心成员为中介发掘潜在的合作伙伴。通过社会网络分析为研究者寻求潜在的合作伙伴和研究领域，可能是未来研究的一个重点。

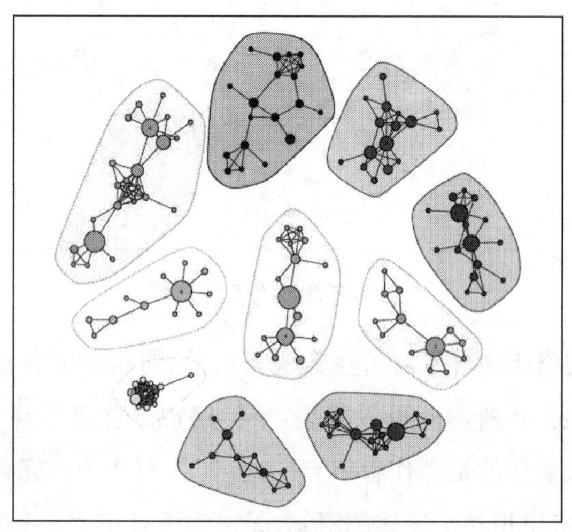

图5　发展模式子图

为进一步研究该种模式网络的特性，本文选取作者节点数不少于12，即规模较大的前10个子网络进行分析，统计并计算子网络的统计特征数据，结果如表11所示。可以发现，前10个子网络整体上偏小，作者间的合作交流仅限于少数人之间，核心成员维持着整个子网络关系的稳定。聚集系数（密度）反映了子网络整体合作关系的密集程度，最大节点度数反映了子网络中作者的最多合作者数，最大节点强度反映了子网络中作者的最多合著文章数，最大中介数显示子网络中作者的最多中介位置数。上述 10 个子网络中，聚集系数为 0.3 左右，表明整体合作并不密切；最大节点数介于 8～9 之间，对照对应子网络作者节点数相对较大，表明局部个别作者的合作者较多，位于核心位置；最大节点强度介于 5～6 之间，而发文数与作者之比约为 1，可知部分作者的合著文章较多，为子网络的形成做出重要贡献；最大中介数介于 50～60 之间，而子网络平均作者节点数近似 16，共有 16×15/2＝120 个作者关联，故个别作者节点位于中介位置，约有 50％的作者想要交流需要通过此作者，体现了这类作者可加强子网络作者间的信息交流。

表 11　前 10 个主要子网络的统计特征数据表

子网络	作者数	发文数	平均路径长度	最大节点度数	最大节点强度	最大介数	全局聚类系数	聚集系数（密度）
1	16	20	2.09	8	8	47.00	0.50	0.25
2	13	13	2.27	5	4	47.00	0.38	0.23
3	12	9	1.15	10	2	3.00	0.98	0.85
4	16	26	2.45	8	6	63.50	0.63	0.23
5	24	29	2.64	10	9	127.83	0.70	0.20
6	12	16	2.42	7	7	45.00	0.10	0.18
7	16	20	1.79	12	3	59.00	0.75	0.36
8	19	18	2.72	6	4	98.00	0.66	0.19
9	16	23	2.02	10	7	37.50	0.56	0.28
10	12	8	2.26	6	3	30.00	0.55	0.27
平均值	15.6	18.2	2.18	8.2	5.3	55.78	0.58	0.30

综上可以得知，单一模式子网络数量较多，适合于科研能力高、喜欢独立思考的研究者，但是容易导致思想僵化、科研效率降低；双核模式是两位作者合作模式，大多数来自相同的高校或科研单位，有利于意见交换和问题探讨，具有长期稳健性，但是缺乏跨机构和高校间的交流，学术理念容易受到禁锢；

完备模式的作者间都存在合作，联系紧密，信息和资源传递效率高，只是现实中某些因素的影响导致这种模式规模难以扩大；发展模式是现有非完备的模式，通过分析前 10 个子网络发现子网络是由核心成员维持的，促进作者间的信息交流，这类模式中的作者可以试图通过中介性高的作者发掘潜在的合作伙伴及加强学科间的交流等。

五、总结与展望

互联网金融是信息时代背景下的新兴金融，是传统金融行业与互联网相结合的新兴领域（王曙光，张春霞，2014），是现代信息技术、网络技术和金融业务有机结合的产物。因此，本文在金融体系引导下，选取近年来我国互联网金融领域的期刊论文为数据源，利用社会网络分析工具对作者合作关系进行了实证研究，统计分析并描述了互联网金融领域的整体合作现状。研究发现，到目前为止互联网金融领域作者合作率低，整体作者合作关系网络较为稀疏，每位作者的合作者较少；由独立作者构成的单一模式子网络占全体的 74.62%，二人组合的双核模式子网络大多来自相同的单位，理想形态的完备模式子网络规模偏小，发展模式子网络主要由核心成员维持整个网络的平衡；同时，发展模式子网络中的作者可以通过核心成员的中介作用，加强与其他作者间的交流，发掘潜在的合作伙伴与研究领域。

当然，本研究还存在一定的局限性。一方面，由于互联网金融概念较新颖，可供研究的论文数据有限，致使社会网络分析的研究无法进一步深入；另一方面，部分作者的单位存在缺失，为了研究，本文采用手动匹配与机器学习处理相结合的方式处理，但依旧可能存在一定的误差。因此，在接下来的研究中，需要增加信息采集关键词及提升信息匹配的准确度，使研究更加精致化，深入个体层面进行研究，以期为互联网金融领域的发展做出一定的贡献。

参考文献

[1] 陈卫静、郑颖，2013：《基于作者关键词耦合的潜在合作关系挖掘》，《情报杂志》第32期。

[2] 程齐凯，2013：《档案学合著网络研究》，《档案管理》第180期。

[3] 高雷、杨爱军，2010：《欧美网络保险的最新发展及对我国的启示》，《保险研究》第11期。

[4] 宫晓林，2013：《互联网金融模式及对传统银行业的影响》，《南方金融》第5期。

[5] 何文婉，1999：《从传统EDI到现代电子商务》，《通讯世界》第11期。

[6] 降磊，2013：《互联网金融时代的商业银行发展模式研究》。

[7] 李芳，2014：《互联网金融发展及对我国居民金融理财行为影响分析——柳州视角》，《区域金融研究》第11期。

[8] 李进、刘瑞璟、于伟等，2014：《作者科研合作网络构建及影响分析——以〈复杂系统与复杂性科学〉期刊为例》，《复杂系统与复杂性科学》第11期。

[9] 李培馨、陈运森、王宝链，2013：《社会网络及其在金融研究中的应用：最新研究述评》，《南方经济》第31期。

[10] 李诗洋，2013：《互联网金融时代：中国金融体系何去何从》，《国际融资》第11期。

[11] 廖愉平，2015：《我国互联网金融发展及其风险监管研究——以P2P平台、余额宝、第三方支付为例》，《经济与管理》第2期。

[12] 鲁晶晶、邓勇、陈云伟，2011：《引用认同用于科研机构分析的探讨》，《图书情报工作》第55期。

[13] 彭希羡、朱庆华、沈超，2013：《基于社会网络分析的社会计算领域的作者合作分析》，《情报杂志》第32期。

[14] 邱均平、李佳靓，2010：《基于社会网络分析的作者合作网络对比研究——以〈情报学报〉、〈JASIST〉和〈光子学报〉为例》，《情报杂志》第29期。

[15] 邱均平、伍超，2011：《基于社会网络分析的国内计量学作者合作关系研究》，《图书情报知识》第144期。

[16] 邱均平、李威，2012：《知识转移领域作者合作模式实证分析》，《情报理论与实践》第35期。

[17] 沈耕宇、黄水清、王东波,2013:《以作者合作共现为源数据的科研团队发掘方法研究》,《现代图书情报技术》第 29 期。

[18] 童涛,1997:《网络银行揭密》,《新金融》第 9 期。

[19] 王曙光、张春霞,2014:《互联网金融发展的中国模式与金融创新》,《长白学刊》第 1 期。

[20] 谢平、尹龙,2001:《网络经济下的金融理论与金融治理》,《经济研究》第 4 期。

[21] 谢平、邹传伟,2012:《互联网金融模式研究》,《金融研究》第 12 期。

[22] 闫相斌、宋晓龙、宋晓红,2011:《我国管理科学领域机构学术合作网络分析》,《科研管理》第 12 期。

[23] 袁博、李永刚、张逸龙,2013:《互联网金融发展对中国商业银行的影响及对策分析》,《金融理论与实践》第 12 期。

[24] 张晗、崔雷、姜洋,2006:《运用非相关文献知识发现方法挖掘科研机构潜在的合作方向》,《现代图书情报技术》第 4 期。

[25] 张骏、金双武,《电子商务网站支付系统的研究及优化设计》,《武汉理工大学学报(信息与管理工程版)》第 4 期。

[26] 张晓朴,2014:《互联网金融监管的原则:探索新金融监管范式》,《金融监管研究》第 2 期。

[27] 朱庆华、李亮,2008:《社会网络分析法及其在情报学中的应用》,《情报理论与实践》第 2 期。

[28] 朱庆华、范哲、施文蔚,2011:《信息系统领域中外合著网络研究》,《情报理论与实践》第 11 期。

[29] Barabási, A. L., R. Albert, 1999, "Emergence of scaling in random networks", Science, 286(5439), 509-512.

[30] Beck, H., 2001," Banking is essential, banks are not the future of financial intermediation in the age of the internet", Netnomics, 3(1), 7-22.

[31] de Solla, P. D., 1973, "Little science, big science", New York, London: Columbia University Press.

[32] Milgram, S., 1967, "The small world problem", Psychology today, 2(1), 60-67.

[33] Myers, C. A., G. P. Shultz, 1951, "The dynamics of a labor market: a study of the

impact of employment changes on labor mobility, job satisfactions, and company and union policies", Prentice-Hall.

[34] Newman, M. E. J., 2001, "Scientific collaboration networks. I. Network construction and fundamental results", Physical review E, 64(1), 016131.

[35] Newman, M. E. J., 2001, "Scientific collaboration networks. II. Shortest paths, weighted networks, and centrality", Physical review E, 64(1), 016132.

[36] Newman, M. E. J., 2004, "Detecting community structure in networks", The European Physical Journal B-Condensed Matter and Complex Systems, 38(2), 321 - 330.

[37] Rees, A., G. P. Shultz, 1970, "Workers and wages in an urban labor market".

[38] Watts, D. J., S. H. Strogatz, 1998, "Collective dynamics of 'small-world' networks", Nature, 393(6684), 440 - 442.

[39] Yin, L., H. Kretschmer, R. A. Hanneman, 2006, "Connection and stratification in research collaboration: An analysis of the COLLNET network", Information Processing & Management, 42(6), 1599 - 1613.

互联网金融的发展、风险与监管

——互联网金融发展高层论坛综述

张　兵等

2015年9月19日，由中国社会科学院经济研究所、《经济研究》杂志社与南京大学商学院共同主办的互联网金融发展高层论坛在南京大学隆重举行。论坛由南京大学金融与保险学系、互联网金融国家社科基金重大项目课题组承办，来自主管部门和"一行三会"的领导，中国社科院、清华大学和北京大学等近30所院校的金融学科带头人，苏宁云商集团、国泰金融控股集团等企业和互联网金融平台负责人，征文作者和学生等500多人参加了本次论坛。论坛共收到有关互联网金融的征文近百篇，其中20篇征文提交论坛研讨。

互联网金融发展高层论坛由互联网金融国家社科基金重大项目首席专家、南京大学商学院副院长裴平教授主持，南京大学党委副书记朱庆葆教授、中国社会科学院经济研究所所长裴长洪教授、南京大学商学院执行院长沈坤荣教授分别致辞，中国社会科学院经济研究所所长裴长洪教授、中国人民银行金融研究所姚余栋所长、苏宁云商集团孙为民副董事长、清华大学五道口金融学院常务副院长廖理教授、互联网金融国家社科基金重大项目首席专家裴平教授分别做主题演讲。本次论坛共设置互联网金融发展高层论坛主会场、互联网金融的理论流变与创新、互联网金融的商业模式与运营，以及互联网时代的金融学科建设等分会场。与会者分别围绕互联网金融的发展现状、理论研究、商业模式、风险防控、立法与监管以及互联网时代的金融学科建设等议题进行了深入讨论，发表了真知灼见。

（一）互联网金融的健康发展

中国社会科学院经济研究所所长裴长洪教授作了题为“互联网金融发展的改革创新意义”的主题演讲。他阐述了互联网金融的定义、业务模式和重大意义。他指出，互联网金融是“互联网＋中国”的先行者，凭借强大的技术优势和群众基础，创造出多样化的金融服务选择。互联网金融的改革意义在于使金融回归实体经济的同时，不断提升金融服务的质量和效率。互联网金融建立了资金需求双方以市场化价格配置资金的机制，降低了民间借贷和影子银行的负面影响，缓解了以大型银行为主的金融体系与中小企业资金要求不匹配的矛盾，并借助大数据和渠道优势解决信息不对称问题，推动大众创业、万众创新，实现普惠性金融。他还认为，互联网金融的发展对金融监管改革提出了新的要求，在建立健全监管框架的基础上，必须明确监管的原则、目标及总体措施，监管的落脚点应该是消费者保护和信息安全。

中国人民银行金融研究所姚余栋所长的主题演讲为“互联网金融相关问题研究”。他认为，为了促进互联网金融的健康发展，2015 年 7 月 18 日，中国人民银行等十部委的《关于促进互联网金融健康发展的指导意见》致力于做到创新与防范风险的平衡。《指导意见》既明确了 P2P 网贷的合法地位，也为其设定了运作底线，即不得非法集资。在互联网金融业务模式创新的举例中，他建议运用优先股发展股权众筹，并对股权众筹进行分层，通过设置小公募和大私募的形式更好地匹配合格的投资者。总的来说，《指导意见》认可了互联网金融的功能与作用，明确了互联网金融发展与监管的基调，谋划了互联网金融的发展路径，给互联网金融这一新生事物留下了足够广阔的发展空间。

苏宁云商集团孙为民副董事长的主题演讲为“推进金融互联，助力产业升级”。他认为，新兴金融对传统金融行业的冲击主要表现在业务模式中的门槛、客户量、自身规模水平等三个方面，而大客户投资需求的下降成为银行业等传统金融“好日子”到头的征兆。互联网金融不仅是互联网技术的应用，更是其思维模式和商业运作模式的应用。互联网金融未来的健康发展主要依赖资金使用成本的降低和优良风控机制的建立。

清华大学五道口金融学院常务副院长廖理教授的主题演讲为“互联网金融的基本格局与学术前沿”。他指出，互联网金融发展的基本格局主要表现为传统金融业务的互联网化、基于互联网平台开展金融业务、全新的互联网金融模式以及基于互联网的金融信息服务四个方面。与此同时，廖教授还梳理了关于互联网金融研究的学术成果，特别是对顶尖学术刊物上互联网金融论文的分析，强调互联网金融的未来发展必须注重理论与实践相结合。

互联网金融国家社科基金重大项目首席专家裴平教授的主题演讲为“互联网金融平台的社会责任”。裴教授分析了互联网金融平台社会责任的基本内涵。他认为，互联网金融平台是独立法人，需要承担相应的社会责任，这种社会责任是互联网金融发展的软实力而非负担。他还指出现有互联网金融平台不讲社会责任的主要表现及其危害，进而提出，互联网金融平台应该在经济、法律、道德、慈善等方面积极承担社会责任，加强行业自律能力，提升平台的综合竞争力。

（二）互联网金融的风险控制与监管

信息不对称是金融市场的常态，如何缓解金融市场中的信息不对称问题一直是学术界研究的热点，而互联网金融的出现恰恰为这一难题提供了可能的解决之道。南京大学裴平和郭永济认为构建有效的借款人信用评价模型是解决 P2P 网贷信息不对称问题的关键所在。他们以大数据征信为视角，以空间维度上借款人多角度、多层次的交叉复现和时间维度上借款人社会活动信息的持续呈现为基础，构建了基于贝叶斯网络的 P2P 借款人信用评价模型。通过对比不同信息维度模型的评价准确率，验证了所构建模型的稳健性。

清华大学张伟强、廖理和王正位分析了 P2P 网贷市场中出借人与借款人之间的信息不对称是否会导致借款人的逆向选择问题。实证检验发现，收入稳定、福利和社会保障良好、社会地位高的公务员群体的借款成功率、利率与违约率与其他群体之间不存在显著差异，并没有表现出优质客户的特征，P2P 网络借贷市场存在严重的逆向选择问题。

东南大学高彦彦、周勤和孙军指出如何缓解信息不对称，进而控制违约风险是P2P借款平台面临的核心问题。他们发现：实地认证和第三方担保是缓解信息不对称和控制违约行为的最有效措施，“硬信息”比“软信息”更能预测借款人的违约行为。

在互联网金融市场中存在信息不对称问题的情况下，如何识别融资者的风险非常关键，多位学者以多个视角为切入点进行了研究分析。暨南大学陈霄和叶德珠考察了网络借贷市场中借款描述的标点和字数所起到的产生增量信息的作用。南开大学梁琪和肖晓蒙研究发现：与男性相比，女性更容易在P2P平台上获得资金，她们倾向于制定较低的利率，而且违约率也较低。北京大学郭峰发现：相对于未婚人士，已婚人士的借款成功率更高，同时贷款违约率也更低。从业经历与教育背景作为两项能够代表融资者内在能力特质的重要指标，对于融资者申贷成功与否起到不可忽视的作用。

湖北经济学院戴静和华中科技大学张建华以国内商品众筹平台“京东众筹”的成功项目为研究样本，发现信任因素对众筹投资行为具有显著影响，与信任紧密相关的声誉及其披露形式显著影响了众筹融资规模。

浙江大学罗德明和崔文倩基于对中国259个P2P平台的日交易数据和1 057家P2P平台的背景资料研究发现，对用户资金进行第三方托管的P2P平台，成交量较低，发生提现困难、跑路、停业等问题的概率也较低。对投资人投标进行100%本息保障的P2P平台，成交量显著高于其他平台，但更容易发生问题。

随着互联网金融的发展，各类风险不断涌现，从哪些方面加强风险控制，如何对互联网金融进行监管，是值得深思的话题。对于当前最为关注的P2P网贷平台的风险防控问题，南京大学何飞和张兵发现，当平台为投资者提供全额本息担保时，投资者的学习动机会消失，并引发其逆向选择、盲目投资行为，而面对投资者“用脚投票”带来损失的情况，P2P平台进一步增强自身决策权，使其一步步滑向信用中介的运作模式，从而增加了P2P网贷行业整体风险。因此，改善P2P行业现状的关键是政府有关部门出台相应政策，在降低平台对投资者坏账赔付率并使其逐步回归信息中介的同时，设立相应的行业准入门槛，规范行业秩序。对于投资人而言，平台应通过公开更多信息降低投资者的理性投资成本，进而激励其学习以降低投资风险。对于借款人，则应通过建立健全社会征信体系等方式规范其还款行为。

清华大学孙涛以法制为切入点，借助 P2P 平台的交易数据进行经验研究，发现良好的法制环境能够在提高融资成功率的基础上降低订单违约率，进而得出结论：在现有的互联网金融交易基础上加快相关法制建设，才能使互联网金融发展中的风险控制措施得到强化。

互联网金融的风险控制与监管，不仅需要加强法制建设，而且需要建立多位一体的监管体系，湖南大学王志鹏和龙海明基于法经济学视角，构建了互联网金融监管体系，从法律监管、行政监管和行业监管三个层次进行了法经济学效用分析，并认为基于法经济学的互联网金融监管可以从帕累托均衡向卡尔多-希克斯均衡改进，从而提升社会整体福利。

针对第三方支付的监管，南京师范大学封思贤和包丽红基于静态博弈与动态演化博弈分析模型，从理论上研究了监管第三方支付机构的最佳策略。他们指出，我国现将第三方支付机构定位为“非金融机构”的做法仅可作为风险谨慎管理的权宜之计，长期来看不利于金融创新；“对机构实施全面监管、对核心业务和功能实施重点监管”的组合监管模式更适合于我国的发展现状。

（三）互联网时代的金融学科建设

本次论坛特别设立了“互联网时代的金融学科建设”分会场。学者指出，在国家“互联网＋”的大战略下，金融活动表现出新的方式，现代金融逐步趋向于电子化、信息化、系统化、工程化，未来的金融人才不仅需要具备完善的金融学理论基础，更需要掌握切实的操作技能与强大的数据分析能力。同时，互联网金融活动本身具有的新特征、新技术、新模式、新平台以及新的实现形式，对金融学科的教学和科研也提出了新的要求。从本质上来讲，互联网和金融具有共同性质：资源的融通。因此，互联网和金融天然是契合的，而现阶段金融学科仍表现出切割特性,在互联网的背景下,迫切需要抓住契机完成金融教学体系的整合。

与会的清华大学、南京大学等高校金融学科带头人一致认为,互联网金融是金融理论的创新点、金融学科的增长点。如何培养兼具金融理论和互联网技术的"两栖"人才,将成为未来金融人才培养的重要任务。学者认为,互联网时代的金融人才培养需要多学科共同努力,应该跨越金融、数学、计算机、统计学甚至法学等学科界线。在学科建设过程中,金融学院系应当加强与其他院系的合作,通过联合办学共同培养高素质的互联网金融人才。

与会学者还一致认为,中国的互联网金融学术研究在国际上会产生重大影响。针对国内的互联网金融发展,学术研究应当立足中国国情,并紧密结合互联网时代金融业呈现出的独特属性。有些学者指出,在互联网金融研究方面应当注重微观基础的探讨。对于互联网金融活动中政府、个人、平台的参与行为进行比较分析,具有较大的经济学意义。结合互联网时代人们新的行为方式进行深入研究,可以促进互联网金融和行为金融的有效结合。与此同时,有些学者认为,互联网金融的发展带动了资产估值方法、资产管理方式的改变,这就要求研究方法上必须能够有所创新。还有学者指出,中国互联网金融的研究仍处于滞后阶段,学术研究的步伐需要进一步加快。例如,一些 P2P 平台在运作过程中已经暴露出严重的风险问题,并屡屡发生提现困难甚至平台跑路的现象。然而,国内对于互联网金融风险的研究仍处于起步阶段,大多数研究还处于互联网金融的前端,对于后端例如风险、监管、政策建议的研究还比较少。

在互联网技术的冲击下,各位学者还特别关注大数据技术对金融业态的改变。正如基于公司数据研究公司金融,基于市场价格数据研究资产定价,基于个人数据研究行为金融一样,互联网时代的金融学科发展是建立在大数据的基础之上的。学者指出,学术研究上仍然存在着数据难以获取的问题。不同于国外的强制披露信息制度,国内绝大部分互联网金融平台的数据没有公开,无法实现共享,数据的去噪声技术、计算处理等问题也没有很好的解决之道。与此同时，未来互联网金融所依托的大数据势必要借助超级计算机，来实现并行计算、云计算等复杂技术处理。在此意义上，基于大数据建立的互联网金融实验室、研究中心等相关科研机构能够有力推进未来互联网金融的科学研究。

最后，学者也呼吁互联网时代的金融学术研究应充分考虑互联网金融和传统金融的竞合发展。实际上，以虚拟货币为例，可以看出互联网时代的金融与传统的金融活动规律表现出很大的差异性。而互联网金融对于传统金融学科的影响研究才刚刚起步，对传统金融规律的反思和修正也远未结束。因此，有关互联网时代的金融理论需要进一步归纳，相关理论的创新对于金融学科的长远发展具有极其重要的意义。

本次高层论坛充分展示了国内互联网金融研究的最新成果，促进了学者间的学术交流。论坛成为代表国内最高学术水平的互联网金融盛会。与会学者认为互联网金融研究的视野要更加开阔，研究方法要更加多元，以清华大学、南京大学等为代表的高校学者应再接再厉，继续推动互联网金融研究，为整个社会经济的发展做出更大贡献。

互联网时代金融学科建设座谈会纪要

裴　平等

2015年9月19日下午，南京大学商学院金融与保险学系主办了“互联网时代的金融学科建设”座谈会。会议邀请清华大学、北京大学、上海交通大学、复旦大学、中国人民大学、对外经济贸易大学、上海财经大学、浙江大学、武汉大学、南开大学等全国20多所院校金融学科带头人深入研讨了互联网时代的金融学科建设。南京大学经济学院副院长于津平教授致辞，金融与保险学系主任张兵教授主持了本次座谈。本次座谈会是国内首次高层次的专门讨论互联网时代金融学科建设的专题讨论。座谈会上，与会专家各抒己见，严谨有序，从不同侧面对互联网时代的金融学科建设提出了深刻且意义深远的见解。

（一）互联网时代的金融学科人才培养模式

与会专家学者一致认为，金融学科的建设必须与时俱进，既要注重基本理论和原理的探索研究，更要切合中国互联网金融发展的特点。结合当下“互联网＋”已经上升到国家政府层面的战略意义，在此背景下对复合型和综合型人才的需求更加迫切，对金融人才的要求也上升到一个新的高度，对人才素养的复合性、综合性提出了更高的要求。鉴于此，探讨互联网时代的金融学科人才培养模式具有重要意义。

座谈会上，专家指出，学科建设是高校办学的重中之重，也是推动高等教育内涵式发展以及加快建设高水平大学的重要着力点。在国家“互联网＋”的大战略下，金融活动表现出新的方式，现代金融逐步趋向于电子化、信息化、系统化、工程化，需求的金融人才不仅需要具备完善的金融学理论，更需要掌握切实的操作技能与对资金流和信息流强大的分析能力。由于互联网金融活动本身具有新特征、新技术、新模式、新平台、新的实现形式，因此，对金融学科的教学和科研也提出新的要求。但是，由于互联网金融发展迅速，相应的金融学科的人才培养模式仍然表现出一些滞后性。有些专家指出：2013 年以来，以余额宝为代表的互联网金融产品表现出异军突起的局势，移动互联时代的到来对金融学科产生重要影响，但是从本质上来讲，互联网和金融具有共同性质，金融本质是资源的融通，互联网和金融天然是契合的。而现阶段金融学科的教学仍表现为切割的特性，在互联网的背景下，应该抓住契机完成金融教学体系的整合，如何完成这种整合，需要更多的精心思考。

专家认为，在互联网时代更应当注重人才培养体系的建设。当前互联网的大背景下，对学生的实践能力、解决实际问题的能力提出了更高的要求，教学必须以能力培养作为核心。有些专家认为对于研究生的培养可以设置相关互联网金融研究方向，来促进人才培养和学科发展。例如，有些学校在研究生招生中设有互联网金融方向的专业硕士；有的学校创新性设有跨学科的专业硕士，通过法律、互联网、金融的联合培养，培养一批专业的具有良好素养的互联网金融专业研究人员。

有些专家则指出，学校虽未专门设置互联网金融方向的研究专业，但在硕士生和博士生课程中可以开设有互联网金融基本理论课程。通过课程阐述互联网金融的商业运作模式、风险管理、法律和大数据等相关知识，让学生在研究生期间尽可能获取更多的综合知识。座谈中，专家分享了自己学校的互联网金融的研究生培养模式，设置互联网金融 MBA 班、互联网金融 EMBA 班、互联网金融研究院等，加强与互联网企业的合作，深入企业考察，加强国际合作，培养高素质的复合型人才。

对于互联网时代设立互联网金融本科专业，与会专家一致持慎重态度。有些专家指出，本科生的学科建设跟实践不一定必然那么密切。互联网金融在中国最近两年呈现出强势发展的劲头，而互联网金融的规律、风险等还没有完全被揭示，互联网金融的理论发展还有待于实践的积累和数据的公开，等到相关理论进一步发展完善后再讨论建立互联网金融本科专业更为恰当。

有些学者则认为，在本科生的培养模式上，可以尝试开一些与互联网金融相关的选修课程，让学生根据自己的兴趣进行选择，不做强制性要求，作为辅修专业，使学生在潜移默化中收获互联网金融的相关知识。有些专家分享相关经验，学校已经开设有互联网金融的本科生双学位，整个课程体系除了专业老师授课之外，邀请实业部门的企业家进行课堂授课，聘请阿里巴巴、腾讯等互联网公司的风控部门相关人员来担任校外导师。

同时，专家积极鼓励相关学术讲座的开展和相关实践活动的进行。有些专家指出，通过鼓励带队老师带领学生参加“花旗杯”挑战，或者各类互联网金融创新项目，例如 2015 年南京大学主办的“南京大学研究生互联网＋”创新项目、北京大学主办的“21 世纪路劲杯”案例创新大赛等，可以让学生在活动中更好地促进金融与互联网、计算机软件知识的有机融合。

另外，专家学者一致认为，互联网时代的金融人才培养应当注重学科交叉。专家认为，互联网时代的金融人才培养需要多学科的共同努力，互联网时代对互联网金融的教学应该是跨学科的，对互联网金融人才的培养不能仅局限于金融专业，而应该跨越金融、数学、计算机、统计学甚至法学等学科。因此，专家认为，在学科建设中应当加强与其他院系的合作，通过联合办学、加强合作共同培养高素质的互联网金融人才。

同时，专家对互联网时代的金融教学方式的实现也介绍了探索经验。有些专家以自身学校为例，提出通过鼓励老师参加“微课”大赛，可以更好地利用互联网技术提高课堂的效率，更好地普及金融学科在不同专业学生中的影响。另外，MOOC、与其他高校共同合作开设公开课等形式，能够体现出课程设计的个性化，能够实现更好的教学形式和资源的共享，让学生进行有针对性的选择，取得良好的教学效果。

（二）互联网时代的金融学科学术研究探索

学术研究是支撑一门学科发展的重要力量，科研水平的高低通常会成为判断该校学科实力的重要指标，同时，通过学术研究形成一系列的理论成果，也能够更好地促进学科发展，进而推动社会进步。互联网金融在中国表现出起步晚、发展快的特点，在学术研究上也表现出研究滞后于互联网金融的发展，需要积极探索适合互联网时代的金融学科学术研究建设之路。

各位专家分别介绍了各自学校在互联网时代的金融学科的一些学术探索与努力。目前，南京大学、清华大学分别承担着国家社科基金重大互联网金融项目，相关专家介绍了各自学校课题进展情况，围绕课题的学术工作已经有序进行，通过论文研讨、报告、论坛、学术沙龙等形式促进互联网金融时代的理论研究。专家学者高度评价了相关高校国家互联网金融社会科学重大项目的承担，有学者认为这具有里程碑式的意义。

一些专家认为，中国互联网金融学术研究在国际上大有用武之地。针对中国互联网金融的发展，在科研方面，互联网时代的金融建设应当立足国情，结合互联网时代的中国金融活动呈现出的独特属性进行科学研究。以 P2P 行业为例，中国的 P2P 与国外 P2P 呈现出的信息中介性质不同，实际上呈现出信用中介和信息中介的双重性质。立足于国内发展的实际情况，结合中国互联网金融的特点，可以提升发展为理论，根据中国数据在国际顶尖杂志发表科研成果具有可行性。

对于科研的如何开展进行讨论，有学者指出，在科学研究方面也应当注重微观基础的研究。对于互联网金融活动的个人参与行为进行深入分析，对政府、个人、平台参与者进行的分析具有较大的经济学意义。结合互联网时代人们新的行为方式，可以发展互联网金融和行为金融的有效结合。同时，在研究中应当注意互联网金融的独特属性，有些专家认为，互联网金融用传统切割的方法已经无法完整理解金融体系是怎么样的，这就要求研究上必须能够有所创新，因为互联网金融改变的东西太多了，包括资产估值方式、资产管理方式等。另外，大数据的运用，意味着大数据面前人人平等，为资源配置的方式、价格发现等传统金融研究提供了新的平台。

一些学者提出，互联网金融研究基地的落成和实验室的建立具有重要意义。目前，已经有学校通过互联网研究基地的建设或者互联网金融研究院的成立来加强互联网金融的学术研究，通过与互联网企业进行合作，获取互联网企业的数据，基于数据的分析进行理论完善和模型构建。例如，有些学者认为，可以通过利用互联网企业的大数据编写指数进行相关报告的编写，进而为学术研究探索更好的路径。同时，有些学者介绍了自己学校互联网金融实验室的相关经验，通过实验室的建立，组成专门的互联网金融研究团队，更好地推动学术研究的发展。通过整合业界材料以及案例分析，更好地做到"产、学、研、用"相结合，开发出微信公共账号，让公众了解到更多的互联网金融知识，为后续的研究提供更多的机会。有些学者认为，互联网金融大数据实验室的建立，也能够反过来促进教学相长，通过老师带领学生在实验室进行相关实践课程，在科学研究的同时也能够促进教学的进步。

在研究基地、研究院以及实验室的建设方面，有关专家指出应当特别注重大数据的运用。正如基于公司数据研究公司金融，基于市场价格数据研究资产定价，基于个人数据研究行为金融一样，发展到互联网时代的金融学科，是建立在大数据的基础之上的。基于大数据建立的互联网金融实验室、研究中心等相关科研机构，能够有力推进互联网金融的科学研究的开展。

一些学者则指出，中国互联网金融的科学研究仍处于研究的滞后阶段，学术研究的步伐需要进一步加快。以 P2P 平台为例，专家通过实地的考察，发现一些小型 P2P 平台已经暴露出严重的风险问题，屡屡发生套现困难甚至 P2P 平台跑路的情况。国内目前对于互联网金融风险的研究仍比较滞后，互联网金融已经到了风险频发的阶段，而国内学者的研究还处于前端，对于后端例如风险、监管、政策建议的研究较少。

同时，各位专家也关注互联网金融的大数据问题。一些专家指出，互联网金融所依托的大数据目前大多并没有实现共享，数据的去噪声技术、数据的计算处理等问题也没有得到很好的解决，互联网金融所依托的大数据要进行并行计算、云计算，要借助超级计算机来实现。另一些专家则认为，学术研究上仍然存在严重的数据难以获取的问题。不同于国外的强制披露信息制度，国内 P2P 行业数据没有进行公开，缺少数据积累，很难进行实证分析。

另外，一些学者呼吁在互联网时代的金融学术研究也应关注对于传统金融的影响。互联网金融对于传统金融学科影响的研究还远未展开，对传统金融规律的反思和修正也还没有开始。而实际上，以虚拟货币为例，可以看出互联网时代的金融与传统的金融活动规律表现出很大的差异性。关于互联网时代的金融理论需要进一步的归纳，这些理论的发展对于金融学科的长远发展和政府层面的政策建议都很有意义。

（三）互联网时代的金融学科社会效用发挥

立足中国国情发展互联网金融能够大力推行“普惠金融”概念，让中小企业和普通百姓享受到金融的好处，以此为契机大力推进经济发展，促进经济转型。互联网时代的金融学科建设能够更好发挥服务社会的功效。

有些专家指出互联网时代的金融学科建设能够促进产业优化升级，优化现有的产业结构。互联网金融打破了传统金融的地域、时空等的限制。有专家学者结合自身院校特色为例，指出互联网时代的金融发展为农民也提供了条件，提供了竞争的平台。现阶段的农村金融主要为三农、小微企业提供金融服务，而互联网金融的出现能够有效缓解金融抑制，能够最大限度地调动农民参与到金融活动中来，可以为解决长久以来存在的“三农”问题提供新的视角和途径。同时，互联网金融的出现能够转变传统的研究思路，改变调查思路。传统的研究中耗费的人力、财力比较大，同时样本有限，而借助大数据以及新的平台为农村金融提供了新的途径，可以更好地为小微企业服务，进而促进产业升级，为“互联网＋行业”的实现提供了可能路径。更重要的是，互联网金融具有参与门槛低、集资方便等特点，可以为“全民创业”提供资金支持，进而实现国家最近提出的“全民创新”战略。

一些学者提出，互联网金融学科的建设能够推动互联网金融的发展，从而能够大范围推动“普惠金融”的实现，也给中国提供了在世界经济中“弯道超车”的机会。一方面，公众能够更好地参与到金融活动中去，享受金融在日常生活中的便利。余额宝作为新型的互联网金融理财产品，打破了很多人没有投资理财的固有习惯，通过投资能够得到远高于银行利率的回报，极大地改变了人们的固有投资观念。另一方面，互联网金融的兴起为中小企业的发展提供了至关重要的良好生存环境。在现有的传统金融体系中，大型金融机构不倾向于放贷给中小企业，中小企业融资难一度是阻碍社会经济发展的关键因素，而互联网金融的出现给中小企业带来了种种便利，能够深化经济改革，助力产业升级。更为重要的是，“互联网＋”作为国家层面的重要战略，通过互联网金融的深入发展，能够有效推动经济增长。

另外，一些专家指出互联网时代的金融学科发展应当更加注重“政、产、学、研、用、媒”的结合。例如，一些专家指出通过参与互联网金融蓝皮书的编写，能够更好地做到为互联网金融政策层面的服务。一些专家则指出互联网金融的建设有很强的市场号召力，能够更好地实现学科建设和服务企业的双重作用，培养适应互联网时代的高素质复合型金融从业人员。通过学界带动政、产、研、用、媒，真正做到通过互联网金融为中国经济转型做出贡献，推动社会发展。

还有一些学者指出，互联网金融倒逼传统金融机构改革的步伐日趋迅速。在互联网金融兴起如火如荼的同时，传统金融企业也开始探寻发展与变革之路。各传统银行例如工商银行、招商银行在余额宝的压力下已经开始推出互联网金融理财产品，让客户享受到更高的收益。同时，传统金融行业相比于互联网金融仍然具有得天独厚的优势，在数据挖掘、客户信息掌握以及风险处理能力等方面有着互联网金融行业无法比拟的优势，如果借此“互联网＋”的大背景下，实现成功转型，能够预想到互联网金融推动传统金融行业的改革，甚至起颠覆作用。

（四）总结

本次座谈会充分展示了各高校金融学科建设在互联网时代的最新研究和实践成果，明确了金融学科在互联网时代的建设方向，促进了高校金融学科各位专家和学者之间的交流。本次座谈会是国内首次高层次互联网时代的金融学科建设专题讨论。南京大学商学院金融与保险学系对此做了精心准备与认真思考。座谈会上，各兄弟院校相互交流经验、相互学习，能够大力推进金融学科的长足发展，对培养与时俱进的复合型金融人才、提升高校教学水平与科研水平、更好地服务社会产生深远影响。